진보 회사법 시론

이 도서의 국립중앙도서관 출판예정도서목록(CIP)은 서지정보유통지원시스템 홈페이지(http://seoji.nl.go.kr)와
국가자료공동목록시스템(http://www.nl.go.kr/kolisnet)에서 이용하실 수 있습니다.
CIP제어번호: CIP2017004463

진보 회사법 시론

회사법의 경제민주주의적 해석

손창완 지음

한울
아카데미

서문

이 책은 2014년 12월 필자가 연세대학교에 제출한 박사논문 「주식회사 지배구조에 관한 법적 재검토: 이해관계자 지배구조를 중심으로」를 단행본 형식으로 수정하여 출판하는 것입니다. 이 책의 내용을 한마디로 요약하면, "주식회사는 주주의 소유"라는 통념에 도전하는 것이라고 할 수 있습니다. 이러한 통념은 우리나라에서는 주주중심주의 내지 주주지상주의로 불리고 있고, 대부분의 경제학자, 경영학자, 법학자들이 이러한 통념을 그대로 받아들이고 있습니다.

그런데 미국에서는 1990년대 초반부터 주주지상주의 입장을 취하는 주류 회사법과는 다른 의견을 가진 일단의 학자들이 나타나기 시작하였고, 이러한 학자들의 논문이 1995년 「진보 회사법(progressive corporate law)」이라는 이름으로 출간되었습니다. 이 책은 위와 같은 진보 회사법의 입장에서 주류 회사법의 근거인 주주지상주의를 비판하고, 그 대안으로 회사의 모든 이해관계자가 동등하게 보호되어야 한다는 이해관계자 지배구조를 제시하고 있습니다. 따라서 필자는 미국의 논의 상황을 우리나라에서 충실히 반영하자는 의미에서 책의 제목을 『진보 회사법 시론』으로 정하게 되었습니다.

책의 제목을 정하는 과정에서 우리나라에서 '진보'라는 말이 가지는 논쟁적인 의미 때문에 책 제목에 '진보'라는 말을 붙이는 것에 고민을 많이 하였습니다. 우리나라에서 '진보'는 주로 경제적인 의미보다는 북한에 대한 태도를 포함한 안보에 대한 입장으로 구분되고, 심지어 사회주의 내지 공산주의에 찬동하는 입장으로 오해되기도 하기 때문입니다. 그러나 이미 설명 드린 바와 같이 이 책에서 진보의 의미는 위와 같은 입장과는 아무런 관계가 없고, 미국 회사법의 논의 상황을 충실히 소개하는 의미로 사용한 것임을 밝힙니다.

그리고 이 책의 부제는 '회사법의 경제민주주의적 해석'인데, 이렇게 부제를 단 이유는 제가 이 책에서 제안하는 '이해관계자 지배구조'가 경제민주주의와 연관이 있기 때문입니다. 2012년 이후 경제민주화가 늘 이슈로 부각되었지만 경제민주화가 무엇을 의미하는지 아는 사람은 많지 않은 것 같습니다. 필자가 생각하기에 경제민주주의는 세금을 재원으로 소득을 재분배하는 복지국가와는 다른 개념입니다. 경제민주화는 효율적인 경쟁 시장 체계를 기본으로 하면서도 부 및 자본소유의 분산을 통해 소수의 사람들이 경제를 직접적으로 지배하고, 간접적으로는 정치적 삶까지 통제하는 것을 방지하고자 하는 것입니다. 따라서 경제민주화는 결국 효율성의 원칙과 양립할 수 있는 방식의 공정한 분배 원칙을 정하는 것이고, 그 분배는 복지제도를 통한 소득재분배가 아니라 생산단계에서의 공정한 분배를 의미하는 것입니다. 그렇다면 주식회사 내부에서의 공정한 분배가 왜 문제되는 것일까요? 그것은 주식회사가 우리 경제체제에서 매우 중요한 제도이기 때문입니다.

자본주의 제도에서 생산의 주체는 기업이고, 기업 중에서 주식회사는 역사적으로 자본주의 경제에서 가장 많은 경제적 부를 창출한 대표적인 기업조직입니다. 역사상 대부분의 거대 기업은 주식회사를 기업조직의 형태로 채택한 기업이었고, 지금도 주식회사는 전 세계적으로 가장 많이 이용되는 기업조직입니다.

이와 같이 주식회사는 역사적으로 자본주의의 총아로서 경제적 부의 창출에 지대한 공헌을 한 반면 경제적 부의 불평등과 부정적 외부효과를 발생시키는 사회적 부작용도 가져왔습니다. 이러한 주식회사의 문제점을 이 책은 '회사의 실패'로 규정합니다. 그러나 '정부의 실패'가 존재한다고 해서 정부를 없앨 수 없듯이, 회사의 실패가 존재한다고 해서 우리는 주식회사 제도를 폐기할 수는 없습니다. 인류가 역사상 발명한 제도 중에서 주식회사만큼 경제적 부 창출에 효율적인 제도가 없기 때문입니다.

그렇다면 회사의 장점인 경제적 부 창출 기능은 유지하면서 소득불평등과 부정적 외부효과와 같은 회사의 부작용을 억제할 수 있는 방법은 없을 것인가? 이 책의 목적은 이와 같이 회사의 실패를 문제로 인식하고 그에 대한 회사법상 해결 방안을 강구하는 데 있습니다.

회사의 실패에 대한 해결 방안으로 이 책은 주주지상주의를 지양하고, 이해관계자 지배구조로 나아갈 것을 제안합니다. 그 이유는 회사 실패의 근본 원인이 회사로 하여금 부의 불평등을 심화시키고 부정적 외부효과를 발생하게 만드는 '회사 의사 결정'의 문제이기 때문입니다. 주주지상주의 회사지배구조는 예외적인 경우를 제외하고는 다른 이해관계자의 의견이나 이익은 전혀 고려하지 않습니다. 회사는 주주가 의결권을 행사하여 선임하는 경영자에 의하여 경영되며, 경영자는 오로지 주주의 이익을 위하여 회사를 운영합니다. 이와 같이 주주에 의한, 주주를 위한 회사지배를 의미하는 주주지상주의는 '주주 이익 극대화 규범'을 통하여 회사 이익이 주주에게 귀속되는 것을 정당화합니다. 따라서 회사가 부의 불평등한 분배를 발생시켰다면, 그것의 근본적인 원인은 주주지상주의가 제공한 것입니다.

이 문제를 해결하기 위해 이 책은 주주지상주의의 대안으로 이해관계자주의에 기초한 '이해관계자 지배구조'를 제시합니다. 이해관계자 지배구조는 주주 중심의 회사지배구조를 변화시켜 회사의 부 창출 능력을 증진시키는 동시에 부의 공정한 분배와 회사의 행동 변화를 통하여 사회·경제적 문제점도 해결할 수 있는 지배구조입니다.

주주지상주의는 회사법이 사적자치원칙이 지배하는 사법이라는 이유로 회사지배구조에 대한 규제를 반대합니다. 그러나 이러한 주장은 역사적으로 볼 때 타당하지 않습니다. 회사법은 역사적으로 '규제법'으로 출발하였고, 회사를 규제하는 강력한 도구로 기능하였다는 점은 미국 회사법의 역사에서 찾아볼 수 있습니다. 이 책 제2장에서 필자가 18세기 이후의 미국 회사법의 역사를 개관한 이유가 여기에 있습니다.

미국에서 회사법의 변화는 '정치적 민주주의와 경제적 자유 간의 균형이 무너져 가는 역사'로 요약될 수 있고, 회사에 의한 경제력 집중과 경제적 불평등은 정치적 민주주의의 위기를 가져왔습니다. 정치적 민주주의와 경제적 자유 사이의 균형을 회복하기 위해서는 주주지상주의를 대체하는 새로운 회사지배구조가 필요합니다. 새로운 회사지배구조는 최소한의 경제적 효율성이 담보되는 지배구조이어야 하고, 경제적 공정성을 보장할 수 있는 지배구조이어야 합니다. 주주지상주의는 주주지상주의 외에 다른 대안은 없다고 주장하지만 주주지상주의에 맞서는 실현 가능한 '대안'은 존재합니다.

주주지상주의에 반대한다고 하여 이해관계자 지배구조가 반기업적인 입장인 것은 아닙니다. 이해관계자 지배구조는 회사를 부정하지 않고, 오히려 회사를 이해관계자를 위해서도, 사회를 위해서도 유익하고 의미 있는 기관으로 이해합니다. 자본 비용을 보상할 수 있는 수준의 이익을 내지 못하는 회사는 사회적 자원을 낭비하는 것이고, 사회적으로 무책임한 것입니다. 다만 이해관계자 지배구조는 주주지상주의에 의한 회사의 개념을 재설정하여 회사가 애초부터 사회적 목적에 봉사하도록 하기 위하여 창조된 도구라는 점을 재확인하는 것입니다. 다만 이해관계자 지배구조는 회사에 자선기관의 역할을 요구하는 것이 아닙니다. 단지 회사에 법령을 준수하면서 이익을 추구하라는 것이고, 회사의 이해관계자에게 회사의 이익을 공정하게 배분하라는 것입니다.

필자의 바람은 이 책이 조금이나마 대한민국의 회사지배구조를 개혁하는 데 도움이 되고, 그에 따라 우리 대한민국이 좀 더 나은 사회로 발전하는 데 있을 뿐입니다.

이 책은 필자가 법을 공부한 20년 동안의 성과를 중간 결산하는 의미도 있고, 앞으로 상법학자로서 새롭게 마음을 다지는 의미도 있습니다. 이 책이 나오는 데에는 박사논문 지도교수님이신 홍복기 교수님과 박길준, 안강현, 심영, 김홍기 교수님의 조언과 지도가 없으면 불가능했습니다. 이 기회를 빌려 감사의 말씀을 드립니다. 그리고 박사논문 마무리 과정에서 논문을 읽고 교정을 해주는 수고를 아끼지 않은 최난설헌 교수, 서의경 교수, 강일신 박사, 조채영 박사와 사랑하는 제자 이경선, 안지연, 이성민 변호사에게 고맙다는 말을 전합니다. 끝으로 별로 팔릴 것 같지 않은 책을 출간할 수 있도록 해준 한울엠플러스 사장님 이하 관계분들에게 감사를 드리며, 특히 실무 책임을 맡아 주신 윤순현, 조수임 두 선생님께 감사의 말을 드립니다.

2017년 2월
손창완

차례

제1장
———

서론

1. 왜 진보 회사법인가?

1) 회사에 대한 역사적 고찰과 '회사의 실패'

경제(economy)는 인간 생활에 필요한 재화(commodity)[1]를 생산(production)·배분(distribution)[2]·소비(consumption)하는 모든 활동에 관한 제도를 의미한다.[3] 상품 생산은 근대 산업혁명(Industrial Revolution)[4]으로 인하여 급격하게 증가하기 시작하였고, 생산의 증가와 이로 인한 거래·소비의 증가, 즉 경제성장(economic growth)[5]은 인류 사회에 커다란 진보를 가져왔다.[6] 산업

---

1   재화는 인간의 욕망과 필요를 충족시키기 위한 모든 거래 품목을 의미하고, 상품 (goods)과 용역(service)으로 분류될 수 있다

2   재화의 배분은 재화의 거래(trade)를 포함하는 개념이다.

3   Wikipedia. s.v. "Economy," last modified Sept 28, 2014, http://en.wikipedia.org/ wiki/economy.

4   산업혁명은 1760~1840년 사이에 발생한 새로운 생산방식의 이행기를 말하고, 이 시기부터 공업은 수공업에서 기계공업으로 전환되었다. 산업혁명에 대하여 자세한 사항은 뽈 망뚜, 『산업혁명사(상)』, 김종철 외 옮김(창작과비평사, 1987); 뽈 망뚜, 『산업혁명사(하)』, 김종철 외 옮김(창작과비평사, 1987)을 각각 참조하라.

5   경제성장은 경제제도에 의하여 생산되는 재화가 증가하는 것을 의미하고, 일정 기간의 경제 성장률을 의미하는 국내총생산(GDP)으로 측정된다. 경제성장은 경제학에서 경제성장론으로 다루어지고 있다. 경제성장론에 대하여 자세한 것은 데이비드 N. 웨일, 『경제성장론』, 백웅기·김민성 옮김(시그마프레스, 2013) 참조.

혁명 이후의 경제성장은 자본주의(capitalism)[7]를 제도적 기반으로 하고, 자본주의제도에서 생산 주체는 기업(enterprise: 企業)이다.[8] 기업조직(business organization)은 개인기업(sole proprietorship)과 공동기업(business association)으로 구분되고,[9] 공동기업에는 조합(partnership)[10]과 회사(company)[11]

6   산업혁명기의 경제성장에 관한 최근 설명으로는 장하준, 『장하준의 경제학강의』(부키, 2014), 86~93쪽 참조.

7   자본주의의 역사에 관하여 자세한 것은 Ian Bremmer, *The End of The Free Market* (Penguin Group, 2010) 참조.

8   기업은 계속적인 의도하에 영리 행위를 실현하는 독립된 경제단위이다[안강현, 『상법 총칙·상행위법』(박영사, 2013), 4쪽]. 일반적으로 기업(enterprise 또는 firm)은 영업 (business)과 동일한 의미로 이해되며, 생산·거래를 위한 조직(organization)을 말한다; 우리 판례도 기업을 영업과 동일하게 보며, 대법원 판례에 의하면 영업은 "일정한 영업 목적에 의하여 조직화된 인적·물적 조직"을 의미한다(대법원 2002.3.29. 선고 2000두8455 판결, 대법원 2003.5.30. 선고 2002다23826 판결, 대법원 2012.05.10. 선고 2011다45217 판결 등).

9   홍복기, 『회사법강의』(법문사, 2009), 3쪽; 이철송, 『회사법강의』(박영사, 2013), 5쪽; 최준선, 『회사법』(삼영사, 2012), 3쪽; 임재연, 『미국기업법』(박영사, 2009), 3쪽.

10 조합은 2인 이상이 상호출자하여 공동사업을 경영할 것을 약정함으로써 성립하는 기업 조직이다(민법 제703조). 국내에는 조합으로 민법상 조합, 상법상 익명조합, 합자 조합 이 인정되고 있다. 한편 미국에서 조합은 영리사업의 공동소유자로서 사업을 수행하기 위한 2인 이상의 단체이고(임재연, 『미국기업법』, 4쪽), 조합에는 일반 조합(general partnership), 합자 조합(limited partnership), 유한책임조합(limited liability partnership)이 있다[James D. Cox & Thomas Lee Hazen, *Corporations*, 2nd ed.(Aspen Publishers, 2002), pp.9~20].

11 회사는 기업조직 중에서 복수의 사람으로 조직되고 회사의 구성원과는 별도의 법인격 을 가지는 영리 목적의 기업조직을 말한다. 회사형태(corporate form)로 국내에는 합 명회사, 합자회사, 유한책임회사, 주식회사, 유한회사가 있다. 미국에는 주식회사와 유 한책임회사(limited liability company: LLC)가 있고, 현재에는 거의 이용되지 않지만 합작회사(joint stock company)와 사업신탁(business trust)도 회사형태로 인정되고 있 다(Cox & Hazen, *Corporations*, pp.9~20). 미국 공동기업형태의 차이점에 대해서는

가 있다. 회사 중에서 주식회사(corporation)는 역사적으로 자본주의 경제에서 가장 많은 경제적 부(wealth)를 창출한 대표적인 기업조직이고, 자본주의 경제체제의 기본 제도이다.[12] 이와 같이 주식회사는 자본주의 경제 발전에 지대한 역할을 하여왔고,[13] 19세기와 20세기에 걸친 산업과 상업의 발달은 주식회사제도가 있었기에 가능했다.[14]

주식회사는 영리사업을 목적으로 하고 자본금[15]의 출자에 의하여 설립되는 회사를 말한다.[16] 주식회사는 거의 대부분의 국가에서 기업조직형태로 인정되고 있고, 국가를 불문하고 근본적으로 유사한 법적 특성을 가지고 있다.[17] 대부분의 국가에서 인정되는 주식회사의 법적 특성은 ① 법인성(legal personality),[18] ② 유한책임(limited liability),[19] ③ 지분의 양도성(transferable

---

Alan R. Palmiter, *Corporations*, 6th ed.(Aspen Publishers, 2009), pp.28~39 참조.

12 Harry L. Purdy et al., *Corporate Concentration and Public Policy*(Prentice Hall, 1950), pp.11~13.

13 자본주의는 회사제도에 의해 시작되었고 이를 기반으로 유지된다는 지적에는 이철송, 『회사법강의』, 3쪽; 경제 발전에 대한 주식회사의 기여에 대해서 자세한 것은 존 미클스웨이트·에이드리언 울드리지, 『기업의 역사』, 유경찬 옮김(을유문화사, 2004) 참조.

14 James D. Cox & Thomas Lee Hazen, *Cox and Hazen on Corporations*, 2nd ed.(Aspen Publishers, 2002), p.82.

15 자본금은 주식회사가 보유하여야 할 순재산액의 기준을 말하고, 주식회사가 사업을 수행하기 위하여 주주가 출자하는 기금을 표시하는 계산상의 수액으로서 추상적·규범적 개념이다(최준선, 『회사법』, 92쪽).

16 이철송, 『회사법강의』, 207쪽.

17 Reinier Kraakman et al., *The Anatomy of Corporate Law: A Comparative and Functional Approach*(Oxford University Press, 2005), p.5.

18 주식회사의 구성원과는 별개로 주식회사 자체로 법인격이 인정된다는 의미이다(이철송, 『회사법강의』, 42쪽; 임재연, 『미국기업법』, 11쪽). 우리나라는 '상법' 제169조에서 "이 법에서 '회사'란 상행위나 그 밖의 영리를 목적으로 하여 설립한 법인을 말한다"고 규정하여 회사의 법인격을 인정하고 있다.

표 1-1 2012년 대한민국 법인세신고회사 수

회사형태	합명회사	합자회사	유한회사	주식회사
수	789	3,559	20,565	457,665

자료: 국세청, 『2013년도 국세청 통계연보』(국세청, 2013), 234쪽.

shares)[20]이다.[21]

　역사상 대부분의 거대 기업[22]은 주식회사를 기업조직의 형태로 채택한 기업이었고,[23] 지금도 주식회사는 전 세계적으로 가장 많이 이용되는 기업조직이다.[24] 이는 대한민국도 마찬가지인데, 2012년 현재 대한민국에서 법인세 신고를 한 회사의 수는 48만 2574개이지만, 〈표 1-1〉에서 볼 수 있듯이 주식회사는 이러한 회사들 중에서 95%를 차지할 정도의 지배적인 회사형태이다.[25]

19　주식회사에서 자본의 투자자인 주주가 자신이 투자한 돈 이외에 주식회사의 채무에 대하여 책임을 지지 않는다는 의미이다(이철송, 『회사법강의』, 211쪽; 임재연『미국기업법』, 38쪽). 우리 '상법'은 제331조에서 "주주의 책임은 그가 가진 주식의 인수가액을 한도로 한다"라고 규정하여 주주의 유한책임을 인정하고 있다.

20　주식회사에 자본을 출자한 자는 주식회사의 자본에 대한 지분을 취득하는데, 이를 주식(share 또는 stock)이라고 한다(이철송, 『회사법강의』, 268쪽; 임재연『미국기업법』, 156쪽). 지분의 양도성은 주식회사의 지분인 주식을 자유롭게 양도할 수 있다는 의미이다(이철송, 『회사법강의』, 360쪽). 우리 '상법'은 제335조 제1항 본문에서 "주식은 타인에게 양도할 수 있다"라고 규정하여 주식의 양도성을 원칙적으로 인정하고 있다.

21　임재연, 『미국기업법』, 10쪽; Kraakman et al., *The Anatomy of Corporate Law*, p.1.

22　미국에서 거대 회사의 역사에 대해서는 Robert Sobel, *The Age of Giant Corporations: A Microeconomic History of American Business 1914~1970*(Greenwood Press, 1974) 참조.

23　Kraakman et al., *The Anatomy of Corporate Law*, p.1.

24　주식회사가 미국에서도 가장 지배적인 회사형태라는 지적에 대해서는 Kent Greenfield, "Debate: Saving The World with Corporate Law?" *Emory Law Journal*, vol.57, (2007-2008), p.953 참조.

특히 대한민국 자본시장에서 중요한 역할을 하는 771개의 코스피(KOSPI) 상장법인 및 1010개의 코스닥(KOSDAQ) 상장법인[26]은 모두 주식회사로 구성되어 있고,[27] 2012년도 법인세 신고법인의 총수입액(total revenue) 42조 1200억 원과 총부담세액(total tax payable) 40조 3000억 원의 대부분을 주식회사가 차지할 정도로 국가경제에 차지하는 비중이 매우 크다.[28]

그렇다면 전 세계적 차원에서 기업조직형태로 주식회사가 선호되는 이유는 무엇일까? 기업이 생산의 주체로 성장한 이유에 대해서는 다양한 분석이

---

25 2012.11.5. 기준 법원행정처 통계에 따르면 등기법인 중 주식회사의 수는 73만 6354개이다. 국세청 통계와 법원행정처의 통계가 차이가 나는 이유는 실질적으로 영업활동을 하지 않는 휴면회사 또는 페이퍼 컴퍼니(paper company)의 존재 때문인 것으로 추정된다[홍복기, 「경제환경의 변화와 회사법의 입법방향」, ≪상사법연구≫, 33권 2호(2014), 17쪽].

26 각 시장의 상장법인 수는 2014년 7월을 기준으로 한 통계이다(국세청, 『2013년도 국세청 통계연보』, 234쪽).

27 상장(Listing)은 주식회사가 발행한 주권이 한국거래소가 정하는 일정한 요건을 충족하여 유가증권시장 또는 코스닥시장에서 거래될 수 있는 자격을 부여하는 것을 말한다[한국거래소, 『KRX 상장심사가이드북』(한국거래소, 2011), 13쪽]. 따라서 주식회사만이 증권시장에 주식회사의 지분인 주식이 화체(化體)된 유가증권, 즉 주권을 상장할 수 있다. 주식회사 외의 다른 회사는 지분의 양도성이 원칙적으로 제한되어 있어 개별거래 외에 근본적으로 시장을 통한 매매가 활성화되기는 어렵다. 다만 국가에 따라서는 주식회사가 아닌 기업조직의 상장을 인정하는 국가도 있다. 예컨대, 미국은 마스터 합자조합(master limited partnership)과 마스터 유한책임회사(master limited liability company)의 상장을 허용한다(Kraakman et al., *The Anatomy of Corporate Law*, p.2).

28 총수입액 42조 1200억 원 중 주식회사의 총수입액은 41억 4700억 원이고, 총부담세액 40조 3000억 원 중 주식회사의 총부담세액은 39조 8000억 원이다(국세청, 『2013년도 국세청 통계연보』, 234, 239쪽); 한편, 주식회사가 미국 경제에서 가장 큰 소득창출 부문이라는 지적에 대해서는 Greenfield, "Debate: Saving the World with Corporate Law?" p.953 참조.

있고, 대표적인 분석으로는 거래비용(transaction cost)[29]에 근거하여 기업을 분석한 로널드 코즈(Ronald Coase)의 '기업이론(theory of the firm)'을 들 수 있다.[30] 코즈는 시장에서 계약을 통하여 생산하는 것과 비교하여, 가격·조건에 대한 협상 없이 노동과 자본 등의 다양한 자원을 동원하는 데 유리하다는 점을 기업에 의한 생산이 이루어지는 원인으로 분석하였다.[31] 이와 같이 코즈는 기업이 자본, 노동 등의 다양한 자원을 제공하는 이해관계인들의 집합적 노력의 산물이라는 회사의 본질적 속성을 잘 파악하였다. 그러나 코즈의 분석은 기업이 시장(market)보다 우월한 이유를 설명하는 근거로는 타당하지만 주식회사가 다른 회사형태보다 선호되는 이유를 설명하기는 어렵다.[32]

주식회사가 다른 기업형태와 비교하여 지배적인 기업형태가 된 이유에 대해서는 주식회사가 가진 다른 회사와는 다른 특성에 기인한다는 설명이 있다.[33] 즉 ① 주주와는 별개의 법인격 부여, ② 주주의 유한책임 인정, ③ 주식의 양도성 인정을 통하여 대규모 자본조달이 가능했다는 점이 주식회사를 지배적인 기업형태로 만들었다는 것이다.[34] 실제 주식회사에 대한 별개의

29　거래비용은 거래할 때 증가하는 가중손실(dead weight loss)로 거래의 횟수를 감소시키는 비용으로 정의된다[Stephen M. Bainbridge, *Corporate Law and Economics* (Foundation Press, 2002), pp.33~34].

30　코즈의 이론에 대하여 자세한 내용은 Ronald H. Coase, *The Firm, The Market And The Law*(University of Chicago Press, 1990) 참조.

31　코즈의 기업 분석에 기초하여 1970년도부터 발표된 기업이론에 관한 개괄적인 설명은 Thomas S. Ulen, "The Coasean Firm in Law and Economics," *Journal of Corporation Law*, vol.18(1993), p.301 참조.

32　Henry N. Butler, "The Contractual Theory of The Corporation," *George Mason Law Review*, vol.11, no.4(1988~1989), p.106 참조.

33　Greenfield, "Debate: Saving the World with Corporate Law?" p.954.

34　국내의 경우 별개의 법인격 부여는 모든 회사에게 인정되는 특성이고, 주주의 유한책임은 유한회사에도 인정되나, 세 가지 특성을 모두 가지는 회사는 주식회사가 유일하다.

법인격 부여와 유한책임제도는 소액투자자가 회사 채무에 책임을 지지 않게 함으로써 주식회사에 대한 자본 참가를 더욱 쉽게 하는 데 큰 역할을 하였고, 주식의 자유로운 양도는 소액투자자가 자본에 참가할 수 있게 하여 주식 양도성을 기반으로 주식을 거래하는 증권시장이 형성되어 주식회사로 하여금 거대 규모의 자본 형성을 가능하게 했다.[35] 특히 공개회사[36]의 경우에는 개인이 아무런 경영 능력 없이도 단지 주식을 사는 것만으로 공개회사의 주주가 될 수 있었고, 소유와 지배의 분리를 통하여 전문경영인에 의한 경영의 전문화·집중화도 가능하였다.[37]

자본주의의 총아이자 강력한 동력인 '주식회사'[38]가 역사적으로 어디에서 기원했는지 여부에 관해서 정설은 없다.[39] 그러나 근대적 의미의 회사형태

즉 주식회사가 가진 특성이 개별적으로는 효과가 없으나, 이들이 결합하면 매우 매력적이고 유일한 기업조직이 된다는 것이다(Kraakman et al., *The Anatomy of Corporate Law*, p.5).

35 Margaret M. Blair, "Corporate Personhood and the Corporate Persona," *University of Illinois Law Review,* vol.2013, no.3(2013), p.787; 위험 분담을 특징으로 하는 유한책임이 주식회사의 발달에 보다 결정적인 영향을 미쳤다는 지적으로는 여운승 편, 『기업이론』(석정, 1998), 146쪽 참조.

36 공개회사는 증권시장에 상장되어 주식이 일반 대중에게 공개되고, 광범위하게 주식이 거래되는 주식회사를 의미한다[Robert W. Hamilton, *The Law of Corporations*(West Group, 2000), p.2].

37 소유와 지배의 분리를 통해 자본은 없으나, 경영 능력이 출중한 사람이 전문경영인으로 회사에 참여할 수 있게 되었다(Butler, "The Contractual Theory of The Corporation," p.107).

38 이하의 모든 논의는 주식회사를 대상으로 한다. 따라서 이하에서는 '주식회사'를 '회사'로 약칭한다.

39 1407년 이탈리아의 제노바에서 설립된 산지오르지오은행과 이후 밀라노에서 설립된 산암브로지오은행이 오늘날의 주식회사와 흡사하였다는 지적으로는 이철송, 『회사법강의』, 15~16쪽 참조.

가 처음 등장한 곳은 영국이고,[40] 역사적으로 회사가 가장 발달한 국가도 영국과 영국의 제도를 이어받은 미국이라는 점은 공지의 사실이다.

회사가 인류 역사에 등장하였을 때, 회사에 대한 시선이 처음부터 호의적이었던 것은 아니었다. 『국부론(Wealth of Nation)』의 저자로 자본주의의 아버지라고 불리는 애덤 스미스(Adam Smith)조차도 회사에 호의적이지 않았다. 애덤 스미스는 국부론에서 단독 또는 수인의 소규모 기업가가 기업의 소유자로서 자신의 무한책임 아래 소수 노동자의 도움을 받아 물품을 생산하거나 상업에 종사하는 기업을 전제로 하여 논의를 전개했다.[41] 애덤 스미스는 회사에 대하여 분산된 소유구조가 효율적인 운영을 불가능하게 한다고 주장하며, 회사를 기업조직으로 인정하기를 강하게 부정하였고, 유한책임제도에도 반대하였다.[42]

회사의 이사는 자신의 돈이 아니라 다른 사람의 돈(other people's money)을 가지고 경영하는 자로 자신이 동업자로 있는 조합의 경우보다 열심히 사업을 돌보지 않을 것이다. …… 그러한 회사의 경영에는 태만과 퍼 주기가 만연할 것이고, 이는 해외무역을 하는 회사가 개인기업과의 경쟁에서 버티지 못하는 이유를 설명해준다. 회사들은 독점적 특권(exclusive privilege) 없이는 성공하는 법이 없다. 회사는 독점적 특권이 없으면 사업에서 실패하며, 독점적 특권이 부여된 경우에는 잘못 경영할 뿐만 아니라 거래를 제한한다.[43]

---

40 William Holsworth, *A History of English Law*, vol.III, 5th ed.(Sweet & maxwell, 1977), pp.469~475; Association of American Law Schools, *Select essays in Anglo-American legal history*, vol.III(Little Brown and Company: 1909), pp.195~201.

41 Robert Hessen, "The Modern Corporation and Private Property: A Reappraisal," *Journal of Law & Economics*, vol.26(1983), p.275.

42 장하준, 『장하준의 경제학강의』, 66쪽.

이와 같이 회사는 애덤 스미스도 부정적인 인식을 가지고 있었던 제도였으나, 코즈가 지적한 바와 같이 회사는 다양한 자원을 가장 효율적으로 사용할 수 있는 수익 추구에 특화된 조직이었고,[44] 대규모 자본조달까지 가능하였기 때문에 산업혁명기에 엄청난 성장을 거듭하였다.[45] 특히 미국에서 회사 발전은 놀라울 정도였다. 18세기 말 독립혁명(American Revolution)[46]을 거쳐 영국으로부터 독립한 미국은 19세기 초반에 발생한 제1차 산업혁명과 1861년 남북전쟁(American Civil War)[47]을 거치면서 발생한 제2차 산업혁명

---

43 Adam Smith, *An Inquiry into the Nation and Cause of the Wealth of Nation*(An Electronic Classics Series Publication, 2005), Book V. Chapter I. Part III, p.606 (available at: http://www2.hn.psu.edu/faculty/jmanis/adam-smith/wealth-nations.pdf).

44 회사의 가능성을 처음으로 감지한 사람은 역설적으로 카를 마르크스(Karl Marx)였고, 그는 회사를 "자본주의적 생산의 가장 발달한 형태"라고 표현했다(장하준, 『장하준의 경제학강의』, 95쪽).

45 산업혁명기 영국의 회사 발전에 관해서는 Ron Harris, *Industrializing English Law: Entrepreneurship and Business Organization, 1720~1844*(Cambridge University Press, 2000); 미국의 회사 발전에 관하여는 Mansel Blackford & Austin Kerr, *Business Enterprise in American History*, 3rd. ed.(Houghton Mifflin company, 1994) 및 Ted Nace, *Gangs of America: The Rise of Corporate Power and The Disabling of Democracy*(Berrett-Koehler Publishers, 2005) 각각 참조.

46 미국독립혁명은 북아메리카의 13개 영국 식민주가 영국으로부터 독립하여 미국을 수립한 것을 말하고, 프랑스 혁명과 함께 양대 민주주의 혁명으로 평가된다. 미국 독립을 위하여 13개 식민주는 1775년에서 1783년까지 조지 워싱턴(George Washington)을 독립군의 총사령관으로 추대하여 영국을 상대로 독립전쟁을 벌였다. 또한 13개 식민주는 1776년 독립선언서를 발표하여 영국으로부터의 독립을 선언하였고, 프랑스·스페인·네덜란드 등의 도움으로 1783년 파리조약에서 독립이 승인되었다(Wikipedia. s.v. "American Revolution," last modified Sept 28, 2014, http://en.wikipedia.org/wiki/American_Revolution).

47 남북전쟁은 1861~1865년에 미합중국의 북부와 남부가 벌인 내전을 말한다. 남북전쟁

(The Second Industrial Revolution)[48]의 도래로 급격한 산업화가 진행되었다.[49] 당시 전 세계에서 산업화의 주인공은 미국이었고, 19세기 후반 미국에는 철도, 석유, 철강 산업 등에서 거대 회사가 출현하였다.[50] 당시 거대 회사의 규모는 펜실베이니아 철도회사의 예를 보면 알 수 있다. 펜실베이니아 철도회사는 미군의 전체 병력이 3만 명에 불과하던 1891년에 11만 명의 노동자를 고용하였고, 1983년 총수입은 1억 3510만 달러로 당시 연방 정부 세입[51]의 35%에 달하였으며, 총지출은 9550만 달러로 당시 미국 정부 공공지출 총계의 25%에 달했다.[52]

거대 회사는 당시 경제성장에 중요한 역할을 하였지만, 회사의 성장으로 인한 부작용도 발생하였다. 당시 거대 회사의 출현으로 인해 가장 문제가 되었던 것은 경제력 집중의 문제였다. 미국인의 회사에 의한 경제력 집중에 대한 우려는 건국 초기부터 있어 왔고,[53] 특히 회사에 의한 경제력의 집중으로

에 관하여 자세한 사항은 Thomas L. Purvis, *A Dictionary of American History* (Blackwell, 1997), pp.75~76 참조.

48 제2차 산업혁명은 '기술혁명'으로 불리기도 한다. 제2차 산업혁명은 19세기 중반에 발생하였고, 대량생산 라인을 통한 대량생산체제로 특징지어지고, 제2차 산업혁명의 경제성장을 견인한 것은 철도산업과 대규모 철강산업이었다(Wikipedia. s.v. "Second Industrial Revolution," last modified Sept 28, 2014, http://en.wikipedia.org/wiki/Second_Industrial_Revolution).

49 미국의 제2차 산업혁명과 당시 산업발전에 관하여는 Michael J. Piore & Charles F. Sabel, *The Second Industrial Divide: Possibilities for Prosperity*(Basic Books, 1984) 참조.

50 Blackford & Kerr, *Business Enterprise in American History*, pp.125~149.

51 당시 미국 연방 정부의 세입은 3억 8580만 달러였다.

52 제레미 리프킨, 『3차산업혁명』, 안진환 옮김(민음사, 2012), 154쪽(제레미 리프킨은 펜실베이니아 철도회사가 미국 철도교통의 2/3을 관할하던 7개의 철도회사 중 하나에 불과했음을 지적한다).

53 초기 미국의 회사에 대한 우려에 관하여 자세한 내용은 제2장 제2절 참조.

인한 민주주의의 훼손을 우려하였다. 이러한 점은 미국의 제16대 대통령 에 이브러햄 링컨(Abraham Lincoln)이 남북전쟁이 종료된 직후 친구에게 보낸 서신에서도 드러난다.

전쟁의 결과로 회사는 확고한 지위를 확보하였고, 이로 인해 고위 공직자의 부패 시대가 뒤따를 것이다. 이 나라에서 금력(金力)은 국민들의 회사에 대한 잘 못된 생각을 기회로 삼아 모든 부가 소수의 손에 집중되고 그로 인해 공화국이 파괴될 때까지 그 세력을 확장해 나갈 것이다.

나는 심지어 전쟁 때보다 현재 이 나라의 안전에 대하여 걱정을 많이 한다. 신께서 나의 이러한 의심이 기우였음을 증명해주시길 바랄 뿐이다.[54]

링컨의 이와 같은 우려는 기우에 그치지 않고 현실로 드러났다. 제2차 산 업혁명에 힘입은 도금시대(The Gilded Age)[55]에는 회사로의 경제력 집중이 과 도하게 발생하였고, 일부 산업의 경우에는 매우 심각한 경제력 집중 현상이 나 타났다. 예컨대, 석유산업의 경우에는 금융자본을 매개로 한 신탁(trust) 제도[56] 를 통하여 미국 전체 석유산업의 90% 이상이 존 록펠러(John Rockefeller) 한

---

54 Nace, *Gangs of America*, p.15.

55 도금시대는 1870년부터 1900년까지의 시기를 말하는 것으로 제2차 산업혁명으로 인한 급격한 경제 발전으로 상징되는 시대이고, 당시 산업은 철도, 석탄, 제조업 같은 중공업 을 통하여 발전하였다. 도금시대는 1873년에 출간된 마크 트웨인(Mark Twain)의 소설 인 『도금시대: 오늘날의 이야기(The Gilded Age: A Tale of Today)』에서 유래한 것으 로 이 소설은 당시 심각한 사회 문제를 희화하였다(Wikipedia. s.v. "Gilded_Age," last modified Sept 28, http://en.wikipedia. org/wiki/Gilded_Age).

56 트러스트 제도가 회사법에 미친 영향에 대해서 자세한 내용은, Morton J. Horwitz, *The Transformation of American Law, 1870~1960: The Crisis of Legal Orthodoxy* (Oxford University Press, 1992), pp.190~203 참조.

사람에게 집중되었다.[57] 이러한 경제력 집중으로 인한 부작용 때문에 미국에서는 거대 회사에 의한 시장 독점(monopoly)을 규제하기 위하여 1890년 반독점법(antitrust law)인 '셔먼법(Sherman Act)'[58]이 제정되어 시행되기에 이르렀다.[59]

그러나 전체적인 시대의 흐름은 회사의 편이었다. 도금시대는 자유방임(laissez-faire)의 시대였고, 회사의 영업은 '계약의 자유(freedom of contract)'에 의하여 보호를 받았다. 당시의 시대정신(zeitgeist)을 가장 극단적으로 보여준 것이 1905년에 내려진 로크너 사건(Lochner v. New York) 판결[60]이다. 로크너 판결에서 미국 연방 대법원(Supreme Court of the United States)은 제14차 연방개정헌법 조항[61]을 근거로 하여 입법으로 침해될 수 없는 영역을 설정하였다. 연방 대법원은 법률로 제한할 수 없는 영역을 자유방임사상[62]

---

57 Robert O. Anderson, *Fundamentals of the Petroleum Industry*(University of Oklahoma Press, 1984), p.20.

58 Sherman Act of 1890, 15 U.S.C. §§ 1~7.

59 '셔먼법'의 내용에 대하여 자세한 것은 Harry L. Purdy et al., *Corporate Concentration and Public policy*(Prentice-Hall, 1950), pp.324~328 참조.

60 Lochner v. New York, 198 U.S. 45(1905); 이하 로크너 판결이라고 약칭한다.

61 Section 1. All persons born or naturalized in the United States, and subject to the jurisdiction thereof, are citizens of the United States and of the State wherein they reside. No State shall make or enforce any law which shall abridge the privileges or immunities of citizens of the United States; nor shall any State deprive any person of life, liberty, or property, without due process of law; nor deny to any person within its jurisdiction the equal protection of the laws.

62 자유방임사상은 개인의 경제활동의 자유를 최대한으로 보장하고, 이에 대한 국가의 간섭을 가능한 한 배제하려는 경제사상 및 정책을 말한다. 자본주의 생성기에 중상주의(重商主義)에 반대하는 프랑스의 중농주의자(重農主義者)들이 최초로 주장하였으며 이 사상을 경제학적으로 체계화한 것은 애덤 스미스이다(두산백과, 검색어 "자유방임주의," 최종 방문일 2014.12.13, http://terms.naver.com/entry.nhn?docId=1137766&

을 기초로 한 자유권으로 설정하고,[63] 자유권은 사적(private)이고, 정치적 영향의 위험으로부터 보호되는 보통법상 권리(Common law right)로 이해하였다.[64] 또한 시장은 개인 간의 자발적인 계약을 통하여 적절하게 자원이 배분되는 자가 작동 시스템(self-executing system)으로 보았고, 이와 같은 개념을 전제로 제과업자 노동자의 노동시간을 제한하는 뉴욕 주법을 계약의 자유를 침해하는 위헌적인 법률이라고 판단하였다.

계약자유의 무제한성을 인정한 로크너 판결은 많은 비판을 받았고,[65] 연방 대법원에 의하여 결국 파기되었다.[66] 그러나 20세기 초반에는 로크너 판결의 영향으로 "계약제도는 자유시장 원리의 표현이고, 계약에 대한 어떠한 간섭도 자원을 배분하는 자연발생적이고 중립적인 시장제도에 대한 공격"[67]으로 간주되었다. 이러한 도금시대의 흐름은 회사법에도 영향을 주어 1890

---

cid=40942&categoryId=31818).

63 Cass R. Sunstein, "Naked Preferences and the Constitution," *Columbia Law Review*, vol.84(1984), p.1697.

64 Kent Greenfield, *The Failure of Corporate Law: Fundamental Flaws and Progressive Possibilities*(University Of Chicago Press, 2010), p.33.

65 로스코 파운드(Roscoe Pound)는 로크너 판결에 대하여 재산권과 계약의 중요성을 너무 과장하였고, 공익의 희생하에 개인의 권리를 과보호했다고 평가한다[Roscoe Pound, "Liberty of Contract," *Yale Law Journal*, vol.18(1909), pp.460~461]; 로크너 판결의 오류 중 대표적인 것은 시장은 정치의 바깥에 있다는 '시장 중립성' 논리이다. 이러한 시장 중립성 논리에 대하여 데이비드 슈터(David Souter) 대법관은 "경제적 사안에 대한 보통법을 제한하는 의회입법에 대하여 위헌으로 보고, 보통법상의 재산권과 계약자유 원칙을 최고 원리로 보는 것이 로크너 판결의 해악(vice)"이라고 보았다[Seminole Tribe of Florida v. Florida, 517 U.S. 44,166(1996)].

66 West Coast Hotel Co. v. Parrish, 300 U.S. 379(1937); 이 판결은 워싱턴 주의 최저임금 입법을 합헌이라고 판단한 사건으로 로크너 판결을 파기시킨 판결로 평가된다.

67 Horwitz, *The Transformation of American Law 1870~1960*, p.33.

년대부터 뉴저지 주를 시작으로 각 주에서 앞다투어 회사법을 개정하면서 회사에 대한 규제를 철폐하기 시작하였고,[68] 연방 대법원은 회사에게 자연인과 동일한 헌법상 권리를 부여하였다.[69]

회사에 대한 거래법적·조직법적 규제가 완화되어 회사에 대한 영업이 무제한으로 보장되던 경향은 대공황(Great Depression)[70]을 거치면서 변화되기 시작하였다. 시장은 자연적으로 존재하는 것이 아니라 정부의 창조물이라는 생각이 생겨났으며, 회사 소유구조 및 역할에 대한 근본적인 인식 전환이 발생하였다.[71] 경제적 이익 외에 다른 가치를 고려하지 않는 회사에 의해 발생하는 부작용에 대한 인식을 새롭게 하기 시작한 것이다. 이러한 점은 회사 규제가 쟁점이었던 리젯 사건(Liggett Co. v. Lee) 판결[72]에서 루이스 브랜다이스(Louis Brandeis) 대법관이 피력한 의견에서 잘 나타난다.

미국에서 회사의 융성은 우리들로 하여금 회사제도의 자유롭고 무제한의 이용에 부수되는 문명사회의 피할 수 없는 대가로서의 악을 받아들이게 만들었다.

---

68 미국의 각 주가 경쟁적으로 회사법 규제를 완화한 것을 '바닥을 향한 경주(race to the bottom)'라 하고, 이 용어는 윌리엄 캐리(William Cary)의 논문에서 유래되었다[William L. Cary, "Federalism and Corporate Law: Reflections upon Delaware," *Yale Law Journal*, vol.83(1974), p.666]; '바닥을 향한 경주'에 대하여 자세한 내용은 이 책 제2장 제3절 참조.

69 회사에게 헌법상 권리를 인정한 최초의 판결은 산타클라라 사건[Santa Clara County v. Southern Pacific R.R., 118 U.S. 394(1886)] 판결이다.

70 1929년에 발생한 미국의 경제공황을 말한다(Purvis, *A Dictionary of American History*, p.164). 대공황에 대하여 자세한 내용은 강준만, 『미국사산책 6: 대공황과 뉴딜혁명』(인물과 사상사, 2010) 참조.

71 Kent Greenfiel, "The Third Way," *Seattle University Law Review*, vol.37(2013-2014), p.752.

72 Liggett Co. v. Lee, 288 U.S. 517(1933); 이하 '리젯 판결'로 약칭한다.

우리 역사의 많은 부분을 통해 다른 견해가 지배적이었다. 상공업에서 회사의 가치가 충분히 인식되고 있다고 하더라도 종교, 교육, 자선 목적으로 자유롭게 부여되던 회사 설립은 영업 목적의 회사에 대해서는 오랫동안 인정되지 않았다. 영업 목적 회사의 설립은 개인의 사업기회와 자유에 대한 침해의 두려움, 자본에 대한 노동 종속의 두려움, 독점에 대한 두려움, 자본 독점의 두려움 때문에 인정되지 않았다.[73]

대공황을 거쳐 거대 회사에 의한 경제력 집중 외에 회사의 역기능으로 문제된 것은 회사의 비용을 외부로 전가하는 부정적 외부효과(negative externalities)였다.[74] 수익을 추구하는 회사는 주주의 이익을 확보하기 위하여 직원,[75] 지역사회, 정부, 채권자, 공급사, 소비자 등 이해관계인에게 회사가 지불해야 할 비용을 전가하였다.[76] 대공황 이후 회사에 대한 변화된 생각은 회사가 사회적으로 유익한 방향으로 운영될 수 있도록 규제를 가하는 방향으로 발전하였고, 이에 따라 회사의 비용 전가 행위 중 일부는 법률에 의하여 규제되기 시작하였다.[77] 회사에 대한 규제는 회사 내부의 지배구조를 규

---

73 Liggett, 288 U.S., pp.548~549.

74 이를 경제학에서는 외부비경제 또는 부정적 외부효과(negative externality)라고 한다. 외부효과에 대한 간단한 설명으로는 N. Gregory Mankiw, 『맨큐의 경제학』, 김경환·김종석 옮김(교보문고, 2007), 237~243쪽.

75 회사와 근로계약을 체결하고 노무를 제공하는 근로자를 말한다. 직원은 노동자, 피고용자, 근로자 등으로 표현될 수 있으나, 이 책에서는 회사에 근무하면서 업무를 수행하는 모든 사람이라는 의미에서 직원(staff)이라는 용어를 사용하기로 한다.

76 이러한 회사의 행태를 빗대어 회사를 '외부효과 생산기계(externalizing machine)'라고 명명하기도 한다[Joel Bakan, *The Corporation: The Pathological Pursuit of Profit and Power*(Free Press, 2004), pp.60~84; Lawrence E. Mitchell, *Corporate Irresponsibility: America's Newest Export*(Yale University Press, 2001), pp.49~65].

제하는 내부 규제 방식과 회사의 행위를 규제하는 외부 규제 방식이 있는데,[78] 회사의 비용 전가에 대한 대응으로는 외부 규제 방식이 사용되었다.[79] 이에 따라 노동자를 착취하는 회사의 행태를 규제하기 위하여 노동법(labor law)이,[80] 선량한 투자자를 보호하기 위하여 증권규제법(securities regulations)[81]이, 회사의 탈세를 막기 위하여 조세법(tax law)이 발전하였다.[82]

한편, 대공황은 회사의 목적과 역할에 대해서도 변화를 가져왔다.[83] 대공황 이전에는 회사를 주주의 소유로 보고, 회사의 목적은 회사의 주인인 주주

---

77 Kent Greenfield, "The Disaster at Bhopal: Lessons for Corporate Law?" *New England Law Review*, vol.42(2007-2008), p.758.

78 Alfred F. Conrad, *Corporations In Perspective*(The Fountain Press, 1976), p.318[알프레드 콘래드(Alfred Conrad)는 회사에 대한 외부규율은 'government'로, 내부규율은 'governance'로 구분한다].

79 Adam Winkler, "Corporate Law or the Law of Business?: Stakeholders and Corporate Governance at the End of History," *Law and Contemporary Problems*, vol.67(2004); 회사에 대한 내부 규제 방식은 주주 이익을 극대화하는 방향으로 오로지 주주를 보호하는 경우에만 사용되었다(Greenfield, "Debate: Saving the World with Corporate Law?" p.960).

80 단체교섭권을 보호하기 위한 National Labor Relations Act of 1935(29 U.S.C. § 151)와 연방 최저임금에 관한 Fair Labor Standards Act of 1938(29 U.S.C. §§ 201~219)이 제정되었다.

81 미국에서는 증권에 대한 규제를 위하여 연방법으로 1933년 '증권법(Securities Act of 1933, §§ 1~26, 15 U.S.C. §§ 77a~77bbbb)'과 1934년 '증권규제법(Securities Exchange Act of 1934, §§ 1~37, 15 U.S.C. §§ 78a~78nn)'이 제정되었다.

82 이러한 경향은 이후 재화를 생산하면서 환경을 오염시키는 회사의 행태를 규제하기 위하여 '환경법(environmental law)'이, 조악한 물품을 생산하여 소비자에게 피해를 입히는 회사를 규제하기 위하여 '소비자보호법(consumer protection law)'이 제정되면서 1970년까지 이어졌다(Greenfield, "The Third Way," p.753).

83 Kent Greenfield, "Corporate Citizenship: Goal or Feal?" *University of Saint Thomas Law Journal*, vol.10(2012~2013), p.961.

의 이익을 극대화하는 것이라고 보는 입장이 지배적이었다. 이러한 입장은 1919년 닷지 사건(Dodge v. Ford Motor Co) 판결[84]에 의하여 판례로 확립되었고, 이를 주주지상주의(shareholder primacy norm)[85]라고 한다.[86] 아돌프 벌리(Adolf Berle)·가디너 민즈(Gardiner Means)는 자신들의 역저『근대의 회사와 사유재산(The Modern Corporation and Private Property)』[87]에서 이러한 주주지상주의를 이론으로 확립하였다.[88] 이 책에서 벌리·민즈는 근대 회사의 분산된 주식 소유로 인한 소유와 지배의 분리(separation of ownership and control)를 회사법의 근본 문제[89]로 보면서 경영자[90]는 주주의 이익을 위하여 경영해야 한다고 주장하였다.[91]

그러나 1930년대에는 주주지상주의에 대항하여 회사의 경영자는 주주

---

84 Dodge v. Ford Motor Co., 170 N.W. 668(Mich. 1919).

85 주주지상주의는 주주중심주의, 주주중심자본주의, 주주제일주의라고 번역되기도 하나, 이 책에서는 주주지상주의를 사용하기로 한다[장덕조, 「기업의 사회적 책임 – 회사본질론을 중심으로」, ≪상사법연구≫, 제29권 제2호(2010), 547쪽].

86 주주지상주의에 관하여 자세한 내용은 이 책 제4장 제2절 참조.

87 Adolf A. Berle & Gardiner C. Means, *The Modern Corporation and Private Property*, Reprint edition(Transaction Publishers, 1991).

88 벌리의 주장이 대공황의 영향을 받았다는 지적으로는 Lawrence E. Mitchell, "Talking with My Friends: A Response to a Dialogue on Corporate Irresponsibility," *George Washington Law Review*, vol.70(2002). p.989.

89 소유와 지배의 분리에 관하여 자세한 것은 Berle & Means, *The Modern Corporation and Private Property*, pp.112~118 참조.

90 이 책에서 경영자는 이사(director)와 집행임원(officer)을 의미하고, 이하에서도 이사와 집행임원을 합하여 경영자로 총칭한다.

91 벌리·민즈의 책에서 논의된 주제를 중심으로 발전한 회사지배구조이론을 경영자주의 또는 경영자 회사지배구조이론이라고 하고, 이를 시작으로 '회사지배구조'라는 정책 영역이 발전하게 된다[신석훈, 『회사의 본질과 경영권 – 경영권 방어 논쟁에 대한 법경제학적 접근』(한국경제연구원, 2008). 49쪽].

(shareholder)의 이익만이 아니라 회사의 모든 이해관계자(stakeholder)의 이익을 고려해야 한다는 입장이 등장하였고 1931년 벌리와 머릭 도드(Merrick Dodd)는 이 문제를 가지고 논쟁(Berle-Dodd Debate)을 벌였다.[92] 이 논쟁에서 도드는 회사가 주주의 이익만이 아닌 이해관계자의 이익을 고려하여야 하므로 회사의 경영자는 주주의 이익만이 아니라 공익을 고려한 결정을 하여야 한다고 주장하였고,[93] 벌리는 회사는 주주의 이익을 위해서 운영되어야 하고, 회사의 경영진은 주주의 이익을 우선하여야 한다고 주장하였다.[94] 이러한 도드의 주장은 '이해관계자주의(stakeholderism)'[95]로 정립되어 발전하였고, 벌리의 주장은 주주지상주의로 정립되어 회사지배구조(Corporate Governance)에 관한 양대 이론으로 자리 잡게 된다.[96]

1930년대부터 1970년대까지 미국의 회사는 이해관계자주의[97]의 영향을

---

92 벌리-도드 논쟁(Berle-Dodd Debate)에 대하여 자세한 내용은 이 책 제4장 제1절 참조.

93 도드의 주장에 대해서는 E. Merrick Dodd, Jr., "For Whom Are Corporate Managers Trustees?" *Harvard Law Review*, vol.45(1932).

94 벌리의 주장에 대해서는 Adolf A. Berle Jr., "Corporate Powers as Powers in Trust," *Harvard Law Review*, vol.44(1931); Adolf A. Berle, Jr., "For Whom Corporate Managers Are Trustees: A Note," *Harvard Law Review*, vol.45(1932).

95 국내에서는 이해관계자주의를 '이해관계자 중심주의', '이해관계자 자본주의'라고 부르기도 하나, 이 책에서는 단순히 '이해관계자주의'로 부르기로 한다. 또한 이 책에서 이해관계자주의는 회사 경영을 함에 있어 주주를 포함한 모든 이해관계자의 이익을 고려하여야 한다는 취지의 모든 주장을 포괄하는 개념이다.

96 주주지상주의와 이해관계자주의를 간단히 소개한 국내문헌으로는 최준선, 「주주자본주의와 이해관계자 자본주의」, 《상사법연구》, 제26권 제2호(2007).

97 이해관계자주의 중에서 대표적인 주장은 경영학에서 출발한 이해관계자이론(stakeholder theory)이고, 이 책도 이해관계자주의를 이해관계자이론을 중심으로 논의한다. 경영학 분야에서 '이해관계자이론'은 맥락에 따라 '이해관계자 모델(stakeholder model)', '이해관계자 경영(stakeholder management)', '이해관계자 지배구조(stakeholder governance)' 등으로 불리기도 한다[R. Edward Freeman, *Strategic Management: A*

받아 주주의 이익만이 아니라 회사와 관련된 모든 이해관계자의 이익을 고려하여 운영되었다는 것이 일반적인 분석이다.[98] 실제 회사의 경영자들도 자신의 이러한 역할을 명확하게 인식하고 있었고, 그러한 점은 제너럴 일렉트릭(General Electric)사의 최고경영자(CEO) 오웬 영(Owen Young)의 발언에서도 알 수 있다.

　이사회는 오직 주주만을 위한 수탁자가 아니라 동시에 근로자, 소비자, 대중을 위한 수탁자로서 행동해야 한다.[99]

모든 이해관계자를 위한 경영[100]이 가능했던 이유는 현대 회사의 특성 중 하나인 소유와 지배가 분리된 것에 기인한다. 벌리·민즈의 연구결과에 의하면, 1930년대부터 미국의 공개회사의 대부분은 소유와 경영이 분리되어 운영되고 있었다.[101] 즉 주주는 회사의 소유자이지만,[102] 회사의 일상적인 경영이나 장기 전략에 아무런 권한을 가지지 않고,[103] 주주가 임명한 경영자가 회

Stakeholder Approach(Cambridge University Press, 2010), p.25].

98　William W. Bratton, "Nexus of Contracts Corporation: A Critical Appraisal," *Cornell Law Review*, vol.74(1989), p.408.

99　Dodd, "For Whom are Corporate Managers Trustees?" p.1154.

100　모든 이해관계자를 위한 경영은 1930년대 이후 경영학과 법학에서 기업의 사회적 책임(Corporate Social Responsibility: CSR)이론으로 발전하게 된다(이철송,『회사법강의』, 65쪽).

101　Berle & Means, *The Modern Corporation and Private Property*, pp.84~90.

102　주주를 회사의 소유자로 보는 입장은 이후 많은 공격을 받게 된다. 이에 대한 자세한 내용은 제5장에서 살펴보겠지만, 주주를 회사의 소유자로 보는 입장에 대한 비판을 간단하게 소개한 문헌으로는, Jonathan R. Macey, "Externalities, Firm-Specific Capital Investments, and the Legal Treatment of Fundamental Corporate Changes," *Duke Law Journal*, vol.1989(1989) 참조.

사를 경영한다는 것이다.[104] 이와 같이 능력 있는 전문 경영자에 의한 회사 경영은 회사가 부를 창출하는 매우 효율적인 장치로 작용하였고,[105] 1970년 대까지의 경영자는 주주의 대리인이 아니라 회사와 관련된 모든 이해관계자의 이익을 고려하여 행동하는 정치인(statesman)으로 간주되었다.[106]

그러나 경영자주의에 의한 회사지배구조는 1970년대부터 여러 변화의 징조를 거쳐 주주지상주의로 다시 대체되기 시작한다. 변화의 징조는 대표적인 신자유주의[107] 경제학자이자 노벨 경제학상 수상자인 밀턴 프리드먼 (Milton Friedman)[108]이 기업의 사회적 책임(Corporate Social Responsibility: CSR)을 부정하고 주주지상주의를 강력하게 지지한 1970년 ≪뉴욕타임스 (The New York Times)≫ 칼럼[109]을 보면 알 수 있다.[110]

---

103 Steven M. Bainbridge, "Why a Board? Group Decisionmaking in Corporate Governance," *Vanderbilt Law Review*, vol.55(2002), p.4.

104 이를 회사지배구조와 관련하여 경영자주의(managerialism)라고 한다. 다만 경영자주의에서 경영자는 이사와 집행임원을 모두 의미하는 것보다는 최고경영자 또는 집행임원을 의미하는 것이다. 경영자주의에 관하여 자세한 내용은 제2장 제3절 참조.

105 Alfred D. Chandler Jr., *The Visible Hand: The Managerial Revolution in American Business*(Belknap Press, 1977), pp.490~497.

106 로버트 라이시, 『슈퍼자본주의』, 형선호 옮김(김영사, 2008), 253쪽.

107 신자유주의는 시장에 대한 무한한 신뢰를 전제로 시장이 모든 사회적·경제적 문제를 해결하는 최선의 대안이라는 시장만능주의의 현대적 형태이다[유종일, 『진보경제학』 (모티브북, 2012), 263쪽]. 신자유주의 경제학의 대표적인 학자는 프리드먼 외에 프리드리히 하이에크(Friedrich Hayek)가 있다.

108 프리드먼의 주장은 정치철학적으로는 최소국가와 자유방임경제를 옹호하는 자유지상주의(Libertarian)와 연결된다[마이클 샌델, 『정의란 무엇인가』, 이창신 옮김(김영사, 2009), 91쪽]. 자유지상주의의 이론적 기초에 관한 문헌으로는 로버트 노직, 『아나키에서 유토피아로』, 남경희 옮김(문학과 지성사, 1997) 참조.

109 Milton Friedman, "The Social Responsibility of Business Is to Increase Its Profits," in Ruth Chadwick & Doris Schroeder(eds.), *Applied Ethics: Critical Concepts in*

사유재산제도에서 회사의 경영자는 회사 소유자[111]의 고용인일 뿐이다. 경영자는 회사 소유자에 대하여 직접 책임을 진다. 경영자의 책임은 회사 소유자의 요구에 따라 회사를 경영하는 것이고, 회사 소유자의 요구는 사회 규범의 범위 안에서 가능한 한 많은 돈을 버는 것이다. …… 경영자는 주주의 대리인일 뿐이고, 주주에게 책임을 진다. …… 회사 경영자가 사회적 책임을 가져야 한다는 말의 의미는 무엇인가? 이 말이 단순한 덕담이 아니라면 이는 경영자가 자신을 고용한 사람의 이익을 위해 행동하지 않는다는 것을 의미한다.[112]

미국의 회사지배구조는 이와 같은 변화의 징조를 거쳐 1980년 '레이건 혁명(Reagan Revolution)'[113]을 기점으로 본격적으로 변화되기 시작한다.[114] 1980년대 회사지배구조의 변화는 경제 현실적인 측면에서는 주식시장의 발달 및 세계화의 영향이고, 이론적으로는 신자유주의[115]를 배경으로 한다.[116]

Philosophy(Routledge, 2002), pp.57~63(first published in *New York Times Magazine*, September 13, 1970).

110 프리드먼의 주장에 대하여 더 자세한 내용은 밀튼 프리드만, 『자본주의와 자유』, 최정표 옮김(형설출판사, 1990) 참조.

111 프리드먼은 회사의 소유자를 '주주'로 보기 때문에, 여기서의 소유자는 주주를 의미한다.

112 Friedman, "The Social Responsibility of Business Is to Increase Its Profits," p.58.

113 로널드 레이건(Ronald Reagan)이 미국 대통령으로 당선되어 경제 측면에서 일명 '레이거노믹스(Reaganomics)'라는 경제정책을 펼친 것을 의미한다. 레이건은 대통령에 당선되자 신자유주의 정책을 펴기 시작하면서 친시장 정책을 지지하고 규제를 공격했다.

114 Greenfield, "The Third Way," p.753.

115 신자유주의 주장의 핵심은 경제자유화, 자유무역, 시장 개방, 규제 완화, 정부지출 축소 등이다. 신자유주의에 관하여 자세한 내용은 데이비드 하비, 『신자유주의: 간략한 역사』, 최병두 옮김(한울, 2014) 참조.

116 신자유주의의 회사에 대한 입장에 대해서는 Friedrich Hayek, "The Corporation in a Democratic Society: In Whose Interest Ought It and Will It Be Run?" in H. Igor

이러한 경제 현실적·이론적인 영향으로 법학에서는 신자유주의의 영향을 받아 신고전파 경제학(neo classical economics)[117]의 전제[118]를 받아들인 법경제학 운동(the law and economics movement)이 등장[119]하여 지지를 얻기 시작하였다.[120] 법경제학자들은 1970년대부터 코즈의 영향을 받은 경제학적 회사이론에 근거하여 회사의 본질과 회사법의 성격[121]을 재정의(re-conceptualization)하면서 주주지상주의를 지지하였다.[122] 이와 같은 주주지상주의

Ansoff(ed.), *Business Strategy*(Penguin, 1974) 참조; 이러한 신자유주의 회사법관에 대한 비판으로는 이동승, 「신자유주의적 회사법론에 대한 비판」, ≪경영법률≫, 12권 (2001) 참조.

117 신고전파 경제학은 앨프리드 마셜(Alfred Marshall)을 중심으로 발전한 학파로 애덤스미스에 의해 성립된 고전학파 경제학을 19세기 후반의 시대정신에 맞추어 수정한 경제학 이론을 말한다. 신고전파 경제학은 가격, 산출 및 소득 분배가 수요와 공급을 통한 시장에 의해 결정된다고 본다[서기원 외, 『경제학설사』(문영사, 2000), 291~293쪽].

118 신고전파 경제학의 기본 전제는 인간은 합리적인 효용 극대화(maximization of utility)의 추구자로서 자유의지를 가지고 행동한다는 것이다[Richard A. Posner, *Economic Analysis of Law*, 4th ed.(Aspen publishers, 1992), p.4].

119 법경제학의 등장을 알린 기념비적 저작이 1973년에 처음 출간된 리처드 포스너 (Richard Posner)의 『법경제학(Economic Analysis of Law)』 초판이다. 이러한 법경제학의 기초에 대하여 자세한 내용은 조성혜, 「법경제학의 기초」, ≪법철학연구≫, 7권 2호(2004) 참조.

120 Jonathan R. Macey, *Corporate Governance*(Princeton University Press, 2008), p.2.

121 주주지상주의의 회사의 본질과 회사법의 성격에 관한 자세한 내용은 이 책 제4장 제2절 참조.

122 법경제학적 입장의 주주지상주의를 자세히 알 수 있는 국내 문헌으로는 프랭크 H. 이스터브룩·다니엘 R. 피셸, 『회사법의 경제학적 구조』, 이문지 옮김(자유기업센터, 1999) 참조.
1980년대 초기 회사법에 관한 주요 법경제학 문헌으로는 Barry D. Baysinger & Henry N. Butler, "Revolution Versus Evolution in Corporation Law: The ALI's Project and the Independent Director," *George Washington Law Review*, vol.52(1984); Reinier

의 이론적 재정립과 자본시장의 세계화, 기관투자자의 영향력 증대[123]와 주주행동주의(shareholer activism)[124]의 득세 등 자본시장의 변화로 주주지상주의는 1980년대 다시 지배적인 회사지배구조이론으로 자리 잡게 된다.[125] 이러한 주주지상주의의 귀환으로 인해 1980년대부터 회사는 법적·도덕적 의무는 필요 없고, 오로지 시장의 기능에만 충실하면 되는 것으로 이해되었다.[126] 특히 주주지상주의는 1980년대 이후의 지속적인 경제성장으로 그 실질적 정당성을 획득하게 되어 이론의 수준을 넘어 공리(axiom)로 인정되었

H. Kraakman, "Corporate Liability Strategies and the Costs of Legal Controls," *Yale Law Journal*, vol.93(1984); Saul Levmore, "Monitors and Freeriders in Commercial and Corporate Settings," *Yale Law Journal*, vol.92(1982); Kenneth E. Scott, "Corporation Law and the 'American Law Institute Corporate Governance Project'," *Stanford Law Review*, vol.35(1983); Nicholas Wolfson, "A Critique of Corporate Law," *University of Miami Law Review*, vol.34(1980).

123 1970년대 미국에서는 기관투자자의 영향력이 증대되면서 기관투자자가 주주로서 적극적으로 주주지상주의를 지지하기 시작하였다(William Lazonick & Mary O'sullivan, "Maximizing Shareholder Value: A New Ideology for Corporate Governance," *Economy and Society*, vol.29, no.1(2000), p.16); 기관투자자의 영향으로 변화된 회사지배구조에 관해서는 Roberta Romano, "Public Pension Fund Activism in Corporate Governance Reconsidered," *Columbia Law Review*, vol.93(1993) 참조.

124 주주행동주의에 대해서는 Kenneth A. Kim, John R. Nofsinger & Derek J. Mohr, 『기업지배구조 – 이해관계의 대립과 일치』, 이호영 옮김(석정, 2011), 161~187쪽.

125 Mohammed Omran, Peter Atrill, & John Pointon, "Shareholders versus Stakeholders: Corporate Mission Statements and Investor Returns," *Business Ethics: A European Review*, vol.11, no.4(2002), p.318; 1980년대 주주지상주의와 관련된 실질적인 쟁점은 적대적 기업인수 논쟁이었다. 1980년대에는 적대적 기업인수가 매우 활발하게 진행되었고, 이러한 적대적 기업인수에 대한 규제 여부가 회사법의 성격과 관련하여 문제되었다.

126 위와 같은 회사의 기능 변화 현상에 대하여 자세한 내용은 Victor Brudney, "Contract and Fiduciary Duty in Corporate Law," *Boston College Law Review*, vol.38(1997).

다. 이러한 경향의 정점에서 헨리 한스만(Henry Hansmann)과 레이니어 크라크맨(Reinier Kraakman)은 사회주의(socialism)에 대한 자본주의의 승리를 선언한 프랜시스 후쿠야마(Francis Fukuyama)의 저서 『역사의 종말』[127]을 연상시키는 2001년 발표논문 "회사법판 역사의 종말(The End of History for Corporate Law)"[128]에서 주주지상주의의 종국적인 승리를 선언하였다.[129]

한스만·크라크맨의 논문이 발표된 지 채 1년이 지나지 않아 미국에서는 역사상 최대 규모의 회계부정 사건이 잇달아 발생하였다. 엔론 사건(Enron Scandal)[130]과 월드컴 사건(Worldcom Scandal)[131]이 그것이고,[132] 이 두 사건

---

127 프랜시스 후쿠야마, 『역사의 종말』, 이상훈 옮김(한마음사, 1992).

128 Henry Hansmann & Reinier Kraakman, "The End of History for Corporate Law," *Georgetown Law Journal*, vol.89(2001).

129 Hansmann & Kraakman, "The End of History for Corporate Law," 439. "회사법이 장기적인 주주가치를 증진하는 데 노력해야 한다는 주장에 대해서 어떠한 중요한 반대 견해도 존재하지 않는다(There is no longer any serious competitor to the view that corporate law should principally strive to increase long-term shareholder value)".

130 '엔론 사건'은 미국의 에너지 기업인 엔론사의 2001년 회계부정 사건이 밝혀지면서 당시 미국 역사상 가장 큰 기업이 파산에 이른 사건을 말한다. 엔론 사건에 대해 자세한 내용은 베서니 맥린·피터 엘킨드, 『엔론 스캔들: 세상에서 제일 잘난 놈들의 몰락』, 방영호 옮김(서돌, 2010) 참조.

131 '월드컴 사건'은 엔론 사건과 같은 회계부정 사건으로, 월드컴사의 경영진이 38억 달러 상당의 비용을 투자로 회계 처리하여 이익을 조작한 사건이다. 위와 같은 회계 부정은 새로운 경영진이 들어서면서 밝혀졌고, 회계부정을 지시한 CEO 버나드 에버스(Bernard Ebbers)는 회계부정으로 25년 형을 선고받았다. 이로 인해 2002년 월드컴은 파산신청을 하게 된다(Wikipedia. s.v. "MCI_Inc.#Accounting_scandals)," last modified Oct 18, 2014, http://en.wikipedia.org/wiki/MCI_Inc.#Accounting_scandals).

132 엔론이 기업의 사회적 책임에 관한 모범적인 회사로 알려져 있었다는 점에서 매우 역설적이었다는 지적으로는 Marianne M. Jennings & Stephen Happel, "The Post-Enron Era for Stakeholder Theory: A New Look at Corporate Governance and the Coase

은 미국의 자본시장과 회사제도를 신뢰하던 모든 이들에게 충격을 안겨주었
다. 이 두 사건의 원인에 대해서는 많은 논의가 있었지만, 자본주의와 회사
제도를 신뢰하는 입장에서 회사제도 자체의 결함보다는 자본시장 규제의 문
제로 인식되었고,[133] 자본시장 규제 강화를 통하여 문제를 해결할 수 있다고
결론 내려졌다.[134] 이에 따라 공개회사에 대한 규제를 강화하는 '사베인스-옥
슬리법(Sarbanes-Oxley Act)'[135]이 제정되어 시행되게 되었다.[136]

　　그러나 엔론·월드컴 사건은 전조에 불과했다. 2007년 발생한 미국발 글로
벌 금융위기(Global Financial Crisis of 2007~2008: GFC)[137]는 미국 전체를 대공
황 이후 최대의 경제 위기상황으로 몰아넣었고, 이로 인해 세계 경제는 엄청
난 경기 침체를 겪어야 했다.[138] GFC의 발생 원인으로는 여러 가지가 지적

Theorem," *Mercer Law Review,* vol.54(2002~2003), pp.873~875.

133 이에 대하여 주주지상주의와 주식매수선택권이 주요한 원인이라는 지적이 있다. 이 논
　　문에 의하면 엔론과 월드컴 사건은 회사의 경영자가 단기 성과의 압력에 따라 회사의
　　장기적 이익을 소홀히 한 것이 원인이라고 본다[John R. Graham, Campbell R.
　　Harvey & Shiva Rajgopal, "The economic implications of corporate financial
　　reporting," *Journal of Accounting and Economics,* vol.40, no.1(2005), pp.35~36].

134 반면 엔론 사건에 대해서 법의 지배를 무력화시키고, 부의 불평등을 극적으로 심화시켰
　　던 신자유주의의 부작용으로 보는 견해가 있다[Kellye Y. Testy, "The Beginning of Her-
　　story for Corporate Law," *Seattle Journal for Social Justice,* vol.1(2002~2003), p.454].

135 Sarbanes-Oxley Act of 2002, Pub. L. no.107-204, 116 Stat 745(codified in scattered
　　sections of 15 U.S.C.).

136 '사베인스-옥슬리법'에 대하여 자세한 내용은 Guy P. Lander, *What is Sarbanes-
　　Oxley?*(McGraw-Hill, 2003) 참조.

137 이하에서는 글로벌 금융위기(Global Financial Crisis of 2007~2008)를 'GFC'로 약칭한다.

138 GFC는 미국의 비우량 주택담보대출(subprime mortgage)의 부실에서부터 시작되었
　　고, 그 부실이 전 금융기관에 확대되면서 커져갔다. GFC의 원인에 대해 자세한 내용은
　　미국 의회의 공식 보고서에 잘 정리되어 있다(Financial Crisis Inquiry Commission,
　　The Financial Crisis Inquiry Report, Authorized Edition: Final Report of the

되지만, 근본적인 이유는 거대 회사, 특히 금융회사의 규제되지 않은 무분별한 탐욕(Greed)이었고,[139] GFC는 회사제도에 대한 근본적인 의문을 제기하게 한 거대한 사건이었다.[140]

1980년 이후 금융 경제의 화려한 성장, 즉 월 스트리트(Wall Street)[141]의 화려함의 이면에는 메인 스트리트(Main Street)[142]의 초라함이 있었다. 실질임금은 정체되었고, 고용 안정성은 전혀 보장되지 않았다. 미국에서 노동자를 보호할 수 있는 노동조합의 조직률은 6.7%에 불과하였고,[143] 그나마 있는 노동조합도 노동자를 보호하기에는 역부족이었다.[144] 반면 경영자와 근로자의

National Commission on the Causes of the Financial and Economic Crisis in the United States(Public Affairs, 2011)(available at: http://www.gpo.gov/fdsys/pkg/GPO-FCIC/pdf/GPO-FCIC.pdf).

139 GFC로 인해 적나라하게 드러난 금융회사의 부작용을 시정하기 위해서 미국 의회는 금융개혁법인 도드-프랭크법[The Dodd-Frank Wall Street Reform and Consumer Protection Act: Dodd-Frank Act, Pub. L. no.111-203, 124 Stat. 1376(2010)]을 제정하였다. 그러나 도드-프랭크법이 금융위기의 근본원인인 회사의 탐욕을 제어할 수 있을 것인지는 의문이다. 도드-프랭크법에 관한 자세한 내용은 김홍기, 「미국금융개혁법과 우리의 과제: 미국 도드-프랭크법의 주요 내용 및 우리나라에서의 시사점」, ≪금융법연구≫, 7권 2호(2010) 참조.

140 Greenfield, "The Third Way," p.757.

141 미국 뉴욕시에 있는 금융중심가이나, 미국의 금융 부문을 지칭하는 말로 사용된다(Wikipedia. s.v. "Wall Street," last modified Oct 18, 2014, http://en.wikipedia.org/wiki/Wall_Street).

142 미국 금융자본의 상징인 월 스트리트(Wall Street)와 대비시켜 실물경제 부문을 가리키는 용어로 사용된다(네이버 무역용어사건, 검색어 "메인 스트리트," 최종 방문일 2014. 10. 18., http://terms.naver.com/entry.nhn?docId=983856&cid=42093&categoryId=42093.

143 U.S. Department of Labor, "Union Affiliation of Employed Wage and Salary Workers by Occupation and Industry," Bureau of Labor Statistics(last modified Jan, 14, 2014, http://www.bls.gov/news.release/union2.t03.htm).

임금 격차는 상상을 초월할 정도로 벌어졌고,[145] 전 세계적으로 소득의 양극화 현상은 심해졌다. 최근 토마 피케티(Thomas Piketty)의 연구결과에 의하면 지난 수백 년간 자본수익률(r)은 경제성장률(g)을 능가(r > g)해왔다는 것이 밝혀졌다.[146] 이것이 회사법에 의미하는 바는 그동안 회사가 창출한 부가 주주에 의하여 대부분 향유되었고, 이것을 이론적으로 정당화한 것이 다름 아닌 주주지상주의라는 것이다.

회사제도가 소득의 불평등에 기여했다는 것 외에 GFC에서 드러난 사실은 경제성장기에는 모든 과실을 독점적으로 향유하던 회사가 경제가 어려워질 때는 사회에 엄청난 비용을 전가하는 부정적 외부효과를 발생시킨다는 것이었다. 미국은 금융제도를 유지시키고 도산한 회사를 위해 엄청난 세금을 회사에 투입해야 했다. 이로 인해 미국 시민사회에서는 '월 스트리트를 점령하라(Occupy Wall Street: OWS)'[147]라는 운동이 일어났고,[148] OWS 운동의 핵심은 자본주의의 탐욕을 규제하라는 것이다. 자본주의의 탐욕은 개인보다는 회사를 통해서 이루어진다는 점에서 결국 회사의 탐욕적 이익 추구 행위를 의미한다.

---

144 Greenfield, "The Third Way," p.756.

145 1970년대에는 S&P 500에 속하는 회사의 CEO의 연평균 보수는 제조업체에 종사하는 일반 근로자의 30배 정도로 많았지만, 1996년에는 210배 정도로 많아졌다는 지적으로는 최준선, 「자본주의의 변천과 주식회사 이사의 보수」, ≪상사법연구≫, 29권 3호 (2010), 217쪽 참조.

146 토마 피케티, 『21세기 자본』, 장경덕 외 옮김(글항아리, 2014), 39쪽.

147 이하에서는 '월 스트리트를 점령하라(Occupy Wall Street)'를 'OWS'로 약칭한다.

148 OWS는 2011.9.17. 미국 뉴욕 시 금융 지구에 위치한 주코티 공원(Zuccotti Park)에서 시작된 저항운동이다. OWS의 주요 주제는 사회적·경제적 불평등, 탐욕, 부패, 회사의 정부에 대한 부당한 영향 등이었다(Wikipedia. s.v. "Occupy_Wall_Street," last modified Oct 18, 2014, http://en.wikipedia.org/wiki/Occupy_Wall_Street).

이 책은 회사가 역사적으로 자본주의의 총아로서 경제적 부의 창출에 지대한 공헌을 한 반면 경제적 부의 불평등과 부정적 외부효과를 발생시키는 기구로도 작용해왔다는 점을 인식하고 이와 같은 문제를 회사의 실패(the failure of the corporation)[149]로 규정한다. 그렇다면 어떻게 이러한 상황을 바꿀 수 있을 것인가? 회사의 장점인 경제적 부 창출 기능은 유지하면서 소득 불평등과 부정적 외부효과와 같은 회사의 부작용을 억제할 수 있는 방법은 없을 것인가? 무엇을 바꾸어야 세상을 더 좋은 곳으로 만들 수 있을까? 이 책의 연구 배경은 바로 이와 같은 회사의 실패를 문제로 인식하고 그에 대한 회사법상 해결방안을 강구하는 데 있다.

2) '회사의 실패'와 새로운 회사지배구조의 필요성

앞에서 이 책은 자본주의제도 속에서 회사가 경제성장에 크게 기여한 부분도 있지만, 회사의 실패로 인한 문제점도 있었다는 것을 지적하였다. 회사제도는 인류 생활에 필요한 재화를 생산하고, 경제적 부를 창출하는 등 자본주의 경제 발전에 기여하는 순기능도 있지만, 경제력 집중과 소득 불평등의 초래, 외부효과 전가 등의 역기능도 있었다. 회사법의 과제는 "회사의 장점을 살리고 그 폐해를 제도적으로 억제하는 것"이다.[150] 따라서 회사의 실패를 회사법으로 시정할 수 있는지 탐구하는 것은 매우 중요한 과제이고, 이

---

149 이 책은 경제학에서 논의되는 '시장의 실패(market failure)' 개념을 회사의 경우로 차용하여 사용하였다. 시장의 실패에 대하여 자세한 것은 서승환, 『미시경제론』(홍문사, 2001), 553~555쪽을 참조.

150 이철송, 『회사법강의』, 4쪽.

책의 목적은 이와 같은 연구의 배경하에 21세기 회사법이 나아갈 방향을 탐구해보는 데 있다.[151]

이 책은 경제적 부의 불평등과 부정적 외부효과를 회사 실패의 대표적 사례로 들고 있다. 경제적 부의 불평등은 전통적으로 조세와 사회복지에 의한 소득재분배 문제로 이해되었고,[152] 부정적 외부효과는 불법행위법과 환경법과 같은 공법의 영역으로 인식되었다. 그러나 경제적 부의 불평등과 부정적 외부효과는 상당 부분 회사의 행위가 원인이 되어 발생한 것이다.[153] 현대 자본주의 경제에서 대부분의 경제적 부는 회사에 의하여 창출되고, 이를 위해서는 주주, 경영자, 직원, 원재료 공급자, 지역사회, 정부와 같은 회사 이해관계자의 집합적인 노력이 필요하다. 회사는 이와 같은 집합적인 노력을 통해 부를 창출하는 데에 성공했지만, 그 과실은 대부분 주주에게 배분되었고, 주주를 제외한 다른 이해관계자[154]는 그들이 기여한 만큼 부를 배분받지 못했다.[155]

예컨대, 미국의 경우 2008년 GFC 이전까지 전체 소득은 높아지고 있음에도 90%에 달하는 미국인의 평균 소득은 지속적으로 하락하고 있었다.[156] 미국에서 최저임금 계층의 소득은 30년간 변하지 않았고, 2000년 이후 실질가

---

151 21세기 회사법의 방향에 관한 논문으로는 최준선, 「회사법의 방향」, ≪상사법연구≫, 제31권 제1호(2012) 참조.

152 Brett H. McDonnell, "Employee Primacy, or Economics Meets Civic Republicanism at Work," *Stanford Journal of Law, Business & Finance*, vol.13, no.2(2007~2008), p.343.

153 Kent Greenfield, "There's a Forest in Those Trees: Teaching About the Role of Corporations in Society," *Georgia Law Review*, vol.34(1999~2000), p.1017.

154 특히 회사의 생산에 불가결한 기여를 하는 회사 직원을 의미한다.

155 Greenfield, "Debate: Saving the World with Corporate Law?" p.975.

156 David Cay Johnston, "Income Gap is Widening, Data Shows," *The New York Times*(March 29, 2007), C1(last accessed Nov. 24, 2014, http://www.odec.umd. edu/CD/CLASS/INCGAP.PDF).

계소득은 계속 하락하였다.[157] 이러한 점은 2004년 기준으로 15년간 노동생산성이 40% 가까이 상승한 것과 비교하면 미국의 노동자들이 자신들의 생산성 향상분만큼의 임금도 배분받지 못했다는 것을 의미한다.[158] 빈곤에 관한 통계를 보면 2007년 기준으로 미국 노동자의 26%가 빈곤선 이하의 임금을 받고 있다는 것을 알 수 있다.[159] 이러한 미국 노동자의 경제적 어려움은 미국 부유층의 소득 증가와 비교하면 더욱 비교가 된다. 1979년부터 2007년까지 하위 10%에 속하는 가계의 소득이 10% 증가하는 동안 상위 10%에 속하는 가계는 50% 이상 증가하였고,[160] 상위 1%에 속하는 가계의 소득은 무려 240% 증가하였다.[161] 미국 상위 10%는 매년 10만 달러 이상을 벌고, 미국 전체 소득의 50%를 차지하고 있다.[162] 소득이 아니라 자산(asset)을 기준으로

---

157 John Irons, "Typical Families See Income and Earnings Decline," Economic Policy Institute(Snapshot for September 5, 2007)(last accessed Oct. 18, 2014, http://www.epi.org/publication/webfeatures_snapshots_20070905/).

158 Economic Policy Institute, "Productivity and median and average compensation, 1973~2007," in The State Of Working America 2007/2008(last accessed Oct. 18, 2014, http://www.epi.org/resources/research_data/state_of_working_america_data).

159 Economic Policy Institute, "Share of all workers earning poverty-level hourly wages, 1973~2007," in The State Of Working America 2007/2008(last accessed Oct. 18, 2014, http://www.epi.org/resources/research_data/state_of_working_america_data).

160 Lawrence Mishel et al., *The State Of Working America*, 12th ed.(Economic Policy Institute, 2012), 80 figure 2M(Change in average real annual household income by income group, 1979~2010)(available at, http://www.stateofworkingamerica.org/subjects/income/?reader).

161 같은 책; 특히 이 책에 의하면 미국 상위 1%가 전체 소득에서 차지하는 비율은 호주, 캐나다, 핀란드, 독일, 뉴질랜드, 네덜란드, 아일랜드, 노르웨이, 스페인, 스웨덴, 스위스와 비교해도 가장 높다고 지적한다(같은 책, 84 Figure 2AB).

162 Johnston, "Income Gap is Widening, Data Shows," C1.

표 1-2 2010년 기준 미국 소득분포별 자산보유 현황

분포	가계소득(%)	가계순자산(%)
90%	55.5	23.3
91~99%	27.3	41.4
상위 1%	17.2	35.4

자료: Lawrence Mishel et al., *The State Of Working America*, p.379 Table 6.1.

하면 부의 불평등은 더욱 심각하다. 2010년 기준으로 미국 소득분포별 자산
보유 현황은 〈표 1-2〉와 같다.

이와 같이 소득의 55.5%를 점하고 있는 90%의 미국인들은 미국 전체 부
의 23%만을 소유하고 있는 반면 소득 상위 1%는 35% 이상의 부를 소유하고
있다. 이러한 통계는 해마다 조금씩 달라지긴 하지만 그 추세는 확실히 소득
과 부가 불평등하게 소유되는 방향으로 변하고 있다는 점을 보여준다.[163] 이
와 같은 미국인의 경제적 불안정성은 미국 경제에서 소득의 주요한 원천이
회사라는 점에서 회사와 상당한 관련이 있다.[164]

최근 대한민국의 경우에도 미국과 같이 소득과 부의 불평등이 심화되고
있다. 최근 발표에 의하면 배당소득자 상위 1%가 전체 배당소득의 72%인 8
조 1000억 원, 1인당 평균 9200만 원을 가져가는 것으로 확인되었다. 또한
상위 7%가 배당소득의 90%인 10조 2000억 원을 가져감으로써 배당소득의
소득 불균등이 근로·이자 소득보다 훨씬 심각한 것으로 나타났다.[165] 또한

---

163 Louis Uchitelle, "Age of Riches: The Richest of the Rich, Proud of a New Gilded
   Age." *The New York Times*(July 15, 2007). A1. 이 칼럼은 21세기를 또 다른 도금시
   대(Gilded Age)라고 정의한다.

164 Kent Greenfield, "Defending Stakeholder Governance," *Case Western Reserve Law
   Review,* vol.58(2007~2008), p.1050.

2010년 소득세 자료를 바탕으로 분석한 최근 연구결과[166]에 의하면 20세 이상 성인인구 3797만 명 중 상위 10%는 전체 소득의 48.05%, 상위 20%는 68.29%를 버는 것으로 나타났다. 특히 이 연구에 의하면 상위 1%의 소득 점유율이 12.97%, 상위 0.1%의 점유율이 4.46%로 나타나 최상위계층으로 갈수록 쏠림 현상이 두드러지게 나타난다. 반면 하위 40%의 소득 점유율은 2.05%에 불과하고 하위 70%를 기준으로 해도 전체 소득에서 차지하는 비중은 18.87%에 불과하다고 조사되었다.

특히 피케티의 최근 연구는 부의 불평등이 자본주의가 시작된 이래로 계속되어왔다는 점을 분명히 알게 해주었다.[167] 결국 부의 불평등한 분배는 회사가 생산을 위한 투입(inputs)에 관해서는 집합적 기구임에도 불구하고, 그 산출(outputs)에 대해서는 오로지 주주만 과실을 향유하였기 때문이다.[168] 이러한 결과를 발생시킨 모든 결정은 주주가 선임한 경영자가 주주의 이익을 극대화하는 과정에서 나온 것이다.[169] 부정적 외부효과도 부의 불평등과 마찬가지로 비용을 최소화하여 주주의 이익을 극대화하는 과정에서 발생한다. 따라서 회사 실패의 근본적인 원인은 회사로 하여금 이와 같은 행위를 하도록 하는 회사 의사결정(decision making)의 문제라고 볼 수 있다.

회사의 의사결정은 회사법에서 '회사지배구조(corporate governance)'의 문제로 다루어진다.[170] 그렇다면 결국 경제적 부의 불평등 및 부정적 외부효과

---

165 국회의원 최재성, 「보도자료: 배당소득, 이자소득 100분위 최초 공개」, 2014.10.8, 최종방문일 2014.10.18, http://www.js21.net.

166 김낙년, 「한국의 소득분배」, Working Paper 2013-06(낙성대 경제연구소, 2013) (available at https://www.kdevelopedia.org/Resources/economy/).

167 피케티, 『21세기 자본』, 3부 불평등의 구조 참조.

168 Greenfield, "Debate: Saving the World with Corporate Law?" p.975.

169 Greenfield, "Defending Stakeholder Governance," p.1050.

를 통하여 회사의 실패를 야기한 근본적인 원인은 회사지배구조에 있다고 보아야 하고, 회사의 실패를 시정하는 가장 근본적인 방법도 회사의 실패를 교정할 수 있는 방향으로 회사지배구조를 변화시키는 것이 될 것이다. 회사지배구조는 회사를 누가 지배하고, 어떻게 지배하며, 회사 경영 결과에 대한 위험과 수익을 어떻게 배분하는지에 관한 법적·문화적·제도적 장치의 총체라고 할 수 있고,[171] 법적인 측면에서는 회사 경영을 위한 의사결정과 그 결과에 대한 책임(accountability)에 관한 규범체계라고 정의할 수 있다. 특히 법적인 의미에서 회사지배구조의 본질적인 문제는 의사결정에 관한 것이고,[172] 회사지배구조의 핵심적인 문제는 ① 누구를 위해 회사의 의사결정을 하고 (회사의 목적), ② 누가 그러한 의사결정을 할 것인지(회사 지배의 수단) 여부에 관한 것이다. 이와 같은 문제에 대해서는 기초하는 철학적·이론적 배경에 따라 서로 다른 입장이 존재하는데, 이를 회사지배구조이론이라고 한다.[173] 회사지배구조이론은 회사지배구조에 관한 근본 질문에 따라 회사 지배의 목적(ends)과 수단(means)의 두 가지 차원에서 논의되고 있다. 특히 회사의 목적과 관련해서 여러 가지 입장이 존재하는데, 로버트 클라크(Robert Clark)는 회사지배구조의 목적에 관하여 다음과 같은 다섯 가지 입장을 제시한다.[174]

---

170 회사지배구조의 기원에 관하여 자세한 내용은 C. A. Harwell Well, "The Birth of Corporate Governance," *Seattle University Law Review*, vol. 33(2009~2010) 참조.

171 Mia Mahmudur Rahim, "The Stakeholder Approach to Corporate Governance and Regulation: An Assessment," *Macquarie Journal of Business Law*, vol. 8(2011), p. 310.

172 Stephen E. Ellis & Grant M. Hayden, "The Cult of Efficiency in Corporate Law," *Virginia Law & Business Review*, vol. 5, no. 2(2010~2011), p. 246.

173 특히 회사지배구조이론에 관한 각 입장은 제3장에서 살펴볼 회사이론과 연관되어 있다.

174 Robert Charles Clark, *Corporate law*(Little, Brown and Company, 1986), pp. 677~694.

① 이원주의(dualism): 전통적인 입장으로 공법과 사법이 구별됨을 전제로 회사의 경영자는 오로지 주주의 이익을 극대화할 신인의무(fiduciary duty)를 부담한다는 견해이다.[175]

② 단원주의(monism): 회사는 공공선(public good)을 위하여 사회적으로 책임 있는 행동을 할 의무가 있다는 입장이다.[176]

③ 중도적 이상주의(modest idealism): 회사의 경영자는 이익 극대화를 추구해야 하지만, 회사의 이익이 손해를 보는 경우가 있더라고 하더라도 자발적으로 법과 규제를 준수해야 한다는 입장이다.[177]

④ 이상주의(high idealism): 회사의 경영자는 회사에 의하여 영향을 받는 모든 집단의 이익을 합리적으로 조정하는 것을 목적으로 해야 하고, 회사는 이익 창출과 함께 공익을 증진시키는 것을 목적으로 해야 한다는 입장이다.[178]

⑤ 실용주의(pragmatism): 정부기관의 경우에도 회사를 이용하여 공공 정책을 시행해야 하고, 회사는 수익 창출 목적으로 공공서비스를 수행하여야 한다는 입장이다.[179] 실용주의는 공공서비스 분야도 회사가 수행하여야 한다는 이유로 회사가 좀 더 효율적인 경영이 가능하기 때문이라는 점을 든다.

이와 같은 입장 중에서 회사지배구조의 목적과 관련하여 역사적으로 가장 치열한 논쟁 구조를 형성한 입장은 주주지상주의(이원주의)[180]와 이해관계자

---

175 이원주의는 '주주지상주의'를 다르게 표현한 것이다.

176 단원주의는 '기업의 사회적 책임론'을 다르게 표현한 것이다.

177 중도적 이상주의에 대하여 클라크는 이원주의도 법령의 준수를 한계 조건으로 설정하고 있기 때문에 이원주의와 크게 다르지 않다고 평가한다.

178 이상주의는 '이해관계자주의'를 다르게 표현한 것이다.

179 실용주의는 정부에서 제공하는 공공서비스도 회사에 의하여 수행되어야 한다는 입장으로 규제 완화와 결합된 신자유주의의 입장으로 판단된다.

주의(이상주의)[181]이다.[182] 주주지상주의는 현재 영미권뿐만 아니라 국내에서도 지배적인 이론이다. 주주지상주의는 1980년 이후의 경제성장에 힘입어 정당화되었고, 최근까지 반성적 성찰의 기회를 가지지 못했다.[183] 주주지상주의에 따라 구성된 회사지배구조는 주주를 위주로 구성되어 있고, 예외적인 경우 채권자를 제외하고는 다른 이해관계자의 의견이나 이익은 전혀 고려하지 않는다.[184] 회사는 주주가 의결권을 행사하여 선임하는 경영자에 의하여 경영되며, 경영자는 오로지 주주의 이익을 위하여 회사를 운영할 의무를 부담한다. 이와 같이 주주에 의한, 주주를 위한 회사 지배를 의미하는 주주지상주의는 '주주 이익 극대화 규범'을 통하여 회사 이익이 주주에게 귀속되는 것을 정당화한다. 따라서 회사가 경제적 부의 불평등을 통하여 회사의 실패를 야기하였다면, 그것의 근본적인 원인은 주주지상주의가 제공한 것으

---

180 주주지상주의에 관한 개괄적인 소개를 담은 논문으로는 Andrew R. Keay, "Shareholder Primacy in Corporate Law: Can it Survive? Should it Survive?" Working paper(University of Leeds School of Law Centre for Business Law and Practice, 2009)(available at SSRN: http://ssrn.com/abstract=1498065) 참조.

181 이해관계자주의에 포함될 수 있는 입장에 관한 개괄적인 소개를 담은 논문으로는 Kellye Y. Testy, "Linking Progressive Corporate Law with Progressive Social Movements," *Tulane Law Review*, vol.76(2002); 이해관계자주의 중 이해관계자이론에 관한 개괄적인 소개를 담은 논문으로는 Andrew Keay, "Stakeholder Theory in Corporate Law: Has It Got What It Takes?" *Richmond Journal of Global Law and Business*, vol.9(2010) 각각 참조.

182 앤드루 키(Andrew Keay)는 주주지상주의는 미국과 영국 및 영미법계에 속하는 캐나다, 호주, 뉴질랜드의 지배적인 입장이고, 이해관계자주의는 유럽과 동아시아의 지배적인 입장이라고 지적한다(같은 책, p.249).

183 P. M. Vasudev, "Corporate Law and Its Efficiency: A Review of History," *American Journal of Legal History*, vol.50(2008~2010), p.282.

184 John C. Carter, "The Rights of Other Corporate Constituencies," *Memphis State University Law Review*, vol.22(1992), p.504.

로 볼 수 있다. 이해관계자주의가 지배적인 회사지배구조이론이었던 1947년부터 1973년까지 미국 경제가 매년 4% 이상 성장하면서 이 기간 동안 하위 5분위 소득계층의 소득이 116% 증가하는 동안 상위 5%의 소득은 85%만 증가하는 등 그 성장의 과실도 공평하게 배분된 반면, 1979년 이후 미국에서 소득이 극도로 불평등해지는 상황이 발생한 점은 이러한 사실을 방증한다.[185]

이 책의 목적은 회사의 실패를 교정할 수 있는 바람직한 회사지배구조가 무엇인지를 살펴보는 것이다. 특히 이 책은 현재 회사지배구조에 관한 지배적인 이론인 주주지상주의에 대하여 문제를 제기하고, 그 대안으로 주주지상주의를 대체할 수 있는 이론으로 평가되는 이해관계자주의에 기초한 '이해관계자 지배구조(stakeholder governance)'를 제시하고자 한다.[186] 이해관계자주의에 의하면 이해관계자 지배구조는 회사의 행동을 효율적으로 제어할 수 있고, 회사의 장점을 해치지 않으면서도 회사가 사회에 기여할 수 있도록 하여 회사의 부작용을 교정할 수 있다.[187] 따라서 이해관계자 지배구조는 주주 중심의 회사구조를 변화시켜 회사의 부 창출 능력을 증진시키는 동시에[188] 부의 공정한 분배와 회사의 행동 변화를 통하여 사회적·경제적 문제점도 해결할 수 있는 지배구조이다.[189] 이러한 이유로 이 책은 이해관계자 지배구조가 주주지상주의를 대체하여 회사지배구조에 대한 새로운 규율을 가능하게 하는 이론적 근거를 제시할 수 있을 것으로 전망한다.

---

185 Robert Kuttner, *The Squandering of America: How the Failure of Our Politics Undermines Our Prosperity*(Vintage, 2008), p.16.

186 Hansmann & Kraakman, "The End of History for Corporate Law," p.447.

187 Greenfield, "Debate: Saving the World with Corporate Law?" p.961.

188 이해관계자의 회사 특정 투자의 증가로 인한 생산적 효율성의 증대를 의미하는 것으로 자세한 내용은 제6장 제2절 참조.

189 Greenfield, "Debate: Saving the World with Corporate Law?" p.975.

2. 이 책에서 무엇을 논의할 것인가?

1) 회사제도에 대한 역사적·이론적 분석

이 책은 회사제도에 대한 역사적 분석과 이론적 분석을 '씨줄'과 '날줄'로 하여 이 책의 연구 주제인 '회사지배구조' 문제를 살펴보고자 한다.

회사제도에 대한 역사적 분석(historical analysis)은 법사학적 방법을 사용하여 회사제도를 분석하는 것이다. 법사학(法史學)은 "법질서가 생성·발전·소멸되어 왔는가를 역사적·사실적으로 분석·파악함으로써 현재의 법질서와 법사상을 입체적·동적으로 이해하여 나아가서 미래적인 전망까지 가늠"[190]하는 것을 과제로 하고, "역사에 있어서 법의 변동이 어떠한 동인(動因)에 의하여 발전적 방향으로 이끌어져 왔는가를 궁극적으로 구명"[191]하는 것이다. 이러한 역사적 분석은 회사법 분야에서는 잘 쓰지 않는 방법이다.[192] 그러나 복잡한 논의를 함축하고 있는 역사적인 제도를 비역사적 방법[193]으로만 접

---

190 최종고, 「법사학적 법학방법론 ─ 법사학의 과제와 방법」, ≪법학≫, 제24권 제1호(서울대학교 법학연구소, 1983), 35쪽.

191 같은 글, 35쪽.

192 William W. Bratton Jr., "The New Economic Theory of the Firm: Critical Perspectives from History," *Stanford Law Review*, vol.41(1989), p.1472.

193 비교법적 방법 또는 이론적 방법을 의미한다.

근하는 것은 매우 제한적이고 위험하기까지 하다.[194] 특히 치열한 역사적인 논쟁을 거쳐 이미 완성된 '회사제도'를 도입하여 운용하고 있는 국내의 경우에는 회사제도의 역사적 맥락(historical context)을 고려하지 않는 회사제도 연구는 더욱 한계가 있을 수밖에 없다. 따라서 이 책에서는 회사가 그동안 어떠한 역사적 배경을 가지고 발전하고 변화해왔는지를 역사적 접근을 통하여 분석해보고 이와 같은 분석을 통하여 도출된 결론을 가지고 현재 국내의 회사지배구조에 관한 문제를 풀어보고자 한다.

또한 이 책은 회사를 분석하는 이론적 틀(framework)인 회사이론을 통하여 회사에 대한 이론적 분석(theoretical analysis)을 하고자 한다. 회사이론은 협의로는 '회사의 본질(nature)에 관한 이론'을 의미하고, 광의로는 '회사의 목적과 지배구조에 관한 이론'을 포함한다.[195] 또한 협의의 회사이론[196]은 회사의 본질에 대하여 법학적으로 접근하는 '법학적 회사이론'과 회사의 본질에 대하여 경제학적으로 접근하는 '경제학적 회사이론'이 있고, 양 이론 모두 회사제도의 본질과 회사법의 구체적인 쟁점을 이해하는 데 중요한 역할을 한다.[197] 특히 회사이론에 따라 회사에 대한 규율과 정책이 달라질 수 있다는 점에서 그 의의가 있고,[198] 현재 논의되는 회사이론에 의하면, 회사의 본질과

---

194 Bratton, "The New Economic Theory of the Firm," p.1472.

195 남기윤, 「미국법에서 법인이론의 전개와 그 현 시대적 의의」, ≪인권과 정의≫, 335호 (2004), 124쪽.

196 이하에서는 협의의 회사이론만을 '회사이론'이라 부르고, 광의의 회사이론은 '회사지배 구조이론'으로 구분하여 부르기로 한다.

197 David Millon, "Theories of the Corporation," *Duke Law Journal*, vol.1990(1990), 201.

198 회사이론이 회사에 대한 법학적 쟁점에 큰 영향을 미친다는 지적에는 Martin Petrin, "Reconceptualizing the Theory of the Firm- From Nature to Function," *Penn State Law Review*, vol.118(2013~2014), p.1.

목적을 어떻게 보는가에 따라 회사와 관련된 근본 질문인 회사에 대한 규제 여부, 회사법의 성격, 회사지배구조 설계에 대한 입장이 달라진다.[199]

따라서 회사이론에 따라 회사를 분석하는 경우 회사에 관한 구체적인 쟁점을 명확하게 이해할 수 있게 되고, 회사의 본질과 목적에 관하여 입장을 달리하는 회사이론을 비교·분석하게 되면 회사와 관련된 문제를 해결하는 데 도움이 될 수 있다. 또한 회사이론 간의 치열한 경쟁을 통하여 도출되는 결론은 앞으로 회사가 어떻게 발전하고 변화해 나가야 하는지에 대한 해답을 제공할 수도 있다. 그러므로 이 책에서는 역사적으로 경제학적·법학적 회사이론이 어떻게 발전되어왔는지를 살펴보고, 이와 같은 논의를 전제로 현재 지배적인 회사지배구조이론인 주주지상주의와 주주지상주의의 대안으로 거론되는 이해관계자주의를 통해 회사를 분석해보고자 한다.

2) 회사지배구조이론: 주주지상주의 대 이해관계자주의

이 책의 중심 주제는 회사의 실패를 해결할 수 있는 바람직한 회사지배구조를 모색하는 것이고, 이를 위해 이 책은 역사적 분석과 이론적 분석을 토대로 '회사지배구조' 문제를 살펴볼 것이다. 따라서 이 책은 회사제도에 대한 역사적·이론적 분석을 하는 선행연구 부분과 회사지배구조에 대한 논의를 본격적으로 전개하는 부분으로 구분된다. 선행연구에 해당하는 회사법의 역사와 이론에 관한 분석을 토대로 이 책이 본격적으로 논의를 전개하고자 하는 주제는 '회사지배구조'에 관한 것이다. 회사지배구조의 문제는 "누가 의사

---

199 데이비드 밀런(David Millon)은 회사이론이 법이 회사를 어떻게 취급해야 하는지에 관한 논의에 영향을 미친다고 지적한다(Millon, "Theories of the Corporation," p. 201).

결정을 할 것인가"의 문제인 회사지배의 수단에 관한 문제와 "누구를 위해 의사결정을 할 것인가"의 문제인 회사의 목적에 관한 문제로 구분된다. 이러한 문제에 대해서는 기초하는 철학적·이론적 배경에 따라 서로 다른 입장이 존재하는데, 이를 회사지배구조이론이라고 한다. 따라서 회사지배구조이론은 회사지배구조에 관한 근본 질문에 따라 회사의 목적과 수단의 두 가지 차원에서 논의되고 있으나, 회사지배 수단의 문제는 회사의 목적을 효율적으로 달성하기 위한 논의이므로 궁극적인 회사지배구조의 문제는 '회사의 목적'에 관한 것이다.

법학 분야에서 '회사의 목적'에 관한 이론적 연구는 '기업의 사회적 책임 (Corporate Social Responsibility: CSR)'[200]에 관한 연구와 연결되고,[201] 실제로

---

200 이하에서는 '기업의 사회적 책임론(Corporate Social Responsibility)'을 'CSR'로 약칭한다.

201 국내에서 CSR에 관한 법적 연구로는 권오승, 「기업의 사회적 책임 제고를 위한 경쟁법의 과제」, ≪법제연구≫, 26호(2004); 김인재, 「노동분야의 기업의 사회적 책임(CSR)과 노동법적 과제 – 기업의 국제적 행동규범을 중심으로」, ≪노동법연구≫, 18호(2005); 김태주, 「기업의 사회적 책임: 법학적 고찰」, ≪법대논총≫, 18권(경북대학교, 1980); 김학묵, 「기업의 사회적 책임과 상법상 일반규정화」, ≪성균관법학≫, 3권 1호(1990); 서규석, 「상법 제401조와 기업의 사회적 책임」, 『상사법의 현대적 과제』(전영사, 1984); 손주찬, 「기업의 사회적 책임」, ≪법학논문집≫, 5집(중앙대학교 법학연구소, 1978); 손주찬, 「기업의 사회적 책임 – 외국의 입법적 규제를 중심으로」, ≪법조≫, 25권 11호(1976); 안동섭, 「기업의 사회적 책임과 상법적 규제」, 『단국대학교 논문집』 11권(1977); 안택식, 「기업의 사회적 책임의 실현방향」, ≪상사법연구≫, 9권 1호(2000); 이동승, 「기업의 사회적 책임 – 기업이론을 중심으로」, ≪상사판례연구≫, 26권 2호(2013); 이동승, 「기업의 사회적 책임 – 법적 규제의 한계와 과제를 중심으로」, ≪안암법학≫, 29권(2009); 장덕조, 「기업의 사회적 책임 – 회사본질론을 중심으로」, ≪상사법연구≫, 29권 2호(2010); 정희철, 「이른바 기업의 사회적 책임과 법적 제문제」, ≪법학≫, 15권 1호(서울대학교, 1974); 최준선, 「기업의 사회적 책임론」, ≪성균관법학≫, 17권 2호(2005); 한철, 「주식회사의 사회적 책임」, ≪상사법연구≫, 7권(1989).

이해관계자주의는 1970년대까지 CSR과 관련하여 논의되었다.[202] CSR은 단일한 개념이 아니고, 회사가 사회의 일원(시민)이라는 전제에서 회사의 책임에 관한 논의를 포괄하는 개념이다.[203] 알렉산더 달슈러드(Alexander Dahlsrud)가 37개의 CSR에 대한 정의를 분석한 결과에 의하면, CSR은 ① 환경적 차원,[204] ② 사회적 차원,[205] ③ 경제적 차원,[206] ④ 이해관계자주의 차원에서 논의되었고, 이러한 논의는 대부분 회사의 자발성(voluntarism)에 근거하고 있었다.[207] 이러한 측면에서 이해관계자주의는 광의로 정의된 CSR에 포함되는 논의라고 볼 수 있다.[208] 한편, 법학 분야에서의 CSR에 관한 논의는 기업의

---

202 CSR은 회사이론과도 연결된다. 미국에서 기업의 사회적 책임에 관한 논쟁은 경영진이 사업상 결정을 함에 있어 주주의 요구뿐 아니라 그 회사의 행위에 의하여 영향을 받는 이해관계자들도 고려하여야 하는 것인지의 문제였기 때문이다(장덕조, 「기업의 사회적 책임」, 85쪽).

203 Archie B. Carroll, Kenneth J. Lipartito, James E. Post, Patricia H. Werhane, & Kenneth E. Goodpaster, *Corporate Responsibility: The American Experience* (Cambridge University Press, 2012), pp.6~7.

204 더 깨끗한 환경을 위한 회사운영상의 고려를 의미한다.

205 더 나은 사회를 위한 회사의 기여 및 회사 운영에 사회적 고려를 통합하는 것을 의미한다.

206 이익 창출 능력 보전을 통한 경제 발전에 대한 기여를 의미한다.

207 Alexander Dahlsrud, "How Corporate Social Responsibility is Defined: An Analysis of 37 Definitions," *Corporate Social Responsibility and Environmental Management* vol.15, no.1(2008), pp.1~13.

208 CSR에 관한 논의도 공개회사를 대상으로 한다는 지적으로는 최준선, 「기업의 사회적 책임론」, 474쪽("기업의 사회적 책임의 논의대상은 거대 기업이다. 기업의 사회적 책임 문제가 논의되기 시작한 것은 1920년대 미국의 경제 상황에 대한 반성이 그 배경이다. 즉 당시 미국의 소수의 거대 기업들이 미국의 경제를 지배하고 있다는 반성에서 기업의 사회적 책임 문제에 대한 논의가 시작되었다. 만약에 이들 기업을 견제하지 않으면 단순히 국가경제를 지배하는 차원을 넘어 경제적, 정치적, 사회적 영향력이 걷잡을 수 없이 확대될 것이라는 두려움이 있었다. 이들 대기업은 그 규모나 시장지배력 및 잠재적

자선행위(philanthropy)[209]와 회사지배구조[210]에 관한 것이었으나,[211] 회사지배구조보다는 기업의 자선행위[212]의 가부가 문제가 중심이었고, 회사지배구조에 대해서는 많이 논의되지 않았다. 또한 CSR의 회사지배구조에 관한 논의는 회사의 경영자가 이해관계자의 이익을 고려하여 경영하여야 하는지 여부를 회사의 자발성에 의존한다는 한계가 있었다.[213] 반면 이해관계자주의는 회사 경영자의 이해관계자에 대한 고려를 법적인 의무 측면에서 접근한다는 점에서 CSR과 차이가 있고,[214] 이러한 점에서 이해관계자주의를 CSR과 분리

인 정치적 사회적인 영향력 등 질적인 면에서 소규모의 수많은 경쟁자들과는 확연하게 다르다") 참조.

209 회사의 자선행위에 관한 연구로는 박찬우, 「회사의 기부행위」, ≪기업법연구≫, 17집 (2004).

210 CSR이 회사지배구조와 연관되는 이유는 CSR이 회사 경영자가 의사결정을 할 때 주주의 이익뿐만 아니라 회사의 이해관계자도 고려하여야 하는가에 관한 문제와 관련되어 있기 때문이었다(최준선, 「기업의 사회적 책임론」, 371쪽).

211 Arthur R. Pinto & Douglas M. Branson, *Understanding Corporate Law*, 2nd ed. (LexisNexis, 2004), p.18.

212 회사의 자선행위가 회사의 목적 범위 내의 행위인지에 관한 대표적인 판례로는 A. P. Smith Mfg. Co. v. Barlow 13 N.J. 145, 98 A.2d 581(1953).

213 Jem Bendell, *Barricades and Boardrooms: A Contemporary History of the Corporate Accountability Movement*(United Nations Research Institute for Social Development, 2004), pp.14~18.

214 다만 최근에는 CSR 분야에서도 자율성에 대한 의존에 한계를 인정하고 법적 접근을 시도해야 한다는 견해가 늘어나고 있다[Michael Kerr, Richard Janda, & Chip Pitts, *Corporate social responsibility: a legal analysis*(LexisNexis, 2009), p.30]. 그러나 아직까지도 CSR의 주류적 입장은 CSR을 회사의 자발성에 기반을 두어 논의하고 있다. 이동승은 진정성이 결여된 자율 준수, 주주지상주의, 다국적기업의 특수성, 탈법적 법 준수를 자율성에 기댄 CSR 논의가 한계를 드러낼 수밖에 없는 이유로 제시한다(이동승, 「기업의 사회적 책임 – 법적 규제의 한계와 과제를 중심으로」, 326쪽).

하여 논의할 필요가 있다. 따라서 이 책은 CSR에 관한 논의를 연구 범위에서 제외하고, 이해관계자주의와 관련된 한도에서만 언급하기로 한다.

이와 같이 이 책은 CSR을 연구의 범위에서 제외하고, 회사지배구조이론 중에서 가장 대표적인 이론인 주주지상주의와 이해관계자주의로 연구 범위를 한정하여 논의를 전개한다.[215] 이 책이 회사지배구조와 관련하여 주주지 상주의와 이해관계자주의를 논의하는 이유는 현재 지배적인 회사지배구조 이론인 주주지상주의를 비판적으로 검토하고, 그 대안으로 이해관계자주의 의 타당성을 살펴보기 위한 것이다.[216]

주주지상주의에 대해서는 미국에서 상당히 많은 선행연구가 있었고,[217]

---

215 주주지상주의와 이해관계자주의에 관한 국내 연구로는 권순희, 「주주 중심 기업경영의 타당성 여부에 관한 비판적 고찰 – 미국에서의 논의를 중심으로」, ≪기업법연구≫, 13집 (2003); 권순희, 「미국과 독일의 기업지배구조와 최근 동향에 관한 비교 검토」, ≪상사 법 연구≫, 22권 2호(2003); 김홍기, 「회사지배구조의 이론과 바람직한 운용방안」, ≪상 사판례연구≫, 26집 3권(2013); 서완석, 「기업지배구조론에 관한 서설적 고찰」, ≪기업 법연구≫, 27권 4호(2013); 이동승, 「계몽적 주주중심주의」, ≪선진상사법률연구≫, 57 호(2012); 이동승, 「주주중심주의의 의의와 한계」, ≪경영법률≫, 22권 2호(2012); 이 동승, 「주주의 지위 – 주주중심주의의 비판적 고찰」, ≪경영법률≫, 20권 2호(2010); 이준석, 「이해관계자 이론의 주주중심주의 비판에 대한 이론적, 실증적 고찰」, ≪상사 법연구≫, 33권 1호(2014); 유태영, 「기업지배구조 개혁에 있어 주주 중심주의 대 이해 관계자 구조」, ≪한일경상논집≫, 54권(2012).

216 이 책에서 회사지배구조이론을 논의하는 이유는 회사지배구조이론이 회사지배구조 규 범을 형성하는 이론적 근거가 되고, 구체적인 문제에 대한 해결 방안을 제시해주는 기 능을 하기 때문이다.

217 주주지상주의를 지지하는 대표적인 논문인 한스만·크라크맨의 "The End of History for Corporate Law" 외에 주주지상주의를 지지하는 문헌으로는 William T. Allen, "Our Schizophrenic Conception of the Business Corporation," *Cardozo Law Review*, vol.14(1992); Stephen M. Bainbridge, "The Board of Directors as Nexus of Contracts," *Iowa Law Review*, vol.88(2002); Stephen M. Bainbridge, "Competing

국내에서도 최근 주주지상주의에 관한 연구가 집적되고 있다.[218] 따라서 이 책은 이러한 국내외 선행연구들을 분석하여 주주지상주의의 구체적인 내용을 정리한 후, 구체적인 쟁점과 관련하여 주주지상주의의 입장을 비판적으로 검토한다.[219] 한편, 이 책이 주주지상주의의 대안으로 제시하는 이해관계

Concepts of the Corporation," *Berkeley Business Law Journal*, vol.2, no.1(2005); Stephen M. Bainbridge, "Director Primacy: The Means and Ends of Corporate Governance," *Northwestern University Law Review*, vol.97(2003); Lucian Arye. Bebchuck, "The Case for Increasing Shareholder Power," *Harvard Law Review*, vol.118(2005); Bernard Black & Reinier Kraakman, "A Self-Enforcing Model of Corporate Law," *Harvard Law Review*, vol.109(1996); Henry N. Butler, & Larry E. Ribstein, "Opting Out of Fiduciary Duties: A Response to the Anti-Contractarians," *Washington University Law Quarterly*, vol.65(1990); Jonathan R. Macey, "An Economic Analysis of the Various Rationales for Making Shareholders the Exclusive Beneficiaries of Corporate Fiduciary Duties," *Stetson Law Review*, vol.21 (1991); D. Gordon Smith, "The Shareholder Primacy Norm," *Journal of Corporation Law*, vol.23(1998).

218 신석훈, 「회사지배구조 모델의 법경제학적 접근」, 박사학위논문(연세대학교, 2006); 이 책은 신석훈의 논문 연구 주제인 주주지상주의를 바탕으로 그에 대한 대안으로 이해관계자주의를 제시한다는 점에서 신석훈의 논문과 차이가 있다.

219 주주지상주의를 비판적 입장에서 분석한 문헌으로는 William W. Bratton, Jr., "The Economic Structure of the Post-Contractual Corporation," *Northwestern University Law Review*, vol.87(1992); Larry E. Ribstein, "The Mandatory Nature of the ALI Code," *George Washington Law Review*, vol.61(1993); Melvin A. Eisenberg, "The Conception That the Corporation is a Nexus of Contracts, and the Dual Nature of the Firm," *Journal of Corporation Law*, vol.24(1999); Lynn A. Stout, "Bad and Not-So-Bad Arguments for Shareholder Primacy," *Southern California Law Review*, vol.75(2002); Wai Shun Wilson Leung, "The Inadequacy of Shareholder Primacy: A Proposed Corporate Regime that Recognizes Non-Shareholder Interests," *Columbia Journal of Law and Social Problems,* vol.30(1997).

자주의에 대해서 미국에서는 상당한 선행연구가 있으나,[220] 국내에서는 아직까지 이해관계자주의에 대하여 자세히 소개한 문헌은 찾아보기 어렵다. 따라서 이 책은 이해관계자주의에 관한 미국의 선행연구를 분석하여 이를 충실히 소개한다. 또한 이 책이 이해관계자주의를 논의하는 이유는 주주지상주의의 대안을 제시하기 위해서이고, 이를 위해 이해관계자주의에 기반을 둔 이해관계자 지배구조를 소개한다. 특히 이 책은 이해관계자주의에 관한 최근 이론으로 소개되고 있는 팀생산이론(team production theory)[221]을 이론적 토대로 삼아 이해관계자 지배구조에 관한 논의를 전개한다.[222]

---

220 이해관계자주의에 관한 논문으로는 Michael E. DeBow & Dwight R. Lee, "Shareholders, Nonshareholders and Corporate Law: Communitarianism and Resource Allocation," *Delaware Journal of Corporate Law*, vol.18(1993); Ronald Green, "Shareholders as Stakeholders: Changing Metaphors of Corporate Governance," *Washington and Lee Law Review*, vol.50(1993); Kathleen Hale, "Corporate Law and Stakeholders: Moving Beyond Stakeholder Statutes," *Arizona Law Review*, vol.45 (2003); Marianne M. Jennings & Stephen Happel, "The Post-Enron Era for Stakeholder Theory: A New Look at Corporate Governance and the Coase Theorem," *Mercer Law Review,* vol.54 (2002-2003); Roberta S. Karmel, "Implications of the Stakeholder Model," *George Washington Law Review*, vol.61(1992~1993); David Millon, "New Directions in Corporate Law: Communitarians, Contractarians, and The Crisis in Corporate Law," *Washington and Lee Law Review*, vol.50(1993); David Millon, "Redefining Corporate Law," *Indiana Law Review,* vol.24(1991); Mia Mahmudur Rahim, "The Stakeholder Approach to Corporate Governance and Regulation: An Assessment," *Macquarie Journal of Business Law*, vol.8(2011); P. M. Vasudev, "The Stakeholder Principle, Corporate Governance and Theory—Evidence from the Field and the Path Onward," *Hofstra Law Review*, vol.41(2012~2013).

221 팀생산이론에 관하여 자세한 것은 제3장 제2절 참조. 팀생산이론에 관한 국내의 최근 연구로는 박찬호의 연구가 있다[박찬호, 「미국 회사법상 팀프로덕션 모델에 관한 연구」 (동국대학교 박사학위논문, 2006)].

마지막으로 이 책은 모든 회사를 연구의 대상으로 하는 것이 아니라, 주식회사를 대상으로 하고,[223] 그 중에서도 일반 대중에게 주식이 공개된 공개회사(public corporation)[224]만을 한정하여 분석대상으로 한다.[225] 이는 폐쇄회

---

222 팀생산이론에 관한 논문으로는 Stephanie Ben-Ishai, "A Team Production Theory of Canadian Corporate Law," Alberta Law Review, Vol.44(2006); Margaret M. Blair & Lynn A. Stout, "Corporate Accountability: Director Accountability and the Mediating Role of The Corporate Board," *Washington University Law Quarterly*, vol.79(2001); Margaret M. Blair & Lynn A. Stout, "Specific Investment: Explaining Anomalies in Corporate Law," *Journal of Corporation Law*, vol.31(2006); Margaret M. Blair & Lynn A. Stout, "Team Production in Business Organizations: An Introduction," *The Journal of Corporation Law-University of Iowa*, vol.24(1999); Margaret M. Blair & Lynn A. Stout, "Trust, Trustworthiness, and the Behavioral Foundations of Corporate Law," *University of Pennsylvania Law Review*, vol.149(2001); Gregory Scott Crespi, "Redefining the Fiduciary Duties of Corporate Directors in Accordance with the Team Production Model of Corporate Governance," *Creighton Law Review*, vol.36(2003); Viet D. Dinh, "Team Production in Business Organizations: Codetermination and Corporate Governance in Multinational Business Enterprise," *The Journal of Corporation Law-University of Iowa*, vol.24(1999); Peter C. Kostant, "Team Production and the Progressive Corporate Law Agenda," *U.C. Davis Law Review,* vol.35(2002); Lawrence E. Mitchell, "Trust and Team Production in Post-Capitalist Society," *Journal of Corporation Law*, vol.24(1998~1999); D. Gordon Smith, "Team Production in Venture Capital Investing," *The Journal of Corporation Law-University of Iowa*, vol.24(1999).

223 이미 이 책은 연구 대상이 주식회사로 한정됨을 언급한 바 있지만, 주식회사 외에 다른 회사는 이 책의 연구 대상이 아니라는 점을 다시 한 번 명백히 밝힌다.

224 공개회사는 우리나라의 '상법'상 '상장회사'와 동일한 의미로 볼 수 있다. '상법'은 상장회사를 "증권시장(증권의 매매를 위하여 개설된 시장을 말한다)에 상장된 주권을 발행한 주식회사"로 정의하고 있다('상법' 제542조의2 제1항).

225 Margaret M. Blair & Lynn A. Stout, "A Team Production Theory of Corporate Law," *Virginia Law Review*, vol.85, no.2(1999), p.281.

사(closed-held corporation)[226] 중에는 유한책임의 이익만을 향유하기 위하여 회사의 형식을 차용한 실질적인 조합 형태의 기업이 다수 존재하기 때문이다.[227] 따라서 앞으로의 논의에서 '회사'는 주식회사 중에서도 주식이 일반 대중에게 분산되어 보유되고 있는 공개회사를 의미한다는 점을 밝히면서 논의를 전개하기로 한다.[228]

---

226 공개회사와 반대되는 개념으로 소수의 주주에 의해 구성되고, 주식이 증권시장에서 거래되지 않는 회사를 의미한다(Hamilton, *The Law of Corporations*, p.2).

227 대규모 공개회사는 다양한 이해관계인이 관여되어 있고 그 실패 시에 사회적, 경제적으로 미치는 영향이 크다는 지적으로는 김홍기, 「회사지배구조의 이론과 바람직한 운용 방안」, ≪상사판례연구≫, 26집 3권(2013), 77쪽.

228 따라서 이 책에서의 '회사'는 국내의 맥락에서는 '상법'상 '상장회사'를 의미하는 것이다.

1. 서설

1) 역사적 분석의 필요성

최초의 회사가 어디에서 기원했는지 여부에 관해서 정설은 없다.[1] 그러나 근대적 의미의 회사형태를 갖춘 조직이 처음 탄생한 곳은 영국이고,[2] 역사적으로 회사가 가장 발달한 국가는 영국의 제도를 이어받은 미국이다. 미국에서는 20세기 초반에 근대적 의미의 회사제도가 확립되었고, 이와 같은 근대적 의미의 회사제도가 확립되기까지 회사제도에 관한 많은 논의가 있었다. 즉 미국은 건국 당시부터 회사제도의 도입 여부 및 내용과 관련하여 매우 역동적인 역사적 과정을 거쳐 현재의 회사제도를 확립하였다.[3]

반면 한국은 일본을 통하여 서구에서 완성된 형태의 회사제도를 계수하였다.[4] 이러한 영향으로 회사제도가 구체적으로 어떠한 발전 과정을 거쳐서 완

---

1 이철송, 『회사법강의』, 15~16쪽.

2 Holsworth, *A History of English Law*, pp.469~475; Association of American Law Schools, *Select essays in Anglo-American legal history*, pp.195~201.

3 미국 회사법의 역사에 관한 초기 연구로는 김원갑, 「미국회사법발달사」, ≪법조≫, 6권 9·10호(1957)이 있다.

4 이철송, 『회사법강의』, 23쪽; 이러한 점에 대하여 최준선은 "우리 회사법은 역사가 없다. 이 땅에 어느 날 갑작스럽게 일본의 상법이 시행되다 보니 오랜 전통과 진화 과정이

성되었는지에 대한 역사적인 고찰보다는 완성된 회사형태를 전제로 한 비교법적·이론적 논의가 대부분이었다. 또한 전통적으로 역사적 분석 방법은 회사법 분야에서는 잘 사용되지 않는 방법이기도 하다. 이러한 이유로 우리 회사법학계에서는 회사제도를 역사적으로 분석한 연구는 찾아보기 어렵다. 그러나 역사적 분석은 법질서의 생성·발전·소멸을 기술적 관점(descriptive perspective)으로 분석하여 현재의 법제도를 입체적·동적으로 이해할 수 있게 하고, 나아가 미래의 전망까지 가늠할 수 있게 한다. 복잡한 논의를 함축하고 있는 역사적인 제도로서의 회사를 비역사적 방법으로 접근하는 것은 논의 범위가 제한될 수 있고, 심지어 제도를 오도할 수 있는 위험도 있다. 특히 치열한 역사적인 논쟁을 거쳐 완성된 '회사제도'를 도입하여 운용하고 있는 국내의 경우에는 회사제도의 역사적 맥락을 고려하지 않은 연구는 더욱 한계가 있을 수밖에 없다.

따라서 구체적인 역사적 배경하에 탄생된 회사제도에 대한 역사적 발전 과정을 탐구하는 것은 회사제도를 정확히 이해하기 위해 반드시 거쳐야 할 필수적인 작업이다. 한국은 1997년 외환위기 이후 미국의 회사제도를 참고하여 회사법을 개정하여 온 만큼 미국 회사법이 어떻게 발전해왔는지 살펴보는 것은 우리 회사제도를 발전시켜 나가는 데 단순한 참고 이상의 의미가 있다.[5] 이러한 취지에서 이 책에서는 미국에서 회사법이 어떠한 역사적 배경을 가지고 발전하고 변화해왔는지를 분석해보고 이와 같은 분석을 통하여 도출된 결론을 활용하여 현재 우리의 회사지배구조에 관한 문제를 풀어보고

없이 완성된 형태의 법률이 도입되었다"고 지적한다[최준선, 「영국 주식회사제도의 발달 연구 - 19세기 주식회사제도의 발달지연과 특색」, 《기업법연구》, 27권 2호(2013), 28쪽].

[5] 한국의 미국 회사법 계수 과정에 관하여 자세한 것은 최준선, 「한국과 일본의 미국 회사법의 계수 과정에 관하여」, 《저스티스》, 111호(2009) 참조.

자 한다.

위와 같이 회사에 대한 충실한 역사적 분석을 위해서는 세계 주요국의 회사법 역사를 살펴보고 그에 따른 시사점을 도출해내는 것이 합당하겠지만,[6] 이 책에서는 세계 역사상 회사제도가 가장 발달한 미국 회사법이 발전해온 역사를 살펴보는 것이 가장 큰 시사점을 줄 수 있을 것으로 판단하였다.[7] 따라서 이 책은 논의의 효율성을 위하여 미국 회사법의 역사를 분석하는 것으로 연구 범위를 한정한다.[8] 또한 회사법의 역사는 회사지배구조에 관한 선행 연구를 위하여 살펴보는 것이므로 그 논의에 도움이 되는 한도에서 논의하기로 한다. 구체적으로는 미국 건국 초기부터 근대 회사법의 기초가 확립되는 1920년대까지만 주로 살펴보고 1930년대 이후의 회사법 역사에 대해서는 간략히 언급할 것이다.

---

6   영국 회사법은 초기 미국의 회사법에 상당한 영향을 주었기 때문에 19세기까지의 영국 회사법의 발전 과정을 살펴보는 것은 미국 회사법의 발전 과정을 이해하는 데 도움이 된다. 그러나 이 책에서는 논의의 간결한 전개를 위하여 영국 회사제도가 미국에 준 영향만을 간단히 언급하기로 한다.

7   세계 각국의 회사 기원에 대해 간단한 설명으로는 Robert Penington, "Origin of Corporations," *Corporate Practice Review*, vol.3(1931) 참조.

8   회사법의 역사에 관한 향후 연구과제로는 우선 영국 회사법의 역사를 미국 회사법의 역사와 비교·검토하는 연구가 필요하고, 이를 토대로 영미 회사법의 역사적 흐름을 정리할 필요가 있다. 또한 독일·프랑스와 같은 대륙법계 회사법의 역사적 발전 과정을 연구하고, 이를 영미 회사법의 역사와 비교하는 것도 회사법의 본질을 이해하는 데 도움이 될 것으로 예상된다.

2) 미국 회사법 역사의 시대 구분

미국에서 회사법의 역사는 크게 다섯 개의 시대로 구분할 수 있다.

첫 번째 시기는 미국 건국에서부터 일반회사법이 제정되기 전까지의 시기 (1776~1845년)이다. 이 시기에 미국은 독립혁명을 거쳐 영국으로부터 독립하는 과정에서 회사제도에 대한 치열한 논의를 거쳐 초기 회사제도를 확립하였다. 초기 회사의 형태는 근대 회사의 원형(prototype)이라는 점에서 초기 회사제도의 구체적 내용을 살펴보는 것은 회사의 본질을 이해하는 데 큰 도움을 줄 수 있다.[9]

두 번째 시기는 일반회사설립법이 제정되기 시작한 19세기 중반부터 뉴저지 주의 관용적인 회사법(permissive corporate law)이 제정되기 전까지의 시기(1846~1895년)이다. 이 시기에 미국은 산업혁명을 맞이하여 회사가 양적·질적으로 눈부신 성장을 거듭하였고, 그에 따라 회사제도도 초기와는 다른 변화를 맞이하기 시작한다.[10]

세 번째 시기는 뉴저지 주의 관용적 회사법이 제정된 1896년부터 대공황 이전까지의 시기(1896~1928년)이고, 이 시기에 미국은 근대 회사법의 골격을 확립하였다.[11]

---

9   특히 미국에서는 초기 회사제도가 확립된 이후에도 회사에 대한 부정적 인식과 평등주의의 영향으로 회사제도에 대한 비판이 계속되었는바, 이러한 비판이 회사제도에 어떤 영향을 주었고 이후 회사제도가 어떻게 변화되어갔는지를 일반회사설립법의 제정 과정과 관련하여 구체적으로 살펴본다.

10 두 번째 시기에 해당하는 19세기 후반기(1846~1895년)는 산업혁명으로 인해 미국에서 상공업이 발전하고 회사의 수와 규모가 급증한 시기이다. 위와 같은 변화는 미국 회사 제도에 커다란 영향을 주게 되는바, 이러한 경제 환경의 변화에 대응하여 미국 회사법이 어떻게 구체적으로 변화되어가는지를 추적한다.

11 세 번째 시기에 해당하는 20세기 초반기(1896~1928년)는 미국에서 근대 회사법의 기

네 번째 시기는 대공황 이후인 1930년대부터 1970년대까지의 시기이다. 이 시기의 가장 큰 특징은 대공황의 영향으로 회사제도의 부작용을 규제하기 위한 법률이 등장하기 시작하였다는 것이고, 가장 대표적인 것이 연방회사법이라고 할 수 있는 증권규제법[12]이다.[13]

다섯 번째 시기는 1980년부터 현재까지의 시기로 금융시장의 영향으로 주주지상주의가 다시 지배적인 이론으로 등장한 시기라는 특징이 있다.

이 책의 주제인 회사지배구조에 대한 충실한 논의를 위해서는 위의 모든 시기에 대하여 논의하는 것이 이상적일 것이다. 그러나 이 책에서 회사제도에 대한 역사적 분석을 하는 이유는 근대 회사법이 어떠한 역사적 과정을 거쳐 확립되었는지를 살펴보고, 이를 토대로 회사지배구조에 대한 비판적 분석을 하기 위한 것이다. 따라서 연구의 효율성을 위하여 이 책은 미국 회사법의 역사를 대공황 이전의 시기로 한정하여 분석한다.

본골격이 확립되는 시기이고, 위와 같은 근대 회사법의 토대 구축 과정의 역사적 배경을 알아보는 것이 주요 검토 과제이다. 특히 1896년 뉴저지 주에서 회사법에 대한 선도적인 규제 완화가 이루어진 배경과 구체적으로 어떠한 내용의 변화가 있었는지를 알아보고, 뉴저지 주의 영향을 받아 다른 주들이 경쟁적으로 회사법의 규제를 완화하는 과정에 대한 비판적인 분석을 한다.

12 1933년 '증권법(Securities Act of 1933)'과 1934년 '증권규제법(Securities Exchange Act of 1934)'을 의미한다.

13 대공황 이후의 시기에는 20세기 초반에 형성된 회사법이 그대로 유지되었고, 1931년 벌리·민즈의 역작인 『근대의 회사와 사유재산(The Modern Corporation and Private Property)』가 출간되어 경영자 지배에 대한 통제이론이 확립되었다. 따라서 이 시기는 근대 회사의 기본적인 지배구조 형태가 확립된 시기라는 점에서 의미가 있고, 주주지상주의와 대립되는 이해관계자주의가 등장한 시기이기도 하다.

2. 19세기 미국 회사법의 역사

1) 초기 회사제도: 1776~1845년[14]

(1) 역사적 배경

① 영국 회사제도의 영향

㉠ 회사의 기원

영국에서 회사[15]의 역사는 최초에는 영업을 목적으로 하는 회사가 아니라 공적 임무를 수행하는 비영리 조직(non-profit organization)[16]으로부터 시작되었다.[17] 당시 회사는 단독회사(Sole corporation)와 집합회사(Aggregate Cor-

---

14 미국이 영국으로부터의 독립을 선언한 해인 1776년부터 뉴욕에서 일반회사설립법이 제정된 해인 1846년 이전의 시기를 의미한다.

15 회사는 몸체라는 의미의 라틴어인 'corpus'에서 유래하였고, 이는 회사를 구성하는 사람의 집단이 하나의 몸체처럼 행동하는 것으로 법이 인식하기 때문이라고 한다(Blair, "Corporate Personhood and the Corporate Persona," p.789).

16 중세시대의 회사는 재산의 영구적인 상속을 가능하게 하는 도구로서 기능하는 것에서 출발하였다[Gregory A. Mark, "The Personification of the Business Corporation in American Law," *University of Chicago Law Review*, vol.54(1987), p.1449].

17 Holsworth, *A History of English Law*, pp.469~475; Association of American Law Schools, *Select essays in Anglo-American legal history*, pp.195~201.

poration)로 구분되었다. 단독회사는 왕이나 주교 1인으로 구성된 회사이고, 단독회사 이외의 회사는 모두 집합회사로 불렸다. 집합회사 설립의 주요 목적은 재산 소유와 자치(self governance)를 위한 것이었고, 특히 지방정부의 경우에는 대부분 자치 목적을 위하여 설립되었다.[18] 따라서 집합회사는 외부 관계에서는 자연인과 마찬가지로 자신의 명의로 재산을 소유하고 계약을 체결할 수 있었고, 내부 관계에서는 자신의 규칙을 가지고 내부 문제를 해결하였다.[19]

ⓒ 특허제도

영국 회사의 역사는 최초에는 영업을 목적으로 하는 회사가 아니라 공적 임무를 수행하는 비영리 회사로부터 시작되었다. 그러나 신대륙이 차례로 발견된 대발견 시대(Age of Discovery)[20] 이후 16, 17세기 유럽에서는 외국과의 교역이 크게 증가하였고, 왕의 특허(charter) 또는 의회의 특별법에 의하여 외국과의 교역을 할 수 있는 특권을 가진 준정부적인 국제 무역회사(trading company)가 설립되기 시작하였다.[21] 이와 같이 왕 또는 의회의 특별한 인가

18　Joseph K. Angell & Samuel Ames, *Treatise on The Law of Private Corporations Aggregate*(Charles C. Little and James Brown, 1852), p.17.

19　Franklin A. Gevurtz, "The Historical and Political Origins of the Corporate Board of Directors," *Hofstra Law Review*, vol.33(2004), pp.126~129.

20　대발견 시대(Age of Discovery)는 15세기부터 시작하여 18세기에 걸쳐 유럽인이 세계의 신대륙을 발견해간 역사적 시기를 의미한다. 이 시기 스페인에 의해 1492년 아메리카 대륙이 처음 발견되었고, 대발견 시대를 거쳐 유럽은 새로 발견한 신대륙을 식민지로 삼으면서 영토를 확장하여 나갔다(Wikipedia. s.v. "age of discovery," last modified Oct 12, 2014, http://en.wikipedia.org/wiki/Age_of_Discovery); 대발견 시대에 관하여 자세한 내용은 주경철, 『대항해 시대: 해상 팽창과 근대 세계의 형성』(서울대학교 출판부, 2008) 참조.

21　이하에서는 위와 같은 회사들이 왕 또는 의회로부터 특정한 사업을 위하여 특별히 인가 받았다는 점에서 '특허회사'로 부르기로 한다.

표 2-1 16세기부터 18세기까지 설립된 영국의 무역회사

시기	설립연도	회사명
헨리 7세(1485~1509년)	1505	머천트어드벤처(Merchant Adventures)
메리(1553~1558년)	1553	러시아회사(Russia Company)
엘리자베스 1세 (1558~1603년)	1577	스페인회사(Spanish Company)
	1579	이스트랜드회사(Eastland Company)
	1581	터키회사(Turkey Company)
	1588	모로코회사(Moroco Company)
	1600	동인도회사(East India company)
제임스 1세(1603~1625년)	1606	버지니아회사(Virginia Company)
	1609	프랑스회사(french Company)
찰스 1세(1625~1649년)	1629	메사추세츠만회사(Massachusetts Bay company)
찰스 2세(1685~1688년)	1665	카나리회사(Canary Company)
	1670	허드슨만회사(Hudson's Bay Company)
	1672	왕실아프리카회사(Royal African Company)
윌리엄 3세 & 메리 2세 (1688~1702년)	1693	그린란드회사(Greenland Company)
앤(1702~1714년)	1711	남해회사(South Sea company)

자료: Harris, *Industrializing English Law*, p.52.

에 의하여 회사가 설립되는 것을 '특허제도(charter system)'라 한다.[22]

영국에서 16~18세기까지 특허를 받아 설립된 대표적인 회사는 〈표 2-1〉
과 같으며, 이러한 회사를 주식회사의 조직 형태적 기원으로 보는 것이 일반
적이다.[23]

특허회사가 설립되면서 특허회사의 본질을 어떻게 이해할 것인지가 법인
과 국가와의 관계, 특히 국가주권과의 관계에서 논의되었다.[24] 이에 관해 영

---

22 회사 설립에 관한 입법주의에 관한 논의에서는 이를 '특허주의'라고 한다(홍복기, 『회사
법강의』, 57쪽).

23 이철송, 『회사법강의』, 15쪽.

24 남기윤, 「미국법에서 법인이론의 전개와 그 현 시대적 의의」, 127쪽.

국에서는 국가주권이론에 근거하여 특허회사는 국가가 직접 존립과 활동에 대해 양해한 경우에 한해서 국가적 주권과 조화될 수 있다는 인가이론(concession theory)이 확립되었고,[25] 이에 따라 회사의 법인격은 국왕 또는 의회의 특허장(charter)[26] 부여에 의하여 성립하며, 법인에 대한 특허장 부여는 공권력의 부여이고 주권의 양도(relinquishment of sovereignty)로 인정되었다.[27]

특허회사는 최초에는 존속기간이 정해져 있었고, 설립목적도 비영리 목적의 회사처럼 재산의 소유가 아니라 독점권을 관리하기 위한 별도의 독립체를 창설하기 위한 것이 주된 목적이었다.[28] 또한 특허회사는 국제교역뿐만 아니라 식민지를 건설하고 정부 기능을 수행하기도 하여 현대 회사와는 다른 복합적인 역할을 담당하였고,[29] 그 대표적인 예가 동인도회사(East India company)이다.[30]

한편, 18세기 후반에는 영국 의회에 의하여 운하, 철도 건설을 위한 회사가 특별법으로 설립되었다.[31] 위와 같은 특별법은 다양한 종류의 회사들에

---

25 인가이론에 대해서 자세한 것은 제3장 제3절 참조

26 특허장(Charter)은 현대적 의미에서는 정관(charter of incorporation)을 의미한다. 따라서 이하에서는 특허장을 맥락상 의미에 따라 특허장 또는 정관으로 칭하기로 한다.

27 남기윤, 「미국법에서 법인이론의 전개와 그 현 시대적 의의」, 127쪽.

28 Henry Hansmann, Reinier Kraakman, & Richard Squire, "Law and the Rise of the Firm," *Harvard Law Review*, vol.119(2006), 1376; 별도의 법인격으로 인해 특허회사가 자본 투자의 대가로 주식을 발행하고 그 주식이 유통되는 것이 가능했다는 지적으로는, Walter Werner, "Corporation Law in Search of Its Future," *Columbia Law Review*, vol.81(1981), 1631.

29 Cox & Hazen, *Cox and Hazen on Corporations*, p.82.

30 동인도회사에 대하여 자세한 것은 Nick Robins, *The corporation that changed the world: how the East India Company shaped the modern multinational*(Pluto Press, 2006).

31 Cox & Hazen, *Cox and Hazen on Corporations*, p.83.

적용될 수 있는 일반법에 의해 보충되었고,[32] 특허회사는 처음에는 개인 단독의 투자로 운영되었으나, 시간이 지남에 따라 공동투자 형식으로 전환되었다.[33]

ⓒ 합작회사

영국에서는 17세기 이래로 설립 절차를 거치지 않은 기업조직이 있었다.[34] 영국 근대 회사의 또 다른 기원은 회사 설립 절차를 거치지 않은 합작회사(Joint Stock Company)였다.[35] 합작회사가 설립된 이유는 주식회사가 중대한 공적 중요성을 가진 활동에 대해서만 설립이 허용되었고, 이로 인해 일반 상업을 위해서는 주식회사를 이용할 수 없었기 때문이었다.[36] 또한 1720년에 제정된 거품법(Bubble Act)[37]으로 인해 인가를 받지 않은 회사의 설립이 금지되었고,[38] 이로 인해 당시 영국의 기업가는 거품법을 우회하는 방법으로 합작회사를 이용하였다.[39] 합작회사는 법률가의 도움으로 공동구성원증서

---

32 Henry W. Ballantine, *Ballantine on Corporations*, revised ed.(Callaghan and Company, 1946), p.32.

33 Harry G. Henn & John R. Alexander, *Laws of Corporations*(West Publishing Company, 1983), p.19.

34 Vasudev, "Corporate Law and Its Efficiency," p.240.

35 최준선, 「회사법의 방향」, 13쪽.

36 Cox & Hazen, *Cox and Hazen on Corporations*, p.83.

37 6 Geo. I. c. 18.

38 거품법이 제정된 배경에는 '남해회사(South Sea Company)'가 있었다(미클스웨이트·울드리지, 『기업의 역사』, 69쪽). 남해회사 사건에 대하여 좀 더 자세한 내용은 Stuart Banner, *Anglo-American Securities Regulation: Political and Cultural Roots, 1690~1860*(Cambridge University Press, 1998); 송병건, 「남해회사 거품을 위한 변명」, ≪영국연구≫, 29호(2013).

39 Auther J. Jacobson, "The Private Use of Public Authority: Sovereignty and Associations in the Common Law," *Buffalo Law Review*, vol.29(1980), pp.644~660.

(deeds of co-partnery) 또는 합의증서(deeds of settlement)와 같은 이름의 문서에 의하여 설립되었고, 주식시장에서 거래될 수 있는 주식이 발행되었다.[40] 이와 같이 합작회사는 법률이 아니라 계약에 의하여 창조된 것이었으며, 비공식적인 조직이었기 때문에 정부의 규제를 전혀 받지 않았다.[41] 일반적인 영업 목적의 일반 회사 설립이 제한되어 있었기 때문에 합작회사는 17, 18세기에 널리 이용되었으나, 합작회사는 주주가 회사 채무에 대하여 무한책임을 지는 점, 모든 회사의 주주가 소송의 당사자가 되어야 한다는 점과 같은 단점을 가지고 있었다.[42]

② 개인주의의 영향

개인주의(individualism)는 자신의 행위에 대하여 책임을 지는 개인 간 거래와 소규모 개인사업자에 의한 생산을 전제로 개인이 경제 주체로서 수익 극대화를 추구하는 것을 경제 모델로 한다.[43] 초기 미국의 경제는 애덤 스미스가 상정한 개인주의적 경제 모델과 크게 다르지 않았고,[44] 경제단위는 집단적 차원이 아니라 개인적 차원에서 조직되었다.[45] 따라서 개인이 생산하

거품법 시행 이후 '남해회사'의 파산으로 영국경제가 붕괴되자, 영국에서는 그 원인을 회사의 무분별한 설립으로 보고 회사 설립인가를 까다롭게 제한하기 시작하였다[Oscar Handlin & Mary F. Handlin, "Origins of the American Business Corporation," in Donald Grunewald & Henry L. Bass(eds.), *Public Policy and the Modern Corporation; Selected Readings*(Appleton-Century-Crofts, 1966), pp.5~6].

40 Vasudev, "Corporate Law and Its Efficiency," p.240.

41 Henn & Alexander, *Laws of Corporations*, p.20.

42 Cox & Hazen, *Cox and Hazen on Corporations*, p.84.

43 Bratton, "The New Economic Theory of the Firm," p.1482.

44 애덤 스미스의 경제 모델에 대하여 자세한 것은 Blackford & Kerr, *Business Enterprise in American History*, pp.51~52 참조.

고, 개인이 소비하였으며, 생산과 소비는 고전경제학 이론대로 가격에 의하여 시장에서 조정되었다.[46] 또한 아직 회사가 보편적이지 않았기 때문에 경제제도 내의 개인은 개인주의적 재산권의 법적 보호를 받았다.[47] 이와 같은 개인주의의 영향에 따라 건국 초기 미국의 기업형태는 1인 또는 가족에 의하여 운영되는 조합 형태의 기업이 대부분이었다.

③ 회사에 대한 부정적 인식의 영향

건국 초기 미국인들은 회사에 대한 부정적 인식(anticorporate sentiment)을 가지고 있었고,[48] 이와 같은 인식은 모든 계층의 사람들에게 공통적으로 나타났다. 미국독립혁명을 초래한 대표적인 사건인 보스턴 차 사건(The Boston Tea Party)[49]이 영국 동인도회사의 미국 상품시장에 대한 독점화 시도에 저항하기 위한 것이었다는 점도 회사제도에 대한 이러한 인식에 영향을 미쳤다.[50]

> 보스턴 차 사건은 차부터 시작하여 미국의 상품시장을 독점하려는 상세한 계획을 실행하려는 동인도회사를 저지하기 위한 매우 잘 조직된 시도였다. ……

---

45 Bratton, "The New Economic Theory of the Firm," p.1483.

46 Chandler, *The Visible Hand*, pp.15~28.

47 Bratton, "The New Economic Theory of the Firm," p.1484.

48 Vasudev, "Corporate Law and Its Efficiency," p.242.

49 보스턴 차 사건은 1773년 12월 16일에 발생한 영국에 대한 정치적 저항 사건으로, 같은 해 북아메리카에 발효된 '차법(Tea Act of 1773)'에 반대하여 미국 토착민(native americans)으로 위장한 보스턴 주민이 동인도회사의 배를 습격하여 배 안에 선적된 차를 모두 폐기시킨 사건이다(Wikipedia. s.v. "Boston Tea Party," last modified Oct 12, 2014, http://en.wikipedia.org/wiki/Boston_Tea_Party).

50 당시 동인도회사는 차에 대한 판매권을 지역의 독립적인 상인들로부터 빼앗아, 자체 배급망을 구축하려고 하였다(Nace, *Gangs of America*, p.43).

보스턴 차 사건을 추동한 힘은 추상적인 것이 아니라, 미국인이 자신의 사업을 보호하기 위한 것이었다. 보스턴 차 사건은 억압적 정부에 대항하는 매우 실용적인 경제적 저항이었고, 좀 더 정확하게는 서로 완벽하게 관련된 회사와 정부에 대한 저항이었다.[51]

이와 같이 미국독립혁명은 그 자체로 직접적으로 그리고 명시적으로 반회사 혁명(anticorporate revolt)이었고, 회사에 대한 부정적인 인식은 회사법의 관할을 정하는 대륙회의(Continental Congress)[52]의 논의 과정에서도 다음과 같이 드러났다.

대표자들 중에는 상당수가 회사를 인가함에 있어 어떠한 연방의 관여에도 반대하라는 모주(母州)의 지시를 받았다. 그러한 지시는 회사 인가 권한을 연방 정부에 부여하면 미국판 동인도회사가 생길 수 있다는 믿음 때문이었고, 그러한 일을 방지하기 위한 가장 좋은 방법은 가능한 한 회사 인가 권한을 주 정부에 두는 것이라고 생각하고 있다.[53]

④ 검토
건국 초기에는 회사에 대한 부정적인 인식 때문에 회사제도를 인정하지

---

51 Nace, *Gangs of America*, p.42.
52 대륙회의는 미국독립혁명을 통하여 미국 13개 주가 되는 지역의 대표자가 모인 회의를 말한다. 대륙회의는 1774년부터 1789년까지 3차례 소집되었고, 1776년 소집된 제2차 회의에서는 미국의 건국을 선언하는 독립선언을 채택하였다(Wikipedia. s.v. "The Continental Congress," last modified Oct 12, 2014, http://en.wikipedia.org/wiki/Continental_Congress).
53 Nace, *Gangs of America*, p.47.

말자는 주장도 있었지만, 미국 건국의 아버지들(Founding Fathers of the United States)[54]은 회사가 새로운 국가를 건설하는 데 중요한 역할을 할 수 있을 것이라는 생각을 가지고 있었다.[55] 따라서 회사제도를 폐지하는 것보다는 회사제도를 수정하여 민주주의의 통제하에 두려고 하였고,[56] 이러한 취지에서 회사에 대한 권한을 연방 정부 관할에 두려고 시도하였다.[57] 그러나 당시 회사에 대해 만연했던 부정적인 인식으로 인하여 이와 같은 시도는 성공하지 못하였고, 이것은 결국 미국 헌법에 회사에 관한 어떠한 규정도 없는 이유가 되었다.[58] 이러한 이유로 회사는 주 정부의 관할에 속하게 되고, 이것은 뒤에서 보는 바와 같이 20세기 초반에 회사법 규제가 완화되는 결정적 계기를 제공하게 된다.

또한 회사에 대한 부정적 인식은 회사에 대한 정책 입안 단계에 영향을 주어 초기 회사 설립에 대한 많은 제한이 생기게 되는 원인이 되었고,[59] 회사를 인가하는 데에 공익을 가장 중요한 고려 사항으로 삼는 실무를 확립시키게 된다.[60]

---

54 미국의 역사 초기의 5명의 대통령들을 포함해, 미국 독립선언에 참여한 정치인들을 일컫는 표현이고, 대표적인 인물은 존 애덤스(John Adams), 벤저민 프랭클린(Benjamin Franklin), 알렉산더 해밀턴(Alexander Hamilton), 존 제이(John Jay), 토머스 제퍼슨(Thomas Jefferson), 제임스 매디슨(James Madison), 조지 워싱턴(George Washington)이다(Wikipedia. s.v. "Founding Fathers of the United States," last modified Nov. 20, 2014, http://en.wikipedia.org/wiki/Founding_Fathers_of_the_ United_States).

55 Nace, *Gangs of America*, p.47.

56 같은 책, p.46.

57 제임스 매디슨은 공익상 필요할 때도 있고, 주 차원에서는 감당하기 어려운 일이 있을 때를 위하여 회사를 연방의 관할로 하자는 제안을 두 번이나 하였다고 한다(같은 책, p.47).

58 같은 책, p.48.

59 Vasudev, "Corporate Law and Its Efficiency," p.245.

60 같은 글, p.243.

(2) 특허제도의 도입

영국 회사제도를 계수한 미국은 인가이론의 영향을 받아 건국 이후 회사 설립에 관하여 특허제도(special charter system)를 확립하였다.[61] 이러한 특허 주의에 따라 19세기 초반까지 미국의 회사는 오로지 특별입법에 의하여만 설립되었다.[62] 회사가 설립되기 위해서는 주 의회에 법안이 제출되어 법제 사법위원회의 심사를 거쳐야 하고, 심사를 거친 법안은 양원의 승인과 주지 사의 서명을 받아야 발효될 수 있었다.[63] 이러한 회사 설립 절차의 어려움을 피하기 위하여 영국에서는 합작회사가 사용된 반면, 미국에서는 합작회사 대신에 소수의 조합원(partner)으로 구성된 조합이 일반적인 기업형태로 이용되었다.[64] 이러한 의미에서 미국은 영국과는 달리 보통법상 사적 약정으로서의 회사에 관한 역사가 존재하지 않는다고 평가된다.[65] 모든 미국 회사는 특허(charter)에 의해서 설립된 것이었고, 영국의 합작회사처럼 개인 간 약정으로 회사가 만들어지지 않았기 때문이다.[66]

---

61 남기윤, 「미국법에서 법인이론의 전개와 그 현 시대적 의의」, 127쪽.

62 E. Merrick Dodd, Jr., "Statutory Developments in Business Corporation Law, 1886~1936," *Harvard Law Review*, vol.50(1936~1937), p.28.

63 Cox & Hazen, *Cox and Hazen on Corporations*, p.86.

64 Lawrence M. Friedman, *A History of American Law*, 3rd ed.(A Touchstone Book, 2004), p.130.

65 Vasudev, "Corporate Law and Its Efficiency," p.237.

66 미국에서 영국처럼 설립 절차를 거치지 않은 회사가 발달하지 않은 이유에 대해서는 ① 초기 정착민들의 개인주의적 정신으로 인해 경제적 목적을 위한 조직 설립이 꺼려졌다는 점, ② 광활한 지역과 같은 물질적·지역적인 어려움이 존재했다는 점, ③ 산업사회로 진입하지 않아 거대 기업의 필요성이 없었다는 점, ④ 1741년 영국의 거품법이 미국 지역에서 시행된 것이 영향을 미쳤다는 점 등이 지적되고 있다(같은 글, p.241).

이와 같이 회사를 정부의 특허에 의해서만 설립할 수 있게 한 미국의 특허 제도는 영국의 제도를 반대로 시행한 것이었다. 영국의 경우 국민에 의해 통제되지 않는 왕이 부자에게 독점에 대한 특권을 하사하는 데 특허제도를 사용한 것과는 반대로, 미국의 제도는 회사 인가를 국민이 통제할 수 있는 주의회의 권한으로 하고, 그 인가 목적을 공익에 부합하는 한도 내로 통제하였기 때문이다.[67] 이러한 특허제도에 의하여 미국에서는 회사가 민주주의를 위협할 수 있다는 우려에 반하지 않는 정도 내에서만 회사를 인가하는 구조가 만들어지게 되었다.[68]

(3) 초기 회사제도의 특징

① 회사 목적의 공익성

초기 미국의 회사는 공회사(public corporation), 사회사(Private corporation), 상업회사(Commercial Corporation)로 분류될 수 있다.[69] 공회사는 대부분 지방정부에 의하여 설립되었고, 사회사는 자선·종교 목적으로 설립되었다.[70] 따라서 현재 관점에서 회사라고 부를 만한 것은 상업회사인데, 상업회사의 주요 기능은 상당한 투자가 요구되는 사업(도로, 운하, 다리 등)의 자본을

---

67 Nace, *Gangs of America*, p.48.

68 같은 책, p.48.

69 Vasudev, "Corporate Law and Its Efficiency," p.241; 초기 회사는 공적 목적을 위한 것으로 공적 성격을 가진다고 보았으나, 회사의 공적 성격을 사법적인 구성으로 탈바꿈시키면서 회사를 사법에 편입시키려는 회사이론이 등장하고, 그로 인해 공·사법인에 대한 구별이 성립하게 된다는 지적이 있다(남기윤, 「미국법에서 법인이론의 전개와 그 현 시대적 의의」, 124쪽).

70 Vasudev, "Corporate Law and Its Efficiency," p.241.

표 2-2 1781년부터 1800년까지 미국에서 인가받은 회사의 수와 회사 설립 목적

회사의 목적	회사 수	비율(%)
은행/보험	67	20
기반 시설(운하, 다리, 도로, 항만)	255	76
기타(상품제조, 광업, 농업)	13	4
총계	335	100

자료: Vasudev, "Corporate Law and Its Efficiency," p.243 〈Table 1〉.

모으기 위한 것이었다.[71] 즉 19세기 초반까지 미국에서 회사는 특별한 것이었고, 당시 상업회사들은 주의 인가하에 은행·보험회사·운하·다리·도로 등을 건설하고 운영하기 위한 것과 같은 특별한 목적을 가지고 설립되었다.[72] 예컨대, 1781년부터 1800년까지 미국에서 인가를 받은 335개의 회사 중에서 76%가 기반시설의 건설과 운영을 목적으로 하는 것이었고, 20%가 은행과 보험회사였다.[73]

이와 같이 기반시설 건설과 운영을 위해 회사가 이용된 것은 기반시설을 건설하기 위해서는 다수의 투자자로부터 자본을 조달해야 했는데, 회사가 이러한 목적에 이상적으로 적합했기 때문이었다.[74]

19세기 초반까지는 공익사업을 하는 회사 외에 순수한 영업을 목적으로 한 회사는 회사 인가를 받을 수 없었다. 19세기 초반 미국 회사의 원형은 공적 목적을 수행하는 공조직이 대부분이었고, 순수하게 영업을 목적으로 하는 회사는 19세기 중반이 되어야 등장하기 때문이다.[75] 19세기 중반까지 주

---

71 Vasudev, "Corporate Law and Its Efficiency," p.241.

72 Friedman, *A History of American Law*, p.130.

73 Vasudev, "Corporate Law and Its Efficiency," p.243 〈Table 1〉 에서 인용.

74 같은 글, p.244.

75 Horwitz, *The Transformation of American Law 1870~1960*, pp.111~112.

의회들은 회사를 설립할 필요성이 충분히 소명되지 않는 이상 회사를 인가해주지 않으려는 경향이 있었고, 법원도 회사 인가에 대하여 엄격한 입장을 유지하였다. 예컨대, 큐리 사건(Currie's Administrators v. Mutual Assurance Society) 판결[76]에서 버지니아 주 대법원은 회사 인가 신청의 목적이 단순히 개인적인 것이거나 공익에 해가 되거나 공익을 증진시키는 것이 아니라면 회사를 인가해주어서는 안 된다고 판결하였다.

② 이해관계자에 대한 고려

초기 회사에서는 수익 극대화 또는 주주의 이익은 회사법의 최우선 고려 사항이 아니었고, 회사가 창출한 수익도 다양한 생산요소의 합작품으로 여겨졌다.[77] 이러한 생각을 기초로 회사법은 회사의 활동에 영향을 받을 수 있는 이해관계자의 이익을 보호하는 데 적극적인 역할을 하였다.[78] 예컨대 은행, 보험, 운송회사 등의 정관은 각 산업에 특유한 남용 행태로부터 대중을 보호하기 위한 특별 조항을 포함하고 있었다.[79]

이해관계자의 이익 보호와 관련된 사항을 구체적으로 살펴보면, 우선 초기 회사법은 채권자를 보호하기 위하여 주주에게 회사의 채무에 대하여 책임을 지도록 하였다.[80] 1870년까지 주주에게 유한책임을 부여하는 통일적인 조항은 존재하지 않았고,[81] 법률에 특별한 규정이 없는 경우에는 유한책임이

---

76 Currie's Administrators v. Mutual Assurance Society, 4 Va 315(1809).

77 Vasudev, "Corporate Law and Its Efficiency," p.249.

78 Millon, "Theories of the Corporation," p.210.

79 James W. Hurst, *The Legitimacy of the Business Corporation in the Law of the United States, 1780~1970*(The University Press of Virginia, 1970), p.39.

80 Vasudev, "Corporate Law and Its Efficiency," p.250.

81 Nace, *Gangs of America*, pp.52~53.

인정될 수 있다는 법원의 판결이 확립되었을 뿐이었다.[82] 오히려 주주에 대하여 법률에 따라 회사 채무에 책임을 지도록 하는 경우가 많았고, 그 책임액과 범위는 각 주별로 다양하였다.[83] 또한 초기 회사법은 채권자의 이익을 위하여 회사의 자본을 유지하도록 강제하였다.[84] 회사의 자본은 회사채권자를 위하여 보유된 신탁기금(trust fund)으로 여겨졌고, 주주는 자본을 함부로 인출할 수 없었다. 이러한 원리는 1824년 우드 사건(Wood v. Dummer) 판결[85]에서 신탁기금 원리(trust fund doctrine)[86]로 확립되어 이후 하워드 사건(Railroad Company v. Howard) 판결[87]을 비롯한 다수의 판결에서 원용되었다.[88]

한편, 초기 회사법은 채권자 외에도 노동자를 보호하기 위하여 주주에게 특별하게 노동자의 임금에 대하여 책임을 부과하는 경우도 많았고,[89] 기반

---

82 Hurst, *The Legitimacy of the Business Corporation in the Law of the United States, 1780~1970*, p.27.

83 투자액의 두 배를 책임금액으로 인정하는 경우, 지분비율에 따라 책임금액을 인정하는 경우, 특정 채무에 대해서만 책임을 인정하는 경우 등으로 다양하였다(같은 책, p.27).

84 Vasudev, "Corporate Law and Its Efficiency," p.250.

85 Wood v. Dummer, 30 F. Cas. 435(C.C.D. Me. 1824)(No. 17,944); 또한 Sawyer v. Hoag, 84 U.S.(17 Wall.) 610, 620(1873)("회사의 자본은 일반 채권자의 이익을 위한 신탁기금이라는 것은 확립된 법리이다").

86 신탁기금법리는 지급불능 회사의 주주가 주금을 납입하지 않은 경우 또는 액면가보다 낮은 가액으로 발행된 주식(watered stock)을 인수한 경우, 그 전액이나 권면액의 책임을 부담시켜야 한다는 법리로서 '인가'이론을 그 근거로 한다. 즉 인가이론에 따라 법인은 주주와는 별개의 존재(entity)로서 그 고유재산의 신탁적 소유자가 되고, 주주는 회사가 지급불능인 경우에 채권자가 변제받기 이전에 회사의 신탁기금에 속했던 회사의 본래 재산을 회사에 보유하게 하여야 하기 때문에 이 한도에서 주주는 채권자에 대해 직접적으로 책임을 부담한다(남기윤, 「미국법에서 법인이론의 전개와 그 현 시대적 의의」, 132쪽).

87 Railroad Company v. Howard, 74 U.S. 392(1868).

88 Vasudev, "Corporate Law and Its Efficiency," p.251.

시설을 위한 회사의 경우에는 일정한 사람에 대해서는 무료로 이용할 수 있도록 하는 조건이 부가되기도 하였다.[90]

③ 공익상 규제

초기 회사의 경우에는 상업회사인 경우에도 공익적 요소가 있었기 때문에 회사의 상업적 요소와 회사가 제공하는 용역이 가지는 공익적 기능을 조화시키기 위한 노력이 행해졌다.[91] 또한 회사에 대한 부정적 인식과 정치적·사회적 우려는 회사를 운영하는 데 공익을 고려하게 하였고, 회사의 권한과 영향을 견제하기 위한 다양한 규제가 행해졌다.[92] 회사의 권한에 대한 대표적인 제한은 연방 대법원에 의하여 발전된 회사의 권한을 정관에서 명시적으로 부여한 것으로 제한하는 '능력 외 이론(ultra vires)'과 특허를 받은 주에서만 영업을 허용하는 타주회사 법리이다.[93] 또한 회사에 대한 공익상 고려에 따라 초기 회사에 대해서는 여러 가지 영업상 제한이 법률의 규정 또는 인가 조건으로 회사 정관에 명시되었다.

미국 건국 후부터 남북전쟁 전까지 법률 또는 회사 정관에 부기된 조건으로 회사에 가해진 규제를 정리하면 아래와 같다.[94]

① 목적과 능력의 제한: 회사는 정관에서 정해진 특정한 사업만을 수행하도록 하는 사업 목적상 제한이 있었다. 회사는 명시적으로 정관에서 허용한 행위

---

89 Millon, "Theories of the Corporation," p.210.

90 Nace, *Gangs of America*, p.52.

91 Vasudev, "Corporate Law and Its Efficiency," p.241.

92 같은 글, p.248.

93 '능력 외 이론'과 '타주회사 법리'에 대하여 자세한 내용은 제3장 제3절 참조.

94 이하의 내용은 Nace, *Gangs of America*, pp.51~55를 정리한 것이다.

외에는 다른 행위를 할 수 없었고,[95] 법원은 회사 정관에서 정한 행위와 관련되지 않은 계약의 집행을 거부하였다.[96]

② 존립 기간의 제한: 회사의 존립 기간은 대체로 20년에서 30년 사이로 정해져 인가되었고,[97] 이 기간이 지난 후에는 정부에 갱신 신청을 해야 했다.[98]

③ 재산소유의 제한: 대부분의 주는 사업을 위하여 직접적으로 필요한 재산만을 소유하도록 제한하고 있었고, 특히 회사는 다른 회사의 주식을 소유할 수 없었다.

④ 자본·수익의 제한: 대부분의 주에서 회사의 자본에 상한을 두고 있었고, 회사가 창출하는 수익을 제한하는 경우도 있었다.

⑤ 영역 지역·운영의 제한: 대부분의 회사는 인가받은 주 외에 다른 주에서 사업을 영위하는 것이 허용되지 않았고, 필수 설비회사에 대해서는 사회적·경제적 약자에 대하여 무료로 용역을 제공하도록 강제하였다.

⑥ 주주 자격의 제한: 주주를 내국인에 한정하는 경우도 있었고, 개인 단독으로 회사를 지배하는 것을 방지하기 위한 다수의 제한이 있었고,[99] 대부분의 주에서 중요 사항에 대해서는 주주 전원의 찬성을 요구하였다.

⑦ 주주의 무한책임: 주주의 유한책임은 19세기 초반에는 인정되지 않았고, 주

---

95 이를 'Ultra vires' 이론이라고 하고, 국내에서는 '능력 외 이론'이라고 불린다(임재연, 『미국기업법』, 77쪽). 자세한 내용은 제3장 제3절 참조.

96 예컨대, 일리노이 주 대법원은 정관에서 허용하고 있는 사업에 해당되지 않는다는 이유로 풀맨팔래스카컴퍼니(Pullman Palace Car Company)가 소유하고 있는 마을을 매각하라고 판결하였다.

97 은행의 경우에는 3년 내지 19년이 존립기간으로 정해졌다.

98 회사 갱신 거절은 자연인으로 따지면 사형선고와 같은 것이고, 실제 갱신 거절이 행해진 경우가 많았다. 예컨대, 펜실베이니아 주는 1922년에만 10개 은행의 갱신 신청을 거절하였다.

99 일부 주에서는 주주수의 최저한도를 설정하였고, 어떤 주에서는 소수 주주의 권한을 강화하기 위한 의결 공식을 사용하였다.

주에게도 회사의 채무에 대한 책임이 인정되는 경우가 대부분이었다. 예컨대, 1822년 매사추세츠 주는 상품제조회사의 구성원이 되는 모든 이는 회사의 구성원으로 있는 동안 발생한 회사 채무에 대하여 책임을 진다는 법률을 제정하여 주주의 '무한책임(unlimited liability)'을 인정하였다. 그러나 대부분의 주에서는 '무한책임' 대신 '2배 책임(doulble liability)' 규정을 두어 주주의 책임을 일정한 한도로 제한하는 경우가 많았다.

④ 검토

초기 미국의 특허제도는 회사에 대한 강한 규제를 통하여 민주적 권력(democratic power)이 회사 권력(corporate power)을 통제할 수 있도록 하였다.[100] 따라서 미국의 제도는 회사가 최적으로 수행할 수 있는 기능을 수행할 수 있게 허용한 반면, 회사의 정치적 권력이 민주주의의 통제 아래 있는 일종의 균형 상태를 유지하고 있었다.[101] 그러나 초기 미국의 제도는 남북전쟁 이후 발생한 여러 가지 역사적 상황으로 인하여 일반회사설립법이 제정되면서 해체되기 시작하였고, 민주주의와 회사 간의 균형 관계도 함께 붕괴되기 시작했다.[102]

(4) 회사의 법적 본질

① 의의

초기 미국에서 회사제도가 확립된 이후 회사의 구성원과는 별개의 법인격

---

100 Nace, *Gangs of America*, p.54.

101 같은 책, p.55.

102 같은 책, p.55.

이 부여된 회사의 법적 본질이 무엇인지가 문제된 여러 판결이 있었다. 그 중에서 다트머스대학 사건(Trustees of Dartmouth College v. Woodward) 판결[103]은 미국 연방 대법원이 회사의 법적 본질에 대하여 판결한 리딩케이스로 이 판결은 인가이론에 따라 회사를 이해하였다.[104]

② 역사적 영향

다트머스 판결은 회사가 인가이론의 입장에서 자연적으로 형성된 것이 아니라, 인위적으로 법률에 의하여 창조된 존재라는 점, 회사의 실체성을 인정하지 않고 법적 의제라고 명시하였다는 점에서 그 역사적 의의가 있다.[105] 또한 다트머스 판결은 회사를 공회사·사회사로 구별하여 사회사에 대해서는 계약조항을 매개로 국가의 개입을 제한하려고 시도하였다는 점에서 의의가 있다. 이와 같이 회사의 설립특허를 계약으로 보고, 정부에 의한 변경을 제한하려는 연방 대법원의 판결로 인해 각 주는 회사가 설립된 이후에도 특허 조건을 변경할 수 있는 권한을 주에 부여하는 법률을 제정하였고,[106] 이에 대응하여 회사는 가능한 한 회사 특허를 간략하고 광범위하면서도 제한 없는 형태로 만들려고 노력하였다.[107] 다트머스 판결의 대상은 영리 목적의 회사가 아니라 대학이었지만, 이 판결은 한창 성장 중에 있는 회사에 더 큰 영

---

103 Trustees of Dartmouth College v. Woodward, 17 U.S. 518(1819); 이하에서는 다트머스 판결이라고 약칭한다.

104 다트머스 판결에 대하여 자세한 내용은 제3장 제3절 참조.

105 동 판결이 인정한 인가이론에 근거하여 미국 연방 대법원은 '능력 외 이론'과 '타주회사 법리'를 발전시켰다.

106 위와 같은 입법으로 주 정부는 회사에 대한 통제권한을 유지할 수 있었다(Mark, "The Personification of the Business Corporation in American Law," p.1454).

107 Blair, "Corporate Personhood and the Corporate Persona," p.802.

향을 미쳤고, 회사법 발전의 계기가 이루어지게 되었다.[108]

(5) 평가

초기 미국의 경제는 집단적이 아닌 개인적 차원에서 조직되었다.[109] 미국 경제는 개인이 생산과 소비의 주체였고, 생산과 소비는 가격에 의하여 시장에서 조정되었다.[110] 회사는 보편적인 제도가 아니었고, 경제제도는 계약법과 재산법(property law)의 보호영역이었다. 반면 회사는 국가의 특허에 의해 특별히 설립되는 것이기 때문에 시장이 아닌 국가의 규제를 받는 것이 당연한 것으로 인식되었다.[111] 이 시기 회사는 법적 의제(legal fiction)로서 정부에 의하여 창조된 인위적 존재로 간주되었고, 특별한 인가에 따라 회사가 설립된다는 인가이론은 특허에 의해 회사가 설립되는 당시 회사제도를 정확하게 설명하였다.[112] 이와 같이 미국에서는 회사가 정부에 의해 강하게 규제되고 있었음에도 불구하고, 영국[113]이나 다른 유럽국가에 비하여 회사가 광범위하게 이용되었고, 이로 인해 미국 회사법도 유럽국가에 비해 빠르게 발전하였다.[114]

---

108 남기윤, 「미국법에서 법인이론의 전개와 그 현 시대적 의의」, 131쪽.

109 Bratton, "The New Economic Theory of the Firm," p.1483.

110 Chandler, *The Visible Hand*, pp.15~28.

111 Hurst, *The Legitimacy of the Business Corporation*, pp.7~8.

112 Bratton, "The New Economic Theory of the Firm," p.1484.

113 영국은 앞에서 살펴본 바와 같이 거품법의 영향으로 18세기에는 회사가 많이 설립되지 않았다.

114 Blair, "Corporate Personhood and the Corporate Persona," p.794.

2) 일반회사설립법 제정기: 1846~1895년[115]

(1) 역사적 배경

① 평등주의의 영향

초기 미국에서 회사는 오직 정부의 인가에 의하여 설립되었다. 회사 설립을 인가하는 정부의 행위는 재량행위이고 인가는 회사에게 특권을 부여하는 것으로 이해되었다.[116] 그러나 정부의 재량과 회사의 특권은 대중들의 반감을 가져왔다. 특히 당시는 미국이 건국된 지 얼마 되지 않았기 때문에 정부가 소수의 선택된 자에게만 특권을 부여한다는 발상은 평등(equality)이 중요 건국이념이었던 미국에서는 매우 받아들여지기 어려운 일이었다.[117] 따라서 1820년부터 1830년 사이에는 회사 인가를 둘러싸고 갈등이 상존하게 되었고, 1827년에는 자칭 노동자당(Workingmen's Party)이라는 정당이 회사제도에 반대하기 시작하였다.[118] 이러한 주장은 당시 앤드루 잭슨(Andrew Jackson) 대통령[119]이 이끌던 민주당에 의하여 받아들여졌고, 당시 민주당의 입장은 민주당 의원인 기드온 웰스(Gideon Wells)의 평등주의적 주장에서 잘 드러난다.

---

115 뉴욕 주에서 일반회사설립법이 제정된 해부터 뉴저지 주에서 회사에 대한 규제를 완화하는 회사법이 제정되기 전인 1895년까지를 의미한다.

116 Vasudev, "Corporate Law and Its Efficiency," p.252.

117 같은 글, p.253.

118 Nace, *Gangs of America*, p.49.

119 미국의 제8대 대통령으로 재임기간은 1829년부터 1837년이다(Purvis, *A Dictionary of American History*, p.200).

그러한 입법은 자본을 가지지 않은 산업을 마비시키고, 독립의 원천인 조건의 평등을 파괴한다. 특권적 법에 의하여 사업영역에 자본이 유입되면 개인 영역에서의 경쟁은 희망이 없고, 개인 사업자는 편파적인 입법이 주는 부당한 영향에 굴복하게 된다.[120]

② 산업 발전의 영향

잭슨 대통령은 평등주의자들의 입장을 받아들였지만, 평등주의자의 주장에 따라 회사제도를 폐지하는 소극적인 정책을 쓰지 않고 모든 사람들에게 회사를 설립할 수 있는 권리를 부여하는 적극적인 정책을 채택하였다.[121] 적극적인 정책의 목적은 회사의 부정과 소멸이 아니라, 선택된 소수에게만 회사를 인가하는 특권 부여 행위였던 회사 설립을 모든 이들에게 가능하도록 한 것이었다.[122]

이 같은 회사 설립의 일반적인 허용은 당시 경제 상황을 반영한 것이라고 할 수 있다. 19세기 초반은 미국에서 산업혁명이 일어나던 시기로서,[123] 이 시기 미국에서는 공업이 극적으로 발전하기 시작하였다. 미국에서 공업생산품의 양은 1809년부터 1839년까지 매 10년마다 59%씩 성장하였고, 1840년대에는 153%, 1850년대에는 60%가 성장하였다.[124] 1860년에 이르면 미국은 1인당 공업생산량으로는 세계에서 영국 다음으로 많은 나라가 되었다.[125]

---

120 Nace, *Gangs of America*, pp.49~50.

121 Vasudev, "Corporate Law and Its Efficiency," p.253.

122 Herbert Hovenkamp, *Enterprise and American law: 1836~1937*(Harvard University Press, 1991), p.38.

123 Vasudev, "Corporate Law and Its Efficiency," p.248.

124 Nace, *Gangs of America*, p.55.

125 같은 책, p.55.

표 2-3 1801~1860년 사이 새로 설립된 회사의 수

시기＼주	뉴욕	펜실베이니아	뉴저지	메릴랜드	위스콘신	오하이오
1801~1810	218	71	40	31	-	8
1811~1820	392	213	67	87	-	51
1921~1830	378	144	76	77	-	58
1831~1840	559	420	181	182	33	423
1841~1850	-	431	206	227	56	558
1851~1860	-	1,041	579	497	463	-

자료: Stuart Banner, *Anglo-American Securities Regulation: Political and Cultural Roots, 1690~1860* (Cambridge University Press, 1998), p.191 〈Tabel 6.1〉.

이처럼 공업이 발전하기 시작하자 회사 설립을 위한 특별법의 수요가 급증하기 시작하였고, 회사 설립 건마다 특별법을 제정해야 하는 불편함이 오히려 문제가 되었다.[126] 실제로 1800년부터 1860년까지 뉴욕 주, 펜실베이니아 주, 뉴저지 주, 메릴랜드 주, 위스콘신 주, 오하이오 주에서 회사가 급격하게 증가하는 추세에 있었다.[127]

이와 같이 19세기 초반 회사는 경제 영역에서 중요한 역할을 담당하기 시작하였고,[128] 대규모 사업을 영위하는 데 회사가 기능적으로 효율적인 기구임이 실증되었다.[129] 따라서 정치권에서도 회사를 없애기보다는 이를 일반적으로 허용하되, 회사제도가 남용되지 않도록 엄격하게 규제하는 방향으로

---

126 Dodd, "Statutory Developments in Business Corporation Law, 1886~1936," p.28; Franklin A. Gevurtz, *Corporation Law*(West Group, 2000), p.21.

127 Banner, *Anglo-American Securities Regulation*, p.191 〈Tabel 6.1〉.

128 당시 미국에서 회사제도는 동 시대의 유럽보다 훨씬 빠르고 광범위하게 퍼져 나갔다 (Handlin & Handlin, "Origins of the American Business Corporation," pp.23~24).

129 Vasudev, "Corporate Law and Its Efficiency," p.257.

가기 시작한 것이다.[130]

(2) 일반회사설립법의 제정

① 제정 경과

일반적인 회사의 설립을 허용하는 법(general corporation law)의 기원은 1811년 뉴욕 주 일반회사설립법이라고 할 수 있고, 이 법에서 뉴욕 주는 일정한 상품생산 목적의 회사 설립을 허용하였다.[131] 이와 같이 최초에는 제한된 산업 분야에만 한정하여 일반적으로 회사 설립을 허용하는 법률이 제정되었지만,[132] 1840년 이후에는 평등주의의 영향을 받아 각 주는 특별한 입법적 조치 없이 법률에서 정한 요건에 합치하는 경우에는 회사 설립을 허용하는 법률[133]을 제정하기 시작하였다.[134]

---

130 Vasudev, "Corporate Law and Its Efficiency," p.257.

131 Cox & Hazen, *Cox and Hazen on Corporations*, p.88(회사 설립권은 직물, 유리, 페인트 생산업자 등에게 부여되었다); 한편, 노스캐롤라이나 주는 1796년에, 매사추세츠 주는 1799년에 회사 설립을 허용하는 법률을 제정하였으나, 그 대상이 특정 사업이나 목적에 한정되었다(Henn & Alexander, *Laws of Corporations*, p.25).

132 펜실베이니아 주, 노스캐롤라이나 주는 1836년, 미시간 주와 코네티컷 주는 1837년에 상품생산을 목적으로 하는 회사 설립을 허용하였다(Cox & Hazen, *Cox and Hazen on Corporations*, p.88).

133 이를 회사 설립에 관한 '준칙주의'라고 한다(홍복기, 『회사법강의』, 58쪽). 일반회사설립법의 제정은 회사 설립에서 준칙주의를 도입한 것으로 평가할 수 있다(최준선, 「회사법의 방향」, 15쪽).

134 상당수의 주에서는 은행, 보험 등의 금융기관과 철도 등의 필수설비 회사에 대한 일반설립법이 제정되기도 했고, 이러한 법에서는 산업의 특성을 고려하여 다수의 규제 조항이 삽입되었다(Ballantine, *Ballantine on Corporations*, p.38).

표 2-4 미국에서 일반회사설립법의 확산

연도	주	연도	주
1846	뉴욕	1868	노스캐롤라이나, 조지아
1846	아이오와	1870	테네시
1848	일리노이, 위스콘신	1871	아칸소
1849	캘리포니아	1872	웨스트버지니아
1850	미시간	1874	펜실베이니아
1851	메릴랜드, 인디애나, 오하이오, 매사추세츠	1875	뉴저지
		1876	콜로라도, 텍사스
1855	캔자스	1889	아이다호, 몬태나, 노스다코타, 사우스다코타, 워싱턴
1857	미네소타, 오레곤		
1864	네바다, 루이지애나	1890	미시시피
1865	미주리	1895	유타
1866	네브래스카	1897	델라웨어
1867	앨라배마	1902	버지니아

자료: Nace, *Gangs of America*, 73. 이 책은 리젯 사건[Liggett v. Lee, 288 U.S. 517, 53 S. Ct. 481(1933)]을 출처로 밝히고 있다; 매사추세츠 주의 경우에는 Dodd, "Statutory Developments in Business Corporation Law, p.31 footnote 14.

② 일반회사설립법 제정의 의미와 회사 규제

19세기 중반부터 미국에서는 일반회사설립법이 제정되기 시작하였지만, 회사에 대한 부정적인 인식과 우려는 사라지지 않았고, 일반회사설립법이 회사의 영리행위를 제한 없이 허용하겠다는 취지도 아니었다.[135] 즉 사익을 위한 영업 목적 회사의 설립을 일반적으로 인정하는 법률이 제정은 되었으나, 많은 주에서 회사의 설립이 공익에 부합할 것을 요구하였고, 회사의 내부지배구조에 대한 엄격한 규제를 가하기도 하였다.[136] 따라서 회사는 누구

---

135 Vasudev, "Corporate Law and Its Efficiency," p.254.

나 설립할 수 있었지만, 회사 설립을 위해서는 일정한 조건에 따라야 했고, 대다수의 일반회사설립법은 회사 존속기간(lifespan)을 제한하는 규정을 두어 주기적으로 회사의 갱신을 신청하도록 하는 규정을 두었다.[137]

당시 일반회사설립법이 회사에 대한 어떠한 규제를 하고 있는지는 1882년에 제정된 매사추세츠 주법을 살펴보면 알 수 있다.[138] 당시 매사추세츠 주는 일정산업[139]에 대하여 다음과 같은 제한을 두고 있었다.

① 회사의 규모는 적절해야 한다. 회사 규모의 적절성 원칙을 위해 회사 자본은 최소 5000 달러 이상 최대 100만 달러 이하이어야 한다.[140]

② 모든 자본금은 회사가 영업을 개시하기 전에 납입되어야 하고, 현물 출자를 대가로 주식이 발행되는 경우에는 이사가 대가의 적정성을 담보하는 서약서를 제출하여야 하고 정부의 승인을 받아야 한다.

③ 임금이 체불되거나, 부채가 자본금을 초과하는 특별한 경우에는 이사와 주주는 회사 채무에 대하여 책임을 진다.

④ 의사결정은 경영자에게 위임되나, 중요한 의사결정[141]은 오로지 주주만이 할 수 있다.

⑤ 증자 또는 감자는 주주의 과반수로 의사결정을 하고, 회사 목적의 변경은 주주의 만장일치로 결정한다. 위임장 권유는 허용되지만, 동일한 주주에 속한

---

136 Kuttner, *The Squandering of America*, p.145.

137 Hurst, *The Legitimacy of the Business Corporation*, p.45.

138 Dodd, "Statutory Developments in Business Corporation Law, 1886~1936," pp.32~33.

139 기계제작, 광산, 상품제조업.

140 따라서 대규모 자본이 필요 없는 소규모 사업자는 회사를 설립할 수 없었다.

141 담보 설정, 부동산의 처분 등이 중요한 의사결정의 예이다.

주식이 아닌 이상 50표 이상의 위임장 권유에 의한 의결권 대리행사는 허용
되지 않는다.[142]

⑥ 신주는 주주에게 지분비율별로 발행되어야 하고, 경영자가 자의적으로 신주
를 발행하여 주주의 지분적 이익을 침해할 수 없다.

⑦ 회사는 관할관청에 상세한 사업보고서(annual report)를 제출하여야 한다.

매사추세츠 주의 회사 규제 조항을 살펴보면, 회사에 대한 정책이 일반회
사설립법의 제정으로 인해 실질적으로 변경된 것으로 보기는 어렵다. 일반
회사설립법이 제정된 후에도 19세기 후반까지는 초기 회사에 대하여 가해진
규제 사항이 그대로 유지되었기 때문이다. 따라서 일반회사설립법의 제정은
민주주의의 이상인 평등의 이념을 유지하면서, 일정한 조건하에 모두에게
회사를 설립을 허용한 것일 뿐이었다.[143] 다만 회사에 부과되는 조건은 이전
처럼 회사마다 다른 것이 아니라, 모든 회사에 대하여 동일하게 적용되었
고,[144] 회사에 대한 여러 규제 조항은 다양한 고려를 반영하여 만들어졌다.
회사의 힘이 남용되는 것을 방지하기 위한 회사의 규모 제한, 만장일치 의결
을 통한 개인의 재산권 보호, 특별한 상황에서 주주와 이사에게 개인 책임을
부과하는 방법에 의한 책임성 강화 등이 그러한 고려의 예라고 볼 수 있
다.[145] 요컨대 일반회사설립법의 제정은 단지 법령에 의하여 정해진 조건에
따라 회사 설립이 일반적으로 가능해진 것으로 해석하는 것이 타당하다.[146]

---

142 경영자에 의한 주주총회 지배를 막기 위한 것이라고 한다.

143 Vasudev, "Corporate Law and Its Efficiency," p.256.

144 같은 글, p.256.

145 같은 글, p.256.

146 같은 글, p.258.

(3) 회사이론의 변화

① 사안의 개요

19세기 후반에는 일반회사설립법의 제정으로 인해 회사에 대한 인식이 변화되었고, 이에 따라 회사에 대한 새로운 주장이 나타나기 시작하였다. 이러한 변화를 반영한 대표적인 판결이 산타클라라 사건(Santa Clara County v. Southern Pacific R. R.) 판결[147]이다.

이 사건에서 캘리포니아 주는 회사의 과세 대상 재산가액에서 부채를 공제하는 권리를 부인하는 헌법을 제정하였다. 이와 같은 공제는 개인에게는 허용되는 것이었고, 남태평양철도회사(Southern Pacific Railroad Company)가 이러한 법 개정에 반발하여 세금 납부를 거부하면서 소송이 시작되었다.

② 판결의 내용

위의 사실관계를 전제로 산타클라라 판결은 회사가 연방개정헌법 14조의 사람(person)에 해당하고, 그에 따른 보호를 받아야 한다고 판시하였다. 이 사건의 가장 큰 쟁점은 연방개정헌법 14조에 회사가 포함되는지 여부였다. 그러나 이에 대하여 연방 대법원은 다음과 같이 판단의 실질적인 근거를 제시하지 않았다.[148]

---

147 Santa Clara County v. Southern Pacific R.R., 118 U.S. 394(1886); 이하에서는 산타클라라 판결이라고 약칭한다.

148 테드 네이스(Ted Nace)는 산타클라라 사건에서 판결의 근거를 적시하지 않은 것은 이후 이 판결의 해석 범위를 최대한 확장하려는 세력에 의해 악용되었다고 지적하면서 이 판결에서 연방 대법원의 근거 누락은 의도적인 것이라고 주장한다(Nace, *Gangs of America*, p.109).

우리 법원은 정부가 사람에 대한 법에 의한 평등한 보호를 거부할 수 없다는 개정헌법 14조가 회사에 대하여 적용되는지 여부에 관한 논쟁을 듣고 싶지 않다. 우리 모두는 이것을 당연하다고 여기고 있다.[149]

이와 같이 연방 대법원은 회사가 당연히 헌법상 사람에 속한다는 것을 전제로 회사에 대한 세금 공제를 부인하는 캘리포니아 주법을 위헌으로 판단하였다.

③ 판결의 영향

Santa Clara 판결은 회사에 대하여 헌법상 권리를 인정하여 미국 법에서 회사의 지위를 향상시킨 기념비적인 판결로 평가되고 있고,[150] 산타클라라 판결 이후 이 판결을 따라 회사에 대한 헌법상 권리를 인정한 판결이 나타나게 되었다. 예컨대, 연방 대법원은 산타클라라 판결에 근거하여 1925년 기트로 (Gitlow v. New York) 사건[151]에서 회사의 표현의 자유가 개정헌법 1조에 의해 인정될 수 있다고 보았고, 1978년 퍼스트내셔널뱅크(First National Bank of Boston v. Bellotti) 사건[152]에서는 회사의 기부에 대하여 표현의 자유 조항에 의하여 보호된다고 판시하였다.

산타클라라 판결은 회사의 본질을 자연적 실체로 인정하는 실체이론에 근거한 것으로 평가되고 있으나, 이에 대해서 모튼 호위츠(Morton Horwitz)는 당시 미국 법학계에서 실체이론이 독일로부터 도입되기 전이라는 점, 산타

---

149 Santa Clara, 118 U.S., p.396.

150 Howard Jay Graham, "Justice Field and the Fourteenth Amendment," *Yale Law Journal*, vol.52(1943), p.853.

151 Gitlow v. New York, 268 U.S. 652(1925).

152 First National Bank of Boston v. Bellotti, 435 U.S. 765(1978).

클라라 판결의 근거가 된 판결이 실체이론에 기반을 둔 것이 아니라는 점을 이유로 산타클라라 판결이 실체이론이 아니라 집합이론에 근거하고 있다고 평가한다.[153]

(4) 평가

19세기 중반부터 미국에서는 공장 경제가 발전하였고, 최초의 순수 제조 회사(manufacturing corporation)가 설립되었다.[154] 회사는 제조업과 유통업을 포함한 모든 사업을 위한 보편적인 법적 기업형태가 되었고,[155] 상명하복의 위계질서로 구성된 경영조직이 처음 등장하였다.[156] 이 시기의 대표적인 회사는 철도회사였고, 당시 철도 회사는 거대한 조직적 위계구조를 갖추고 있었고 외부 투자자로부터 대규모로 자본을 조달하였다.[157] 그러나 아직 소액 주주에 의한 주식분산은 이루어지지 않았고,[158] 주주는 대규모의 주식을 보유한 소수의 자본가로만 구성되었으며, 모든 주주는 회사 의사결정에 매우 적극적으로 참여하였다.[159] 이에 따라 회사를 장기적 관점에서 경영하려는

---

153 Morton J. Horwitz, "Santa Clara Revisited: The Development of Corporate Theory," *West Virginia Law Review*, vol.88(1985), p.174.

154 Robert C. Clark, "The Four Stages of Capitalism: Reflections on Investment Management Treatises," *Harvard Law Review*, vol.94(1981), p.562.

155 Peter George, *The Emergence of Industrial America: Strategic Factors in American Economic Growth Since 1870*(State University of New York Press, 1982), p.79.

156 위계조직으로 구성된 경영조직은 당시에는 철도회사에 한정되었고, 제조회사의 경우에는 소유주와 경영자가 동일한 단순한 지배구조가 유지되었다(Chandler, *The Visible Hand*, pp.237~238).

157 Bratton, "The New Economic Theory of the Firm," p.1486.

158 거대 회사가 소액주주에 의해 분산 소유되는 현상은 20세기 초반부터 나타나게 된다.

경영자와 단기 수익을 원하는 투자자 사이에 이해 충돌이 발생하였고, 이와 같은 충돌은 소유와 지배가 일치하는 소규모 회사 또는 자영업자의 수익 극대화만을 가정하고 있는 고전 경제 모델에서는 해답을 찾을 수가 없게 되었다.[160] 특히 회사의 보편화는 개인들의 경제적 권한이 축소되는 것을 의미했기 때문에 개인주의에 근거한 비판이 제기되었고, 구성원과는 별개의 독립체로 인정되는 회사는 개인의 도덕적·법적 책임을 희석시켰다.[161]

또한 19세기 후반에 계속된 일반회사설립법의 보편화는 초기 특허제도를 설명하는 데 적합했던 회사이론인 인가이론에 대하여 의문을 제기하게 하였다.[162] 회사 설립이 누구에게나 일반적으로 허용됨에 따라 회사가 국가의 수여에 의하여 창조되는 것이라는 관념이 퇴색되었기 때문이다. 주 정부의 회사 규제 능력은 회사의 자유설립으로 인해 상실되었고, 이와 같이 정관 중심 규제의 실패로 인한 회사 자치의 확대는 19세기 후반 회사와 관련된 문제의 핵심 원인이었다.[163] 요컨대 19세기 말에는 회사에 대한 구조적 측면이나 행위적 측면에서 회사법에 의한 주의 간섭이 불가능해졌고, 회사의 행위에 대한 규제는 일반 규제(general regulation)의 영역으로 이전되었다.[164]

159 Bratton, "The New Economic Theory of the Firm," p.1486.

160 Hurst, *The Legitimacy of the Business Corporation*, p.82.

161 Bratton, "The New Economic Theory of the Firm," p.1486.

162 같은 글, p.1486.

163 Mark, "The Personification of the Business Corporation in American Law," p.1455.

164 같은 글, p.1455.

3. 20세기 초반 미국 회사법의 역사

1) 회사법의 변화: 1896~1912년[165]

(1) 역사적 배경

① 산업계의 필요

19세기 미국의 산업혁명은 기업의 상품 생산 능력을 비약적으로 발전시켰고, 이러한 발전은 상품의 대량생산을 가능하게 하였다.[166] 상품시장은 대량생산에 맞추어 지역에만 국한되지 않고 전국으로 확대되어갔고, 교통과 통신의 발달은 지역 간 교류를 원활하게 하였다.[167] 이러한 산업의 발전은 대량생산을 가능하게 할 거대하고 효율적인 조직을 필요로 하였고, 소규모기업이 생산 또는 판매의 단일 목적만을 수행하는 경우가 대부분이었던 19세기 중반과는 달리 19세기 후반에는 생산 및 판매 등 복수의 목적을 수행하는 거대 기업이 소규모 기업을 대체해 나갔다.[168]

---

165 뉴저지 주에서 관용적 회사법이 제정되기 시작한 1896년부터 같은 주에서 다시 회사규제입법이 제정된 1913년 이전까지의 시기를 의미한다.

166 Vasudev, "Corporate Law and Its Efficiency," pp. 265~266.

167 최준선, 「회사법의 방향」, 17쪽.

168 Chandler, *The Visible Hand*, pp. 285~286.

거대 기업은 거대한 규모의 사업을 위하여 자본을 모을 수 있는 조직과 복잡한 조직을 효율적으로 운영하기 위한 중앙집중적 조직이 필요하였다.[169] 이와 같은 산업계의 필요에 부응할 수 있는 가장 이상적인 기업조직 형태는 회사였다. 그러나 당시 회사법은 회사의 성장에 방해가 되는 많은 규제가 있었다. 가장 문제가 되었던 규제는 ① 회사의 영업지역을 관할 주에 한정하는 것,[170] ② 회사가 다른 회사의 주식 소유를 금지하는 것,[171] ③ 자본의 상한을 제한하는 것이었고, 회사가 성장하기 위해서는 이러한 규제와의 갈등이 해소되어야 했다.[172]

회사의 성장을 원하는 기업가는 이와 같은 규제를 숨 막혀했고, 이를 우회할 방도를 찾기 시작했다. 대표적인 예가 신탁을 이용한 방법이었고,[173] 존

---

169 Vasudev, "Corporate Law and Its Efficiency," p.266.

170 회사의 영업지역을 관할 주로 한정하는 규제는 타주회사 법리로 1839년에 연방 대법원의 오거스타 사건(Bank of Augusta v. Earle) 판결[38 U.S. 519(1839)]에서 확립되었다. 다만 이 판결은 다른 주의 허락과 규제를 준수하는 조건으로 회사가 관할 주가 아닌 다른 주에서 사업하는 것을 허용한 것인데, 상당수의 주가 다른 주 회사의 영업을 막기 위하여 다른 주에서 설립된 회사의 영업을 제한하는 법률을 제정하였기 때문에 이 판결의 단서에 의해서도 회사의 타주 영업이 실제로는 불가능하였다(Mark, "The Personification of the Business Corporation in American Law," p.1456). 따라서 회사의 타주 영업은 1897년 Allgeyer v. Louisiana 판결[165 U.S. 578(1897)]에서 연방 대법원이 지역 연고 없이 보험을 판매하는 것을 금지하는 루이지애나 법을 개정헌법 14조 위반이라는 이유로 위헌이라고 판단한 이후에야 가능하게 된다.

171 회사가 다른 회사의 주식 소유를 제한하는 규제는 회사가 다른 주에서 설립된 회사의 주식을 취득하여 간접적으로 회사를 성장시키는 방법을 금지한 것이다.

172 Vasudev, "Corporate Law and Its Efficiency," p.266.

173 회사의 주식 소유는 금지되었지만, 신탁제도를 통하여 주식을 신탁하는 것은 가능했으므로, 주식을 신탁하는 방법으로 하나의 신탁 아래 다수의 회사가 결합할 수 있었다. 그러나 이것은 명백히 법률을 잠탈하는 것이었다(최준선, 「회사법의 방향」, 18쪽); 신탁제도가 회사법에 미친 영향에 대해서 좀 더 자세한 내용은 Horwitz, *The Transfor-*

록펠러(John D. Rockefeller)가 이끄는 스탠더드석유회사(Standard Oil company)는 신탁증서(trust certificate)를 대가로 수많은 소규모 사업자를 신탁제도 안에 편입시켰다.[174]

② 주 정부의 필요

주 정부의 입장에서는 자기의 주 안에서 회사가 설립되면 세금을 거둘 수 있고, 회사의 규모가 커질수록 세수(tax revenue)가 늘어나게 된다는 사실을 알게 되었다. 따라서 주 정부는 자신의 주에서 설립된 회사를 지원하거나, 타 주에 설립된 회사를 자기의 주로 유치하기 위하여 주 회사법의 규제를 완화할 동기를 가지게 되었다.[175]

③ 금융계의 필요

회사는 당시 산업계의 필요에 부응할 수 있는 가장 이상적인 기업조직 형태였기 때문에 회사 설립이 급증하기 시작하였고, 실제 1890년까지 미국에서는 50만 개의 회사가 설립되었다.[176]

19세기 후반 거대 회사는 다양한 상품을 싼 가격에 생산·판매하였고, 일반 대중은 이를 회사제도의 성공으로 인식하였고,[177] 대규모로 자본을 조달하기 위하여 주식 공개를 하는 회사가 점점 늘어갔다.[178] 따라서 일반 대중과 개

---

mation of American Law 1870~1960, pp.190~203 참조.

174 Nace, *Gangs of America*, p.68.

175 Vasudev, "Corporate Law and Its Efficiency," p.265.

176 Blair, "Corporate Personhood and the Corporate Persona," p.794.

177 Bratton, "The New Economic Theory of the Firm," p.1487.

178 Vasudev, "Corporate Law and Its Efficiency," p.269; 당시 증권시장의 상황에 대한 일반적인 내용에 대해서는 Thomas R. Navin & Marian V. Sears, "The Rise of a Market

미투자자들은 주가 상승을 기대하면서 주식투자를 하기 시작하였고, 그 과정에서 투자은행과 증권회사로 대표되는 증권업계가 중요한 역할을 하면서 성장하기 시작하였다.[179] 증권업계는 대규모로 증권을 발행·판매하고, 증권거래가 지속적으로 이루어지기를 원했으나, 회사법상 자본구조에 대한 제한이 주식의 자유로운 발행을 실질적으로 제한하였다.[180] 이에 따라 증권업계도 회사법상 규제가 완화되어 증권시장이 활성화되는 것을 바라게 되었다.

④ 소유·지배의 분리와 경영자 지배

증권시장의 발달과 함께 일반 대중들이 주식을 소유하면서 거대 회사의 경우 주식이 분산되는 현상이 회사법 역사상 최초로 등장하였다.[181] 그러나 주주는 소액의 주식만을 소유하는 경우가 대부분이었기 때문에 회사의 영업에 대하여 아무런 책임의식을 가지지 않았고,[182] 회사 운영에 대하여 무지했기 때문에 회사 경영에 대하여 적극적인 감시를 하지 않았다.[183] 따라서 주식 소유는 더 이상 회사를 소유하는 것이 아니라 수동적인 이익 공유 계약의 한 형태에 불과한 것이 되었고, 이러한 상황에서 회사 경영자가 실질적으로 회사 지배권을 행사하는 상황이 발생하였다.[184] 이와 같이 소유와 지배가 분리되어 경영자에 의하여 경영되는 회사를 경영자 지배 회사(management

---

for Industrial Securities," *The Business History Review*, vol.29(1955) 참조.

179 Vasudev, "Corporate Law and Its Efficiency," p.269.

180 같은 글, pp.269~270.

181 위와 같은 변화는 벌리·민즈가 지적하였던 소유·지배 분리 현상을 말하는 것이며, 이에 대한 벌리·민즈의 분석과 주장에 대해서 자세한 내용은 제4장 제1절 참조.

182 Ballantine, *Ballantine on Corporations*, p.41.

183 Bratton, "The New Economic Theory of the Firm," p.1487.

184 Ballantine, *Ballantine on Corporations*, p.41.

corporation)[185]라고 하고, 이러한 소유·지배의 분리는 소유·지배가 일치하는 소규모 기업을 기본 경제 모델로 하는 전통적인 고전 경제 이론과는 완전히 배치되는 것이었다. 따라서 경영자 지배 회사의 지배구조에 대해서는 개인기업과는 다른 새로운 접근이 필요하게 되었다.

(2) 회사법의 규제 완화

① 뉴저지 주의 회사법 개정

1888년 뉴저지 주는 회사가 다른 회사의 주식을 취득하고 보유하는 것을 허용하는 법률을 제정하였고,[186] 이는 뉴저지 주에서 다수의 자회사를 둔 지주회사(holding company)의 설립을 가능하게 하였다.[187] 더 나아가 1896년 뉴저지 주는 선도적으로 회사에게 광범위한 자율을 허용하는 관용적인 입법(permissive act)을 제정하였다. 뉴저지 주가 제정한 관용적 회사법은 ① 적법한 것이면 회사 목적에 상관없이(any lawful business or purpose whatsoever) 회사 설립을 허용하고, ② 회사에게 광범위한 권한을 인정하면서 어떠한 형태의 회사 구조도 가능하게 하는 설립절차를 도입하는 한편, ③ 회사의 경영자에게 광범위한 재량을 부여하고 책임을 완화하는 조항을 포함하였다.[188]

---

185 Bratton, "The New Economic Theory of the Firm," p.1487.

186 1888 N.J. Laws ch. 269.

187 위와 같은 법률이 제정된 이면에는 펜실베이니아 철도회사를 경영하던 톰 스코트(Tom Scott)의 로비에 의한 것이었다(당시 법률 제정 과정에 대해서는 Nace, *Gangs of America*, pp.56~69의 Chapter 6 참조). 네이스는 자신의 책에서 톰 스코트를 "회사를 재창조한 천재"라고 표현하였다.

188 Cox & Hazen, *Cox and Hazen on Corporations*, p.89.

② 규제 완화의 내용

㉠ 자본·지배구조의 변화

회사법 규제 완화의 핵심은 자본구조가 유연하게 변경되고, 주주의 권한이 경영자에게 대폭 이전된 것이다.[189] 이와 같은 변화는 회사가 계속하여 성장하고, 증권시장에서 주가가 계속 상승하던 시기에 이루어졌다. 다우존스지수(Dow Jones Index)는 1896년에 42포인트였으나, 1916년에는 102포인트로 두 배 이상 상승하였고, 1928년에는 300포인트로 상승하였다.[190] 이와 같은 회사의 성장과 주가의 상승은 회사법의 변화에 이의제기할 여지를 없게 만들었을 뿐만 아니라 오히려 규제를 완화하여 회사를 성장시키고 주가를 부양하는 것이 장려되었다.[191]

㉡ 지배구조의 변화 내용

회사지배구조 변화의 주요 내용은 이전에는 주주의 승인을 받아야 가능했던 사항을 주주 승인 없이 이사회의 결정으로 실행할 수 있게 되었다는 것이고, 이러한 변화는 회사의 지배권을 주주에서 경영자로 이전하는 결과를 가져왔다. 주주 승인 사항이 이사의 권한으로 변경된 이유는 증권시장의 성장으로 인한 주식투자의 대중화가 원인이었다. 즉 주식 소유의 대중화는 거대회사 주식 소유구조의 분산을 가져왔고, 이와 같이 분산된 소유구조는 주주의 승인을 획득하는 데 상당한 어려움으로 작용하였기 때문이었다.[192] 이는 다수의 주에서 주주만장일치제를 채택하고 있기 때문에 발생한 것이고, 이

---

189 Vasudev, "Corporate Law and Its Efficiency," p.268.

190 같은 글, p.269.

191 Vasudev, "Corporate Law and Its Efficiency," p.268.

192 같은 글, p.270; 주주총회를 통한 주주의 승인을 얻는 것이 비용도 많이 들고 시간도 소요된다는 점은 Berle도 인정한다[Adolf A. Berle Jr., "Investors and the Revised Delaware Corporation Act," *Columbia Law Review*, vol.29(1929), pp.563, 564].

러한 주주 승인 취득의 어려움은 상당수의 중요 권한이 주주에서 이사회로 이전되는 실질적인 이유가 되었다.[193]

회사지배구조에 관한 구체적인 변경 내용을 살펴보면, ① 주식발행의 결정을 이사회가 할 수 있게 되어 대량의 주식이 절차적 어려움 없이 발행될 수 있게 되었고, ② 담보의 설정과 같이 회사의 상무에 속하는 사항은 주주의 승인 없이 경영자가 할 수 있게 되었다.[194] 또한 매사추세츠 주의 경우에는 위임장 권유에 관한 제한이 모두 폐지되어 경영자에 의한 위임장 권유가 가능해졌고, 결의요건이 완화되어 주사무소 변경, 주식의 액면금액 변경은 주주의 과반수의 의결로, 회사명·회사의 목적 변경, 회사 중요재산의 처분 등은 2/3 이상의 의결로 가능해졌다.[195]

한편, 회사 경영에 대한 주주의 권한이 경영자로 이전되기 시작한 것에 대응하여 19세기 중반까지 유지되었던 경영자의 신인의무판단에 대한 엄격 기준이 1910년부터는 완화되기 시작하였다.[196]

ⓒ 자본구조의 변화 내용
자본 구조에 대한 규제 완화 사항은 다음과 같은 것이다.[197]

① 자본금의 상한에 제한을 두어 회사 규모의 확대를 저해한 자본금 상한규정이 폐지되었다. 소규모 기업도 회사로 설립될 수 있도록 자본금의 하한도 낮게 조정되었다.[198]

---

193 Vasudev, "Corporate Law and Its Efficiency," p.270.

194 같은 글, p.270.

195 Dodd, "Statutory Developments in Business Corporation Law, 1886~1936," p.37.

196 Clark, *Corporate law*, 160~66; Howard Marsh Jr., "Are Directors Trustees? Conflict of Interest and Corporate Morality," *Business Lawyer(ABA)*, vol.22(1966), pp.39~40.

197 Vasudev, "Corporate Law and Its Efficiency," p.271.

② 회사는 우선주와 무의결권주를 포함하여 어떠한 종류의 주식도 고안하여 발행할 수 있게 되었고, 모든 주식은 액면가치(par value)를 가져야 한다는 제한이 1912년 뉴욕 주를 시작으로 대부분의 주에서 폐지되었다.[199]

③ 현물출자(non cash consideration)에 대한 제한이 실질적으로 폐지되었다.[200]

④ 매사추세츠 주의 경우 수권주식이 모두 발행되어야 한다는 제한이 폐지되어 최초 설립 시에 수권주식 중 일부만 발행할 수 있게 되었고, 부채가 자본을 상회하는 경우 이사에게 책임을 지우는 조항이 폐지되었다.[201]

이와 같은 자본구조의 변화는 회사 사업을 위한 것이라기보다는 자본시장의 필요에 초점을 맞춘 것이었고, 회사 자본이 회사의 자본적 필요에 봉사하는 것이라기보다는 주주의 재산으로 인식되는 계기가 되었다.[202]

---

198 매사추세츠 주의 경우에는 자본금의 하한이 5000달러에서 1000달러로 조정되었다(Dodd, "Statutory Developments in Business Corporation Law, 1886~1936," p.36).

199 위와 같은 액면주식발행 강제의 폐지에 대해서는 자본의 충실과 채권자를 해한다는 취지에서 비판하는 견해가 있고[James Bonbright, "The Dangers of Shares without Par Value," *Columbia Law Review*, vol.24(1924)], 반면 액면주식의 강제가 채권자 보호와 관계없다는 견해도 있었다[Edwin S. Hunt, "The Trust Fund Theory and Some Substitutes for It," *Yale Law Journal*, vol.12(1902)].

200 1896년 뉴저지법은 "사기가 아닌 경우에는 취득한 재산 가치에 대한 이사의 결정은 종국적"이라고 규정하였다[William Kirk III, "A Case Study in Legislative Opportunism: How Delaware Used the Federal-State System to Attain Corporate Pre-Eminence," *Journal of Corporation Law*, vol.10(1985), p.248].

201 Dodd, "Statutory Developments in Business Corporation Law, 1886~1936," p.36.

202 Vasudev, "Corporate Law and Its Efficiency," p.271.

2) 근대 회사법의 확립: 1913~1928년[203]

(1) 역사적 배경: 규제 완화 경쟁

① 기원

뉴저지 주가 선도적으로 기업의 필요에 부합하는 법률을 제정하는 정책을 시행하기 시작하자 회사는 규제가 엄격한 주에서 규제가 완화된 주로 관할(venue)을 변경하기 시작하였다.[204] 이러한 뉴저지 주의 정책은 대성공을 거두어 1901년 250만 달러 이상의 자산을 가진 전 미국의 회사 중 71%가 뉴저지 주를 본거지로 하게 되었다.[205] 뉴저지 주가 회사법의 규제를 완화한 이유에 대해서는 1880년대 뉴저지 주가 심각한 재정적 곤란을 겪고 있던 상황에서 기업계가 회사법의 완화를 제안하고, 뉴저지 주가 세수 확보 목적으로 이를 받아들여 이루어졌다는 것이 정설이다.[206]

뉴저지 주의 성공을 본 다른 주들은 뉴저지 주를 따라 회사법 규제를 완화하기 시작하였다.[207] 이는 회사가 다른 주로 떠나가는 상황에서 회사법을 완화하는 것 이외에 다른 현실적인 대안이 없었기 때문이었다.[208] 그러나 적극적인 주는 다른 주보다 더 회사에 우호적인 법률을 제정하기 위하여 노력하

---

203 뉴저지 주에서 회사규제입법이 제정된 1913년부터 대공황이 발생한 1929년 이전 시기를 의미한다.

204 Vasudev, "Corporate Law and Its Efficiency," p.267.

205 Nace, *Gangs of America*, p.68.

206 최준선, 「회사법의 방향」, 18쪽; Vasudev, "Corporate Law and Its Efficiency," p.273.

207 이를 리젯 판결에서 브랜다이스(Brandeis) 대법관은 '태만을 향한 경주(race to laxity)'라고 표현하였고, 이후 캐리(Cary)가 자신의 논문에서 '바닥을 향한 경주(race to the bottom)'로 명명하였다.

208 Vasudev, "Corporate Law and Its Efficiency," p.274.

기 시작했다. 예컨대, 매사추세츠 주는 1902년 회사법 자문위원회를 구성하면서, 다른 주 회사법이 매사추세츠 주 회사법보다 상거래와 회사 성장에 유리한지 여부를 조사해 달라고 주문하기도 했다.[209]

②배경

건국 초기 미국에서 회사법 관할을 연방 정부로 하려는 시도가 실패로 돌아간 뒤, 회사법의 관할권은 주에 있는 것으로 인식되었다. 또한 주 정부가 관할권이 있는 문제에 연방 정부가 간섭할 수 없다는 내부 문제 원칙(Internal Affairs Doctrine)[210]에 따라 회사에 대한 규제는 온전히 주 정부의 권한으로 인정되었다.[211]

19세기 회사는 타주회사 법리에 따라 자신이 설립허가를 받은 주 내에서만 영업을 할 수 있었다. 그러나 20세기 초반 타주회사 법리가 폐기되자 모든 주에서 영업하는 것이 가능해졌고, 이에 따라 회사의 설립 준거지를 이전할 수 있는 가능성이 열리게 되었다. 즉 회사는 자신의 주된 영업활동지가 아닌 다른 주를 설립 준거지로 이용할 수 있게 된 것이다. 따라서 회사의 경영자는 회사의 설립 준거지를 선택할 수 있게 되었고, 그 선택기준은 회사에

---

209 Dodd, "Statutory Developments in Business Corporation Law," p.34.

210 부문제원칙(Internal Affairs Doctrine)은 회사의 내부 문제는 회사가 설립된 주법에 의하여 규율된다는 원칙이다[손창일, 「미국 회사법 시장 체계에 관한 연구 – 주(州) 회사법 시장의 독점적 경쟁시장화와 자유주의적 회사법 형성의 관점에서」, ≪안암법학≫, 31권(2010), 227쪽]; 좀 더 자세한 내용은, Deborah DeMott, "Perspectives on Choice of Law for Corporate Internal Affairs," *Law and Contemporary Problems*, vol.48(1985).

211 Timothy P. Glynn, "Communities and Their Corporations: Towards a Stakeholder Conception of the Production of Corporate Law," *Case Western Reserve Law Review*, vol.58(2007), p.1078.

대한 규제 정도였다.

회사에게 유리한 회사법을 제정하여 회사를 유치하려는 시도는 뉴저지 주의 성공을 지켜본 주(state)들이 경쟁적으로 뉴저지법을 모방하여 회사법의 규제를 완화하기 시작하면서 시작되었고, 델라웨어 주도 그 중의 하나였다. 이와 같은 세수 확보 경쟁을 위하여 1897년부터 델라웨어 주는 뉴저지법을 모범으로 삼아 회사에게 유리한 방향으로 회사법을 개정하기 시작하였고, 1915년에 이미 델라웨어 회사법은 근대적 자유주의 회사법(modern liberal corporate act)으로 인식되었다.[212] 당시 델라웨어 주의 회사법은 투자은행과 관련된 뉴욕 주 변호사들이 다수 참여한 위원회에서 만들어졌고, 이로 인해 델라웨어 회사법의 제정에는 투자은행의 의사가 많이 반영되었다는 것이 특징이었다.[213]

델라웨어 주의 이와 같은 노력에도 불구하고 1900년대 초반에는 뉴저지 주가 회사 설립지로 절대적인 우위를 가지고 있었기 때문에 델라웨어 주가 회사의 설립 준거지로 크게 인정을 받지 못하였다. 그러나 뉴저지 주가 당시 주지사였던 우드로 윌슨(Woodrow Wilson)의 1913년 회사개혁입법[214]에 의해 회사 설립 준거지로서의 매력을 상실하게 되자,[215] 회사들은 그 대안으로 델라웨어 주를 선택하기 시작하였다. 이에 따라 1913년 이후에는 회사법의 규제 완화 입장을 유지한 델라웨어 주가 뉴저지 주의 위치를 이어받아 현재까지 그 지위를 유지하고 있다.[216]

---

212 Cary, "Federalism and Corporate Law," pp.664~665.

213 최준선, 「회사법의 방향」, 20쪽.

214 Laws of Feb. 19, 1913, chs. 13~19 [1913] N.J. Laws(일명 'Seven Sisters Act'라고 한다).

215 Kirk, "A Case Study in Legislative Opportunism," pp.255~258.

216 2008년 현재 ≪포춘(Fortune)≫지 선정 미국 100대 회사 중에서 연방법에 의해 설립된 Freddie Mac을 제외한 99개 회사가 주법에 의해 설립되었다. 이 중에서 65개 회사가

(2) 입법상 기초의 확립: 델라웨어 주의 근대 자유주의 회사법

델라웨어 주는 1897년이 되어서야 일반회사법이 제정된다. 1897년 델라웨어 주 헌법은 헌법 개정을 통해 "어떠한 회사도 일반법이 아닌 특별법에 의하여 설립, 변경, 갱신, 재인가될 수 없고, 현존 회사의 정관도 일반법이 아닌 특별법에 의하여 변경, 갱신, 재인가 될 수 없다"는 조항을 삽입하였다.[217] 또한 1897년 헌법은 회사 존속기간 및 회사 목적의 제한과 회사 정관 갱신 및 변경 시 헌법 준수의 서약을 전제조건으로 하는 제한을 폐지하였다.[218]

1897년 헌법 개정에 따라 1899년 델라웨어 주 의회는 델라웨어 주 최초의 일반회사법[219]을 제정하였다.[220] 새로운 회사법은 뉴저지 주 회사법을 모범으로 하여 개정되었고 ① 간단한 설립절차, ② 낮은 법인세율, ③ 회사법의 광범위한 권한부여 규정 등으로 기업가들 사이에서 빠르게 선호되기 시작하였다.[221] 이와 같은 법 개정 이후 델라웨어 주는 1901년, 1917년 회사법을 개정하였고, 1927년 회사의 자본구조를 개방적이고 유동적으로 만들 수 있는

델레웨어 주를 설립 준거지로 하고 있고, 나머지 34개 회사의 준거지는 뉴욕 주에 5개, 뉴저지·미네소타·펜실베이니아 주에 각 4개, 오하이오·워싱턴·노스캐롤라이나에 각 3개, 매사추세츠 주·일리노이 주에 각 2개, 버지니아·메릴랜드, 캘리포니아·위스콘신 주에 각 1개씩 위치해 있다[Robert J. Brown & Sandeep Gopalan, "Opting Only in: Contractarians, Waiver of Liability Provisions, and the Race to the Bottom," *Indiana Law Review*, vol.42(2008), pp.309~310].

217 S. Samuel Arsht, "A History of Delaware Corporation Law," *Delaware Journal of Corporate Law*, vol.1(1976), p.6.

218 같은 글, p.6.

219 Act of March 9, 1899, ch. 273, 21 Del. Laws 445.

220 Arsht, "A History of Delaware Corporation Law," p.6.

221 같은 글, p.7.

추가적인 회사법 개정을 단행하였다.[222]

(3) 판례상 기초의 확립: 닷지 사건(Dodge v. Ford Motor Co) 판결[223]

① 주주지상주의의 등장

주주지상주의는 회사의 목적은 주주 이익 극대화(shareholder wealth maximization)이고, 회사의 궁극적인 지배권은 주주에게 있다는 입장이다.[224] 주주지상주의가 역사적으로 언제부터 등장했는지는 명확하지 않으나, 19세기 중반 이후 미국에서 자본주의가 발전하는 것과 궤를 같이하여 등장한 것으로 평가된다.[225] 주주지상주의는 1919년 닷지 사건(Dodge v. Ford Motor Co) 판결에서 처음으로 인정되었고, 회사의 목적에 관한 전통적인 입장으로 확립되었다.[226]

② 사건의 개요

닷지 사건[227] 판결에서 소송을 제기한 닷지(Dodge) 형제는 헨리 포드

---

222 Vasudev, "Corporate Law and Its Efficiency," p.272.

223 Dodge v. Ford Motor Co., 170 N. W. 668(Mich. 1919); 이하에서는 '닷지 판결'이라고 약칭한다.

224 Bainbridge, "Director Primacy," p.573.

225 Smith, "The Shareholder Primacy Norm," p.292.

226 도드는 주주지상주의를 회사의 목적에 관한 전통적 견해(traditional view)라고 표현했다 "It is undoubtedly the traditional view that a corporations an association of stockholders formed for their private gain and to be managed by its board of directors solely with that end in view(회사가 주주의 개인적 이득을 위하여 형성되고 오로지 그러한 목적을 위해 이사회에 의해 경영되는 주주의 조직이라는 것이 의심의 여지없는 전통적 견해이다)."(Dodd, "For Whom Are Corporate Managers Trustees?" pp.1146~1147).

(Henry Ford)가 대주주로 있는 포드(Ford) 자동차회사[228]의 소수주주였다. 이 소송이 제기될 당시 포드사는 자동차 판매의 증가로 대규모의 영업이익이 발생하여 현금 자산이 크게 증가하였고, 소송이 제기되기 전 5년 동안 포드사는 매분기별로 주주들에게 5%의 이익 배당을 하였다. 이러한 상황에서 1916년 포드사의 대주주이자 회사에 대해 지배권을 행사하고 있는 포드는 자동차 판매가격을 인하하고, 회사 규모의 확대와 설비시설의 확충을 이유로 영업이익에 대한 정기 및 특별 배당을 중지한다고 발표했다. 이러한 포드사의 배당 정책에 대해서 닷지 형제는 미시간 주 법원에 회사에 대하여 이익배당의 강제이행을 구하는 소를 제기하였다.[229]

이 사건의 변론 과정에서 포드는 많은 사람을 고용하여 산업제도의 혜택을 확산시키고, 그들의 생활을 돕기 위해서는 회사의 이익이 사내에 유보되어야 한다고 주장하였고,[230] 이에 대하여 닷지 형제는 포드의 결정을 부당한 박애주의라고 반박하였다.[231]

③ 판결의 내용

닷지 판결에서 미시간 주 대법원은 포드의 주장을 받아들이지 않고, 주주지상주의의 입장에서 판결을 하였다.[232]

---

227 이 사건의 배경에 대한 간단한 설명으로는 이재규, 『기업과 경영의 역사』(사과나무, 2006), 397~399쪽 참조.

228 이하 '포드사'로 약칭한다.

229 박찬호, 「미국 회사법상 팀프로덕션 모델에 관한 연구」, 50쪽.

230 Dodge, 170 N.W. 684.

231 Bainbridge, "Director Primacy," p.575.

232 이 소송 과정의 경과에 대해서는 박찬호, 「미국 회사법상 팀프로덕션 모델에 관한 연구」, 50~51쪽 참조.

회사는 주주의 수익을 주요한 목적으로 하여 조직되고 운영된다. 이사의 권한은 이와 같은 목적을 위하여 부여된 것이다. 이사의 재량은 이와 같은 목적을 달성하기 위한 수단을 선택하는 데 사용되어야 하고, 주주의 수익 이외의 다른 목적을 위하여 수익을 감소시키거나 배당을 하지 않는 등으로 회사의 목적을 변경하는 방향으로 그 권한이 확장될 수 없다.[233]

④ 결론 및 영향

닷지 판결은 이와 같은 주주지상주의의 입장을 전제로 "주주의 이익이 아닌 자의 이익을 주요한 목적으로 회사를 운영하는 것은 이사회의 적법한 권한을 넘어서는 것"이라고 결론 내렸다.[234] 닷지 판결이 내려지기 이전에는 법원은 직원의 건강을 위한 지출 및 병원 설립,[235] 사택 제공[236] 등에 대하여 경영자에게 우호적인 판결을 내렸다. 그러나 이와 같은 판결의 경향은 닷지 판결이 확립한 주주 이익 극대화 공식이 많은 법원에 의해 채택됨에 따라 변화되었고, 이러한 이유로 닷지 판결은 미국에서 주주지상주의를 확립한 판결로 평가되고 있다.[237]

(4) 경영실무상 기초의 확립: 경영자 지배

① 의의

19세기 말부터 미국에는 증권시장 발달의 영향으로 회사의 소유와 지배가

---

233 Dodge, 170 N.W. 684.

234 같은 판결.

235 Metro. Life Ins. Co. v. Hotchkiss, 120 N.Y.S. 649(App. Div. 1909).

236 Steinway v. Steinway & Sons, 40 N.Y.S. 718, 720~21(Sup. Ct. 1896).

237 Bainbridge, "Director Primacy," p.575.

분리되는 현상이 나타났고, 이는 회사가 실질적으로 경영자에 의해 지배되는 상황을 초래하였다. 이와 같이 20세기 초반부터 미국의 거대 회사가 경영자에 의하여 지배되는 현상의 원인은 다음과 같이 분석될 수 있다.

① 19세기에 설립된 거대 회사의 창업주들이 은퇴하고, 그 자리를 전문경영인들이 메우기 시작하였다.

② 거대 회사는 성장을 계속했고, 그에 따라 경영자의 재량도 늘어나게 되었다. 경영자의 재량이 늘어난 이유 중 하나는 제1차 세계대전이 종료된 이후 회사의 구조가 단일 생산구조에서 복합 생산구조로 변화되었기 때문이었다.[238] 이에 따라 개별 생산라인의 운영관리는 운영관리자에게 일임하고, 회사의 최고 경영자는 개별 생산라인의 운영관리에서 벗어나 회사의 장기 정책에만 집중할 수 있게 되었다.[239]

③ 19세기 말 증권시장의 발달로 주식의 분산 소유가 가속화되어 회사 경영자와 주주 사이에는 안정적인 배당을 전제로 경영자가 성장 전략을 추구하는 것이 암묵적으로 용인되는 상황이 형성되었다.[240]

이와 같은 이유로 주주가 회사의 일상적인 경영이나 장기 전략에 아무런 권한을 가지지 못하고 경영자에 의하여 회사가 운영되는 것을 '경영자 지배'라고 하고, 이에 따라 20세기 초반의 회사정책은 거대 회사의 경영자 중심 경영체계를 기반으로 논의되었다.[241]

---

238 Bratton, "The New Economic Theory of the Firm," p.1492.

239 같은 글, p.1492.

240 같은 글, p.1492.

241 Bratton, "Nexus of Contracts Corporation," p.413.

② 경영자주의

이미 살펴본 바와 같이 20세기 초반의 회사 경영자는 회사의 투자와 수익의 분배에 관해 제약을 받지 않는 광범위한 재량권을 보유하고 있었고,[242] 회사 조직구성에 대한 권한도 갖고 있었다.[243] 경영자 지배 현상은 소유와 지배가 일치하는 지배구조를 가정하는 고전 경제학에서 상정하는 사업의 기본 모델과 배치되는 것이고, 이러한 근대 회사의 특징은 벌리·민즈에 의하여 자세하게 분석되어 경영자 중심의 회사지배구조로 이론화되었고, 이를 중심으로 발전한 회사지배구조이론을 '경영자주의(managerialism)'라고 한다.

벌리·민즈 이후 발전된 경영자주의는 전문적 회사경영진들을 회사의 내부·외부 관계에서 이해관계 없는 관리자적 지위의 수탁자로서 그 법적 지위를 정의했다. 또한 경영진들은 공익을 위해서 회사를 경영해야 한다고 주장하였고, 이와 같은 주장은 이후 등장하는 CSR에 이론적 토대를 제공하였다.[244]

3) 평가

19세기 후반부터 20세기 초반까지 미국은 상품 생산 능력이 비약적으로 증가하였다.[245] 이와 같은 생산능력의 증가는 거대 회사에 의해서 이루어졌

---

242 박찬호, 「미국 회사법상 팀프로덕션 모델에 관한 연구」, 27쪽.

243 경영자의 조직에 대한 권한은 회사를 구성하는 많은 인적·물적 자원을 배치하고 구성할 수 있는 경영진들의 전문성에서 유래하는데, 경영자가 보유하는 권한은 ① 생산과 분배 과정을 결정하는 권한, ② 위계적인 경영조직에 대한 모든 지시 권한, ③ 회사 외부에 비용을 전가하는 결정을 하는 권한의 3가지로 요약될 수 있다(Bratton, "Nexus of Contracts Corporation," p.413).

244 박찬호, 「미국 회사법상 팀프로덕션 모델에 관한 연구」, 28쪽.

고, 거대 회사는 비약적인 생산능력의 증가를 바탕으로 빠르게 경제를 지배하기 시작하였다.[246] 이로 인해 경제 주체는 서로에 대하여 일방적으로 영향을 미칠 수 없고, 개인은 각자 자신의 생산과 소비를 결정한다는 것을 전제로 한 고전 경제이론은 그 의미를 상실하였고,[247] 회사의 지배력은 부분적으로 시장에 의한 조정을 대체하면서 경제력을 개인에서 회사로 이전시켰다.[248]

20세기 초반에는 대다수의 주들이 회사의 설립·운영에 관하여 관용적인 입장을 취하게 되었고, 이러한 입장에 대하여 거대 회사로의 경제력 집중을 우려하는 견해들이 나타나기 시작하였다.[249] 실제로 1897년과 1903년 6년 사이에만 2650개의 회사가 거대 회사에 의해 인수되어 사라져갔다.[250] 그러나 회사법의 규제 완화로 인하여 회사법은 더 이상 조직적·구조적인 제 장치로서의 기능을 상실하였다.[251] 이와 같이 회사법이 회사의 부작용을 시정하는 장치로서의 기능을 상실하자, 경쟁, 자본시장, 노동 분야 등에서 특별법이 제정되기 시작하였다.[252]

한편 이 시기에는 회사법의 규제 완화를 정당화하는 이론, 즉 회사에 대한

---

245 1899년과 1929년 사이 미국의 산업생산은 295% 증가하였고, 전력 생산은 331%로 증가하였다. 또한 1929년 1인당 생산능력은 1900년과 비교하여 60% 증가하였다[Robert Sobel, *The Age of Giant Corporations*(Greenwood Publishing Group, 1974), pp.52~53].

246 Bratton, "The New Economic Theory of the Firm," p.1488.

247 같은 글, p.1488.

248 같은 글, p.1488.

249 Cox & Hazen, *Cox and Hazen on Corporations*, p.89.

250 Nace, *Gangs of America*, p.68.

251 Vasudev, "Corporate Law and Its Efficiency," pp.267~268.

252 Dodd, "Statutory Developments in Business Corporation Law, 1886~1936," p.52; John K. Galbraith, *American Capitalism: The Concept of Countervailing Power* (Houghton Mifflin, 1952), pp.50~55.

규제는 회사법의 임무가 아니라는 주장이 나타나기 시작한다.[253]

회사법의 주요 목적은 규제가 아니다. 회사법은 임의 규정이고, 회사 구조를 이용하여 사업을 영위하기 하기 위한 기업가를 승인하기 위한 것이다. 회사법은 효율적인 경영을 용이하게 하고, 변화의 필요를 조정하기 위하여 만들어진 것이다. 회사법은 회사라는 법적 틀(frame)과 구조를 제공하여 경영자와 투자자의 노력을 합쳐 사업을 수행할 수 있게 한다. 회사법은 회사의 내부 문제를 다루는 것이다. …… 다수의 주주가 투자하는 중요 기업의 대부분이 회사라는 사실이 노동자, 소비자 보호와 같은 모든 기업에 대한 규제를 회사법을 통해서 해야 한다는 것을 의미하지는 않는다.[254]

이와 같은 주장은 회사법 규제 완화는 효율성(내부 규제)을 목적으로 한 것이고,[255] 회사법의 완화(lax)가 모든 사회적·경제적 악의 근원이라는 인식은 환상이라고 말한다.[256] 또한 활력이 넘치는 기업문화를 발전시키고, 경제가 번성하기 위해서는 회사가 가진 장점을 부당하게 규제하려는 시도는 피해야 한다고 주장한다.[257]

이와 같이 회사법의 규제 완화를 정당화하는 이론이 등장하여 20세기 초반 미국 각 주에서 경쟁적으로 회사법을 기업친화적으로 개정한 것에 대해

---

253 Vasudev, "Corporate Law and Its Efficiency," pp. 267~268.

254 Ballantine, *Ballantine on Corporations*, pp. 41~42.

255 Vasudev, "Corporate Law and Its Efficiency," p. 272(이 논문에서는 대부분의 중요한 변화가 효율성을 목적으로 한 것이기보다는 주식 발행과 거래를 촉진하기 위한 목적인 것들이 많았다고 지적한다).

256 Ballantine, *Ballantine on Corporations*, p. 43.

257 같은 글, p. 43.

서는 이를 '바닥을 향한 경쟁(race to the bottom)'이라고 비판하는 견해[258]와 '최고를 향한 경쟁(race to the top)'[259]이라고 지지하는 상반된 견해가 공존한다.[260] 최고를 향한 경쟁으로 평가하는 입장은 회사법의 경쟁으로 인해 가장 최적의 회사법규가 선택될 수 있고, 그러한 회사법이 가장 효율적이라는 것이다.[261] 그러나 '회사법의 경쟁'은 결국 회사의 의사결정권자인 경영자와 주주에게 유리한 방향으로 입법을 하게 만들고, 나머지 이해관계자의 이익이 무시되므로 부정적 외부효과를 발생시킬 수 있다는 점에서 사회 전체적으로는 비효율적(inefficient)일 수 있다.[262] 또한 회사법의 경쟁을 가능하게 하는 '내부 문제 원칙'은 회사법에 대한 민주적 통제를 불가능하게 하여 민주적 정당성의 문제를 발생시킬 수 있다.[263] 따라서 회사법의 경쟁은 주 정부의 세수 확보라는 정책적인 목표를 이유로 초기 미국 회사법이 확립한 민주주의와 회사 간의 균형 관계를 결정적으로 붕괴시킨 사건이라고 평가해야 한다.

---

258 Cary, "Federalism and Corporate Law," p.666.

259 Lucian Arye Bebchuck & Alma Cohe, "Firms's Decisions Where to Incorporate," *Journal of Law & Economics*, vol.46(2003), p.383; Daniel R. Fischel, "The 'Race to the Bottom' Revisited: Reflections on Recent Developments in Delaware's Corporation Law," *Northwestern University Law Review*, vol.76(1982) pp.919~920 (이 논문은 제주 간의 입법경쟁을 'climb to the top' 라고 표현한다).

260 손창일, 「미국 회사법 시장 체계에 관한 연구」, 222쪽.

261 이스터브룩·피셀, 『회사법의 경제학적 구조』, 364쪽.

262 Kent Greenfield, "Democracy and the Dominance of Delaware in Corporate Law," *Law and Contemporary Problems*, vol.67(2004), pp.140~141.

263 같은 글, p.142.

4. 시사점 및 대공황 이후 회사법의 흐름

1) 시사점

19세기부터 20세기 초반 미국 회사법을 역사적으로 분석해 볼때 다음과 같은 결론을 내릴 수 있다.

첫째, 건국 초기 미국에서 회사는 특허제도에 따라 법률에 의해서만 설립이 가능하였다. 회사는 법의 창조물로서 국가의 특허에 의해 특별히 설립되는 것이었고, 회사는 공익에 기여할 수 있는 경우에만 설립이 인가되었다. 회사는 공익적인 목적을 위해서 설립이 허용되는 것이므로 공익 목적을 위한 회사 규제는 당연한 것이었고, 회사는 법률과 정관에서 정한 목적 범위 내에서만 능력이 인정되었다. 이와 같은 역사적 사실은 회사법이 현재 우리가 인식하는 것처럼 사법에서 출발한 것이 아니라 공익에 의하여 강한 규제를 받는 공법의 영역에서 출발했다는 점을 시사한다. 따라서 회사법이 사법이라는 현재의 통념은 재고의 여지가 있다는 점을 회사법의 역사는 말해주고 있다. 그러므로 회사법이 사법이라는 이유로 회사지배구조에 의한 규제에 반대하는 입장은 역사적인 측면에서 볼 때 반론의 여지가 있고, 공익적인 목적을 위하여 회사법에 의한 규제를 하는 것도 역사적인 측면에서 볼 때에는 당연한 것으로 인정될 수 있다.

둘째, 19세기 중반부터 미국에서는 회사 설립을 입법에 의하지 않고 일반적으로 허용하는 일반회사설립법이 제정되었다. 일반회사설립법은 평등주의자의 회사에 대한 공격과 당시 경제 현실을 반영하여 평등주의의 적극적 구현이란 측면에서 이루어졌다. 일반회사설립법의 제정은 회사에 대한 부정적인 인식과 우려가 사라졌기 때문에 제정된 것이 아니었다. 따라서 일반회사설립법이 회사에 의한 영리행위를 제한 없이 허용하겠다는 취지는 아니었다. 일반회사설립법이 제정된 이후에도 초기와 같은 회사법에 의한 규제는 계속되었다는 사실이 이를 반증한다. 이와 같은 역사적 사실은 회사의 자유 설립이 회사에 대한 전면적인 규제 완화를 의미하는 것은 아니었다는 점을 시사한다. 따라서 일반회사설립법의 제정은 민주주의의 이상인 평등의 이념을 유지하면서 일정한 조건하에 모든 이에게 회사 설립을 허용한 것일 뿐이다. 그러므로 일반회사설립법으로의 이행을 "특권에서 권리", "지위에서 계약"의 이행으로 보는 것은 무리가 있고, 단지 법령에 의하여 정해진 조건에 따라 회사 설립이 일반적으로 가능해진 것으로 보는 것이 타당하다.

셋째, 19세기 후반기에는 경제력이 회사로 집중되기 시작하면서 법률도 회사의 이익에 부합하는 방향으로 제정되기 시작하였다. 뉴저지 주가 선도적으로 기업의 필요에 부합하는 법률을 제정하는 정책을 시행하기 시작하자 회사는 규제가 심한 주에서 규제가 완화된 주로 관할을 변경하기 시작하였다. 뉴저지 주가 회사법의 규제를 완화한 이유는 세수 확보가 목적이었고, 다른 주들도 뉴저지 주를 따라 경쟁적으로 회사법 규제를 완화하기 시작하였다. 이와 같이 20세기 초반 근대 자유주의 회사법이 확립되는 배경에는 회사법 규제 완화를 원하는 기업계의 필요와 회사를 유치하여 세수를 확보하려는 각 주의 이해가 합치된 것이 원인이었다. 회사법의 규제 완화를 의미하는 '바닥으로의 경쟁'은 회사법이 연방의 관할로 되지 않은 것의 부작용이고, 이에 따라 각 주는 경제적 필요에 의하여 어쩔 수 없이 민주주의 원리를 양보할 수밖에 없는 상황을 맞이하게 되었다. 따라서 역사적인 분석을 통해서 볼 때, 회사의 자유 설립과 회사법의 규제 완화로 인해 회사법이 회사에 대한 조직적·구조적 규제 장치로서의 기능을 상실한 것은 그것이 법적으로 부당하기 때문이 아니라 회사가 가진 경제적 권력에 굴복하여 규제 기능을 상실한 것으로 평가해야 한다.

2) 대공황 이후 회사법의 흐름

이와 같이 1920년대 미국에서는 근대자유주의 회사법이 확립되고, 주주지상주의가 판례로 확립되었다. 그러나 대공황 이후 1930년대에는 주주지상주의에 대항하여 회사의 경영자는 주주의 이익만이 아니라 모든 이해관계자의 이익을 고려하여야 한다는 이해관계자주의가 등장하였고, 이와 같은 이해관계자주의는 경영자주의와 결합하여 1930년대부터 1970년대까지 지배적인 회사지배구조이론이 되었다. 그러나 경영자주의 지배구조에 근거한 미국의 회사지배구조는 1980년 '레이건 혁명'을 기점으로 변화되기 시작한다. 1970년대부터 미국은 경기 침체가 시작되었고, 이러한 경기 침체의 원인으로 회사의 관료적 경영이 원인으로 지목되었다.[264] 회사 경영자의 위험 회피, 자기 이익 추구 및 자기 영역 구축, 무책임성 등이 회사를 비효율적으로 만들었다는 것이다.[265] 이러한 배경하에 1980년대부터 주주지상주의는 반경영자주의(anti-managerialism)를 표방하면서 경영자의 권한은 주주로부터 나온 것이고 경영자는 주주의 이익을 위해 경영해야 한다고 주장하였다.

주주지상주의는 무능한 경영진을 몰아내고 새로운 경영자를 선임하는 것

---

264 Blair, "Corporate Personhood and the Corporate Persona," p.815.
265 같은 글, p.816.

을 법적으로 정당화하는 이론체계를 제공하여 기관투자자를 비롯한 자본시장 투자자들의 절대적인 지지를 받았다. 이러한 주주지상주의는 적대적 기업인수의 경우에도 그대로 적용되어 공격자에 의한 적대적 기업인수를 정당화하였다.[266] 주주지상주의는 당시 적대적 기업인수에 나섰던 투자자들을 탐욕적인 사냥꾼이 아니라 가치를 창조하는 영웅으로 묘사하였다.[267] 이와 같이 주주지상주의는 이론적 재정립과 자본시장의 세계화, 기관투자자의 영향력 증대와 주주행동주의의 득세 등 자본시장의 변화로 1980년대 다시 미국에서 지배적인 회사지배구조이론의 위치를 차지하게 되었다.

---

266 주주지상주의는 회사의 경영자가 주주와 동일하게 쉼 없이 주주의 이익을 위하여 일할 수는 없다고 인정한다. 그러나 만약 경영자가 주주의 이익을 극대화하는 데 실패하면, 주가가 내려가고, 주가가 내려가면 외부 투자자가 해당 회사의 지배권을 취득할 유인이 생기게 된다. 외부 투자자가 회사의 지배권을 취득하면 기존 경영진은 해임되고 구조조정을 통하여 회사의 주가가 다시 올라가게 된다고 본다.

267 Blair, "Corporate Personhood and the Corporate Persona," p.816.

제3장

회사제도의 이론적 분석

1. 서설

1) 이론적 분석의 필요성

"회사는 왜 만들어지는가? 회사는 본질적으로 무엇이고, 그 법적 성질은 무엇인가?" 이와 같은 질문은 회사를 이해하고 회사에 대한 법제도를 수립하는 기본 전제가 된다. 회사는 생산·거래를 위한 경제 주체로서 현대사회에서 매우 중요한 역할을 담당하고 있고, 사회에 지대한 영향을 미치고 있기 때문에 회사제도를 바람직한 방향으로 발전·형성하는 것은 매우 중요한 일이다. 이를 위해 이 책은 제2장에서 미국에서 회사제도가 어떠한 역사적 맥락을 가지고 발전해왔는지를 살펴보았고, 본 장에서는 회사제도가 어떠한 이론적 토대 위에서 논의되고 있는지를 분석해보고자 한다.

회사에 관한 이론은 경제학 분야와 법학 분야에서 서로 다른 맥락(context)를 가지고 발전하여왔다. 따라서 회사이론(theory of the corporation)은 경제학적 분석을 기초로 한 '경제학적 회사이론(theory of the firm)'[1]과 법학적 분

---

1   경제학적 회사이론은 회사를 포함한 모든 기업의 본질에 관한 이론이라는 점에서 '기업이론(theory of the firm)'으로 불린다. 그러나 경제학에서도 기업이론을 논하면서 주된 연구 대상을 회사로 하여 분석을 하는 점과 기업을 회사로 치환하여도 논리 구성에 전혀 문제가 없다는 점을 고려하여 이 책에서는 편의상 '회사이론'으로 부르기로 한다.

석을 기초로 한 '법학적 회사이론(corporate theory)'으로 나눌 수 있다. 경제학적 회사이론과 법학적 회사이론은 서로 다른 차원에서 회사의 본질에 대하여 접근한다. 경제학에서는 "왜 개인이 기업조직을 형성하여 사업을 하는가, 개인이 회사를 설립하는 목적은 무엇인가"에 관한 문제를 중심으로 회사조직의 본질에 관한 이론적 논의가 전개되었고,[2] 이는 경제학적 의미의 회사본질론(the economic nature of the firm)이라고 할 수 있다.[3] 반면 법학 분야에서 회사에 대한 이론적 접근은 "법에 의하여 인정된 회사를 법적으로 어떻게 이해하고 규정할 것인가"에 관한 문제를 중심으로 논의가 전개되었고, 이는 법학적 의미의 회사본질론(the legal nature of the corporation)이라고 할 수 있다.[4]

'회사'가 하나의 제도(institution)로서 바람직하게 발전하기 위해서는 회사가 본질적으로 무엇이며, 왜 만들어졌고, 누구를 위해 운영되는지에 대한 질문이 선행되어야 함은 당연하다. 이와 같은 질문에 대한 이론적 접근으로서 회사이론은 구체적인 회사법의 쟁점을 이해하는 데 중요한 역할을 하고,[5] 그 결론에 따라 회사에 대한 규율과 정책이 달라질 수 있다.[6] 실제로 현재 논의되는 회사이론에 의하면, 회사의 본질을 어떻게 보는가에 따라 회사에 대한 규제 여부, 회사의 목적, 회사법의 성격, 회사지배구조에 대한 입장이 달라

---

2 위와 같은 질문은 코즈 이론의 핵심 주제이기도 하다.

3 경제학적 회사이론은 회사의 '경제적 본질'에 관한 것이고, 이러한 의미에서 경제학적 회사이론은 '경제학적 회사본질론'이다.

4 법학적 회사이론은 경제학적 회사이론과는 달리 회사의 '법적 본질'에 관한 것이고, 이러한 의미에서 법학적 회사이론은 '법학적 회사본질론'이다.

5 Millon, "Theories of the Corporation," p.201.

6 회사법의 역사에서 법인이론이 논쟁의 중심에 있었던 구체적 법적 문제로는, 이사회의 제도적 지위, 이사의 책임, 회사의 목적·지배구조·사회적 책임, 적대적 기업인수에 관한 문제이다(남기윤, 「미국법에서 법인이론의 전개와 그 현 시대적 의의」, 125쪽).

진다. 특히 이 책의 중심 주제인 회사지배구조는 역사적인 측면에서 회사이론과 일정한 연관을 가지면서 발전해왔고, 이론적인 측면에서 회사지배구조 이론은 특정 회사이론을 이론적 토대로 한다.[7] 따라서 바람직한 회사지배구조에 관한 논의를 위해서는 회사에 대한 역사적 연구와 함께 회사에 대한 이론적 연구가 선행되어야 한다. 이와 같은 회사에 대한 이론적 분석은 회사법에 대한 역사적 분석과 같은 이유로 미국에서 주장된 회사이론에 한정하여 논의를 전개하기로 하고, 그 중에서도 법학적으로 의미가 있는 이론만을 한정하여 살펴보기로 한다.

2) 경제학적 회사이론과 법학적 회사이론

(1) 경제학적 회사이론

경제학적 회사이론(theory of the firm)은 기술적 관점(descriptive perspective)에서 회사의 경제적 본질, 즉 회사가 설립되는 목적[8]에 관하여 설명하는 것이다. 경제학적 회사이론은 기술적 관점에서 회사가 왜 조직되는지에 관한 이론을 제공하고, 현실에서 회사가 조직되는 이유와 회사조직에 참여하는 참가자들 간의 관계를 설명한다. 따라서 경제학적 회사이론은 사실(fact)에 관한 문제이고, 회사이론의 타당성은 사실을 타당하게 설명할 수 있는지 여부에 달려 있다. 반면 법학적 회사이론은 "법률의 규정에 의하여 설립된 회사의 법적 본질을 어떻게 규정할 것인가"에 관한 것이고, 이는 이미 존재하는

---

7 남기윤, 「미국법에서 법인이론의 전개와 그 현 시대적 의의」, 125쪽.

8 좀 더 정확히 표현하면 '회사의 존재이유'를 의미한다.

회사의 형태를 전제로 한 규범적 관점(normative perspective)의 문제이다.

최근 회사이론의 특징은 경제학적 회사이론과 법학적 회사이론이 융합(convergence)되고 있다는 점이다. 그 이유는 법학적 회사이론을 전개함에 있어 그 규범적 판단의 근거가 되는 사실에 대한 기술을 경제학적 회사이론에서 가져오기 때문이다. 이와 같이 최근의 '법학적 회사본질론'은 회사에 대한 경제학적 분석을 토대로 전개되고 있고, 특히 현재 지배적인 법학적 회사이론이며 주주지상주의의 이론적 토대가 되고 있는 '계약의 결합체(nexus of contract)' 이론은 경제학적 회사이론의 영향을 받은 것이다. 따라서 회사의 본질을 논의하기 위해서는 법학적 회사이론과는 별개로 경제학적 회사이론을 먼저 살펴볼 필요가 있다.

앞에서 언급한 바와 같이 경제학 분야에서는 "왜 개인이 기업조직을 형성하여 사업을 하는가"에 관한 문제를 중심으로 회사의 본질에 관한 논의가 전개되고 있다. 이러한 논의는 기업을 생산함수로만 보는 신고전파 경제학의 주장에 의문을 제기하면서 1937년에 코즈가 발표한 논문인 "기업의 본질(The Nature of the Firm)"[9]에서 시작되었다. 그러나 코즈의 이론은 그 당시에는 큰 반향을 얻지 못하다가 1970년대에 이르러서야 경제학에서 '회사이론(theory of the firm)'으로 정립되었다. 1970년대 기업이론은 코즈의 회사에 대한 기본 입장을 계승하면서 시장에 대응한 기업조직의 형성 이유, 기업조직의 본질에 관한 논의를 중심 문제로 설정하였다. 이처럼 1970년대부터 형성된 회사이론은 회사가 거래비용을 절약하기 위하여 형성된다는 코즈의 기존 전제를 받아들이지만, 회사의 내부거래를 어떻게 볼 것인가에 대해 입장이 나뉜다. 신고전파 경제학의 입장을 취하는 대리비용이론(agency cost theory)[10]의 경우에는 회사 내부거래를 본질적으로 시장과 동일한 것으로 보

---

9   Ronald H. Coase, "The Nature of the Firm," *Economica*, vol.4, no.16(1937).

는 반면,[11] 거래비용경제학[12]의 입장을 취하는 거래비용이론(transaction cost theory)[13]의 경우에는 회사 내부거래를 시장거래와는 다른 것으로 파악한다.[14] 또한 1970년대 기업이론을 기반으로 1980년 이후에는 회사를 재산권의 집합으로 이론 구성하는 재산권이론(property theory)과 회사를 팀 생산을 위한 이해관계자의 투자의 결합체로 보는 팀생산이론이 등장한다. 이와 같은 회사이론 중에서 회사 내부거래를 본질적으로 시장과 동일한 것으로 파악하는 대리비용이론은 회사의 본질을 '계약의 결합체'로 이해하고, 이러한 입장은 법학적 회사이론에 영향을 주게 된다. 또한 가장 최근에 등장한 탬생산이론은 이해관계자주의와 관련하여 회사의 경제적 본질에 관한 근거를 제공해줄 수 있다는 점에서 논의할 필요가 있다.

---

10 대리비용이론은 주인-대리인이론(principal-agent theory)이라고도 하며, 모든 종류의 대리비용을 절감하는 것을 회사의 중심문제로 이해하는 입장을 말한다[William T. Allen & Reinier Kraakman, *Commentaries and Cases on the Law of Business Organization*(Aspen Publishers, 2003), pp.10~12]. 대리비용이론에 관하여 자세한 내용은 제4장 제2절 참조.

11 경제학 분야에서 대리비용이론에 관한 대표적인 논문으로는 Eugene F. Fama, "Agency Problems and the Theory of the Firm," *Journal of Political Economy*, vol.88, no.2(1980); Eugene F. Fama, & Michael C. Jensen, "Separation of Ownership and Control," *Journal of Law & Economics*, vol.26(1983); 한편, 대리비용이론에 대하여 자세한 내용은 위의 논문들 외에 Michael C. Jensen, *A Theory Of The Firm*(Harvard University Press, 2000) 참조.

12 거래비용 경제학은 신제도학파 경제학이라고도 한다. 신제도학파 경제학에 대하여 자세한 것은 장하준, 「제도경제학의 최근 동향」, ≪경제학연구≫, 44집 1호(1996) 참조.

13 거래비용이론은 회사를 거래비용을 절감하기 위한 관계의 집합으로 보는 이론이다 (Allen & Kraakman, *Commentaries and Cases on the Law of Business Organization*, p.9).

14 거래비용이론에 대하여 자세한 내용은 Oliver E. Williamson, *The Economic Institutions of Capitalism*(Free Press, 1985) 참조.

(2) 법학적 회사이론

법학적 회사이론(corporate theory)은 회사의 가장 큰 특징 중 하나인 법인격(corporate personality)과 관련된 논의를 중심으로 발전하여왔다.[15] 회사는 초기부터 조합과는 달리 회사의 구성원인 주주와는 별개의 법인격을 인정받았다. 회사제도가 형성되던 초기에 회사의 법인격은 회사와 다른 기업조직을 구분하는 가장 큰 특징이었다.[16] 초기 비영리 회사가 구성원과 별개의 법인격을 통해 재산을 영속적으로 유지하려는 목적으로 설립되었다는 것이 그 역사적 증거이다.

역사적으로 볼 때 회사에 주주와는 별도의 법인격을 인정하는 것은 여러 가지 이점이 있었다. 우선, 회사는 자신이 주체가 되어 행위를 할 수 있고, 소송 당사자가 될 수 있게 되었다.[17] 따라서 구성원 명의로 행위를 하고, 구

---

15 회사의 법인격과 관련된 초기의 대표적인 문헌을 소개하면 W. Jethro Brown, "The Personality of the Corporation and the State," *The Law Quarterly Review,* vol.21 (1905); George F. Canfield, "The Scope and Limits of the Corporate Entity Theory," *Columbia Law Review,* vol.17(1917); George F. Deiser, "The Juristic Person," *University of Pennsylvania Law Review,* vol.57(1908~1909); John Dewey, "The Historic Background of Corporate Legal Personality," *Yale Law Journal,* vol.35(1926); W. M. Geldart, "Legal Personality," *The Law Quarterly Review,* vol.27 (1911); Harold J. Laski, "The Personality of Associations," *Harvard Law Review,* vol.29(1916); Arthur W. Machen, Jr., "Corporate Personality," *Harvard Law Review,* vol.24(1910~1911); Max Radin, "The Endless Problem of Corporate Personality," *Columbia Law Review,* vol.32(1932); Bryant Smith, "Legal Personality," *Yale Law Journal,* vol.37(1928); Paul Vinogradoff, "Juridical Persons," *Columbia Law Review,* vol.24(1924); Martin Wolff, "On the Nature of Legal Persons," *The Law Quarterly Review,* vol.54(1938).

16 Blair, "Corporate Personhood and the Corporate Persona," p.796.

성원 전원이 소송 당사자가 되어야 하는 조합과는 다른 편의성이 인정되었다. 또한 회사는 구성원과는 별도의 독립적인 재산의 소유자(separate patrimony)가 될 수 있었다.[18] 따라서 회사 재산은 회사의 구성원의 재산과는 구분되어 회사가 사용·수익할 수 있게 되고, 회사 재산이 주주의 채권자에 의한 강제집행의 대상이 되지도 않게 되어 주주의 채권자로부터 회사의 재산이 보호될 수 있게 되었다.[19] 이와 같이 회사재산이 주주의 채권자에 의한 추급으로부터 절연되기 때문에 회사의 재산은 자동적으로 회사가 부담하는 모든 계약적 책임의 담보로서 기능을 할 수 있게 되고, 이는 회사의 계약이행에 대한 신뢰성을 높일 수 있게 되었다.[20]

미국에서 법학적 회사이론은 미국의 사회·경제 변화에 따라 회사제도가 변화하는 것과 궤를 같이하면서 변화되었다. 우선 초기 미국의 회사제도가 유지되던 19세기 전반기에는 다트머스 판결에서 인정된 '인가이론(concession theory)'이 지배적인 이론이었다. 그러나 19세기 중반 이후 일반회사설립법이 제정되기 시작하면서 회사를 주주의 집합체로 보는 '집합이론(aggregate theory)'이 등장하였다. 20세기 초반에는 독일 법학의 영향을 받아 회사를 법적인 의제가 아닌 주주로부터 독립된 실재하는 존재로 보는 '실체이론(real entity theory)'이 등장하여 거대 회사의 존재를 정당화하는 이론으로 지지를 받게 되고, 이후 실체이론은 이해관계자주의의 이론적 근거가 되어 1970년까지 회사의 법적 본질에 관한 지배적인 이론으로 인정되었다.[21]

---

17 회사는 자신의 명의로 원고로서 소송을 제기할 수 있었고, 회사의 채권자도 회사를 상대로 소송을 제기할 수 있었다.

18 Kraakman et al., *The Anatomy of Corporate Law*, p.7.

19 Blair, "Corporate Personhood and the Corporate Persona," p.787.

20 Kraakman et al., *The Anatomy of Corporate Law*, p.7.

21 Bratton, "The New Economic Theory of the Firm," p.1471; 한편, 1930년대부터 약

한편, 1980년대에는 경제학적 회사이론으로부터 영향을 받은 '계약의 결합체' 이론이 주장되었고, '계약의 결합체' 이론은 주주지상주의의 새로운 이론적 근거가 되어 현재 가장 많은 지지를 받는 법학적 회사이론이 되었다.[22]

50년간 법인이론의 쇠퇴기로 법인의 본질에 관한 논의는 단절되었다는 지적에는 남기윤, 「미국법에서 법인이론의 전개와 그 현 시대적 의의」, 126쪽.

22 Bratton, "The Nexus of Contracts Corporation," p.409.

2. 회사이론의 경제학적 전개

1) 서언

이미 언급한 바와 같이 경제학 분야에서는 "왜 기업은 존재하는가?", "왜 개인이 기업조직을 형성하여 사업을 하는가?"에 관한 논의를 중심으로 회사이론이 전개되었다.[23] 회사이론은 개인이 시장기구를 이용하지 않고 왜 기업을 조직하여 생산을 하는지에 대한 의문에서 출발하였고, 이러한 문제의식은 코즈에 의해서 처음 제기되었다. 이러한 경제학적 회사이론은 단순히 경제학적인 논의에만 그치지 않고, 회사지배구조에 관한 논의와 직접적인 연관이 있다.[24] 왜냐하면 현재 지배적인 회사지배구조이론인 주주지상주의가 최근의 경제학적 회사이론인 '계약의 결합체' 이론을 이론적 토대로 삼고 있기 때문이다. 또한 이해관계자주의의 경우에도 최근 등장한 팀생산이론을 근거로 하는 새로운 이론이 제시되고 있다. 따라서 회사지배구조에 관한 심층적인 논의를 위해서는 법학적 회사이론뿐만 아니라 경제학적 회사이론도

---

23 이미 언급한 바와 같이 경제학은 기업이론(theory of the firm)이라는 용어를 사용하지만, 이 책에서는 편의상 기업이론을 회사이론으로 부른다.

24 스티븐 베인브리지(Stephen Bainbridge)는 회사이론이 회사지배구조이론에 대한 규범적 근거를 제공한다고 지적한다(Bainbridge, "Director Primacy," p.547).

같이 논의할 필요성이 있다.

이를 위해서 본 절에서는 20세기 이후 회사의 본질에 관한 경제학적 논의의 전개 과정을 역사적 순서에 따라 살펴보기로 하고, 이 책에서 논의될 경제학적 회사이론의 구체적인 범위는 지배적인 경제이론인 신고전파 경제학[25]에서 출발하여 최근 논의되고 있는 재산권이론 및 팀생산이론을 포함한다.[26]

2) 초기 회사이론

(1) 신고전파 경제학

① 의의

신고전파 경제학은 애덤 스미스의 저서인 『국부론』의 주요 공리를 받아들여 경제는 정부의 규제나 중앙계획이 없이 가격시스템에 의하여 조정될 수 있다고 본다.[27] 신고전파 경제학에게 주어진 요소는 기술과 소비자 선호

---

25 신고전파 경제학의 회사이론은 1930년 이전까지 기업에 관한 유일한 이론이었고, 1970년대 코즈의 이론에 기반을 둔 거래비용 경제학이 나타나기 전까지 약 100년간 회사에 대한 지배적인 경제학이론이었다. 신고전파 경제학이 장기간 지배적인 이론으로 자리 잡았던 이유에 대해서는 Ulen, "The Coasean Firm in Law and Economics," pp.306~307 참조.

26 경제학적 회사이론에 대한 개괄적인 설명을 담은 문헌으로는 Alfred D. Chandler Jr., "What is a firm?: A Historical Perspective," *European Economic Review*, vol.33 (1992); Eric Orts, "Shirking and Sharking: A Legal Theory of the Firm," *Yale Law and Policy Review*, vol.16(1998); Oliver D. Hart, "An Economist's Perspective on the Theory of the Firm," *Columbia Law Review*, vol.89(1989); Robert Flanagan, "The Economic Structure of the Firm," *Osgoode Hall Law Journal*, vol.33(1995).

이고, 자신의 이익에 따라 행동하는 개인은 가격기구에 의하여 움직인다.[28] 따라서 신고전파 경제학은 시장을 중심으로 가격기구에 의한 자원의 사용과 소득의 분배에 대한 이론이라고 정의할 수 있다.[29]

② 기본 전제 및 가정

신고전파 경제학은 다수의 참가자로 구성된 완전경쟁 상태에서 기업이 단일제품을 생산하는 것을 전제로 하고, 각 참가자는 이익 극대화를 추구하는 것으로 가정한다.[30] 또한 시장에서 공급자는 기업이고, 기업은 개인 또는 소수의 개인 동업자들이 소유·경영하며, 자연인과 마찬가지로 이익 극대화라는 단일 목적을 합리적인 행동을 통해 추구하는 일차원적 실체로 인식한다.[31]

③ 기업의 본질

신고전파 경제학은 경제 주체가 기업을 조직하여 생산하는 이유에 대해 기업이 분업생산, 자본재 이용, 규모의 경제 측면에서 개인사업자보다 유리하

---

27 Ronald H. Coase, "The Institutional Structure of Production," *The American Economic Review*, vol.82, no.4(1992), p.713.

28 *ibid.*

29 Bratton, "The Nexus of Contracts Corporation," p.415; Harold Demsetz, "The Structure of Ownership and the Theory of the Firm," *Journal of Law & Economics*, vol.26(1983), pp.377~378.

30 서승환, 『미시경제론』, 282~284쪽.

31 여운승, 「역사적 관점에서 본 기업이론의 전개과정」, ≪경영학연구≫, 28권 2호(1999), 540쪽. 위와 같은 신고전파 경제학의 가정에 대한 비판적인 견해는 Chandler, *The Visible Hand*, pp.489~490; Paul J. McNulty, "On the Nature and Theory of Economic Organization: The Role of the Firm Reconsidered," *History of Political Economy*, vol.16, no.2(1984), pp.240~241.

기 때문이라고 설명한다.[32] 이러한 신고전파 경제학에 따르면 기업은 '실현 가능한 생산계획의 집합(set of feasible production plans)'이고,[33] 인간과 동일하게 전적으로 수익을 우선적으로 고려하여 합리적인 패턴으로 행동하는 실체(entity)이다.[34] 즉 기업은 "단지 시장의 신호(market signals)에 수동적으로 반응하며 생산요소를 산출물로 변경해주는 생산함수(production function)"[35]이다. 따라서 신고전파 경제학의 입장에서 보는 기업의 역할은 총수입과 총비용의 차이로 정의되는 수익 극대화를 위하여 생산함수가 전제로 하는 기술을 통해 투입을 결합하여 주어진 생산함수 내에서 생산하는 것이다.[36]

④ 평가

신고전파 경제학은 기업을 시장 내의 합리적인 경제 주체로서 하나의 실체로 보기 때문에 그 분석의 초점을 기업이 참가하는 시장에 두고,[37] 기업이 내부적으로 어떻게 작동하는지에 대하여 전혀 관심이 없었다.[38] 그 이유는 신고전학파 경제학의 경우 거래비용이 없고 모든 정보가 동일하다는 것을 공리로 하는 완전경쟁시장을 전제로 하고, 모든 경제 주체들은 자기에게 가장 효율적이고 완벽한 의사결정을 할 수 있기 때문에 개인들이 모여 지속적인 관계를 맺으며 장기적으로 거래를 하는 조직의 필요성이 없기 때문이

---

32 Ulen, "The Coasean Firm in Law and Economics," p.305.

33 Hart, "An Economist's Perspective on the Theory of the Firm," p.1758.

34 Bratton, "The Nexus of Contracts Corporation," pp.415~416.

35 신석훈, 「회사지배구조 모델의 법경제학적 접근」, 46~47쪽.

36 Ulen, "The Coasean Firm in Law and Economics," p.306.

37 여운승, 「역사적 관점에서 본 기업이론의 전개과정」, 540쪽.

38 Hart, "An Economist's Perspective on the Theory of the Firm," p.1758(이 논문은 신고전파 경제학이 회사의 이해관계자들의 이익충돌이 어떻게 해결되는지, 수익 극대화 목표는 어떻게 성취되는지에 대하여 설명하지 못한다고 지적한다).

다.[39] 이러한 의미에서 신고전파 경제학은 기업을 수익 극대화를 위하여 투입(input)과 산출(output)에 관한 한계 조건을 충족시키기 위하여 작동하는 '블랙박스(blackbox)'에 불과하다고 본다.[40] 따라서 신고전파 경제학은 오로지 시장만을 분석하고, 회사라는 '조직'이 위계적 생산조직을 통해 실질적으로 어떻게 생산 의사결정을 하는지에 대해서 시장 원리에 의해서만 설명할 뿐, 시장 원리 이외의 위계, 권위, 규율과 같은 비시장 원리가 작동할 수 있다는 점을 전혀 인정하지 않았다.[41]

이와 같은 신고전파 경제학에 따르면 경영자는 매우 제한적인 역할만을 한다. 이는 시장에서 경영자의 이익 극대화 행동을 지시하는 강력한 힘이 존재하고, 수요·공급의 시장 논리는 경영자가 받아들일 수밖에 없기 때문에 기업경영에서 경영자가 재량을 행사할 여지가 없기 때문이다.[42] 따라서 신고

---

39 Bratton, "The Nexus of Contracts Corporation," p.416; Nathan Rosenberg, "Comments on Robert Hessen, "The Modern Corporation and Private Property: A Reappraisal"," *Journal of Law & Economics*, vol.26(1983), p.295.

40 Coase, "The institutional structure of production," p.714; 신석훈, 『회사의 본질과 경영권』, 34쪽. "신고전파 경제학은 기업을 완전경쟁 상황에서 행동하는 하나의 주체로 인식하며 이러한 주체를 산출물과 주어진 가격 변수만을 사용하여 이익을 극대화하기 위해 노력하는 한 명의 소유자(solo producer)가 소유하고 있는 것으로 간주한다".

41 Harold Demsetz, "The Theory of the Firm Revisited," *Journal of Law, Economics, & Organization*, vol.4(1988), pp.142~144; Oliver E. Williamson, "Corporate Governance," *Yale Law Journal*, vol.93(1983~1984), pp.1220~1221; Sidney G. Winter, "On Coase, Competence, and the Corporation," *Journal of Law, Economics, & Organization*, vol.4(1988), pp.164~169.

42 신석훈, 「회사지배구조 모델의 법경제학적 접근」, 43~45쪽("신고전학파 기업이론에서는 경영자가 자동적으로 기업의 이익 극대화를 추구할 수밖에 없는데 그 이유는 신고전학파 기업이론의 기본 메커니즘을 살펴보면 당연하다고 할 수 있다. 신고전학파 시장이론의 핵심에는 세 가지의 관계(relation) 혹은 기능(functions)이 놓여 있고 기업의 행동은 이러한 세 가지의 기능을 전제로 이루어진다. 첫째는 다양한 상품에 대한 소비자의

전파 경제학 입장에서 경영자는 단지 수익 극대화를 달성할 수 있는 생산요소 투입량을 결정하는 임무만이 주어진다.[43]

(2) 코즈의 회사이론

① 기업의 정의

코즈는 "기업의 본질(The Nature of the Firm)"에서 기존 경제학에 회사의 범위를 결정하는 이론이 없음을 지적하면서, 다음과 같이 기업을 시장기구가 작동하지 않는 교환의 한계선이고, 자원이 권위에 의하여 배분되는 영역으로 정의하였다.[44]

서로 다른 용도를 위한 생산요소의 배분은 시장기구에 의해 정해진다는 것이 현재의 경제이론이다. 생산요소 A의 가격이 Y보다 X가 높은 경우, Y가 다른 이익을 제공할 때를 제외하고는 가격차이가 사라질 때까지 A는 Y에서 X로 이동한

선호를 결정하는 소비자의 효용기능(utility functions)이다. 두 번째는 기업이 다양한 생산요소에 지불해야만 하는 요소가격의 결정과 관계되는 기업의 비용계획(cost schedule)이다. 세 번째는 주어진 산출물을 생산해 내기 위한 생산요소의 조합을 결정하는 기업의 생산기능이다. 생산기능과 비용계획 기능의 조합을 통해 기업의 '공급곡선(supply curve)'이 도출된다. 그리고 소비자들의 지불 능력에 종속되는 소비자들의 효용선호(utility preferences)의 총합이 '수요곡선'이 되는 것이다. 이러한 수요와 공급의 논리가 경영자에게 이익 극대화 행동을 취하도록 하는 힘(force)으로 작용하는 것이다. 이러한 신고전학파 기업이론에서는 위의 세 가지 기능과 이를 기초로 한 수요-공급논리가 경영자의 의사결정과는 무관하게 외생적으로 결정된다.").

43 신석훈, 「회사지배구조 모델의 법경제학적 접근」, 43~45쪽.

44 Eisenberg, "The Conception That the Corporation is a Nexus of Contracts, and the Dual Nature of the Firm," p.820.

다. 그러나 현실 세계에서는 이러한 경제이론이 적용되지 않는 많은 분야가 있다. 노동자가 Y 부문에서 X로 이동한다면, 그것은 그렇게 하라고 명령을 받았기 때문이지 상대가격의 변화 때문이 아니다. …… 기업 외부에서는 가격 변화는 시장에서의 교환거래를 통해 조정되는 방식으로 생산을 지시한다. 기업 내부에서는 시장 거래는 제거되고 복잡한 시장구조의 자리를 생산을 지시하는 경영자가 대신한다. (시장 외에) 생산을 조직하는 대안적인 방법이 존재한다는 것은 확실하다.[45]

② 기업의 본질

코즈는 신고전파 경제학이 간과하는 비용(cost) 문제에 주목하였고,[46] 기업은 거래비용을 절약하기 위하여 존재한다고 본다.[47] 따라서 시장에서의 거래비용[48]이 기업 내부에서의 비용보다 큰 경우가 있다는 점을 전제로 시장을 이용하는 비용이 권위에 의한 지시비용보다 큰 경우 자원배분이 기업

---

45 Coase, "The Nature of the Firm," pp.387~388.

46 이미 살펴본 바와 같이 신고전파 경제학은 거래비용이 전혀 발생하지 않는다는 것을 전제로 한다.

47 Ulen, "The Coasean Firm in Law and Economics," p.308.

48 시장에서 발생하는 거래비용의 의미에 대해서는 신석훈, 『회사의 본질과 경영권』, 52쪽 참조("기업이라는 생산조직이 존재하지 않는다면 생산을 하기 위해 생산요소 소유자들이 제품에 대한 수요가 발생할 때마다 서로 연락을 하여 한 곳에 모여 어느 정도의 생산요소를 어느 정도의 가격에 공급할 것인가에 대해 계약을 체결하여야 할 것이고, 이러한 계약을 바탕으로 제품을 생산한 후 추가적인 수요가 발생하면 또 다시 이들이 모여 새로운 계약조건에 대해 협상하고 합의해야만 할 것이다. 이러한 방식이 바로 '시장' 거래를 통한 생산이다. 그러나 제품의 생산이 필요할 때마다 매번 생산요소 소유자들이 모여 거래의 조건에 대해 서로 이해를 도모하고 이를 바탕으로 협상을 통해 합의점을 도출해내는 것은 상당히 번거로울 뿐만 아니라 금전적·비금전적 비용이 소요될 것이다. 이러한 다양한 유형의 비용들이 바로 '거래비용(transaction cost)'의 일종이다").

내부로 편입된다고 주장하였다.[49] 코즈는 시장에서의 비용은 거래 조건에 대하여 이해하고 흥정하는 비용이고, 이러한 비용은 특히 장기 거래인 경우에 더 커진다고 보았다.[50] 코즈에 의하면 거래비용은 일방 당사자에게 거래 조건을 정할 수 있는 권위(authority)를 부여하는 경우 감소될 수 있고,[51] 이러한 권위가 바로 기업의 본질(nature of firm)이라는 것이다.[52] 따라서 기업에서는 경영자의 지시, 명령에 의하여 거래가 이루어지고, 경영자가 가격기구를 대신하게 된다.

이와 같은 코즈의 이론체계에서 가장 중요한 쟁점은 언제 기업 내부에서 권위에 의하여 자원배분이 이루어지고, 언제 시장에서 계약에 의해서 자원배분이 이루어지는지에 관한 문제이고,[53] 코즈는 기업 내 거래를 통한 한계 비용 절감분이 회사 내 거래를 위해 발생하는 비용[54]과 같아지는 상태까지

---

49 Hart, "An Economist's Perspective on the Theory of the Firm," p.1760.

50 Coase, "The Nature of the Firm," p.391.

51 권위 부여가 왜 거래비용을 감소하게 하는지에 대하여 이해하기 쉬운 설명으로는 신석훈, 『회사의 본질과 경영권』, 52쪽 참조("여러 번의 개별적 협상에 소요되는 이러한 거래비용은 일방 당사자에게 제한된 범위 내에서 거래조건을 일방적으로 결정할 수 있는 권위(authority)를 줌으로써 획기적으로 줄일 수 있다. 왜냐하면 단기적인 계약을 제품 수요 발생 시 매번 체결하지 않고 계약의 일방 당사자가 일정한 범위 내에서 계약조건 및 내용을 일방적으로 정할 수 있는 권위를 유보한 장기적인 계약을 한 번만 체결하면 되기 때문이다. 그리고 계약체결 이후 다양한 경제 환경의 변화에 따라 요구되는 계약 조건의 변경은 거래 당사자들 사이에서의 새로운 의사 합치를 통해 이루어지는 것이 아니라 이러한 권위에 기초하여 신속하게 이루어지게 된다").

52 Hart, "An Economist's Perspective on the Theory of the Firm," p.1760.

53 Eisenberg, "The Conception That the Corporation is a Nexus of Contracts, and the Dual Nature of the Firm," p.821.

54 코즈는 회사 내 거래에도 경영자가 실수를 하는 데 소요되는 비용, 그로 인해 증가되는 행정비용 등이 있다고 전제한다.

기업에 의한 생산이 이루어진다고 주장한다.[55] 요컨대 코즈는 기업이 무엇인지에 대하여 명확하게 정의 내리지는 않았지만, 코즈에 의하면 기업은 가격 기구를 대체하는 역할을 하는 기업가의 지시에 의한 자원배분활동으로 구성된다고 할 수 있다.[56]

③ 평가

코즈의 이론은 거래비용을 전혀 고려하지 않은 상태에서 생산과정에서의 생산요소 투입 관계에만 관심을 가졌던 신고전파 경제학 이론과는 달리, 거래에는 비용이 소요된다는 점을 전제로, ① 회사가 거래비용을 줄이기 위해 만들어진 것이라는 점, ② 신고전파 경제학이 설명할 수 없었던 문제인 언제 시장에서 계약에 의하여 생산이 조직되고 언제 기업 내에서 생산이 조직되는지에 관하여 설명을 하였다는 점에서 의의가 있다.[57] 이와 같은 코즈의 이론은 발표 당시에는 경제학에 별다른 영향을 미치지 못하였으나,[58] 40년이 지난 1970년대에 이르러 거래비용을 전제로 한 모든 회사이론의 기초가 된다.[59]

---

55 Coase, "The Nature of the Firm," p.395.

56 Eisenberg, "The Conception That the Corporation is a Nexus of Contracts, and the Dual Nature of the Firm," p.821.

57 Ulen, "The Coasean Firm in Law and Economics," p.309.

58 코즈는 1937년의 논문은 인용은 많이 되었지만, 이론으로서 사용되지는 않았다고 회고하였다[Ronald Coase, "The Nature of the Firm: Meaning," *Journal of Law, Economics, & Organization*, vol.4(1988), p.23].

59 1937년에 발표된 코즈의 이론이 40년이 지난 후에야 인정받기 시작한 이유에 대한 설명으로는 Ulen, "The Coasean Firm in Law and Economics," pp.302~303 참조.

3) 대리비용이론: 신고전파 계약이론

(1) 알치앤·뎀셋의 회사이론

① 기업의 본질

1972년 알멘 알치앤(Armen Alchian)과 해롤드 뎀셋(Harold Demsetz)은 기업이 거래비용을 낮추기 위해 조직된다는 코즈의 주장을 계승하지만,[60] 코즈의 회사에 대한 정의에는 반대하는 논문인 "Production, Information Costs, and Economic Organization(생산, 정보비용 그리고 경제적 조직)"를 발표하였다.[61]

이미 살펴본 바와 같이 코즈는 기업 내부에서는 시장의 힘이 작용하지 않고 비시장적 논리에 의하여 지배된다고 주장한 반면, 알치앤·뎀셋은 기업에도 시장구조가 작동한다고 주장한다.[62] 알치앤·뎀셋은 기업 내에서 팀 생산(team production)의 역할과 그 팀 생산에 대한 감시와 계약의 역할을 강조하면서, 권위, 명령, 규율에 의하여 기업을 정의하는 것에 반대하였다.[63]

> 기업은 권위, 명령, 규율에 관한 권한이 없다는 점에서 개인 간 계약이 이루어지는 일반적인 시장과 조금도 다르지 않다. 계약에서 한 당사자는 장래의 사업을 철회하고 당사자 간 계약 불이행에 대하여 법원에 시정 요구를 하는 방법에

---

60 Hart, "An Economist's Perspective on the Theory of the Firm," p.1761.

61 Armen A. Alchian & Harold Demsetz, "Production, Information Costs, and Economic Organization," *American Economic Review*, vol.62, no.5(1972).

62 Ulen, "The Coasean Firm in Law and Economics," p.310.

63 Eisenberg, "The Conception That the Corporation is a Nexus of Contracts, and the Dual Nature of the Firm," p.821.

의해서만 다른 당사자를 응징할 수 있다. 이것은 모든 고용주가 피용자에 대하여 할 수 있는 것이다. 고용주는 피용자를 해고하거나 그를 상대로 소송을 제기할 수 있다. 이는 개인이 식품점에서 물건 사는 것을 중단하거나, 하자 있는 물건을 팔았음을 이유로 소송을 제기하는 것과 동일하다. 그렇다면 다양한 임무를 노동자들에게 할당하고 관리하는 권한의 내용은 무엇인가? 그것은 다양한 임무를 식품점에 할당하고 관리하는 소비자의 권한과 동일한 것이다. 소비자는 한 식품점에 임무를 할당할 수 있다. 즉 소비자는 식품점과 소비자 모두가 받아들일 수 있는 가격에 물품을 공급하게끔 유도할 수 있다. 이것은 정확히 고용주가 피용자에게 할 수 있는 것과 동일한 것이다. 노동자에게 임무를 할당하고, 관리·지시하는 것은 고용주가 언제나 양 당사자가 받아들여야 하는 조건에 재교섭할 수 있다는 것을 에둘러 알리는 방법이다. 피용자에게 서류를 정리하지 말고 서류를 작성하라고 하는 것은 소비자가 식품점에 가서 빵 대신 참치를 팔라고 하는 것과 같은 것이다. …… 그렇다면 식품점과 소비자의 관계는 식품점과 그의 피용자와의 관계와 어떻게 다른 것인가? 그것은 모든 투입을 위한 계약관계에서 한 당사자를 중심적 위치에 놓는 것과 생산과정에서 팀(team)을 사용하는 것에 있다. 기업은 세수 확보 과정에서의 중심적인 계약 중개자(centralized contractual agent in a team productive process)이다.[64]

이와 같이 회사가 팀 생산을 위하여 조직된다고 보는 알치앤·뎀셋의 이론은 회사 내부의 거래와 시장에서의 거래가 본질적으로 동일하다고 주장한다는 점에서 코즈의 이론과 차이가 있다.

---

64 Alchian & Demsetz, "Production, Information Costs, and Economic Organization," pp.777~778.

② 감시의 문제

알치앤·뎀셋은 잘 조직된 팀에 의한 생산은 팀 구성원이 각자 생산하는 것보다 효율성이 높다는 장점이 있으나, 팀 구성원의 노력을 감시하기 어렵다는 문제가 있다고 본다.[65] 이러한 감시의 어려움 때문에 팀 구성원 중 일부가 자신의 임무를 태만히 할 위험이 있다. 따라서 알치앤·뎀셋은 팀 생산은 생산의 효율성 증가분이 감시비용 증가분을 초과하는 한도에서만 효율적이며,[66] 팀 생산은 각 행위자의 기여가 평가되어야 한다는 점에서 주의 깊은 감시가 필요하다고 주장한다.[67]

알치앤·뎀셋에 의하면 회사는 이와 같은 감시의 문제를 전통적으로 잔여청구권(residual claim)으로 해결해왔다고 본다.[68] 즉 회사는 기업의 생산 가치에 대하여 잔여청구권자로 행동할 자를 설정하고, 그 잔여청구권자에게 팀 생산에서 발생하는 경제적 이익[69]을 귀속시키는 방법으로 해결하였다는 것이다. 이러한 구조에서는 잔여청구권자가 팀 생산의 구성원 임무 태만(shirking)을 잘 감시하여 비용을 감소시키면, 그로 인한 이익을 자신이 향유할 수 있게 되기 때문에 감시의 유인(incentive)이 발생한다는 것이다.[70]

---

65 Ulen, "The Coasean Firm in Law and Economics," p.310.

66 Alchian & Demsetz, "Production, Information Costs, and Economic Organization," pp.781~783.

67 Hart, "An Economist's Perspective on the Theory of the Firm," pp.1761~1762.

68 Alchian & Demsetz, "Production, Information Costs, and Economic Organization," pp.782~783.

69 총매출에서 총비용을 공제한 차액을 의미한다.

70 알치앤·뎀셋은 회사의 잔여청구권자는 주주라는 점을 전제로 하여 이론을 전개하나, 근대 회사의 특징인 소유구조의 분산으로 인하여 회사에 대한 효율적인 감시에 한계가 있다는 점을 인정한다. 이러한 점에서 알치앤·뎀셋은 근대 회사의 경영자에 대한 감시는 잔여청구권자인 주주에 의해서가 아니라 기업지배권 시장의 존재에 의하여 행해진

이와 같은 논리에 의하면 효율적인 팀 생산을 위해서는 감시자에게 적절한 인센티브가 제공되어야 하고, 적절할 인센티브를 제공하는 최선의 방법은 감시자에게 회사의 소유자로 정의될 수 있는 일체의 권리를 부여하는 것이다.[71]

(2) 젠슨·메클링의 회사이론

① 내용

마이클 젠슨(Michael Jensen)과 윌리엄 메클링(William Meckling)은 알치앤·뎀셋이 논문을 발표한 4년 후인 1976년에 코즈의 문제의식과 알치앤·뎀셋의 선행연구를 바탕으로 "Theory of the Firm: Managerial Behaviour, Agency Costs, and Ownership Structure(기업이론: 경영행동, 대리비용 및 소유구조)"를 발표하였다.[72] 이 논문에서 젠슨·메클링은 알치앤·뎀셋의 연구 중회사에서 계약의 역할에 대하여 다음과 같이 긍정하면서 회사의 본질을 '계약'이라고 주장한다.

알치앤·뎀셋은 회사 내에서의 자원배분이 권위에 의하여 지배된다는 개념에

다고 한다(Alchian & Demsetz, "Production, Information Costs, and Economic Organization," p.788).

71 알치앤·뎀셋이 말하는 일체의 권리는 ① 잔여청구권, ② 투입행위를 감시할 수 있는 권리, ③ 투입과 관련된 모든 계약에서 중심 당사자가 될 수 있는 권리, ④ 팀의 구성원을 변경할 수 있는 권리, ⑤ ① 내지 ④의 권리를 이전할 수 있는 권리이다(Alchian & Demsetz, "Production, Information Costs, and Economic Organization," p.783).

72 Michael C. Jensen & William H. Meckling, "Theory of the Firm: Managerial Behavior, Agency Costs and Ownership Structure," *Journal of Financial Economics*, vol.3, no.4(1976).

반대했고, 자발적인 교환 수단으로서 계약의 역할을 강조했다. 알치앤·뎀셋은 팀 생산이 발생하는 상황에서 감시(monitoring)의 역할을 강조했다. 그러나 알치앤·뎀셋이 주장한 감시의 중요성은 인정하지만, 합동 투입 생산에 대한 강조는 너무 범위가 좁고, 오해의 소지가 있다. 직원을 비롯한 공급자, 소비자, 채권자 등과의 계약관계는 회사의 본질이다.[73]

이와 같이 젠슨·메클링은 회사의 본질이 계약임을 전제로 하여 회사를 개인 간 계약관계의 연속을 위한 집합체로서 기능하는 법적 의제(legal fictions which serve as a nexus for a set of contracting relationships among individuals)라고 정의하였다.[74] 이는 회사 내부의 거래와 시장에서의 거래를 구별할 필요가 없기 때문에 두 거래 모두 계약관계의 연속적 형태를 구성한다는 것을 의미한다.[75] 또한 젠슨·메클링에 의하면 '법적 의제'의 의미는 조직이 자연인으로 취급되기 위해 법에 의하여 만들어진 인공적 구성물(artificial construct)이다.[76] 그리고 기업조직은 표준형식의 계약(standard form contract)이고, 그 중에서 회사는 유한책임, 주식의 자유양도 등으로 특징지어지는 표준형식 계약이라고 본다.[77] 따라서 자연인이 아닌 회사는 계약관계의 틀 내에서 상

---

73 Jensen & Meckling, "Theory of the Firm," p.310.

74 같은 글, pp.310~311(젠슨·메클링에 의하면 회사는 다른 계약 주체의 동의 없이 일반적으로 이전이 가능한 회사 자산과 현금 흐름에 대한 잔여청구권의 존재가 특징인 조직이다); 일반적인 의미에서 계약은 합의 또는 법적으로 집행 가능한 약속이다. 그러나 회사가 합의의 집합 또는 법적인 약속의 집합이라는 의미는 아니고, 계약의 집합이라는 것은 상호 합의(reciprocal arrangement)의 의미로 이해된다(Eisenberg, "The Conception That the Corporation is a Nexus of Contracts, and the Dual Nature of the Firm," p.823).

75 Hart, "An Economist's Perspective on the Theory of the Firm," p.1764.

76 Jensen & Meckling, "Theory of the Firm," p.310 footnote 12.

충하는 개인의 목표에 균형을 가져오기 위한 복잡한 과정에 초점을 맞추어 기능한다.[78]

② '계약의 결합체' 이론

㉠ 의의

젠슨·메클링의 회사이론은 '계약의 결합체' 이론[79]이라고 하며, 이 이론에 의하면 회사는 '계약의 결합체'로서 생산요소 소유자들 사이의 계약적 관계를 결합(nexus)시키는 역할을 하는 법적 의제이다.[80] 따라서 계약이론은 회사를 단지 시장에서 계약의 세트가 작동하는 공간(space)을 표현하는 허구에 불과하다고 본다.[81] 또한 회사의 내부 관계는 외부 관계와 마찬가지로 계약에 기초하고 있으며,[82] 회사 경영은 계약의 지속적인 협상 과정으로 이해한다.[83]

㉡ 기본가정 및 모델

계약이론은 신고전파 경제학의 가정 모델[84]을 전제로 회사와 이해관계자의 관계를 분석하고,[85] 신고전파 모델에서는 회사의 참가자들을 이기적 성향

---

77   Hart, "An Economist's Perspective on the Theory of the Firm," p.1764.

78   Jensen & Meckling, "Theory of the Firm," p.311.

79   계약의 결합체 이론은 회사를 계약적 관점에서 접근한다는 점에서 '계약이론(contractual theory)'이라고도 불린다. 따라서 이하에서는 '계약의 결합체' 이론을 편의상 '계약이론'으로 약칭하는 경우가 있을 것이다.

80   Bratton, "Nexus of Contracts Corporation," p.415.

81   Bainbridge, "Competing Concepts of the Corporation," p.83.

82   젠슨·메클링은 알치앤·뎀셋의 영향을 받아 회사는 명령과 권위에 의한 체계가 아니라 외부 시장에서의 관계와 동일하다고 보았고, 법경제학은 이러한 젠슨·메클링의 이론을 기반으로 한다.

83   신석훈, 「회사지배구조 모델의 법경제학적 접근」, 112쪽.

84   이하에서는 '신고전파 모델'이라고 약칭한다.

85   Bratton, "Nexus of Contracts Corporation," p.417.

을 가진 합리적인 경제 주체로 가정한다.[86] 따라서 회사를 구성하는 계약들은 이익 극대화를 추구하는 합리적 경제 주체가 시장에서 체결하는 균형 계약(equilibrium contracts)[87]과 유사하다.[88] 이러한 관점에서 계약이론은 회사는 사회적 성격을 띠는 조직이 아니라 효용극대화를 추구하는 개인들의 집합체이고 이러한 개인들과 회사의 관계는 계약을 통해 이루어지므로 회사의 본질을 계약의 결합체로 보아야 한다고 주장한다. 또한 신고전파 모델은 계약체결 과정에서 당사자들 사이에 유효한 경쟁이 존재하고,[89] 이익 극대화 과정에서 자연선택 이론이 적용되기 때문에 오로지 최적의 계약 전략만이 남는다고 본다.[90]

이와 같은 가정을 전제로 계약이론은 합리적인 경제 주체는 기회 유용(shirking)의 모든 가능성에 대하여 알고 있으며,[91] 계약 당사자 간 계약에서 이러한 대리비용을 반영한다.[92] 즉 계약이론은 계약 당사자들 사이에 완전계약(complete contract)이 체결된다고 본다.[93] 따라서 회사 계약은 대리비용을 줄이기 위해 고안된 형식을 취하게 되며, 최적선택의 원리를 전제하면 이

---

86 계약의 결합체 이론은 이미 살펴본 바와 같이 기업을 명령과 지시 체계로 보는 코즈를 따르지 않고, 기업을 본질적으로 계약관계로 보는 알치앤·뎀셋의 기업 개념을 따르고 있다(Fama, "Agency Problems and the Theory of the Firm," p.210).

87 각 당사자가 미지의 요소를 가격에 반영하는 완벽한 계약을 체결한다는 의미이다(Bratton, "Nexus of Contracts Corporation," p.417).

88 신석훈, 「회사지배구조 모델의 법경제학적 접근」, 112~113쪽("개인들이 기업조직을 구성하기 위한 거래와 시장에서의 일반적인 거래는 유사한 것이므로 시장에서 균형 개념이 중요하듯 기업조직에서도 계약관계의 균형이 발생한다는 것이다").

89 Bratton, "Nexus of Contracts Corporation," p.417.

90 신석훈, 「회사지배구조 모델의 법경제학적 접근」, 113쪽.

91 이스터브룩·피셀, 『회사법의 경제학적 구조』, 66쪽.

92 Bratton, "Nexus of Contracts Corporation," p.417.

93 신석훈, 『회사의 본질과 경영권』, 63쪽.

러한 계약들 중에서 대리비용을 가장 줄이는 계약만이 살아남게 된다.[94]

(3) 주인-대리인이론

대리비용이론은 회사 지배의 수단과 관련해서는 주인-대리인(principal-agent)이론[95]이라고 한다.[96] 대리인이론은 신고전파 경제학이 간과한 기업 내부의 이익충돌 문제, 특히 근대 회사의 특징인 소유와 지배의 분리에 따른 경영자·주주 간의 이익충돌 문제를 해결하기 위한 이론이다.[97] 소유·지배의 분리 현상은 이미 벌리·민즈의 연구에 의하여 회사지배구조의 중심 주제로 인식되어왔다. 그러나 신고전파 경제학은 회사의 내부구조에 대해서 무관심하였기 때문에 이와 같은 문제에 해답을 주기가 어려웠다.

대리인이론은 신고전파 경제학의 약점, 즉 회사 내부의 서로 다른 경제적 행위자 간의 이익충돌[98]에 대하여 인지하고, 이러한 충돌을 식별과 정보의 비대칭(asymmetric information)[99] 문제를 통하여 이론화한다.[100] 대리인이론

94　Fama & Jensen, "Separation of Ownership and Control," p.301.

95　이하에서는 '대리인이론'으로 약칭한다.

96　대리인이론에 대한 경제학적 설명으로는 다우마·스뢰더(Sytse Douma & Hein Schreuder), 『기업이론: 조직의 경제학적 접근방식』, 정진필·김일태·유동국 옮김(전남대학교 출판부, 2000), 132~164쪽.

97　Hart, "An Economist's Perspective on the Theory of the Firm," p.1759.

98　회사와 관련된 이익충돌은 ① 회사의 소유자와 경영자 간의 이익충돌, ② 지배주주와 소수주주 간의 이익충돌, ③ 회사와 채권자, 직원, 소비자 등 다른 당사자 간의 이익충돌로 구분될 수 있다(Kraakman et al., *The Anatomy of Corporate Law*, p.22).

99　경제학에서 시장에서의 각 거래 주체가 보유한 정보에 차이가 있을 때, 그 불균등한 정보 구조를 정보 비대칭이라고 한다. 정보의 비대칭성은 정보를 잘 알고 있는 측이 최선을 다하지 않는 도덕적 해이(moral hazard) 현상을 초래한다(맨큐, 『맨큐의 경제학』, 558~560쪽).

은 회사의 일상 경영을 통하여 회사의 주인이 알기 어려운 수익에 관한 정보를 보유하고 있는 경영자가 회사 주인의 후생과는 다른 목적을 가질 수 있다는 점[101]을 전제로 한다.[102] 이와 같은 조건에서는 회사의 주인이 경영자와 계약을 체결하더라도 회사 주인을 위한 수익 극대화 계획을 실행할 수 없고, 이후에 경영자가 올바른 결정을 내렸는지 여부도 알 수 없게 되는데,[103] 이를 주인-대리인 문제(principal-agent problem)라고 한다.[104] 따라서 경영자가 회사 소유자만을 위하여 행동할 수 있도록 강제하는 수단이 마련되지 않으면, 회사 소유자에 의해 불완전하게 감시된 경영자의 행동으로 인하여 '효율성 손실(efficiency loss)'이 발생하게 되고, 이것을 '대리비용(agency cost)'이라고 한다.[105] 그러므로 대리인이론은 '계약의 결합체'인 회사의 근본 문제를 대리비용을 줄이는 것으로 이해하고, 이에 따라 회사법은 대리비용을 줄이는 것을 주요 목적으로 해야 한다고 본다.[106]

---

100 Hart, "An Economist's Perspective on the Theory of the Firm," p.1759.

101 이러한 문제는 이해상충(conflict of interest)의 문제로서 이를 해결하기 위해 회사법에서는 이사에게 충실의무(duty of loyalty)를 부담시키고 있다. 미국법상 충실의무에 대하여 자세한 내용은 박강익·조성종, 「상법상 주식회사 이사의 의무와 미국법상의 충실의무」, ≪법학연구≫, 18권(한국법학회, 2005); 이경규, 「미국법상의 주주의 충실의무 개념과 우리나라에서의 적용가능성」, ≪상사법연구≫, 26권 2호(2007); 최수정, 「이사의 충실의무에 관한 고찰 — 미국 판례법을 중심으로」, ≪경영법률≫, 21권 4호(2011).

102 Hart, "An Economist's Perspective on the Theory of the Firm," p.1759.

103 Kraakman et al., *The Anatomy of Corporate Law*, p.21.

104 Hart, "An Economist's Perspective on the Theory of the Firm," p.1759.

105 Ulen, "The Coasean Firm in Law and Economics," p.313.

106 Allen & Kraakman, *Commentaries and Cases on the Law of Business Organization*, p.12.

(4) 평가

알치앤·뎀셋의 이론은 기업의 본질에 대하여 팀 생산[107]이라는 개념을 소개한 것과 기업 내부의 문제를 '감시'의 측면에서 조명하여 회사법상 중요 주제인 소유와 지배의 분리 문제를 해결하기 위한 새로운 관점을 제시하였다는 점에서 의의가 있다.[108] 젠슨·메클링은 알치앤·뎀셋의 연구를 바탕으로 기업의 본질을 계약으로 이론 구성하였다는 점에 의의가 있다.[109] 이들의 연구는 코즈가 언급한 경영위계조직을 우회하여 회사의 내부 관계를 신고전파 경제학이론 안으로 끌어들일 수 있게 하였고,[110] 이들의 연구에 의하여 신고전파 경제학은 자신의 이론 체계 안에서 기업조직을 설명할 수 있게 되었다.[111] 이러한 젠슨·메클링의 계약이론은 1980년대 법경제학자들에 의해 받아들여졌고, 회사의 법적 본질에 관한 이론으로 발전하게 된다.[112]

---

107 알치앤·뎀셋의 팀 생산의 개념은 아래의 팀생산이론의 설명 부분에서 자세하게 설명하겠지만 팀생산이론의 이론적 전제가 된다.

108 Ulen, "The Coasean Firm in Law and Economics," p.312.

109 젠슨·메클링은 회사의 행동을 시장의 행동과 동일하게 보고, 회사의 본질을 계약으로 규정하여 회사를 단순히 시장의 산물로 본다. 이러한 주장에 대해서는 회사를 비시장 기관으로 보는 경험적 특징을 몰각시켜 순수하게 가정적인 시장이 회사를 지배하는 것을 가능하게 한다는 비판이 있다[David Campbell, "The Role of Monitoring and Morality in Corporate Law: A Criticism of the Direction of Present Regulation," 7 *Australian Journal of Corporate Law*, 343(1997), 361].

110 이러한 의미에서 '계약의 결합체'이론은 신고전파 계약이론으로 평가된다.

111 Bratton, "The Nexus of Contracts Corporation," pp.416~417.

112 계약이론을 법학적으로 변용한 것은 법경제학자들인 프랭크 이스터브룩(Frank Easterbrook)과 다니엘 피셀(Daniel Fischel)이다. 이스터브룩·피셀(Easterbrook & Fischel)의 회사이론에 대하여는 이스터브룩·피셀, 『회사법의 경제학적 구조』 참조.

4) 거래비용이론

(1) 의의·기본가정

거래비용경제학[113]의 회사이론인 거래비용이론(transaction cost theory)은 코즈와 알치앤·뎀셋의 연구에 기반을 두어 회사이론을 구성하며, 대표적인 학자는 올리버 윌리엄슨(Oliver Williamson)이다.[114]

거래비용이론은 기업을 이익 극대화를 추구하는 개인들의 집합이 아니라, 단일한 이익 극대화 주체로 인식한다.[115] 또한 기업은 단순한 생산함수가 아닌 '시장과 구별되는 지배구조(governance structure)'이고,[116] 기업과 시장을 모두 거래비용의 다소(多少)에 따라 선택할 수 있는 구조로 본다.[117]

이와 같은 선택을 할 때 거래비용이론은 불완전한 정보 때문에 인간의 합리적 행동에 제한이 있다는 점을 가정하고,[118] 이러한 가정에서 가장 문제되

---

113 거래비용경제학에 대한 설명으로는 다우마·스뢰더, 『기업이론: 조직의 경제학적 접근 방식』, 167~201쪽 참조.

114 거래비용이론에 관한 대표적인 논문으로는 Oliver E. Williamson, "Transaction-Cost Economics: The Governance of Contractual Relations," *Journal of Law & Economics*, vol.22(1979); Steven N. S. Cheung, "The Contractual Nature of the Firm," *Journal of Law & Economics*, vol.26(1983) 참조.

115 Ian R. Macneil, "Economic Analysis of Contractual Relations: Its Shortfalls and the Need for a 'Rich Classificatory Apparatus'," *Northwestern University Law Review*, vol.75(1980), pp.1022~1023.

116 거래비용이론은 코즈의 이론을 계승하여 신고전파 경제학과는 달리 시장과 기업조직을 구분한다.

117 여운승, 「역사적 관점에서 본 기업이론의 전개과정」, 547쪽.

118 신석훈, 「회사지배구조 모델의 법경제학적 접근」, 90~91쪽. "신제도학파의 흐름 중 중심적인 위치를 차지하고 있고 앞으로 중요하게 다루게 될 『거래비용 경제학』은 신고전

는 것은 인간의 한계로 인하여 발생하는 제한된 합리성(bounded rationality)과 기회주의(opportunism)로 인하여 모든 상황에서 완전계약(complete contract)을 체결할 수 없다는 것이다.[119] 거래비용이론은 이와 같은 가정을 전제로 "한정된 합리성을 토대로 비용을 절약함과 동시에 기회주의의 위험으로부터 보호받을 수 있도록 거래를 조직"하는 것이 기업조직의 대원칙이라고 본다.[120]

이와 같이 불완전계약(incomplete contract)[121]만이 체결될 수 있는 상황을 전제하면, 회사 참가자들은 모든 문제를 계약에 의하여 해결할 수 없게 된다. 따라서 회사 참가자들은 구체적인 사항에 관한 합의를 하지 않고 미래의 관계에 적용되는 구조와 절차에 관한 합의를 하게 되고, 이러한 지배구조는 '시장'을 대체하여 회사 참가자를 보호하게 된다.[122]

학파(시카고학파) 경제학에서의 강력한 형태의 합리성보다는 약한 중간 형태의 합리성을 기초로 하고 있다. 이러한 중간 형태의 합리성하에서는 완전하고 포괄적인 사전적인 계약을 체결하는 것은 제한된 합리성으로 인해 불가능하다고 한다. 그러나 대부분의 경제 주체들은 장래를 내다볼 수 있고, 위험을 인지할 수 있으며 이러한 것을 고려하여(비록 완전하지는 않지만) 사전적 계약을 체결할 수 있고 계약 체결 이후 이에 대처하기 위한 제도를 고안할 능력을 가지고 있다고 본다.".

119 Bratton, "Nexus of Contracts Corporation," p.421.

120 여운승, 「역사적 관점에서 본 기업이론의 전개과정」, 547쪽.

121 불완전계약에 대하여 자세한 것은 Oliver D. Hart, "Incomplete Contract and the Theory of the Firm," in Oliver E. Williamson & Sidney G. Winter(eds.), *The Nature of the Firm: Origins, Evolution, and Development*(Oxford University Press, 1993) 참조.

122 Bratton, "Nexus of Contracts Corporation," p.421.

(2) 윌리엄슨의 회사이론

윌리엄슨은 경제 주체가 '관계 특정 투자(relation specific investment)'를 하는 상황에서는 거래비용이 특별히 중요할 수 있다고 한다.[123] '관계 특정 투자'는 투자가 이루어지기 전에는 투자를 이끌어내기 위한 경쟁이 치열하지만, 일단 투자가 이루어지고 나면 당사자들은 서로를 일정 정도 구속하게 된다는 특징이 있다. 따라서 이러한 관계가 지속되는 동안 외부 시장은 기회비용에 대한 대안을 제공할 수 없게 된다.[124] 이와 같이 '관계 특정 투자'에서는 투자의 규모와 정도의 측면을 고려할 때, 투자자는 장기적으로 관계를 지속시키기를 전망할 것이기 때문에 불완전한 정보(lack of information)가 매우 중요한 의미를 가진다.[125] 투자 전에 예상 가능한 모든 상황에 대한 조건을 따져보고 당사자의 의무를 정할 수 있는 이상적인 상황에서는 사후 시장의 부존재는 문제되지 않는다.[126] 그러나 과도한 교섭과 집행비용 때문에 계약 체결 시에 발생 가능한 모든 조건을 다 정하려고 한다면 계약 자체가 체결되기 어렵다는 현실적인 문제가 있다.[127] 따라서 당사자는 많은 조건들을 계약 체결 전에 정하지 않고 나중에 상호 합의하에 정하게 된다.[128] 그러나 이와

---

123 Williamson, *The Economic Institutions of Capitalism*(Free Press, 1985), p.30(관계 특정 투자의 예로 윌리엄슨은 탄광 근처에 위치한 발전회사, 특정 고객의 수요를 위하여 생산시설을 확장하는 회사, 특정한 기계를 운용하거나, 특정 집단과 함께 일하기 위하여 연수받는 직원, 새로운 직장을 위하여 이사하는 근로자를 예로 든다(같은 글, pp.95~96).

124 Hart, "An Economist's Perspective on the Theory of the Firm," p.1762.

125 같은 글, p.1762.

126 같은 글, pp.1762~1763.

127 같은 글, p.1763.

128 같은 글, p.1763.

같은 사후 합의는 사후 교섭 자체에도 비용이 소요되고,[129] 교섭력의 차이 및 사후 발생 잉여가 사전 투자와 어떤 관계가 있는지 입증하기 어렵다는 문제 때문에 투자자는 투자 결정단계에서 잘못된 투자 유인을 가지게 된다.[130]

윌리엄슨은 이와 같은 자신의 이론을 다음의 전력회사와 탄광의 예를 들어 설명한다.

> 회사가 다량의 특정 생산요소가 필요할 때, 회사는 생산요소를 공급하는 기업과 장기적인 관계를 가지고 싶어 하고, 서로 가까운 장소에 회사를 위치시키기도 한다. 따라서 전력회사는 탄광 근처에 발전소를 위치시키고 싶을 수도 있고, 그러한 위치 선정은 명확한 비용절감 효과가 있다. 그러나 중요한 공급사 근처에 공장을 건설하는 결정은 그러한 결정이 일단 내려진 후에는 공급사의 기회주의적 행동(opportunistic behavior)에 무방비로 노출될 위험성이 있다. 예컨대, 전력회사가 여러 탄광회사와 교섭을 통하여 가장 유리한 가격을 제시하는 탄광 근처에 발전소를 건설하였다고 하더라도 이와 같은 약속은 파기의 가능성이 있으므로 발전소가 건설되는 순간 전력회사는 탄광회사의 착취의 대상이 될 수 있다. 즉 전력회사 입장에서는 석탄 가격에 대한 탄광회사와의 이전 약속과는 관계없이 다른 의미 있는 대안이 없기 때문에 탄광회사가 어떤 가격을 요구하더라도 전력회사는 받아들일 수밖에 없는 처지에 놓이게 된다.[131]

따라서 '관계 특정 투자'를 전제로 장기계약관계를 채결하려는 기업은 기

---

129 당사자는 서로의 잉여를 늘리기 위해 소비적인 교섭을 계속할 수도 있고, 거래로 얻어지는 이익을 실현시킬 수 없게 만들 수도 있다(Williamson, *The Economic Institutions of Capitalism*, p.21).
130 같은 글, pp.88~89.
131 같은 글, p.30.

회주의적 행동을 경감시킬 거래구조를 찾아야 하고,[132] 윌리엄슨은 거래를 시장에서 기업으로 전환하는 경우 기회주의적 행동을 경감시킬 수 있다고 본다.[133] 이를 위한 가장 명확한 방법이 이 사례의 경우 전력회사가 탄광회사를 인수하는 것인데,[134] 이와 같이 제조사와 공급사와의 관계에서 발생하는 기회유용(opportunism)의 대표적인 사례로 꼽히는 것이 자동차 제조회사인 제너럴 모터스(General Motors: GM)[135]와 GM의 부품 공급사인 피셔 바디(Fisher Body: FB)[136]의 예이다.[137]

---

132 Bratton, "Nexus of Contracts Corporation," p.422.

133 Hart, "An Economist's Perspective on the Theory of the Firm," p.1763.

134 Ulen, "The Coasean Firm in Law and Economics," p.315.

135 이하에서는 'GM'으로 약칭한다.

136 이하에서는 'FB'로 약칭한다.

137 FB는 GM이 생산하는 거의 모든 차량의 차체를 생산하는 독립 부품 공급업체였고, FB는 GM과 장기 공급계약을 체결하여 차체를 제공하였다. FB와 GM과의 계약은 당사자 간에 발생할 수 있는 여러 가지 상황에 대한 해결방안을 규정하고 있지만, 계약서에 규정되지 않은 상황이 때때로 발생할 가능성이 있었다. 예컨대, 한정된 기간 동안 자동차 수요가 급증하는 일이 발생한다고 하였을 때, GM은 FB가 계약에서 정한 것보다 더 많은 차체를 공급해 주기를 원할 것이다. 그러나 당사자 간 계약은 위와 같은 상황에 대해 규정하고 있지 않기 때문에 GM은 자신의 요구를 관철시키기 위해서는 FB와 다시 교섭하여야 한다. 이런 상황에서는 FB는 다른 때보다 교섭력이 강해지게 되고, 이로 인해 FB가 기회유용을 할 수 있는 가능성이 발생하였다. 이러한 상황은 GM으로 하여금 다른 대안을 찾게 하는 수고를 들게 하였고, 결국 GM은 FB를 인수하게 된다; GM-FB 사례에 관하여 자세한 것은, Benjamin Klein, Robert G. Crawford & Armen A. Alchian, "Vertical Integration, Appropriable Rents, and the Competitive Contracting Process," *Journal of Law & Economics*, vol.21(1978), pp.308~310 참조.

(3) 비교

거래비용이론은 회사의 본질을 설명하는 데에 인간의 특성과 같은 비합리적인 영향요인을 고려한다는 점[138]과 회사를 지배구조로 본다는 점에서 대리비용이론과 차이가 있다. 그러나 거래비용이론과 대리비용이론은 모두 계약의 관점에서 회사를 분석하는 미시분석적 연구라는 점에서는 공통점을 가진다.[139]

대리비용이론과 비교하여 거래비용이론이 가진 장점은 권위·윤리와 같은 비시장적 요소도 회사 참가자들 간의 계약에서 고려될 수 있다는 것이고, 이와 같은 점이 신고전파 경제학과 비교하여 회사를 좀 더 현실적으로 설명할 수 있게 한다는 것이다.[140]

5) 재산권이론

(1) 의의

회사이론 중에서 비교적 최근에 주장된 이론이 재산권이론(property rights approach)이고,[141] 재산권이론을 주장하는 대표적인 학자는 올리버 하트(Oliver Hart)이다.[142] 재산권이론은 회사를 '재산권의 집합(set of property

---

138 Bratton, "Nexus of Contracts Corporation," p.422.
139 김일태·유동국·정진필, 『기업이론과 기업의 소유지배구조』(집문당, 2002), 87쪽.
140 Bratton, "Nexus of Contracts Corporation," p.422.
141 Ulen, "The Coasean Firm in Law and Economics," p.316.
142 재산권 이론에 관한 대표적인 논문으로는 Sanford J. Grossman & Oliver D. Hart,

rights; collection of property)'으로 규정한다.[143] 재산권이론은 거래비용이론에 근거하여 주장되는 이론이나, 거래비용이론과는 달리 회사를 재산권의 집합으로 규정하는 이유는 거래비용을 줄이고 최적의 자원배분을 달성하기 위해서는 주주에게 회사에 대한 재산권을 부여해야 한다고 보기 때문이다.[144]

(2) 이론의 전제·내용

재산권이론은 거래비용이론을 근거로 하기 때문에 다음과 같이 대리비용이론과 거래비용이론의 전제와 주장을 대부분 수용한다.[145]

① 회사와 외부 공급자 간에는 코즈의 이론과 같이 계약 원리가 적용된다.
② 회사 내부의 관계에는 알치앤·뎀셋의 주장과 같이 계약 원리가 적용된다.
③ 코즈와 윌리엄슨의 주장과 같이 계약에는 비용이 소요되고, 회사 내부의 계약관계와 회사와 외부와의 계약관계 간에는 차이(gaps)가 존재한다.

하트는 회사 내부 간 계약과 회사와 외부와의 계약 차이는 거래비용이론과 같이 불완전계약이 이루어지기 때문에 발생한다고 본다.[146] 따라서 재산

"The Costs and Benefits of Ownership: A Theory of Vertical and Lateral Integration," *Journal of Political Economy*, vol.94, no.4(1986) 및 Oliver D. Hart & John Moore, "Property Rights and the Nature of the Firm," *Journal of Political Economy* vol.98, no.6(1990) 참조.

143 Hart, "An Economist's Perspective on the Theory of the Firm," p.1765.

144 Grossman & Hart, "The Costs and Benefits of Ownership," p.716.

145 Ulen, "The Coasean Firm in Law and Economics," p.316; Hart, "An Economist's Perspective on the Theory of the Firm," p.1771.

146 Grossman & Hart, "The Costs and Benefits of Ownership," p.692.

권이론은 회사 내부 간 계약과 회사와 외부와의 계약 차이를 해결할 수 있는지에 주목하고, 계약 간 차이로 인하여 발생하는 분쟁을 해결할 권리를 관련 자산의 소유자에게 부여해야 한다고 주장한다.[147] 특히 재산권이론은 회사가 수직 또는 수평으로 결합되는 상황을 상정하고,[148] 회사 결합의 비용과 편익을 설명할 수 있다고 주장한다.[149] 예컨대, 자동차 제조사가 주어진 기간 내에 자동차 부품 공급사가 공급할 수 있는 부품보다 많은 부품을 필요로 하고 이러한 사항을 정한 명시적인 계약이 없다는 것을 가정하면, 부품 공급사는 증가된 부품의 발주에 대하여 자신을 위한 수익 극대화 결정을 할 수 있다.[150] 즉 부품 공급사가 자신의 유형자산에 소유권을 가지고 있는 독립적인 회사라면, 제조사에게 부품 공급을 늘리기 위하여 자신의 자산을 사용할지 여부를 결정할 수 있다. 반면 부품 공급사가 독립 회사가 아니라 제조사의 한 부문에 속한다면, 제조사는 부품의 증산을 요구할 수 있다. 부품 공급사가 그러한 요구를 충족시키지 못하면 부품 부문의 경영자는 해임될 수 있고, 해임에 대한 위협은 교섭권보다 강력하다고 본다.[151]

---

147 Ulen, "The Coasean Firm in Law and Economics," p.316.

148 같은 글, p.317.

149 Hart, "An Economist's Perspective on the Theory of the Firm," p.1771.

150 하트는 윌리엄슨이 예를 들었던 GM과 FB의 사례를 가지고 설명한다.

151 Hart, "An Economist's Perspective on the Theory of the Firm," pp.1765~1771.

6) 팀생산이론

(1) 의의·문제의식

마가릿 블레어(Margaret Blair)와 린 스타우트(Lynn Stout)는 1999년 자신들의 논문인 "회사법에서 팀생산이론(A. Team Production Theory of Corporate Law)"에서 팀생산이론을 주장하였다.[152] 경제학에서 팀을 통한 합동생산(joint production) 조직의 중요성을 처음 인식한 학자는 알치앤·뎀셋이다. 알치앤·뎀셋은 팀 생산을 ① 다양한 형태의 자원이 사용되고, ② 그 산출이 각 생산요소의 단순한 합이 아니며, ③ 합동생산에 사용된 모든 생산요소가 한 사람에게 속하지 않은 생산으로 정의하였다.[153] 블레어·스타우트는 알치앤·뎀셋의 팀 생산에 관한 정의를 받아들이고, 알치앤·뎀셋의 팀 생산에 대한 문제의식도 수용한다. 알치앤·뎀셋에 따르면 잘 조직된 팀에서는 팀 구성원이 각자 생산하는 것보다 효율성이 높으나, 팀 생산을 통한 결과가 나누어지는 것이 아니기 때문에 각 구성원의 생산에 대한 기여와 책임을 평가하기가 어려운 문제가 있고, 이러한 문제는 효율적인 유인체계를 설계하기 어렵게 한다.[154] 따라서 팀 구성원들 간에 수익을 고정된 방식으로 나누게 되면 무임승차(free-riding) 문제가 발생하고,[155] 고정된 방식 없이 수익 발행 후에 배분하기로 합의하게 되면 모든 구성원이 지대 추구(rent seeking)[156]에 몰두하

---

152 Margaret M. Blair & Lynn A. Stout, "A Team Production Theory of Corporate Law."

153 Alchian & Demsetz, "Production, Information Costs, and Economic Organization," p.779.

154 Blair & Stout, "Team Production Theory of Corporate Law," p.266.

155 팀 구성원 중 일부는 일을 하지 않아도 고정된 수익을 배분받을 수 있다고 생각하게 되어 주어진 업무를 태만하게 처리할 수 있다는 것이다.

게 되는 문제가 발생한다는 것이 알치앤·뎀셋의 팀 생산에 대한 문제의식이다.[157]

(2) 선행연구의 영향

① 알치앤·뎀셋의 연구

팀 생산의 문제에 대하여 알치앤·뎀셋은 그 해결 방안으로 위계조직(hierarchy)을 제안한다. 즉 위계조직적 생산 시스템을 통하여 누구도 기회유용을 하지 못하도록 하는 '감시자(monitor)'를 두어야 한다는 것이다.[158] 이러한 경우 감시자를 누가 감시해야 하는지의 문제가 발생하기 때문에 감시자에 대한 유인체계가 필요한데, 알치앤·뎀셋은 이를 잔여청구권으로 이론 구성한다. 즉 감시자가 감시업무를 잘 수행하기 위해서 회사의 조직 내에서 감시자를 제외한 모든 구성원은 반드시 구성원들의 기회비용에 상응하는 고정임금을 받는 노동자가 되고, 감시자는 나머지 잔여이익(residual returns or rents)을 가지게 하는 유인체계(incentive system)를 제안한다.[159] 이러한 유인체계에서는 감시자는 기회 편승을 통해 이익을 추구하는 회사 구성원을 효과적으로 감시할 수 있는 인센티브를 가지고, 감시자를 제외한 다른 회사의 구성원들은 고정 계약에 따라 보수가 지급되기 때문에 이익분배 분쟁 문제도 발생하지 않게 된다.[160]

---

156 모든 구성원이 서로 더 많은 수익을 배분받아야 한다고 주장할 수 있다는 의미이다.

157 Blair & Stout, "Team Production Theory of Corporate Law," p.266.

158 Alchian & Demsetz, "Production, Information Costs, and Economic Organization," p.781.

159 Blair & Stout, "Team Production Theory of Corporate Law," p.266.

160 박찬호, 「미국 회사법상 팀프로덕션 모델에 관한 연구」, 99쪽.

블레어·스타우트는 팀 생산의 문제를 위계조직을 통하여 해결하려는 알치앤·뎀셋의 이론을 수용한다. 그러나 감시자에게 잔여이익을 부여하는 방법으로 위계조직을 운영하는 것에 대해서는 반대한다. 블레어·스타우트는 알치앤·뎀셋의 모델이 노동자를 어떠한 특별한 기술도 가지지 않은 언제나 교환 가능한 생산요소로 간주한다고 지적한다.[161] 즉 블레어·스타우트는 알치앤·뎀셋의 연구가 회사의 중요 구성부분인 인적 자본을 획일적인 인적 구성원으로만 파악하고, 회사에 기여한 구성원 각각의 특별 투자 부분에 대해서는 간과하고 있다고 비판한다.[162]

② 벤그트 홀스트롬의 연구

벤그트 홀스트롬(Bengt Holmstrom)은 1982년에 발표한 논문인 "팀에서의 도덕적 해이(Moral Hazard in Teams)"에서 기회유용의 문제를 통제하는 이론을 제시하였다.[163] 홀스트롬에 의하면, 알치앤·뎀셋은 회사의 감시자가 직원의 기회유용을 효과적으로 감시할 수 있다고 가정하는데,[164] 이는 대리인 감시[165]처럼 직원 감시도 어렵다는 문제를 간과한다고 보았다.[166] 따라서 홀스트롬은 팀 생산의 무임승차 문제와 대리인 문제를 결합하여 기회유용 여부

---

161 Blair & Stout, "Team Production Theory of Corporate Law," p.266(알치앤·뎀셋은 이러한 가정을 전제로 노동자는 경쟁시장에서 기회비용에 상응하는 임금만을 지불하고, 나머지 이익은 모두 감시자에게 부여하는 것으로 이론 구성한다).

162 박찬호, 「미국 회사법상 팀프로덕션 모델에 관한 연구」, 99쪽.

163 Bengt Holmstrom, "Moral Hazard in Teams," *The Bell Journal of Economics*, vol.13, no.2(1982).

164 Alchian & Demsetz, "Production, Information Costs, and Economic Organization," p.783.

165 대리인이론에서 말하는 대리인 문제를 말한다.

166 Blair & Stout, "Team Production Theory of Corporate Law," p.268.

를 감시하기 어려운 팀 구성원에게 적절한 유인을 제공할 수 있는 계약을 체결할 수 있는지 여부가 문제된다고 보았다.[167] 그러나 홀스트롬의 결론은 그러한 계약이 체결될 수 없다는 것이다(Holmstrom's impossibility theorem).[168] 그의 논리는 팀 구성원이 사전에 자신의 몫을 안다면 언제나 기회유용이 일어나고 이를 방지하기 위한 방법은 각 구성원에게 기회유용의 모든 비용을 부담시켜야 하는 것인데, 팀 구성원이 개인별로 감시되기 어렵기 때문에 모든 팀 구성원을 제재해야 해결된다는 것이다.[169] 하지만 홀스트롬은 이와 같은 방법이 실질적으로 불가능하다고 보면서 팀 구성원에게 배분되지 않는 잉여를 외부인에게 부여하는 대안을 제시한다.[170] 이러한 방법은 외부인이 회사의 산출에 대하여 아무런 영향력을 가지지 않아야 한다는 것을 전제하고, 만약 외부인이 회사에 대하여 영향력을 가지면 회사 내부인에게 뇌물을 공여하여 자신의 이익을 늘릴 유인이 존재한다고 본다.[171]

블레어·스타우트는 이와 같은 홀스트롬의 이론을 수용하면서 홀스트롬의 이론을 새롭게 해석한다. 즉 블레어·스타우트는 회사의 주주를 외부인으로 경영자와 직원을 팀 구성원으로 보지 않고, 주주, 경영자, 직원을 모두 팀 구성원으로 보고, 회사 자체를 외부인으로 보면서 팀생산이론을 전개한다.[172]

③ 라잔·진가레스의 이론

팀 생산의 장점은 생산에 투입된 생산요소의 총합보다 회사가 실제로 생

---

167 Holmstrom, "Moral Hazard in Teams," pp.325~328.

168 같은 글, p.327.

169 Blair & Stout, "Team Production Theory of Corporate Law," p.268.

170 Holmstrom, "Moral Hazard in Teams," p.327.

171 Blair & Stout, "Team Production Theory of Corporate Law," p.269.

172 같은 글, p.269.

산하는 산출물의 양이 더 크다는 것이다.[173] 이와 같은 잉여(surplus)의 발생 원인을 알치앤·템셋은 감시자와 직원 간의 생산의 수직적 감시관계에서 그 근원을 찾고 있다. 그러나 블레어·스타우트는 수직적 관계와 함께 팀 구성원 간 수평적 상호작용을 통한 협력관계도 잉여의 근원이 된다고 본다.[174] 오히려, 블레어·스타우트는 팀 생산이 효율적인 가장 중요한 원인은 수평적 협력관계라고 보았고, 수평적 협력관계에서는 주인도, 대리인도 존재하지 않는다고 본다.[175] 그러나 팀에서의 수평관계는 중요한 경제적 잉여의 원천임과 동시에 팀 구성원 간의 기회유용과 지대 추구의 원인이 될 수 있다는 점에서 문제가 된다.[176] 기회유용과 지대 추구는 팀 생산으로부터 얻을 수 있는 이익을 감소시키기 때문에 그러한 행동을 최소화하는 것은 팀 구성원 모두의 집단적 이익과 관련된다. 이와 같은 문제에 대하여 블레어·스타우트는 제3자에게 팀의 자산과 이익에 대한 지배권을 양도하여야 한다고 주장하는데, 이러한 주장은 라구람 라잔(Raghuram Rajan)·류지 진가레스(Luigi Zingales)의 이론에 근거한 것이다.

라잔·진가레스는 1998년에 발표된 논문인 "회사이론과 권력(Power in the Theory of the Firm)"[177]에서 팀 생산의 핵심 개념인 '회사 특정 투자(firm-specific Investment)'에 관한 이론을 제시하였다. 라잔·진가레스는 팀 생산이 팀 구성원이 기업에 대하여 철회 불가능한 인적·물적 자원의 기여, 즉 '회사 특정 투자'를 해야 성립한다고 주장한다.[178] 회사 특정 투자에 대해서는 벤처기

173 Blair & Stout, "Team Production Theory of Corporate Law," 269.

174 같은 글, p.270.

175 같은 글, p.270.

176 같은 글, p.271.

177 Raghuram G. Rajan & Luigi Zingales, "Power in the Theory of the Firm," *Quarterly Journal of Economics*, vol.113(1998).

업을 예로 들어 설명하는데,[179] 그 예에서는 신약을 개발할 목적으로 기술을 보유하고 있는 두 사람이 벤처기업을 설립하면서 신약 개발이 실패하면 무용지물이 될 시간과 기술을 투자한다고 가정한다. 이러한 가정하에서 회사의 생산물이 회사를 구성하는 인적·물적 자본 중 적어도 하나 이상의 회수 불가능한 투자에 기인하고, 생산물의 이익에 대해서 사전에 그 기여분을 획정하기가 불가능하다면, 회사의 구성원은 딜레마에 빠지게 된다.[180] 이러한 상황에서 두 사람 중 한 사람에게 기업의 이익에 대한 지배권이 부여되면, 다른 사람은 자신의 회사 특정 투자로부터 나오는 잉여를 향유하지 못할 수 있다는 두려움 때문에 투자를 보류할 수 있고, 이에 따라 지배권이 없는 팀 구성원은 회사에 필요한 회사 특정 투자를 할 유인을 갖지 못하게 된다.[181]

재산권이론은 이러한 문제에 대하여 특정 투자 중에서 기업의 성공에 가장 중요한 투자자원을 소유한 자에게 기업의 지배권을 부여하는 방법으로 해결해야 한다고 주장한다.[182] 그러나 이러한 방법은 한 구성원이 다른 구성원의 회사 특정 투자를 착취하고 지대 추구를 발생시킬 가능성이 있다는 점에서 문제가 있다.[183] 라잔·진가레스는 이러한 문제점에 대하여 "모든 당사자가 생산에 관련되어 특정한 투자를 실질적으로 하고 있다면, 생산과 완전히 관련이 없는 제3자가 자산을 소유하는 것이 최적일 수 있다"[184]는 대안을 제시한다. 이와 같은 주장에 따르면 팀 구성원은 자신이 소유하고 있는 자원

---

178 Blair & Stout, "Team Production Theory of Corporate Law," p.272.
179 박찬호, 「미국 회사법상 팀프로덕션 모델에 관한 연구」, 101~102쪽.
180 Blair & Stout, "Team Production Theory of Corporate Law," p.272.
181 Rajan & Zingales, "Power in the Theory of a Firm," p.392.
182 Hart & Moore, "Property Rights and the Nature of the Firm," p.1149.
183 Blair & Stout, "Team Production Theory of Corporate Law," p.274.
184 Rajan & Zingales, "Power in the Theory of a Firm," p.422.

162 진보 회사법 시론

에 대한 지배권을 포기하고, 실제 생산과 관련이 없는 외부인인 제3자에게 회사의 지배권을 위임하면서 후생을 증진시킬 수 있게 된다.[185]

(3) 블레어·스타우트의 팀생산이론

① 내용

블레어·스타우트는 선행연구로부터 수용한 전제들을 새롭게 구성하여 자신만의 팀생산이론을 구성한다. 블레어·스타우트에 의하면 회사를 통한 팀생산의 문제는 각기 다른 이해관계자 집단이 합동 생산을 위하여 회사 특정 투자를 해야 한다는 데 있고, 일단 상대적으로 유동화되기 어려운 투자를 하게 되면 다른 이해관계자 집단의 기회유용적 행동에 의하여 착취를 당하기 쉬운 지위에 처한다.[186] 그러나 회사의 이해관계자는 사전에 이와 같은 착취에 대응하여 모든 종류의 기회유용을 배제할 수 있는 계약을 합리적인 비용으로 체결할 능력이 없다.[187] 특히 복잡하고, 장기이며, 불확실한 생산계획의 경우에는 회사 특정 투자를 보호할 수 있는 계약이 불완전해질 수밖에 없다.[188]

이러한 상황에서 기회유용 문제를 해결하기 위해 다른 이해관계자 집단에게 기회비용을 보상한 이후의 모든 잉여에 대한 권리를 특정 이해관계자 집단(주주)에게 부여하면 그 이해관계자 집단은 다른 이해관계자 집단의 기회유용을 감시할 적절한 유인을 가지게 된다. 그러나 이러한 경우에는 기회비용기반의 보상이 회사 특정 투자의 전체 가치를 반영하지 못하는 문제로 인

---

185 Blair & Stout, "Team Production Theory of Corporate Law," p.274.

186 Crespi, "Redefining the Fiduciary Duties of Corporate Directors in Accordance with the Team Production Model of Corporate Governance," p.629.

187 Blair & Stout, "Team Production Theory of Corporate Law," pp.265~266.

188 Blair & Stout, "Specific Investment," p.734.

하여 다른 이해관계자 집단은 회사 특정 투자를 할 유인이 사라진다는 문제가 발생한다.[189] 이러한 회사 특정 투자의 감소는 회사의 전체 부를 감소시킨다.[190] 따라서 회사 참가자들에게 있어 최고의 비용절약적 전략은 이해관계자가 아닌 독립적인 제3자에게 지배권을 위임하는 것이다.[191]

블레어·스타우트에게 독립적인 제3자는 회사이다. 따라서 회사를 설립하는 것은 팀 생산을 위하여 제3자에게 지배권을 양도하는 방법이고, 이와 같은 지배권 위임을 통하여 만들어지는 것이 회사이다. 그러므로 팀생산이론에 의하면 회사는 계약의 결합체가 아니라, "명시적인 계약을 통하여 자신들의 기여를 보호하기 어려운 서로 다른 다양한 집단이 유일하고 본질적인 자원을 기여하는 회사 특정 투자의 결합체"이다.[192]

② 특징 및 영향

회사를 회사 특정 투자의 결합체로 보는 블레어·스타우트의 팀생산이론은 다음과 같은 점을 특징으로 한다.[193]

① 알치앤·뎀셋의 이론과 달리 팀 구성원은 팀 생산에 의하여 산출되는 경제적

---

189 Crespi, "Redefining the Fiduciary Duties of Corporate Directors in Accordance with the Team Production Model of Corporate Governance," p.629.

190 Blair & Stout, "Team Production Theory of Corporate Law," pp.272~273.

191 Crespi, "Redefining the Fiduciary Duties of Corporate Directors in Accordance with the Team Production Model of Corporate Governance," p.630; 블레어·스타우트는 제3자에게 지배권을 양도하여 상호 기회유용의 문제를 해결하려는 생각은 법이론에서는 일반적인 경향이고, 정치학에서도 토마스 홉스(Thomas Hobbes) 이래의 전통적인 이론이라고 지적한다(Blair & Stout, "Corporate Accountability," p.421).

192 Blair & Stout, "Team Production Theory of Corporate Law," p.275.

193 같은 글, p.274.

잉여를 공유할 수 있을 때에만 팀 구성원이 되기를 원한다.

② 팀 구성원은 기회유용과 지대 추구 행위가 통제되지 않으면 다른 구성원으로
하여금 회사 특정 투자를 이끌어내기가 어렵다는 것을 전제한다.

③ 팀 구성원 간의 기회유용과 지대 추구 행위를 통제할 위계조직을 창설하는
것은 자신의 이익을 위한 것이다.[194]

이와 같은 팀생산이론은 대리비용이론과 달리 회사를 실체로 파악하고,
주주만이 아니라 모든 이해관계자의 이익을 고려하여야 한다는 이해관계자
주의의 이론적 근거가 될 수 있다는 점에서 의의가 있다.

---

194 블레어·스타우트는 자신의 회사이론의 기초가 정치이론과 유사하고, 그 기원을 홉스
(Hobbes)의 『리바이어던(Leviathan)』에서 찾을 수 있다고 지적한다(같은 글, p.274
footnote 58).

3. 회사이론의 법학적 전개

1) 서언

회사가 설립되면 회사는 법적으로 설립자와는 별개의 독립체로 인정되고, 회사는 자연인과 동일하게 사업을 수행할 수 있게 된다. 블레어는 역사적으로 회사의 법인격이 다음의 네 가지 기능을 수행해왔다고 지적한다.[195]

① 계약의 수행과 재산의 소유를 계속 승계하는 기능

② 사업을 수행하는 중심적인 주체를 식별할 수 있는 '인격(persona)'을 제공하는 기능

③ 회사에 참가하는 개인의 자산과 회사 자체의 자산을 구분하여 별개의 기금으로 구분하는 수단을 제공하는 기능

④ 회사 참가자에 의한 자치(self governance) 구조를 제공하는 기능

이와 같은 역사적 기능을 해왔던 회사의 법인격이 현재는 법률에 의해 당연히 인정되고 있다. 예컨대, 미국 모범회사법(Model Business Corporation Act: MBCA)[196]과 델라웨어 회사법(Delaware General Corporation Law: DGCL)[197]은

---

195 Blair, "Corporate Personhood and the Corporate Persona," p.787.

회사가 자신의 이름으로 할 수 있는 일을 명시적으로 규정하는 방식으로 회사의 법인격을 인정하고 있다.

그러나 초기 미국의 법제도는 개인주의를 바탕으로 한 계약법과 재산법 체계만을 갖추고 있었고, 기업조직은 계약법에 기반을 둔 조합이 지배적인 조직형태였다. 따라서 집단적 기업조직인 회사를 법체계로 편입시키는 것이 쉽지 않았고,[198] 회사의 본질에 관한 미국 회사이론의 가장 큰 과제는 개인주의적 법체계와 상충하는 회사를 어떻게 파악할 것인지 여부였다.[199] 또한 초기 회사는 국가의 특허에 의하여 설립되었기 때문에 이와 같은 국가에 의한 특허가 어떠한 의미를 가지는 것인지도 문제가 되었다. 이러한 문제점을 바탕으로 미국 회사이론은 국가와 회사, 회사와 회사의 구성원, 회사의 구성원 상호 간의 관계 속에서 회사를 어떻게 정의할 것인지 여부를 중심으로 역사

---

196 MBCA § 3.02 참조.

197 DGCL § 122 참조.

198 Horwitz, "Santa Clara Revisited," p.183.

199 개인주의 법체계에서 단체의 수용의 어려움에 대해서는 남기윤은 다음과 같이 설명한다. "법사적으로 볼 때 개인주의적 로마법에서는 단체법이 충분히 발달하지 못하였으며, 시민사회의 법적 기반인 근대사법 역시 중세적 신분질서에 근거한 여러 단체를 해체하고 사회질서를 국가·개인의 이분적 구도로 전개시키면서 소유권·계약 등의 중요한 법제도를 모두 로마법적 원칙에 따른 개인주의 원리에 의해 구성하였다. 그러나 해체된 구 단체 대신 자본주의 고도화에 따라 새로운 자본단체가 등장하자 이에 대한 개인주의적 법제도의 단체법에 대한 적용 문제라는 실제적인 문제(예컨대 개인을 상정해서 구축된 법개념들, 즉 의사·과실·선의·악의·인식·책임 등의 적용 문제)가 대두되었다. 다른 한편 사회사상적으로 볼 때 형식합리주의적인 방법론적 개인주의적 시각에서는 이 단체의 정당성 문제가 제기되었고(의제이론), 단체주의적 시각에서는 자유주의적 개인주의의 정당성에 대한 위기를 제기하였다. 독일, 프랑스, 미국 등 서양제국에서 자본주의 고도화가 이룩된 19세기 후반에 법인의 실재이론이 등장한 것은 이를 말해 준다(남기윤, 「미국법에서 법인이론의 전개와 그 현 시대적 의의」, 121쪽)."

적으로 변천하여왔다.[200] 다음과 같은 아서 메이첸(Arthur Machen)의 질문은 미국에서 회사의 법적 본질에 관한 의문을 압축적으로 보여준다.

> 회사는 독립체인가? 회사는 실체인가 허구인가? 회사는 자연적인가, 인위적
> 인가? 회사는 정부가 창조한 것인가, 아니면 자연적으로 생겨난 것인가? 회사는
> 사람인가, 사람이 아닌가?[201]

이와 같이 미국에서 회사이론은 국가와 회사의 관계, 회사와 회사 구성원과의 관계에서 ① 회사가 국가에 의해 인위적으로 창조된 것인지 아니면 회사 구성원에 의하여 자연적으로 형성된 것인지 여부, ② 회사가 회사를 구성하는 구성원과 독립된 존재로서 실체(real entity)인지, 아니면 독립되어 존재하지 않는 법적 의제로서 단순한 구성원의 집합(aggregate)인지 여부의 두 가지 차원을 중심으로 발전해왔다.[202] 이와 같은 논의는 각 차원별로 서로 명확하게 구별되는 대립적인 두 시각이 존재하고, 각 차원에서 대립하는 시각은 미국의 사회적·경제적 변화에 따라 각기 다른 방법으로 서로 결합되어왔다.[203]

---

200 남기윤, 「미국법에서 법인이론의 전개와 그 현 시대적 의의」, p.126; Bratton, "The New Economic Theory of the Firm," p.1475.

201 Machen, "Corporate Personality," pp.257~258.

202 Millon, "Theories of the Corporation," p.201.

203 남기윤, 「미국법에서 법인이론의 전개와 그 현 시대적 의의」, 126쪽.

2) 인가이론: 초기 미국의 회사이론

(1) 의의

인가이론(concession theory)은 자연인으로 구성된 집단에 하나의 자연인처럼 행동할 수 있는 권리를 부여하는 주권적 행위에 의해 회사가 창조된다고 보는 이론[204]으로 회사를 '국가의 행위에 의하여 창조된 인위적 존재(artificial beings)'로 본다.[205] 인가이론은 18세기 영국에서 확립된 이론으로 윌리엄 블랙스톤(William Blackstone)의 주석서는 "회사라고 불리는 법인(artificial person)은 사회와 정부의 목적에 의하여 창조·고안되었다"고 적고 있다.[206] 인가이론은 회사가 특권의 수여(grant)에 의하여 설립된다는 점에서 수여이론(grant theory), 회사를 법적으로 의제된 것으로 본다는 점에서 의제이론(fiction theory)으로도 불린다.[207]

미국에서 인가이론은 1819년 다트머스 판결에서 회사의 본질에 관한 이론으로 채택되었으나, 그 기원은 로마시대까지 거슬러 올라갈 수 있다. 이는 로마시대 이래로 국가는 권력의 경쟁자로 성장할 수 있는 단체의 결성을 금

---

204 Blair, "Corporate Personhood and the Corporate Persona," p.799.

205 남기윤, 「미국법에서 법인이론의 전개와 그 현 시대적 의의」, 131쪽.

206 Blair, "Corporate Personhood and the Corporate Persona," p.799.

207 Petrin, "Reconceptualizing the Theory of the Firm," p.5(footnote 8); Ron Harris, "The Transplantation of the Legal Discourse on Corporate Personality Theories: From German Codification to British Political Pluralism and American Big Business," *Washington and Lee Law Review*, vol.63(2006), p.1424; 존 듀이(John Dewey)는 의제이론과 인가이론을 서로 본질적으로 공통된 부분이 없고, 이론의 기반도 다르다는 이유로 구분한다(Dewey, "The historic background of corporate legal personality," p.667).

지해왔기 때문이다.[208] 이처럼 회사를 정부의 창조물로 보는 것은 또 다른 기업형태인 조합이 단순히 조합원 개인의 집합으로 취급되었다는 점을 감안하면 당시 회사를 규정하는 가장 큰 특징으로 평가할 수 있다.[209]

(2) 다트머스 판결의 내용

① 사안 및 판결의 개요
㉠ 사안의 개요

미국의 독립 이전인 1769년 영국 국왕인 조지 3세의 특허 수여에 의하여 대학의 설립·운영을 목적으로 하는 다트머스대학주식회사(The corporation of Dartmouth College)가 설립되었다. 미국 독립 이후 1816년 뉴햄프셔(New Hampshire) 주 의회는 다트머스대학(Dartmouth College)의 정관을 변경하는 법안을 통과시켰고,[210] 법안의 주요 내용은 최초 인가한 정관(charter)을 수정하여 다트머스대학을 다트머스대학교(Dartmouth University)로 명칭을 변경하고, 이사회의 정원을 21인으로 증원하여 그 증원된 이사를 주지사가 임명하는 것이었다. 이 법안에 대해 다트머스대학 이사회는 미국 헌법에 보장된 '계약조항(Contract Clause)'[211] 위반을 이유로 법원에 소송을 제기하였다. 이

---

208 Dewey, "The historic background of corporate legal personality," p.666; Vinogradoff, "Juridical Persons," pp.600~601.

209 Herbert Hovenkamp, "The Classical Corporation in American Legal Thought," *Georgetown Law Journal*, vol.76(1988), pp.1647~1648. 이 논문은 당시 조합은 현재와 마찬가지로 조합원 간의 계약에 의하여 형성되고, 국가의 승인이 필요가 없었다는 점을 지적한다.

210 법안의 이름은 '다트머스대학 주식회사 확장 개선과 정관 변경을 위한 법률(An act to amend the charter and enlarge and improve the corporation of Dartmouth College)'이다.

와 같은 헌법상 계약조항 위반과 관련하여 다트머스 판결에서 문제된 쟁점은 ① 회사의 본질, ② 공·사회사의 구별, ③ 국가에 의한 사회사의 정관 변경의 가부에 관한 것이었다.

ⓛ 판결의 개요

뉴햄프서 주 항소법원(Superior Court of the State of New Hampshire)[212]은 공회사와 사회사로 구별하면서 사회사를 "회사의 재산과 특허장이 자연인으로서가 아닌 통일적 자치체(a body politic)로서의 전체 내의 모든 개인에게 귀속한다"고 정의하고, 공적 제도를 소수의 지배에 두면서 주권적 국가 권력의 통제 밖에 두려는 것은 공익에 맞지 않는다는 취지로 다트머스대학을 공회사로 보아 정관을 법률에 의해서 변경할 수 있다고 다음과 같이 판시하였다.[213]

> 다트머스대학 주식회사는 공회사(public corporation)이다. 대학 정관은 계약상 의무가 법에 의하여 침해되는 것을 금지하는 헌법 조항에서 의미하는 계약이 아니다.[214]

이에 대해 연방 대법원은 이 판결을 기각하면서 다트머스대학을 사회사(private corporation)로 규정하고, 회사 정관을 계약(contract)[215]으로 보아 대

---

211 연방헌법 제1조 제10항(the United States Constitution, Article I, section 10)을 의미하여 이 조항은 계약상의 채무를 침해하는 법률 제정을 금지하고 있다.

212 Dartmouth College v. Woodward, 1 N. H. 111(1817).

213 남기윤, 「미국법에서 법인이론의 전개와 그 현 시대적 의의」, 130쪽.

214 Dartmouth College, 1 N. H. 111.

215 이 사건에서 정관을 계약으로 보았다는 점에서 이 판결이 회사의 계약적 성질을 처음 인정하였다는 지적이 있다[Michael. Diamond, *Corporations: A Contemporary Approach*, 2nd ed.(Carolina Academic Press, 2008), p.5].

학에 대한 주 의회의 입법적 개입을 위헌이라고 판단하였다.[216]

② 사안의 쟁점
㉠ 회사의 본질
이 사건에서 연방 대법원은 회사의 본질에 대하여 다음과 같이 판시하였다.

> 회사는 오로지 법에 의하여 존재하는 보이지 않고, 만져지지 않는 인위적 존재(artificial being)이다. 회사는 단지 법의 창조물(mere creature of law)로 정관이 명시적으로 수여하거나 그 존재에 반드시 부수적으로 필요한 재산만을 소유할 수 있다. (회사의 속성 중에서) 가장 중요한 것은 영속성(immortality)이고, 영속성은 개인화(individuality)이다. 즉 회사 재산은 영속적으로 계승될 수 있고, 개인처럼 행동할 수 있다. …… 회사가 창조되고 이용되는 가장 중요한 이유는 사람의 몸을 빌리기 위한 것이다. 이러한 수단을 통하여 개인들의 영속적인 계승은 마치 불사의 존재처럼 특정 목적의 증진을 가능하게 한다.[217]

이와 같은 연방 대법원의 회사 법인격에 대한 판단은 두 개의 서로 연관된 명제로 구분될 수 있다. 즉 회사가 '인공적 존재'라는 것과 회사는 오로지 주

---

216 연방 대법원은 이 판결에서 회사의 특허장이 "충분한 대가(consideration)를 보유한 계약"인 동시에 "재산의 보존과 처분을 위한 계약"이라고 판시하였다(남기윤, 「미국법에서 법인이론의 전개와 그 현 시대적 의의」, 130~131쪽). 또한 재산의 신탁자들이 다트머스대학에 재산을 신탁한 행위는 헌법상 규정되어 있는 계약조항에 근거한 행위이고, 대학 설립 시 부여된 허가조항과 정관을 토대로 재산을 신탁한 것이기 때문에, 주 의회의 정관 변경은 계약 조항에서 발생하는 당사자적 지위의 침해이며, 주 정부의 입법은 무효라고 본 것이다(박찬호, 「미국 회사법상 팀프로덕션 모델에 관한 연구」, 21쪽).

217 Trustees of Dartmouth College, 17 U.S., p.636.

권적 행위를 통해서만 존재할 수 있다는 것이다.[218] 회사가 인위적 존재라는 것은 재산권과 관련하여 개인적 권리 외에 단체의 권리가 인정될 수 없다는 것으로 재산권에 대한 개인주의적 이해가 바탕에 깔려 있다.[219] 이와 같은 회사의 '인위성'은 사유재산을 안전하게 보전할 수 있는 기초가 되고, 회사의 권한행사를 제한하는 근거가 된다.[220] 개인과는 달리 회사는 그 재산을 사용함에 있어 목적상 제한을 받는다. '개인화'라는 법적 은유(legal metaphor)는 특이한 재산 소유방법을 위한 편의수단이기 때문이다.[221]

ⓒ 공회사와 사회사의 구별

다트머스 판결은 회사를 공회사와 사회사로 구별한다. 이와 같은 구별에는 주권적 행위에 의하여 공익 목적을 위하여 인정된 집합적 재산이라도 그 본질은 사유재산권이라는 전제가 깔려 있다.[222]

> 회사는 사적 재산과 특권이 공적 용도로 사용되는 것이라고 말해질 수 있다. 회사 설립을 인가하는 것이 공공선에 대한 종국적인 근거가 될 수 있지만, 그것이 사적 재산권을 공적 재산권으로 변경시키지는 않는다. …… 특허 인가를 받는 것은 재산을 공공에 이전하는 것이 아니라 최초의 소유자가 신뢰할 수 있는 자의 손에 맡겨두기 위한 목적으로 행해진다.[223]

---

218 Mark, "The Personification of the Business Corporation in American Law," p.1447.

219 Mark, "The Personification of the Business Corporation in American Law," pp.1447~1448.

220 같은 글, pp.1449~1450.

221 같은 글, p.1450.

222 같은 글, p.1449.

223 Trustees of Dartmouth College, 17 U.S., pp.636~637.

다트머스 판결은 이와 같이 회사재산이 사유재산이라는 전제에서 정관의 법적 성격이 계약이라는 이론구성을 통하여 사회사와 공회사를 구분한다.[224]

정관은 출연자, 수탁자와 정부가 당사자인 계약이다. 특허는 가치 있는 약인에 의해 성립된 것이고, 재산의 확보와 처분에 관한 것이다. 특허는 신뢰에 근거하여 인적·물적 재산이 회사로 이전되는 것이고, 헌법에서 규정하고 있는 계약에 속한다.[225]

이와 같이 다트머스 판결은 다트머스대학이 최초로 인가받은 정관을 계약으로 보고, 그러한 계약을 주 정부가 인위적으로 변경하는 것을 계약 조항에서 보호하는 계약 당사자 지위의 침해행위로 보았다.[226]

ⓒ 회사의 목적

다트머스 판결은 다음과 같이 회사가 공익 기여를 목적으로 창조되었다고 본다.

회사가 창조된 목적은 일반적으로 정부가 만들어진 목적과 같다. 회사가 사회에 이익이 될 것으로 예상되기 때문이고, 이것이 회사 설립이 인가되는 유일한 고려사항이다.[227]

---

224 Mark, "The Personification of the Business Corporation in American Law," p.1449.

225 Trustees of Dartmouth College, 17 U.S., pp.643~644.

226 한편, 다수의견을 대표하는 존 마셜(John Marshall) 대법원장과 보충의견을 개진한 조셉 스토리(Joseph Story) 대법관은 공회사과 사회사의 구별에 대해서 다른 입장을 취하고 있다. 마셜 대법원장은 주 정부가 설립을 위해 인가한 정관의 내용에 따라 회사를 구분하는 반면, 스토리 대법관은 설립 주체에 따라 그 법인의 성격을 구분하였다(박찬호, 「미국 회사법상 팀프로덕션 모델에 관한 연구」, 23쪽).

이러한 회사의 목적을 위해 정부는 회사 설립을 인가하는 것이고, 회사의 설립목적이 공익 목적에 부합하지 않으면 회사 설립은 인가되지 않았다.[228] 또한 회사에 대한 특권 부여는 다음과 같이 회사가 공익에 기여하는 것에 대한 보상으로 인식하였다.

(회사 설립신청이 출원되면) 그 계획은 심사를 거쳐 승인된다. 대중에 대한 이익은 회사에게 수여되는 여러 가지 보상으로 고려된다.[229]

이와 같이 회사에 대한 특권 부여는 공익에 기여할 것을 조건으로 한 것이기 때문에 회사가 설립된 이후에도 공익에 의한 회사 규제는 당연한 것으로 이해되었다.

(3) 인가이론의 내용

회사의 본질에 관한 인가이론의 내용은 다음과 같이 정리할 수 있다.

① 회사는 다트머스 판결에서 판시한 바와 같이 "만져지지도 보이지도 않는 인위적 존재(artificial being)로서 오로지 법률에 의해서만 존재하는 법의 창조물(creature of law)"이다.[230] '인위적 존재'의 의미는 회사의 존재가 그 구성원의 의사에 근거한 것이 아니라 법률에 근거한다는 것이고, 회사는 그 창조자인 법률에 의해서 인격이 부여되는 것임을 의미한다.[231]

---

227 Trustees of Dartmouth College, 17 U.S., p.637.

228 Mark, "The Personification of the Business Corporation in American Law," p.1452.

229 Trustees of Dartmouth College, 17 U.S. pp.637~638.

230 같은 판결, p.636.

② 회사는 회사를 구성하는 주주 등의 구성원과는 별개의 존재이다.[232] 이러한 점 역시 "주주의 변동에도 불구하고 지속적인 존재를 유지할 수 있고, 소송 당사자가 될 수 있는 능력이 있다는 점에서 개별성이 명백하다"고 판시한 다트머스 판결에서 확인할 수 있다.[233] 이와 같은 다트머스 판결의 취지는 오거스타 사건(Bank of Augusta v Ear) 판결[234]에서 "회사가 계약을 체결한다는 것은 법인으로서 계약을 체결하는 것이고, 회사 구성원이 계약을 체결하는 것을 의미하지 않는다"는 판시 내용에서도 재차 확인되었다.

③ 회사는 주주로부터 독립한 존재이나, 실재하는 것은 아니고 의제된 존재 (fictitious thing)이다.

④ 회사는 법의 창조물이므로 법률에 의하여 인정되는 한도에서만 권리와 의무를 가지고 재산을 소유할 수 있다.[235] 또한 회사는 국가에 대한 관계에서 어떠한 본질적 권리도 가지지 못한다.[236] 예컨대, 1880년 섀퍼 사건(Shaffer v. Union Mining Co.) 판결[237]에서 메릴랜드 주 법원은 "회사는 명시적으로 정관에서 수여하였거나 명시적으로 수여된 권한을 행사하는 데 필수적이라고 추론할 수 있는 권한만을 가진다"고 보았고, 오거스타 판결에서도 "회사가 주장할 수 있는 권리는 미국 시민으로서 회사 구성원에게 주어진 권리가 아니라 정관에서 부여한 것에 한정된다"고 보았다.[238]

---

231 Blair, "Corporate Personhood and the Corporate Persona," p.799.

232 Millon, "Theories of the Corporation," p.206.

233 Trustees of Dartmouth College, 17 U.S., pp.636~637.

234 Bank of Augusta v. Ear, 38 U.S. 519(1839); 이하에서는 '오거스타' 판결로 약칭한다.

235 Trustees of Dartmouth College, 17 U.S., p.636.

236 Blair, "Corporate Personhood and the Corporate Persona," p.780.

237 Shaffer v. Union Mining Co., 55 Md. 74, 79(1880).

238 Bank of Augusta, 38 U.S., p.529.

(4) 인가이론에 근거한 법리의 확립

① '능력 외 이론(ultra vires)'

19세기의 회사는 인가이론에 따라 정관에서 명시적으로 부여한 권한만을 행사할 수 있었고,[239] 연방 대법원도 회사의 권한은 법률의 문언과 정신을 벗어나서 행사될 수 없다고 명시하였다.[240] 따라서 회사가 정관에서 부여받지 않은 권한을 행사하는 경우 그 법적 효력이 부인되었고, 이를 '능력 외 이론'이라고 한다.[241] '능력 외 이론'은 1804년 연방 대법원의 헤드·아모리 사건(Head & Armory v. Providence Insurance Co.) 판결[242]에서 처음 다루어진 이후 회사법의 중요 법리로 확립되었다.

19세기 동안 '능력 외 이론'은 회사의 권한과 규모를 제한하여 국가의 이익을 보호하고, 경영자의 전횡으로부터 주주를 보호하는 역할을 하는 회사법의 중요 법리였다.[243] 따라서 '능력 외 이론'은 미국 법원에 의하여 엄격하게 적용되었고, 회사가 권한 밖의 행위를 하는 경우에는 모두 무효로 판단하는 근거로 기능하였다.[244] 요컨대 '능력 외 이론'은 회사를 인위적 존재로 보고, 제한된 능력만을 인정한 인가이론의 내용을 그대로 반영하여 확립된 것이다.[245]

---

239 Angell & Ames, *Treatise on The Law of Private Corporations Aggregate*, p.60.

240 Beaty v. Lessee of Knowler, 29 U.S. 152(1830).

241 Horwitz, "Santa Clara Revisited," p.186.

242 Head & Armory v. Providence Insurance Co., 6 U.S.(2 Cranch) 127, 169(1804).

243 Kent Greenfield, "Ultra Vires Lives! A Stakeholder Analysis of Corporate Illegality," *Virginia Law Review*, vol.87(2001), p.1203.

244 Clyde L. Colson, "The Doctrine of Ultra Vires in United States Supreme Court Decisions 1," *West Virginia Law Quarterly*, vol.42(1936), pp.184~189.

245 남기윤, 「미국법에서 법인이론의 전개와 그 현 시대적 의의」, 132쪽.

② 타주회사(他州會社) 법리

'능력 외 이론'과 관련되면서 미국 회사법상 어떠한 판례이론보다 인가이론의 입장을 분명하게 드러낸 법리로는 '타주회사 법리'가 있다.[246] 타주회사법리는 회사의 존재가 주법에 준거하므로 주법이 효력을 멈춘 곳에서는 회사의 권한이 인정될 수 없다는 것으로 1839년 연방 대법원의 오거스타 판결을 통하여 확립되었고,[247] 동 판결에서는 인가이론에 근거하여 다음과 같이 타주회사 법리를 구성하였다.[248]

회사는 회사를 창조한 주권(主權)의 범위 밖에서는 어떠한 법률적 존재도 가지지 못한다. 회사는 법의 고려에 의해서만 존재하고, 법의 작용이 중단되는 곳에서는 존재를 멈춘다. 회사는 설립지에서만 존재하여야 하고, 다른 주권지로 이주할 수 없다. …… 회사는 진정으로 단지 추상적인 인위적 존재에 불과하고, 특정한 목적을 위해서만 법의 고려에 의해 사람으로 인정된다.[249]

다만 연방 대법원은 오거스타 판결에서 회사는 자연인과 같은 권리를 향유하지는 못하지만, 타주가 명시적인 법률로 이를 금지하는 법률이 없는 경우에는 타주에서 영업할 권리가 있다고 판시하면서 다른 주의 허락과 규제를 준수하는 조건으로 타주 영업이 제한적으로 허용될 수 있는 근거를 제시하였다. 그러나 상당수의 주가 다른 주에서 설립된 회사의 영업을 제한하는

---

246 남기윤, 「미국법에서 법인이론의 전개와 그 현 시대적 의의」, 132쪽.

247 Horwitz, "Santa Clara Revisited," p.189.

248 오거스타 판결은 앨라배마 주민이 조지아 주에 근거를 둔 은행에 대하여 타주회사임을 이유로 계약체결을 할 권리가 없음을 주장한 사안이고, 동 사건에서 은행은 자신이 미국의 시민으로서 헌법상 모든 주에서 영업을 할 권리가 있다고 주장하였다.

249 Bank of Augusta, 38 U.S., pp.587~588.

법률을 제정하였기 때문에 동 판결로 인해 회사의 타주 영업은 불가능하였다.[250]

타주회사 법리는 오거스타 판결 이후 연방 대법원[251]과 여러 주의 판결[252]에서 재확인되었고, 1910년 일련의 판결에서 연방 대법원이 이를 부인하는 결정을 내릴 때까지, 회사가 설립된 주 이외에 다른 주에서 회사 영업을 금지하는 전통적인 법리로 인정되었다.[253]

(5) 평가

19세기 전반 미국에서는 회사를 인가이론에 따라 이해하는 입장이 지배적이었다.[254] 회사를 법의 창조물로 보는 인가이론은 공익을 위하여 회사의 행위를 광범위하게 규제하였던 초기 회사법의 이론적 기초를 제공하였고, 회사에 대한 광범위한 규제를 담은 회사법을 공법으로 볼 수 있는 여지를 함축하고 있었다.[255] 그러나 인가이론을 처음 인정한 다트머스 판결은 정관의 법적 성질을 계약으로 해석하면서 회사의 공적 성격에 대하여 한계를 부여하였다.

---

250 Hurst, *The Legitimacy of the Business Corporation*, pp.64~65.

251 Paul v. Virginia, 75 U.S. 168(1868).

252 1872년 노스캐롤라이나 주 법원은 주 의회가 타주 회사의 소제기권에 조건을 부과할 권한을 가지고 있다고 판시하였다[The Ex. B'nk of Columbia v. Tiddy and Davidson, 67 N.C. 169(1872)].

253 남기윤, 「미국법에서 법인이론의 전개와 그 현 시대적 의의」, 132쪽.

254 William W. Bratton Jr., "The 'Nexus of Contracts' Corporation: A Critical Apprai-sal." *Cornell Law Review*, vol.74, no.3(1988-1989), p.434; Michael J. Phillips, "Reappraising the Real Entity Theory of the Corporation," *Florida State University Law Review,* vol.21(1994), p.1065.

255 Millon, "Theories of the Corporation," p.211.

이와 같은 인가이론은 19세기 후반 집합이론의 등장과 20세기 초반 실체이론의 등장으로 회사이론으로서의 지배적 위치를 상실하게 된다.[256] 인가이론이 회사이론으로서 지배적인 위치를 상실하게 된 원인은 19세기 중반 회사 설립이 일반적으로 허용되기 시작하면서 회사 설립이 더 이상 정부의 특별한 수여에 의한 것이 아니라는 생각이 확산되었기 때문이라고 평가된다.[257] 즉 회사의 자유로운 설립으로 인하여 회사 설립은 입법의 문제가 아닌 행정적·절차적인 문제로 인식되었고, 주 정부의 회사형태에 대한 구조적 통제권한은 단지 설립계획을 심사하는 권한 정도로 인식되었다.[258] 이와 같이 회사에 부여된 특권과 설립인가의 관계가 절연됨에 따라 회사와 사회 기여와의 관계도 절연되었다.[259]

3) 집합이론: 19세기 후반의 회사이론

(1) 의의

제2장에서 살펴본 바와 같이 미국에서는 일반회사설립법의 영향으로 회사가 기업형태로서 광범위하게 이용되기 시작하였고,[260] 이러한 경향으로 인해 회사가 정부의 창조물이고, 정부가 회사를 규제할 수 있다는 인가이론에 대한 의문이 제기되기 시작하였다.[261] 19세기 중반에는 회사 설립이 완화

---

256 Horwitz, "Santa Clara Revisited," p.181.

257 같은 글, p.181.

258 Mark, "The Personification of the Business Corporation in American Law," p.1454.

259 같은 글, p.1454.

260 이에 대해 자세한 내용은 제2장 제2절 참조.

되어 단순히 정부에 필요한 서류만 제출하면 회사를 설립할 수 있는 것으로 인식되었기 때문이다.[262]

집합이론[263]은 회사를 계약에 근거하여 설명하는 이론으로 원래 영국에서 발전되었고,[264] 특히 19세기 영국에 큰 영향력을 가진 이론이었다.[265] 집합이론은 일반회사설립법의 제정으로 인하여 회사가 자유롭게 설립되기 시작되어 회사를 일반적인 계약법의 이론으로 설명할 수 있는 기회가 마련되자 미국에도 소개되었고, 일반회사설립법 이후 회사법 변화기에 회사의 본질을 설명하는 이론으로 주장되었다.[266]

(2) 내용 및 관련 판례

① 내용

계약적 관점에서 회사를 재정의하고 인가이론을 반박하려는 시도는 1882년 빅터 모러위츠(Victor Morawetz)가 *A Treatise on the Law of Private Corporations*(『회사법론』)[267]을 출간하면서 시작되었다.[268] 이 책에서 모러

---

261 Hovenkamp, "The Classical Corporation in American Legal Thought," p.1647.

262 Horwitz, "Santa Clara Revisited," p.203.

263 집합이론은 회사의 본질을 계약으로 본다는 점에서 계약이론으로 불리기도 한다.

264 집합이론이 영국에서 발전한 이유는 거품법의 영향으로 인가에 의하지 않고 설립되는 '합작회사'를 설명하기 위한 것으로 생각된다.

265 Nicholas H. D. Foster, "Company Law Theory in Comparative Perspective: England and France," *American Journal of Comparative Law*, vol.48(2000), pp.581~583; 집합이론이 영국에서 지배적이었던 이유는 영국 회사법에 뿌리 깊게 자리 잡은 조합 원리에 기인한다는 지적이 있다[L. C. B. Gower, "Some Contrasts Between British and American Corporation Law," *Harvard Law Review*, vol.69(1956), pp.1370~1372].

266 Horwitz, "Santa Clara Revisited," p.181.

위츠는 회사를 "주주 간 합의에 의하여 형성되는 조직(association)"이라고 정의하면서,[269] "회사 구성원으로부터 독립하여 존재하는 회사의 존재는 허구(fiction)"라고 주장하였다.[270] 모러위츠는 다음과 같이 회사를 조합과 사실상 구별되지 않는 것으로 보면서 회사의 존재를 해체한다.[271]

개인이 상호 간의 계약으로 조합을 형성하는 것과 마찬가지로 복수의 개인이 자신의 자유의지로 의회의 인가를 받지 않고 회사를 설립하는 것이 왜 허용되지 않아야 하는지를 정당화하는 어떠한 이유도 없다.[272]

집합이론에 따르면 회사는 자연인의 집합이고, 자연인 간의 관계는 상호 합의에 의하여 형성된다.[273] 집합이론은 국가와 회사의 관계를 재정립하면서 회사의 기원이 국가의 권한이 아니라 사적인 개인의 자연적 행위에 기인하고, 회사는 개인에 의한 자연적 산물이라고 본다.[274] 모러위츠는 이와 관련하여 다음과 같이 언급하였다.

---

267 Victor Morawetz, *A treatise on the law of private corporations*, vol.1(Boston: Little, Brown and Company, 1882).

268 Horwitz, "Santa Clara Revisited," p.203; 모러위츠 외에 집합이론을 주장한 사람으로는 뉴욕 주 변호사인 헨리 테일러(Henry Taylor)가 있다[Henry O. Taylor, *A Treatise on the Law of Private Corporation*(The Banks Law Publishing Co, 1884)].

269 Morawetz, *A treatise on the law of private corporations*, vol.1, p.11.

270 같은 글, p.2.

271 Mark, "The Personification of the Business Corporation in American Law," p.1457.

272 Morawetz, *A treatise on the law of private corporations*, vol.1, p.24.

273 Phillips, "Reappraising the Real Entity Theory of the Corporation," pp.1065~1067.

274 Millon, "Theories of the Corporation," p.211.

조합의 개념이 본질적으로 회사에도 적용된다는 사실은 회사가 법률에 의하여 권한을 수여 받는 것이 아님을 보여주는 것이다.[275]

이와 같이 회사를 개인에 의한 자연적 산물로 보기 때문에, 집합이론은 회사가 회사의 구성원인 주주로부터 수여받은 권한을 보유한다고 주장한다.[276] 즉 법인의 권리와 의무는 법인을 구성하는 개인으로부터 파생된 것이라고 보고,[277] 더 나아가 회사 행위에 대한 규율은 국가가 아니라 주주가 해야 한다고 본다.[278] 또한 집합이론은 회사는 법률과 정관에서 주어진 권리만을 가지는 것이 아니라 회사의 구성원이 가지는 권리도 행사할 수 있음을 함축한다.[279]

이처럼 집합이론은 인가이론과 달리 회사를 인위적 산물이 아니라 자연적 산물로 보았고, 회사를 회사의 구성원과는 별개의 존재로 보지 않고 회사를 단순한 구성원의 집합으로 보았다.[280] 이러한 집합이론에서 회사는 법기술적 의미를 가진 '기술적 법적 장치'에 불과하다.[281] 따라서 집합이론에 따르면 회사의 권리와 의무는 실제로는 주주의 권리와 의무이며, 상상 속의 존재가 아니라고 본다.[282] 요컨대 집합이론에 의하면 회사는 "자연적으로 형성된

---

275 Morawetz, *A treatise on the law of private corporations*, vol.1, p.24.

276 Horwitz, "Santa Clara Revisited," p.203.

277 Petrin, "Reconceptualizing the Theory of the Firm," p.10.

278 Horwitz, "Santa Clara Revisited," p.204.

279 Blair, "Corporate Personhood and the Corporate Persona," p.803.

280 집합이론에 의하면 "개인이 사회적으로 설명할 수 있는 궁극적 단위라면, 또 회사 같은 그룹이 인간이라는 구성단위에 의해 완전히 설명될 수 있다면, 별개의 법인이라는 실재는 존재하지 않아야 한다"는 것이다(남기윤, 「미국법에서 법인이론의 전개와 그 현 시대적 의의」, 135쪽).

281 같은 글, 135쪽.

주주의 집합을 의미하는 법적 의제"이다.

② 관련 판례

회사를 계약으로 보는 관점은 회사 설립 특허를 계약으로 규정한 다트머스 판결까지 거슬러 올라갈 수 있다.[283] 이 판결에서 마셜 대법원장은 다트머스대학의 특허를 기증자, 수탁자, 왕[284]을 당사자로 하는 계약이라고 판시하였다. 그러나 다트머스 판결은 인가이론에 따라 회사와 회사의 구성원을 별개로 구분하여 회사는 특허장에서 주어진 권리만 행사할 수 있다고 보았고, 이후의 판례도 회사는 회사 구성원에게 주어진 권리를 행사할 수 없다고 일관되게 판시하였다.

이와 같은 판례의 입장은 1882년 조세 사건인 샌마테오 사건(San Mateo v. Southern Pacific Railroad) 판결[285]에서부터 변화되기 시작하였다. 동 사건에서 법원은 회사를 "적법한 사업을 위하여 조직된 개인의 집합"이라고 정의하면서, 회사 구성원에게 적용되는 헌법조항이 회사에게 적용되지 않아야 한다는 것은 부당하다고 보았고,[286] 이러한 전제 아래 법원은 다음과 같이 판결하였다.

헌법 또는 법률에 의하여 개인에게 보장되는 재산권에 관한 조항이 있다면, 그 조항은 회사에게도 확대 적용되어야 한다. 법원은 언제나 인공적 존재를 넘

---

282 Morawetz, *A treatise on the law of private corporations*, vol.1, p.2.

283 Blair, "Corporate Personhood and the Corporate Persona," p.802.

284 최초에 회사 설립 특허를 부여한 영국 왕 조지 3세를 의미한다.

285 San Mateo v. Southern Pacific Railroad, 13 F. 722(C.C.D. Cal. 1882); 이하에서는 샌마테오 판결이라고 약칭한다.

286 San Mateo, 13 F., p.743~744.

어서 회사를 대표하는 개인을 보아야 한다.[287]

이와 같이 "인공적 존재를 넘어서 회사를 대표하는 개인"을 보아야 한다는 취지의 샌마테오 판결은 집합이론에 근거한 것으로 평가되고 있다.[288]

1886년에 내려진 산타클라라 판결도 회사의 헌법상 권리가 쟁점이었던 샌마테오 판결의 연장선상에 있는 사건이었다.[289] 동 판결에서 연방 대법원은 집합이론에 근거하여 회사를 투과하여 실제 이해관계가 있는 개인의 이익을 보호하는 판결을 내렸다.[290]

샌마테오 판결과 산타클라라 판결은 집합이론에 근거한 판결이었지만, 이 판결들이 집합이론을 정면으로 인정한 판결은 아니었다. 그러나 1888년에 내려진 팸비나 사건(Pembina Consol. Silver Mining & Milling Co. v. Pennsylvania) 판결[291]은 집합이론을 정면으로 인정하였고, 동 판결은 다음과 같이 판시하면서 회사가 회사 구성원의 집합임을 인정하였다.

> 회사는 단지 특정한 목적을 위하여 모인 개인 간의 연합(association)이고, 특정한 이름으로 사업을 수행하고, 해산 없이 구성원을 승계할 수 있다.

---

287 San Mateo, 13F.744, p.744.

288 Horwitz, "Santa Clara Revisited," p.178.

289 산타클라라 판결에 대해 자세한 내용은 제2장 제3절 참조.

290 산타클라라 판결이 회사를 자연인으로 본 것이 아니라, 집합이론에 근거하여 회사를 구성하는 자연인의 대역으로 보았다는 점에 대해서는 Hovenkamp, "The Classical Corporation in American Legal Thought," 1640~1643; Horwitz, "Santa Clara Revisited," pp.174, 177~178 참조.

291 Pembina Consol. Silver Mining & Milling Co. v. Pennsylvania, 125 U.S. 181(1888).

이와 같은 연방 대법원 판결의 기조는 각 주의 법원에도 영향을 미쳤고, 1892년 오하이오 주 대법원의 스탠더드 오일 사건(State v. Standard Oil Co.) 판결[292]도 집합이론에 근거하여 내려진 것으로 평가된다. 이 사건에서 오하이오 주는 회사의 신탁(trust) 가입이 회사의 권능을 초월하는 행동이라는 이유로 스탠더드 석유 회사를 분할하는 절차를 개시하였다. 이 사건에서 회사는 개별 주주의 과반수가 신탁에 주식을 이전한 것에 찬성하였고, 행위의 주체는 주주이지 회사는 아니라고 반론하였다. 그러나 오하이오 주 대법원은 법인격을 부인하면서 "회사가 그것을 구성하는 자연인과 독립한 실체라는 생각은 단순한 허구에 지나지 않는다"고 판시하였다.[293]

(3) 비판 및 평가

① 비판

집합이론은 일반회사설립법에 따라 회사가 자유롭게 설립되는 현상을 설명하는 데는 성공하였다. 그러나 다음과 같은 이론적 단점으로 인하여 당시 거대회사로 성장하던 회사를 적합하게 설명하는 데 실패하고, 이는 20세기 초 실체이론이 등장하게 되는 계기가 된다.[294]

> ① 집합이론은 회사의 본질을 구성원의 집합으로 보았기 때문에 주주가 회사의 채무에 대하여 유한책임을 지는지에 대한 설명을 할 수가 없었다.[295]
> ② 집합이론은 회사를 주주의 집합으로 보기 때문에 회사의 의사결정은 주주에

---

292 State v. Standard Oil Co., 30 N. E. 279(1892).
293 남기윤, 「미국법에서 법인이론의 전개와 그 현 시대적 의의」, 135쪽.
294 Mark, "The Personification of the Business Corporation in American Law," p.1465.
295 집합이론에 의하면 회사의 채무는 본질적으로 구성원인 주주의 채무로 볼 수 있다.

의하여 이루어져야 한다는 것을 전제로 하였다.[296] 그러나 이러한 점은 당시 거대 회사의 실질적인 의사결정자가 경영자라는 점을 설명할 수 없었다.

③ 집합이론은 개인주의적 조합이론이론에 기반을 두고 있었기 때문에 당시 성장해 가던 거대 회사의 존재에 대하여 적대적이었다.[297]

④ 집합이론은 주주가 회사의 성장에 그다지 기여를 하지도 못했고, 회사 행위의 부작용에 대해서도 책임을 질 수 없었다는 현실을 무시하였다.

② 평가

인가이론의 쇠퇴와 집합이론의 등장은 일반회사설립법의 제정과 관련되어 있다. 일반회사설립법에 의해 회사 설립이 일반적으로 허용되면서 회사 설립은 설립신청 외에는 국가와 관련된 요소가 전혀 존재하지 않게 되었고, 설립신청마저도 단순히 기술적인 문제로 이해되었기 때문이다.[298] 이와 같이 회사를 개인 간 합의에 의한 자연적 산물로 보는 집합이론은 회사법 변화기의 회사법 규제 완화를 이론적 배경으로 한다.[299] 집합이론은 정부의 특권 부여를 근거로 회사에 대한 광범위한 규제를 정당화하는 인가이론과는 달리 회사를 자연적 산물로 보기 때문에 필연적인 논리로 회사에 대한 절차적·실체적 규제를 최소화해야 한다는 결론에 도달하게 되고, 이러한 결론은 당시 회사법의 규제 완화 경향과 일치하였다.[300] 또한 집합이론은 회사가 개인의

---

296 집합이론은 회사의 의사결정이 주주에 의하여 이루어져야 한다고 보기 때문에 주주에게서 이사회로 의사결정 권한이 이전되는 것에 대하여 부정적이었다.

297 집합이론은 회사에 대한 규제에 대해서는 반대하지만, 그렇다고 해서 거대 회사에 우호적인 입장도 아니었다. 이러한 점이 아래에서 살펴볼 실체이론과의 차이점이라고 할 수 있다.

298 Bratton, "Nexus of Contracts Corporation," p.435.

299 Bratton, "The New Economic Theory of the Firm," p.1489.

합의에 의하여 성립한다고 보기 때문에 회사법을 당시 개인주의에 기반하고 있는 계약법에 따라 적합하게 설명할 수 있었고,[301] 이는 회사법을 공법이 아니라 사법으로 볼 수 있는 여지를 제공하였다.

집합이론은 19세기 말 미국에 소개되어 20세기 초 실체이론이 등장한 이후 바로 사라졌지만, 회사를 계약으로 보는 집합이론의 입장은 1980년대 경제학적 회사이론에 영향을 받은 법경제학자들에 의하여 계승되었다.[302]

4) 실체이론: 20세기 초반의 회사이론

(1) 역사적 배경

제2장에서 살펴본 바와 같이 19세기 말부터 20세기 초반까지는 미국 경제가 빠르게 변화하던 시기였고, 철도산업을 시작으로 철강, 담배, 설탕 산업 등 대부분의 경제가 거대 회사에 의하여 지배되던 시기였다.[303] 거대 회사는 자본조달 방법으로 주식을 발행하였고, 거대 회사의 주식은 다수의 소액투자자가 분산 소유하게 되었다. 이처럼 회사의 규모가 거대해지고 주주의 숫자도 늘어나자 더 이상 거대 회사를 주주 간 조합의 일종으로 볼 수 없게 되었다.[304] 이에 따라 미국 회사법에서는 미국 경제를 지배하기 시작한 거대

---

300 Millon, "Theories of the Corporation," p.211.

301 Horwitz, "Santa Clara Revisited," p.204.

302 Blair, "Corporate Personhood and the Corporate Persona," pp.804~805.

303 당시 시대 상황에 관한 문헌으로는 Louis Galambos & Joseph Pratt, *The Rise of the Corporate Commonwealth: United States Business and Public Policy in the 20th Century*(Basic Books, 1989) 참조.

회사를 이해할 수 있는 새로운 개념체계가 필요하게 되었다.[305]

(2) 독일 법인이론[306]의 영향

① 의제이론

독일의 의제이론은 로마법의 영향을 받아 성립하였고, 프리드리히 칼 폰 사비니(Friedrich Carl von Savigny)가 의제이론을 주장하는 대표적인 학자이다.[307] 사비니는 법인(legal person)은 오직 국가 입법의 결과로 권리와 의무를 가지는 것이기 때문에 단지 인공적 존재 또는 의제(artificial beings or fictions)에 불과하고, 법인은 인공적 인격을 부여받은 것이기 때문에 제한된 범이 내에서만 권리와 의무를 가진다고 보았다.[308] 이와 같이 법인은 자연인이 가진 인격의 작은 부분만이 인정되므로 법인에게 재산권 이외의 권리는 허용되지 않고, 이러한 제한된 능력으로 말미암아 법인은 그 자체로 민·형사상 책임을 질 수 없다고 보았다.[309]

---

304 Phillips, "Reappraising the Real Entity Theory of the Corporation," p.1067.

305 Blair, "Corporate Personhood and the Corporate Persona," p.805.

306 독일의 법인이론은 우리 민법학에서 법인의 본질에 관하여 소개하고 있는 내용과 동일한 것이다. 민법상 법인이론에 대하여 자세한 것은 남기윤, 「사법상 법인개념의 새로운 구성, 새로운 법인이론의 제안」, ≪저스티스≫, 70호(2002) 참조.

307 사비니(Savigny)가 미국 회사이론에 끼친 영향에 대하여 자세한 것은 David M. Rabban, "The Historiography of Late Nineteenth-Century American Legal History," *Theoretical Inquiries in Law*, vol.4, no.2(2003), pp.552, 557, 559~561 참조.

308 Petrin, "Reconceptualizing the Theory of the Firm," p.5.

309 같은 글, p.6.

② 실체이론

인가이론에 대응하여 오토 폰 기르케(Otto von Gierke)는 실체이론(real entity theory) 또는 유기체 이론(organic theory)으로 불리는 이론을 주장하였다.[310] 기르케에 의하면 법인은 의제가 아니라 실체이며 자신의 의사와 의지를 가지고, 자연인에게 인정되는 대부분의 권리와 의무를 향유할 수 있다.[311] 또한 법인은 법에 의하여 창조된 것이 아니라 법이 창조하기 이전부터 존재한 것이고, 단지 법에 의하여 인정되는 것이라고 본다.[312]

또한 실체이론은 인가이론과 달리 법인은 구성원과는 구별되는 별개의 자율적 존재(autonomous being)이고, 구성원의 집합 그 이상의 존재라고 본다.[313] 법인이 자연인과 다른 점은 인체 대신에 복합적인 사회적 기관(social organism)을 가지고 있다는 점이고,[314] 법인은 그 자체가 스스로 행동할 수는 없지만 법인의 기관을 통하여 법적 효력을 발생시키는 행위를 할 수 있다.[315] 따라서 실체이론은 법인을 생명체(living creatures)로 보고 민·형사상 책임의 주체가 될 수 있다고 본다.[316]

---

310 Petrin, "Reconceptualizing the Theory of the Firm," p.6.

311 같은 글, p.6.

312 Harris, "The Transplantation of the Legal Discourse on Corporate Personality Theories," p.1424.

313 Petrin, "Reconceptualizing the Theory of the Firm," p.7.

314 같은 글, p.7.

315 법인의 기관은 일반적으로 법인 내 임원을 의미하고, 임원은 단순한 대리인이 아니라 법인 그 자체의 한 부분으로 간주된다(같은 글, p.7).

316 같은 글, p.7.

(3) 독일 실체이론의 도입 및 구체적 내용

① 독일 실체이론의 도입

독일의 법인 이론은 1900년 기르케의 책이 영어로 번역되어 출간된 것이 계기가 되어 20세기 초반 미국에 소개되었고, 미국 회사법에 대하여 실무적·이론적으로 큰 영향을 주었다.[317] 즉 20세기가 되면서 회사의 수와 규모가 증가함에 따라 회사의 중요성이 갈수록 커졌고, 인가이론과 집합이론으로는 회사를 설명하는 데 한계가 있다는 주장이 제기되었는바[318] 이러한 상황에서 인가이론과 집합이론의 한계를 극복하기 위한 대안으로 기르케의 실체이론이 소개되기 시작된 것이다.

실체이론의 소개 과정을 간단히 살펴보면, 영국에서는 1900년 프레드릭 메이트랜드(Frederic Maitland)가 기르케의 저작을 번역한 *Political Theories of the Middle Age*(『중세시대 정치이론』)[319]을 출간하여 실체이론을 소개하였고,[320] 미국에서는 언스트 프로인드(Ernst Freund)가 *The Legal Nature of*

---

317 Mark M. Hager, "Bodies Politic: The Progressive History of Organizational 'Real Entity' Theory," *University of Pittsburgh Law Review*, vol.50(1989), p.580; Horwitz, "Santa Clara Revisited," p.179.

318 Petrin, "Reconceptualizing the Theory of the Firm," p.10.

319 Otto Gierke, *Political Theories of the Middle Age*, trans. Frederic William Maitland (Cambridge University Press, 1900); 이 책은 메이트랜드(Maitland)가 기르케의 *Das Deutsche Genossenschaftsrecht*의 제3권 제2장 제11절 "Die publicistischen Lehren des Mittelalters"를 *Political Theories of Middle Age by Otto von Gierke*로 제목을 붙여 번역한 것이다. 이 책에서는 1958년 미국에서 발행된 책을 참고하였다[Otto Gierke, *Frederic Political Theories of the Middle Ages*, trans. William Maitland(Beacon Press, 1958)].

320 메이트랜드는 1900년 *Political Theories of the Middle Age*를 출간한 후에도 1900년과 1904년 사이에 회사의 초기 역사에 관한 4개의 논문을 발표하였는데(Horwitz, "Santa

Corporation(『회사의 법적 본질』)[321]을 출간하면서 실체이론을 소개하였다.[322] 이처럼 실체이론이 소개되자 미국에서는 20세기 초반부터 회사의 본질에 관한 연구가 급격하게 증가하면서 회사 법인격 문제가 학문적 논쟁의 대상이 되었다.[323]

② 구체적인 내용

실체이론에 의하면 회사는 단체로서 '의제'된 존재가 아니라 개인과 같이 '실재'하는 것이다.[324] 회사의 실재성에 대하여 로버트 레이먼드(Robert Raymond)는 다음과 같이 말한다.

회사는 이해관계를 가지는 개인들의 집합체이고, 인간 상호 간의 관계는 허구가 아니다. …… 국가도 단지 특정 사람들 간의 관계를 대표하지만, 누구도 미국과 영국을 허구라고 하지 않는다.[325]

실체 이론의 초기 이론가인 프로인드는 회사를 법 이전의 자연적 존재로 파악하면서 회사는 직접 자신의 일반 의지를 결정·집행할 수 있는 자율적이

Clara Revisited," p.179), "Moral Personality and Legal Personality", "The Unincorporate Body", "The Corporation Sole", "The Crown as Corporation"이 그것이다(남기윤, 「미국법에서 법인이론의 전개와 그 현 시대적 의의」, 137쪽).

321 Ernst Freund, *The Legal Nature of Corporation*(Cambridge University Press, 1897).

322 Petrin, "Reconceptualizing the Theory of the Firm," p.11.

323 호위츠는 1890년부터 1920년대까지 회사의 법인격과 관련하여 집착에 가까운 논문이 발표되었다고 지적한다(Horwitz, "Santa Clara Revisited," p.217).

324 Horwitz, "Santa Clara Revisited," p.218.

325 Robert L. Raymond, "The Genesis Of The corporation," *Harvard Law Review*, vol.16(1906), p.362.

며, 자기 충족적 존재로서 국가에 의하여 창조된 것이 아님을 강조한다.[326] 프로인드와 같은 초기 실체이론의 주장자인 아서 마첸(Arthur Machen)은 다음과 같이 실체 이론을 소개한다.

상상 또는 의제적 존재가 아니라 실재하는, 인위적이 아니라 자연적인 실체이다. …… 법이 할 수 있는 일은 오로지 회사의 존재를 인정하거나 부정하는 것뿐이다. 법은 집을 짓는 것과 같이 회사를 창조할 수 없다.[327]

이와 같이 실체이론은 회사를 법 이전의 자연적 존재로 파악하기 때문에 법이 회사를 인정할 것인지 여부에 대한 선택권이 없고, 국가는 회사를 창조하는 것이 아니고 단지 독립하여 실재하는 회사를 인식하는 것으로 본다.[328] 따라서 실체이론에 따르면 정부는 회사를 자유롭게 규제할 수 있으나 회사를 소멸시킬 수는 없다.[329] 그러므로 실체이론에 의하여 회사는 주주의 주장과 정부의 간섭에서 독립되어 존재하는 자신의 의사를 가질 수 있는 실체로 거듭나게 된다.[330] 요컨대 실체이론에 의하면 회사는 주주의 집합이 아니라 주주와는 독립하여 존재하고, 주주의 변경과는 상관없이 존속하는 '유기적인 사회적 실체(organic social reality)'로 규정된다.[331]

한편, 회사를 구성원과는 별개의 독립된 자연인과 유사한 실체로 보는 실

---

326 Freund, *The Legal Nature of Corporation*, p.13.

327 Machen, "Corporate Personality," p.260.

328 남기윤, 「미국법에서 법인이론의 전개와 그 현 시대적 의의」, 137쪽.

329 같은 글, 137쪽.

330 Phillip I. Blumberg, "The Corporate Personality in American Law: A Summary Review," *American Journal of Comparative Law*, vol.38(1990), p.50.

331 Blair, "Corporate Personhood and the Corporate Persona," p.806.

체이론에서는 그 실체의 본질을 무엇으로 정의할 것인지가 문제된다.[332] 이러한 실체의 본질에 대해서는 ① 기르케와 같이 회사의 본질을 인간과 유사한 유기체(organism)로 설명하는 견해[333] ② 회사에게 집단의지(group will)를 부여한 것으로 설명하는 견해,[334] ③ 법인에 집단의사 또는 별개의 인격을 부여한 것으로 설명하는 견해,[335] ④ 회사를 하나의 시스템, 즉 인간적 부분과 비인간적 부분으로 구성된 네트워크로서 이들 상호 간의 내부 관계로 인해 응집되고 안정적인 총체로 이해하는 견해[336] 등 다양한 입장이 제시되고 있다.

③ 관련 판례

실체이론은 1905년 헨켈 사건(Hale v. Henkel) 판결[337]에서 처음 언급되었다고 평가되고,[338] 이 판결 이후로 연방 대법원은 실체이론에 근거하여 회사가 누릴 수 있는 헌법상 권리를 확대 인정하였다.[339]

---

332 남기윤, 「미국법에서 법인이론의 전개와 그 현 시대적 의의」, 137쪽.

333 Deiser, "The Juristic Person," p.310; Wolff, "On the Nature of Legal Persons," pp.498~501.

334 Brown, "The Personality of the Corporation and the State," pp.368~370; Laski, "The Personality of Associations," p.405.

335 Phillips, "Reappraising the Real Entity Theory of the Corporation," p.1069.

336 Patricia H. Werhane, *Persons, Rights, and Corporatins*(Prentice Hall: 1985), pp.34, 56.

337 Hale v. Henkel, 201 U.S. 43(1905).

338 Horwitz, "Santa Clara Revisited," p.182; 동 판결은 회사에 대한 제5차 개정헌법상 보호를 부인하면서 회사를 주주의 집합으로 규정하였다는 점에서 실체이론을 전면적으로 인정한 판결이라고 보기에는 무리가 있다.

339 First Nat'l Bank of Bos. v. Bellotti, 435 U.S. 765(1978)(정치적 표현의 자유가 문제된 사한); Va. State Bd. of Pharmacy v. Va. Citizen's Consumer Council, Inc., 425 U.S. 748(1976)(상업적 표현의 자유가 문제된 사안); Ross v. Bernhard, 396 U.S. 531, 542(1970)(배심재판을 받을 권리가 문제된 사안); Russ. Volunteer Fleet v. United

(4) 영향

① 호위츠의 분석

블레어는 호위츠의 실체이론에 대한 평가를 인용하며 실체이론은 집합이론이 해결하는 데 어려움을 겪던 다음과 같은 네 가지 문제를 해결하였다고 분석한다.[340]

① 20세기 초반에는 주주의 지위가 적극적인 소유자에서 소극적인 투자자로 약화되어갔기 때문에 회사가 주주로 구성된다는 개념 구성은 받아들여지기 어렵게 되었다. 이러한 상황에서 실체이론은 회사의 지배구조에서 약화된 주주의 지위를 정당화하는 이론으로 기능하였다.

② 실체이론은 집합이론보다 유한책임 원리를 적합하게 설명할 수 있었다.

③ 회사의 의사결정 과정에서 주주의 만장일치를 주장하는 집합이론과는 달리, 실체이론은 주주 과반수의 찬성에 의한 의사결정을 정당화할 수 있었고, 이는 당시 경영자로 권한이 이전되는 회사법의 변화를 정당화하였다.

④ 실체이론은 회사의 사업 확장을 방해하는 인가이론에 근거한 법리들을 폐기하는 논리로 사용되었다.

② 인가이론에 근거한 법리의 쇠퇴

㉠ '능력 외 이론'의 쇠퇴

인가이론에 근거하여 인정되었던 '능력 외 이론'은 실체이론의 영향으로 실질적으로 폐기되기 시작한다.[341] 1900년까지 '능력 외 이론'은 일반회사설

States, 282 U.S. 481(1931)(이중위험금지원칙과 관련된 사안).

340 Blair, "Corporate Personhood and the Corporate Persona," p.807.

립법의 제정에도 불구하고 유력한 재판법리로 인정되었다. 그러나 회사법의 변화로 인해 '능력 외 이론'은 시대착오적이라는 견해가 강하게 제기되었고, 회사의 '능력 외 행위'는 주법원에 의해 승인을 받기 시작하였다.[342] 즉 회사는 '능력 외 행위'에 대해서도 불법행위책임과 형사책임이 부과되기 시작하였고, 계약법 분야에서는 쌍방 미이행 계약에 관해서는 재판상 구속력이 계속 인정되지 않았으나 당사자 중 일방이 이미 의무이행을 마친 계약에 대해서는 계약의 효력이 인정되었다.[343] 다만 연방 대법원만이 1920년대에 이르기까지 '능력 외 이론'을 고수하였으나, 1930년대에는 그 규범적 의미를 완전히 상실하게 된다.[344]

ⓒ 타주회사 법리의 쇠퇴

19세기 후반 미국 경제가 확장되면서 회사에 대한 규제 중에서 가장 큰 문제가 된 것은 타주에서 회사의 영업을 제한하는 타주회사 법리였다.[345] 19세기 말부터 타주회사 법리는 연방 대법원의 주간 통상(interstate commerce)의 보호[346] 경향과 긴장관계를 형성하기 시작하면서 실체이론과도 충돌하기 시

---

341 Colson, "The Doctrine of Ultra Vires in United States Supreme Court Decisions 1," pp. 184~189.

342 남기윤, 「미국법에서 법인이론의 전개와 그 현 시대적 의의」, 137~138쪽.

343 Horwitz, "Santa Clara Revisited," p. 188.

344 남기윤, 「미국법에서 법인이론의 전개와 그 현 시대적 의의」, 138쪽.

345 제2장에서 이미 살펴본 바와 같이 19세기 후반 회사의 성장에 방해가 되는 규제로 인식된 제한은 ① 회사의 영업지역 한정, ② 회사의 다른 회사의 주식 소유 금지, ③ 자본 상한 제한 등이었다. 이 중에서 다른 회사의 주식 소유와 자본 상한에 대한 제한은 각 주의 입법에 의하여 해결되었고, 타주회사 법리에 따라 회사의 영업지역을 관할 주로 한정하는 제한은 판례의 변화로 완화된다.

346 미국헌법상 통상조항(commerce clause)에 의해 연방의회는 주간통상에 대한 규제를 할 수 있다[United States Constitution Article I, Section 8, Clause 3: (The Congress shall have Power) To regulate Commerce with foreign Nations, and among the

작하였다.[347] 이에 따라 1910년 연방 대법원은 일련의 판결에서 타주회사 법리를 폐기하였고,[348] 이는 미국에서 회사의 본질을 더 이상 인위적 존재로 보지 않고, 자연적 실체로 보는 실체이론이 지배적인 입장이 되었음을 보여주는 계기가 되었다.

(5) 평가

19세기 말 미국 경제는 경제사에서 제2의 산업혁명으로 규정할 만큼 경제 규모가 급격히 팽창되던 시기로서 그에 따라 거대 회사가 등장하게 되었으나, 거대 회사에 적대적이었던 개인주의에 근거한 집합이론으로는 거대 회사의 존재를 정당화할 수가 없었다.[349] 반면 실체이론은 다음과 같이 거대 회사를 정당화하는 이론적 근거를 제공하여 집합이론을 대체하는 회사의 법적 본질에 관한 지배적인 입장으로 자리 잡게 된다.[350]

① 실체이론은 회사의 의사결정권한이 주주에서 경영자로 이동되는 경향과 궤를 같이하면서 서로 상호작용을 하였다.[351] 19세기 후반까지는 조합의 법리를 준용하여 경영자를 회사의 대리인으로 보는 것이 일반적이었으나, 20세기 초반부터는 경영자를 회사 그 자체로 보는 경향이 생겼고, 이와 같은 경향은 실체이론에 의해 잘 설명될 수 있었다.[352]

---

several States, and with the Indian Tribes].

347 Horwitz, "Santa Clara Revisited," p.189.

348 Western Union Telegraph Co. v. Kansas, 216 U.S. 1(1910); Pullman Co. v. Kansas, 216 U.S. 56(1910); Ludwig v. Western Union Telegraph Co., 216 U.S. 146(1910); Southern Ry. v. Greene, 216 U.S. 400(1910).

349 남기윤, 「미국법에서 법인이론의 전개와 그 현 시대적 의의」, 125쪽.

350 Horwitz, "Santa Clara Revisited," p.221.

351 Chandler, *The Visible Hand*, p.161.

② 실체이론은 회사 규제에 반대하는 논리적 근거를 제공할 수 있었다.[353] 실체이론은 회사를 주주와는 별개의 실체로 보기 때문에 개인주의에 근거한 집합이론의 이론적 약점을 극복할 수 있는 반면, 회사를 자연적 산물로 보기 때문에 회사에 대한 규제에 반대하는 논리도 성립할 수 있었기 때문이다.[354] 이처럼 실체이론은 국가의 규제 없이 집단 생산을 정당화하는 이론을 제시하였기 때문에 당시 거대 회사 경영자들의 이해와 정확히 맞아떨어졌다.[355]

그러나 또 다른 한편으로 실체이론은 회사를 주주와는 별개의 실체로 보기 때문에 법적 책임의 주체로 확실하게 인식시키는 기능을 하기 때문에 20세기 초반 회사를 자신의 행동에 대해 사회적으로 책임을 지는 시민(citizen)으로 자리매김하는 데 기여를 하였고, 이러한 실체이론에 근거하여 20세기 초반 회사의 행위에 대한 여러 가지 규제 법률들이 만들어지게 된다.[356]

5) '계약의 결합체' 이론

(1) 의의

① 1976년 이전의 상황: 실체이론의 시대

회사의 법인격은 1920년대까지 활발하게 논의되었으나, 이후에는 실무

---

352 Horwitz, "Santa Clara Revisited," p.183.

353 Bratton, "The New Economic Theory of the Firm," p.1490.

354 같은 글, p.1490.

355 Mark, "The Personification of the Business Corporation in American Law," p.1470.

356 Lyman Johnson, "Law and Legal Theory in the History of Corporate Responsibility: Corporate Personhood," *Seattle University Law Review*, vol.35(2011~2012), p.1158.

적·학문적으로 논의가 되지 않았다. 이에 대해서는 회사이론에 대한 듀이 (Dewey)의 비판이 크게 작용하였다는 견해가 있다.[357] 듀이는 회사이론에 대하여 동일한 이론이 회사의 권한을 축소하거나 늘리는 데 모두 적용 가능하다는 점을 들면서 회사이론을 부정확하고 조작 가능한 이론이라고 비판하였다.[358] 듀이의 주장은 기능적 관련이 있는 구체적 진술만이 법적 문제를 결정하는 데 유용하다는 법현실주의적·실용주의적 관점이 반영된 것이고,[359] 회사이론이 1920년대에 쇠퇴하게 된 데에는 이러한 미국인 특유의 실용적 태도가 큰 영향을 준 것으로 평가된다.[360] 그러나 듀이의 주장에 대해서는 특정한 개념이 특정한 역사적 맥락에서 사용되는 경우 좀 더 제한적인 의미로 사용될 수 있고 이에 따른 논쟁적 기능을 가지고 있으며, 당시 회사이론은 법적·정치적 중요성을 가지고 있었다는 반박이 있다.[361] 생각건대,

---

357 Bratton, "The New Economic Theory of the Firm," p.1491.

358 Dewey, "The historic background of corporate legal personality," pp.669~670.

359 Horwitz, "Santa Clara Revisited," p.175.

360 이에 대하여 자세한 내용은 남기윤, 「미국법에서 법인이론의 전개와 그 현 시대적 의의」, 139쪽["1920년대 이후 미국 법사상계에 큰 영향을 미쳤던 법현실주의(legal realism)의 등장 그리고 실용주의적 사고로 인한 그 당시 미국 학계의 '지적 변화'(the intellectual shift)에 원인이 있었다. …… 1920년대의 법현실주의자들은, 법학자는 이론적 정합성에 몰두하는 것을 중단하고 법이 수행하는 사회적 기능의 연구를 시작하여야 할 것이라고 요구하였으며, 법은 법적 결정의 사회적 결과에 더욱 더 주목함으로써 공익에 봉사하지 않으면 안 된다고 주장하였던 것이다. 이러한 법현실주의적 학문 경향은 법인이론에도 영향을 미쳐 1920년대 이후부터 학자들은 실제적 법률 문제를 어떤 법인이론에서 그 답을 연역하여 해결하려는 태도를 점차적으로 거부하고, 그 대신 상충하는 법규들을 결과형량에 의해 평가하는 태도를 취하였다."].

361 Horwitz, "Santa Clara Revisited," p.175(호위츠는 실체이론의 경우 다른 회사이론은 설명하지 못했던 고도로 집중되어 가는 새로운 거대 회사의 존재를 설명하였다는 점에서 역사적 의의가 있다고 평가한다).

회사이론은 단순한 추상적 개념 논쟁이 아니라 미국에서 회사제도가 변화하면서 그 변화의 모습을 설명하려는 특수한 역사적 맥락에서 나왔다는 점을 간과해서는 안 될 것으로 생각된다. 특히 회사이론은 뒤에서 자세히 살펴보는 바와 같이 회사지배구조이론의 이론적 근거로서 기능을 하고 있다는 점을 감안하면 현재에도 회사이론을 논의하는 의의가 있다.

한편, 1920년 이후 회사이론이 논의되지 않은 이유를 현실적인 차원에서 보면 실체이론이 광범위하게 받아들여져 법적인 차원에서 거대 회사의 정당성이 인정되었기 때문에 더 이상 회사의 법적 본질에 대한 논의가 필요 없었던 것으로 판단된다.[362] 이와 같은 사정으로 인하여 실체이론은 '계약의 결합체' 이론이 등장하기 전까지 회사의 법적 본질에 관한 이론으로 지배적인 위치를 차지하게 되었다.

② '계약의 결합체' 이론의 등장

1970년대 말 법학 분야에서는 1976년에 등장한 젠슨·메클링의 회사의 경제적 본질에 관한 '계약의 결합체' 이론에 근거하여 실체이론을 거부하는 입장이 등장한다.[363] '계약의 결합체' 이론을 법학에 최초로 적용한 것은 피셸(Fischel)이고, 피셸은 유진 파마(Eugene Fama)의 논문 "Agency Problems and the Theory of the Firm(대리인문제와 회사이론)"을 언급하면서 '계약의 결합체' 이론을 법학에 소개하였다.[364] 1980년대 이후 '계약의 결합체' 이론은 주주지상주의의 이론적 근거로 기능하면서 회사의 법적 본질에 관한 지배적

---

362 Blair, "Corporate Personhood and the Corporate Persona," p.808.

363 같은 글, p.814.

364 Fischel, "The 'Race to the Bottom' Revisited," pp.917, 918; Daniel R. Fischel, "The Corporate Governance Movement," *Vanderbilt Law Review*, vol.35(1982) p.1264.

인 이론으로 자리 잡게 된다.

(2) 이론의 내용

① 개념

'계약의 결합체' 이론[365]은 회사를 '계약의 결합체'로서 생산요소 소유자들 사이의 계약관계를 결합시키는 역할을 하는 법적 의제로 본다.[366] 계약이론에 의하면 회사는 단지 시장에서 계약의 세트가 작동하는 공간을 표현하는 법적 허구에 불과하고,[367] 회사의 내부 관계는 외부 관계와 마찬가지로 계약에 기초하고 있으며,[368] 기업 경영은 이러한 계약의 지속적인 협상 과정이다.[369]

② 이스터브룩·피셸의 이론

회사의 경제적 본질을 설명하는 계약이론을 법학적으로 재해석한 최초인 법경제학자들은 프랭크 이스터브룩(Frank Easterbrook)과 다니엘 피셸(Daniel Fischel)이다. 이스터브룩·피셸은 젠슨·메클링의 회사이론을 받아들여 자신들의 이론을 전개한다.

이스터브룩·피셸은 우선 다음과 같이 기업이 팀 생산의 효율성을 위하여 조직된다는 것을 전제로 한다.[370]

---

365 이하에서는 '계약이론'으로 약칭한다.

366 Bratton, "Nexus of Contracts Corporation," p.415.

367 Bainbridge, "Competing Concepts of The Corporation," p.83.

368 이미 언급한 바와 같이 젠슨은 알치앤·뎀셋의 영향을 받아 회사는 명령과 권위에 의한 체계가 아니라 외부 시장에서의 관계와 동일하다고 보았고, 법경제학은 이러한 젠슨의 이론을 기반으로 한다.

369 신석훈, 「회사지배구조 모델의 법경제학적 접근」, 112쪽.

시장에서 이루어지는 일련의 단기적 거래들은 상품의 생산보다 상품의 교역에 더욱 유용할 가능성이 높다. 기업, 즉 장기적으로 결합한 사람들의 집합체는 전문화의 더 큰 이용을 가능하게 만든다. 사람들은 각자의 기능을 구별하면서 팀으로서 단결할 수 있는데 이 경우 각 구성원의 전문화는 어떤 경우보다 팀 전체를 생산적으로 만든다.[371]

이스터브룩·피셀에 의하면 팀 생산은 그 규모가 커져감에 따라 구성원 간 거래가 늘어나고,[372] 이를 조직화(coordination)하는 문제가 발생하게 된다.[373] 따라서 기업은 생산을 내부적으로 조직화하는 비용(조직비용: organization cost)이 시장거래를 통하여 생산을 조직화하는 비용(거래비용: transaction cost)을 초과하지 않을 때까지만 성장한다.[374]

기업 내부에서 생산을 조직하는 데 드는 비용은 이해관계의 차이로 인하여 발생하고,[375] 이를 해결하기 위하여 감시의 필요성이 발생한다.[376] 그러나 이러한 감시는 쉽지 않고 비용도 많이 소요된다는 문제가 있다.[377] 따라서 이와 같은 감시와 관련된 비용을 경감시키기 위해서는 성과연동장치(performance bond device)를 도입하는 것이 필요하고, 기업 입장에서는 감시

---

370 Ulen, "The Coasean Firm in Law and Economics," p.319.

371 이스터브룩·피셀, 『회사법의 경제학적 구조』, 27~28쪽.

372 Easterbrook & Fischel, "The Corporate Contract," pp.1422~1423.

373 Ulen, "The Coasean Firm in Law and Economics," p.319.

374 이스터브룩·피셀, 『회사법의 경제학적 구조』, 29쪽.

375 이스터브룩·피셀은 이해관계의 차이로 인하여 발생하는 임무 태만, 횡령, 회사기회 유용 등의 행위가 발행한다고 설명한다(Easterbrook & Fischel, "The Corporate Contract," pp.1423~1424).

376 Ulen, "The Coasean Firm in Law and Economics," p.319.

377 이스터브룩·피셀, 『회사법의 경제학적 구조』, 29~30쪽.

비용(monitoring cost), 성과연동비용(bonding cost), 이해관계의 차이로 인한 잔여손실 등의 대리비용을 최대한 줄이는 것이 관건이라고 본다.[378]

이와 같이 이스터브룩·피셸에 의하면 기업은 생산의 효율성을 위하여 조직되는 "시장 외부에 존재하는 팀 생산방식"[379]이고, 회사는 기업 중에서 '자본조달 수단(financial device)'으로 특징지어지는 기업이다.[380] 이스터브룩·피셸은 회사는 오로지 자본조달수단일 뿐이고, 회사의 특징으로 거론되는 유한책임, 법인격, 영속성은 잘못된 주장에 불과하다고 주장한다.[381]

이와 같은 회사에 대한 정의 아래 이스터브룩·피셸은 '회사계약(Corporate Contract)'에 대하여 다음과 같이 설명한다.

> 회사를 구성하는 행위자들 간의 약정은 계약과 실정법(positive law)에 의하고, 회사법 또는 실체로서의 회사의 지위에 의한 것이 아니다. 회사를 실체로 파악하는 것은 거래의 본질을 가릴 뿐이다. 따라서 우리는 젠슨·메클링의 회사 개념을 따라 회사를 계약의 결합체 또는 명시적·묵시적 계약의 집합이라고 말한다. 이 말은 회사와 자발적으로 관련된 자들 사이에서 체결되는 수많은 종류의 복잡한 약정의 약칭에 불과하다.[382]

이와 같이 이스터브룩·피셸은 회사를 계약의 결합체로 파악하면서 회사 내에서 수행되는 경제활동의 다양함에 상응하여 회사 내에서 체결되는 약정은 매우 다양하고, 자본구조와 지배구조도 매우 다양하다고 주장한다.[383] 또

---

378 Easterbrook & Fischel, "The Corporate Contract," p. 1424.

379 이스터브룩·피셸, 『회사법의 경제학적 구조』, 32쪽.

380 Easterbrook & Fischel, "The Corporate Contract," pp. 1423~1425.

381 이스터브룩·피셸, 『회사법의 경제학적 구조』, 32~33쪽.

382 Easterbrook & Fischel, "The Corporate Contract," p. 1426.

한 계약은 자발적 약정을 의미하고, 다수의 자발적 참가자들 간의 복잡한 관계가 조정 가능하다는 것은 그것이 계약이라는 것을 반증한다는 점에서 회사를 '계약의 결합체'라고 주장한다.[384]

③ 이론의 전개

계약이론에 대해서 구체적으로 살펴보기 위해서는 '계약'의 개념과 '결합체'의 개념이 무엇인지에 대하여 파악해야 한다. 계약은 일반적으로 '약정 (arrangement)' 또는 '약속(promise)'으로 이해되지만, 계약이론에서 계약은 상호적인 기대와 행동으로 특징지어지는 관계[385]이다. 따라서 계약이론에서 계약의 범위에는 단순한 약정이나 약속은 포함되지 않고, '상호 약정 (reciprocal arrangement)'만이 포함된다.[386]

'결합체'의 의미는 사전적으로 관계(link), 중심(core) 등 일종의 연결수단 (means of connection)으로서의 의미를 가지고 있다.[387] 이러한 측면에서 보았을 때, 회사는 상호 약정이 교차하는 중심으로 이해될 수 있다.[388] 여기서 문제는 과연 회사의 범주 내로 포함되는 상호 약정의 범위가 어느 정도인지가 문제된다. 회사와 관련된 상호 약정을 모두 포함시킨다면 그 범위가 너무 넓어지기 때문이다. 이러한 점 때문에 회사의 테두리에 포함될 수 있는 상호 약정의 범위를 제한하려는 시도가 있었다. 예컨대, 장 자크 라퐁(Jean-

---

383 이스터브룩·피셀, 『회사법의 경제학적 구조』, 34~35쪽.

384 Easterbrook & Fischel, "The Corporate Contract," p.1428.

385 Hart, "An Economist's Perspective on the Theory of the Firm," p.1764, note 30.

386 Eisenberg, "The Conception That the Corporation is a Nexus of Contracts, and the Dual Nature of the Firm," p.823.

387 같은 글, p.830.

388 같은 글, p.830.

Jacques Lafont)과 데이비드 마티모트(David Martimort)는 상호 약정을 각 이해관계자와 경영자 또는 대리인과의 계약으로 보았고, 한스만은 상호 약정의 범위를 회사가 당사자로 되는 경우로 제한하였다.[389]

---

389 Henry Hansmann, *The Ownership of Enterprise*(Harvard University Press, 2009), p.18.

4. 회사이론에 관한 쟁점 정리

1) 경제학적 회사이론에 관한 쟁점 정리

회사에 대한 경제학적 접근은 자원의 최적 배분이라는 경제학적 기본 문제를 기반으로 하고 있다.[390] 근대 산업에서 자원을 투입하여 생산을 하는 방식은 분업이고, 분업은 효율성의 향상을 가져올 수 있는 전문화를 가능하게 하여 근대 산업의 생산성을 획기적으로 향상시켰다.[391] 그러나 분업으로 인해 자신이 생산하지 못하는 재화는 거래를 통하여 획득하여야 하고, 전문화된 경제 주체들 간에 교환망을 구축하기 위해서는 조정이 필요하다.[392] 따라서 거래를 통한 생산은 조정 과정을 거쳐야 하고,[393] 이러한 조정은 가격이 조정장치로 작동하는 시장에서 이루어지거나 회사 내부에서 이루어질 수도 있다.

경제학적 회사이론에서 각 이론 간 쟁점은 ① 회사를 시장과 동일한 원리, 즉 계약에 의하여 설명할 것인지 아니면, 계약이 아닌 비시장적 원리에 의하

---

390 다우마·스뢰더, 『기업이론: 조직의 경제학적 접근방식』, 3쪽.

391 같은 책, 6쪽.

392 같은 책, 10쪽.

393 같은 책, 10쪽.

여 설명할 것인지에 관한 것과 ② 합동생산(joint production)에서 발생하는 문제점을 어떻게 해결하는지에 관한 것이다.

회사를 시장과 동일한 원리, 즉 계약에 의하여 설명할 것인지 아니면, 계약이 아닌 비시장적 원리에 의하여 설명할 것인지에 관해서는 코즈에 의하여 처음 분석되었다. 코즈는 회사를 거래비용을 절약하기 위하여 조직되는 것으로 보고, 기업과 시장을 구분하면서 기업의 작동 원리를 비시장적 원리에 의하여 설명하였다. 반면, 대리비용이론은 코즈의 전제, 즉 기업이 거래비용을 줄이기 위한 것이라는 점을 받아들이지만, 기업의 본질을 비시장 원리가 아닌 '계약의 결합체'로 보아 신고전파 경제학 내에서 회사를 설명할 수 있는 이론적 토대를 제공하였다. 이와 같이 신고전파 경제학의 토대 위에서 회사를 설명한 계약이론은 법경제학자들에게 영향을 주어 1980년 이후의 회사에 관한 법적 논의를 새로 정립해 나갔다.[394] 거래비용이론은 코즈 이론의 두 가지 핵심 전제를 받아들여 기업은 거래비용을 절약하기 위하여 조직되고, 기업을 시장과는 구분되는 '지배구조'로 본다. 거래비용이론은 대리비용이론의 비현실성을 비판하면서 대리비용이론의 단점을 보완하기 위하여 주장되었다. 그러나 거래비용이론은 회사지배구조를 비시장 원리가 아니라 계약으로 설명하고,[395] 회사와 관련된 계약의 성격을 사법적인 것으로 규정하며, 이를 전제로 회사에 대한 정부의 규제를 반대한다는 점에서 계약이론과 유사한 이론으로 평가될 수 있다.[396] 재산권이론도 신고전파 계약이론과 대

---

394 Bratton, "The New Economic Theory of the Firm," p.1471.

395 Bratton, "Nexus of Contracts Corporation," p.422.

396 Oliver E. Williamson, "Organization Form, Residual Claimants, and Corporate Control," *The Journal of Law & Economics*, vol.26(1983), p.361; 대리비용이론과 거래비용이론의 비교에 대해서는, 김일태·유동국·정진필, 『기업이론과 기업의 소유지배구조』, 87~93쪽.

부분의 전제를 공유하고, 회사 참가자들 간의 계약을 불완전한 계약으로 본다는 점에서 거래비용이론에 근거한 것으로 평가된다. 다만 재산권이론은 불완전 계약의 문제로 인하여 최적의 자원배분은 팀 구성원 중 한 집단에게 재산권을 설정해주어야 해결된다고 주장하면서 회사를 재산권의 집합으로 이해한다. 그러나 이러한 재산권이론은 한 집단에게만 재산권을 부여하여 다른 참가자 집단의 지위를 취약하게 만든다는 문제가 있다고 평가된다.[397]

팀생산이론은 계약이론과 같이 회사를 팀 생산의 효율성을 위하여 조직되는 것으로 이해한다. 그러나 팀생산이론은 팀 생산에서 발생하는 문제점을 회사에 대한 지배권 위임으로 해결한다는 점에서 계약이론과 차이가 있다. 또한 팀생산이론은 '회사 특정 투자를 한 모든 이해관계자의 결합체'로 이해하지만, 회사를 단순히 계약으로 이해하지 않고 회사 참가자와는 별개의 실체로 인식한다.

2) 법학적 회사이론에 관한 쟁점 정리

법학적 회사이론은 회사의 기원(origin) 또는 정당성(legitimacy)의 근원이 무엇인지에서부터 출발하였다. 인가이론에 의하면 회사는 정부의 창조물로서 정부는 회사의 존재를 허락하고 회사에 법인격, 영속성, 유한책임과 같은 특권을 부여하였다.[398] 회사는 특권을 인정받은 대가로 공익을 위해 봉사하여야 하고, 정부는 회사가 공적 임무를 수행하도록 규제할 수 있다. 따라서

---

397 Blair & Stout, "Specific Investment," p.736.

398 Robert Hessen, "A New Concept of Corporations: A Contractual and Private Pro-
perty Model," *Hastings Law Journal*, vol.30(1978), p.1330.

회사는 정부의 인가로부터 기원하고, 정부의 특권 수여에 의하여 정당성이 인정되는 것이다. 이에 반해 계약이론은 회사가 개인 간의 자발적인 계약에 의하여 형성되고, 회사는 어떠한 형태의 특권도 향유하지 않는다고 본다. 개인은 단순히 그들의 계약상 권리를 행사하는 것일 뿐이라는 것이다.[399] 따라서 계약이론에 따르면 회사는 당사자 간 합의로부터 기원하고, 그 합의에 의하여 정당성이 인정된다. 이와 같이 계약에 의해 형성된 회사는 계약 당사자의 사적 목적을 추구하는 것이며, 그 성립과 관련하여 어떠한 형태의 공익 목적도 인정되지 않는다.[400] 이러한 이유로 집합이론에서는 정부가 공익을 이유로 회사에 대한 규제를 할 수 없다고 본다.

실체이론은 회사는 단체로서 '의제'된 존재가 아니라 개인과 같이 '실재'하는 것이며, 회사를 구성하는 주주와는 구별되는 별개의 실체라고 주장한다. 또한 실체이론에 의하면 회사는 자연적으로 발생한 조직이며, 국가의 창조물이 아니기 때문에 국가는 독립해 있는 실체인 회사를 단지 인식하는 것으로 본다. 따라서 실체이론에 의하면 회사는 회사의 창조물이나 주주의 집합이 아니라 주주와는 독립하여 존재하고, 주주의 변경과는 상관없이 존속하는 사회적 실체(social reality)라고 이해된다. 실체이론은 개인주의에 근거한 집합이론이 거대 회사에 적대적이었던 것과 달리 거대 회사를 정당화하는 이론적 근거를 제공하여 회사의 법적 본질에 관한 지배적인 입장으로 자리 잡게 된다. 한편, 20세기 초반에는 회사를 어떻게 공공에 봉사하게 할 것인지가 주된 관심사항이었고, 이러한 문제와 관련하여 회사를 다양한 이해관계자와는 별개로 구분되는 사회적·법적 행위자로서 인식하여야 한다는 주

---

399 Bratton, "Nexus of Contracts Corporation," p.433.

400 Roberta Romano, "Metapolitics and Corporate Law Reform," *Stanford Law Review*, vol.36(1984), p.933.

표 3-1 법학적 회사이론의 비교

구분	인가이론	실체이론	계약이론*
회사의 인위성	인정	부정	부정
회사의 실재성	부정	인정	부정

주: * 여기서 계약이론은 집합이론과 '계약의 결합체'이론을 포괄하는 개념으로 사용하였다.

장이 나타나기 시작하였다.[401] 실체이론은 회사를 사회적 실체로 인식하기 때문에 회사를 법적 책임의 주체로 확실하게 인식시키는 기능을 할 수 있었고, 이로 인해 실체이론은 20세기 초반 회사를 자신의 행동에 대해 사회적으로 책임을 지는 시민으로 자리매김하는 데 큰 기여를 하였다. 따라서 20세기 초반 회사의 행위에 대한 여러 가지 규제 법률들은 이러한 실체이론을 이론적 근거로 하여 제정되었다.[402]

지금까지의 논의를 살펴보면, 법학적 회사이론과 관련한 쟁점은 두 가지로 정리된다. 즉 ① 회사가 정부가 인위적으로 창조한 것인지 아니면 자연적으로 발생한 것인지 여부(회사의 인위성), ② 회사가 허구적 존재인지, 아니면 회사가 구성원인 주주와는 별개의 독립한 실재하는 존재인지 여부이다. 이와 같은 쟁점과 관련하여 각 이론의 차이점을 간단히 정리하면 〈표 3-1〉과 같다.

---

401 Johnson, "Law and Legal Theory in the History of Corporate Responsibility," p.1158.
402 같은 글, p.1158.

회사지배구조이론

1. 역사적 기원

1) 서언

회사지배구조는 복합적인 의미를 가진다. 일반적인 의미로는 회사를 누가 지배하고, 어떻게 지배하며, 회사 경영 결과에 대한 위험과 수익을 어떻게 배분하는지에 관한 법적·문화적·제도적 장치의 총체이고, 법적인 측면에서는 회사 경영을 위한 의사결정과 그 결과에 대한 책임에 관한 규범체계이다.[1] 특히 법적인 의미에서 본질적인 문제는 회사의 의사결정에 관한 것이고,[2] 회사지배구조규범의 임무는 회사의 의사결정 과정에서 모든 이해관계자들의 이해를 조정(mediating)하는 것이다.[3]

회사지배구조 문제는 소유와 지배가 일치하는 개인기업이나 조합에서는

---

1 의사결정에 대한 책임 문제도 중요하지만, 좀 더 본질적인 문제는 회사의 의사결정에 관한 것이다. 따라서 법학적 의미에서 회사지배구조는 의사결정과 관련된 모든 규범에 관한 것으로 볼 수 있다(Well, "The Birth of Corporate Governance," p.1251).

2 D. Gordon, Smith, "Response: The Distopian Potential of Corporate Law," *Emory Law Journal*, vol.57(2007~2008), p.990.

3 Stout, "Bad and Not-So-Bad Arguments for Shareholder Primacy," p.1199; 김화진, 『기업지배구조와 기업금융』(박영사, 2009), 10쪽; 이해관계의 상충이 회사법의 영원한 관심 주제라는 지적으로는, Fred D. Baldwin, *Conflicting Interests: Corporate-Governance Controversies*(LexingtonBooks, 1984), p.1.

발생할 가능성이 적다. 자신이 직접 공급자 및 소비자와 계약을 맺으면서 사업을 영위하는 개인사업자는 사유재산제도와 계약의 자유가 지배하는 법체계 하에서 오로지 자신의 이익을 위하여 사업을 하고 자신이 합의한 계약에 따른 책임만을 부담한다.[4] 개인사업자는 자기 소유의 기업을 자신이 직접 본인 책임 하에 자신을 위해 의사결정을 하면서 운영하고, 조합도 조합원 상호간에 신인관계가 형성된다는 점을 제외하고는 개인사업자와 동일하다.[5]

역사적으로 볼 때 개인사업자와 거의 비슷한 형태로 운영되던 초기 회사의 경우에도 지배구조의 문제는 발생하지 않았다. 회사를 의제(fiction)로 보는 경우에는 회사는 본질적으로 개인기업과 동일한 것으로 취급되었고, 기업은 주주라고 불리는 소유자의 수익 창출을 위하여 존재하는 것으로 이해되었다.[6] 또한 회사는 소수의 대주주에 의하여 직접 운영되었기 때문에 소유와 지배가 분리되는 현상도 나타나지 않았다.

회사지배구조는 20세기 초반에 회사의 본질을 의제가 아닌 실체로 보는 입장이 등장하고, 주식의 분산소유로 인하여 회사의 소유와 지배가 실질적으로 분리되면서 문제되기 시작하였다.[7] 이때부터 주주와는 별개로 실재하는 독립체인 회사를 누가 지배하고, 누구를 위하여 회사가 존재하는지에 관한 의문이 제기되기 시작한 것이다.

따라서 회사지배구조의 근본 문제는 "'누가' 회사의 의사결정을 할 것이며, 회사의 의사결정 권한을 가지고 있는 사람이 '누구를 위해' 의사결정을 하여

---

4 Dodd, "For Whom Are Corporate Managers Trustees?" p.1145.

5 같은 글, p.1145.

6 같은 글, p.1146.

7 회사지배구조는 소유와 지배의 분리에서 발생하는 문제를 해결하는 데 있다는 지적에는 Jill E. Fisch, "Measuring Efficiency in Corporate Law: The Role of Shareholder Primacy," *Journal of Corporation Law*, vol.31(2005~2006), p.648가 있다.

야 할 것인가?"[8]이다. 이를 조금 더 체계적으로 분석해보면, "누가 의사결정을 할 것인가"의 문제는 회사지배의 수단에 관한 문제이고, "누구를 위해 의사결정을 할 것인가"의 문제는 회사(지배)의 목적에 관한 문제이다.[9] 이와 같은 문제를 해결하기 위한 이론을 '회사지배구조이론'이라 하고, 회사지배구조이론은 회사지배구조에 관한 근본 문제에 따라 회사지배의 목적과 수단의 두 가지 차원에서 논의될 수 있다.

전통적으로 회사지배구조의 문제는 회사지배의 수단, 즉 "누가 의사결정을 할 것인가"에 관한 문제로 인식되었고, 그와 관련된 논의가 대부분이었다.[10] 역사적으로 살펴보면 회사지배구조의 '수단'에 관해서는 주주가 의사결정을 해야 한다는 주주지상주의와 경영자가 의사결정을 해야 한다는 '경영자주의'가 대립하고 있었다.[11]

그러나 회사지배의 수단보다 근본적인 문제는 회사의 목적에 관한 문제로서 이에 대해서는 회사를 바라보는 입장에 따라 서로 다른 주장이 존재하나,[12] 회사지배구조의 목적에 관하여 가장 치열한 논쟁 구조를 형성한 입장은 주주지상주의와 이해관계자주의이다.[13]

---

8   신석훈, 「회사지배구조 모델의 법경제학적 접근」, 7쪽.

9   Bainbridge, "Director Primacy," pp.548~549.

10 회사지배구조에 관해서는 주로 구체적인 지배구조 설계에 관한 문제가 논의되었고, 이러한 논의는 대부분 대리인이론에 근거하고 있다.

11 회사 의사결정의 실질적인 주체를 누구로 할 것인가의 문제로서 구체적으로는 회사의 의사결정권한을 주주, 이사, 집행임원과 같은 회사의 기관 중에서 누구에게 부여할 것인가에 관한 것으로 볼 수 있다.

12 특히 각 입장은 제3장에서 살펴본 회사이론과 연관되어 있다(신석훈, 「회사지배구조 모델의 법경제학적 접근」, 7쪽).

13 주주지상주의는 미국과 영국 및 영미법계에 속하는 캐나다, 호주, 뉴질랜드의 지배적인 입장이고, 이해관계자주의는 유럽과 동아시아의 지배적인 입장이라는 지적으로는

주주지상주의는 회사의 목적은 주주의 이익 극대화이고, 회사의 궁극적인 지배권은 주주에게 있다는 이론이고,[14] 이해관계자주의는 소유·지배가 분리되는 회사지배구조의 변화로 인해 회사는 더 이상 주주의 소유가 아니기 때문에 회사는 주주 이익 극대화가 아닌 모든 이해관계자의 이익을 위하여 운영되어야 한다는 이론이다.[15] 이해관계자주의는 20세기 초반 거대 회사가 사회에 대하여 행사한 강력한 영향력을 견제하고, 부정적 외부효과의 전가와 같은 부작용을 회사법 내에서 해결하기 위해 등장하였다.

주주지상주의와 이해관계자주의의 대립은 1931년에 벌어진 벌리·도드 논쟁(Berle-Dodd Debate)에서 그 기원을 찾을 수 있고, 벌리는 주주지상주의의, 도드는 이해관계자주의의 원형을 보여주고 있다. 회사지배구조이론으로서 주주지상주의와 이해관계자주의의 이론적 의의는 회사지배구조규범을 형성하는 이론적 근거가 되고, 구체적인 문제에 대한 해결방안을 제시해주는 기능을 한다는 데 있다. 따라서 이 책의 연구 목적인 회사의 실패를 교정할 수 있는 바람직한 회사지배구조가 무엇인지를 논의하기 위해서는 회사지배구조이론에 관한 논의가 필수적이고, 특히 회사지배구조 규범에 대한 대안을 제시하기 위해서는 현재 회사지배구조이론에서 진행되는 논의를 살펴볼 필요가 있다. 그러므로 본 장에서는 주주지상주의와 이해관계자주의에 대하여 자세히 살펴보고, 구체적인 쟁점에서 양 이론이 어떠한 입장 차이를 가지고 있는지 분석하도록 한다.

Keay, "Stakeholder Theory in Corporate Law," p.249가 있다.

14 Bainbridge, "Director Primacy," p.573.

15 Mahmudur, "The Stakeholder Approach to Corporate Governance and Regulation," p.307.

2) 벌리·민즈의 연구

(1) 주주지상주의의 확립과 위기

주주지상주의는 회사실무에서 일반적으로 인정되던 전통적인 입장이었고, 법원도 1919년 닷지 판결에서 이를 받아들였다.[16] 그러나 이와 같이 회사를 주주의 소유로 보는 전통적인 입장에 대해서는 20세기 초반 회사지배구조에 급격한 변화가 발생하기 시작하면서 의문이 제기되기 시작하였다. 전통적인 입장에 대한 의문을 제기하게 한 회사지배구조의 변화는 ① 20세기 초반에 등장한 실체 이론의 영향에 따라 법이론적인 측면에서 전통적인 재산권 개념으로는 회사를 주주의 소유로 설명할 수 없었고,[17] ② 주식의 광범위한 분산소유로 인하여 회사 지배의 유인을 상실한 주주를 대신하여 경영자가 회사를 실질적으로 지배한 경제 현실에 기인한다.[18]

이와 같은 회사지배구조의 변화로 전통적인 주주지상주의는 위기를 맞게된다. 이러한 상황에서 벌리·민즈는 주주지상주의 입장에서 재산권제도와 회사를 분석하여 주주지상주의를 이론화시켰고, 이러한 벌리·민즈의 주장

---

16 도드는 주주지상주의를 전통적인 입장(traditional view)이라고 표현하였다."회사가 주주들의 사적 이익을 위해 형성되고 이를 유일한 목적으로 하여 구성된 이사회에 의해 경영되는 주주들의 집합체라는 것이 전통적 견해이다(It is undoubtedly the traditional view that a corporation is an association of stockholders formed for their private gain and to be managed by its board of directors solely with that end in view)."](Dodd, "For Whom Are Corporate Managers Trustees?" pp.1146~1147).

17 주식이 분산 소유된 주주와는 별개의 실체인 회사를 과연 주주의 소유로 볼 수 있는 것인지에 관한 의문을 전통적인 재산권 개념으로는 해결할 수 없었다.

18 주주가 회사의 경영에 영향을 미칠 수 없다는 점을 기회로 경영자의 경영 목표가 주주 이익 극대화가 아닌 다른 목적으로 설정되는 경우가 발생하였다.

은 자신들의 책인 『근대의 회사와 사유재산(The Modern Corporation and Private Property)』에 잘 나타나 있다.

(2) 『근대의 회사와 사유재산』

① 의의

소유와 지배가 분리되는 근대 회사의 특징은 벌리·민즈의 『근대의 회사와 사유재산』에서 자세하게 분석되었다. 벌리·민즈는 근대 회사의 특징을 소유와 지배의 분리로 규정하고, 회사의 분산된 소유지배구조에서 주주는 효율적으로 경영자를 통제할 유인이 없기 때문에 근대 회사의 경영자는 주주의 이익보다는 경영자 개인의 이익을 추구할 수 있다는 점에 대하여 문제를 제기한다. 벌리·민즈는 이와 같은 문제를 전제로 경영자가 주주의 이익을 위하여 행동할 수 있도록 하는 장치를 마련하려고 하였고, 이것이 이 책의 핵심적인 주제이다. 즉 벌리·민즈는 주주와 경영자 간의 이익충돌 상황을 극복하기 위하여 주주지상주의의 입장에서 회사는 주주의 소유이며, 회사의 소유자인 주주를 위하여 모든 권한을 행사해야 한다고 주장했고,[19] 이와 같이 주주지상주의 입장에서 소유·지배의 분리를 해결하기 위한 시도가 '회사지배구조론'의 시작이라고 할 수 있다.[20]

② 연구의 전제

벌리·민즈가 연구의 대상으로 삼은 것은 1930년 당시 미국의 공개회사였

---

19 Berle, "Corporate Powers as Powers in Trust," p.1049.

20 Well, "The Birth of Corporate Governance," pp.1252~1253. 이 논문은 회사지배구조 논의가 벌리의 연구로부터 시작된 것은 아니며, 1920년대에 이미 회사지배구조에 대한 논의가 있었고, 이러한 연구의 집대성이 벌리의 연구라고 지적한다.

다. 1930년 1월 당시 미국의 200대 거대 회사(giant corporation)[21]는 810억 달러의 자산을 소유하여 미국 전체 회사 자산의 49%, 모든 기업[22] 자산의 38%를 차지하고 있었고, 이 자산은 미국 전체 부의 22%에 해당하였다.[23] 또한 이 200대 회사는 주식 소유가 갈수록 분산되고 있었다.[24] 1900년과 1928년 사이 회사 주식을 소유한 개인이 4배 이상 증가하였고, 소액주주 역시 극적으로 증가하였다. 이러한 점은 전 미국의 회사 이익에 대한 배당 중 26%가 5000달러 이하의 소득을 가진 개인에게 배당되었고, 50%가 2만 5000달러 이하의 소득을 가진 개인에게 배당되었다는 사실에서 알 수 있다.[25]

이와 같이 벌리·민즈는 1930년 당시 거대 회사가 국부의 상당부분을 차지할 정도로 큰 비중을 차지하고 있었고, 그러한 거대 회사는 광범위하게 분산된 주식 소유구조를 가지고 있다는 점을 통계적인 방법으로 입증하였고, 이와 같이 주식이 광범위하게 분산된 거대 회사를 연구의 대상으로 삼아 자신들의 이론을 전개해 나간다.

③ 소유와 지배의 분리

벌리·민즈가 연구대상으로 삼은 미국의 거대 회사는 19세기 초반 미국에 회사가 처음으로 등장했을 때의 전형적인 회사와는 전혀 다른 것이었다. 당시 관념으로 전형적인 회사는 회사 소유자에 의하여 직접 경영되는 소규모 기업이었다.[26] 그러나 1930년의 거대 회사는 사기업이라고 부를 수가 없을

---

21 200대 거대 회사에 은행은 포함되지 않는다(Berle & Means, *The Modern Corporation and Private Property*, pp. 20~27).

22 미국의 모든 회사, 조합, 개인 사업자를 포함한다.

23 Berle & Means, *The Modern Corporation and Private Property*, p.33.

24 같은 책, p.47.

25 같은 책, p.60.

정도로 거대하여 벌리·민즈는 거대 회사를 준공기업(quasi public corpo-
ration)이라고 불렀고, 회사의 본질에 근본적인 변화가 발생했다고 주장하였
다. 즉 거대 회사의 존재는 전통적인 자본주의 이론으로는 설명될 수 없다는
것이고, 벌리·민즈는 이를 다음과 같이 지적한다.

애덤 스미스가 기업에 대해 말했을 때는 소규모 개인기업가가 기업의 소유자
로서 소수 노동자의 도움을 받아 물품을 생산하거나 상업에 종사하는 것을 생각
했다. 애덤 스미스는 회사에 대하여 분산된 소유구조가 효율적인 운영을 불가능
하게 한다고 주장하며, 회사를 기업조직으로 인정하기를 강하게 부정하였다.[27]

이와 같이 고전 경제학은 1인 또는 소수의 투자자가 기업에 자본을 제공
하고, 그 기업을 직접 운영하여 그들의 근면성과 경영 능력에 따라 손익을
보는 것을 전제로 했고, 수익에 대한 인센티브와 손실에 대한 위험은 다음과
같이 회사로 하여금 소비자가 원하는 물건을 효율적으로 시장에 공급할 수
있게 하였다.[28]

개인이 자신의 재산을 자신이 적절하다고 생각하는 방식으로 사용하고, 그 사
용에 대한 대가를 모두 가질 수 있다는 것이 적절하게 보장된다면, 수익에 대한
욕망은 그가 소유한 산업적 재산을 효율적으로 사용할 수 있게 하는 효과적인
인센티브가 될 수 있다.[29]

---

26 Hessen, "The Modern Corporation and Private Property," p.275.

27 Berle & Means, *The Modern Corporation and Private Property*, pp.303~304.

28 Hessen, "The Modern Corporation and Private Property," p.276.

29 Berle & Means, *The Modern Corporation and Private Property*, p.8.

그러나 벌리·민즈는 이러한 가정이 증권시장에서 주식이 거래되는 거대 회사에 대해서는 적용되지 않는다고 주장한다.[30] 전통적인 재산권 논리에 의하면 회사의 수익은 회사의 소유자인 주주에게 돌아가야 하지만, 전통적인 수익 논리에 의하면 회사를 효율적으로 경영하고 합리적인 결정을 내릴 수 있는 유인을 형성하기 위해서는 회사의 경영자에게 수익이 돌아가야 한다. 따라서 거대 회사는 소규모 기업과는 달리 투자, 의사결정, 수익창출의 관계가 형해화된다.[31] 즉 거대 회사의 경영자들이 수익에 대한 대가를 향유할 수 없어 회사를 위해 효율적으로 행동할 유인이 전혀 없기 때문에 거대 회사는 효율적일 수 없다는 것이고, 이와는 반대로 주주는 회사에 대한 지배를 실질적으로 포기하였기 때문에 회사 재산이 더 효율적으로 사용되도록 노력할 아무런 유인이 없다는 것이다.[32]

재산의 원자화는 수익 추구가 산업재산의 소유자에게 그 재산을 효율적으로 사용하게 하는 원동력이 된다는 오래된 명제를 의미 없게 만들었다.[33]

따라서 벌리·민즈에 따르면 주식이 광범위하게 분산된 거대 회사에는 주주와 경영자 간에 피할 수 없는 이익충돌이 존재한다.[34] 지배주주가 경영자의 행위를 적절하게 감시하지 않는다면, 경영자는 회사 재산을 자유로이 빼돌릴 것이고, 주주가 직접 경영하는 것보다 덜 공격적으로 수익을 추구할 것이다. 분산된 주식 소유구조에서는 주주는 무력하고 수동적이며, 회사의 주

---

30 Hessen, "The Modern Corporation and Private Property," p.276.

31 Berle & Means, *The Modem Corporation and Private Property*, pp.334~344.

32 Hessen, "The Modern Corporation and Private Property," p.276.

33 Berle & Means, *The Modem Corporation and Private Property*, p.9.

34 Hessen, "The Modern Corporation and Private Property," p.277.

인이라는 법적 지위는 명목에 불과하여 회사 경영자의 정책을 변경하거나 경영자를 감시할 권한은 전혀 없다.[35] 이러한 이유로 거대 회사를 운영하는 실질적인 권한은 회사의 소유자인 주주에게 있지 않고, 회사의 경영자에게 있게 된다.[36]

④ 경영자 지배의 문제점에 대한 방안

벌리·민즈는 소유와 지배의 분리로 인하여 발생한 문제의 핵심은 책임의 문제이고, 그로 인하여 사유재산권 자체에 위기가 발생했다고 진단한다.[37]

> 자본주의제도에서 사유재산권제도는 빠르게 원래의 특성을 상실하고 있다. 회사제도의 도입으로 인해 발생한 흠결을 막지 못하는 경우 전체 제도를 다시 평가할 필요가 생길 수 있다.[38]

따라서 벌리·민즈는 이를 해결하기 위해서는 회사의 경영자가 주주의 경제적 이익을 극대화하도록 행동하는 것을 보장하는 방안이 모색되어야 하고, 이를 위해서는 경영자를 주주의 수탁자(trustee)로 보아야 한다고 주장한다.[39]

---

35 Berle & Means, *The Modem Corporation and Private Property*, pp.1~9.

36 같은 책, pp.69~70.

37 Millon, "Theories of the Corporation," p.221.

38 Berle & Means, *The Modem Corporation and Private Property*, p.247.

39 Millon, "Theories of the Corporation," p.221.

2) 벌리·도드 논쟁

(1) 의의

벌리·민즈의 연구가 누가 의사결정을 하는지에 관한 문제[40]에서 경영자 중심의 지배구조를 확립하는 이론적 근거를 제공하였다면, 1930년에 벌어진 벌리-도드 논쟁[41]은 경영자가 누구를 위해 의사결정을 하는지에 관한 것이었다.[42] 당시 미국의 기업은 공공사업을 수행하기 위한 조직 구조에서 사기업 형태로 확장되는 상황이었고, 벌리와 도드는 회사법에서 발전하는 조직 구조를 어떻게 적절하게 규정할 것인가와 회사법의 미래 발전방향에 관하여 논쟁을 벌였다.[43] 벌리-도드 논쟁은 주주지상주의 입장에서 논지를 펼친 벌리의 논문인 "신탁관계상 권한으로서의 회사법상 권한(Corporate Powers as Powers in Trust)"에 대하여 도드가 "회사 경영자는 누구의 수탁자인가?(For Whom Are Corporate Managers Trustees?)"에서 자신의 주장을 펼치고, 도드의 주장에 벌리가 "회사 경영자는 누구의 수탁자인가: 주석(For Whom Corporate Managers Are Trustees: A Note)"에서 도드의 논문을 반박하는 방식으로 이루어졌다.

벌리는 경영자의 모든 권한은 모든 주주의 이익을 위해 비례적으로 행사되어야 한다고 주장하였고,[44] 도드는 벌리의 주주지상주의를 반박하면서 회

---

40 앞에서 언급한 회사지배의 수단에 관한 문제를 의미한다.

41 벌리-도드 논쟁에 대하여 자세한 내용은, Joseph L. Weiner, "The Berle-Dodd Dialogue on the Concept of the Corporation," *Columbia Law Review*, vol. 64(1964).

42 앞에서 언급한 회사지배구조의 목적에 관한 문제를 의미한다.

43 Fisch, "Measuring Efficiency in Corporate Law," p. 647.

44 Berle, "Corporate Powers as Powers in Trust," p. 1049.

사는 주주의 이익만이 아닌 이해관계자의 이익을 고려하여야 하고, 회사의 경영자는 공익을 고려한 결정을 하여야 한다고 주장하였다. 벌리의 주장은 회사가 주주의 소유라는 것을 전제로 한 것이고, 경영자의 주주에 대한 의무는 소유자를 위한 수탁자 또는 대리인으로서의 역할에서 발생한다는 것이다.[45] 그러나 이와 같은 자신의 주장이 도드에 의해 비판을 받게 되자, 벌리는 회사는 주주의 이익을 위해서 운영되어야 하므로 회사의 경영진은 주주의 이익을 우선하여야 한다는 입장을 재확인하면서 도드의 주장과 논리를 반박하였다.

(2) 도드의 주장

도드는 자신의 논문인 "For Whom Are Corporate Managers Trustees?"에서 벌리의 주주지상주의적 입장을 반박하면서 회사는 주주의 이익만이 아닌 이해관계자의 이익을 고려하여야 한다고 주장하였다. 이 논문에서 도드의 주장과 논리를 요약하면 다음과 같다.

① 회사가 법에 의해 허용되는 이유는 회사가 사회에 기여를 하기 때문이지, 회사 소유자의 이익의 원천이기 때문은 아니다. 또한 회사의 무한정한 이익 추구가 가능한 것은 해당 시장의 경쟁 상황을 고려하여 법정책으로 허용하기 때문이고, 회사를 소유한 자가 그 회사를 개인적인 용도로 사용할 수 있는 헌법적 권리가 있기 때문이 아니다. 따라서 회사는 제한적 의미에서만 사유재산으로 인정될 수 있고, 사회는 회사 소유자의 이익이 축소되더라도 직원, 소비자, 지역사회를 보호하기 위한 조치를 요구할 수 있다.

---

45 Fisch, "Measuring Efficiency in Corporate Law," p.647.

② 자본주의가 존속하기 위해서는 노동자에 대한 경제적 안정성 보장 등의 보호를 강화하여야 하고, 자본주의 존속을 위한 안정적인 생산·고용 시스템을 위해서는 주주 이익 극대화 공식은 수정될 필요가 있고, 회사 소유자로서의 주주를 위한 수익 극대화를 추구하는 경영자의 역할도 수정되어야 한다.

③ 사회에 중요한 역할을 하는 회사를 회사 운영에 아무런 역할을 하지 않는 투자자의 소유로 보는 현재의 경제시스템은 문제가 있고, 회사로부터 이익을 배당 받을 때를 제외하고 회사와 아무런 연관이 없는 주주에게 회사 운영의 공적 책임을 인식시키는 것은 기대하기 어렵다. 노동자, 소비자, 지역사회에 대한 회사의 사회적 책임을 수행하는 역할은 주주가 아니라 경영자가 수행하여야 한다.

④ 주주 이익 극대화 공식은 회사를 주주의 집합체로 보고, 경영자를 주주의 대리인으로 본다. 그러나 전통적 견해는 회사를 주주와는 구별되는 법인격을 가진 것으로 보고, 회사는 주주의 집합체에 불과한 가상적인 존재가 아니라 조직을 구성하는 구성원과는 별개인 실체(factual unit)로 본다. 따라서 회사의 경영자는 회사의 구성원인 주주가 아니라 회사에 대하여 의무를 부담한다.

(3) 벌리의 주장

벌리는 자신의 논문인 "Corporate Powers as Powers in Trust"에서 경영자의 모든 권한은 모든 주주의 이익을 위해 비례적으로 행사되어야 한다고 주장하였다.[46] 이러한 벌리의 주장은 회사가 주주의 소유임을 전제로 한 것이고, 경영자의 주주에 대한 의무는 소유자를 위한 수탁자 또는 대리인으로서의 역할에서 발생한다는 것이다.[47] 그러나 이와 같은 주장이 도드에 의해

---

46   Berle, "Corporate Powers as Powers in Trust," p.1049.

비판을 받게 되자, 벌리는 자신의 논문인 "For Whom Corporate Managers Are Trustees: A Note"에서 자신의 주주지상주의 입장을 재확인하면서 도드의 주장과 논리에 대하여 다음과 같이 반박하였다.

① 주주에 대한 경영자의 의무가 약화되면, 경영자의 지배권이 절대적인 것이 된다.

② 이해관계자의 이익을 고려하게 되면 이해관계자들이 각자의 사적 이익을 주장할 것이고, 회사는 사적 이익 추구의 전쟁터가 될 것이다.

③ 재산에는 소유자가 소유하거나 관리할 수 있는 적극적 재산과 주식과 채권과 같은 경제적 기대(economic expectations)에 대한 청구권을 의미하는 소극적 재산이 있다. 주주는 자신의 주식을 처분하는 것 외에는 회사에 대하여 달리 할 수 있는 일이 없고, 그런 이유로 회사는 회사를 실제로 경영하는 자의 손에 좌우된다.

(4) 평가

벌리-도드 논쟁은 현재 회사지배구조이론의 출발점이 되었고, 아직도 해결되지 않는 현재 진행형의 논쟁[48]이라는 점에서 그 역사적 의미가 있다.[49] 이 논쟁에서 벌리는 주주지상주의의, 도드는 이해관계자주의의 원형을 보여주고 있으며,[50] 주주지상주의와 이해관계자주의는 이 논쟁 이후 많은 진화

---

47 Fisch, "Measuring Efficiency in Corporate Law," p.647.

48 벌리-도드 논쟁의 현대적 의미에 대하여는, A. A. Sommer, "Whom Should the Corporation Serve? The Berle-Dodd Debate Revisited Sixty Years Later," *Delaware Journal of Corporate Law*, vol.16(1991).

49 Stout, "Bad and Not-So-Bad Arguments for Shareholder Primacy," p.1191.

와 발전을 거쳤다.[51]

따라서 본 장에서는 벌리-도드 논쟁을 기원으로 하는 주주지상주의와 이해관계자주의의 주장을 정확하게 파악하기 위하여 제2절에서 주주지상주의를, 제3절에서는 이해관계자주의를 자세히 살펴본다. 제4절에서는 제2절 및 제3절에서 살펴본 양 이론의 입장을 바탕으로 회사지배구조에 관한 구체적 쟁점에서 양 이론이 어떻게 입장을 달리하고 있고, 회사의 의사결정이 문제되는 구체적 상황에서 양 이론이 어떻게 차이가 나는지를 살펴본다.

---

50 다만 도드는 자신의 주장이 이론상·실무상 문제가 있을 수 있음을 후에 인정했고[E. Merrick Dodd, "Book Review," *University of Chicago Law Review*, vol.9(1942), p.547] 반면 벌리는 사회공익을 위하여 경영자에게 광범위한 재량을 허용하는 도드의 입장을 수용한다(Berle, *The 20th Century Capitalist Revolution*, p.169).

51 주주지상주의가 벌리-도드 논쟁을 거치면서 좀 더 정교한 이론으로 발전하였다는 지적으로는 David Millon, "New Directions in Corporate Law," p.374 참조.

2. 주주지상주의

1) 서언

(1) 의의

주주지상주의(shareholder primacy norm)는 회사의 목적은 주주의 이익 극대화(shareholder wealth maximization)이고, 회사의 궁극적인 지배권은 주주에게 있다는 이론이다. 이와 같은 주주지상주의의 입장에서 보면 회사의 경영자는 주주의 이익을 가장 우선시할 의무가 있다.[52] 주주지상주의는 회사지배구조에 관한 지배적인 이론이고,[53] 미국 법조협회(American Law Institute:

---

52 John H. Matheson & Brent A. Olson, "Corporate Law and the Longterm Shareholder Model of Corporate Governance," *Minnesota Law Review*, vol.76(1992), p.1326.

53 고든 스미스(Gordon Smith)는 주주지상주의 규범이 공개회사의 이사회에 의하여 고려되는 주요한 요소라는 것에 대부분의 법학자들이 합의하고 있다고 말한다(Smith, "The Shareholder Primacy Norm," p.283); Michael P. Dooley, *Dooley's Fundamentals of Corporation Law*(Foundation Press, 1995), p.97("경영자의 주요한 임무가 주주 이익을 극대화하는 것이라는 점은 일반적으로 인정된다"); Millon, "New Directions in Corporate Law," p.1374("주주지상주의는 20세기 내내 회사법의 지배규범법으로 작용해왔다"); 한편, 주주지상주의는 주로 미국과 영국에서 지배적인 이론이었으나, 현재는 비영미권 국가에서도 지배적인 이론으로 자리 잡고 있는 상황이다.

ALI)의 기업지배구조 원칙(Principles of Corporate Governance)도 "주식회사는 회사운영을 함에 있어 그 목적이 회사의 수익과 주주의 이익을 증진하는 데 있다"고 기술하고 있다.[54] 주주지상주의는 법률에 명문화되지 않는 규범 (norm)으로 이해되고 있고,[55] 회사의 경영자는 자신에 대한 임명권한이 있는 주주를 우선시할 유인이 있기 때문에 실무적으로 사실상의 강제력이 있다고 평가된다.[56]

주주지상주의에 대한 문헌은 매우 많고 이를 주장하는 학자들도 많이 있으나, 대표적인 학자로는 주주지상주의를 이론적으로 정립한 벌리, 주주가 회사의 소유자라는 입장에서 주주지상주의를 강력하게 주장한 프리드먼이 있다.

(2) 역사적 전개

주주지상주의가 언제 등장했는지는 명확하지 않다. 그러나 19세기 중반까지는 주주지상주의와 같은 이론이 존재한 것으로 보이지는 않고, 19세기 중반 이후 미국에서 자본주의가 발전하는 것과 궤를 같이하여 등장하여 사회적·경제적 상황에 따라 등락을 거듭하였다고 평가된다.[57] 주주지상주의는 고전 경제학의 합리적인 경제 주체의 이익 극대화 공리가 회사제도에 녹아 들어가 형성된 것으로 보이고, 19세기 이후에는 주주지상주의의 입장이 담

---

54 American Law Institute, *Principles of Corporate Governance: Analysis and Recommendations*(American Law Institute, 2001), §2.01(a).

55 규범의 의미에 대하여 자세한 것은 Smith, "The Shareholder Primacy Norm," pp.278~279 참조.

56 Bainbridge, "Director Primacy," p.576.

57 주주지상주의가 역사적으로 '능력 외 이론'에서 비롯되었다는 지적으로는 Blair & Stout, "Corporate Accountability," p.409 참조.

긴 회사 정관, 일반회사설립법, 판결, 법문헌을 쉽게 찾아볼 수 있다.[58] 예컨대, 고든 스미스(Gordon Smith)는 다음과 같은 근거로 초기 회사법이 주주지상주의에 근거해 있다고 평가한다.

① 초기 회사의 정관과 회사법은 주주의 배당에 관한 권리를 규정하고 있다.[59]
② 초기 회사법은 주주에게만 의결권을 부여하였고, 초기의 판례는 이사 선임에 관한 권한을 주주의 고유한 권리로 인식하였다.[60]
③ 초기의 정관과 판례는 주주를 회사 이익의 주요한 수혜자(beneficiary)로 규정한다.[61]
④ 초기 판례는 이사에 대한 회사의 청구를 주주가 대신할 수 있는 대표소송을 인정하였고,[62] 이사를 주주의 수탁자로 보았다.

이와 같이 회사를 주주의 소유로 보는 회사 실무의 전통에 근거하여 확립된 주주지상주의는 닷지 판결에서 처음으로 법원에 의하여 인정되었다. 닷지 판결에서 미시간 주 대법원은 회사는 주주의 수익을 주요한 목적으로 하여 조직·운영되고, 이사는 주주의 수익 이외의 다른 목적을 위하여 권한을 행사할 수 없다고 판시하여 자본의 투자자인 주주를 회사의 소유자로 간주

---

58 Smith, "The Shareholder Primacy Norm," pp.296~304.
59 고든 스미스는 주주의 배당에 관한 사건으로 다음의 두 사건을 들고 있다. Scott v. Eagle Fire Insurance Co. 7 Paige Ch. 198, 203(N.Y. Ch. 1838); Beers v. Bridgeport Spring Co. 42Conn. 17, 27(1875).
60 Hughes v. Parker, 20 N.H. 58(1849).
61 고든 스미스는 초기 판례에서 회사를 채권자를 위한 신탁으로 본 경우(신탁기금의 법리)도 있기 때문에 명확하지는 않다고 인정한다.
62 Robinson v. Smith, 3 Paige Ch. 222(N.Y. Ch. 1832); Taylor v. Miami Exporting Co., 5 Ohio 162(1831).

하는 주주지상주의에 입각한 판결을 하였다.

주주지상주의는 이해관계자주의에 의하여 강력한 공격을 받게 되었고, 주주지상주의와 이해관계자주의 간의 논쟁인 벌리-도드 논쟁 이후, 이해관계자주의가 힘을 얻으면서 주주지상주의는 별로 논의되지 않게 되었다.[63] 하지만 1970년도 말부터 금융시장의 성장으로 기관투자자가 주주지상주의를 지지하기 시작하고,[64] 학계에서는 주주지상주의를 강력하게 지지하는 신자유주의 경제학과 법경제학이 강력하게 주장되기 시작하였다.[65] 특히 법경제학자들은 계약이론을 토대로 주주지상주의 이론을 재정립하였고, 회사를 '계약의 결합체'로 보면서 주주지상주의를 이론적으로 새롭게 구축한 이스터브룩·피셸이 대표적인 학자들이다.[66] 이와 같이 주주지상주의의 이론적 재정

---

63 1930년부터 1970년까지는 이해관계자주의가 지배적인 회사지배구조이론이라는 것이 정설이지만, 밀런은 1932년 『근대의 회사와 사유재산』이 출간된 이후 지금까지 주주지상주의이론이 지배적인 회사지배구조이론이라고 지적한다(Millon, "New Directions in Corporate Law," p.1374).

64 Lazonick & O'Sullivan, "Maximizing Shareholder Value," p.16.

65 Jonathan R. Macey, *Corporate Governance*, p.2.

66 이스터브룩·피셸의 주요 논문은 다음과 같다. Frank H. Easterbrook & Daniel. R. Fischel, "Antitrust Suits by Targets of Tender Offers," *Michigan Law Review*, vol.80 (1982); Frank H. Easterbrook & Daniel. R. Fischel, "The Appraisal Remedy in Corporate Law," *American Bar Foundation Research Journal,* vol.8(1983); Frank H. Easterbrook & Daniel R. Fischel, "Close Corporations and Agency Costs," *Stanford Law Review*, vol.38(1986); Frank H. Easterbrook & Daniel. R. Fischel, "The Corporate Contract," *Columbia Law Review*, vol.89(1989); Frank H. Easterbrook & Daniel. R. Fischel, "Corporate Control Transactions," *Yale Law Journal*, vol.91(1982); Frank H. Easterbrook & Daniel. R. Fischel, "Limited Liability and the Corporation," *University of Chicago Law Review*, vol.52(1985); Frank H. Easterbrook & Daniel, "The Proper Role of a Target's Management in Responding to a Tender Offer," *Harvard Law Review*, vol.94(1981); Frank H. Easterbrook & Daniel. R. Fischel, "Voting in

립과 자본시장의 세계화, 기관투자자의 영향력 증대, 주주행동주의의 득세 등으로 인하여 주주지상주의는 다시 미국에서 지배적인 회사지배구조이론으로 자리 잡게 된다.[67]

2) 회사의 본질

(1) 회사의 경제적 본질

① 의의

현재 델라웨어 주 법원은 닷지 판결을 이어받아 "주주의 장기적 이익을 극대화하는 것이 이사가 취해야 할 의무"라고 판시하면서 주주지상주의에 근거한 판결을 내렸고,[68] 이와 같은 판결의 입장은 계속 유지되고 있다. 이 판결은 회사의 본질에 대한 주주지상주의의 입장을 전제로 한다.

주주지상주의는 회사의 본질에 관한 입장에 따라 회사를 주주의 '소유' 또는 '재산'으로 보는 전통적 주주지상주의와 경제학적 회사이론의 영향을 받아 회사의 본질을 '계약의 결합체'로 구성하는 급진적 주주지상주의(radical shareholder primacy)[69]로 나눌 수 있다.[70] 급진적 주주지상주의는 회사의 본

Corporate Law," *Journal of Law & Economics*, vol.26(1983). 위와 같은 논문의 주요 내용은 1991년에 발간된 다음 책에 대부분 포함되었다. Frank H. Easterbrook & Daniel Fischel, *The Economic Structure of Corporate Law*(Harvard University Press, 1991).

67 Omran, Atrill & Pointon, "Shareholders versus Stakeholders," p.318.

68 Katz v. Oak Industries Inc., 508 A.2d 873(Del. Ch. 1986).

69 밀런(Millon)은 계약이론을 전통적 주주지상주의와 구별하여 '급진적 주주지상주

질을 '계약'의 관점에서 구성하기 때문에 보통 계약이론이라고 하고, 1980년 초 법경제학에 영향을 받은 회사법학자들에 의해 주장되었다.[71]

② 전통적 주주지상주의: 회사는 주주의 소유

㉠ 내용

주주지상주의는 회사에 대한 실무계의 인식이 나중에 이론으로 정립된 것이다. 주주지상주의를 이론적으로 정립한 벌리는 주주가 회사의 법적 소유자(owner)임을 전제로 했다. 벌리는 공개회사의 특징을 소유와 지배의 분리로 보고, 회사지배구조는 소유와 지배의 분리에서 발생하는 문제를 해결하는 데 있다고 보았다.[72] 벌리는 근대 회사의 소유와 지배가 분리되는 현상을

(Radical Shareholder Primacy)'라고 명명하였다[David Millon, "Radical Shareholder Primacy," *Saint Thomas Law Review*, vol.10(2012~2013)].

70　회사를 계약적으로 접근하는 방식은 알치앤·뎀셋의 논문인 "Production, Information Costs, and Economic Organization"에 기반을 둔 젠슨·메클링의 연구("Theory of the Firm")에서 유래하였다(Kraakman et al., *The Anatomy of Corporate Law*, p.6 note 13). 경제학적 회사이론에서 회사를 '계약'으로 구성하는 이론에 관해서 자세한 것은, Michael C. Jensen, "Organization Theory and Methodology," *Accounting Review*, vol.50, no.2(1983) 참조.

71　계약이론의 입장에서 회사법의 쟁점을 분석한 문헌은 다음과 같다. 기업인수에 관해서는 Jeffrey N. Gordon & Lewis A. Kornhauser, "Takeover Defense Tactics: A Comment on Two Models," *Yale Law Journal*, vol.96(1986); Jonathan R. Macey & Fred S. McChesney, "A Theoretical Analysis of Corporate Greenmail," *Yale Law Journal*, vol.95(1985); 이사의 의무에 관해서는 Lucian Arye. Bebchuk, "Limited Contractual Freedom in Corporate Law: The Desirable Constraints on Charter Amendments," *Harvard Law Review*, vol.102(1989); John C. Coffee Jr., "No Exit? Opting Out, the Contractual Theory of the Corporation, and the Special Case of Remedies," *Brooklyn Law Review*, vol.53(1988)가 있다.

72　Fisch, "Measuring Efficiency in Corporate Law," p.648.

사유재산제도의 위기라고 진단하고, 이를 해결하기 위해서는 회사의 경영자가 주주의 경제적 이익을 극대화하도록 행동하는 것을 보장하는 방안이 모색되어야 한다고 보았다. 따라서 벌리에 의하면 경영자 권한행사의 정당성은 그 결과가 주주의 이익을 보호하였는지 여부에 달려 있고,[73] 경영자의 권한은 경영자가 주주의 수탁자로서 충실하고 주의 깊게 행위하였는지에 따른 제한이 있다.[74] 이와 같이 벌리는 회사의 배후에 있는 주주에게 초점을 맞추고, 주주의 수탁을 받은 경영자의 활동은 재산법과 신탁법의 일반원칙에 따라 주주 이익을 달성하는 데 있다고 본다.[75] 즉 벌리는 회사가 주주의 사유재산임을 전제로, 회사 경영의 목적이 주주의 이익을 최우선으로 하는 것이라고 주장한 것이다.[76] 이와 같은 벌리의 이론에 따라 전통적인 주주지상주의 이론은 주주를 회사의 소유자라는 점을 이론의 전제로 하고 있다.[77]

전통적 주주지상주의는 회사가 주주의 소유임을 강하게 주장하면서 주주지상주의를 지지한 프리드먼에 의하여 다시 확인되었다.[78] 그는 기업의 사회적 책임이 있다면 그것은 수익을 창출하는 것뿐이라고 하면서 "회사의 경영자는 단지 회사의 주인인 주주에게 고용된 자이기 때문에 사회적 책임을 위하여 주주의 이익을 희생시킬 아무런 권한도 없다"[79]고 주장하였다.

---

73 Berle & Means, *The Modem Corporation and Private Property*, p.275.

74 Millon, "Theories of the Corporation," p.222.

75 남기윤, 「미국법에서 법인이론의 전개와 그 현 시대적 의의」, 141쪽.

76 Millon, "Theories of the Corporation," p.222.

77 Eisenberg, "The Conception That the Corporation is a Nexus of Contracts, and the Dual Nature of the Firm," pp.825~826.

78 프리드먼, 『자본주의와 자유』, 169쪽("기업은 그 기업을 소유하는 주주들의 것이다").

79 Friedman, "The Social Responsibility of Business Is to Increase Its Profits," p.59.

Ⓛ 판례

전통적 주주지상주의는 최근에도 실무에서 주장되었고, 판례로도 확인되었다. 델라웨어 주 판사 윌리엄 앨런(William Allen)은 스탈 사건(Stahl v. Apple Bancorp, Inc.)[80]에서 회사의 본질에 관한 전통적인 모델은 주주를 회사의 소유자로 보는 것이라고 주장한 바 있고, 델라웨어 주 대법원은 말론 사건(Malone v. Brincat)[81]에서 다음과 같이 판시하여 전통적인 주주지상주의 입장을 재확인하였다.

델라웨어 주 회사법의 근본 원리 중 하나는 소유와 경영의 분리이다. 이사회는 소유자인 주주(shareholder owners)의 이익을 위하여 회사를 경영할 책임이 있다.

Ⓒ 소결

주주를 회사의 소유자로 보는 전통적 주주지상주의 입장에서는 회사가 주주의 이익을 위하여 경영되어야 한다는 것은 당연한 논리적 귀결이다.[82] 전통적 주주지상주의에 의하면 주주는 자본을 출자하며, 경영자를 고용한다. 따라서 회사는 주주가 모이고, 자신의 재산을 활용할 수 있는 형식(form)에 불과하다.[83]

주주를 회사의 소유자로 이해하는 입장은 회사에 대한 주주의 이익을 재산권으로 이론 구성한다.[84] 이와 같이 회사를 주주의 재산권으로 보는 경우에

---

80 Stahl v. Apple Bancorp, Inc., 579 A.2d 1115, 1124(Del. Ch. 1990).

81 Malone v. Brincat, 722 A.2d 5, 9(Del. 1998).

82 Fisch, "Measuring Efficiency in Corporate Law," p.648.

83 Greenfield, *The Failure of Corporate Law*, p.43.

84 Millon, "Redefining Corporate Law," pp.230~231.

는 재산권이 절대권(絶對權)적 성격을 가진다는 점에서 주주에게 유리한 매우 강력한 논리를 제공할 수 있다.[85] 회사를 주주의 재산으로 보는 경우에는 주주의 부를 직접 증가시키지 않는 회사 재산의 사용은 절도로 간주될 수 있기 때문이다.[86] 실제로 회사를 주주의 재산권으로 보는 입장에서는 회사 경영에서 비주주 이해관계자를 고려해야 한다는 회사법상 이해관계자 조항[87]을 회사에 대한 주주의 재산권을 침해하는 위헌적인 조항이라고 주장한다.[88]

③ 급진적 주주지상주의: 회사는 '계약의 결합체'

회사를 '계약의 결합체'로 보는 계약이론[89]은 회사를 생산요소 소유자들 사이의 계약관계를 결합시키는 역할을 하는 법적 의제로 본다.[90] 계약이론은 이미 언급한 바와 같이 회사는 단지 시장에서 계약의 세트가 작동하는 공간을 표현하는 법적 허구에 불과하고,[91] 회사의 내부 관계는 외부 관계와 마찬가지로 계약에 기초하고 있으며, 회사 경영은 이러한 계약의 지속적인 협상 과정이라고 본다.[92]

---

85 Fisch, "Measuring Efficiency in Corporate Law," p.649.

86 Blair & Stout, "Corporate Accountability," p.409.

87 이해관계자 조항(stakeholder statutes)은 미국에서는 일반적으로 '구성원(constituency statutes) 조항'이라고 하나, 이 책에서는 그 의미를 명확하게 하기 위하여 이해관계자 조항으로 표현한다. 회사법상 '이해관계자 조항'에 대하여 자세한 내용은 이 책 제6장 제3절 참조.

88 Lynda J. Oswald, "Shareholders v. Stakeholders: Evaluating Corporate Constituency Statutes Under the Takings Clause," *Journal of Corporation Law*, vol.24(1998), pp.2~3.

89 계약이론에 대하여 자세한 사항은 이미 제3장 제3절에서 살펴보았으므로 여기에서는 간단히 언급만 하기로 하겠다.

90 Bratton, "Nexus of Contracts Corporation," p.415.

91 Bainbridge, "Competing Concepts of The Corporation," p.83.

92 신석훈, 「회사지배구조 모델의 법경제학적 접근」, 112쪽.

경제학적 기업이론인 계약이론을 법학적으로 재해석한 최초인 법경제학
자들이 이스터브룩·피셀이다. 이스터브룩·피셀은 젠슨·메클링의 '계약의
결합체' 개념을 받아들여 자신들의 이론을 전개한다.

(2) 회사의 법적 본질

① 전통적 주주지상주의: 집합이론

주주지상주의를 이론적으로 정립한 벌리는 경영자 권한행사의 정당성은
그 결과가 주주의 이익을 보호하였는지 여부에 달려 있고, 경영자의 권한은
경영자가 주주의 수탁자로 충실하고 주의 깊게 행위하였는지에 따른 제한이
있다고 주장하였다. 이와 같이 벌리는 회사의 본질을 회사의 배후에 있는 주
주로 보고, 회사 경영자의 의무는 주주의 이익을 최우선으로 해야 한다고 보
았다. 이와 같은 벌리의 이론 구성은 회사의 본질을 회사의 이면에 존재하는
주주로 설정해야 가능하므로 벌리는 회사를 주주와는 별개의 실체가 아닌
'주주의 집합'이라는 것을 전제로 한다고 볼 수 있다.[93]

이러한 점에서 전통적 주주지상주의는 법학적 회사이론에서 집합이론을
이론적 토대로 한다고 볼 수 있고, 이러한 전통적 주주지상주의에 의하면 회
사는 조합과 같이 계약에 의해 형성된 '주주의 집합'이고, 회사의 법인격은
단지 법적 의제에 불과한 것이 된다.

② 급진적 주주지상주의: 계약이론

계약이론은 회사를 회사와 회사 참가자 간의 명시적·묵시적 계약의 결합
체로 이해한다. 따라서 계약이론은 회사를 정부의 창조물이 아니라 회사 참

---

93 Millon, "Theories of the Corporation," p.222.

가자 사이의 자발적인 계약으로 이해한다. 또한 계약이론은 회사를 실체로 파악하는 것은 거래의 본질을 가릴 뿐이라고 비판하면서 회사의 존재를 법적 의제로 보면서 그 실체성을 부정한다.[94] 이와 같은 계약이론에 의하면 회사의 존재(entity)는 사라지게 되고, 회사는 단순한 자본조달 수단(financial device)에 불과하게 된다.[95]

③ 소결

계약이론은 회사를 '주주의 집합'으로 보지 않고 '계약의 결합체'로 본다는 점에서 다르지만, 회사를 계약으로 이론구성하고, 회사의 존재를 법적 의제라고 보는 점에서 집합이론과 본질적으로 유사하다.[96] 이러한 점에서 계약이론은 집합이론을 계승하여 현대 자본시장에서 회사가 지닌 '자본조달수단'으로서의 기능에 초점을 맞추어 새롭게 이론 구성한 것으로 평가할 수 있다.

3) 회사의 목적: 주주 이익 극대화 규범

(1) 의의

주주 이익 극대화 규범(shareholder wealth maximization norm)은 회사 경

---

94 Easterbrook & Fischel, "The Corporate Contract," p.1426.

95 같은 글, pp.1423~1425.

96 이와 같이 주주지상주의는 회사의 본질을 계약으로 보기 때문에 회사는 이익 극대화를 위한 행동 외에 ① 준법, ② 대중을 위한 정보 완전한 공시(full disclosure), ③ 최소한의 정치적 활동만이 허용된다고 주장한다[David L. Engel, "An approach to corporate social responsibility," *Stanford Law Review*, vol.32(1979)].

영자가 의사결정을 할 때 주주의 부 극대화를 목적으로 해야 한다는 규범이다.[97] 이와 같은 주주 이익 극대화 규범은 효율적 시장 가설(efficient market hypothesis)[98]을 전제로 하면 현재의 주식가치(share value)[99]를 극대화해야 한다는 규범으로 전환될 수 있다.[100] 회사를 주주의 소유로 보는 전통적 주주지상주의에 의하면 회사의 소유자인 주주의 이익을 극대화해야 한다는 규범은 필연적으로 도출된다. 그러나 회사가 생산을 위해 필요한 다양한 생산요소 소유자들 사이의 계약의 결합체로 보는 계약이론에 의하면 회사 '자체'는 소유의 대상이 될 수 없다.[101] 따라서 계약이론은 주주 이익 극대화 규범

---

97 주주 이익 극대화 규범에 관한 논문으로는 Stephen M. Bainbridge, "In Defense of the Shareholder Wealth Maximization Norm: A Reply to Professor Green," *Washington and Lee Law Review*, vol.50(1993); Mark J. Roe, "The Shareholder Wealth Maximization Norm and Industrial Organization," *University of Pennsylvania Law Review*, vol.149(2001) 참조.

98 효율적 시장 가설(EMH)이란 모든 정보가 금융자산 가격에 충분히 반영되는 시장을 말한다. 효율적 시장 가설은 세 가지로 나눌 수 있는데, 각 가설은 반영되는 정보의 범위에 따라 약형, 준강형, 강형 시장 가설로 구분된다. 약형의 효율적 시장 가설에 따르면 현재의 시장에서 거래가 가능한 금융자산(예: 주식, 채권, 유형자산 등)의 가격은 이용 가능한 모든 과거 정보를, 준강형에 따르면 모든 공개된 정보를, 강형에 따르면 비공개 정보를 포함한 모든 정보를 충분히 반영한다고 주장한다. 즉 자본시장이 이용 가능한 정보를 즉각적으로 반영하고 있다는 가설이다. 효율적 시장에서는 시장 평균 이상의 수익을 얻는 것이 불가능하다(맨큐, 『맨큐의 경제학』, 701~702쪽).

99 주주가치(shareholder value)라고 표현하기도 한다. 주주가치는 제너럴 일렉트릭(General Electric) 회장이었던 잭 웰치(Jack Welch)가 1981년에 한 연설에서 유래하였다고 한다(장하준, 『그들이 말하지 않는 23가지』, 김희정·안세민 옮김(부키, 2010), 40쪽).

100 Steven M. H. Wallman, "Understanding the Purpose of a Corporation: An Introduction," *Journal of Corporation Law*, vol.24(1998~1999), p.808.

101 Eisenberg, "The Conception That the Corporation is a Nexus of Contracts, and the Dual Nature of the Firm," p.825.

을 다른 논리를 통하여 도출하고 정당화한다. 즉 계약이론은 경영자가 주주 이익 극대화를 추구하여야 하는 이유에 대해 회사 참가자들이 주주 이익 극대화를 위하여 계약을 체결하였고 또한 그것이 가장 효율적이기 때문에 정당화된다고 주장한다.[102]

(2) 지위의 평등성

회사의 본질을 '계약의 결합체'로 파악하는 계약이론에 의하면, 회사는 상호 간의 이해 갈등을 조정하며 균형 상태를 모색하기 위해 협상하는 주주, 채권자, 직원, 공급자 등 회사 이해관계자들 간의 계약관계로 분해되고, 이러한 상황에서 주주가 회사 소유자로서 재산권을 보유한다는 주장은 주주가 이해관계자 집단 중 한 집단에 불과하다는 점에서 논리적으로 성립될 수 없다.[103] 이와 같이 계약이론에 의하면 회사 구성원 사이의 권리와 의무는 당사자들 간의 계약으로 결정되는 것이고, 회사 구성원 중 특정한 집단에게 다른 집단보다 우선 보호될 권리가 주어지지 않는다.[104] 따라서 주주는 회사의 소유자가 아니라 다양한 생산요소 중 하나인 '자본의 공급자'에 불과하고,[105] 회사에 대하여 계약상 권리만을 주장할 수 있을 뿐이다.[106]

---

102 Julian Velasco, "The Fundamental Rights of the Shareholder," *U.C. Davis Law Review*, vol.40(2006), pp.437~439.

103 Jonathan R. Macey, "An Economic Analysis of the Various Rationales for Making Shareholders the Exclusive Beneficiaries of Corporate Fiduciary Duties," *Stetson Law Review*, vol.21(1991), p.27.

104 Eisenberg, "The Conception That the Corporation is a Nexus of Contracts, and the Dual Nature of the Firm," p.833.

105 Keay, "Shareholder Primacy in Corporate Law," p.19.

106 Bainbridge, "In Defense of the Wealth Maximization Norm: A Reply to Professor

(3) 가상 교섭에 의한 규범 도출

계약이론은 회사의 목적에 대해 원칙적으로 당사자들이 결정할 사항이라고 보고,[107] 회사의 이익을 어떻게 분배하는지도 당사자들 간의 계약으로 결정된다고 본다. 그런데 회사의 목적과 수익분배에 관한 회사 참가자 간의 계약은 현실적으로 체결되는 것이 아니라는 문제가 있다. 따라서 주주 이익 극대화 규범은 거래비용이 없는 상황에서 계약의 당사자가 어떠한 규정을 채택하는지를 보는 가상 교섭법을 이론적 근거로 한다. 이처럼 계약이론에 의하면 주주 이익 극대화 규범은 모든 이해관계자가 한자리에 모여 회사의 이익을 어떻게 배분할 것인가를 교섭하여 묵시적으로 체결된 것이다.[108]

(4) 주주의 지위: 잔여청구권자

계약이론이 회사를 주주의 소유가 아니라고 전제하면서도 회사의 목적을 주주 이익 극대화라고 보는 가장 중심적인 논리는 주주들이 회사의 의사결정 결과에 대해 가장 큰 위험을 부담하기 때문에 주주가 회사를 지배할 궁극적인 권위를 보유해야 한다는 것이다.[109]

주주는 회사가 직원에게 지급할 임금과 채권자에게 지급할 이자 등을 모

Green," pp.1427~1428; Macey, "An Economic Analysis of the Various Rationales for Making Shareholders the Exclusive Beneficiaries of Corporate Fiduciary Duties," p.27.

107 이스터브룩·피셸, 『회사법의 경제학적 구조』, 73쪽.

108 Bainbridge, "Director Primacy," p.578.

109 Jonathan R. Macey, "Externalities, Firm-Specific Capital Investments, and the Legal Treatment of Fundamental Corporate Changes," *Duke Law Journal*, vol.1989(1989), p.175.

두 공제한 나머지 이익에 대해서만 이익배당을 받을 수 있기 때문에 잔여청구권자(residual claimant)라고 불린다.[110] 주주지상주의는 이와 같이 주주가 다른 이해관계자와는 달리 회사의 이익에 대한 잔여청구권자임을 다음과 같이 강조한다.

주주들이 기업의 소득 가운데에서 각종 비용과 채무를 제외한 잔여분을 수령할 권리자라는 사실이다. 채권자들은 확정된 금액의 금전채권을 가지며 종업원들은 일반적으로 근로를 제공하기 이전에 보수지급의 명세에 관해 협상한다. 이례적으로 양호하거나 불량한 경영성과에서 발생하는 이득과 손실은 권리행사의 순위에 있어 가장 뒤에 서는 주주들의 몫인 것이다.[111]

이와 같은 주장에 따르면 무엇을 제공하고 그 대가로 무엇을 보상받을 것인가에 관한 계약을 체결하는 과정에서 주주 이외의 이해관계자들은 사전적으로 계약을 통해 고정된(fixed) 권리를 설정할 수 있으나, 주주들은 고정된 권리를 가진 계약 당사자들의 권리를 충족시킨 후 나머지 잔여분에 대해서만 권리를 주장할 수 있으므로 회사의 의사결정 결과에 대해 가장 큰 위험을 가지고 있다.[112] 즉 주주는 회사의 자산이 증가하면 이익배당을 받거나 주식가치의 상승으로 이익을 보고,[113] 반대로 회사의 경영 사정이 어려울 때에는 손해를 볼 수 있기 때문에 다른 이해관계자보다 경영자를 통제할 유인이 가

---

110 잔여청구권은 회사법에서 주주에 대한 이익배당(dividends)을 의미한다. DGCL은 §170(a)는 이익배당에 관하여 규정하고 있다.

111 이스터브룩·피셸, 『회사법의 경제학적 구조』, 124쪽.

112 신석훈, 「회사지배구조 모델의 법경제학적 접근」, 119쪽.

113 반면 직원과 채권자의 경우에는 회사 사정과는 관계없이 계약에서 정해진 임금과 이자를 받을 수 있다.

장 크다는 것이다.[114]

잔여청구권자로서 주주들은 재량에 의한 결정을 할 적절한 인센티브를 갖고 있다. 기업은 수입과 손실이 일치하는 극한까지 신제품의 개발과 공장의 신축 등에 투자해야 한다. 그러나 주주를 제외한 행위자들은 모두 적절한 인센티브가 없다. 기업이 얻는 소득 가운데 고정된 금액의 권리를 갖는 사람들은 새로운 사업의 착수에서 발생하는 조그만 이익만을 얻을 수 있을 따름이다. 주주는 한계 수입의 대부분을 취득하고 한계비용의 대부분을 부담한다. 그러므로 그들은 재량권을 행사할 올바른 인센티브가 있다.[115]

이와 같이 주주 이익 극대화 규범은 주주가 회사의 잔여청구권자로서 회사의 경영성과에 가장 큰 이해관계를 가지고 있으므로[116] 회사의 정책을 결정할 가장 최선의 집단이라는 것을 전제로 한다.[117] 따라서 가장 효율적으로 위험부담(risk-bearing)을 할 수 있는 능력을 가지는 주주에게 궁극적인 회사 지배권을 부여해야만 이들이 잔여 이익을 증가시키기 위해 노력할 유인을 가지게 된다는 것이 주주 이익 극대화 규범의 정당화 근거이다.[118] 또한 주주의 노력은 궁극적으로 회사 전체에 이익을 가져다주기 때문에 주주는 비록 회사를 소유하지는 않지만 소유자와 같은 위치에 놓여야 한다는 것이고, 이

---

114 M. van der Weide, "Against Fiduciary Duties to Corporate Stakeholders," *Delaware Journal of Corporate Law*, vol. 21(1996), p. 37.

115 이스터브룩·피셀, 『회사법의 경제학적 구조』, 125쪽.

116 Jonathan R. Macey, "Fiduciary Duties as Residual Claims: Obligations to Nonshareholder Constituencies from a Theory of the Firm Perspective," *Cornell Law Review*, vol. 84(1999), p. 1267.

117 Frank H. Easterbrook & Daniel. R. Fischel, "Voting in Corporate Law," p. 403.

118 신석훈, 「회사지배구조 모델의 법경제학적 접근」, 119쪽.

것이 주주 이익 극대화 규범의 또 다른 정당화 근거이다.[119]

4) 회사법에 대한 입장

(1) 회사법의 성격

① 임의규정의 집합

계약이론은 회사법이 해결하고 제공해야 할 것은 전체적으로 회사형태에 의한 노력의 가치를 극대화시키는 원칙이라고 정의한다.[120] 이러한 이유로 회사법은 강행규정(mandatory rules)이 아니라 임의규정(default rules)[121]으로 구성된 법률이며,[122] 이는 회사의 본질상 당연하다고 주장한다.[123] 특히 계약이론은 회사법을 강행규정으로 보는 경우 개인의 선호 또는 규정의 적용이 배제될 필요성이 있는 개별 회사의 특수한 상황에 따라 조정이 불가능하다고 주장한다.[124]

따라서 계약이론은 회사의 참가자들이 계약으로 회사의 규칙을 정할 수 있으므로 원칙적으로 회사법이 필요 없지만, 회사의 참가자들이 거래비용을

---

119 신석훈, 「회사지배구조 모델의 법경제학적 접근」, 119쪽.

120 이스터브룩·피셀, 『회사법의 경제학적 구조』, 72쪽.

121 당사자가 임의로 그 적용 여부를 결정할 수 있다는 의미로 국내의 임의규정의 의미와 동일하다.

122 Bainbridge, "Director Primacy," p.577.

123 Larry E. Ribstein, "The Mandatory Nature of the ALI Code," *George Washington Law Review*, vol.61(1993), pp.989~991.

124 Marc Moore, "Is Corporate Law 'Private'(and Why Does it Matter)?" Working Paper (December 20, 2012), 9(available at SSRN: http://ssrn.com/abstract= 2192163).

절약할 수 있도록 기성복처럼 언제든지 이용할 수 있게끔 미리 마련된 계약 조항의 집합 또는 전형계약(standard form contract)으로서 역할을 부여하기 위해서 회사법이 필요하다고 주장한다.[125] 이와 같은 계약이론에 의하면 회사법은 수많은 회사법적 문제를 해결하기 위한 계약적 성격의 조항으로 공공재이다.[126]

② 사법

계약이론은 회사법을 임의규정의 집합으로 규정하기 때문에 그 논리적 귀결로 회사법을 사법이라고 주장한다.[127] 또한 계약이론은 회사법의 역할은 계약 당사자의 입장에서 가상 교섭법에 의해 교섭하였으면 당사자 간에 합의되었을 조건들을 제공하는 것이라고 보기 때문에 회사법에 강행규정이 있다고 하더라도 이는 사실상 시장 모방 규범(market-mimicking)이라고 주장한다.[128]

③ 회사에 대한 규제

계약이론은 법의 목적을 사적 자치를 촉진하는 것이라고 보기 때문에 시장의 실패(market failure)[129]가 발생하는 경우에만 회사에 대한 규제가 정당화된다고 본다.[130] 특히 계약이론은 부정적 외부효과와 공공재에 대한 규제는 미래의 경제적 관계를 규율할 수 있는 지속 가능한 제도적 체제를 구축하

---

125 이스터브룩·피셸, 『회사법의 경제학적 구조』, 70쪽.

126 같은 책, 72쪽.

127 같은 책, 15쪽.

128 Moore, "Is Corporate Law 'Private'?" p.10.

129 시장의 실패란 "시장기구가 자원을 효율적으로 배분하는 데 실패하게 되는 현상"을 의미하고, ① 독점, ② 공공재의 존재, ③ 외부비경제의 존재, ④ 비대칭정보를 의미한다 (이준구, 『미시경제학』(법문사, 2002), 603쪽.

130 Bainbridge, "Director Primacy," pp.584~585.

기 위한 시민들 간의 최초의 집단적 거시 합의(macro agreement)에 근거한다고 설명한다.[131]

이와 같이 주주지상주의는 일정한 경우에 회사에 대한 규제를 인정하지만, 그 방식에 대해서는 회사법에 의한 규제, 즉 내부 규제가 아니라 외부 규제를 해야 한다고 주장한다. 즉 부정적 외부효과는 사회적 비용에 부정적 영향을 미치는 회사의 행위에 적절한 민사책임을 부과하여 그러한 행위의 결정에 영향을 주는 외부 규제 법률에 의하여 규율되어야 한다는 것이다.[132]

회사법에 의한 규제의 부당성에 대하여 이스터브룩·피셀은 진화적 균형이라는 관점에서 현존하는 지배구조 형태는 경쟁적 과정에서 최종적으로 살아남은 것이기 때문에 가장 효율적인 형태이고, 강행규정은 이러한 회사지배구조의 진화적 과정(evolutionary process)을 방해하므로 바람직하지 않다고 주장한다.[133]

한편, 베인브리지는 회사법에 의한 보호는 거래 특정 자산(transaction specific asset)을 투자한 자에 한정되어야 하고, 거래 특정 자산을 투자하지 않은 자에 대한 보호는 다른 방법으로 보호하는 것이 타당하다고 주장한다. 그런데 회사에서 거래 특정 자산을 투자한 이해관계자는 오직 주주이기 때문에 주주에 대해서만 회사법에 의한 보호를 해야 하고, 나머지 이해관계자에 대해서는 다른 법률에 의한 보호가 더 적절하다고 본다.[134] 베인브리지의 이러한 주장은 가상 교섭법을 통해서 도출된다. 즉 주주는 자신의 취약한 지위를 보충하기 위해 이사에게 신인의무를 부과하는 방식의 보호를 원하는 반면,

131 Moore, "Is Corporate Law 'Private'?" p.15.

132 같은 글, p.11.

133 신석훈, 「회사지배구조 모델의 법경제학적 접근」, 115쪽.

134 Bainbridge, "Director Primacy," pp.586~587.

다른 이해관계자는 신인의무 부과와 같은 개방된 형태의 보호보다는 구체적이고 특정된 권리를 원한다는 것이다.[135] 더 나아가 베인브리지는 이해관계자가 계약을 통해 자신을 보호하지 못하더라도 주주 이익 극대화 규범이 타당하다고 주장한다.[136] 이러한 주장은 다른 이해관계자들은 정치적 과정을 통하여 자신의 이익을 보호할 충분한 힘이 있는 데 반하여 주주는 그렇지 못하기 때문이라는 것을 근거로 한다.[137]

(2) 회사법의 목적

주주지상주의는 회사법의 목적을 다른 법과 마찬가지로 사회 전반의 이익 (interest of society as a whole), 즉 집합적 후생(aggregate welfare) 증진에 봉사하는 것으로 본다.[138] 집합적 후생의 계산에는 주주, 직원, 공급자, 소비자, 지역사회, 환경까지 포함되고, 이러한 의미에서 주주지상주의는 회사법의 목적을 전반적인 사회적 효율성(social efficiency) 추구로 정의한다.[139]

그런데 사회후생의 전반적인 증진은 주주의 이익을 극대화하는 것이 최선의 방법이기 때문에 주주 이익 극대화 규범으로 회사법의 목적이 좁혀질 수 있고, 이에 따라 주주가치 극대화가 타당한 회사법의 목적이 된다고 본다.[140] 이러한 입장에 의하면 회사는 주주만이 아니라 회사와 거래하는 모든 당사자에게도 이익이 된다는 것을 담보하는 직접적인 금전 이해관계가 있다고

---

135 Bainbridge, "Director Primacy," p.589.

136 같은 글, p.590.

137 같은 글, pp.590~591.

138 Kraakman et al., *The Anatomy of Corporate Law*, p.18.

139 같은 책, p.18.

140 같은 책, p.18.

본다.[141]

5) 회사지배구조

(1) 의의

주주지상주의는 회사의 궁극적인 지배권은 주주에게 귀속되어야 한다고
본다. 따라서 회사지배구조는 주주의 궁극적인 지배권을 실현하기 위하여
설계되어야 한다. 그러나 근대 회사의 특징인 소유와 지배의 분리현상으로
거대 회사의 경우에는 주주가 직접 경영을 하지 못하는 경우가 대부분이므
로 회사 경영은 경영자에 의하여 수행된다. 주주지상주의는 이러한 주주와
경영자 간의 관계를 경제학에서 논의되는 대리인이론으로 구성하고, 대리인
이론에 따라 회사지배구조를 설계한다.

(2) 대리인이론

① 의의

주주지상주의는 대리인 문제를 회사법의 가장 중심적인 문제로 설정하고,
회사지배구조의 주요 문제는 대리비용을 감소시킬 수 있는 지배구조를 설계
하는 것이라고 본다.[142] 대리인이론에 의하면 회사법의 주요 목적은 대리비
용을 줄이는 것이고,[143] 이를 위하여 주주에 대한 경영자의 책임을 증진하는

---

141 Kraakman et al., *The Anatomy of Corporate Law*, p.18.
142 Millon, "Radical Shareholder Primacy," pp.1021, 1026.

것이다.[144]

② 소유·지배 분리에 대한 계약이론의 입장

벌리·민즈 이후 근대 회사의 특징이자 문제로 지적되었던 소유와 지배의 분리 현상을 이스터브룩·피셸은 진화적인 접근(evolutionary approach)을 통하여 설명한다. 즉 이스터브룩·피셸은 진화적 균형(long-run evolutionary equilibrium)이라는 관점에서 현존하는 지배구조 형태는 경쟁적 과정에서 최종적으로 살아남은 것이기 때문에 가장 효율적인 형태라고 본다.[145] 이러한 관점에서 대리인이론은 자연도태 메커니즘(natural selection mechanism)을 전제로 현대 공개회사의 특징인 소유와 지배의 분리를 회사법상 문제로 보지 않고, 회사를 경제적으로 조직하는 최적의 방법이라고 이해한다.[146]

③ 본인-대리인 관계

전통적 주주지상주의의 입장에서 대리인이론은 신고전파 경제학과 같이 기업을 생산 집합(production set)으로 전제하고,[147] 회사의 소유자인 주주를 본인, 회사의 경영자[148]를 대리인으로 설정한다.[149] 반면 계약이론은 회사를

---

143 Allen & Kraakman, *Commentaries and Cases on the Law of Business Organization*, p.12.

144 Millon, "Radical Shareholder Primacy," p.1019.

145 Jason Scott Johnston, "The Influence of the Nature of the Firm on the Theory of Corporate Law," *Journal of Corporation Law*, vol.18 (1992), p.234.

146 신석훈, 「회사지배구조 모델의 법경제학적 접근」, 115~116쪽. "계약주의자들은 현대회사의 소유와 경영의 분리 현상에 대해 다른 방법론을 제시하였다. 이들에 의하면 소유와 경영의 분리는 문제가 아니라 오히려 현대 공개회사에서 필요로 하는 회사지배구조 형태라는 것이다".

147 Hart, "An Economist's Perspective on the Theory of the Firm," p.1759.

주주의 소유로 보지 않기 때문에 전통적 주주지상주의와는 다른 이론 구성이 필요하다.

계약이론에 의하면 주주는 회사의 소유자는 아니지만, 소유자와 같은 지위에 놓이게 되고 소유자와 마찬가지로 취급된다. 따라서 주주는 회사의 주인이고 경영자나 이사는 이들의 이익을 위해 의무를 부담하는 대리인으로 간주되어지는 주인-대리인(principal-agent) 관계가 설정된다.[150] 이와 같이 대리인이론은 회사지배구조에서 주주를 주인으로 경영자를 대리인으로 설정하고 있으므로 주주에 의한 그리고 주주의 이익을 위한 회사지배구조 모델을 취하게 된다.[151]

④ 인센티브 체계

대리인이론은 주주와 경영자 간 정보의 비대칭 때문에 경영자는 주주 이익을 극대화하기보다는 기업이익을 자기를 위해 지출하는 등 기회주의적 행동을 할 수 있다고 본다.[152] 이러한 이유로 주주와 경영자 사이에는 이해관계가 대립될 가능성이 크고, 이 문제를 해결하기 위해서는 경영자에게 주주와 동일한 이해관계를 가지게 만드는 인센티브 계획[153]을 마련하여 대리비용을 줄여야 한다.[154]

---

148 신고전파 경제학과 달리 회사의 경영자가 회사 소유자는 식별하기 어려운 투자나 자원 배분을 통하여 생산에 관한 선택을 한다는 점에서 차이가 있다(Hart, "An Economist's Perspective on the Theory of the Firm," p.1759).

149 Ulen, "The Coasean Firm in Law and Economics," p.313.

150 신석훈, 「회사지배구조 모델의 법경제학적 접근」, 120쪽.

151 같은 글, 120쪽.

152 신석훈, 「회사지배구조 모델의 법경제학적 접근」, 121쪽.

153 경영자에 대한 인센티브 계약에 관하여 자세한 사항은 여운승 편, 『기업이론』, 317~328쪽 참조.

⑤ 경영자의 지위: 주주의 대리인

주주지상주의의 회사지배구조는 대리인이론을 전제로 하고 있고, 대리인이론에 의하면 경영자는 주주의 대리인으로서 회사를 경영할 시간과 능력이 부족한 주주를 대신하여 회사 경영을 맡기기 위하여 고용된다.[155] 주주지상주의는 경영자를 감시하는 데 소위 '대리인 비용(agency cost)'이 발생하는데, 임무태만과 기회유용을 감시할 대리인 비용을 줄이기 위해서는 경영자가 주주에 대하여 의무를 부담하여야 한다고 본다. 따라서 경영자의 유일한 의무는 주주와의 계약관계에서 발생하는 의무를 준수하는 것이고, 사회나 이해관계자에 대하여는 아무런 의무를 가지지 않는다. 경영자가 주주의 이익을 극대화하지 않아 주주에게 손해를 입힌다면, 주주는 회사를 대표하여 경영자를 상대로 손해배상 청구를 할 수 있게 되는데,[156] 이러한 통제장치는 경영자가 자신의 임무를 충실하게 수행할 수 있게 한다.[157]

---

154 Hart, "An Economist's Perspective on the Theory of the Firm," p.1759; 근대 회사법에서 대리비용을 줄이기 위한 방안으로는 경영자에게 회사의 성과에 따라 보상을 주는 것과 경영자에게 회사에 성과에 연동되는 주식매수선택권(Stock Option)을 부여하는 것이 제시되고 있다(Ulen, "The Coasean Firm in Law and Economics," p.313). 우리나라에서는 '상법' 제340조의 2에서 주식매수선택권을 규정하고 있다.

155 Matheson & Olson, "Corporate Law and the Longterm Shareholder Model of Corporate Governance," p.1328.

156 이를 대표소송(derivative suit)이라고 한다. 대표소송은 회사가 이사의 책임을 추궁하는 소를 제기하지 아니할 경우에 개별 주주가 회사를 대신하여 소를 제기하는 것이다. 대표소송의 예로는, 이사가 회사와의 거래로 인하여 부정하게 얻은 이익 또는 회사 자산을 유용하여 얻은 이익을 회사에 반환할 것을 청구하는 소송, 부당하게 지급된 이익 배당 또는 주식 양도 시 얻은 프리미엄을 회사에 반환하라는 소송 등이 있다(임재연, 『미국기업법』, 301쪽). 우리나라에서는 '상법' 제403조에서 대표소송을 인정하고 있다.

157 Keay, "Shareholder Primacy in Corporate Law," p.13.

3. 이해관계자주의

1) 서언

(1) 의의

① 개념

이해관계자주의는 일반적인 의미로 주주 이외에 회사에 이해관계를 가지는 이해관계자의 이익도 고려하여야 한다는 이론이다. 이해관계자주의는 주주 외에도 회사에 기여하고 회사의 행동에 영향을 받는 사람 또는 집단이 있다는 것을 전제로 하고, 그러한 사람 또는 집단을 '이해관계자'로 통칭한다.[158] 따라서 이해관계자는 주주를 제외하고도 상당히 넓은 범위의 회사와 관련된 사람 또는 집단이 포함될 수 있다. 예컨대, 이해관계자에는 직원, 채권자, 공급자,[159] 소비자, 지역사회, 정부 등을 포함하여 회사로부터 이익을

---

158 R. Edward Freeman & David L. Reed, "Stockholders and Stakeholders: A New Perspective on Corporate Governance," in Abe J. Zakhem et al.(eds.), *Stakeholder Theory*(Prometheus Books, 2007), p.49(이 논문에서는 이해관계자란 개념이 1963년 Stanford Research Institute(SRI) 메모랜덤(memorandum)에서 유래했다고 밝히면서, 이 메모랜덤은 이해관계자를 '그들의 조력 없이는 기업이 존재하기를 멈추는 집단'이라고 언급했다고 적시한다).

얻고 있는 모든 집단까지로 확장될 수도 있다.[160]

이해관계자주의는 넓은 의미에서는 17세기 독일의 사회철학자인 요하네스 알투지우스(Johannes Althusius)로까지 거슬러 올라갈 수 있고,[161] 초기 형태는 산업주의(industrialism)의 도래 이래로 존재해왔다고 한다.[162] 그러나 현재의 이해관계자주의는 20세기 초반부터 시작되었고, 초기에는 주로 경영학 분야에서 논의되었다가 법학 분야에까지 확장되었다.

경영학 분야에서 시작되어 법학으로 확장된 이해관계자주의는 이해관계자이론(stakeholder theory)으로 불린다.[163] 이해관계자이론은 규범적 관점(normative perspective), 기술적 관점(descriptive perspective), 도구적 관점(instrumental perspective)의 세 가지 차원에서 논의된다.[164] 규범적인 관점은 이해관계자를 어떻게 취급하여야 하는지에 대한 것이고,[165] 기술적 관점은 특정한 기업행동에 관한 연구이며, 도구적 관점은 이해관계자 경영(stakeholder management)과 기업 성과와의 관계에 관한 분석틀 제공을 목적으로 한다.[166] 도구적·기술적 이해관계자이론은 주로 경영학 분야에서 논의되고

---

159 원재료의 공급업체 또는 하청업체를 의미한다.

160 박찬호, 「미국 회사법상 팀프로덕션 모델에 관한 연구」, 35쪽.

161 Keay, "Stakeholder Theory in Corporate Law," p.253.

162 Thomas Clarke, "The Stakeholder Corporation: A Business Philosophy for the Information Age," *Long Range Planning*, vol.31, no.2(1998), p.186.

163 이미 살펴본 바와 같이 이 책에서 이해관계자주의는 경영학 분야에서 시작된 이해관계자이론뿐만 아니라 회사를 경영하는 데 모든 이해관계자의 이익을 고려하여야 한다는 모든 주장을 포괄한다. 그러나 이해관계자주의 중에서 이해관계자이론이 가장 논의가 활발한 이론이므로 이하에서는 이해관계자이론을 중심으로 논의를 전개한다.

164 Keay, "Stakeholder Theory in Corporate Law," p.255.

165 규범적인 관점이 이해관계자주의의 핵심이라고 할 수 있다[Thomas Donaldson & Lee Preston, "The Stakeholder Theory of the Corporation: Concepts, Evidence, and Implications," *Academy of management Review*, vol.20, no.1(1995), pp.65, 74].

있는 주제이고, 규범적 이해관계자 이론은 법학과 경영학 모두에서 논의되고 있는 주제이다. 하지만 모든 이해관계자이론은 규범적 관점에서 회사의 이해관계자를 어떻게 취급해야 하는지에 관한 논의를 전제로 하고, 이러한 측면에서 규범적 관점이 이해관계자이론의 근본이자 핵심이라고 할 수 있다.[167] 이와 같이 규범적 차원에서 이해관계자주의를 다시 정의하면, 일정한 사업을 위하여 공동의 목적을 가지고 함께 일하고 수익을 나누는 모든 당사자의 이익은 보호되어야 한다는 것이다.[168]

② 특징

경제와 윤리를 분리하는 주주지상주의이론과는 달리,[169] 이해관계자이론

166 Keay, "Stakeholder Theory in Corporate Law," p.255; 규범적 관점과 도구적 관점을 융합한 관점도 있다[자세한 것은 Thomas Jones & Andrew Wicks, "Convergent Stakeholder Theory," *Academy of Management Review*, vol.24, no.2(1999) 참조].

도구적 관점의 이해관계자주의는 기업 성과에서 이해관계자의 기여가 지대하기 때문에 이해관계자들도 기업에 대한 소유권(ownership rights)을 주장할 수 있다고 본다[Steve Letza, Xiuping Sun & James Kirkbride, "Shareholding versus Stakeholding: A Critical Review of Corporate Governance," *Corporate Governance: An International Review*, vol.12, no.3(2004), p.251]; 또한 이해관계자 경영이 기업의 수익 창출을 이해하는 근본이라는 이유로 이해관계자주의를 지지하는 견해도 있다[Andrew Campbell, "Stakeholders: the case in favour," *Long Range Planning*, vol.30, no.3(1997), p.446].

167 이해관계자이론 중에서 규범적 관점의 이해관계자 이론만이 법학과 관련되므로 이하에서는 규범적 관점의 이해관계자이론을 중심으로 논의를 전개한다.

168 Andrew Keay, "Moving Towards Stakeholderism? Constituency Statutes, Enlightened Shareholder Value and All That: Much Ado about Little?" Working Paper (University of Leeds School of Law Centre for Business Law and Practice, 2010), p.6(available at http://ssrn.com/abstract=1530990).

169 주주지상주의 입장에 있지만, 경제와 윤리의 통합에 찬동하는 입장으로는 Elaine Sternberg, *Just Business*, 2nd ed.(Little, Brown & Company, 2000) 참조.

은 기업윤리를 경영실무와 전략에 변용시키는 방식으로 경제와 윤리를 통합한다.[170] 이해관계자이론은 주주지상주의가 경제와 윤리를 분리하는 방식은 가치창출과 기업경영과 같은 인간 행동의 많은 부분을 정당화시키지 못한다고 주장하고,[171] 이러한 주주지상주의의 결함을 시정하기 위하여 이해관계자주의가 필요하다고 한다. 또한 이해관계자주의에 의하면 이해관계자들은 서로 상호작용을 하고, 이러한 상호 연관성(interdependency)은 이해관계자주의의 가장 큰 특징을 형성한다.[172]

(2) 기원

① 경영학적 기원

경영학 분야에서 현재 형태의 이해관계자주의는 제이 모리스 클라크(J. Maurice Clark)의 1916년 논문에서부터 출발하였고,[173] 이해관계자란 용어가 처음으로 사용된 것은 1918년 메리 파커 폴렛(Mary Parker Follett)의 논문에서였다.[174] 좀 더 발전된 형태의 이해관계자주의는 1950년대 에드워드 메이

---

170 Yves Fassin, "The stakeholder model refined," *Journal of Business Ethics*, vol.84, no.1(2009), p.113; 이해관계자주의에서 경제와 윤리의 관계가 명확하게 설정되어 있지 않다는 지적에는 John Hendry, "Missing the Target: Normative Stakeholder Theory and the Corporate Governance Debate," *Business Ethics Quarterly*, vol.11, no.1 (2001), p.161가 있다.

171 R. Edward Freeman et al., "Stakeholder Theory and the Corporate Objective Revisited," *Organization Science*, vol.15, no.3(2004), p.364.

172 Keay, "Stakeholder Theory in Corporate Law," p.263.

173 J. Maurice Clark, "The Changing Basis of Economic Responsibility," *The Journal of Political Economy*, vol.24, no.3(1916).

174 James E Post, Lee E Preston & Sybille Sauter-Sachs, *Redefining The Corporation:*

슨(Edward Mason)[175]과 칼 케이슨(Carl Kaysen)[176]에 의해 발전되었고, 이와 같이 1950년대 발전된 이해관계자주의는 1920년부터 1950년까지 성공한 미국 기업에 적용되었다.[177] 예컨대, 스탠더드오일사의 사장은 회사는 다양한 직접적인 이해관계 집단, 주주, 직원, 고객 및 대중의 주장을 공평하고 균형 있게 유지하는 것이라고 천명하였다.[178] 현대적인 형태의 조직화되고 발전된 이해관계자주의는 1984년에 출간된 에드워드 프리맨(Edward Freeman)의 『전략적 경영: 이해관계자적 접근(Strategic Management: A Stakeholder Approach)』[179]에서 소개되었다.

② 법학적 기원

법학 분야에서 이해관계자주의의 기원은 벌리·도드 논쟁 중 도드의 주장에서 비롯되었다.[180] 이미 살펴본 바와 같이 도드는 경영자의 의무와 관련하

Stakeholder Management And Organizational Wealth(Stanford Business Books, 2002), p.18.

175 Edward S. Mason, "The Apologetics of "Managerialism"," *The Journal of Business*, vol.31, no.1(1958).

176 Carl Kaysen, "The Social Significance of the Modern Corporation," *The American Economic Review*, vol.7, no.2(1957).

177 이를 이해관계자 경영(stakeholder management) 모델이라고 한다[Lee E. Preston & Harry J. Sapienza, "Stakeholder Management and Corporate Performance," *Journal of Behavioral Economics*, vol.19, no.4(1990), p.362; Hendry, "Missing the Target," p.160].

178 Margaret M. Blair, *Ownership and Control: Rethinking Corporate Governance for the Twenty-First Century*(Brookings Institution Press, 1994), p.212.

179 R. Edward Freeman, *Strategic Management: A Stakeholder Approach*(Cambridge University Press, 1983).

180 Lawrence E. Mitchell, Lawrence A. Cunningham & Lewis D. Solomon, *Corporate*

여 주주 이외에 이해관계자의 이익보호 필요성을 제시하고, 이를 위해 이해관계자를 각각의 이익 주체로 파악하지 않고 공익(public interest)을 강조하였다. 도드에서 비롯된 법학적 이해관계자주의는 1930년대부터 1970년대까지 경영자주의와 결합하여 회사 경영의 실질적 지도 원리로 작용하였고, '기업의 사회적 책임론'의 이론적 토대가 되기도 하였다.[181]

이해관계자주의는 1980년대 적대적 기업인수 규제의 필요성과 관련한 논쟁, 1990년대 미국 법조협회(ALI)의 회사지배구조 원칙의 제정과 각 주의 이해관계자 조항의 입법을 계기로 그 논의가 활발히 진행되었다.[182] 이해관계

Finance and Governance: Cases, Materials, and Problems for an Advanced Course in Corporations, 3rd. ed.(Carolina Academic Press, 2006), pp.7~29.

181 법학 분야에서 CSR에 관한 문헌은 다음과 같다. Reuven S. Avi-Yonah, "The Cyclical Transformations of the Corporate Form: A Historical Perspective on Corporate Social Responsibility," *Delaware Journal of Corporate Law*, vol.30(2005); Barnali Choudhury, "Serving Two Masters: Incorporating Social Responsibility into the Corporate Paradigm," *University of Pennsylvania Journal of Business Law*, vol.11(2009); David L. Engel, "An Approach to Corporate Social Responsibility," *Stanford Law Review*, vol.32(1979); Terry Collingsworth, "Corporate Social Responsibility, Unmasked," *Saint Thomas Law Review*, vol.16(2004); Amiram Grill, "Corporate Governance as Social Responsibility," *Berkeley Business Law Journal*, vol.26(2008); Bryan Horrigan, "Fault Lines in the Intersection Between Corporate Governance and Social Responsibility," *University of New South Wales Law Journal*, vol.25(2002); Lance Moir, "What Do We Mean by Corporate Social Responsibility?" 1 *Corp. Governance*, 16(2001); Leo E. Strine, Jr., "The Social Responsibility of Boards of Directors and Stockholders in Change of Control Transactions: Is There Any 'There' There?" *Southern California Law Review*, vol.75(2002); C. A. Harwell Well, "The Cycles of Corporate Social Responsibility: An Historical Retrospective for the Twenty-First Century," *University of Kansas Law Review*, vol.51(2002).

182 박찬호, 「미국 회사법상 팀프로덕션 모델에 관한 연구」, 41쪽.

자주의는 회사의 경영자가 주주의 이익만을 고려하여 회사를 운영하면 주주 이외의 이해관계의 이익이 침해될 수 있다는 문제제기에서 출발하며, 회사법은 주주를 포함하여 모든 이해관계자의 이익을 보호할 의무를 경영자에게 부과해야 한다는 주장으로 전개되었다.[183]

이러한 주장은 로렌스 미첼(Lawrence Mitchell)이 편집하고, 다수의 회사법 학자가 참여하여 1995년에 발간된 『진보 회사법(Progressive Corporate Law)』으로 집약되었고,[184] 이후부터 법학에서의 이해관계자주의는 진보 회사법(progressive corporate law) 또는 공동체주의(communitarianism)라고 불리게 되었다.[185]

법학에서 이해관계자주의는 여러 가지 다양한 입장에서 주장되고 있어 통일적인 이해가 어렵지만, 공통적으로 다음과 같은 입장을 공유한다.[186]

① 회사는 사적 구성원의 집합이 아니라 공적 기관이다.
② 계약에 의하여 자신을 적절하게 보호할 수 없는 이해관계자의 이익을 보호해야 한다.
③ 회사의 행동 원리로 공정성(fairness) 또는 사회적 책임(social responsibility)이 중요하다.

---

183 Karmel, "Implications of the Stakeholder Model," p.1157.

184 Lawrence E Mitchell et al., *Progressive Corporate Law*(Westview Press, 1995).

185 피터 코스턴트(Peter Kostant)는 공동체주의는 이해관계자주의를 설명하는 데 오해의 소지가 있다고 지적한다(Kostant, "Team Production and the Progressive Corporate Law Agenda," pp.674~675). 이에 따라 이 책에서는 진보 회사법, 공동체주의보다는 이해관계자주의로 통칭하여 부르기로 한다.

186 Kostant, "Team Production and the Progressive Corporate Law Agenda," pp.674~675.

이와 같은 입장을 공유하는 주장에는 우선 CSR에 근거하여 이론을 전개하는 입장[187]이 있다. '기업의 사회적 책임론'에 근거한 입장은 주로 회사가 발생시키는 부정적 외부 효과에 중점을 두고 회사의 투명성과 준법을 강조하며 이를 해결하려고 한다.[188]

1990년대에 들어서서는 이해관계자주의와 관련하여 회사의 공적 성격을 강조하면서 이론을 전개하는 입장, 공정성 원리를 근거로 이론을 전개하는 입장, 팀생산이론에 근거하여 이론을 전개하는 입장 등 다양한 근거를 전제로 이론이 전개되고 있다.[189] 이해관계자주의를 주장하는 미국의 대표적인 학자에는 마거릿 블레어(Margaret Blair), 더글러스 브랜슨(Douglas Branson), 윌리엄 브래튼(William W. Bratton), 린 댈러스(Lynne Dallas), 테레사 개벌든(Theresa Gabaldon), 켄트 그린필드(Kent Greenfield), 다니엘 그린우드(Daniel Greenwood), 그레고리 마크(Gregory Mark), 데이비드 밀런(David Millon), 로렌스 미첼, 말린 오코너(Marleen O'Connor), 에릭 오츠(Eric Orts), 루이스 솔로몬(Lewis Solomon), 린 스타우트(Lynn Stout) 등을 들 수 있다.[190] 한편, 팀생

---

187 Cynthia A. Williams, "Corporate Social Responsibility in an Era of Economic Globalization," *U. C. Davis Law Review,* vol.35(2002).

188 Kostant, "Team Production and the Progressive Corporate Law Agenda," p.678.

189 이해관계자주의 중에는 주주지상주의의 체계 내에서 이해관계자이론을 도출하려는 입장도 있다. 예컨대, 일부 이론가는 주주지상주의의 기본명제인 대리인이론을 이해관계자를 본인(principal)으로 구성하는 방식으로 포용하고 있다[Charles W. Hill & Thomas M. Jones, "Stakeholder-Agency Theory," *Journal of Management Studies*, vol.29, no.2(1992)]. 회사를 계약의 결합체로 보는 입장 중에서도 이해관계자주의의 입장에서 주주만이 아니라 모든 회사 구성원이 평등하게 결합체를 구성하는 것으로 받아들이는 입장도 있다(Eisenberg, "The Conception That the Corporation is a Nexus of Contracts, and the Dual Nature of the Firm," p.833). 위와 같은 주장들은 주주를 제외한 이해관계자를 고려한다는 점에서 계약이론과는 다르다[Luigi Zingales, "In Search of New Foundations," *The Journal of Finance*, vol.55, no.4(2000), p.1634].

산이론에 대해서는 이해관계자주의와 다른 것으로 구별하는 입장도 있으나,[191] 팀생산이론은 주주지상주의를 비판하면서 이해관계자주의와 동일한 결론에 도달하기 때문에 이해관계자주의에 포함시켜 논의하는 것이 타당하다. 특히 팀생산이론은 이해관계자주의의 이론적 근거의 취약성을 보완할 수 있는 이론이기 때문에 더욱 큰 의미가 있다.[192]

마지막으로 이해관계자주의를 넓게 정의하면, 회사를 노동자의 소유로 해야 한다는 작업장 민주주의(workplace democracy)까지 포함될 수 있다.[193] 그러나 이 책은 이해관계자주의가 실현되기 위해서는 회사가 특정 이해관계자 집단의 소유 또는 지배에 속해서는 안 된다고 보기 때문에 작업장 민주주의에 관한 논의는 이해관계자주의의 범주에서 제외하고 논의하기로 한다.

---

190 Millon은 "New Directions in Corporate Law"에서 1993년까지 진보 회사법의 범주에 속하는 학자들의 논문을 정리하고 있다.

191 Testy, "Linking Progressive Corporate Law with Progressive Social Movements," p.1232.

192 팀생산이론에 대하여 비판적으로 평가하는 논문으로는 John C Coates IV, "Team Production in Business Organizations: Measuring the Domain of Mediating Hierarchy: How Contestable Are U..S. Public Corporations?" *The Journal of Corporation Law-University of Iowa*, vol.24(1999); George W. Dent, Jr., "Academics in Wonderland: The Team Production and Director Primacy Models of Corporate Governance," *Houston Law Review*, vol.44(2008); Alan Meese, "The Team Production Theory of Corporate Law: A Critical Assessment," *William and Mary Law Review*, vol.43(2002); David Millon "New Game Plan or Business as usual? A Critique of the Team Production Model of Corporate Law," *Virginia Law Review*, vol.86(2000) 이 있다.

193 작업장 민주주의에 관하여 자세한 것은 Seymour Melman, *After Capitalism: From Managerialism to Workplace Democracy*(Alfred A. Knopf, 2001); Cynthia Estlund, "Rebuilding the Law of the Workplace in an Era of Self-Regulation," *Columbia Law Review*, vol.105(2005).

(3) 이해관계자의 정의

이해관계자주의를 논의하기 위해서는 과연 이해관계자가 누구인지에 대한 정의를 내리는 것이 선행되어야 한다. 이해관계자를 어떻게 정의하고 어느 범위까지를 이해관계자로 규정할 것인지에 관한 문제는 경영학 분야에서 논의되었는데, 초기에는 이해관계자를 "주식회사가 책임을 부담하는 집단",[194] "조직과 관계있는 집단",[195] "조직 목적의 달성에 영향을 주는 집단 또는 조직의 목적 달성에 의해 영향을 받는 개인 또는 집단"[196] 등으로 광범위하게 정의하였다. 그러나 이러한 광범위한 개념 정의는 모든 회사 관계인들이 이해관계자로 포함될 수 있다는 문제점이 있었다.[197]

따라서 최근에는 이해관계자의 범위를 협의로 정의하려는 노력이 시도되었다. 예컨대, 레오 라이언(Leo Ryan)은 이해(stake)를 회사에 대한 법적·도덕적인 것을 불문한 이익, 청구권, 또는 권리라고 정의하였다. 그에 의하면 회사의 행위에 따라 손해가 발생하는 자의 경우 이해관계가 인정될 수 있고,[198] 회사의 이해관계자로 인정되기 위해서는 단순한 경제적 청구(econo-

---

194 Abbass F. Alkhafaji, *A Stakeholder Approach to Corporate Governance: Managing in a Dynamic Environment*(Quorum Books, 1989), p.36.

195 Judith Kenner Thompson, Steven L. Wartick & Howard L. Smith, "Integrating Corporate Social Performance and Stakeholder Management: Implications for a Research Agenda in Small Business," *Research in Corporate Social Performance and Policy*, vol.12, no.1(1991), p.209.

196 Freeman & Reed, "Stockholders and Stakeholders," p.51.

197 박찬호, 「미국 회사법상 팀프로덕션 모델에 관한 연구」, 36쪽; 이해관계자의 개념이 확장되면 미래 세대와 비생물까지 포함될 수 있다는 지적으로는 Rahim, "The Stakeholder Approach to Corporate Governance and Regulation," p.307이 있다.

198 Leo V. Ryan, "The Evolution of Stakeholder Management: Challenges and Potential

mic claims)가 아니라 도덕적으로 유효한 청구를 할 수 있어야 한다.[199] 그러나 회사에 대하여 단순한 경제적인 청구를 넘어서는 이해관계를 가지는 자를 어느 범위까지 인식할 것인지 여부는 어려운 문제이다. 특히 라이언의 정의에 의할 때 언제 '도덕적으로 유효'한 청구인지 여부도 매우 불분명하다.

따라서 '청구'의 개념을 이용한 이해관계자의 정의보다는 좀 더 구체적인 '위험'이라는 개념으로 이해관계자를 정의하는 견해가 주장되었다. 맥스 클락슨(Max Clarkson)의 이해관계자 개념에 의하면, 이해관계자는 "회사에 대하여 어떤 형태의 가치 있는 인적, 물적 자본을 투자하여 그에 따른 위험(risk)을 가지고 있는 자"이고,[200] 이와 같은 개념정의는 다수의 학자에 의해 원용되어 이해관계자의 범위 규정에 대하여 가장 많은 지지를 받고 있다.[201] 이와 같은 위험 개념을 가지고 대부분의 연구에서 회사의 이해관계자에 해당될 수 있는 집단으로 거론되는 주주, 일반 채권자, 금융기관, 직원, 고객, 원재료 공급사, 하청업체, 지역사회, 정부를 분석해보면, 주주와 채권자는 회사에 금전을 출자하여 회사의 운영에 따른 위험을 가지는 자이고, 직원은 노무를 출자하여 회사의 운영에 따른 위험을 가지는 자, 원재료 공급사와 하

Conflicts," *International Journal of Value-Based Management*, vol.3, no.1(1990), p.108.

199 Bruce Langtry, "Stakeholders and the Moral Responsibilities of Business," *Ethics Quarterly*, vol.4, no.4(1994), p.432.

200 Max E. Clarkson, "A risk based model of stakeholder theory," *Proceedings of the Second Toronto Conference on Stakeholder Theory*(Centre for Corporate Social Performance, University of Toronto, 1994), p.5; Amy Hillman & Gerald D. Klein, "Shareholder Value, Stakeholder Management and Social Issue. What's the Bottom Line?" *Strategic Management Journal*, vol.22, no.2(2001), p.126.

201 Eric W. Orts & Alan Strudler, "The Ethical and Environmental Limits of Stakeholder Theory," *Business Ethics Quarterly*, vol.12, no.2(2002), p.215.

청업체는 원재료 등을 제공하여 회사의 운영에 따른 위험을 가지는 자 등으로 정의될 수 있다.

또한 다수의 학자들은 이해관계자를 주요 이해관계자와 부수적 이해관계자로 구분한다.[202] 주요 이해관계자는 회사와 공식적인 계약관계를 가지며, 그들이 없으면 회사가 기능하지 못하는 자들을 의미하고,[203] 채권자, 소비자, 공급자, 직원, 주주가 여기에 속한다.[204] 부수적 이해관계자는 회사와 계약관계를 가지지는 않지만 회사에 대하여 영향을 줄 수 있는 자들을 의미하고,[205] 정부, 지역사회, 비정부기구(NGO), 언론 등이 여기에 속할 수 있다.[206]

(4) 이론적 근거

① 철학적 근거

이해관계자주의는 규범적 관점(normative perspective)에서 이해관계자를 어떻게 취급하여야 하는지에 대하여 논의하고, 이것이 이해관계자주의의 철학적 기반을 형성한다. 이해관계자주의는 이마누엘 칸트(Immanuel Kant)의

---

202 아치 캐럴(Archie Carroll)은 이해관계자를 소유권(ownership)을 가지는 자, 회사에 대하여 법적 또는 도덕적 청구권 또는 권리를 가지는 자, 회사 영업에 대하여 이익을 주장하는 자로 구분한다[Archie B. Carroll & Ann Buchholtz, *Business and Society: Ethics, Sustainability, and Stakeholder Management*(Cengage Learning, 2014), pp.56~57].

203 Freeman & Reed, "Stockholders and Stakeholders," p.51.

204 Keay, "Stakeholder Theory in Corporate Law," p.259.

205 부수적 이해관계자에 대하여는 모호한 상호 관계만을 가진다는 이유로 이해관계자가 아니라는 주장이 있다[Richard Lee Miller, "Ethical Challenges in Corporate- Shareholder Investor Relations: Using the Value Exchange Model to Analyze and Respond," *Journal of Business Ethics*, vol.7, no.1~2(1988), p.121].

206 Fassin, "The Stakeholder Model Refined," p.115.

철학을 바탕으로 "이해관계자는 수단이 아니라 목적으로 취급되어야 한다"[207]는 점을 전제로 한다.[208] 이와 같은 전제에서 이해관계자주의는 이해관계자는 본질적으로 회사에 소중한 존재이므로 기업경영을 하는 데 그에 걸맞게 대우받아야 한다고 주장한다.[209]

② 경제적 근거

경제적 측면에서 이해관계자주의는 이해관계자도 주주와 같이 회사의 자본에 일정하게 기여하기 때문에 회사의 자산과 이익에 대하여 일정한 권리를 가진다는 것을 이론적 근거로 한다.[210] 채권자는 주주와 같은 금전적 자본을 주주보다 장기간 회사에 직접 제공하고, 직원은 인적 자본을 직접 제공한다.[211] 이해관계자주의는 이해관계자의 기여도 주주의 투자와 동일하게 보아야 한다고 주장하며, 주주 이외의 이해관계자를 비자본투자자(non equity investor)라고 표현한다.[212] 또한 이해관계자주의는 지역사회와 정부도 사회기반시설을 제공함으로써 간접적으로 회사에 기여하고, 소비자와 공급자도 수익을 연결고리로 회사와 상호 의존적 관계에 있다고 본다.[213]

---

207 칸트의 철학적 입장에 대해서 자세한 내용은 임마누엘 칸트, 『윤리형이상학』, 백종현 옮김(아카넷, 2012) 참조.

208 Rahim, "The Stakeholder Approach to Corporate Governance and Regulation," p.308.

209 Scott J. Reynolds, Frank C. Schultz & David R. Hekman, "Stakeholder Theory and Managerial Decision-Making: Constraints and Implications of Balancing Stakeholder Interests," *Journal of Business Ethics*, vol.64, no.3(2006), p.293.

210 Karmel, "Implications of the Stakeholder Model," p.1171.

211 같은 글, p.1171.

212 Greenfield, "Debate: Saving the World with Corporate Law?" p.964.

213 Karmel, "Implications of the Stakeholder Model," p.1172.

2) 회사의 본질

(1) 회사의 경제적 본질

① 초기 이해관계자주의

전통적 주주지상주의에 대응하는 초기 이해관계자주의는 주주지상주의와는 달리 회사를 주주의 소유로 보지 않는다. 즉 회사는 주주와는 별개의 실체이므로 회사의 재산은 회사 자체의 재산이 되는 것이고, 주주의 재산과 동일시할 수 없다. 이러한 전제에서 초기 이해관계자주의는 회사를 주주의 이익이 아닌 모든 이해관계자의 이익을 위하여 운영되어야 한다고 보았다.

② 팀생산이론

블레어·스타우트는 계약이론에 대응하여 팀생산이론에 근거하여 회사의 본질을 설명하고, 팀생산이론은 이해관계자주의의 입장에서 회사의 경제적 본질을 설명할 수 있는 이론적 근거를 제공한다. 블레어·스타우트는 계약이론과 같이 회사는 팀 생산을 위해 조직된다고 본다. 팀 생산의 문제는 다양한 이해관계자 집단의 회사 특정 투자가 팀 생산을 하는 데 필수적인 반면, 일단 투자를 하게 되면 다른 이해관계자 집단의 기회유용적 행동에 의하여 착취를 당하기 쉬운 지위에 놓인다는 데 있다. 그러나 회사의 이해관계자는 이와 같은 착취에 대응하여 기회유용을 배제할 수 있는 계약을 합리적인 비용으로 사전에 체결할 능력이 없고, 특히 생산계획이 복잡하고, 장기이며, 불확실한 경우에는 계약을 통하여 회사 특정 투자를 보호하는 것은 불완전할 수밖에 없다. 이러한 상황에서 기회유용 문제를 해결하기 위해 주주에게 모든 잉여에 대한 권리를 부여하면 주주는 다른 이해관계자 집단의 기회유용을 감시할 적절한 유인이 발생하나, 이러한 경우 기회비용기반의 보상은 회사 특정 투자의 전체 가치를 반영하지 못하기 때문에 다른 이해관계자 집단은 회사 특정 투자를 할 유인이 사라진다. 이러한 회사 특정 투자의 감소는 회사의 전체 부를 감소하게 만들기 때문에 회사 참가자들에게 최고의 비용 절약적 전략은 모든 이해관계자가 생산요소에 대한 지배권을 회사에 위임하는 것이다. 따라서 팀생산이론에 의하면 회사는 명시적인 계약을 통하여 자신들의 기여를 보호하기 어려운 다양한 집단이 유일하고 본질적인 자원을 투자하는 '회사 특정 투자의 결합체(nexus of firm specific investment)'이다.

(2) 회사의 법적 본질

① 초기 이해관계자주의

법학적 이해관계자주의의 시조인 도드는 회사가 주주와는 별개의 실체라는 전제에서 자신의 이론을 전개해 나갔다. 도드는 회사가 '법적 의제'이며, '주주의 집합'이라는 주장을 거부하면서 다음과 같이 주장한다.

> 회사가 실제로 존재한다면, 그것은 법적 의제가 아니라 현실로 존재하는 것이고, 회사의 경영자는 그 개인 구성원이 아니라 회사와 수탁관계가 있는 것이고, 주주의 대리인이 아니라 회사의 수탁자가 되는 것이다.[214]

도드는 이와 같이 회사를 주주와는 구별되는 법인격을 가진 것으로 보고, 회사는 주주의 집합체에 불과한 가상적인 존재(legal fiction)가 아니라 주주와는 별개인 실체(factual unit)로 보았고 이에 따라 회사의 경영자는 회사의 구성원인 주주가 아니라 회사에 대하여 의무를 부담한다고 보았다. 이와 같

---

214 Dodd, "For Whom Are Corporate Managers Trustees?" p.1160.

은 전제에서 도드는 회사를 주주의 집합체로 보고, 경영자를 주주의 대리인으로 보는 주주지상주의를 비판하였고, 회사의 경영자는 주주의 이익만이 아니라 모든 이해관계자의 이익을 고려하여야 한다고 보았다.

이와 같이 도드의 주장은 회사가 주주와는 별개의 실체라는 것을 전제로 하여 성립된 것이기 때문에 초기의 이해관계자주의는 실체이론을 기반으로 하는 것으로 볼 수 있고, 이후 이해관계자주의도 도드의 이론에 영향을 받아 실체이론을 전제로 논리를 전개하고 있다.

② 팀생산이론

팀생산이론에서 회사는 회사 특정 투자의 결합체이자, 상호 이익을 위해 함께 일하기로 계약한 사람들의 집단(team)이다. 주주, 직원, 채권자, 공급자 등 회사의 참가자는 회사의 산출물과 자신의 핵심 투입요소에 대한 지배권을 포기하고 회사를 설립한다. 이와 같이 설립되는 회사는 모든 이해관계자들을 위한 조정기구로서 모든 이해관계자들과는 독립된 실체(entity)로서 존재한다.[215] 이와 같은 팀생산이론에 따르면 회사의 법적 성질은 실체이론에 입각하여 이해할 수 있다.[216]

한편 회사의 공적인 성격을 강조하는 입장에서도 회사는 계약의 결합체가 아니라 실체로서 단순한 주주의 집합 이상의 의미가 있고, 그 행동이 실질적인 공익적 함축을 담은 사회적으로 영향력 있는 기관으로 본다.[217]

---

215 Blair & Stout, "A Team Production Theory of Corporate Law," p.277.
216 팀생산이론의 주장자인 블레어도 실체이론에 따라 회사를 이해하자고 주장한다(Blair, "Corporate Personhood and the Corporate Persona," p.820.
217 Millon, "New Directions in Corporate Law," p.1379.

3) 회사의 목적

(1) 회사제도의 목적: 사회후생의 증진

이해관계자주의는 회사의 목적(purpose of the corporation)이 무엇인가에 서부터 이론이 시작되고,[218] 이해관계자주의는 회사가 사회 공익을 위하여 창조되었다는 점을 전제로 한다.[219] 이해관계자주의는 회사란 정부가 창조 한 기구이고, 정부가 회사가 사회에 이익이 될 것으로 기대하였기 때문에 유 한책임과 법인격과 같은 특수한 권능을 부여하면서까지 회사를 창조한 것으 로 본다.[220] 따라서 회사제도의 목적은 사회후생(social welfare)이라는 공익 을 증진시키는 것이고,[221] 회사가 사회후생에 기여하는 것은 경제적 부를 창 출할 수 있기 때문이라고 본다.[222] 즉 회사는 공익을 위하여 창조되었으므로 다른 비영리 기관처럼 자선행위를 해야 한다는 의미가 아니라 경제적 부를 창출하는 것이 그 임무라는 것이고, 그 경제적 부에는 주주의 이익만이 아니 라 직원, 지역사회에 대한 회사의 기여도 포함된다.[223]

---

218 Langtry, "Stakeholders and the Moral Responsibilities of Business," p.431.

219 Greenfield, "Debate: Saving the World with Corporate Law?" p.962; Kent Greenfield, "Reclaiming Corporate Law in a New Gilded Age," *Harvard Law & Policy Review*, vol.2(2008), p.18.

220 Greenfield, "Debate: Saving the World with Corporate Law?" p.963.

221 회사제도의 목적이 사회후생을 증진시키는 것이라는 점은 주주지상주의도 같다 (Kraakman et al., *The Anatomy of Corporate Law*, pp.17~19).

222 Greenfield, "Reclaiming Corporate Law in a New Gilded Age," p.19.

223 같은 글, p.19.

(2) 이해관계자에 대한 목적적 고려

이미 살펴본 바와 같이 이해관계자주의는 이해관계자를 수단이 아니라 목적으로 취급하여야 하고, 이해관계자는 본질적으로 회사에 소중한 존재이므로 기업경영을 함에 있어 그에 걸맞게 대우해야 한다는 것을 전제로 한다.[224] 이와 같은 주장은 회사는 주주를 위하여 운영되어야 하고, 주주의 이익 극대화를 목적으로 해야 한다는 주주지상주의와 배치된다. 이해관계자주의에 의하면 주주는 단지 회사에 대한 이해관계를 가지는, 다양하면서 서로 경쟁적인 집단 중 하나에 불과하다.[225] 따라서 회사는 모든 이해관계자를 위한 가치창출을 위하여 운영되어야 하고, 회사를 위하여 중요한 자원을 제공하는 자들은 모두 이익을 향유해야 한다.[226]

(3) 이해관계자의 경제적 기여와 권리

① 이익 창출에 대한 공동 기여

이해관계자주의는 회사가 존속하고 성장하기 위해서는 많은 기여자의 노력이 필요하다는 것을 전제로 한다. 그런데 경영자가 그러한 기여를 하는 집단들을 고려하지 않으면 회사 특정 투자를 이끌어낼 수 없다. 이는 회사의 성과와 부에 영향을 줄 것이고, 그에 따라 사회적 부를 증대시키는 데에도 실패할 것이라는 점이 이해관계자주의의 입장이다.[227]

---

224 Reynolds, Schultz & Hekman, "Stakeholder Theory and Managerial Decision-Making," p.293.

225 Keay, "Stakeholder Theory in Corporate Law," p.255.

226 이해관계자의 가치 창출과 관련해서는 Will Hutton, *The State We're In*, revised ed.(Random House, 2011) 참조.

또한 이해관계자주의는 회사가 효율적으로 기능하기 위해서는 가능한 한 많은 가치가 이해관계자들에게 돌아가는 것이 모두에게 이익이 된다고 본다. 이해관계자주의는 주주지상주의와는 달리 주주의 이익만 추구하는 것보다 모든 이해관계자들을 고려하는 것이 합리적이라고 본다.[228] 이는 회사의 성장을 위해서는 주주에게 만족할 만한 배당을 해야 하고, 소비자를 만족시키는 재화를 만들어내야 하며, 뛰어난 인재를 고용해야 하고, 원재료 공급사와 성공적인 관계를 구축하여야 하기 때문에 당연하다는 것이다.

이와 같이 이해관계자주의는 회사의 효율성, 수익성, 경쟁력, 경제적 성공이 이해관계자들 간의 결합관계가 해체되면 달성될 수 없을 것이라는 점을 기초로 한다.[229] 더 나아가 이해관계자들의 이익이 보장되고 그에 따라 이해관계자들이 회사에 충성을 다하는 경우에는 주주도 회사가 오로지 주주 이익만을 추구할 때보다 더 큰 이익을 볼 수 있다고 주장한다.[230]

② 이해관계자의 회사에 대한 권리

이해관계자주의는 이해관계자에게도 회사에 대한 일정한 권리가 있음을 인정하고 그에 따른 보호를 받아야 한다고 주장한다.[231] 즉 이해관계자주의에 의하면 이해관계자는 회사의 재산과 회사가 창출하는 이익에 대하여 자신들이 회사에 기여하는 만큼 일정한 청구권을 가지고 있다.[232] 주주가 회사

---

227 Keay, "Stakeholder Theory in Corporate Law," p.265.

228 Freeman et al., "Stakeholder Theory and the Corporate Objective Revisited," p.365.

229 Campbell, "Stakeholders," p.446.

230 Greenfield, "Debate: Saving the World with Corporate Law?" p.975.

231 R. Edward Freeman, & Robert A. Phillips, "Stakeholder Theory: A Libertarian Defense," *Business Ethics Quarterly*, vol.12, no.3(2002), p.338.

232 Karmel, "Implications of the Stakeholder Model," p.1171.

에 대하여 손실 위험이 있는 투자를 하는 것과 마찬가지로, 주주 이외의 이해관계자도 회사에 대하여 회수가 불가능한 확정적인 회사 특정 투자를 하기 때문이다.

주주지상주의의 경우에는 이해관계자가 계약을 통하여 보호를 받을 수 있다고 주장하는 반면, 이해관계자주의는 이해관계자들이 불평등한 교섭력으로 인해 회사와 대등한 협상을 하는 것이 불가능하다고 본다. 따라서 이해관계자주의는 회사의 이해관계자들이 계약 조건과 관계없이 정당한 기대권을 보장받을 수 있도록 보호하는 것을 전제로 한다.[233] 따라서 이해관계자주의에 의하면 회사의 경제적·사회적 목적은 부와 가치를 창출하여 모든 이해관계자에게 손해가 가지 않는 한도에서 분배하는 것이고,[234] 회사가 창출한 이익을 분배하는 데 어떠한 집단도 우선권을 가지지 않는다.[235]

이와 같이 이해관계자주의는 모든 사회구성원의 개인적 자율성과 공정성을 보장하는 이론에 기반하고 있고,[236] 모든 이해관계자 간의 평등은 가사 그것이 주주의 이익에 도움이 되지 않더라도 그들 모두가 본질가치를 보유하고 있고, 회사의 경영에 고려할 만한 법적·도덕적 권리를 가지고 있음을 인정한다.[237]

---

233 Wai Shun Wilson Leung, "The Inadequacy of Shareholder Primacy: A Proposed Corporate Regime that Recognizes Non-Shareholder Interests," p.622.

234 Max E. Clarkson, "A Stakeholder Framework for Analyzing and Evaluating Corporate Social Performance," *Academy of Management Review*, vol.20, no.1(1995), p.112.

235 Omran & Pointon, "Shareholders Versus Stakeholders," p.318.

236 같은 글, p.318.

237 Richard Marens & Andrew Wicks, "Getting Real: Stakeholder Theory, Managerial Practice, and the General Irrelevance of Fiduciary Duties Owed to Shareholders," *Business Ethics Quarterly*, vol.9, no.2(1999), p.274.

(4) 회사의 도구적 성격

이해관계자주의는 회사는 모든 이해관계자의 이익을 위해 운영되어야 한다고 보고, 회사를 모든 이해관계자의 이익을 조정하기 위해 필요한 도구(vehicle)로 인식한다.[238] 이와 같은 회사의 목적에 따르면 회사의 경영자는 회사의 결정에 영향을 받거나 줄 수 있는 모든 이해관계자의 최적 가치(optimal value)를 창출하기 위하여 회사를 경영해야 한다.[239] 이와 같은 결론은 모든 이해관계자가 중요한 자원을 투자하여 회사의 성공에 기여하였고, 이해관계자는 수단이 아니라 목적으로 취급되어야 하기 때문에 이해관계자의 이익이 바로 회사의 목적이라는 것에서 도출된다.[240]

(5) 정리

이해관계자주의는 주주지상주의에 의할 경우 공익 증진이라는 회사의 목적을 수행할 수가 없다고 비판하고, 그 이유로 주주지상주의가 회사의 목적을 주주 이익 극대화로 너무 좁게 설정하기 때문이라고 본다.[241] 이해관계자주의는 회사의 목표가 주주의 이익 극대화가 아니라 사회후생의 극대화로 변경되어야 한다고 주장한다. 따라서 회사법은 이와 같은 회사의 목적을 달성하기 위한 규제 시스템으로 작용하여야 하고, 회사지배구조를 회사의 실패 문제를 해결하기 위한 수단으로 삼는 것은 다른 외부 규제 방법보다 강력

---

238 Keay, "Moving Towards Stakeholderism?" p.7.

239 같은 글, p.7.

240 Freeman, *Strategic Management*, p.97.

241 Greenfield, "Debate: Saving the World with Corporate Law?" p.965.

하고 효율적인 방법이라고 본다.[242]

이와 같은 이해관계자주의에 의하면 회사는 사회적 실체(social entity)로서 공적 의무를 수반하는 집합적 목표의 수행을 목적으로 정치적·법적 과정을 통해 조직된 공적 조직(public associations)[243]으로 정의될 수 있다.[244]

4) 회사법에 대한 입장

(1) 회사법의 목적·성격

이해관계자주의에 의하면 회사제도의 목적은 사회후생을 증진시키는 것이고, 회사법은 이와 같은 사회적 목적을 효과적으로 달성하는 것을 그 목적으로 한다.[245] 또한 이해관계자주의는 회사법을 전통적인 사법의 영역이 아니라,[246] 공익이 관련된 영역, 즉 공법(public law)[247]의 영역에 속하는 것으

---

242 Greenfield, *The Failure of Corporate Law*, p.39.

243 회사의 공적 측면을 강조하여 공화주의의 입장에서 회사를 정부와 유사한 성격을 가진 공적 기관으로 보아야 한다는 견해도 있다[Daniel J. H. Greenwood "Introduction to the Metaphors of Corporate Law," *Seattle Journal for Social Justice*, vol.4(2005-2006), p.277].

244 Silvia Ayuso, Miguel Angel Rodriguez, Roberto Garcia & Miguel Angel Arino, "Maximising Stakeholders' Interests: An Empirical Analysis of the Stakeholder Approach to Corporate Governance," Working Paper no.670(IESE Business School, University of Navarra, 2007), 3(available at http://www.iese.edu/research/pdfs/DI-0670-E.pdf).

245 Glynn, "Communities and Their Corporations," p.1068.

246 주주지상주의는 회사의 본질을 재산권의 측면에서 접근하는 입장이나, 계약이론으로 접근하는 입장 모두 회사법을 사법으로 이해한다.

로 이해한다.[248] 이처럼 이해관계자주의가 회사법을 전통적인 사법의 영역이 아니라고 주장하는 이유는 회사가 태생부터 공익적 차원을 가지고 있었기 때문이라고 본다.[249] 따라서 회사법이 사법이라는 이유로 회사가 정치의 영역이 아니라거나 내부 규제를 할 수 없다는 논리는 성립할 수 없다고 본다.[250] 여기서 회사법이 공법이라는 것은 회사법이 규제법(regulatory law)이라는 것을 의미한다.[251] 그러므로 이해관계자주의는 회사법을 사법이 아닌 규제법인 환경법, 노동법, 세법과 같은 방법으로 분석해야 한다는 것이고, 계약법 원칙에 구애받지 않고 정치적 결정을 통하여 우리 사회가 이상적으로 원하는 바를 회사법에 규정해할 수 있다고 본다.[252]

247 여기서의 공법은 전통적인 의미의 공법, 즉 개인과 국가 간의 관계를 다루는 헌법과 행정법을 의미하는 것이 아니고, 회사의 행위에 영향을 미치는 규제법을 의미한다 (Moore, "Is Corporate Law 'Private'?" p.2); 영미법에서 일반적인 공법에 대한 정의는 "개인과 정부 또는 사회와 직접적인 관련이 있는 개인 간의 관계를 규율하는 법"이다 [Jonathan Law & Elizabeth A. Martin, *Oxford Dictionary of Law*, 7th ed.(Oxford University Press, 2013)]. 위와 같은 정의에 의하면, 회사와 관련된 법 중에서 독점규제법과 증권법이 대표적인 공법이고, 심지어 불법행위법(tort)도 공법에 속하게 된다.

248 Kent Greenfield, "Using Behavioral Economics to Show the Power and Efficiency of Corporate Law as a Regulatory Tool," *U.C. Davis Law Review*, vol.35(2002), pp.591~601.

249 같은 글, pp.591~601; Thomas W. Joo, "Contract, Property and the Role of Metaphor in Corporations Law," *U.C. Davis Law Review*, vol.35(2002), p.819; Charlie Cray & Lee Drutman, "Corporations and the Public Purpose: Restoring the Balance," *Seattle Journal for Social Justice*, vol.4(2005~2006), p.347.

250 Greenfield, *The Failure of Corporate Law*, p.35.

251 같은 책, p.36.

252 같은 책, p.36.

(2) 회사법의 규율범위

이해관계자주의는 회사를 공익 목적을 위한 정부의 창조물로 보므로 회사
지배구조에 대한 규제도 당연하다고 본다.[253] 따라서 회사법에서 주주가 아
닌 이해관계자의 이익을 고려하도록 규정하는 것은 자유시장경제제도에 부
합하는지 여부와 관계없이 그 규제가 사회후생을 증진시키는지에 따라 회사
법에 의한 규제 여부가 결정된다.[254]

이처럼 이해관계자주의가 회사지배구조 규제가 필요하다고 주장하는 이
유는 회사법을 이해관계자의 이익과 후생을 보호하는 데 유용한 규제 장치
로 보기 때문이다.[255] 주주지상주의는 회사의 비용을 이해관계자들에게 전
가하는 것을 금지하지 않고, 오히려 경영자가 비용 전가를 해야 한다고 본
다.[256] 이해관계자주의에 의하면 이해관계자들에 대한 비용 전가는 규제되
어야 하고, 이는 외부 규제보다 내부 규제인 회사지배구조의 규제를 통하여
효율적으로 제어될 수 있다고 본다. 특히 이해관계자주의는 이해관계자가
계약상 모든 예상위험으로부터 자신을 보호하기 위한 조항을 포함하는 계약
을 회사와 체결할 수 있다고 주장하는 주주지상주의의 입장을 회의적으로
바라본다.[257]

---

253 Greenfield, "Debate: Saving the World with Corporate Law?" p.963.

254 Greenfield, "Reclaiming Corporate Law in a New Gilded Age," p.20.

255 Glynn, "Communities and Their Corporations," p.1088; 이해관계자에 지역사회와 정
　부까지 포함되는 경우에는 이해관계자의 이익 보호는 외부효과에 대한 규제까지 포함
　될 수 있다. 예컨대, 환경에 대한 외부비용 전가의 문제는 지역사회의 이익과 연관되어
　있다.

256 같은 글; Mitchell, *Corporate Irresponsibility*, pp.49~65.

257 Millon, "New Directions in Corporate Law," p.1379. 이와 같은 회의적인 시각은 정보
　의 비대칭과 변동하는 시장 상황으로 인하여 계약 관련 위험을 사전에 정확히 예측하는

또한 주주지상주의는 이해관계자가 회사와의 계약에 의해 보호되지 않는다고 하더라도 회사법이 아니라 외부 규제법률에 의하여 보호될 수 있다는 입장을 취한다.[258] 그러나 이해관계자주의는 경영자에 의한 비용 전가가 허용되는 경우에는 외부 규제의 효과는 제한적일 수밖에 없다고 본다.[259] 주주 이익 극대화를 위해서 경영자는 규제 위반 비용이 규제 준수 비용을 초과하는 경우에만 외부 규제를 준수할 것이기 때문이다.[260] 따라서 이해관계자주의는 계약에 의하여 자신을 보호할 수 없는 이해관계자의 이익을 보호하기 위하여 회사법상 규제를 할 수 있어야 한다고 본다.

5) 지배구조

(1) 회사지배구조의 목적·지도 원리

① 사회후생의 창출

이해관계자주의는 회사를 모든 이해관계자들의 이익을 조정하는 도구로 인식하고,[261] 부정적 외부효과가 회사의 이해관계자에게 발생하는 것을 우

것이 매우 어렵다는 점에 근거한다.

258 Bainbridge, "Director Primacy," pp.586~587; Moore, "Is Corporate Law 'Private'?" p.11.

259 Glynn, "Communities and Their Corporations," p.1089.

260 같은 글, p.1089; Greenfield, T*he Failure of Corporate Law*, pp.73~74.

261 Rahim, "The Stakeholder Approach to Corporate Governance and Regulation," p.304; Chris E. Metcalfe, "The Stakeholder Corporation," *Business Ethics: A European Review*, vol.7, no.1(1998), p.30.

려한다.[262] 또한 경영자의 의무는 회사의 결정에 영향을 주거나 또는 영향을 받을 수 있는 모든 구성원을 위하여 최적의 가치를 창출하는 데 있다고 본다.[263] 따라서 회사 의사결정규범의 궁극적인 목적은 모든 구성원을 위한 최적의 가치로 대표되는 사회후생을 창출하는 데 있다.[264] 이러한 입장에서 이해관계자주의는 회사가 사회후생의 극대화라는 목적을 달성하기 위해서는 주주와 경영자로만 구성되는 회사지배구조는 변경되어야 한다고 주장한다.

② 신뢰

주주지상주의는 당사자 간 권리·의무를 정하는 상세한 계약을 통해 모든 사항이 구체화되고, 그에 따라 효율성이 달성될 수 있으므로 신뢰의 필요성을 부인한다.[265] 그러나 이해관계자주의는 효율성을 포함한 다양한 가치를 포용한다.[266] 이해관계자주의에서 이해관계자 간의 관계를 신뢰를 전제로

---

262 외부효과는 기업경영자가 회사의 비용을 이해관계자에게 전가하고 그로 인한 이익을 주주에게 유보시키는 것을 의미한다. 위와 같은 이해관계자의 주장에 대하여 주주지상주의 입장에서는 외부효과를 발생시키지 않도록 보장하는 것은 대리인 비용을 증가시키고 그로 인해 사회후생이 감소할 수 있다고 반박한다[Ian B. Lee, "Efficiency and Ethics in the Debate About Shareholder Primacy," *Delaware Journal of Corporate Law*, vol. 31(2006), p. 539].

263 Freeman, *Strategic management*, p. 97; 블레어·스타우트는 팀생산이론의 관점에서 구성원을 회사에 특별한 투자를 한 자들로 제한한다(Blair & Stout, "A Team Production Theory of Corporate Law," p. 247).

264 Greenfield, "Debate: Saving the World with Corporate Law?" p. 963; 주주지상주의 입장에서도 회사의 목적이 사회후생을 증대시키는 것이라는 점을 인정한다(Hansmann & Kraakman, "The End of History for Corporate Law," p. 441).

265 Lawrence E. Mitchell, "The Cult of Efficiency," *Texas Law Review*, vol. 71(1992), pp. 235~238; Lawrence E. Mitchell, "Fairness and Trust in Corporate Law," *Duke Law Journal*, vol. 43(1993), p. 477.

하고, 신뢰는 회사관계의 근본이다.[266] 이와 같이 신뢰(trust)는 이해관계자주의의 중요한 가치이고, 복잡성(complexity)과 불확실성(uncertainty)을 경감시키는 기능을 한다.[268] 이해관계자주의는 계약의 불완전성을 전제로 하고, 주요한 이해관계자 간에 신뢰가 구축되면 정교한 계약 조항은 불필요해진다고 본다.[269] 따라서 신뢰는 그 자체가 목적적 원리는 아니지만 사회적 관계의 조건으로서 목적을 위한 수단적 의미를 가지는 원리로 이해될 수 있다.[270]

이해관계자주의에서 신뢰는 진실(truth)·능력(competence)과 관련된다. 신뢰는 정확한 진실을 요구하는 것은 아니지만 사안의 복잡성을 경감하는 데 도움을 주어야 한다.[271] 따라서 경영자가 특정 이해관계자의 이익에 상반되는 결정을 하기 위해서는 결정의 취지와 결과를 설명해야 한다.[272] 또한 신뢰는 전문 분야에서 경영자의 능력을 기반으로 한다.[273] 이는 회사의 경영자가 이해관계자의 신뢰를 얻기 위해서는 진실성뿐만 아니라 경영에 대한 전문성을 갖추어야 한다는 것을 의미한다.

(2) 경영자의 역할

경영자가 의사결정을 하기 위해서는 모든 이해관계자의 이익을 조정하는

---

266 Keay, "Stakeholder Theory in Corporate Law," p. 260.

267 Mitchell, "Fairness and Trust in Corporate Law," p. 475.

268 같은 글, p. 433.

269 Keay, "Stakeholder Theory in Corporate Law," p. 260.

270 Mitchell, "Fairness and Trust in Corporate Law," p. 478.

271 같은 글, p. 433.

272 Keay, "Stakeholder Theory in Corporate Law," p. 260.

273 Mitchell, "Fairness and Trust in Corporate Law," p. 434.

것이 필수적이고, 그 목적은 적정한 과정을 통해 이해관계자의 이익을 극대화시키는 것이다.[274] 따라서 경영자, 특히 이사는 다양한 이해관계자 사이를 조정하는 조정자(mediators) 역할을 해야 한다.[275] 여기서의 조정은 이해관계자의 이익 사이에 균형을 유지하는 것과 관련이 있고, 균형(balancing)은 회사의 행위와 이해관계자 간의 상충하는 주장을 평가·형량하는 것을 의미한다.[276] 이해 조정 과정에서는 모든 이해관계자의 이익이 고려되어야 하며, 어떠한 이해관계자도 다른 이해관계자와 관련하여 우선순위가 부여되지 않는다.[277]

(3) 경영자의 지위·의무

이해관계자주의 중에는 이사를 모든 이해관계자의 수탁자로 인식하는 입장도 있고,[278] 이사의 의무는 주주에 대한 것이 아니라 회사에 대한 것이어야 한다고 보는 입장도 있다.[279]

---

274 Freeman & Phillips, "Stakeholder Theory," p.333.

275 Karmel, "Implications of the Stakeholder Model," p.1157.

276 Reynolds, Schultz, & Hekman, "Stakeholder Theory and Managerial Decision-Making," p.286; 균형은 모든 이해관계자가 동등하게 취급받는 것을 전제로 하지만, 모든 주장과 이해가 동등하거나 관련된 것이 아님을 숙지해야 한다(Keay, "Stakeholder Theory in Corporate Law," p.257).

277 같은 글, p.257

278 John Plender, "Giving People a Stake in the Future," *Long Range Planning*, vol.31, no.2(1998), p.215[이러한 주장에 의하면 이사는 모든 이들을 위한 관리인(steward)으로 행동하여야 한다].

279 Crespi, "Redefining the Fiduciary Duties of Corporate Directors in Accordance with the Team Production Model of Corporate Governance," p.630.

한편, 이해관계자주의는 회사 경영자에게 주주의 이익만을 고려하여 결정하도록 할 것이 아니라, 회사의 모든 이해관계자의 이익을 고려하여 결정하도록 강제하여야 하고, 이러한 강제는 결국 사회후생을 창출하는 데 더 도움이 될 것이라고 주장한다.[280] 그린필드는 경영자 선관주의의무의 확장은 다음과 같은 장점을 가진다고 설명한다.

① 회사는 집합적 노력의 산물이고, 회사의 지속성은 회사에 기여를 하는 이해관계자의 회사에 대한 신뢰에 달려 있다. 경영자의 선관주의의무의 확장은 이와 같은 신뢰 형성에 도움을 주고, 이해관계자의 자발적 투자를 이끌어낼 수 있다.[281]

② 공정한 처우를 받는 직원들은 회사를 위하여 더 열심히 일하고, 더 생산적으로 되기 때문에 회사 이윤에 대한 공정한 배분은 회사의 이익 증진에 도움이 된다.[282]

③ 민주국가에서는 총사회후생 증진과 동시에 공정한 배분도 중요시한다. 선관주의의무의 확장은 그러한 회사이윤의 공정한 배분을 가능하게 하여 사회 문제를 해결할 수 있게 한다.[283]

---

280 Greenfield, "Debate: Saving the World with Corporate Law?" p.975.

281 이해관계자의 회사에 특유한 투자의 중요성에 대해서는, Marleen A. O'Connor, "The Human Capital Era: Reconceptualizing Corporate Law to Facilitate Labor-Management Cooperation," *Cornell Law Review*, vol.78(1993), pp.909~910, 923.

282 Greenfield, "Using Behavioral Economics to Show the Power and Efficiency of Corporate Law as a Regulatory Tool," pp.613~622.

283 Greenfield, "Debate: Saving the World with Corporate Law?" p.977.

(4) 이해관계자의 경영 참여

이해관계자주의에 의하면 이해관계자 집단의 권리는 회사의 의사결정 과정에서 존중받아야 할 뿐만 아니라, 이해관계자 집단은 그들의 후생과 관련된 의사결정 과정에 참여할 수 있어야 한다고 본다.[284] 이와 같은 주장의 이론적 근거는 주주와 마찬가지로 다른 이해관계자들도 회사의 자본(capital)에 기여하기 때문이라는 것이다.[285] 따라서 이해관계자 간의 불평등(inequality)은 오직 대다수 이해관계자의 상황을 증진시킬 수 있는 경우에만 인정되고,[286] 이해관계자 집단의 회사에 대한 요구는 모두 정당한 청구권(legitimacy claim)으로 인정되며, 경영자는 어떤 이해관계자들의 요구를 고려해야 할지를 결정해야 한다.[287] 따라서 이해관계자주의를 주장하는 입장 중에서는 이사회의 구성 자체가 이해관계자의 대표자로 구성되어야 한다는 견해도 있다.[288] 이 주장에 의하면 이사의 선출과 관련하여 이해관계자에게 일정한 참여가 보장되어야 한다.[289]

284 W. Evan & R. Edward Freeman, "A Stakeholder Theory of the Modern Corporation: Kantian Capitalism," in Norman E. Bowie & Tom L. Beauchamp(eds.), *Ethical Theory and Business*(Prentice Hall, 2001), p.103.

285 Karmel, "Implications of the Stakeholder Model," p.1171.

286 Freeman, *Strategic Management*, pp.415~416.

287 Ronald K. Mitchell, Bradley R. Agle, & Donna J. Wood, "Toward a Theory of Stakeholder Identification and Salience: Defining the Principle of Who and What Really Counts," *Academy of Management Review*, vol.22, no.4(1997), p.855.

288 Greenfield, "Debate: Saving the World with Corporate Law?" p.978; Frederick R. Post, "A Response to 'The Social Responsibility of Corporate Management: A Classical Critique'," *American Journal of Business*, vol.18, no.1(2003), p.32.

289 이해관계자의 경영 참여에 관한 최근의 논의에 대해서는 제6장 제5절 참조.

4. 비교

1) 구체적 쟁점에 관한 입장의 비교

(1) 양 이론의 차이

① 회사의 본질

㉠ 주주지상주의의 입장

주주지상주의는 회사를 주주의 '소유' 또는 '재산'으로 보는 전통적 주주지상주의와 경제학적 회사이론의 영향을 받아 회사의 경제적 본질을 '계약의 결합체'로 구성하는 급진적 주주지상주의로 나눌 수 있다. 회사의 경제적 본질을 '계약의 결합체'로 보는 급진적 주주지상주의(계약이론)는 회사를 법적 의제로 본다.

㉡ 이해관계자주의의 입장

초기 이해관계자주의는 회사를 주주와는 별개의 실체로 보았고, 주주의 소유로 보지 않았다. 한편, 팀생산이론에 의하면 회사는 효율적인 생산을 위하여 모든 이해관계자들이 생산요소에 대한 지배권을 위임하여 만들어진 것이다. 따라서 회사는 계약의 결합체가 아니라 명시적인 계약으로 자신들을 보호하기 어려운 다양한 집단이 유일하고 본질적인 자원을 기여하는 '회사 특정 투자의 결합체'이다.

이해관계자주의의 회사의 법적 본질에 대한 입장은 실체이론에 입각하여 이해할 수 있다. 초기 이해관계자주의는 회사를 주주와는 구별되는 법인격을 가진 것으로 보고, 회사를 가상적 존재가 아니라 주주와는 별개의 실체로 보았고, 이에 따라 회사의 경영자는 주주가 아니라 회사에 대하여 의무를 부담한다고 보았다. 팀생산이론에서 회사는 회사 특정 투자의 결합체이자 상호 이익을 위해 함께 일하기로 계약한 사람들의 집단이다. 회사의 이해관계자는 회사의 산출물과 자신의 핵심 투입요소에 대한 지배권을 포기하고 회사를 설립한다. 이와 같이 설립되는 회사는 모든 이해관계자들을 위한 조정기구로서 모든 이해관계자들과는 독립된 실체로 존재한다.

② 회사의 목적

㉠ 주주지상주의의 입장

주주 이익 극대화 규범은 회사 경영자가 의사결정을 할 때 주주의 부가 극대화되는 것을 목적으로 해야 한다는 것을 의미한다. 전통적 주주지상주의는 회사를 주주의 소유로 보므로 주주 이익 극대화 규범이 필연적으로 도출된다. 반면 계약이론은 회사를 주주의 소유가 아니라고 보지만, 모든 회사 참가자들이 주주의 이익을 극대화하는 것이 자신에게도 유리하다고 동의하여 계약을 체결하고, 또한 주주 이익 극대화가 사회 전체적으로 보아 가장 효율적이므로 회사의 목적은 주주 이익 극대화가 되어야 한다고 본다.

㉡ 이해관계자주의의 입장

이해관계자주의는 회사제도의 목적은 사회후생이라는 공익을 증진시키는 것이고, 회사가 사회후생에 기여하는 것은 경제적 부를 창출할 수 있기 때문이라고 본다. 이와 같은 이해관계자주의에 따르면 주주는 단지 회사에 대한 이해관계를 가지는, 다양하면서 서로 경쟁적인 집단 중 하나에 불과하다. 따라서 회사는 회사를 위하여 중요한 자원을 제공하는 모든 이해관계자를 위한 가치 창출을 위해 운영되어야 한다.

③ 회사법의 목적과 성격

㉠ 주주지상주의의 입장

주주지상주의는 회사법의 목적을 다른 법과 마찬가지로 사회 전반의 이익, 즉 집합적 후생 증진에 봉사하는 것으로 본다. 그런데 사회후생을 증진시키기 위해서는 주주의 이익을 극대화하는 것이 최선의 방법이기 때문에 주주 이익 극대화 규범으로 회사법의 목적이 좁혀질 수 있으므로 주주가치가 타당한 회사법의 목적이 된다고 본다.

한편, 주주지상주의는 회사법은 강행규정이 아닌 임의규정의 집합이지만 회사 참가자들이 거래비용을 절약할 수 있도록 마련된 표준계약으로서 역할하기 때문에 필요하다고 본다. 이와 같이 주주지상주의는 회사법을 임의규정의 집합으로 정의하기 때문에 그 논리적 귀결로 회사법을 사법으로 이해한다.

㉡ 이해관계자주의의 입장

이해관계자주의에 의하면 회사제도의 목적은 사회후생을 증진시키는 것이고, 회사법은 이와 같은 목적을 효과적으로 달성할 수 있게 하는 것을 목적으로 한다. 또한 이해관계자주의는 회사법을 사법이 아닌 규제법적 성격을 가진 '공법'으로 이해한다.

④ 회사에 대한 규제

㉠ 주주지상주의의 입장

주주지상주의는 회사법의 목적을 사적 자치를 촉진하는 것이라고 보기 때문에 시장의 실패가 발생하는 경우에만 규제가 정당화된다고 본다. 이와 같이 주주지상주의는 일정한 경우에 회사에 대한 규제를 인정하지만, 그 방식에 대해서는 회사법에 의한 규제가 아니라 다른 법률에 의한 외부 규제를 해야 한다고 주장한다.

ⓒ 이해관계자주의의 입장

이해관계자주의는 회사가 공익 목적을 위한 산물이기 때문에 회사 내부의 지배구조에 대한 규제도 당연하다는 입장이다. 따라서 회사법에 주주가 아닌 이해관계자의 이익을 고려하도록 규정하는 것은 그러한 규제가 사회후생을 증진시키는지 여부에 따라 결정된다.

⑤ 회사지배구조

㉠ 주주지상주의의 입장

주주지상주의는 대리인 문제를 회사법의 중심 문제로 설정하고, 회사법의 주요 목적은 대리비용을 줄이는 것이라고 본다. 따라서 대리인이론에 의하여 회사지배구조는 대리비용을 감소시킬 수 있는 것이어야 하고, 주주와 경영자 간의 관계를 주인-대리인 관계로 설정하는 주주에 의한 그리고 주주의 이익을 위한 회사지배구조 모델이 대리비용적 측면에서 가장 효율적인 지배구조라고 주장한다.

ⓒ 이해관계자주의의 입장

이해관계자주의는 회사를 모든 이해관계자들의 이익을 조정하는 도구로 이해하고, 경영자의 의무는 모든 이해관계자를 위하여 최적의 가치를 창출하는 것이라고 본다. 따라서 회사의 궁극적인 목적은 모든 구성원을 위한 최적의 가치로 대표되는 사회후생을 창출하는 것이다. 경영자로서 이사는 다양한 이해관계자 사이를 균형 있게 조정하는 조정자로서 역할을 해야 하고, 여기서 균형은 기업의 행위와 이해관계자 간의 상충하는 주장을 평가·형량하는 것이다.

(2) 정리

앞에서 살펴본 바와 같이 주주지상주의와 이해관계자주의는 회사법에 관한 구체적 쟁점에 관하여 그 입장을 달리한다. 이와 같이 구체적 쟁점에 관하여 주주지상주의와 이해관계자주의의 입장 차이를 정리하면 〈표 4-1〉과 같다.

2) 구체적 상황에 관한 입장의 비교

(1) 외부 행위

① 위법행위
경영자가 회사의 이익을 위하여 위법행위를 할 수 있는지 여부에 대해서 이해관계자주의는 위법행위를 해서는 안 된다고 본다. 그러나 주주지상주의

표 4-1 회사법상 구체적 쟁점에 관한 주주지상주의와 이해관계자주의의 비교

구분	주주지상주의	이해관계자주의
회사의 경제적 본질	계약의 결합체	이해관계자(투자)의 결합체*
회사의 법적 본질	법적 의제	실체
회사의 목적	주주 이익 극대화	이해관계자 모두의 후생 증진
회사법의 성격	사법	공법(규제법)
지배구조에 대한 규제	부정	긍정
이해관계자 보호	외부 규제법률에 의한 보호	회사법에 의한 보호
지배구조	주인-대리인 모델	이사회 모델*
이사의 지위	주주의 대리인	회사의 수탁자로서 독립적 지위

주: * 팀생산이론에 근거한 이해관계자주의에 의한 것이다.

의 입장에서는 위법행위의 발생 가능성이 존재한다. 주주 이익 극대화를 위해서 경영자는 규제 위반 비용이 규제 준수 비용을 초과하는 경우에만 외부 규제를 준수할 것이기 때문이다.[290] 특히 주주지상주의를 강하게 주장하는 입장[291]에 의하면, 주주의 이익 극대화를 위해서 필요한 경우에는 위법행위가 경영자의 의무라는 주장도 존재한다.[292]

② 부정적 외부효과 발생행위

부정적 외부효과를 발생시키는 행위에 대하여 주주지상주의는 그 행위가 주주의 이익을 증가시키는 것이라면 부정적 외부효과를 발생시키는 행위도 할 수 있다고 본다. 이는 주주지상주의가 경영자가 이익을 늘리기 위하여 비용을 이해관계자들에게 전가하는 것을 금지하지 않고, 오히려 비용 전가를 경영자가 해야 하는 일이라고 보기 때문이다.[293] 그러나 이해관계자주의에 의하면 회사는 이해관계자에게 부정적 외부효과를 발생시키는 행위를 해서는 안 된다고 본다.[294]

---

290 Glynn, "Communities and Their Corporations," p.1089; Greenfield, *The Failure of Corporate Law*, pp.73~74.

291 이러한 주장은 비용-편익 분석에 따라 규제 위반의 비용과 편익을 분석하여 규제 위반의 편익이 큰 경우 규제 위반 행위를 할 수 있다는 것으로 이해될 수 있다.

292 Easterbrook & Fischel, "Antitrust Suits by Targets of Tender Offers," p.1177 (footnote 57)("경영자는 회사의 이익을 위해서는 법령을 위반할 수 있을 뿐만 아니라 위반해야 한다").

293 Glynn, "Communities and Their Corporations," p.1088; Mitchell, *Corporate Irresponsibility*, pp.49~65.

294 Lance Moir, "What Do We Mean by Corporate Social Responsibility?" *Corporate Governance*, vol.1, no.2(2001), pp.17, 19.

③ 기업인수 제안의 거부

경영자가 장기적인 관점에서 회사에 이익이 된다는 이유로 현재 주가보다 높은 기업인수 제안을 거부할 수 있는지 여부가 문제될 수 있다. 특히 적대적 기업인수와 관련하여 이사회가 방어 행위를 할 수 있는지 여부가 문제될 수 있는데, 이러한 적대적 기업인수에 대해서는 이사회가 방어 행위를 할 수 없다는 입장[295]과 이사회의 방어 행위는 경영판단의 원칙에 의하여 보호되어야 한다는 입장[296]으로 나뉘어져 있다.

---

295 Lucian Arye Bebchuk, "Comment, The Case for Facilitating Tender Offers," *Harvard Law Review*, vol.95(1982)(이 논문은 경영자가 기업인수 제안을 좌절시켜서는 안 되고, 주주에게 공정하게 자문하고, 회사를 입찰에 부쳐야 한다고 주장한다); Lucian Arye Bebchuk & Allen Ferrell, "A New Approach to Takeover Law and Regulatory Competition," *Virginia Law Review*, vol.87(2001); Ronald J. Gilson, "A Structural Approach to Corporations: The Case Against Defensive Tactics in Tender Offers," *Stanford Law Review*, vol.33(1981); Jeffrey N. Gordon, "Just Say Never? Poison Pills, Deadhand Pills, and Shareholder-Adopted Bylaws: An Essay for Warren Buffett," *Cardozo Law Review*, vol.19(1997)(이 논문은 주주들이 기업인수 제안에서 포이즌필의 사용 여부를 통제할 수 있도록 하는 부속정관을 채택할 수 있다고 주장한다); William W. Bratton & Joseph A. McCahery, "Regulatory Competition, Regulatory Capture, and Corporate Self Regulation," *North Carolina Law Review*, vol.73(1995)(이 논문은 주주가 직접 정관을 개정할 수 있도록 강제하는 연방법상 특권을 부여해야 한다고 제안한다).

296 Martin Lipton, "Takeover Bids in the Boardroom," *Business Lawyer(ABA)*, vol.35(1979); Martin Lipton, "Takeover Bids in the Target's Boardroom: An Update After One Year," *Business Lawyer(ABA)*, vol.36(1981); Martin Lipton, "Pills, Polls, and Professors Redux," *University of Chicago Law Review*, vol.69(2002); Lawrence E. Mitchell, "A Theoretical and Practical Framework for Enforcing Corporate Constituency Statutes," *Texas Law Review*, vol.70(1991); Steven M. H. Wallman, "The Proper Interpretation of Corporate Constituency Statutes and Formulation of Director Duties," *Stetson Law Review*, vol.21(1991)(이 논문은 이사가 주주가 아닌 회사 자체

이와 같은 입장이 대립하는 근원은 이사회가 주주가치만을 고려하여야 하는지 아니면 주주가치 외에 이해관계자의 이익을 고려하여야 하는지에 관한 것이다.

주주지상주의에 충실한 입장은 이사회는 주주가치만을 고려하여야 하는 것으로 보기 때문에 이사회는 적대적 기업인수에 대하여 방어 행위를 할 수 없다고 본다.[297] 반면 이해관계자주의는 주주가치 외에 이해관계자의 이익을 고려하여야 하므로 적대적 기업인수자가 제시하는 인수가격이 현재 주가보다 높다고 하더라도 이해관계자의 이익을 위하여 방어 행위를 할 수 있다고 본다.

④ 자선행위 또는 자발적인 사회 기여

주주지상주의에 의하면 회사는 자선행위 또는 자발적인 사회 기여를 할 의무가 없다. 더 나아가 주주지상주의를 강하게 주장하는 입장에 의하면, 회사의 경영자가 회사 돈으로 자선행위를 하는 것은 주주의 돈을 절도하는 것과 마찬가지라는 입장을 취하고 있다.[298]

에 대하여 의무를 부담하며, 적대적 기업인수에 대하여 주주의 현재의 경제적 이익과 함께 회사의 이익을 고려하여 판단해야 한다고 주장한다); Robert B. Thompson, "Shareholders as Grown-Ups: Voting, Selling, and Limits on the Board's Power to 'Just Say No'," *University of Cincinnati Law Review*, vol.67(1999)(이 논문은 이사회의 근본 의무는 그 원천이 무엇이든지를 불문하고 위해로부터 주주를 포함한 회사를 보호하는 것이라고 주장한다).

297 이스터브룩·피셸은 "The Proper Role of a Target's Management in Responding to a Tender Offer"에서 기업인수 제안을 받아들일지 여부는 주주만이 결정하는 것이기 때문에 이사회는 수동적 입장을 취할 것을 요구한다.

298 Friedman, "The Social Responsibility of Business Is to Increase Its Profits," pp.58~59.

이해관계자주의는 부정적 외부효과를 방지할 의무는 인정하지만, 회사가 자선행위를 할 의무까지 인정하지는 않는다.[299] 그러나 CSR에 근거한 이해관계자주의는 이와 같은 자선행위 또는 자발적인 사회 기여를 중요한 회사의 책무로 인식한다.

(2) 내부 행위

① 공장 폐쇄[300]

내부 의사결정과 관련해서는 현재 손실이 발생하는 공장을 폐쇄할 수 있는지 여부가 문제될 수 있다.[301] 이에 대해서 주주지상주의는 주주의 이익이

---

299 Vasudev, "The Stakeholder Principle, Corporate Governance and Theory," p.459.

300 공장 폐쇄의 회사법적 쟁점에 관한 문헌으로는 Daniel A. Farber & John H. Matheson, "Beyond Promissory Estoppel. Contract Law and the 'Invisible Handshake'," *University of Chicago Law Review*, vol.52(1985); Duncan Kennedy, "Distributive and Paternalistic Motives in Contract and Tort Law, with Special Reference to Compulsory Terms and Unequal Bargaining Power," *Maryland Law Review*, vol.41(1982); Marleen A. O'Connor, "Restructuring the Corporation's Nexus of Contracts: Recognizing a Fiduciary Duty to Protect Displaced Workers," *North Carolina Law Review*, vol.69(1991); Terry A. O'Neill, "Employees' Duty of Loyalty and the Corporate Constituency Debate," *Connecticut Law Review*, vol.25(1993).

301 공장 폐쇄에 관한 대표적인 사건으로는 Local 1330 v. United States Steel Corp. 631 F.2d 1264(6th Cir. 1980); 이 사건에 관한 언급으로는 Farber & Matheson, "Beyond Promissory Estoppel. Contract Law and the 'Invisible Handshake'," pp.938~942[이 논문은 직원이 금반언의 원칙(promissory estoppel)에 근거한 청구권이 있다고 주장한다]; Kent Greenfield, "The Unjustified Absence of Federal Fraud Protection in the Labor Market," *Yale Law Journal*, vol.107(1997), pp.717~722(이 논문은 직원이 회사에 대하여 사기행위에 대한 주장을 할 수 있다고 주장한다); Kennedy, "Distributive and Paternalistic Motives in Contract and Tort Law," p.630(이 논문은 직원이 공장

침해될 수 있으므로 당연히 폐쇄해야 한다는 입장이 대부분이다. 반면 이해관계자주의는 이에 대하여 입장이 나뉠 수 있는데, 해고되는 직원 등 이해관계자의 이익을 고려하여 부정적으로 보는 경우와 이해관계자의 이익을 고려하여 결정할 사항이지만, 장기적인 관점에서 회사에 손실이 발생하는 경우에는 공장 폐쇄가 가능하다고 보는 경우가 있을 수 있다.

② 이익 배분

주주지상주의는 회사가 창출한 이익은 모두 주주에게 귀속되어야 한다는 입장을 취한다. 반면 이해관계자주의는 회사가 창출한 이익은 이해관계자 모두의 기여에 의하여 창출된 것이므로 이해관계자들 사이에서 공정하게 배분되어야 한다는 입장을 취한다.

폐쇄 이후에 아무런 배려를 받지 못했기 때문에 부당하다고 주장한다).

제5장

주주지상주의에 대한 비판적 검토

1. 비판적 검토의 필요성

1) 논의 목적

경제제도로서 회사와 관련된 공익은 사회후생을 증진시키는 것이고, 주주지상주의와 이해관계자주의는 회사제도가 사회후생의 증진을 목적으로 한다는 것에 모두 동의한다.[1] 이러한 회사제도의 목적에 의하면 회사법은 사회후생의 증진을 효과적으로 달성하는 것을 목적으로 하고,[2] 이를 위하여 회사법은 다음과 같은 역할을 할 수 있다.

① 생산과 거래 측면에서 사회후생을 증진시킬 수 있는 법적 특성[3]을 가지는 회사형태를 확립한다.[4]

② 회사와 관련된 관계자들 간의 이익충돌[5]로 인하여 초래되는 회사의 가치를

---

1 Glynn, "Communities and Their Corporations," p.1067; Kraakman et al., *The Anatomy of Corporate Law*, pp.17~19.

2 Glynn, "Communities and Their Corporations," p.1068.

3 현재 회사의 기본적인 특성은 법인격, 유한책임, 주식제도 등이다.

4 Glynn, "Communities and Their Corporations," p.1072.

5 이해관계자 간의 이익충돌은 경영자와 주주 간의 이해충돌, 지배주주와 소수주주 간의 이익충돌, 회사와 주주 이외의 이해관계자 간의 이익충돌을 말한다.

저해하는 대리인 문제 또는 기회유용의 문제를 해결한다.[6]

이와 같은 회사법의 역할과 관련하여 주주지상주의와 이해관계자주의는 회사법의 목적을 달성하기 위한 방법적 측면에서 근본적인 차이가 있다. 주주지상주의는 정부에 의한 규제가 아니라 이해관계자 간의 계약에 의해 회사법상 문제를 해결하고, 경영 감시의 유인을 가지는 주주에게 회사의 잔여이익을 귀속시키는 시스템이 가장 효율적으로 사회후생을 증진시키는 방법이라고 주장한다. 또한 이해관계자의 보호와 부정적 외부효과의 문제는 시장의 힘과 외부 규제에 의해 해결될 수 있다고 주장하고,[7] 회사에 중요한 기여를 하는 주주 외의 다른 이해관계자는 부수적이고 도구적인 참가자로 간주되고, 이들과의 문제는 다른 법률에 의해 규율되어야 한다고 본다.[8] 따라서 주주지상주의에 의하면 회사법은 오로지 주주 간 및 주주와 경영자 간의 관계를 규율하는 것이고,[9] 경영자는 경영판단 원칙(business judgement rule)[10]에 따라 광범위한 재량권한을 가지고 오로지 주주 이익을 해하는 경우에만 권한이 제한된다.[11] 그러므로 경영자는 법적 형식으로는 회사에 대하여 의무를 부담하지만, 기업 실무와 문화에서는 주주 이익 극대화 규범이 경영

---

6 Kraakman et al., *The Anatomy of Corporate Law*, p.22.

7 Glynn, "Communities and Their Corporations," p.1070.

8 N. Am. Catholic Educ. Programming Found., Inc. v. Gheewalla, 930 A.2d 92(Del. 2007).

9 Mark J. Roe, "Delaware's Politics," *Harvard Law Review*, vol.118(2005), p.2500.

10 미국에서 경영판단 원칙은 ① 합리적인 정보에 기하여 ② 회사의 최선의 이익이라고 믿으면서 ③ 성실하게 한 경영판단은 비록 나중에 결과적으로 잘못된 것으로 인정된다고 하여도 주의의무 위반으로 보지 않고, 이사에게 그 결과에 대한 책임을 물을 수 없다는 원칙을 말한다(임재연, 『미국기업법』, 473쪽).

11 Glynn, "Communities and Their Corporations," p.1074.

자의 근본적인 의사결정 규범으로 인정되고 있다.[12]

그러나 이 책은 주주지상주의를 회사의 실패를 야기한 원인으로 보고, 이와 같은 회사의 실패를 교정할 수 있는 바람직한 회사지배구조가 무엇인지 살펴보는 것을 목적으로 한다. 이를 위하여 제4장에서는 주주지상주의와 이해관계자주의의 구체적인 내용에 대하여 살펴보았고, 본 장에서는 제4장의 논의를 바탕으로 주주지상주의의 문제점에 대하여 비판적으로 검토하고자 한다. 이와 같이 주주지상주의를 대체할 새로운 대안으로 이해관계자 지배구조를 제시하기 전에 주주지상주의의 문제점을 살펴보는 이유는 현재 주주지상주의가 전 세계적으로 지배적인 회사지배구조이론으로 인정되고 있기 때문에 주주지상주의의 문제점이 명확하게 밝혀져야 이해관계자 지배구조의 필요성을 논의할 수 있기 때문이다.

따라서 본 장에서는 제4장에서의 논의를 바탕으로 주주지상주의에 대하여 비판적으로 검토하여, 주주지상주의의 문제점이 무엇인지 구체적으로 살펴보고, 이를 바탕으로 주주지상주의가 이론적·현실적 타당성이 없다는 결론을 내리면서 주주지상주의의 대안으로 이해관계자 지배구조를 제시하고자 한다.

---

12 Greenwood, "Markets and Democracy: The Illegitimacy of Corporate Law," *UMKC Law Review*, vol.74(2005) pp.49~50.

2) 논의 개관

(1) 회사이론의 문제점

주주지상주의는 전통적 주주지상주의와 계약이론에 근거한 주주지상주의가 있다. 전통적 주주지상주의는 회사를 주주의 소유로 이해하는 입장이다. 그러나 회사를 주주의 소유로 보는 전통적 주주지상주의는 이론적·법체계적인 측면에서 근대 회사를 설명하는 이론으로 받아들여지기 어렵다. 이러한 이유로 대부분의 주주지상주의 학자들은 계약이론의 관점에서 회사를 이해한다. 계약이론은 회사를 계약의 결합체로 보는 입장이고, 회사의 경제적 본질에 대한 기술적 이론(descriptive theory)이다. 계약이론의 특징은 이와 같이 회사를 설명하는 기술적 이론에서 회사에 대한 규범적 이론을 도출하는 데 있다. 계약이론은 현재 주주지상주의의 이론적 토대를 형성하는 핵심 이론이다. 따라서 계약이론이 타당하지 않다면, 이를 이론적 기반으로 하는 주주지상주의도 그 타당성을 상실한다. 그러므로 본 장에서는 우선 주주지상주의가 전제하고 있는 회사이론에 대하여 검토하면서 전통적 주주지상주의와 계약이론의 회사이론적 문제점에 대하여 살펴본다.

(2) 회사지배구조이론의 문제점

주주지상주의가 이론적 토대로 삼는 회사이론에 대한 문제점을 검토한 이후에는 회사지배구조이론으로서 주주지상주의의 문제점에 대하여 살펴본다. 주주지상주의는 회사의 목적에 관한 '주주 이익 극대화 규범'과 이를 구체적으로 실현하는 방법에 관한 이론인 '대리인이론'으로 구성되고, 주주지상주의의 규범적 정당성은 주주 이익 극대화 규범과 대리인이론의 효율성

(efficiency)에 근거한다. 따라서 이번 절에서는 주주 이익 극대화 규범 및 대리인이론의 문제점과 주주지상주의가 규범적 근거로 삼고 있는 효율성의 문제점에 대하여 살펴본다.

또한 주주지상주의는 계약이론을 근거로 회사법을 사법으로 보고, 회사지배구조에 대한 규제를 강하게 반대한다. 이와 같은 주장은 계약이론이 부당하다는 점이 입증되면 당연히 그 근거를 상실하는 주장이나, 이 또한 회사법상 매우 중요한 쟁점이므로 이러한 주주지상주의의 회사법에 대한 입장의 문제점도 구체적으로 살펴본다.

2. 회사이론의 문제점

1) 전통적 주주지상주의의 문제점

회사의 본질을 주주의 재산 또는 소유로 이해하는 전통적 주주지상주의는 ① 주주 소유권의 객체는 주식이므로 주주는 회사의 소유권을 취득하는 것이 아니라, 회사의 사원권을 취득하는 것이라는 점,[13] ② 주주는 제한된 범위에서 회사에 대한 청구권만 있을 뿐, 회사 자산에 대한 직접적인 관리·처분권이 없는 점,[14] ③ 주주는 이사회를 통하여 간접적인 영향력만을 행사할 수 있을 뿐 직접적인 의사결정을 하지 못한다는 점[15]을 근거로 비판받고 있다. 이와 같이 회사를 주주의 소유로 보는 전통적 주주지상주의는 회사를 주주와 분리하는 현행 법체계에서는 더 이상 수용될 수 없는 이론이고,[16] 회사를

---

13 장덕조, 「기업의 사회적 책임」, 96쪽; Bryan v. Aiken, 86 A. 674, 684(Del. Ch. 1913)("주주는 회사재산을 소유하지 않고, 회사수익에 대해서도 배당결의가 있기 전까지는 아무런 권리도 가지지 못한다").

14 Stout, "Bad and Not-So-Bad Arguments for Shareholder Primacy," p.1191(스타우트는 회사 자산에 대한 관리·처분권은 이사회에게 있음을 지적한다).

15 같은 글, p.1191

16 Julian Velasco, "Shareholder Ownership and Primacy," *University of Illinois Law Review*(2010), p.90.

'계약의 결합체'로 파악하는 급진적 주주지상주의도 주주는 회사 자체에 대한 소유권을 가질 수 없다고 본다.[17] 또한 채권 및 주식 보유자가 각기 회사의 조건부 지배권(contingent control)을 공유하고, 주주는 단지 잔여 위험을 부담하는 것으로 보는 옵션 이론(option theory)도 회사를 주주의 소유로 보지 않는다.[18]

　　요컨대, 전통적 주주지상주의는 법학적·경제학적으로 잘못된 이론이라는 것이 정설이고, 이러한 이유로 이를 이제는 효력을 상실한 이론으로 평가하는 견해도 있다[19] 그러나 "회사는 주주의 소유"라는 주장은 아직도 기업실무에서 강력한 메타포(metaphor)로 작용하고 있는 바,[20] 이러한 낡은 관행적 인식은 반드시 극복되어야 한다.

17　Bainbridge, "Director Primacy," pp.546~565.

18　Blair & Stout, "Corporate Accountability," pp.411~414; Fischer Black & Myron Scholes, "The Pricing of Options and Corporate Liabilities," *Journal of Political Economy*, vol.81, no.3(1973), p.637(이 논문에 의하면 분산된 소유구조의 공개회사는 주주가 소유한다는 것은 오해이고, 경제적인 관점에서 보면 폐쇄회사의 경우에도 회사가 채무가 있는 경우에는 단독 지배주라도 회사를 소유한다고 볼 수는 없다고 지적한다).

19　Fisch, "Measuring Efficiency In Corporate Law," pp.648~650.

20　Lewis D. Solomon, Donald E. Shwartz, Jeffrey D. Bauman, & Elliot J. Weiss, *Corporations: Law and Policy, Cases and materials*(West Group, 1998), p.348(observing that "shareholders are considered to be the corporation's ultimate owners").

2) 계약이론의 문제점

(1) 의의

앞에서 살펴본 바와 같은 전통적 주주지상주의는 법이론적 문제점으로 인해 최근의 주주지상주의는 회사를 계약의 결합체로 보는 계약이론에 근거하여 이론을 구성한다. 계약이론은 현재 회사의 본질에 관한 미국의 지배적인 이론이지만, 이 이론에 대해서는 초기부터 비판이 있어 왔고,[21] 현재도 여러 가지 비판이 있다.[22] 이하에서는 계약이론의 문제점을 경제학적 회사이론과 법학적 회사이론으로서의 문제점으로 나누어 살펴본다.

(2) 경제학적 회사이론으로서의 문제점

① 회사의 이중적 성격

계약이론은 시장에서의 거래와 회사 내부 거래를 본질적으로 동일하다고 보고, 이는 회사의 이해관계자들이 회사와 관계를 맺는 형태가 계약이라는 점을 설명하는 한도에서 타당하다. 그러나 이를 근거로 회사의 본질을 계약으로 보는 것은 회사가 위계조직(hierarchical organization)으로 구성되어 있고, 회사 내부의 작동 원리가 합의가 아닌 명령·통제로 이루어진다는 점에서

---

21 계약이론에 대한 초기의 비판으로는, Robert C. Clark, "Agency Costs Versus Fiduciary Duties," in John W. Pratt & Richard J. Zeckhauser(eds.), *Principle and Agents: The Structure of Business*, revised ed.(Harvard Business Review Press, 1990), p.55.

22 계약이론에 대한 최근의 비판으로는 Campbell, "The Role of Monitoring and Morality in Corporate Law" 참조.

타당하지 않다.[23] 직원이 회사조직의 위계적 권위를 받아들이고, 자신의 지위에 필수적인 부분을 권위에 대한 복종이라고 생각하는 실제 회사의 현실을 고려하면 계약이론은 이러한 회사의 실제 현실을 무시한 이론일 수밖에 없다.[24]

② 회사 범위의 모호성

젠슨·메클링은 "시장에서의 계약과 회사 내부에서의 계약을 구분하는 것은 아무런 의미가 없다"고 주장하였다.[25] 이는 회사의 본질을 계약으로 보는 회사이론에 의하면 회사의 내부와 외부에서 발생하는 거래를 구분할 필요가 없기 때문이다.[26]

그러나 이와 같은 계약이론에 의하면 법적인 관점에서 중요한 회사의 정확한 범위 또는 경계를 획정할 수 없다는 문제가 있다.[27] 더 나아가 이러한 계약이론의 논리를 엄격하게 적용하면 회사는 논리적으로 존재하지 않는 것이 되고, 이러한 점으로 인해 회사의 실체를 인정하는 것이 일반적인 실제 경제 현실과 계약이론 사이에 괴리가 발생하게 된다.[28]

---

23 Eisenberg, "The Conception That the Corporation is a Nexus of Contracts, and the Dual Nature of the Firm," p.827.

24 Stephen M. Bainbridge, "Participatory Management Within a Theory of the Firm," *Journal of Corporation Law*, vol.21 (1996), pp.663~664.

25 Jensen & Meckling, "The Theory of the Firm," pp.310~311.

26 Klein, Crawford & Alchian, "Vertical Integration, Appropriable Rents, and the Competitive Contracting Process," p.326.

27 Blair & Stout, "Specific Investment," p.739.

28 Eisenberg, "The Conception That the Corporation is a Nexus of Contracts, and the Dual Nature of the Firm," p.832.

③ '결합체' 개념의 모호성

계약이론에 대해서는 결합체(nexus) 개념이 모호하기 때문에 어떤 약정이 회사를 구성하는지 결정하는 것이 불가능하고 이러한 점에서 계약이론은 이론적 문제가 있다는 비판이 있다.[29] 멜빈 아이젠버그(Melvin Eisenberg)는 결합체 개념의 모호함을 지적하면서 이를 문제로 인식하고 명확히 하려는 시도들도 문제가 있다고 본다. 이를 구체적으로 살펴보면, 아이젠버그는 라퐁·마티모트의 이론은 회사가 설립되기 전에는 경영자와 대리인이 존재할 수 없기 때문에 회사를 설립하면서 체결되는 약정을 설명할 수 없다고 비판하고, 상호 약정의 범위를 회사가 당사자로 되는 경우로 제한한 한스만의 경우에는 회사 자체는 계약의 결합체에 포함시키지 않는 이론적 모순을 범하고 있다고 본다.[30]

④ 계약 체결 비용의 과다

계약이론은 회사 참가자들 간에 완전 계약(complete contract)이 체결된다고 가정한다. 그러나 계약이론의 가정에 의하면 예상 가능한 모든 상황에 대한 내용을 계약규정에 담아야 하는데, 이처럼 모든 상황에 대하여 흠결 없이 계약 내용을 만드는 것은 불가능하고, 가사 가능하다고 하더라도 계약내용이 매우 복잡해지는 문제가 있다는 비판이 있다.[31] 따라서 계약이론이 가정하는 완전계약은 현실에서는 체결될 수 없으므로 실제 작성되는 계약은 불완전한 계약이고, 가사 체결된다고 하더라도 감당할 수 없는 계약비용이 소

---

29 Eisenberg, "The Conception That the Corporation is a Nexus of Contracts, and the Dual Nature of the Firm," p.830.

30 같은 글, p.831.

31 Ulen, "The Coasean Firm in Law and Economics," p.321.

요된다.[32] 또한 계약이론은 회사 참가자들이 완전한 정보를 가지고 있다고 전제하지만, 현실에서는 현재 및 미래 상황에 대하여 완전한 정보를 가지기 어렵기 때문에 불완전한 계약이 체결될 수밖에 없다는 한계가 있다.[33]

⑤ 계약 집행 비용의 과다

계약이론이 가정하는 회사와 회사 참가자 간의 계약은 매우 복잡하기 때문에 그 계약을 감시하고 집행하는 비용이 과다하게 소요될 수밖에 없다. 이와 같이 과다한 집행 비용은 불완전한 집행의 원인이 되고, 또 다른 비효율을 가져오는 원인이 된다.[34]

⑥ 이해관계자의 제한된 합리성

거래비용이론이 지적하는 바와 같이 회사와 계약하는 이해관계자들은 계약이론이 상정하고 있는 것처럼 합리적 경제 주체라기 보다는 인간 인식의 본질적인 한계로 인해 '제한적 합리성(bounded rationality)'만을 가지고 있는 존재이다. 따라서 계약이론이 전제하는 완전계약의 체결은 원시적으로 불가능하고,[35] 이러한 이유로 현실에서의 계약은 불완전계약이라고 보아야 한다.

32 Ulen, "The Coasean Firm in Law and Economics," p.321.

33 같은 글, p.321.

34 같은 글, p.321.

35 신석훈, 「회사지배구조 모델의 법경제학적 접근」, 136쪽.

(3) 법학적 회사이론으로서의 문제점

① 회사의 역사성·제도성에 대한 무시

㉠ 역사성에 대한 무시

계약이론은 회사가 정부의 간섭 없이 구성원들 간의 자발적인 계약에 의하여 자연적으로 형성된 것임을 강조한다. 그러나 이와 같은 계약이론은 시장은 "그 자체로 정부 선택의 산물"[36]이라는 점을 간과하고 있다. 계약이론과 같은 주장은 역사적으로 19세기 말에 회사가 정부의 창조물이라는 개념이 희박해지면서 등장하기 시작하였다.[37] 이러한 주장은 뉴저지 주가 회사 규제를 대폭 완화하여 회사의 목적과는 관계없이 적법한 사업을 위해서라면 회사 설립을 모두 허용하는 법률을 제정하면서 시작되었고, 회사를 유치하기 위한 주 간의 '바닥을 향한 경쟁'으로 심화되었다. 이러한 과정에서 계약이론은 회사의 사적 성격을 강조하면서 오랫동안 공적 성격을 유지하였던 회사의 역사적 의의를 왜곡하였다.[38] 그러나 회사가 정부의 창조물이 아니라 자연적으로 발생하였다는 주장은 정부가 회사에 대한 규제를 하지 않은 반사적 결과이고, 도금 시대의 자유방임 정책의 유산일 뿐 자본주의의 본질로도 보기 어렵다.[39]

㉡ 제도성에 대한 무시

계약이론은 회사를 해체하여 회사라는 사회적 기관의 분석 단위를 개인으로 환원시켜 버린다.[40] 따라서 계약이론은 회사를 분석하는 데 미시경제학

---

36 Sunstein, "Naked Preferences and the Constitution," p.1697.

37 Greenfield, *The Failure of Corporate Law*, p.35.

38 Lyman Johnson, "Law and Legal Theory in the History of Corporate Responsibility: Corporate Personhood," *Seattle University Law Review*, vol.35(2011~2012), p.1161.

39 Greenfield, *The Failure of Corporate Law*, p.35.

적 분석만을 사용하고, 사회학적·조직적 분석은 무시하여 결국 회사를 제도적으로 보는 것을 불가능하게 하였다.[41]

② 정부 역할의 무시

회사가 가장 성공적인 기업형태로 자리 잡은 데에는 회사의 특성, 즉 ① 법인격의 부여, ② 유한책임의 인정, ③ 주식의 양도성에 기인한 것이다. 이와 같은 회사의 특성은 모두 법률에 의하여 인정된 것이다.[42] 특히 법인격과 유한책임제도는 법률에 의하지 않고 개인 간의 계약만으로 회사의 특성으로 인정되는 것이 불가능하고,[43] 이러한 점은 한스만·크라크맨도 인정한다.[44] 따라서 미국 회사법에서 회사를 설립하는 데 정부의 승인이 필요하다는 점은 그 승인이 아무런 제한 없이 인정된다고 하더라도 정부의 규제를 정당화하는 근거가 된다.[45] 특히 회사의 특성 중에서 유한책임은 주식회사가 지배

40　Johnson, "Law and Legal Theory in the History of Corporate Responsibility," p.1162.

41　Lyman Johnson, "Individual and Collective Sovereignty in the Corporate Enterprise," *Columbia Law Review*, vol.92(1992), pp.2226~2235.

42　Greenfield, "New Principles for Corporate Law," p.94.

43　Giuseppe Dari-Mattiacci, Oscar Gelderblom, Joost Jonker & Enrico Perotti, "The Emergence of the Corporate Form," Working Paper 2013-02(Amsterdam Center. for L. & Econ., 2013), p.1(available at http://ssrn.com/abstract-2223905). 이 논문은 회사에서 법인격의 창설에는 적극적인 입법이 요구된다고 지적한다.

44　Henry Hansmann & Reinier Kraakman, "The Essential Role of Organizational Law," *Yale Law Journal*, vol.110(2000), p.390; Margaret M. Blair, "The Four Functions of Corporate Personhood," Working Paper, no.12~15(Vanderbilt University Law School Pub. L. & Legal Theory, 2012), p.4(available at http://ssrn.com/abstract= 2037356). 이 논문은 법인격의 기능은 단지 계약을 사용해서는 달성하는 것이 불가능하다는 점을 지적한다.

적인 기업형태로 널리 이용되게 한 원인인데, 유한책임은 법률에 의하지 않는 한, 계약관계에서는 인정되는 것이 불가능한 조항이라는 점도 계약이론이 설명할 수 없는 부분이다.[46] 더구나 계약관계에서 유한책임을 계약조항으로 삽입하는 것이 가능하다고 하더라도 불법행위에서는 유한책임이 인정될 여지가 전혀 없다.[47]

이와 같은 이유로 회사의 특성에 관한 타당한 해석은 입법자가 회사에 법인격과 유한책임 등의 특권을 부여하고 그에 대한 반대급부로 회사를 규제하는 것이라고 이해하는 것이 타당하다.[48] 따라서 회사를 계약의 결합체로 보는 계약이론은 문제가 있고, 회사는 정부가 부여하는 이익의 집합으로 구성된 기업형태로 이해하는 것이 타당하다.[49]

③ 법인성의 무시

계약이론은 회사를 구성하는 구성원과 독립되는 존재를 인정하지 않는 극도의 방법론적 개인주의에 입각하고 있다.[50] 계약이론은 회사를 다양한 참가자들 사이의 명시적·묵시적 계약의 망(web)으로 이해하고, 회사의 법인격(entity)을 법적 의제로 본다. 따라서 계약이론은 회사를 해체하여 회사 참가

45 Grant M. Hayden & Matthew T. Bodie, "The Uncorporation and the Unraveling of 'Nexus of Contracts' Theory," *Michigan Law Review*, vol.109(2011), p.1130.

46 Larry E. Ribstein, *The Rise Of The Uncorporation*(Oxford University Press, 2010), p.79.

47 Hayden & Bodie, "Uncorporation and the Unraveling of Nexus of Contracts Theory," p.1138.

48 Ribstein, *The Rise Of The Uncorporation*, p.79.

49 Hayden & Bodie, "Uncorporation and the Unraveling of Nexus of Contracts Theory," p.1139.

50 남기윤, 「미국법에서 법인이론의 전개와 그 현 시대적 의의」, 144쪽.

자들 간의 서로 연관된 거래로 재편성하고,[51] 회사는 실제로는 존재하지 않는 것으로 본다.[52] 계약이론은 회사를 법인으로 하는 이유를 법적 행위를 법인의 이름으로 할 수 있다는 거래비용의 절약 차원에서 이해하고,[53] 회사의 법인격이 가지는 기능을 폄훼한다. 그러나 이러한 주장은 회사의 실체를 인정하는 미국 회사법의 규정과는 전혀 맞지 않는 것이고, 델라웨어 주 회사법에서조차 회사의 실체를 인정하고 있다는 점에서 타당하지 않다.[54] 계약이론의 법인격 무시에 대하여 클라크는 계약이론을 비판하면서 법인격이 다른 대안적 기업행태인 조합과 구분되는 회사의 본질적인 특성임을 강조한다.[55]

실제로 회사는 법인이기 때문에 자기 명의로 재산을 취득할 수 있고, 이는 단순한 편의 이상의 의미가 있다.[56] 회사 명의 재산은 주주라도 자신의 지분에 해당하는 비율 상당을 임의로 매각할 수 없고, 이로 인해 주주의 투자는 회사에 고정(lock-in)된다.[57] 이렇게 고정된 자본은 장기의 불확실하고 복잡한 생산계획에 필수적인 '특정 자산(specific assets)'[58]에 대한 투자를 안전하

---

51 Bratton, "The 'Nexus of Contracts' Corporation," p.420.

52 Hayden & Bodie, "Uncorporation and the Unraveling of Nexus of Contracts Theory," p.1129.

53 Clark, *Corporate Law*, p.19.

54 델라웨어 주 회사법의 법인성 인정에 대하여 자세한 내용은 Allen, "Our Schizophrenic Conception of the Business Corporation," pp.274~276 참조.

55 Clark, *Corporate Law*, p.15.

56 Blair & Stout, "Specific Investment," p.729.

57 같은 글, p.729.

58 시장에 매각하는 것보다 회사 내에서 사용되는 것이 더 가치 있는 회사에 특수한 기반 시설, 기계류, 생산 공정 등을 의미한다. 이러한 특정 자산에 대한 투자의 중요성을 처음 언급한 것은 윌리엄슨이고, 이에 대해서 자세한 내용은 Oliver E. Williamson, "Transaction-Cost Economics: The Governance of Contractual Relations," *Journal of Law & Economics*, vol.22(1979).

게 할 수 있게 한다.[59] 그러나 이러한 투자는 투자자가 자신의 투자분을 회수할 수 있는 법적 권리를 가지게 되면 불가능해진다.[60] 회사의 법인격은 이와 같은 조기 회수 문제에 대한 해결책으로 역사적으로 기능해왔다. 이는 조합원이 조합계약을 언제든지 해지할 수 있는 조합과는 달리 회사 참가자들 누구도 투자에 대한 철회권을 가지지 않기 때문이었다.[61]

④ 경제 현실과의 괴리

블레어는 계약이론이 실제 회사가 존재하고 운영되는 경제적 현실을 전혀 반영하고 있지 못한다고 다음과 같이 비판한다.[62]

법인격제도는 회사를 명성과 자본의 주체로서 식별 가능한 '페르소나(persona)'로 인식하게 하는 것을 가능하게 했고, 이는 회사와 직원 및 소비자와의 관계를 변화시켰다. 역사적으로 거대 회사는 시장 규모가 커져 회사와 소비자 간에 개인적 관계가 형성되지 않게 되자 그러한 물리적·심리적 거리를 좁히기 위하여 브랜드(brand) 전략을 발전시켜왔고, 그 전략에 따라 형성된 브랜드는 회사의 '페르소나'로 기능하였다. 즉 거대 회사가 등장하기 전에 소비자는 자신이 개인적으로 아는 사업자와 거래를 하였으나, 거대 회사가 등장하자 이와 같은

---

59 Blair & Stout, "Specific Investment," p.730; 19세기 미국에서 회사의 발달은 복잡하고 장기의 생산계획을 이끌어낼 수 있는 법인격의 이점을 활용했기 때문이라는 지적으로는 Margaret M. Blair, "Locking in Capital: What Corporate Law Achieved for Business Organizers in the Nineteenth Century," *UCLA Law Review*, vol.51(2003), p.388 참조.

60 Blair & Stout, "Specific Investment," p.730.

61 같은 글, p.730.(주주는 자신의 투자를 조기에 환수하고자 하는 경우에는 회사의 자산이 아니라 자신의 주식을 타인에게 매각하여야 한다).

62 Blair, "Corporate Personhood and the Corporate Persona," pp.810~813.

관계에 기초한 거래는 더 이상 가능하지 않게 된 것이다. 대신 소비자는 거대 회사에 의해 생산되고, 그들에 의해 고용된 자라는 이유로 개인적으로 모르는 판매업자가 판매하는 제품을 구입하게 된다. 이러한 과정에서 핵심적인 기능을 한 것이 '브랜드'로 형상화된 회사의 '페르소나'였다. 따라서 브랜드는 소비자와의 관계에서 믿고 구입할 만한 상품을 구별하는 데 드는 비용을 감소시키는 방법으로 가치를 창출한다. 마찬가지로 회사의 투자자·경영자와 구분되는 회사 실체의 존재는 사업장에 근무하는 직원들의 결속감을 높여 좀 더 생산적인 결과를 가져오게 한다.[63]

이와 같이 블레어는 회사의 '페르소나'가 현대 회사가 창출하는 중요한 가치로 인식되고 있다는 점을 강조하면서, 회사의 '페르소나'는 회사를 자연인과 같은 인격체로 보는 실체이론에 의해서만 설명이 가능하고 계약이론에 의하면 이를 설명할 길이 없다고 주장한다.[64] 또한 블레어는 회사는 단순히 계약의 결합체 이상의 의미가 있다고 본다. 즉 회사의 성과는 경영자와 직원의 비전과 노력이 주주가 투입한 자본 이상의 가치를 창출하는 혁신과 협력을 배양하는 기업문화와 결합하여 만들어내는 결과이고,[65] 실체이론은 계약이론과는 달리 이와 같은 자기 증명적 사실을 인식하고 포용한다는 것이다.[66]

---

63 회사의 '페르소나'는 현대 회사에서도 마찬가지로 중요하고, 회사들은 브랜드 가치를 증대시키기 위하여 노력해왔다. 2012년 기준으로 세계 10대 브랜드의 시장가치는 4600억 달러에 해당할 정도로 커졌고, 회사 브랜드는 회사의 가장 중요한 무형자산의 하나로 인식되고 있다(http://interbrand.com/assets/uploads/Interbrand-Best-Global-Brands-2013.pdf).

64 Blair, "Corporate Personhood and the Corporate Persona," pp.813~814.

65 같은 글, p.814.

66 같은 글, p.814.

⑤ 소결

계약이론은 '계약'만으로는 회사가 형성될 수 없다는 점에서 근본적인 한계가 있다. 계약은 회사를 형성하는 데 필수적인 조건이지만, 계약만으로는 법률이 부여하는 회사의 속성을 가진 조직을 형성할 수 없다.[67] 계약이론은 역사적으로 회사 규제를 반대하기 위한 의도에서 회사의 본질을 계약으로 보았던 것이고, 이러한 과정에서 회사가 특정한 속성과 제한을 함께 부여받은 정부가 창조한 조직체[68]로부터 유래하였다는 회사의 역사성을 간과하였다. 또한 회사의 특성이 회사의 설립행위를 거쳐야만 획득된다는 점에서 회사의 제도성도 간과하였다. 그리고 계약이론은 회사를 독립된 실체로 인정하지 않는바, 이는 회사가 경제 현실에서 회사 구성원과는 구별되는 실체로 존재하는 사실을 설명하지 못한다. 따라서 계약이론은 회사법에서 회사의 법적 본질을 설명하는 타당한 이론으로 인정될 수 없고, 이러한 이유로 계약이론에 근거한 주주지상주의도 당연히 그 논리적 근거를 결여한 주장으로 볼 수밖에 없게 된다.

---

67 Johnson, "Law and Legal Theory in the History of Corporate Responsibility," p.1149.

68 Hayden & Bodie, "Uncorporation and the Unraveling of Nexus of Contracts Theory," p.1241.

3. 회사지배구조이론의 문제점

1) 주주 이익 극대화 규범의 문제점

(1) 잔여청구권 논쟁

① 의의
계약이론은 주주가 투자하는 자본이 회사에 중요한 기여를 하고, 회사운영에 따른 위험을 부담한다는 것을 전제로 한다. 따라서 주주는 잔여청구권자로서 회사에서 유일한 위험 부담자이므로 주주가 가지는 묵시적 권리에 따라 회사는 주주의 이익을 극대화하는 방향으로 운영되어야 한다고 주장한다. 그러나 이와 같은 논리는 이론적·기술적 관점에서 비판이 제기된다.

② 이론적 관점의 비판
㉠ 유일한 잔여청구권자 주장에 대한 비판
주주지상주의의 주장대로 회사지배권이 잔여청구권자에게 귀속되어야 한다는 점은 인정한다고 해도 과연 주주가 회사의 유일한 잔여청구권자인지에 대해서는 의문이 제기되고 있다.[69] 이는 경영자의 결정에 따라 이해관계자

---

69 Keay, "Shareholder Primacy in Corporate Law," p.10.

도 그 후생에 영향을 받기 때문이고, 이러한 점 때문에 블레어·스타우트는 회사의 주주가 1인이어도 그 주주를 잔여청구권자로 볼 수 없다고 지적한다.[70]

실제 계약이론에 의하더라도 주주를 유일한 잔여청구권자로 보기는 어렵다. 회사를 계약의 결합체로 보는 계약이론은 계약을 통해 결합체를 구성하는 많은 사람들이 존재함을 인정한다.[71] 또한 회사 구성원 사이의 권리·의무는 당사자들 간의 계약으로 결정되고, 회사 구성원 중 특정 집단이 다른 집단보다 우선되는 권리를 가지지 않는다고 본다. 따라서 주주는 회사의 소유자가 아니라 다양한 생산요소 중 하나인 자본의 공급자에 불과하고, 회사에 대하여 계약상 권리만 주장할 수 있다. 그런데 회사의 이해관계자 역시 주주가 출자를 하는 것처럼 회사의 성공을 위하여 회사 특정 투자를 통해 회사에 기여(contribution)를 하고, 그에 따른 위험을 부담한다.[72] 예컨대, 공급자는 회사를 위하여 해당 회사에 특정된 설비에 대한 투자를 하고, 회사와의 공급계약이 해지되면 공급자는 심각한 손해를 입게 된다.[73] 직원도 회사를 위해 생산에 필요한 기술과 노하우를 습득하기 위한 투자를 하지만, 회사가 도산하게 되면 그러한 투자는 무용지물이 된다. 채권자도 회사에 자본을 투자한 이해관계자로서 경영자의 결정에 따라 자신의 채권을 담보할 회사 자산에 변동이 생긴다는 점에서 이해관계가 있고, 소비자도 경영자의 의사결정에

70　Blair & Stout, "Corporate Accountability," p.404.

71　Keay, "Shareholder Primacy in Corporate Law," p.10.

72　Blair & Stout, "Corporate Accountability," p.418. Kent Greenfield, "The Place of Workers in Corporate Law," *Boston College Law Review*, vol.39(1998), pp.305~306; O'Connor, "The Human Capital Era," pp.907~908; Katherine Van Wezel Stone, "Employees as Stakeholders Under State Nonshareholder Constituency Statutes," *Stetson Law Review*, vol.21(1991), pp.49~53.

73　Keay, "Shareholder Primacy in Corporate Law," p.11.

따라 상품가격이 달라진다는 점에서 이해관계가 있다. 특히 주주는 증권시장에서 자신의 주식을 매각하는 방법으로 자신의 손실을 줄일 수 있는 방법이 있지만, 다른 이해관계자는 주주처럼 회사를 쉽게 벗어나기 어렵다.[74]

이와 같이 주주를 제외한 이해관계자도 회사의 결정에 영향을 받고, 주주와 동일하게 기여를 하며, 주주와 동일한 위험을 부담한다. 따라서 존 보트라이트(John Boatright)는 주주가 채권자와 비슷한 기대를 가지고 주식을 산다는 실증 자료가 있음을 전제로 주주가 특별한 고려를 받아야 할 유일한 기여자가 아니라고 결론내린다.[75] 이와 같은 연구결과에 의하면 주주는 회사의 수익창출을 위하여 필요한 자원을 제공하는 공급자 중 하나일 뿐이므로 주주가 유일하게 회사의 위험을 부담하기 때문에 오로지 주주만이 유일한 잔여청구권자라는 주장은 성립할 수 없다.

ⓒ 주주 지위 취약성에 대한 비판

주주지상주의는 주주가 이해관계자와는 달리 취약한 지위에 있다는 이유로 주주 이익 극대화 규범을 정당화한다. 즉 주주 외의 다른 이해관계자는 계약을 통하여 자신들의 이익을 보호할 수 있지만, 주주는 그와 같은 보호수단을 가지고 있지 못하다는 것이고,[76] 주주가 경영자를 감독하는 데 상당한 어려움이 있다는 점을 감안하면 주주의 지위는 결국 경영자의 자비에 의존할 수밖에 없다는 것이다.[77]

---

74 Keay, "Shareholder Primacy in Corporate Law," p.12.

75 John R. Boatright, "Fiduciary Duties and the Shareholder-Management Relation: Or, What"s Special About Shareholders?" *Business Ethics Quarterly*, vol.4, no. 4(1994), p.397.

76 Keay, "Shareholder Primacy in Corporate Law," p.34.

77 Frederic Tung, "The New Death of Contract: Creeping Corporate Fiduciary Duties for Creditors," *Emory Law Journal*, vol.57(2007~2008), p.853.

그러나 이와 같은 주주지상주의의 주장은 다음과 같은 점 때문에 타당하지 않다.[78] 첫째, 주주에게는 주주총회 의결권과 경영자를 해임할 권한도 있고, 경영자가 의무를 위반하는 경우에는 주주대표소송을 제기할 수도 있다. 이와 같은 권한은 다른 이해관계자들에게는 인정되지 않는 권리이다. 또한 주주는 경영자가 마음에 들지 않는 경우에는 언제든지 주식을 팔고 회사를 떠날 수 있다.[79] 반면 이해관계자는 주주처럼 마음대로 회사를 떠나기가 어렵고, 가사 떠날 수 있다 해도 상당한 불이익을 감수해야 한다.[80]

둘째, 현대의 주주들이 위험분산을 위하여 다수의 회사에 투자한다는 점이 주주로서의 지위의 취약성을 경감시킨다는 점도 고려해야 한다.[81] 투자자의 입장에서 주주는 특정 회사의 주식은 자신의 투자포트폴리오 중 하나에 불과하기 때문에 그 회사에서 손실이 발생해도 전체적인 투자 관점에서는 이익이 될 수 있다. 따라서 회사가 도산했을 경우에도 주주는 전체적인 투자에서는 크게 손해를 입지 않을 수 있는 반면, 직원·공급자와 같은 회사 이해관계자는 회사가 도산하는 경우 심각한 위험에 빠지게 된다.

ⓒ 완전계약 가정의 문제

주주지상주의가 주주를 유일한 잔여청구권자로 설정하는 또 다른 이유는 다른 이해관계자는 계약을 통해 자신을 보호할 수 있기 때문에 잔여청구권에 의한 보호가 필요 없다는 것이다. 이와 같은 주주지상주의의 주장은 이해관계자가 자신을 보호하고, 자신의 사회적 기회비용만큼 보상을 받을 수 있는 '완전계약(complete contract)'을 체결할 수 있다는 것을 전제로 한다.

---

78 Keay, "Shareholder Primacy in Corporate Law," pp.35~36.

79 같은 글, p.35.

80 같은 글, p.35.

81 같은 글, p.37.

그러나 현실적으로 이해관계자가 회사와 체결하는 계약은 완전계약이 아니라 불완전계약이라는 문제가 있다.[82] 불완전계약은 계약 당시 주어진 정보로는 인식 불가능한 이익이 계약 이행이 된 이후에 발생하는 것을 말하고,[83] 인간의 이성이 불완전하기 때문에 발생한다.[84] 이와 같이 완전계약은 완전한 정보와 미래 예측 능력이 존재하는 이상적 세계에서나 존재하는 것이므로 현실 세계에서 이해관계자가 자신의 기회비용을 완전히 보상받을 수 있는 계약을 체결하는 것은 불가능하다.[85]

③ 기술적 관점에서의 비판

주주가 유일하게 잔여청구권자로 취급되는 것은 회사가 파산했을 때이고,[86] 회사가 파산하지 않은 경우에 주주를 모든 잔여이익의 귀속자로 보는 것은 잘못된 것이다.[87] 오히려 회사법은 일정한 재무상태의 경우에만 주주배당을 허용하고, 그것도 이사회가 주주배당을 결정한 경우에 한한다.[88] 따라서 주주는 이사회가 결정하기 전에는 회사에 대하여 아무런 권리도 가지지 못한다. 이러한 이유로 회사가 정상적으로 운영되고 있는 경우 주주를 회사의 잔여청구권자로 보는 것은 잘못이고, 주주는 명시적 계약보다 초과하

---

82 Keay, "Shareholder Primacy in Corporate Law," p.12.

83 Ian R. Macneil, "Corporation Law Rules: An Assessment from the Perspective of Incomplete Contract Theory," *Journal of Corporate Law Studies*, vol.1(2001), p.112.

84 불완전계약에 대하여 자세한 것은 Oliver Hart & John Moore, "Foundations of Incomplete Contracts," *The Review of Economic Studies*, vol.66, no.1(1999) 참조.

85 Keay, "Shareholder Primacy in Corporate Law," p.12.

86 회사가 파산했을 때의 실질적인 잔여청구권자는 채권자이지 주주가 아니라고 보는 입장도 있다.

87 Stout, "Bad and Not-So-Bad Arguments for Shareholder Primacy," p.1193.

88 Blair & Stout, "Specific Investment," p.738.

는 이익을 기대할 수 있는 다수의 집단 중 하나에 불과하다.[89]

(2) 경영자의 약속 논쟁

주주지상주의는 회사가 자본시장에서 투자자를 모집하는 것은 회사 경영자가 투자자의 이익을 위하여 경영하겠다고 약속하는 것이라고 주장한다. 이러한 주장은 경제 현실에서 주주들이 배당과 주가 상승을 통하여 이익을 얻기 위하여 투자한다는 점과 관련이 있다.[90] 그러나 경영자의 약속이 실제로 이루어지는 것도 아니고, 주주와 경영자 간에 계약이 체결되는 것도 아니라는 점[91]과 대부분의 회사 정관에서 주주의 이익을 극대화하겠다는 조항이 존재하지 않는다는 점에서 이와 같은 주장은 아무런 법적 근거가 없는 주장이다.[92]

(3) 이해관계자 보호의 불필요성 논쟁

주주지상주의는 주주 이외의 이해관계자는 회사와의 계약을 통하여 보호를 받을 수 있으므로 회사의 의사결정 과정에서 이해관계자의 이익을 고려할 필요는 없다고 주장한다. 그러나 이해관계자주의는 이해관계자가 예상되는 위험을 대비한 조항을 계약에 삽입하여 자신을 보호할 수 있다는 점에 대

---

89 Stout, "Bad and Not-So-Bad Arguments for Shareholder Primacy," p.1194.

90 Daniel J. H. Greenwood, "Fictional Shareholders: For Whom are Corporate Managers Trustees Revisited," *Southern California Law Review*, vol.69(1996), 1023.

91 Ronald Green, "Shareholders as Stakeholders: Changing Metaphors of Corporate Governance," *Washington and Lee Law Review*, vol.50(1993), p.1413.

92 Stout, "Bad and Not-So-Bad Arguments for Shareholder Primacy," p.1207.

하여 회의적으로 바라본다. 정보의 비대칭과 변동하는 시장 상황으로 인하여 이해관계자가 사전에 어떠한 위험이 있는지를 정확히 예측하는 것이 매우 어렵기 때문이다.[93]

또한 주주지상주의는 이해관계자가 계약에 의하여 보호되지 않는다고 하더라도 외부 규제 법률에 의하여 보호될 수 있다고 주장한다. 그러나 회사 경영자에 의한 비용 전가가 허용되는 경우 외부 규제의 효과는 제한적일 수밖에 없다는 한계가 있다. 이는 주주 이익 극대화를 위해서 경영자는 규제 위반 비용이 규제 준수 비용을 초과하는 경우에만 외부 규제를 준수할 것이기 때문이다.[94] 이러한 규제 위반의 위험은 주주의 유한책임으로 인해 증폭될 수 있다. 즉 유한책임으로 인해 규제 위반 비용의 상한이 설정되는 회사 구조에 의하여 회사로 하여금 과도한 위험을 감수하게 할 유인이 발생하기 때문이다.[95]

(4) 개념의 불명확성

① 시점의 불명확성

주주 이익 극대화는 어느 시점의 주주의 이익을 극대화하는 것인지 명확하지 않다는 문자가 있다. 즉 회사 경영과 관련하여 단기 이익의 추구는 문제가 있다고 보는 입장이 많기 때문에 장기적인 주주의 이익이라고 보는 것이 일반적이나,[96] '장기'의 개념이 명확하지 않다는 것이다. 그 이유는 장기

---

93 Millon, "New Directions in Corporate Law," p.1379.

94 Glynn, "Communities and Their Corporations," p.1089.

95 같은 글, p.1089.

96 Keay, "Shareholder Primacy in Corporate Law," p.19; 베인브리지는 장기적인 주주 이익의 극대화를 주장하면서 이를 부의 최적화(wealth optimization)로 표현한다

가 어느 정도의 기간을 의미하는지 규정하는 것이 매우 어렵기 때문이고,[97] 이와 같이 장기 개념이 불명확해지면 경영자는 자신의 이익을 위해 단기 이익을 추구할 가능성이 높다. 이와 같이 장기 개념이 불명확해 지면 경영자가 장기 전략을 추구하는 경우 주가가 단기에는 상승하지 않으므로 경영자의 성과가 좋게 평가되지 않기 때문이다.[98]

② 주가의 자의성

주주지상주의는 현재의 주가는 회사가 실현할 성장과 미래 수익을 정확하게 반영한다고 본다.[99] 이를 근거로 주주지상주의는 주가를 주주 이익을 극대화하는 판단기준으로 보고 있으나, 주가는 미래의 불명확성과 회사의 장기 전략을 반영하지 않기 때문에 회사의 본질가치를 정확히 반영할 수 없다. 따라서 주가는 회사의 성과를 측정하는 적절한 장치가 될 수 없다.[100] 실제로 회사의 주가는 회사의 본질가치와는 상관없이 등락을 하고,[101] 시장은 모든 가능한 정보를 통해서도 합리적인 결론을 내리지 못할 때가 많다.[102]

(Bainbridge, *Corporation Law and Economics*, 21, p.122).

97 Einer Elhauge, "Sacrificing Corporate Profits in the Public Interest," *New York University Law Review*, vol.80, no.3(2005), p.739.

98 Keay, "Shareholder Primacy in Corporate Law," p.20.

99 Blair, *Ownership and Control*, p.122.

100 Constance E. Bagley & Karen L. Page, "The Devil Made Me Do It: Replacing Corporate Directors, Veil of Secrecy with the Mantle of Stewardship," *San Diego Law Review*, vol.36(1999), p.920.

101 Letza, Sun & Kirkbride, "Shareholding versus Stakeholding," p.249.

102 Henry TC. Hu, "New Financial Products, the Modern Process of Financial Innovation and the Puzzle of Shareholder Welfare," *Texas Law Review*, vol.69(1990), p.1283.

(5) 단기 이익 추구와 개념의 협소성

① 단기 이익 추구

단기 이익 추구는 회사 자산을 매각하거나 감자 등을 통하여 주주에게 배당금을 지급하는 방법으로 주주의 이익을 추구하는 것을 말한다. 주주지상주의를 비판하는 입장은 주주 이익 극대화 규범이 분기별 성과에 집착하는 증권시장의 속성상 주주의 단기 이익(short-termism)만을 추구하게 할 뿐이라고 주장한다.[103] 특히 단기 성과를 중시하는 증권시장의 속성은 경영자가 비교적 단기간 동안 경영자의 지위를 유지한다는 점과 결합하여 경영자로 하여금 단기 이익을 추구하게 하는 원인으로 작용한다.[104] 즉 장기 전략을 집행하는 것이 주주에게 이익이 되어도 그 성과는 다음 경영자에게 돌아가기 때문에 경영자는 장기 이익을 추구할 유인이 없고, 오히려 단기 이익을 추구하여 자신의 지위를 유지하는 것이 자기에게 이익이 되기 때문이다.

이와 같은 경영자의 주주를 위한 단기 이익 추구는 회사를 성장시켜 전체적인 사회의 부를 증진시키는 방향이 아니라 단지 다른 이해관계자의 이익을 주주의 이익으로 전환시키는 효과만을 가져온다.[105] 또한 단기 이익의 지나친 추구는 회사의 미래를 위하여 투자할 수 있는 재원의 감소를 가져오기

---

103 Martin Lipton & Steven A. Rosenblum, "A New System of Corporate Governance: The Quinquennial Election of Directors," *University of Chicago Law Review*, vol.58(1991), pp.205~215; 경영자가 분기별 성과에 따라 경영을 하는 원인에 대해서 자세한 것은, David Millon, "Why is Corporate Management Obsessed with Quarterly Earnings and What Should be Done About it?" *George Washington Law Review*, vol.70(2002).

104 Franklin Allen & Douglas Gale, *Comparing Financial Systems*(MIT Press, 2000), p.382.

105 Keay, "Shareholder Primacy in Corporate Law," p.25.

때문에 회사의 장기 영속성에도 심각한 위협을 가져온다.[106]

따라서 주주 이익 극대화가 다른 이해관계자들에게 간접적으로 이익을 줄 수 있을지는 몰라도, 단기 이익 추구로 귀결되는 주주 이익 극대화의 경우에는 해당 시점의 주주에게만 이익이 될 뿐이고, 주주를 제외한 모든 이해관계자에게 불이익을 가져오며 회사의 장기적인 전망도 어둡게 한다.[107]

② 개념의 협소성

주주 이익 극대화만이 경영자의 의무라고 주장하는 주주지상주의에 대해서는 수익 창출만이 회사 경영의 전부가 아니기 때문에 주주 이익 극대화 규범은 목적의 범위를 너무 협소하게 설정한 것이라는 비판이 있다.[108] 즉 회사의 모든 행위를 수익으로 귀결시키는 것은 불가능하고, 경영자는 수익 극대화보다는 회사의 장기적인 계획을 발전시켜야 한다는 것이다.

(6) 법이론적 문제점

주주지상주의는 부의 극대화가 회사의 목적이고, 이를 촉진시키는 것을 회사법의 목적으로 파악한다. 부의 극대화에서 '부'의 개념은 "원하는 것에 대하여 기꺼이 지불할 의사가 있는 선호(preference)"[109]를 의미한다. 이와 같

---

106 Benedict Sheehy, "The Importance of Corporate Models: Economic and Jurisprudential Values and the Future of Corporate Law," *DePaul Business and Commercial Law Journal,* vol. 2(2003), p. 502.

107 Keay, "Shareholder Primacy in Corporate Law," p. 26.

108 David Wood, "Whom Should Business Serve?" *Australian Journal of Corporate Law,* vol. 1(2002), p. 13.

109 조성혜, 「법경제학의 기초」, 109쪽.

은 부의 극대화 규범에 대해서는 부의 극대화는 정당한 법의 목적이 될 수 없다는 강력한 비판이 있다.

'부의 극대화'에 대하여 저명한 법철학자인 로널드 드워킨(Ronald Dworkin)은 부는 그 자체로 사회적 가치(social value)가 될 수 없다고 본다.[110] 드워킨은 부가 그 자체로는 유일한 사회적 가치도 그리고 여러 사회적 가치들 중의 하나도 될 수 없다고 주장하며, 이는 부의 증가가 필연적으로 행복의 증가로 이어지지 않고 오히려 부의 추구로 인해 행복의 추구가 방해될 수 있기 때문이라고 한다.[111] 드워킨은 부의 증가가 후생의 증가와는 아무런 관련이 없다는 것이고, 오히려 부의 증가는 후생과 공정성의 손실을 초래할 수 있다고 본다.[112] 따라서 부 자체의 증가는 비용, 다른 가치, 부의 추구가 초래하는 나쁜 결과를 고려하면 전혀 사회의 이익이 아니라는 것이다.[113]

또한 경제적 부가 사회적 가치 중의 하나라고 하는 경우에는 정의와 충돌한다는 문제가 있다.[114] 이기심은 직접적으로 정의에 대하여 적대적일 수 있다. 예컨대 개인은 가난하지만 정직한 생활을 할 것인지, 정직하지 않지만 부유한 생활을 할 것인지를 결정할 수 있다. 따라서 개인적인 차원에서 개인의 후생과 정의는 상충관계에 놓이게 된다.[115] 개인은 롤스(Rawls)가 말하는 원시상태(original position)[116]와 비슷한 상태에서, 즉 아무것도 정해지지 않

---

110 드워킨의 주장을 회사법적으로 변용하여 설명하고 있는 문헌으로는 Mitchell, *Corporate Irresponsibility*, pp.84~96 참조.

111 Ronald Dworkin, *A Matter of Principle*(Harvard University Press, 1985), pp.240, 245.

112 Mitchell, *Corporate Irresponsibility*, p.87.

113 Dworkin, *A Matter of Principle*, p.246.

114 Mitchell, *Corporate Irresponsibility*, p.87.

115 Dworkin, *A Matter of Principle*, p.246.

116 롤스는 이를 원초적 입장이라고 부른다. 롤스의 원초적 입장에 관하여 자세한 내용은

은 불확실한 상태에서 개인적 차원의 후생을 극대화할 수 있는 정의와 효율성의 결합함수를 찾을 수 있다.[117] 그러나 사회적 부가 어떻게 분배될지 정해지지 않은 상태에서는 사회적 부의 증가가 자신의 이익으로 돌아오리라는 보장이 없는 경우 합리적인 개인은 부의 증가를 가져오는 효율성을 선택하지 않는다.[118] 따라서 드워킨에 따르면 부의 극대화는 그 자체로는 독립적인 사회적 가치를 제공하지 못한다는 것이다.[119]

또한 드워킨은 부의 극대화가 다른 사회적 가치를 증진시키는 도구적 역할을 하기 때문에 가치가 있다는 주장도 거부한다.[120] 우선 드워킨은 주주의 이익을 극대화하기 위해서는 최초의 권리 배분이 필요하고 이는 개인적 권리의 존중을 가져온다는 주장에 대해서는 최초의 권리 배분을 설명할 수 없다는 점에서 타당하지 않다고 주장한다.[121] 주주지상주의의 이론적 근거가 되는 법경제학에 의하면, 권리는 그 권리를 가장 가치 있게 평가하는 자[122]에게 배분된다는 것이고, 이러한 권리의 배분은 그 권리의 가치에 상응하는 재산이 있는 것을 전제로 한다. 그러나 원시상태에서는 노동과 돈을 소유하고 있지 못하기 때문에 누구도 권리를 살 수가 없게 된다는 문제가 발생한다.[123] 이와 같이 부의 배분은 사회적 가치의 문제보다 선행하는 것이고, 이것이 부의 극대화가 다른 사회적 가치를 증진시킨다는 주장이 성립하지 못하는 이

존 롤즈, 『정의론』, 황경식 옮김(이학사, 2013), 195~202쪽 참조.

117 Dworkin, *A Matter of Principle*, p.246.

118 Mitchell, *Corporate Irresponsibility*. p.88.

119 같은 책, p.89.

120 Dworkin, *A Matter of Principle*, p.245.

121 Mitchell, *Corporate Irresponsibility*, p.89.

122 그 권리에 대한 가격을 가장 높게 지불하는 자를 의미한다.

123 Dworkin, *A Matter of Principle*, p.253.

유이다.[124]

2) 효율성의 문제점

(1) 의의

법경제학에 근거한 계약이론은 주주지상주의의 규범적 근거를 경제적 효율성(economic efficiency)에서 구한다.[125] 그러나 효율성에 근거한 주주 이익 극대화 규범과 대리인이론은 아래에서 보는 바와 같이 주주지상주의의 주장처럼 효율적이지도 않고, 그 자체로 정당성이 인정되기 어려운 문제점이 있다.

(2) 주주 이익 극대화 규범의 효율성 문제

① 목적의 효율성 - 두 명의 주인(two masters) 논리
㉠ 주주지상주의의 주장
주주지상주의는 하나의 목적을 설정해야 효율적으로 회사가 경영될 수 있음을 전제로,[126] 경영자로 하여금 오로지 주주 이익을 극대화하는 방향으로 회사를 운영하게 하는 것이 대리비용을 가장 적게 발생시키는 지배구조라고 주장한다.[127] 따라서 주주지상주의는 대리비용을 감소시켜 모든 주주뿐만

---

124 Mitchell, *Corporate Irresponsibility*, p.89.

125 조성혜, 「법경제학의 기초」, 108쪽.

126 주주지상주의는 '주가'를 경영자의 경영 성과를 평가하는 명확한 측정 장치로 본다.

127 Weide, "Against Fiduciary Duties to Corporate Stakeholders," pp.56~57.

아니라 이해관계자에게도 이익을 주는 차선의 지배구조가 될 수 있다고 주장한다.[128] 반면 경영자에게 다양한 이해관계자에 대한 의무를 부담시키면 경영자가 모든 다양한 이익을 형량하는 것이 불가능하기 때문에 오히려 최선의 결정을 할 수 없게 되고,[129] 이는 자원의 자유로운 배분을 방해할 수도 있다고 본다.[130] 또한 마크 로(Mark Roe)는 경영자에게 너무 많은 재량을 주면 이해관계자의 이익이 아니라 경영자 자신의 이익 극대화만을 추구할 수 있다고 지적한다.[131]

ⓒ 비판: 주주 이익 극대화 개념의 불명확성

주주지상주의를 비판하는 입장은 '주주 이익 극대화'의 의미가 모호하다고 지적하면서 주주지상주의의 경우에도 목적이 분명한 것은 아니라고 주장한다. 대표적으로 헨리 휴(Henry Hu)는 새로운 금융상품의 발전과 금융 혁신 과정의 맥락에서 보면, 주주 이익 극대화 개념이 전혀 명확하지 않다고 주장한다.[132] 휴에 의하면, 회사 전체 이익의 증가가 반드시 주주 이익을 극대화시키는 것도 아니고, 주가는 정보의 비대칭과 같은 비합리적 요소에 영향을 받기 때문에 주가로는 주주 이익이 극대화되는지 여부를 평가할 수는 없다는 것이다. 이러한 점 때문에 주주 이익 극대화 규범은 다음과 같은 문제가 있다.

---

128 Stout, "Bad and Not-So-Bad Arguments for Shareholder Primacy," p.1200.

129 ABA Committee on Corporate Law, "Other Constituency Statutes: Potential for Confusion," *Business Lawyer(ABA)*, vol.45(1989~1990), 2269.

130 Matheson & Olson, "Corporate Law and the Long-term Shareholder Model of Corporate Governance," p.1346.

131 Roe, "The Shareholder Wealth Maximization Norm and Industrial Organization," p.2065.

132 Hu, "New Financial Products, the Modern Process of Financial Innovation and the Puzzle of Shareholder Welfare," pp.1277~1283.

① 주주 이익 극대화 규범으로는 경영자가 실제로 주주 이익을 극대화하였는지 평가하기가 매우 어렵다.

② 주주 이익 극대화 규범은 경영자에게 아무런 지침도 주지 못하며, 경영자는 주주 이익 극대화 기준이나 전제 사실을 조작하는 방법으로 어떠한 경영판단 이라도 주주 이익 극대화에 부합하게 할 수 있다.[133]

③ 주주 이익 극대화 개념은 경영 판단 원칙과 결합하는 경우 경영자의 의무에 대한 기준으로 전혀 기능을 하지 못한다.[134]

이러한 주주지상주의의 문제점은 주주지상주의를 취하는 입장에서도 인정한다. 따라서 제프리 매킨토시(Jeffrey MacIntosh)는 회사의 목적에 관한 문제는 완전한 해법 간의 경쟁이 아니라 불완전한 해법 간의 경쟁이므로 주주이익 극대화 규범의 불명확성이 주주지상주의를 거부할 이유가 되어서는 안된다고 항변한다.[135] 이러한 주주지상주의자의 주장에 의하면 주주지상주의는 차선의 논리라는 것이다.[136]

ⓒ 비판: 주주의 차별화

주주지상주의는 주주 선호의 동일성을 중요한 핵심 전제로 한다. 그러나 행동 경제학의 연구결과에 의하면 금융자산에 관한 주주들의 선호는 다양하고,[137] 주주들은 투자 목적, 투자 기간, 부담하고자 하는 위험의 정도라는 점

---

133 Gerald E. Frug, "The Ideology of Bureaucracy in American Law," *Harvard Law Review*, vol.97(1984), p.1311.

134 Keay, "Shareholder Primacy in Corporate Law," p.23.

135 Jeffrey MacIntosh, "Designing an Efficient Fiduciary Law," *University of Toronto Law Journal,* vol.43(1993), p.456.

136 Keay, "Shareholder Primacy in Corporate Law," p.23.

137 신석훈, 『주주자본주의에 대한 법경제학적 접근 ─ 우리나라 회사 소유지배구조 정책

에서 매우 다양한 집단으로 이루어져 있다는 것이다.[138] 현대의 투자자들이 위험을 분산하기 위해서 다양한 주식을 구입하는 포트폴리오 전략을 구성하는 것은 현대의 주주들이 회사에 대하여 주주인 동시에 채권자라는 것을 의미한다.[139] 그러나 주주 선호의 동일성을 전제로 하는 주주지상주의는 현대 주주들의 포트폴리오 전략에 의한 분산투자를 설명하지 못한다.

분산투자를 하는 주주와 한 회사의 주식만을 가진 주주의 목적은 다를 수 있고, 장기 주주와 단기 주주의 목적도 다를 수밖에 없다. 주주는 하나의 목적을 가진 집단이 아니라 서로 다른 시간과 선호를 가진 다양한 집단이다.[140] 종류주식이 발행된 경우에는 종류주주들 간에 이해관계가 상충하는 경우도 발생할 수 있다.[141] 예컨대, 우선주를 보유하는 주주들은 보통주를 보유하는 주주들보다는 채권자와 더 유사한 지위에 있을 수 있다.[142] 그러나 주주지상주의는 주주와 채권자의 역할을 동시에 하는 투자자의 존재를 전혀 고려하지 않는다.[143] 따라서 이러한 주주 집단의 다양성을 전제로 하면 경영자가 어느 주주의 이익을 극대화해야 하는 것인지 결정하는 것은 불가능하다. 한편 분산투자 외에도 ① 개별 주주들이 위험에 대하여 다른 입장을 가지고,

---

에 주는 시사점』(한국경제연구원, 2009), 37쪽.

138 Keay, "Shareholder Primacy in Corporate Law," p.22.

139 Blair, *Ownership and Control*, p.229.

140 Eric W. Orts, "The Complexity and Legitimacy of Corporate Law," *Washington and Lee Law Review*, vol.50(1993), p.1591.

141 Morey W. McDaniel, "Bondholders and Stockholders," *Journal of Corporation Law*, vol.13(1988), p.273; Rutheford B. Campbell Jr, "Corporate Fiduciary Principles for the Post-Contractarian Era," *Florida State University Law Review*, vol.23(1995), p.593.

142 Jonathan R. Macey & Geoffrey N. Miller, "Corporate Stakeholders: A Contractual Perspective," *University of Toronto Law Journal,* vol.43(1993), p.433.

143 Keay, "Shareholder Primacy in Corporate Law," p.24.

주식 보유의 목적도 다르다는 점,[144] ② 회사는 개인투자자보다는 대량의 주식을 보유하는 기관투자자의 이익을 우선시하는 경향이 있다는 점[145]도 주주의 차별성을 발생시키는 요인으로 지적된다.

② 낙수효과(trickle down) 이론의 부당성

㉠ 주주지상주의의 주장

주주지상주의는 주주 이익 극대화 규범이 장기적으로 사회후생을 극대화한다고 주장한다. 즉 주주지상주의는 주주가 잔여청구권자로서 회사의 부를 극대화할 유인을 가지고 있기 때문에 주주의 이익을 우선하면 그것이 사회의 부를 극대화하는 방법이라는 것이다.[146] 따라서 이해관계자는 주주 이익 극대화 규범이 없는 것보다 주주 이익 극대화 규범이 있는 상황에서 더 많은 이익을 보게 된다고 주장한다.[147] 이와 같이 주주지상주의는 주주의 부가 증진되면, 그 결과로 사회의 부도 증진된다고 주장한다.[148]

㉡ 비판

주주지상주의의 주장은 회사가 수익을 많이 창출하는 경우 그 과실이 일

---

144 Lynn M. LoPucki, "The Myth of the Residual Owner: An Empirical Study," *Washington University Law Quarterly*, vol.8(2004), pp.1351~1352.

145 Keay, "Shareholder Primacy in Corporate Law," p.46.

146 Macey, "An Economic Analysis of the Various Rationales for Making Shareholders the Exclusive Beneficiaries of Corporate Fiduciary Duties," pp.23~24.

147 Lee, "Efficiency and Ethics in the Debate About Shareholder Primacy," pp.537~538.

148 이스터브룩·피셀, 『회사법의 경제학적 구조』, 77쪽("주주를 위해 수익을 극대화하는 것은 다른 구성원들을 자동적으로 지원하는 것이다"); William W. Bratton Jr., "Confronting the Ethical Case Against the Ethical Case for Constituency Rights," *Washington and Lee Law Review*, vol.50(1993), p.1462("주주지상주의는 목적이 아니라, 일반 후생을 극대화하기 위한 수단이다").

부 이해관계자에게 돌아갈 수 있다는 점에서 일면 타당할 수 있다. 즉 주주지상주의의 논리는 주주 이익 극대화를 추구하기 위해서는 회사 이익이 극대화되어야 하고, 회사 이익이 늘어나면 직원의 임금도 높아질 수 있다는 것을 전제로 한다. 그러나 주주의 이익을 위한 회사는 직원이나 사회의 부를 신경 쓸 필요가 없기 때문에 회사의 이익을 모든 이해관계자가 공유하는 시스템이 없는 이상 회사가 아무리 많은 수익을 창출하여도 그 이익이 주주 외의 다른 이해관계자에게 귀속된다는 보장이 없다.[149]

또한 낙수효과는 잘 작동하지 않는 반면, 주주의 이익만을 고려하는 회사는 사회 전반에 위험한 결정을 내릴 가능성이 높다는 문제가 있다.[150] 즉 주주 이익 극대화 규범은 부정적인 외부효과를 발생시킬 가능성이 크기 때문에 사회 전체적으로 보아 부를 극대화시키지도 못하고, 효율적이지도 않다.[151] 주주의 이익을 극대화시키기 위하여 이익은 주주에게 돌리고 비용은 외부화하는 과정에서 선의의 제3자에게 피해를 줄 수 있기 때문이다. 조악한 품질의 제품을 만들거나, 가격을 높게 책정하거나, 건강을 해치는 노동조건 등이 그 예가 될 수 있다.[152] 이에 대해 주주지상주의는 이러한 문제는 외부 규제를 통해서 해결될 수 있다고 주장하나, 회사의 비용 전가 행위로 인하여 사회적 비용(social cost)이 발생하는 것은 막을 수 없다.[153]

마지막으로 낙수효과 이론은 그 효과를 측정할 수 있는 방법이 없기 때문에 의미가 없다는 입장도 있다. 이러한 입장에 의하면 부의 극대화를 추구하

---

149 Greenfield, "Debate: Saving the World with Corporate Law?" p.967.

150 같은 글, p.967.

151 Lee, "Efficiency and Ethics in the Debate About Shareholder Primacy," p.539.

152 Manuel. G. Velasquez, *Business Ethics: Concepts and Cases*(Prentice-Hall, 1982), p.149; Bagley & Page, "The Devil Made Me Do It," p.903.

153 Lee, "Efficiency and Ethics in the Debate About Shareholder Primacy," p.570.

는 사회와 박애를 추구하는 사회를 평가하는 기준이 없고, 부의 분배에 관한 장치 없이는 부의 극대화를 추구하는 사회가 부의 극대화를 추구하지 않는 사회보다 그 이익이 다른 사람들에게 이익이 되는지 확인할 방법이 없다는 이다.[154]

(3) 대리인 모델의 효율성 문제

① 주주지상주의의 주장

주주지상주의는 대리인이론을 전제로 하고, 대리인이론에 의하면 경영자는 주주의 대리인이고, 주주는 경영자의 주인(principal)으로서 경영자의 권한행사를 감독하는 데 가장 적합한 위치에 있다고 본다.[155] 이와 같은 이유로 주주지상주의는 경영자가 주주 이익 극대화 규범에 따라 경영하는 것이 효율성을 추구하는 데 유리하다고 주장한다. 주주는 경영자를 감시할 유인이 있기 때문에 경영자가 주주의 이익을 위하여 경영을 하는 것이 좀 더 효율적이고, 이는 주주가 아닌 다른 이해관계자에게도 이익이 된다는 것이다.[156] 대리인 모델이 효율적인 이유는 주주가 잔여청구권자로서 회사의 이익 증대에 가장 큰 이해관계가 있기 때문에 경영자의 기회유용을 감지할 인센티브가 있고, 이러한 주주에 의한 경영자 감시는 대리비용을 감소시킨다는 것이 그 근거이다.[157] 또한 주주지상주의는 기업 지배권 시장(market for corporate control)이 간접적으로 주주를 보호한다고 주장한다.[158] 주주지상

---

154 Dworkin, *A Matter of Principle*, p.253.

155 Matheson & Olson, "Corporate Law and the Longterm Shareholder Model of Corporate Governance," p.1328.

156 Keay, "Shareholder Primacy in Corporate Law," p.13.

157 Weide, "Against Fiduciary Duties to Corporate Stakeholders," pp.56~57.

주의는 경영자가 회사 경영에 실패하여 주주 이익을 극대화하지 못하면 주가가 하락하고, 이는 회사를 싸게 인수한 후 효율적으로 운영하여 수익을 창출하려는 기업인수자에게 기회를 제공한다고 본다. 이러한 과정에서 주주는 이익을 보고 경영자는 해임되기 때문에 경영자는 기업 지배권 시장의 존재를 의식하여 주주 이익 극대화를 위하여 경영한다는 것이다.

②비판
㉠ 대리인이론의 법이론적 문제점

주주지상주의는 경영자, 특히 이사를 주주의 대리인으로 본다. 그러나 이와 같은 주장은 법리에 명확히 반한다. 대리이론에 의하면 주인은 대리인에 대하여 지시를 할 권한이 있고, 대리인은 이를 따라야 할 의무가 있다.[159] 그러나 주주와 이사와의 관계에서 이사는 주주의 지시를 따라야 할 의무가 없다.[160] 또한 주주와 경영자 간에는 어떠한 형태의 명시적·묵시적 계약관계도 없다.[161] 경영자는 회사와 계약을 체결하는 것이지 주주와 계약을 체결하지 않는다.[162] 미국의 판례도 경영자는 주주가 아니라 회사에 대하여 의무를 부담하는 것으로 판시하고 있다.[163] 따라서 가사 경영자가 주주에게 책임을 진다고 하여도 그것은 간접적인 것일 뿐이지 직접적인 책임을 부담하는 것은

---

158 Alchian & Demsetz, "Production, Information Costs, and Economic Organization," p.788.

159 Restatement(Second) of Agency § 385(1958).

160 Blair & Stout, "Team Production Theory of Corporate Law," p.290.

161 Keay, "Shareholder Primacy in Corporate Law," p.13.

162 한국도 회사와 이사 간에 위임관계가 성립된다고 보고, 주주와 이사 간에는 아무런 법적 관계가 없다고 본다(이철송, 『회사법강의』, 625쪽).

163 United States v Byrum 408 US 125(1972); United Teachers Associations Insurance Co v. Mackeen and Bailey 99 F. 3d 645(5th Cir, 1996).

아니다.[164]

ⓛ 경영자에 대한 통제장치의 문제점

주주지상주의의 주장과는 달리 주주는 경영자로 하여금 책임 경영을 하게 만들 효과적인 통제 장치를 가지고 있지 못하고,[165] 오히려 주주 이익 극대화 규범은 경영자의 책임을 약화시킬 수 있다.[166] 그 이유는 주주가 경영자 통제장치를 작동하는 데 시간과 비용이 소요된다는 점 때문이다.

실제 연구에 의하면 기관투자자들조차도 경영자에게 영향을 미치기 위해서는 상당한 비용이 필요하다.[167] 예컨대, 버나드 블랙(Bernard Black)과 잭 커피(Jack Coffee)의 실증연구에 의하면 영국의 기관투자자가 그레이트 웨스턴 리소스(Great Western Resources)사의 변화를 이끌어내는 데만 해도 1년이 소요되었다.[168] 이러한 이유로 개인투자자는 경영자를 통제하기보다는 주식을 파는 것이 가장 효율적인 선택이 될 수밖에 없다.[169]

또한 기업 지배권 시장에 대해서도 기업인수의 효율적 성격을 부인하는 이론적 연구[170]와 실증적 연구[171]가 있다. 기업 지배권 시장이 경영자를 규율

---

164 Millon, "Theories of the Corporation," p.218.

165 Keay, "Shareholder Primacy in Corporate Law," p.40.

166 Antoine Rebérioux, "Does Shareholder Primacy Lead to a Decline in Managerial Accountability?" *Cambridge Journal of Economics*, vol.31, no.4(2007), p.508.

167 Gerald T. Garvey & Peter L. Swan, "The Economics of Corporate Governance: Beyond the Marshallian firm," *Journal of Corporate Finance*, vol.1, no.2(1994), p.140.

168 Bernard S. Black & Jack Coffee, "Hail Brittania? Institutional Investor Behavior Under Limited Regulation," *Michigan Law Review*, vol.92(1994), p.2046.

169 Keay, "Shareholder Primacy in Corporate Law," p.41.

170 Richard A. Booth, "Stockholders, Stakeholders and Bagholders(or How Investor Diversification Affects Fiduciary Duty)," *Business Lawyer(ABA)*, vol.53(1998), p.440.

171 Julian Franks & Colin Mayer, "Hostile takeovers in the UK and the correction of

하고,[172] 경영자로 하여금 주주의 이익을 고려하게 하는 데 적절한 장치인지에 대한 의문도 계속되어왔다.[173] 따라서 주주는 실제로 경영자를 효과적으로 통제할 수 없고, 주주가 할 수 있는 일은 오로지 회사의 재무상태와 경영자의 경영성과를 측정하는 주가를 잘 살펴보는 것뿐이라는 지적이 오히려 현실적이다.[174]

(4) 실증적 문제점

① 주주가치 기준의 부적절성

질 피시(Jill Fisch)에 의하면 주주가치에 근거한 성과 분석은 다음과 같은 문제를 가지고 있기 때문에 타당하지 않다고 본다.[175]

① 주주가치는 다른 이해관계자의 이익을 포함시키지 않는다.

② 주주가치는 단기 주가에 의해 분석되기 때문에 정확하게 측정되지 않는다.

③ 실증적인 주주가치에 근거한 결정은 회사의 가치를 종국적으로 파괴시킬 수 있다.[176]

---

managerial failure," *Journal of Financial Economics*, vol. 40, no. 1(1996), p. 163.

172 Iman Anabtawi, "Some Skepticism About Increasing Shareholder Power," *UCLA Law Review*, vol. 53(2006), p. 568.

173 Garvey & Swan, "The Economics of Corporate Governance," p. 145.

174 Christopher M. Brunner, "The Enduring Ambivalence of Corporate Law," *Alabama Law Review*, vol. 59(2008), p. 1410.

175 Fisch, "Measuring Efficiency In Corporate Law," p. 673.

176 피쉬(Fisch)는 빌 브랜튼(Bill Branton)의 말을 인용하면서 이러한 결정을 '주주가치의 어두운 측면'이라고 표현하였다.

이와 같이 주주지상주의는 경영자로 하여금 주가 또는 순이익과 같은 주주 가치에 전적으로 초점을 맞추어 결정을 하도록 사실상 강제한다.[177] 그러나 이해관계자, 회사의 영속성 등에 대한 고려 없이 주주가치에만 의존한 결정 은 바람직하지 못한 경영자의 결정을 정당화시킨다는 문제를 발생시킨다.[178]

② 효율성의 불명확성

주주지상주의를 비판하는 입장에 의하면 주주지상주의가 주장하는 효율 성에 관한 증거가 명확하지 않다고 본다.[179] 즉 주주지상주의가 주장하는 것 처럼 주주 이익 극대화 규범이 효율성을 촉진시키는 데 도움이 되지 않을 수 있다는 것이다.[180]

(5) 법이론적 문제점

주주지상주의는 효율성을 규범적으로 정당화하는 근거로 하고 있다. 그러 나 효율성은 그 자체로는 회사법의 목적이 될 수 없고, 개별 규정의 규범적 근거도 될 수 없다.[181] 효율성은 파레토 효율(pareto efficiency)[182]을 그 개념

---

177 Fisch, "Measuring Efficiency In Corporate Law," p.673.

178 같은 글, p.673.

179 이에 관한 실증적 연구에 대해서는 John C. Coffee, "Shareholders Versus Managers: The Strain in the Corporate Web." *Michigan Law Review*, vol.85(1986), p.91; Elhauge, "Sacrificing Corporate Profits in the Public Interest," p.776 참조.

180 Lee, "Efficiency and Ethics in the Debate About Shareholder Primacy," p.16.

181 Rizwaan Jameel Mokal, "On Fairness and Efficiency," *Modern Law Review*, vol.66 (2003), p.457.

182 파레토 효율(pareto efficiency)에 관한 법경제학의 설명으로는 Jeffey L. Harrison, 『법 경제학』, 명순구 옮김(세창출판사, 2003), 33~35쪽 참조.

적 전제로 하고, 파레토 효율은 "누구의 후생도 감소하지 않고 누군가의 후생이 늘어나는 것"을 의미하는 파레토 개선(pareto improvement)이 존재할 때 인정된다.[183] 따라서 특정 개인을 기준으로 자원의 배분을 판단할 때 어떠한 변화도 누군가를 좋게 하지도 않고 나쁘게 하지도 않는 상태를 '파레토 최적(pareto optimal)'이라고 한다.[184]

주주지상주의의 이론적 근거인 법경제학은 후생(welfare)과 효용(utility)[185]을 동일한 것으로 본다.[186] 예컨대, 루이스 카플로·스티븐 셔블(Louis Kaplow·Steven Shavell)은 후생을 효용과 동일시하면서 "사람이 가치 있다고 보는 모든 것"이라고 정의한다.[187] 또한 가치에 대한 선호(preference)는 그러한 효용을 인식하는 사람들의 행위에서 드러난다고 본다.[188] 카플로·셔블은 후생 중심 접근이 공정성을 중심으로 하는 접근보다 우월하다고 전제한다.[189]

그러나 사람들은 때때로 금지된 것을 선호하는 등의 비합리적인 행동을 하기도 하고,[190] 모든 중요한 사항을 고려하지 않은 상황에서 선호와 욕망을 형성하기도 한다.[191] 이와 같은 상황에서는 합리적 이유는 사라지고 사람들

---

183 Ellis & Hayden, "The Cult of Efficiency in Corporate Law," p.245.

184 Gary Lawson, "Efficiency and Individualism," *Duke Law Journal*, vol.42(1992), p.85.

185 효용은 종국적으로 선호 만족(preference satisfaction)으로 표현된다.

186 Julianne Nelson, "Business Ethics in a Competitive Market," *Journal of Business Ethics*, vol.13, no.9(1994), pp.663~664; Walter E. Williams, "The Argument for Free Markets: Moraity vs. Efficiency," *Cato Journal*, vol.15(1996), p.182.

187 Louis Kaplow & Steven Shavell. *Fairness versus welfare*(Harvard University Press, 2002), p.18.

188 같은 책, p.409.

189 Ellis & Hayden, "The Cult of Efficiency in Corporate Law," p.252.

190 엘리스·헤이든(Ellis & Hayden)은 이와 관련하여 마약의 예를 들고 있다(같은 글, pp.252~253).

은 자신의 선(good)에 대한 견해에 따라 유익하지 않은 것을 욕망한다.[191] 이러한 가능성으로 인해 파레토 개선은 사람들이 종국적으로 진정한 선이 무엇인지를 추구하여도 후생 이득(welfare gain)을 보장해주지 못한다.[193] 이와 같이 현실 선호가 실수에 의한 경우가 많음을 전제로 하면 단순한 파레토 개선의 존재를 후생으로 보는 것은 타당하지 않다.[194]

이와 같이 효용이 후생과 잘못 관계되어 있는 것도 문제지만, 후생 중심 접근의 진정한 문제점은 선에 관한 문제에서 진정한 선과 사람들이 선이라고 생각하는 것을 동일시한다는 것이다.[195] 선호는 사람들이 좋다고 생각하는 것이고, 후생은 실제로 선(actually good)인 것이다.[196] 따라서 "후생을 평가함에 있어 파레토 개선에 의지하는 것은 수학 문제의 해답을 투표에 의해 결정하는 것"과 같다.[197] 선호는 후생을 평가하는 만족스러운 지표가 될 수 없고, 이러한 이유로 선호는 규범적 평가를 하는 데 아무런 역할도 할 수가 없다.[198] 이러한 결정적 단점에 대하여 파레토 개선을 옹호하는 입장은 파레토 개선의 존재는 다른 사람의 후생 손실 없이 누군가가 후생 이익을 얻고

---

191 Grant M. Hayden & Stephen E. Ellis, "Law and Economics After Behavioral Economics," *University of Kansas Law Review*, vol.55(2007), pp.629, 661~675.

192 Amartya K. Sen, "Liberty, Unanimity and Rights," *Economica*, vol.43, no.171(1976), pp.220~226, 232; 이러한 이유로 드러난 선호와 규범적 선호는 구분되어야 한다는 견해로는 John Beshears, James J. Choi, David Laibson & Brigitte C. Madrian, "How Are Preferences Revealed?" *Journal of Public Economics*, vol.92, no.8(2008), p.1787.

193 Ellis & Hayden, "The Cult of Efficiency in Corporate Law," p.255.

194 같은 글, p.255.

195 같은 글, p.255.

196 같은 글, p.256.

197 같은 글, p.256.

198 같은 글, p.256.

있다는 충분한 증거가 될 수 있다고 주장한다.[199] 그러나 이러한 주장은 직관(intuition)에 근거한 것이고, 파레토 개선의 존재를 전제로 한 이러한 직관적인 주장은 효율성의 규범적 근거를 설명하지 못한다.[200]

요컨대 단순한 파레토 개선의 존재는 후생의 존재를 설명할 수 없고, 후생의 존재를 입증하기 위해서는 이를 평가할 적절한 독립적인 가치를 찾아야 한다.[201] 그러므로 효율성은 그 자체로는 회사법의 목적이 될 수 없고, 개별 규정의 규범적 근거도 될 수 없다.

3) 회사법에 대한 입장의 문제점

(1) 주주지상주의의 입장 정리

주주지상주의는 회사의 본질을 재산권의 측면에서 접근하는 입장이나, 계약이론으로 접근하는 입장 모두 회사법을 사법(私法)이라고 주장한다. 특히 계약이론은 회사를 계약관계의 연속을 위한 중심으로 이해하면서 회사는 법적 의제일 뿐이고, 회사 구성원과 별개로 실재하는 독립적 존재가 아니라고 본다.[202] 이와 같은 계약이론은 회사의 본질이 계약임을 전제로 다음과 같이 주장한다.

---

199 Botond Koszegi & Matthew Rabin, "Choices, Situations, and Happiness," *Journal of Public Economics*, vol.92, no.8(2008), pp.1827~1828.

200 Ellis & Hayden, "The Cult of Efficiency in Corporate Law," p.262.

201 같은 글, p.262.

202 Hayden & Bodie, "Uncorporation and the Unraveling of Nexus of Contracts Theory," p.1129.

① 회사 참가자들 간의 관계는 사적 자치에 의하여 규율하는 것이 가장 최선의 방법이다.[203]

② 회사는 순수한 시장의 창조물[204]로서 본질적으로 계약이므로 회사의 구조는 주주가 자유롭게 결정할 수 있다.[205]

③ 당사자가 자유롭게 결정한 회사구조가 가장 효율적이다.[206]

④ 회사의 본질이 계약이므로 회사법은 당연히 사법이고, 회사법 규정의 성격도 강행규정이 아니라 임의규정이다.[207]

⑤ 회사법은 단순히 계약법의 연장에 불과하므로 회사법은 가장 효율적인 방법으로 회사 내의 계약의 자유를 촉진시키는 데 중점을 두어야 하고, 강행규정의 제정을 삼가야 한다.[208]

---

203 Butler & Ribstein, "Opting Out of Fiduciary Duties," p.71.

204 Eisenberg, "The Conception That the Corporation is a Nexus of Contracts, and the Dual Nature of the Firm," p.823.

205 Easterbrook & Fischel, *The Economic Structure of Corporate Law*, pp.6~7; Bernard S. Black, "Is Corporate Law Trivial?: A Political and Economic Analysis," *Northwestern University Law Review*, vol.84(1990), pp.551~552.

206 이스터브룩·피셀, 『회사법의 경제학적 구조』, 24~25쪽.

207 로버타 로마노(Roberta Romano)는 현재 회사법에서 강행규정으로 인식되는 규정도 실제 강행규정과는 다르다고 주장한다[Roberta Romano, "Answering the Wrong Question: The Tenuous Case for Mandatory Corporate Laws," *Columbia Law Review*, vol.89(1989), p.1599]; 한편, 계약이론의 입장에 대한 비판으로는 Melvin A. Eisenberg, "The Structure of Corporation Law," *Columbia Law Review*, vol.89(1989) 참조.

208 Stephen M. Bainbridge, "Community and Statism: A Conservative Contractarian Critique of Progressive Corporate Law Scholarship," *Cornell Law Review*, vol.82 (1997), p.860; Lucian Arye Bebchuk, "Foreword: The Debate on Contractual Freedom in Corporate Law," *Columbia Law Review*, vol.89(1989), p.1397.

그러나 회사 본질에 관한 재산권이론은 여러 가지 문제로 인하여 현재로서는 정당성을 인정하기 어렵고,[209] 계약이론에 근거한 주주지상주의도 다음과 같은 이유로 타당하지 않다.

(2) 회사법의 성격 및 규율범위에 대한 입장의 문제점

① 계약에 대한 잘못된 이해

회사는 '계약의 결합체'이고, 회사법 규정도 임의규정이므로 강행규정으로 규제되어서는 안 된다는 주주지상주의의 주장은 계약도 강행규정으로 규제될 수 있다는 계약법의 일반적인 입장에 의하면 타당하지 않다.[210] 즉 현재 계약법은 계약에 대하여 여러 강행규정을 통하여 계약을 규제하고 있기 때문에 회사가 계약이기 때문에 규제될 수 없다는 주장은 성립할 수 없다는 것이다.[211]

또한 주주지상주의는 회사 참가자들 간의 계약에 의하여 최적의 결과가 선택되기 때문에 회사법에 의한 규제는 이와 같은 최적 선택을 방해한다고 주장한다. 그러나 위와 같은 주장은 회사의 경우 일반적인 계약과는 달리 당사자 간의 최적 선택이 외부효과를 발생시키는 경우도 있고, 최적 선택을 방해하는 현실적 제약도 있기 때문에 이와 같은 문제를 해결하기 위해서는 당연히 강행규정이 필요하다는 점에서 타당하지 않다.[212]

---

209 자세한 내용은 Greenfield, *The Failure of Corporate Law*, pp.43~47 및 Kent Greenfield, "The Place of Workers in Corporate Law," pp.287~295 각각 참조.

210 국내의 경우에도 공익 목적으로 계약을 강행규정으로 규제하는 경우가 있고, 그 예로 민법에서 임차인 보호를 위하여 규정된 임대차와 관련된 강행규정을 들 수 있다.

211 Eisenberg, "The Conception That the Corporation is a Nexus of Contracts, and the Dual Nature of the Firm," p.824.

② 회사의 이중적 성질에 대한 무시

주주지상주의는 회사를 사적인 창조물로 보기 때문에 회사법은 정치와는 절연되어 있고, 회사법이 공익을 고려할 필요도 없다고 본다.[213] 따라서 주주지상주의는 공익 목적상 회사에 대한 규제는 긍정하지만, 그 규제는 회사법을 통한 내부 규제가 아닌 다른 법률을 통한 외부 규제이어야 한다는 것이고,[214] 만약 공익 목적으로 회사지배구조를 규제하면 이는 국가의 사법 영역에 대한 부당한 침해로서 자발적인 계약관계를 방해할 수 있다고 주장한다.[215] 또한 공익상 시정될 필요가 있는 사안이 있더라도 이러한 사안은 정치과정을 통하여 해결하면 되기 때문에 회사지배구조를 변경할 필요는 없다는 견해도 있다.[216]

그러나 위와 같은 주주지상주의의 주장은 선법률적·선정치적이고 심지어 초헌법적인 주장이고, 회사의 내부 지배구조도 정치 과정 속에서 해결되어야 할 문제라는 점을 간과한 것이다.[217] 최저임금제와 같은 외부 규제는 회사와 직원 간의 계약에 영향을 주고, 이와 같이 회사에 영향을 미치는 외부 규

---

212 Eisenberg, "The Conception That the Corporation is a Nexus of Contracts, and the Dual Nature of the Firm," p.824.

213 Greenfield, *The Failure of Corporate Law*, p.30.

214 Fischel, "The Corporate Governance Movement," p.1271; Macey, "An Economic Analysis of the Various Rationales for Making Shareholders the Exclusive Beneficiaries of Corporate Fiduciary Duties," pp.42~43.

215 Fischel, "The Corporate Governance Movement," p.1273.

216 Macey, "An Economic Analysis of the Various Rationales for Making Shareholders the Exclusive Beneficiaries of Corporate Fiduciary Duties," p.42[이 논문에서 메이시(Macey)는 지역사회 주민은 지역의원에게 청원을 할 수 있고, 지역정부에 시정을 요구할 수 있기 때문에 경영자의 신인의무를 지역사회에까지 확장하는 것을 반대한다].

217 Greenfield, *The Failure of Corporate Law*, p.32.

제는 회사의 의사결정에 영향을 준다.[218] 따라서 공법과 사법을 구분하는 논리만으로 회사제도의 문제를 반드시 외부 규제로 해결해야 한다는 주주지상주의의 주장은 타당성이 없다. 특히 회사는 이익을 추구하는 조직의 속성상 규제를 하지 않을 경우 자발적으로 외부비경제를 내부화하거나, 자신이 창출하는 사회적 해악에 대하여 관심을 기울이지 않을 것이기 때문에 법에 의하여 회사로 하여금 부를 창출할 수 있는 능력을 부여한 만큼 법에 의하여 그 능력을 제어할 수 있어야 한다.[219] 따라서 회사법이 이해관계자의 이익을 고려하도록 규정하는 것은 자유시장경제제도에 부합하는지 여부는 문제되지 않고, 그러한 규제가 사회후생을 증진시키는지 여부에 따라 결정되어야 한다.[220]

③ 내부 규제의 효율성과 외부 규제의 비효율성

주주지상주의는 회사법에 의한 내부 규제보다는 외부 규제가 더 효율적이라고 주장한다.[221] 그러나 이와 같은 주주지상주의의 주장은 회사법이 회사의 비용 전가 행위를 규제하고, 이해관계자의 이익과 후생을 보호하는 데 유용한 규제 장치로 작용할 수 있다는 점을 간과한다.[222]

회사법에 의한 내부 규제는 문제가 생긴 이후에 이를 교정하는 방법이 아

---

218 Greenfield, "Using Behavioral Economics to Show the Power and Efficiency of Corporate Law as a Regulatory Tool," p.594.

219 Greenfield, *The Failure of Corporate Law*, pp.131~132.

220 Greenfield, "Reclaiming Corporate Law in a New Gilded Age," p.20.

221 Hansmann & Kraakman, "The End of History for Corporate Law," p.442.

222 Glynn, "Communities and Their Corporations," p.1088; 이해관계자에 지역사회와 정부까지 포함되기 때문에 이해관계자의 이익 보호는 외부효과에 대한 규제를 포함한다. 예컨대, 환경에 대한 외부비용 전가의 문제는 지역사회의 이익과 연관되어 있다.

니라 회사로 인한 문제를 사전(ex ante)에 해결하는 것이 최소의 비용으로 해결하는 방법이라는 점과 회사법이 비주주 투자자 보호를 위한 방법으로 비용적인 측면에서 다른 법률보다 비교우위를 가질 수 있다는 점에서 그 의의가 있다.[223] 또한 회사지배구조에 의한 규제는 회사에 관한 사회적 문제를 적극적으로 해결할 수 있는 장점도 있다.[224]

이처럼 회사법에 의한 규제는 좀 더 효율적이고 효과적으로 비주주 투자자와 관련된 문제를 해결할 수 있는 데 반해 외부 규제는 규제의 효과에 비하여 과도한 집행비용이 소요될 수 있다는 문제가 있다. 그러나 내부 규제를 통해 이해관계자의 이익 보호를 방해하는 의사결정 규범을 변경하면 회사의 자율규제를 촉진시킬 수 있고, 이는 외부 규제 집행비용의 감소를 가져올 수 있다.[225]

더욱이 외부 규제는 회사의 외부 규제기관에 대한 압력과 로비 가능성으로 인하여 규제의 효과가 불분명하다는 문제가 있다.[226] 일반적으로 회사는 외부 규제를 지키기보다는 로비를 통해 무력화시키려는 시도를 하고, 이러한 시도로 인해 정부의 이해관계자를 위한 조치는 아무런 효과가 없을 수 있다.[227] 특히 경영판단 원칙으로 보호되는 경영자가 이해관계자 보호를 위한 규제를 무력화시키기 위하여 회사의 자원을 사용하는 모순적인 현상도 발생할 수 있다.[228]

---

223 Greenfield, "Reclaiming Corporate Law in a New Gilded Age," p.22.

224 Greenfield, *The Failure of Corporate Law*, p.39.

225 Glynn, "Communities and Their Corporations," p.1091.

226 같은 글, p.1089.

227 David G. Yosifon, "The Law of Corporate Purpose," *Berkeley Business Law Journal*, vol.110(2013), p.228.

228 Glynn, "Communities and Their Corporations," p.1089.

④ 내부 규제의 필요성

주주지상주의는 이해관계자의 경우 계약을 통하여 자신을 보호할 수 있기 때문에 회사법에서 이해관계자를 보호할 필요가 없다고 주장한다.[229] 그러나 이러한 주장은 회사와 이해관계자 간의 대등한 교섭력을 전제하고 있지만, 실제로는 그렇지 않다는 문제가 있다. 예컨대, 직원의 경우 단체협약을 전제로 한다고 해도 직원이 회사와 대등한 교섭력을 가진다고 보기는 어렵다.[230] 또한 직원이 자신을 보호하기 위한 모든 경우의 수를 담은 계약을 체결하는 것은 불가능하고, 가사 가능하다고 하더라도 그 비용을 감당할 수가 없다.[231]

이러한 점에서 데이비드 요시폰(David Yosipon)은 인간의 의사결정에 관한 단순 상식에 기초한 주주지상주의의 주장은 과학적인 연구결과에 따르면 타당하지 않다고 지적하며, 회사는 직원과 소비자의 이익에 봉사하는 것이 아니라 그들을 착취하는 것이라고 지적한다.[232] 따라서 위와 같은 문제를 규율하기 위해서는 내부 규제에 관한 문제에서 회사의 자율적인 준수를 기대하는 것보다는 법에 의한 규제가 필요하다. 그렇지 않으면 자율적으로 사회적 책임을 다하려는 회사가 수익 극대화를 강요하는 증권시장의 압력에 오히려 직면할 수도 있기 때문이다.[233]

---

229 이스터브룩·피셀, 『회사법의 경제학적 구조』, 75~76쪽.

230 Wallman, "Understanding the Purpose of a Corporation," p.812.

231 Williamson, *The Economic Institutions of Capitalism*, p.46.

232 Jon Hanson and David Yosifon, "The Situational Character: A Critical Realist Analysis of the Human Animal," *Georgetown Law Journal*, vol.93(2007) p.145; Yosifon, "The Law of Corporate Purpose," p.227.

233 Mitchell, *Corporate Irresponsibility*, pp.51~52.

(3) 회사법의 목적에 대한 입장의 문제점

① 역사적 측면의 문제점

주주지상주의는 회사법의 목적을 다른 법과 마찬가지로 사회 전반의 집합적 후생 증진이라고 본다. 그런데 사회후생의 전반적인 증진은 주주의 이익을 극대화하는 것이 최선의 방법이기 때문에 주주 이익 극대화를 회사법의 목적으로 본다.

그러나 역사적으로 회사제도가 만들어진 목적은 사회 공익(public interest)을 위해서이고, 사익에 봉사하기 위한 것이 아니다. 이와 같은 점은 초기 판례인 다트머스 판결에서도 "회사가 창조된 이유는 정부가 일반적으로 증진시키려는 목적과 같고 그것은 사회의 이익(beneficial to the country)"을 위해서라고 판시한 것을 보아도 명확하다.[234] 역사적으로 보면 회사는 정부의 창조물이고, 회사정관에는 공익을 보호해야 한다는 조건이 부기되었다. 또한 법인격 부여와 유한책임의 인정과 같은 특권을 부여받는 것을 조건으로 공익을 회사의 목적으로 정관에 기재하기도 하였다.[235] 역사적으로 19세기 중반부터 일반회사설립법이 제정되어 회사 설립이 일반적으로 허용되기는 했지만, 그러한 법률도 회사에 대하여 많은 제한을 두고 있었다.

② 이론적 측면의 문제점

주주지상주의는 회사법이 회사와 관련된 모든 이해관계자 간의 이익충돌에 관한 문제를 다루어야 함에도 불구하고 회사법의 범위를 주주 간 및 주주와 경영자 간의 관계로 한정하여 회사법의 범위를 너무 좁게 설정한다.[236]

---

234 Trustees of Dartmouth College, 17 U.S. 637.

235 Greenfield, *The Failure of Corporate Law*, p.35.

그리고 오로지 주주의 이익을 위한 경영자의 의사결정은 이해관계자가 회사의 의사결정에 대하여 어떠한 정치적 영향력도 행사할 수 없다는 점에서 비민주적이다.[237]

따라서 주주 중심의 회사구조를 변화시키는 것은 부의 공정한 분배와 회사의 행동 변화를 통하여 사회적·경제적 문제점도 해결할 수 있게 한다.[238] 즉 회사법이 회사의 실패를 교정할 수 있는 규제 장치로서 역할을 할 수 있다는 것이고, 이를 위하여 회사지배구조는 공익을 고려하여 규정되어야 한다는 것이다.[239]

이를 위해서는 회사법의 범위를 회사와 이해관계자의 이익충돌의 문제까지 포괄할 수 있도록 지배구조를 변화시켜야 한다. 그런데 현재 주주지상주의에 의한 회사법의 규율은 이와 같은 목적을 수행하기에는 주주 위주의 수익 극대화에 초점을 맞추어 좁게 설정되어 있기 때문에 타당하지 않다.[240]

236 Glynn, "Communities and Their Corporations," p.1074.

237 Kent Greenfield, "Democracy and the Dominance of Delaware in Corporate Law," *Law and Contemporary Problems*, vol.67(2004), p.110.

238 Greenfield, "Debate: Saving the World with Corporate Law?" p.975.

239 같은 글, p.964.

240 같은 글, pp.964~965.

4. 평가

　전통적 주주지상주의에 대해서는 법이론적으로 회사를 주주의 소유로 볼 수 없다는 비판이 있고, 이러한 이론적 문제점으로 전통적 주주지상주의는 법학적으로 이론적 타당성을 상실한 이론으로 보아야 한다. 계약이론을 이론적 토대로 하는 급진적 주주지상주의도 계약이론 자체의 이론적 문제점으로 인해 그 정당성이 인정될 수 없다. 또한 주주 이익 극대화 규범은 부의 극대화가 그 자체로는 정당한 법의 목적이 될 수 없고, 주주 이익 극대화 규범의 규범적 근거인 경제적 효율성은 부의 극대화와 마찬가지로 그 자체로는 회사법의 목적이 될 수 없다. 이러한 이유로 주주지상주의의 주주 이익 극대화 규범은 정당한 회사의 목적이 될 수 없다.

　회사지배구조이론은 한 사회의 기본적인 가치 체계 및 정치적 관점과 맞닿아 있다.[241] 미국 역사에서 주주지상주의는 두 가지 정치이론적 근거에서 옹호되어왔다.[242] 첫째는 공리주의(功利主義; utilitarianism)적 관점으로 효율

241　William Klein, "Criteria for Good Laws of Business Association," *Berkeley Business Law Journal*, vol.2(2005), p.15; Romano, "Metapolitics and Corporate Law Reform," p.924.

242　경제 질서는 항상 일련의 정치제도에 기초를 두고 있고, 또 양자가 분리되고 독립적인 것으로 취급하는 경우에는 경제제도와 정치제도는 올바르게 분석될 수 없다[정영화, 「헌법에 있어서 경제민주주의에 대한 고찰」, 《홍익법학》, 13권 2호(2012), 68쪽].

성의 측면에서 주주지상주의가 사회 전체에 유익하다는 것이고,[243] 두 번째는 자유지상주의(libertarianism)적 관점으로 주주의 회사에 대한 권리는 재산권으로서 자연권이므로 침해될 수 없다는 것이다.[244] 이러한 두 관점은 서로 모순되지 않으며, 미국 역사를 통해 주주지상주의를 보호하는 기능을 해왔고,[245] 특히 계약이론에 근거한 주주지상주의는 공리주의의 전통을 회사법 분야에서 충실하게 계승해왔다.[246]

그러나 효율성에 근거한 주주지상주의는 이미 언급한 바와 같이 효율성이 회사법의 목적이 될 수 없다는 점에서 정당성이 인정될 수 없고,[247] 회사를 주주의 재산으로 볼 수 없다는 점에서 자유지상주의에 근거한 정당화도 인정될 수 없다. 이러한 이유로 이 책은 주주지상주의를 이론적·현실적으로 정당성을 인정받을 수 없는 이론이라고 주장하는 것이다.

---

243 계약이론적 주주지상주의는 법경제학에 근거하고 있고, 법경제학은 공리주의로부터 발생하였다는 것이 일반적인 견해이다(조성혜, 「법경제학의 기초」, 107쪽).

244 로버트 A. 다알, 『경제민주주의』, 안승국 옮김(인간사랑, 1995), 72쪽.

245 같은 책, 72쪽.

246 공리주의는 법의 목적을 공동체 전체의 행복을 극대화하는 것으로 보았고, 공동체는 허구의 집단이며, 그것을 구성하는 개인들의 총합으로 이루어진다고 주장한다(샌델, 『정의란 무엇인가』, 55쪽).

247 주주지상주의를 옹호하는 공리주의도 그 이론적 문제점으로 인해 정당화되기 어렵다는 문제가 있다. 롤스는 공리주의의 문제점에 대하여 다음과 같이 비판한다. ① 소수자·약자의 이익이나 욕구가 다수 또는 강자의 이익·욕구에 의해 희생된다. ② 정의, 자유, 권리는 침해될 수 없음에도 불구하고, 공리주의에서는 최대한의 효용을 위하여 침해될 수 있다. ③ 공리주의에서는 개인의 선택 원칙이 사회 선택 원칙으로 확대 적용되는데, 이는 사회 선택 원칙의 경우 상이한 개인들의 선택 원칙과는 달리 개인의 선택 원칙을 조정하고 방향을 정해주는 역할을 해야 한다는 점을 무시한다. ④ 공리주의는 목적론으로서 욕구 만족의 원천·성질에 대해서는 관심이 없고, 오로지 행복의 총량에만 관심을 가진다[박정기, 「공리주의의 대안으로서 롤즈의 정의론」, ≪동서사상≫, 9집(2010), 277~278쪽].

그렇다면 주주지상주의를 대체할 수 있는 지배구조는 무엇인가? 이러한 질문에 대한 대답으로 이 책은 주주지상주의가 근거하고 있는 공리주의 및 자유지상주의의 대안으로 제시되는 평등자유주의(egalitarianism)에 주목하고, 평등자유주의와 조응할 수 있는 '이해관계자 지배구조'를 새로운 지배구조로 제시하고자 한다.

한 문제를 주주지상주의는 주주가 선임한 회사의 경영자에게 주주에 대한 신인의무(fiduciary duty)를 부담하게 하고, 경영자로 하여금 주주에게 최대의 이익을 보장하게 하는 방법으로 해결한다.[5] 이와 같은 주주지상주의에서 주주를 제외한 다른 이해관계자는 회사와 계약을 통하여 고정된 이익을 배분받는다.[6] 이러한 경우 이해관계자가 배분받는 이익은 개별 이해관계자가 가지는 교섭력(bargaining power)에 따라 달라진다.[7] 주주에 의한, 주주를 위한 회사지배구조에서 주주를 제외한 모든 이해관계자는 회사의 의사결정 과정에서 배제된다.

이와 같이 주주에 의한 주주를 위한 회사지배구조를 '주주 지배구조(shareholder governance)'라고 한다면,[8] 이에 대응하는 '이해관계자 지배구조(stakeholder governance)'는 회사의 성공에 기여하는 투자를 한 모든 이해관계자의 이익을 회사 의사결정 과정에서 고려하는 지배구조를 의미한다.[9] 이해관계자 지배구조는 이해관계자의 투자가 회사의 성공에 기여하므로 회사의 경영에 대한 정당한 이해관계가 있고, 이러한 이해관계를 고려하는 것은 회사 특정 투자를 유도하여 회사의 생산적 효율성을 증진시킨다는 점을 근거로 한다.[10]

이 책은 서론에서 회사의 실패(failure of corporation)에 대하여 문제를 제

---

5 Greenfield, "Defending Stakeholder Governance," p.1043.

6 같은 글, p.1043.

7 같은 글, p.1043.

8 신석훈은 이를 '주주중심회사지배구조모델'이라고 한다(신석훈, 「회사지배구조모델의 법경제학적 접근」, 19쪽).

9 Greenfield, "Defending Stakeholder Governance," p.1044.

10 '회사 특정 투자'의 증대가 회사의 생산성을 증진시킨다는 점에 대해서 자세한 사항은 제5장 제2절 참조.

기하였다. 회사는 역사적으로 부를 창출하는 데에는 성공했지만, 주주 이익의 과도한 추구 때문에 회사의 이해관계자는 그들이 기여한 만큼 부를 배분받지 못했다.[11] 이러한 부의 불평등한 분배는 회사가 생산을 위한 투입에 관해서는 집합적 기구임에도 불구하고, 그 산출에 대해서는 오로지 주주와 경영자만 과실을 향유하였기 때문이었다.[12] 이러한 결과를 발생시킨 모든 결정은 주주가 선임한 경영자가 주주의 이익을 극대화하는 과정에서 나온 것이다. 따라서 회사 실패의 가장 근본적인 원인은 회사지배구조에 있다고 보는 것이 가장 타당한 설명이고, 그렇다면 회사의 실패를 시정하는 가장 본원적인 방법도 회사지배구조를 회사의 실패를 교정하는 방향으로 변화시키는 것이다.

이를 위하여 본 장에서는 평등자유주의(egalitarianism)[13]에 근거한 새로운 지배구조 원칙을 제시하고, 새로운 지배구조 원칙에 따라 이해관계자 지배구조의 구체적인 내용을 살펴보고자 한다. 특히 이번 장에서는 이해관계자 지배구조가 회사의 내부 지배구조에 대한 새로운 규율을 가능하게 하는 이론적 근거를 어떻게 제시할 수 있는 있는지를 살펴보고, 이를 통하여 이해관계자 지배구조가 주주 중심의 회사지배구조를 변화시켜 회사의 부 창출 능력을 증진시키는 동시에[14] 부의 공정한 분배와 회사의 행동 변화를 통하여

---

11 Greenfield, "Debate: Saving the World with Corporate Law?" p.975.

12 같은 글, p.975.

13 평등자유주의는 모든 인간의 정치적·사회적·경제적 평등을 강조하는 자유주의의 한 지파이다. 일반적으로 자유적 평등주의(또는 자유평등주의)라고 부르지만, 자유주의 입장 중에서 평등을 강조한다는 측면에서 이 책에서는 '평등자유주의'라고 부르기로 한다. 평등자유주의에 대하여 자세한 내용은 장동진, 『현대자유주의 정치철학의 이해』 (동명사, 2001) 참조.

14 회사 특정 투자의 증가로 인한 생산적 효율성의 증대를 의미한다.

사회적·경제적 문제점도 해결할 수 있는 지배구조라는 점을 논증한다.[15]

2) 논의 개관

이해관계자 지배구조가 주주지상주의를 대체하는 대안적 회사지배구조이론으로 기능하기 위해서는 회사지배구조이론으로서 그 이론적 정합성을 갖추어야 한다. 즉 이해관계자 회사지배구조가 정당성을 가지기 위해서는 회사가 왜 사회 전체의 이익에 봉사하여야 하고, 회사의 부가 왜 이해관계자에게 공정하게 배분되어야 하는지를 설명할 수 있어야 한다.[16] 이를 위하여 제2절에서는 정치이론으로서 평등자유주의[17]와 회사이론으로서 팀생산이론을 근거로 이해관계자 지배구조가 새로운 회사지배구조로서 정당화될 수 있음을 논증하고자 한다.[18] 이와 같이 평등자유주의와 팀생산이론에 따라 이해관계자 지배구조가 정당화된다면, 다음으로는 이해관계자 지배구조에 따라 회사지배구조를 체계화할 필요가 있다.

---

15 Greenfield, "Debate: Saving the World with Corporate Law?" p.975.

16 이 책은 CSR이 사회적 문제에 대한 책임을 회사에 대하여 법적으로 강제하지 못하고 '자발성'에 기초하여 논의하는 이유를 본질적으로 영리 추구 기관인 회사가 위와 같은 질문에 대한 이론적 근거를 제시하지 못하였기 때문이라고 본다.

17 정치이론으로서 평등자유주의에 관한 대표적인 이론으로는 롤스의 『정의론』을 들 수 있고, 이를 법학적으로 설명하고 있는 대표적인 학자로는 드워킨이 있다. 드워킨의 이론에 대하여 자세한 내용은 로널드 드워킨, 『자유주의적 평등』, 염수균 옮김(한길사, 2005) 참조.

18 이 책에서 이해관계자 지배구조의 정당성을 논하는 이유는 전통적으로 주주의 소유로서 영리 추구만을 목적으로 하는 회사에게 모든 이해관계자를 위한 의무를 부담시키기 위해서는 그 이론적 정당성이 인정되어야 한다고 생각하기 때문이다.

회사지배구조는 회사 경영을 위한 의사결정과 그 결과에 대한 책임에 관한 규범체계이다. 회사지배구조는 회사의 모든 이해관계자의 이익을 효율적인 방법으로 조정하고, 그 결과에 대한 명확한 책임을 부여할 수 있어야 한다. 회사지배구조의 가장 핵심적인 문제는 ① 누구를 위해 회사의 의사결정을 하고, ② 누가 그러한 의사결정을 할 것인지 여부이다. 이해관계자 지배구조는 이해관계자의 이익을 보호하는 것이 규범적·정책적으로 타당함을 논증한다. 따라서 이해관계자 지배구조에서는 회사의 목적으로서 이해관계자를 보호하는 구체적인 방법이 무엇인지에 대하여 검토해야 한다. 이는 미국에서 '이해관계자 조항'과 관련하여 많은 논의가 있었던 주제인바, 제3절에서는 미국에서 이해관계자 조항과 관련된 논의를 살펴보고 이해관계자 지배구조에서 이해관계자 조항이 어떻게 이해될 수 있는지를 살펴본다.

또한 이해관계자 조항이 이사에게 모든 이해관계자의 이익을 고려하도록 규정한다고 하더라도, 이사가 위와 같은 의무를 이행하고 있는지 감독하고 통제할 수 있는 장치가 없다면 이해관계자 조항은 단순한 선언 규정에 불과한 것이 된다. 따라서 제3절에서는 이해관계자 조항이 실질적으로 의미가 있기 위해서 어떠한 제도적 통제장치[19]가 보완되어야 하는지에 대해서도 살펴본다.

한편, 이해관계자 지배구조에서 주주는 주주지상주의와 다른 지위를 가지게 된다. 따라서 제3절에서는 이해관계자 지배구조에서 주주의 지위와 권리가 어떻게 이해될 수 있는지 여부도 살펴보고, 특히 이해관계자 지배구조에서 이해관계자의 이익을 고려하는 것이 주주의 이익을 해치는 것이 아님을 논증한다.

---

19 특히 제도적 장치에 관해서는 이해관계자의 이익이 침해된 경우 그 침해를 어떻게 구제할 것인지 여부가 문제된다.

다음으로 이해관계자 지배구조에서 회사의 목적을 달성하기 위해서 누가 의사결정을 해야 할 것인지에 관한 문제가 있다.[20]

이에 대해서는 두 가지 쟁점이 있을 수 있다. 첫째, 이해관계자 지배구조에서 이사회가 모든 이해관계자의 이익을 보호하는 공정하고 효율적인 지배구조 수단으로 기능할 수 있을 것인지 여부이다. 이와 관련하여 이해관계자 지배구조는 이사회를 모든 이해관계자를 위한 조정기구로 본다. 따라서 제4절에서는 이해관계자 지배구조의 이사회가 주주 지배구조의 이사회와 비교하여 어떻게 달라지는지를 살펴보고 조정기구로서의 이사회가 회사 이해관계자의 이익을 공정하고 효율적으로 조정할 수 있는 수단임을 논증한다.

다음으로 주주를 제외한 이해관계자가 회사의 경영에 참여할 수 있는지 여부가 문제된다. 이해관계자의 경영 참가 논의는 매우 논쟁이 많은 주제이고, 회사법의 지형을 크게 바꾸어놓을 수 있는 민감한 주제이기도 하다. 제5절에서는 이해관계자의 경영 참가와 관련하여 현재 미국에서 논의되고 있는 입장들을 정리하면서 이해관계자 경영 참가의 당위성에 대한 입장을 전개하도록 하겠다.

---

20 이는 회사지배의 수단에 관한 문제로서 주주지상주의는 이를 대리인이론에 의하여 해결한다.

2. 이해관계자 지배구조의 이론적 근거

1) 이해관계자 지배구조의 정치이론적 근거

(1) 평등자유주의

회사지배구조이론은 회사에 대한 제도적 관점(institutional vision)을 가지고 있어야 하고,[21] 기본적인 가치 체계와 정치적 관점에 근거해야 한다.[22] 미국 회사법의 역사에서 주주지상주의는 공리주의와 자유지상주의에 의하여 지지되어왔다. 이에 대하여 이 책은 정치철학에서 주주지상주의가 근거하고 있는 공리주의와 자유지상주의의 대안으로 제시되고 있는 평등자유주의에 주목하고, 이를 이해관계자 지배구조의 이론적 근거로 제시한다.

롤스에 의하면, 완벽하게 효율적인 가격체제라도 그 자체로 작동하게 내버려 둘 경우에는 정의로운 분배를 보장해주지는 않기 때문에, 경제체제는 적합한 제도 체제를 배경으로 해야 한다.[23] 롤스는 평등자유주의에 근거한

---

21 Vasudev, "The Stakeholder Principle, Corporate Governance and Theory," p.457.

22 Klein, "Criteria for Good Laws of Business Association," p.15; Romano, "Meta-politics and Corporate Law Reform," p.924.

23 존 롤즈, 『공정으로서의 정의』, 황경식 외 옮김(서광사, 2010), 175쪽.

적합한 경제제체를 '재산소유 민주주의(property owning democracy)'[24]로 정의하고, 재산소유 민주주의를 다음과 같이 복지국가 개념과 구분한다.

양자[25] 모두 생산적 자산들에 대한 사유재산권을 허용하고 있기 때문에 우리가 이 양자를 본질적으로 동일한 것으로 잘못 생각하게 된다. 한 가지 주요한 차이점은 재산소유 민주주의의 배경적 제도들은 (효과적인) 경쟁 시장 체계를 구비하고 있으면서 부 및 자본 소유의 분산을 시도하며 따라서 사회의 소수가 경제 및 간접적으로는 정치적 삶 그 자체를 통제하는 것을 방지하고자 한다.[26]

롤스의 '재산소유 민주주의'는 복지국가 자본주의[27]처럼 소득이 모두 분배되고 난 후 적게 배분받은 사람에게 소득을 재분배하는 것이 아니라, 처음부터 생산적 자산과 인적 자본의 광범위한 소유를 보장하는 방법으로 부의 집중을 방지한다.[28] 그리고 이 모든 것은 평등한 기본적 자유와 공정한 기회 균등을 배경으로 하여 이루어진다.[29] 또한 재산소유민주주의[30]에서 공정(公正)

---

24 재산소유민주주의에 대하여 자세한 내용은 홍성우, 「재산 소유적 민주주의의 이념: 미드와 롤스의 비교」, ≪범한철학≫, 70집(2013) 참조; 롤스는 '재산소유 민주주의'의 개념을 제이 미드(J. E. Meade)의 *Efficiency, Equalism and the Ownership of Property* (George allen & Unwin Ltd, 1964)에서 차용해왔음을 명시한다(롤스, 『정의론』, 20쪽 각주 6).

25 재산소유민주주의와 복지국가를 의미한다.

26 롤스, 『정의론』, 21쪽.

27 롤스에게 복지국가적 자본주의에 대한 비판은 공리주의에 대한 비판과 동일하다는 지적으로는 홍성우, 「재산 소유적 민주주의의 이념」, 308쪽.

28 롤스, 『정의론』, 21쪽.

29 같은 책, 21쪽.

30 롤스의 재산소유민주주의는 자유주의적 경제체제를 대변하는 복지국가를 넘어서는 보다 평등한 자유주의를 지향하고, 미드의 재산소유민주주의에서 사회주의적 요소를 탈

으로서의 정의는 개인의 재산권을 보장하지만, 생산수단에 대한 사유재산권을 자유권으로 보지 않고, 그렇다고 해서 '노동자 경영기업'을 옹호하지도 않는다.[31] 그러나 주주지상주의는 회사가 창출한 모든 이익을 주주에게만 귀속시키기 때문에 필연적으로 부 및 자본소유의 집중을 초래하고, 이러한 부와 자본의 집중은 사회의 소수가 경제체제를 통제할 수 있게 하므로 재산소유 민주주의에 의하면 정당화될 수 없다. 경제공동체로서 회사제도는 경제체제의 구조 속에서 정의에 영향을 주지 않는 한도에서만 자유로운 결사원칙에 따라 형성이 허용되기 때문이다.[32]

그렇다면 어떠한 회사제도가 정의로운 경제체제로서 정당화될 수 있는 회사제도인가? 롤스는 인간사회를 "공통된 정의관에 의해 규제되고 그 성원들의 선의 증진을 목표로 삼는 자족적인 집단"[33]으로 정의하면서 인간사회에 대하여 다음과 같이 언급한다.

서로의 이익을 위한 상호 협동체로서 그것[34]의 특성은 이해관계의 일치 및 상충으로 설명된다. 각자 자신의 노력만으로 살려고 하기보다는 사회적 협동을 통해서 보다 나은 생활이 가능하게 되는 까닭에 이해의 일치가 있으며, 또한 동시에 그들은 자신의 공동 작업에 의해 산출된 보다 큰 이득이 분배되는 방식에 대해 무관심하지 않다. 왜냐하면 그들 자신의 목적을 성취하기 위해서는 각자가 보다 작은 몫보다는 보다 큰 몫을 택할 것이기 때문이다. 정의관이란 그러한 분

색시킨다는 점에서 수정자유주의적 접근으로 이해된다(홍성우, 「재산 소유적 민주주의의 이념」, 293~294쪽).

31 롤즈, 『정의론』, 22쪽.

32 롤즈, 『공정으로서의 정의』, 175쪽.

33 같은 책, 147쪽.

34 인간 사회를 의미한다.

배를 결정해주는 사회적 체제 가운데 하나를 선택하고 적절한 분배적 몫에 관한 합의를 보증해주는 일련의 원칙이다.[35]

회사는 '인간으로 구성된 경제공동체'로 정의될 수 있으므로 롤스의 '인간사회'에 대한 설명은 회사에 대해서도 그대로 적용될 수 있다. 따라서 평등자유주의의 정의관에 따라 회사제도를 어떻게 형성할 것인지 결정할 수 있고, 롤스의 이론은 회사법적 정의를 실현하는 방법에 관한 해법을 제시할 수 있다.[36]

롤스의 이론에 따른 회사지배구조를 정립하기 위한 작업은 롤스가 제시하는 다음과 같은 정의 원칙에서부터 시작될 수 있다.[37]

① 각자는 다른 사람들이 유사한 자유의 체계와 양립할 수 있는 평등한 기본적 자유와 가장 광범위한 체계에 대하여 평등한 권리를 가져야 한다.
② 사회적·경제적 불평등은 다음과 같은 두 조건을 만족시키도록, 즉 (a) 모든 사람들의 이익이 되리라는 것이 합당하게 기대되고, (b) 모든 사람들에게 개방된 직위와 직책이 결부되게끔 편성되어야 한다.

위와 같은 정의 원칙에 의하면, 주주지상주의에 의한 회사 조직은 그 구성에서부터 불평등하다는 점에서 롤스의 정의 원칙에 위반된다. 반면 롤스의 정의 원칙은 회사지배구조와 관련하여 이해관계자주의에 적용 가능하고, 팀 생산이론에 근거한 이해관계자주의는 회사에 대하여 자신의 이익을 관철시

---

35 롤즈, 『공정으로서의 정의』, 147~148쪽.

36 Vasudev, "The Stakeholder Principle, Corporate Governance and Theory," p.458.

37 롤즈, 『정의론』, 105쪽.

킬 수 있는 권한이 없기 때문에 그 지위가 취약한, 주주 외의 이해관계자를 이사회가 보호할 수 있다는 점과 이해관계자 중에서 특정 집단, 특히 주주에 대한 특별한 선호 없이 모든 이해관계자의 이익을 고려한다는 점에서 평등자유주의와 조응한다.[38]

회사지배구조와 관련하여 평등자유주의를 적용하기 위한 절차는 정의의 제2원칙인 '차등 원칙'과 특히 관련된다.[39] 롤스에 의하면 재산소유민주주의의 목적은 "자유롭고 평등한 시민들 간의 장기간에 걸친 공정한 협력체계로서 사회라는 관념을 실행하고자 하는 것"이고, 차등의 원칙은 자유롭고 평등한 시민들이 여러 세대 동안 협력하는 공정한 체계로 이해되는 사회를 위한 '호혜성의 원칙' 내지 '상호성의 원칙'으로 이해된다.[40]

회사제도에서 이와 같은 차등 원칙이 실현되는 것은 효율성의 관점에서도 정당화된다. 롤스는 차등 원칙과 효율성에 대하여 다음과 같이 언급한다.

차등의 원칙이 완전히 만족되는 경우의 기본구조는 효율성의 원칙에 의해서도 최적의 것이라는 점이다. 다른 어떤 자, 즉 가장 불리한 대표인의 처지를 더 악화시키지 않고서 어떤 자의 처지를 보다 낫게 할 방도가 없는 것이다. 그래서 정의의 원칙들은 적어도 우리가 이와 같이 고도의 추상적인 수준에서 생각하는 한 효율성의 원칙과 양립할 수 있는 방식으로 분배의 몫을 규정한다.[41]

이와 같은 평등자유주의적 관점에서 살펴보았을 때, 주주지상주의의 대안

38 Vasudev, "The Stakeholder Principle, Corporate Governance and Theory," p.458.
39 같은 글, p.458.
40 롤즈, 『정의론』, 22쪽.
41 롤즈, 『공정으로서의 정의』, 161쪽.

으로 기능할 수 있는 회사지배구조는 최소한 다음과 같은 두 가지 원칙을 충족할 수 있는 것이어야 한다.

① 최소한의 경제적 효율성이 담보되는 지배구조이어야 한다.[42]
② 경제적 공정성을 보장할 수 있는 지배구조이어야 한다.[43]

(2) 이해관계자 회사지배구조의 원칙

회사지배구조를 평등자유주의의 입장에서 새롭게 재해석하는 데 있어서는 그린필드가 "회사법의 새로운 원칙(New Principles for Corporate Law)"에서 제시한 새로운 지배구조 원칙을 참고할 필요가 있고, 이는 이해관계자 지배구조에 관한 기본 원칙으로 정립될 수 있다고 생각한다.[44] 따라서 이 책은 그린필드가 제시한 새로운 지배구조 원칙을 참고삼아 다음과 같은 네 가지 원칙을 제시한다.[45]

---

42 다알, 『경제민주주의』, 93쪽; 켈리 테스티(Kellye Testy)도 진보 회사법은 부의 분산을 과제로 추구해야 한다고 지적한다(Testy, "Linking Progressive Corporate Law with Progressive Social Movements," p.1244).
43 다알, 『경제민주주의』, 92쪽.
44 클라인(Klein)은 바람직한 지배구조 원칙으로 ① 공정성에 대한 고려, ② 회사의 경제적 목적에 대한 고려, ③ 정치적·경제적 권한의 통제에 관한 고려, ④ 행정적 비용 최소화에 관한 고려 등을 제시한다(Klein, "Criteria for Good Laws of Business Association," pp.18~23).
45 그린필드는 "New Principles for Corporate Law"에서 5개의 원칙을 제시하였으나, 이 책에서는 이를 4개의 원칙으로 수정하여 제시한다.

① 제1원칙: 회사의 목적은 사회 전체의 이익에 봉사하여야 하고, 회사는 경제적 이익을 창출하는 방법으로 사회적 선(善)에 기여할 수 있다.[46]

제1원칙은 다음과 같은 함의를 가지고 있다.

첫째, 사회가 회사제도를 창조한 이유는 경제적 이익의 창출을 위한 것이다.[47] 회사는 자선 등의 공익적 목적을 위해 만들어진 것이 아니라, 경제적 이익 창출을 통해 간접적으로 사회 전체의 이익에 기여하기 위하여 만들어진 것이다. 이와 같이 회사는 경제적 이익 창출을 주된 목적으로 하는 기관이므로 경제적 이익 창출 이외에 다른 목적을 수행할 것을 강제할 수는 없다.[48]

둘째, 회사가 사회 전체의 이익에 기여하는지 여부는 회사가 창출한 경제적 이익만으로 측정되는 것이 아니라, 부정적 외부효과를 고려하여 사회적 비용을 공제한 총사회적 가치(total social value)를 기준으로 판단하고, 사회적 가치(social value)와 사회적 비용(social cost)은 매우 광범위하게 정의된다.[49] 사회적 가치와 비용은 물질적인 가치와 정신적인 가치를 포괄하는 개념이며, 경제적 부는 회사가 추구하는 주요한 가치이지만, 다른 가치에 우선하는 가치가 아니다.[50] 즉 경제적 부는 도구적 가치(instrumental value)일 뿐 목적이 될 수는 없고,[51] 회사는 경제적 이익 외에 다른 사회적 가치를 고려하여야 한다.

셋째, 회사가 사회 전체의 이익에 기여한다는 것은 회사가 영속성을 가지

---

46 Greenfield, "New Principles for Corporate Law," pp.89, 93. 그린필드의 제1원칙과
     제2원칙을 통합한 것이다.

47 Greenfield, "New Principles for Corporate Law," p.95.

48 Greenfield, *The Failure of Corporate Law*, p.132.

49 Greenfield, "New Principles for Corporate Law," p.90.

50 Greenfield, *The Failure of Corporate Law*, p.132.

51 같은 책, p.133.

고 계속 지속하여야 한다는 의미를 포함한다. 따라서 회사의 경영자는 회사의 장기 영속성을 기준으로 회사를 경영하여야 한다.[52]

　제1원칙과 관련하여 주주지상주의를 검토해보면, 우선 주주지상주의는 주주의 이익 창출과 사회 전체의 이익을 동일시한다는 점에서 제1원칙과 부합하지 않는다. 이와 같이 주주지상주의는 사회 전체의 이익이 아니라 주주의 이익만을 고려하기 때문에 회사가 사회적 비용을 사회에 전가하는 문제를 무시한다. 진정한 총사회적 가치는 회사가 이해관계자에게 미치는 영향까지 모두 고려하여 평가되어야 하므로 주주의 이익만을 고려하는 주주지상주의는 바람직한 지배구조로 인정되기 어렵다. 또한 주주지상주의는 주주의 이익을 회사의 목적으로 설정하고, 그 이외의 모든 가치는 비용으로 간주한다. 그러나 경제적 부는 도구적 가치일 뿐 회사의 목적이 될 수는 없다. 따라서 경제적 부만이 아니라 공정성, 평등, 인권과 같은 다른 사회적 가치도 고려되어야 하는데, 주주지상주의는 이러한 가치를 비용으로 간주하므로 바람직한 지배구조가 될 수 없다.[53]

　② 제2원칙: 회사의 부는 회사의 이익 창출에 기여한 모두에게 공정하게 배분되어야 한다.[54]

　제2원칙은 회사의 본질을 이해관계자의 결합체로 보는 입장에서는 당연한 결론이다. 회사가 이익을 창출하기 위해서는 모든 이해관계자의 기여가 필요하고, 이러한 관점에 대해서는 대부분의 경제학적 회사이론이 동의한

52　Greenfield, "New Principles for Corporate Law," pp.92~93.

53　Greenfield, *The Failure of Corporate Law*, p.133. 그린필드는 사회적 가치들은 비록 비용과 자원이 소요된다고 하더라도 보호되어야 한다고 지적한다.

54　Greenfield, "New Principles for Corporate Law," p.106.

다.[55] 또한 공정한 이익의 배분과 대우는 이해관계자의 회사 특정 투자를 늘려 장기적인 회사의 영속성을 보장한다.[56]

③ 제3원칙: 회사법은 제1, 2원칙을 성공시키는 것이어야 한다.[57]

회사법의 목적은 회사가 경제적 이익을 창출하는 방법으로 사회의 이익에 기여하도록 보장하는 것이고, 이러한 원칙은 다음과 같은 함의를 가진다.

첫째, 회사법이 이와 같은 목적을 달성하기 위해서는 회사로 하여금 경제적 이익 외에 다른 가치를 추구하도록 하거나, 사회적 비용을 사회에 전가하지 않도록 해야 한다. 회사는 경제적 이익을 주된 목적으로 하는 기관이므로 그 목적을 달성하기 위해서 사회적 비용을 사회에 전가하기 쉽고, 회사법은 회사의 경제적 이익 추구를 회사의 목적에 부합하는 방향으로 규제할 필요가 있다.[58]

둘째, 회사법의 목적을 달성하기 위해서는 회사지배구조 규범이 경영자에게 회사의 목적과 책임에 대하여 넓은 관점을 가질 것을 요구한다.[59]

④ 제4원칙: 참여적이고 민주적인 회사지배구조는 부의 지속적 창출과 공정한 배분을 보장하는 최선의 방법이다.[60]

회사의 잉여를 공정하게 배분하는 것은 '팀'으로서 회사의 영속성이 유지되기 위한 필요조건이기 때문에 회사의 부를 회사의 이익 창출에 기여한 모

---

55 Greenfield, *The Failure of Corporate Law*, pp.142~143.

56 Greenfield, "New Principles for Corporate Law," p.108.

57 Greenfield, *The Failure of Corporate Law*, p.134.

58 Greenfield, "New Principles for Corporate Law," p.97.

59 Greenfield, *The Failure of Corporate Law*, p.135.

60 Greenfield, "New Principles for Corporate Law," p.112.

두에게 공정하게 배분하는 것은 회사법의 중심 문제이다.[61] 그러나 회사의 잉여를 사전에 공정하게 배분하는 것은 매우 어렵기 때문에 사전에 실체적인 공정성에 대한 합의를 하는 대신 회사지배구조에서의 절차적 공정성(procedural fairness)에 중점을 두어야 한다.[62] 따라서 회사지배구조의 중요 목적은 다양한 이해관계자 간의 절차적 공정성을 제공할 수 있는 의사결정 방법을 창조하는 것이고, 이러한 절차적 공정성은 참여적이고 민주적인 회사지배구조를 통해 보장될 수 있다.[63]

2) 이해관계자 지배구조의 회사이론적 근거: 회사의 본질과 목적

(1) 회사의 경제적 본질

① 팀 생산의 개념과 이점

이해관계자 지배구조는 회사의 본질을 팀 생산으로 본다. 즉 이해관계자 지배구조는 '계약의 결합체' 이론과 같이[64] 회사는 팀 생산의 이점(advantage)을 활용하기 위하여 조직된다고 전제한다. 경제학에서 팀을 통한 합동 생산(joint production) 조직의 중요성을 처음으로 인식한 학자는 알치앤·뎀셋이고 그들은 팀 생산을 ① 다양한 형태의 자원이 사용되고, ② 그 산출이 각 생산요소의 단순한 합이 아니며, ③ 합동 생산에 사용된 모든 생산요소가 한

---

61 Greenfield, *The Failure of Corporate Law*, pp.144, 147.

62 Greenfield, "New Principles for Corporate Law," p.113.

63 같은 글, p.113.

64 이스터브룩·피셀, 『회사법의 경제학적 구조』, 27~28쪽.

사람에게 속하지 않은 생산으로 정의하였다.[65] 이러한 팀 생산의 장점은 혼자 기업을 조직하여 생산하는 것보다 같이 생산하는 것이 더 많은 산출을 얻을 수 있는 생산적 효율성[66]을 발생시킨다는 것이다.

② 팀 생산의 문제점과 주주지상주의의 한계

팀 생산은 생산을 통한 결과가 나누어지는 것이 아니기 때문에 각 구성원의 생산에 대한 기여와 책임을 평가하기가 어려운 문제가 있고, 효율적인 유인체계를 만드는 게 쉽지 않다. 이러한 문제에 대한 해결책으로 알치앤·뎀셋은 위계 조직을 통한 감독을 제시하였다.[67] 그러나 알치앤·뎀셋은 생산을 수직적인 위계 조직으로 이해했기 때문에 전문화된 팀 구성원 간의 수평적 상호작용을 통한 생산의 장점을 간과했고, 직원은 기업에 아무런 이해도 가지지 않고 회사 특정 투자도 하지 않는 것으로 가정하여 생산을 통한 모든 이익은 감독자에게 부여되어야 한다고 주장하였다.[68]

알치앤·뎀셋의 대리인이론을 회사지배구조의 핵심으로 설정하는 주주지상주의도 위와 동일한 가정을 한다. 즉 기업은 특별한 투자를 하는 한 기업가가 자신이 혼자 생산하는 것보다 더 많이 생산하기 위해서 만들어지는 것이고, 그 기업가는 생산으로부터 나오는 잉여의 출처가 되는 회사 특정 투자

---

65 Alchian & Demsetz, "Production, Information Costs, and Economic Organization," p.779.

66 생산적 효율성은 해당 기업의 기술적 효율성의 의미이며, 동일한 투입요소로 좀 더 많은 산출을 가능하게 하는 것이나, 동일한 투입요소로 조금 더 고품질의 산출을 가능하게 하는 것을 의미한다[손영화, 「기업결합의 효율성 항변 − 후생기준의 적용을 중심으로」, ≪경쟁법연구≫, 10권 1호(2011), 8쪽].

67 알치앤·뎀셋의 위계 조직을 통한 감독에 대해서는 제3장 제3절 참조.

68 Blair & Stout, "Team Production Theory of Corporate Law," p.275.

의 지배권을 전적으로 자기에게 귀속시키면서 그의 명령을 수행할 다른 사람을 고용한다는 것이다.[69] 그러나 기업의 모든 잠재가치가 기업가의 회사 특정 투자로부터 나온다는 주장에 의하면 기업자가 회사를 설립하고 사람들을 고용해야 하는 필요성을 설명할 수 없는 모순이 발생한다.

③ 팀생산이론에 의한 '회사'의 정의와 기원

팀생산이론에 의하면 회사는 계약의 결합체가 아니라 명시적인 계약을 통하여 자신들의 기여를 보호하기 어려운 다양한 서로 다른 집단이 유일하고 본질적인 자원을 기여하는 '회사 특정 투자의 결합체'이다.[70] 팀생산이론에서 각 개인은 각자 회사 특정 투자가 요구되는 팀 생산 계획을 수행하기 위하여 모인다.[71] 즉 팀 생산을 위하여 기술, 경영 재능, 자본을 가진 개인들이 힘을 합하여 생산을 한다는 것이다.

이와 같은 팀 생산의 문제는 각 구성원이 다른 구성원들에 의해 착취(opportunistic exploitation)를 당하기 쉬운 회사 특정 투자가 필요하다는 데 있다.[72] 이와 같이 다른 구성원에 의해 착취될 수 있는 취약한 위치에 있을 수 있음에도 불구하고, 팀 구성원은 혼자 생산하는 것보다 공동으로 생산하는 것이 더 많은 생산을 할 수 있다는 것을 알기 때문에 기업에 참가하고 각자에게 배분될 임무와 보상을 정하게 된다.[73] 그러나 팀 생산은 팀 구성원의 생산에 대한 기여와 책임을 평가하기 어렵기 때문에 구성원들 간에 분쟁이 일어날 가능성이 있으므로 팀 생산구조에서는 팀 구성원 모두가 공정하다고

69 Blair & Stout, "Team Production Theory of Corporate Law," p. 275.

70 같은 글, p. 275.

71 같은 글, p. 275.

72 Kostant, "Team Production and the Progressive Corporate Law Agenda," p. 672.

73 Blair & Stout, "Team Production Theory of Corporate Law," p. 276.

생각할 수 있는 의사결정구조가 필요하게 되는데, 그것이 바로 '회사'이다.[74]

따라서 회사에는 이와 같이 팀 구성원들 간에 발생할 수 있는 잠재적인 이익충돌을 공정하게 결정할 수 있는 의사결정기구가 필요하고, 회사의 설립은 모든 팀 구성원이 회사의 산출물과 자신의 회사 특정 투자에 대한 지배권을 포기하고, 그 지배권을 회사의 의사결정기구에 위임하기로 동의하는 것을 그 본질로 한다.[75] 따라서 회사 설립 행위는 팀 구성원 중 누구도 '주인'이 되어 팀에 대한 지배권을 향유하지 않기로 하고, 팀 구성원들의 집합과는 별개의 새로운 독립체(entity)를 형성하여 자신의 삶을 맡기고, 때로는 잠재적으로 자신들의 이익과 반대될 수 있는 행위를 할 권한을 부여하는 것이다.[76]

이와 같이 팀 구성원, 특히 기업가가 자신이 가진 자원에 대한 지배권을 포기하면서 회사에 참가하는 이유는 무엇인가? 그 이유는 자신이 지배권을 포기하지 않으면 다른 구성원의 협력과 회사 특정 투자를 이끌어내기가 어렵다는 것을 알고 있기 때문이고, 이를 전제로 회사 특정 투자를 이끌어낼 수 있도록 다른 참가자들과 상세한 계약을 체결하는 방법과 팀 생산을 조직하여 얻을 수 있는 지대(rent)를 저울질하여 팀 생산을 통한 지대가 더 큰 경우에 회사를 형성한다는 것이다.[77] 즉 팀 구성원이 지배권을 포기하는 것은 양보나 희생이 아니라 자신의 이익을 위한 것이다.[78]

따라서 회사는 상호 이익을 위해 함께 일하기로 계약한 사람들의 집단이고, 주주, 직원, 채권자, 공급자 등 회사의 참가자는 회사의 산출물과 자신의 핵심 투입요소[79]에 대한 지배권을 포기하는 계약을 회사와 체결하는 것이

---

74 Blair & Stout, "Team Production Theory of Corporate Law," p.276.

75 같은 글, pp.276~277.

76 같은 글, p.277.

77 같은 글, pp.277~278.

78 Kostant, "Team Production and the Progressive Corporate Law Agenda," p.673.

다.[80] 회사와 구성원 간에 체결되는 계약의 내용은, 계약이론과는 달리, 상세한 조건으로 구성되지 않고 단지 일정한 내부 목표와 분쟁 해결 절차에 참가하는 것을 의미한다.[81]

④ 정리

이해관계자 지배구조에 의하면 회사는 다양한 출처(source)로부터 다양한 투자가 요구되는 집합체(collective entity)이다.[82] 즉 회사는 다양한 투자자로부터 출자된 생산요소를 사용하는 팀과 같은 집합적 성격의 기업(enterprise)이다.[83] 또한 이해관계자는 다양한 자원을 회사에 투자하여 회사의 성공에 기여하는 자를 말하고,[84] 회사의 주식을 소유한 주주만이 회사의 생산에 특별한 자원을 투입한 유일한 집단은 아니다.[85] 회사가 성공하기 위해서는 돈뿐만 아니라 노동, 기술, 지식이 투자되어야 하고, 지역사회와 정부로부터 다양한 종류의 기반시설이 투자되어야 한다.[86] 따라서 회사에 대한 투자는 돈을 비롯한 모든 다양한 자원의 기여를 의미한다. 이러한 점에서 이해관계자 지배구조는 회사를 주주의 소유로 보지 않는다. 회사가 주주의 소유라는 논리가 성립한다면 사채권자는 회사의 사채를, 공급자는 원재료를, 정부는 사회기반시설을, 직원은 노동력을 '소유'한다는 논리도 성립할 수 있다.[87]

---

79 기술, 경영 능력, 금전적 자본 등을 의미한다.

80 Blair & Stout, "Team Production Theory of Corporate Law," p.278.

81 같은 글, p.278.

82 Greenfield, "Debate: Saving the World with Corporate Law?" p.963.

83 Greenfield, "The Third Way," p.761.

84 Greenfield, "Defending Stakeholder Governance," p.1043.

85 Blair & Stout, "Team Production Theory of Corporate Law," p.250.

86 Greenfield, "The Third Way," p.761.

87 Greenfield, "Debate: Saving the World with Corporate Law?" p.964.

요컨대 회사는 다양한 이해관계자들로부터 자원을 투자받아 이해관계자들이 개별적으로 생산을 하는 것보다 더 많은 산출을 할 수 있게 하고, 그에 따라 이해관계자에게도 더 많은 이득을 가져다주는 '도구'이다.[88]

(2) 회사의 법적 본질

① 의의

주주지상주의는 회사의 본질을 '계약의 결합체'로 보고 회사는 자본조달을 위한 도구로서 '법적 의제'라고 이해한다. 주주지상주의는 회사를 금융 공학적으로 접근하여 진정한 실체적 존재를 가지지 않는 단순한 계약 장치로 인식하고, 회사의 기업문화, 명성, 의지, 도덕적 의무와 같은 것들을 무익한 것으로 치부하였다.[89] 그러나 이해관계자 지배구조는 이러한 개념을 거부하고, 회사를 실체이론에 따라 이해한다. 이해관계자 지배구조가 실체이론에 근거하고 있다는 점은 이해관계자 지배구조의 회사 본질론인 팀생산이론에 따르면 당연한 결론이다.

② 이해관계자의 결합체

이해관계자 지배구조에서 회사는 상호 이익을 위해 함께 일하기로 계약한 사람들의 집단이다. 주주, 직원, 채권자, 지역사회 등의 회사의 참가자는 회사의 산출물과 자신의 핵심 투입요소에 대한 지배권을 포기하고 회사를 설

---

88 Greenfield, *The Failure of The Corporation Law*, pp.47~53; 이러한 이해관계자 지배구조는 경제학에서 논의되는 회사이론에도 부합한다. 예컨대 코즈의 회사이론은 회사 내에서 협업하는 것이 가장 효율적이라는 점을 전제로 한다(Coase, *The Firm The Market and The Law*, p.33).

89 Blair, "Corporate Personhood and the Corporate Persona," pp.819~820.

립한다. 즉 회사 설립 행위는 팀 구성원 중 누구도 '주인'이 되어 팀에 대한 지배권을 향유하지 않기로 하고, 팀 구성원들의 집합과는 별개의 새로운 독립체를 형성하여 자신의 삶을 맡기고, 때로는 잠재적으로 자신들의 이익과 반대될 수 있는 행위를 할 권한을 부여하는 것이다. 따라서 회사는 모든 이해관계자들을 위한 조정기구로서 모든 이해관계자들과는 독립된 실체로서 존재한다.[90] 이와 같이 팀생산이론에 근거한 이해관계자 지배구조에 의하면 회사의 법적 성질은 '실체이론'에 입각하여 이해할 수 있다.[91]

(3) 회사의 목적

① 의의

회사의 목적에 관한 논의는 두 가지 다른 차원의 문제를 포괄한다. 기술적 관점에서 바라본 회사의 목적은 "왜 사람들이 회사를 조직하는가?", "사람들이 회사를 설립하는 목적은 무엇인가?"에 관한 것이고, 회사의 경제적 본질에 관한 기술적 차원(descriptive dimension)의 문제이다. 그러나 진정한 의미에서의 회사 목적론은 규범적 차원(normative dimension)에서 회사의 목적이 무엇인지에 관한 것이다. 규범적 관점에서 보는 회사의 목적은 "회사의 목적이 무엇이어야 하는가?"에 관한 것이고,[92] 법학에서 논의되는 회사지배구조의 규범적 근거에 관한 문제이다.[93]

---

90 Blair & Stout, "Team Production Theory of Corporate Law," p.277.

91 이미 언급한 바와 같이 팀생산이론의 주장자인 블레어도 실체이론에 따라 회사를 이해한다.

92 이 책에서는 규범적 관점에서 보는 회사의 목적에 관한 논의를 '회사 목적론'이라고 부른다.

93 회사 본질론과 회사 목적론은 서로 명백히 다른 차원의 문제임에도 불구하고 회사의 목적이라는 단일한 주제로 같이 논의되다 보니 회사지배구조 논의에 혼동을 일으키는 원

② 기술적 차원의 회사의 목적

이스터브룩·피셸은 회사를 효율적인 팀 생산을 위한 참가자들 간의 자발적인 '계약'이기 때문에 회사의 목적은 당사자가 결정하는 것이고 국가를 포함한 국외자(局外者)가 결정하는 것이 아니라고 본다.[94] 그러나 회사의 본질을 팀 생산을 위한 회사 특정 투자의 결합체로 보는 이해관계자 지배구조에 의하면 회사의 목적은 팀 자체의 부를 증진하는 것이다. 팀 자체의 부는 회사를 구성하는 구성원 모두의 공동의 부를 의미한다.[95] 따라서 주주의 배당과 주식가치, 채권자의 위험, 직원들을 위한 건강상 이익, 경영진에 대한 보상, 소비자를 위한 좀 더 좋은 질의 상품, 지역사회에의 기여 등이 모두 포함된다.[96]

이러한 관점에서 이해관계자 지배구조는 회사에게 유한책임, 영속성, 법인성이 인정되는 이유는 전체 사회후생을 증진시키는 공익에 기여하기 때문이고,[97] 좋은 회사지배구조는 회사를 생산적인 가치 창출 팀으로서 지속·성장시키는 것이라고 본다.[98]

③ 규범적 차원의 회사의 목적

회사가 경제적 제도라는 점에서 회사와 관련된 공익은 사회후생을 증진시키는 것이고, 회사제도의 목적이 사회후생을 증진시키는 것이라는 점은 주주지상주의도 동의한다.[99] 그러나 주주지상주의는 주주의 이익을 극대화하

인이 되었다.

94 이스터브룩·피셸, 『회사법의 경제학적 구조』, 73쪽.

95 Blair & Stout, "Team Production Theory of Corporate Law," p.288.

96 Blair & Stout, "Specific Investment," p.741.

97 Wallman, "Understanding the Purpose of a Corporation," p.810.

98 Blair & Stout, "Specific Investment," p.741.

는 것이 사회후생을 극대화하는 것이라고 본다. 반면 이해관계자 지배구조는 주주지상주의와 같이 사회후생의 극대화를 회사제도의 목적이라고 보지만, 주주의 이익 극대화가 바로 사회후생의 극대화로 귀결되는 것은 아니라고 본다. 오히려 이해관계자 지배구조는 주주의 이익 극대화는 회사 이익의 불평등한 분배와 외부로의 비용 전가 행위로 인하여 전체적인 사회후생을 감소시킬 수 있다고 본다. 이미 살펴본 바와 같이 이해관계자 지배구조에 의하면 회사의 목적은 팀 자체의 부의 증진이고, 팀 자체의 부는 이해관계자 모두의 공동의 부를 의미한다. 그런데 이해관계자 지배구조에서 이해관계자를 넓게 정의하면 지역사회와 정부를 포함하고, 이렇게 광의로 정의된 이해관계자 개념에 의하면 이해관계자의 부의 증진은 사회후생의 극대화와 동일하게 볼 수 있다. 이러한 점에서 이해관계자 지배구조에서 기술적 차원의 회사의 목적은 회사가 사회후생을 증진시켜야 한다고 보는 회사의 규범적 목적과 정확하게 일치한다고 평가할 수 있다.

3) 공정성 원리

(1) 규범적 근거

허버트 하트(Herbert Hart)는 다음과 같이 존 스튜어트 밀(John Stuart Mill)을 인용하면서 공정한 게임에 기반을 둔 의무의 개념을 소개하였다.[100]

---

99 Glynn, "Communities and Their Corporations," p.1067; Kraakman et al., *The Anatomy of Corporate Law*, pp.17~19.

100 H. L. A. Hart, "Are There Any Natural Rights?" *Philosophical Review*, vol.64,

어떤 사람이 명시적인 약속 또는 행동으로 다른 사람으로 하여금 특정한 방식을 행동하도록 신뢰하게 하여 기대를 형성시키고, 그러한 추정에 따라 자신의 인생 계획의 한 부분을 걸게 하였다면, 인정되지 않을 가능성도 있지만 무시하기 어려운 일련의 새로운 도덕적 의무가 발생한다. …… 따라서 사람은 다른 사람들의 중요한 이해에 영향을 줄 수 있는 단계에 들어가기 전에 모든 사정을 고려할 의무가 있다. 만약 그러한 이해에 대한 적절한 형량을 하지 않는다면 그 사람은 그러한 잘못에 대하여 책임이 있다.[101]

이러한 공정한 게임의 원리는 롤스에 의하여 더 정교해졌고,[102] 롤스는 이 원리를 다음과 같이 기술하였다.[103]

상호 이익이 되는 간단한 협력 계획을 가정하자. 그 계획이 주는 이점은 오직 모두가 협력을 해야만 얻어질 수 있다. 더 나아가 그 계획은 각 구성원의 특정한 희생을 요구하거나, 적어도 자유의 제한과 관련된다. 또한 협력에 의한 이익은

---

no. 2(1955).

101 John Stuart Mill, *On Liberty*(Cambridge: Cambridge University Press, 1989), pp. 103f.

102 John Rawls, *A Theory of Justice*(Harvard University Press, 1971), pp. 108~117, 333~355; John Rawls, "Legal Obligation and the Duty of Fair Play," in Sidney Hook(ed.), *Law and Philosophy*(New York University Press, 1964); 공정한 게임의 원리는 다음과 같은 학자들에 의해서도 발전되었다. John Simmons, *Moral Principles and Political Obligations*(Princeton University Press, 1979), pp. 101~142; Kant Greenawalt, *Conflicts of Law and Morality*(Oxford University Press, 1987), pp. 121~158; George Klosko, *The Principle of Fairness and Political Obligation* (Rowman & Littlefield Publishers, Inc., 1992).

103 롤스의 이론은 정치 공동체에 관한 것이지만, 경제 공동체인 회사에 대해서도 동일하게 적용할 수 있다.

어느 정도까지는 공짜일 수 있다. 즉 모든 다른 사람들이 자신이 맡은 일을 하면 누구든지 자신이 맡은 일을 하지 않아도 자기 몫을 얻을 수 있다는 점에서 협력 계획은 불안정하다. 이러한 조건에서 협력 계획의 이익을 받기로 수락한 사람은 누구든지 자신이 맡은 바 임무를 수행하고, 협력을 하지 않는 방법으로 기회를 악용하지 않을 공정한 게임을 할 의무가 주어진다.[104]

이와 같은 롤스의 공정 의무(duty of fairness)에서 로버트 필립스(Robert Phillips)는 다음과 같이 공정 의무의 여섯 가지 특징을 도출한다.[105]

① 상호 이익(mutual benefit)[106]

② 정의(justice)[107]

③ 공동의 협력이라는 조건에 의해서만 발생하는 이익(benefit)

④ 참가자의 자유 제한 또는 희생을 요구하는 협력(cooperation)

⑤ 무임승차 가능성

⑥ 협력 계획의 이익에 관한 자발적인 승낙(voluntary acceptance)

---

104 Rawls, "Legal Obligation and the Duty of Fair Play," pp.9~10.

105 Robert A. Phillips, *Stakeholder Theory and Organizational Ethics*(Berrett-Koehler Publishers, 2003), pp.87~92.

106 공정 의무는 상호 이익을 목적으로 하는 협력 관계에서 발생하고, 이러한 상호 이익의 개념은 애덤 스미스의『국부론』에 나오는 정육점과 제과점의 예에서도 확인할 수 있다.

107 적절한 협력 관계는 그 관계가 상대적으로 정의로워야 한다는 것이다. 이러한 특징에 대해서 신고전파 경제학의 입장에서는 심각한 의문이 제기될 수 있고, 이러한 점에 대해 롤스는 다음과 같은 의견을 제시한다. "왜곡된 약속이 당연 무효라는 점은 일반적으로 인정된다. 부당한(unjust) 약정도 이와 유사하게 그 자체로 왜곡의 일종이고, 그러한 약정에 대한 합의는 구속력이 없다(Rawls, *A Theory of Justice*, p.343)."

필립스는 이와 같은 특징에 대한 검토를 거쳐 다음과 같이 공정 의무를 발생시키는 협력 계획으로 볼 수 있는 상사 거래에 대한 정의를 내린다.

사람 또는 집단이 상호 이익을 도모하기 위하여 참가자의 희생 또는 기여를 요구하는 협력 계획의 이익을 자발적으로 수락하고, 그 계획에 무임승차의 가능성이 있으면, 그 이익을 배분하는 협력 계획의 참가자들 사이에 공정 의무가 발생한다.[108]

이와 같은 공정 의무는 참가자 간의 명시적·묵시적 동의와 관계없이 발생하는 것이고, 이해관계자 상호 간과 회사와 이해관계자 간의 관계를 모두 규율한다.[109]

(2) 기능

공정의무에 근거한 공정성 원리는 이해관계자주의의 규범적 정당성의 기초로서 회사에 관한 입법 기준과 회사와 이해관계자간의 관계에 관한 사법 해석의 기준이 된다.[110] 또한 공정성 원리는 회사의 경영자가 자신의 권한을 행사할 때 그 결정에 대한 도덕적 기초를 제공한다.[111] 회사의 이해관계자에 대한 의무는 이러한 공정성을 기초로 하므로 회사에 기여를 하는 이해관계자는 모두 동등하게 취급되어야 한다. 따라서 주주도 이해관계자의 하나로

---

108 Robert A. Phillips, "Stakeholder Theory and A Principle of Faimess," *Business Ethics Quarterly*, vol.7, no.1(1997), p.57.

109 Phillips, *Stakeholder Theory and Organizational Ethics*, p.96.

110 같은 책, p.93.

111 같은 책, p.93.

서 배려의 정도에서 차이가 있을 수는 있지만, 주주에 대한 의무는 다른 이해관계자와 본질적으로 동일하다.[112]

---

112 Phillips, *Stakeholder Theory and Organizational Ethics*, p.157.

3. 이해관계자의 보호와 주주의 지위

1) 이해관계자 조항

(1) 의의

이해관계자 지배구조와 관련하여 가장 논의가 많이 되는 것은 '이해관계자 조항(stakeholder statutes)'이다.[113] 이해관계자 조항[114]은 이해관계자의 이

---

113 미국의 이해관계자 조항에 관한 문헌은 다음과 같다. Keay, "Moving Towards Stake-holderism?"; Edward S. Adams & John H. Matheson, "A Statutory Model for Corporate Constituency Concerns," *Emory Law Journal*, vol.49(2000); Stephen M. Bainbridge, "Interpreting Nonshareholder Constituency Statutes," *Pepperdine Law Review*, vol.19(1992); William J. Carney, "Does Defining Constituencies Matter?" *University of Cincinnati Law Review*, vol.59(1990); Timothy L. Fort, "The Corporation as Mediating Institution: An Efficacious Synthesis of Stakeholder Theory and Corporate Constituency Statutes," *Notre Dame Law Review*, vol.73(1997); James J. Hanks, Jr., "Playing with Fire: Nonshareholder Constituency Statutes in the 1990s," *Stetson Law Review*, vol.21(1991); Lawrence E. Mitchell, "A Theoretical and Practical Framework for Enforcing Corporate Constituency Statutes," *Texas Law Review*, vol.70(1992); Brett H. McDonnell, "Corporate Constituency Statutes and Employee Governance," 30 *Wm. Mitchell L. Rev.* 1227(2004); Eric W. Orts, "Beyond Share-holders: Interpreting Corporate Constituency Statutes," *George Washington Law*

익을 증진시키기 위한 조항으로 경영자가 회사의 의사결정을 하는 데에 주주 이외의 이해관계자 이익을 고려하여 결정할 수 있다는 회사법상 조항이다.[115] 이해관계자 조항은 주주 외에 회사에 자신들의 후생을 의존하는 집단이 있다는 것과 주주 외에도 회사의 의사결정에 의하여 직접적으로 영향을 받는 집단이 있음을 인정하는 것이다.[116]

(2) 제정 원인

이해관계자 조항은 1980년대 성행했던 적대적 기업인수의 해악을 지켜본 이후에 주주에게 이익이 되지만 이해관계자에게는 불이익한 적대적 기업인수를 회사 경영자로 하여금 거부할 수 있도록 하기 위하여 만들어졌다고 평가된다.[117] 당시 적대적 기업인수는 회사 주가보다 높은 가격을 제시하는 것

Review, vol.61(1992); Jonathan D. Springer, "Corporate Constituency Statutes: Hollow Hopes and False Fears," *Annual Survey of American Law*(1999); Steven M. H. Wallman, "The Proper Interpretation of Corporate Constituency Statutes and Formulation of Director Duties," *Stetson Law Review*, vol.21(1991); Anthony Bisconti, "Note, The Double Bottom Line: Can Constituency Statutes Protect Socially Responsible Corporations Stuck in Revlon Land?" *Loyola of Los Angeles Law Review*, vol.42(2009); Kathleen Hale, "Corporate Law and Stakeholders: Moving Beyond Stakeholder Statutes," *Arizona Law Review*, vol.45(2003).

114 이해관계자 조항이 가장 적절한 표현이라는 지적에는 Hale, "Corporate Law and Stakeholders: Moving Beyond Stakeholder Statutes," 829 note 50 참조.

115 Mitchell, "A Theoretical and Practical Framework for Enforcing Corporate Constituency Statutes," p.579.

116 Millon, "Redefining Corporate Law," p.225.

117 Testy, "Linking Progressive Corporate Law with Progressive Social Movements," p.1237.

이었고,[118] 이에 따라 주주의 경우에는 경영자가 그 제안을 받아들이면 제안액과 당시 주가 사이의 차액을 얻게 된다. 이러한 상황에서 회사 경영자는 자신이 해임될 수 있다는 우려와 이해관계자에 대한 고려 때문에 공격자의 제안을 거부하기를 원하는 경우가 많으나, 제안을 거부하는 경우 주주에 대한 신인의무를 위반하는 것일 수 있다는 부담을 안게 된다.[119]

이해관계자는 1980년대 적대적 기업인수의 해악으로 인해 가장 피해를 많이 보았다. 당시 공격자[120]의 전략은 회사 자산보다 주가가 낮은 기업을 인수하여 현금 자산을 뽑아내고, 자산을 매각하며, 비용 절감[121]을 통해 이익을 창출하는 것이었다.[122] 따라서 당시 기업인수는 대량 해고, 고객 관계의 파괴 등을 불러왔고, 지역사회는 지역기업으로부터 얻을 수 있는 조세 이익, 지역주민의 취업 기회 등의 이익을 상실하게 되었다.[123]

1980년 당시 적대적 기업인수 열풍은 경영자가 이해관계자에게는 아무런 의무를 지지 않는 반면, 이해관계자의 이익을 희생해서라도 주주 이익을 극대화할 의무가 경영자에게 있다는 사실을 극명하게 보여주었다.[124] 이러한 상황에서 회사법에서 이해관계자를 고려할 수 있도록 하자는 의견이 등장하였고,[125] 이를 계기로 경영자가 신인의무를 위반하지 않으면서 이해관계자

---

118 Carol B. Swanson, "The Turn in Takeovers: A Study in Public Appeasement and Unstoppable Capitalism," *Georgia Law Review*, vol.30(1996), p.958.

119 Hale, "Corporate Law and Stakeholders," p.831.

120 인수 금융 기업가라고도 불리지만, 대부분 '기업 사냥꾼'이라고 불렸다.

121 비용 절감 방법은 노동자의 대량 해고, 공장 및 사무실 폐쇄 등이다.

122 Steven A. Rosenblum, "Proxy Reform, Takeovers, and Corporate Control: The Need for a New Orientation," *Journal of Corporation Law*, vol.17(1991), p.188.

123 같은 글, p.204.

124 Hale, "Corporate Law and Stakeholders," p.832.

125 Sommer, "Whom Should the Corporation Serve?" p.39.

를 고려할 수 있도록 하는 이해관계자 조항이 입법되기 시작한 것이다.[126]

이해관계자 조항의 주장자들은 "회사는 단순히 금융자본의 소유자를 위한 투자수단이 아니"라는 믿음에 기초하여 회사법을 변화시키고 싶어 했고,[127] 적대적 기업인수의 해악을 목격한 각 주들이 이와 같은 주장에 동의하면서 이해관계자 조항이 입법되어갔다.[128]

(3) 제정 경과 및 내용

① 제정 경과

이해관계자 조항은 1983년 펜실베이니아 주를 시작으로 하여,[129] 40개주[130]가 비슷한 취지의 법을 제정하였다.[131] 다만 미국의 대규모 공개회사 대부분의

---

126 Douglas M. Branson, "Corporate Governance 'Reform' and the New Corporate Social Responsibility," *University of Pittsburgh Law Review*, vol.62(2001), p.605; Hale, "Corporate Law and Stakeholders," p.832.

127 Millon, "Redefining Corporate Law," p.226.

128 Hanks, "Playing with Fire: Nonshareholder Constituency Statutes in the 1990s," p.97.

129 15 PA. CONS. STAT. § 1715(2002).

130 알래스카, 캘리포니아, 캔사스, 메릴랜드, 미시간, 네브래스카, 오클라호마, 웨스트버지니아, 델라웨어 주는 이해관계자 조항을 채택하지 않고 있다(Hale, "Corporate Law and Stakeholders," p.833).

131 ALA. CODE § 10-2B-1 1.03(c)(2002); ARIz. REV. STAT. § 10-2702(2002); ARK. CODE ANN. § 4-27-1202(c)(Michie 2002); COLO. REV. STAT. § 7-106-105(7) (2002); CONN. GEN. STAT. § 33-756(d)(2003); FLA. STAT. ch. 607.0830(3)(2002); GA. CODE ANN. § 14-2-202(b)(5)(2002); IDAHO CODE § 30-1702(Michie 2002); 805 ILL. COMP. STAT. 5/8.85(2002); IND. CODE § 23-1-35-1(d)(1995); IOWA CODE § 491.101B(2001); KY. REV. STAT. ANN. § 271B.12-210(4)(2002); LA. REV. STAT. ANN. § 12:92(G)(West 2002); MASS. GEN. LAWS ANN. ch. 156B, § 65(West

설립 준거지인 델라웨어 주는 이해관계자 조항을 채택하지 않고 있다.[132]

② 내용

이해관계자 조항은 각 주별로 매우 다양한 입법 형태를 보이고 있지만, 그 공통적인 내용은 회사 이익을 중심으로 이사는 회사의 이해관계자의 이익을 고려할 수 있다는 것이다.[133] 이해관계자 조항을 가장 충실하게 규정한 주로 거론되는 앨라배마 주 회사법은 다음과 같은 이해관계자 조항을 두고 있다.[134]

2003); ME. REV. STAT. ANN. tit. 13-A § 716(West 2002); MINN. STAT. ANN. § 302A.251(s)(West 2002); Miss. CODE ANN. § 79-4-8.30(o(2002); Mo. ANN. STAT. § 351.347(1)(West 2002); MONT. CODE ANN. § 35-1-815(3)(2002); Bus-ELECTRO-NIC RECORDS-MISC. PROVISIONS, Ch. 395, S.B. 436(2003)(codified at NEV. REV. STAT. § 78.138(4)(2002)); N.H. REV. STAT. ANN. § 293- A:12.02(c)(2002); N.J. STAT. ANN. § 14A: 6-1(2)(West 1998); N.M. STAT. ANN. 53-11- 35(D)(Michie 2002); N.Y. Bus. CORP. § 717(b)(2002); N.D. CENT. CODE § 10-19.1-50(6)(2001); N.C. GEN. STAT. § 55-11-03(c)(2002); OIO REV. CODE ANN. § 1701.59(E)(West 2002); OR. REV. STAT. § 60.357(5)(2001); 15 PA. CONS. STAT. § 1715(a)(2002); R.I. GEN. LAWS. § 7-5.2-8(a)(2002); S.C. CODE ANN. § 33-11-103(c)(Law. Co-op. 2002); S.D. CODIFIED LAWS 47-33-4(Michie 2002); TENN. CODE ANN. § 48-103-204(2002); TEX. Bus. CORP. ACT. ANN. art. 5.03(Vernon 2001); UTAH CODE ANN. § 16-1Oa- 1103(3)(2002); VT. STAT. ANN. tit. I IA, § 11.03(c)(2002); VA. CODE ANN. § 13.1-718(c)(Michie 2002); Bus. CORP. ACT, CH. 35, S.B. 5123(2003)(codified at WASH. REV. CODE § 23B.I 1.030(3)(2003)); WIS. STAT. ANN. § 180.0827(West 2002); Wyo. STAT. ANN. § 17-16-830(e)(Michic 2002) (Hale, "Corporate Law and Stakeholders," p.833 note 78 참조).

132 델라웨어 주는 이해관계자 조항은 없지만, Unocal Corp. v. Mesa Petroleum Co[493 A.2d 946(Del. 1985)] 사건에서 이사회가 인수협상 과정에서 주주 외의 다른 이해관계자의 이익을 고려할 수 있다고 판단하였다.

133 박찬호, 「미국 회사법상 팀프로덕션 모델에 관한 연구」, 44쪽.

134 WYO. STAT. ANN. § 17-16-830(e).

이사는 회사의 최선의 이익에 부합하거나 또는 반하지 않는다고 합리적으로 믿는 바를 결정함에 있어 주주의 이익을 고려해야 하고, 그의 재량으로 다음과 같은 사항을 고려할 수 있다.

(i) 회사의 직원, 공급자, 채권자, 소비자의 이익, (ii) 국가의 이익, (iii) 지역사회에 미치는 영향, (iv) 회사와 주주의 장기적 이익, (v) 공익의 보전·증진과 관련된 모든 요소

다른 주들도 앨라배마 주와 비슷한 조항을 두고 있지만, 그 내용은 주마다 다양하고,[135] 그 다른 점은 다음과 같이 네 가지로 분류될 수 있다.[136]

첫째, 이해관계자에 대한 고려가 기속규정인지 재량규정인지 여부이다. 미국 대부분의 주는 이해관계자 조항을 재량규정으로 두고 있고, 오로지 코네티컷 주만이 경영자에게 이해관계자의 이익을 고려할 것을 강제하고 있다.[137]

둘째, 이해관계자 고려 조항이 이사에게만 적용되는지 집행임원에게도 적용되는지 여부이다. 이에 대하여 일리노이 주, 위스콘신 주, 미주리 주를 제외한 대부분의 주에서는 이사만 이해관계자 조항의 적용을 받고, 집행임원을 적용대상에서 제외한다.[138]

셋째, 어떤 상황에 이해관계자 조항이 적용되는지 여부인데, 상당수의 주는 어떠한 상황(any circumstance)에서도 이사가 이해관계자 조항을 적용하여 판단할 수 있다고 규정한다.[139] 반면 17개 주의 경우에는 기업 인수나 지배권 변동이 발생하는 경우에만 이해관계자 조항이 적용되도록 규정하고 있다.[140]

135 Hale, "Corporate Law and Stakeholders," p.834.

136 Springer, "Corporate Constituency Statutes," pp.101~102.

137 Conn. Gen. Stat. § 33-756(d).

138 Millon, "Redefining Corporate Law," p.277.

139 Springer, "Corporate Constituency Statutes," p.100.

넷째, 경영자가 무엇을 고려할 수 있는지 여부에 관한 차이인데, 이에 대해서는 이해관계자에 대한 '효과'를 고려하는 주와 이해관계자의 '이익'을 고려하는 주가 있다.[141]

(4) 비판

① 쟁점

이해관계자 조항의 도입에 대하여 주주지상주의자들은 주주 이익 극대화에 지장이 있을 것과 경영자가 주주에게 부담했던 신인의무가 유명무실해질 것을 염려했다.[142]

주주지상주의자는 주주 이익 극대화 규범이 주주의 취약한 계약적 지위를 보완하기 위하여 인정되는 것이고, 회사법에 의해 가장 보호되어야 할 집단은 주주라는 전제에서 이해관계자 조항이 주주에 대한 법률적 보호를 침해하고 이해관계자에게 잘못된 권리를 설정하여 주주에서 이해관계자로의 부

---

140 17개의 주의 이해관계자 조항은 다음과 같다(Hale, "Corporate Law and Stake-holders," 836); ALA. CODE § 10-2B-I 1.03; ARIZ. REV. STAT. § 10-2702; ARK. CODE ANN. § 4-27-1202; COLO. REV. STAT. § 7-106-105(7); KY. REV. STAT. ANN. § 271B.12-210(4); LA. REV. STAT. ANN. § 12:92(G); Mo. ANN. STAT. § 351.347(t); MONT. CODE ANN. § 35-1-815(3): BUS.-ELECTRONIC RECORDS-MISC. PROVISIONS, Ch. 35, S.B. 5123; N.H. REV. STAT. ANN. § 293-A: 12.02(C); N.J. STAT. ANN. § 14A: 6-1(2); N.C. GEN. STAT. § 55-11-03(c); S.C. CODE ANN. § 33-11-103(c); S.D. CODIFIED LAWS 47-33-4; TEX. BUS. CORP. ACT. ANN. art. 5.03; UTAH CODE ANN. § 16-10a- 1103(3); VR. STAT. ANN. tit. I IA, § 11.03(c); VA. CODE ANN. § 13.1-718(c).

141 Springer, "Corporate Constituency Statutes," pp.105~106.

142 Macey, "An Economic Analysis of the Various Rationales for Making Shareholders the Exclusive Beneficiaries of Corporate Fiduciary Duties," p.37.

의 이전을 초래한다고 주장하였다.[143]이러한 점 때문에 회사를 주주의 재산권으로 보는 입장에서는 비주주 이해관계자를 고려해야 한다는 회사법상 이해관계자 조항은 위헌적인 주주의 재산권 침해라고 주장하기도 한다.[144] 또한 회사의 사회적 책임을 인식하는 열린 이사회(enlightened board)의 경우에는 의사결정을 할 때 이미 이해관계자를 고려하기 때문에 이해관계자 조항이 무용하다는 견해도 주장되었다.[145]

② 경영자 책임의 형해화

주주지상주의는 경영자가 자신이 이해관계자의 이익을 위해 정당하게 행동하였는지와 관계없이 자신의 결정을 정당화하기 위하여 이해관계자 조항을 악용할 것이라고 보았다.[146] 즉 이해관계자 조항이 경영자의 책임 기준에 관하여 모호한 상황을 초래하기 때문에 회사의 가치를 해하는 의심스럽고 자의적인 경영 전략이 이해관계자에게 이익이 된다는 의심스러운 이유를 통해 정당화될 것이라는 것이다.[147] 따라서 이해관계자 조항의 존재 자체가 경영자에게 자신의 이익을 추구할 기회유용의 기회를 제공한다는 것이다.[148] 이러한 주주지상주의자의 비판을 '두 명의 주인' 논증 또는 '다수 주인' 논증(too many masters argument)이라고 하고, 이해관계자주의를 비판하는 주요

---

143 Macey, "An Economic Analysis of the V'arious Rationales for Making Shareholders the Exclusive Beneficiaries of Corporate Fiduciary Duties," p.44.

144 Oswald, "Shareholders v. Stakeholders," pp.2~3.

145 Carney, "Does Defining Constituencies Matter?" p.387.

146 Ryan J. York, "Visages of Janus: The Heavy Burden of Other Constituency Anti-takeover Statutes on Shareholders and the Efficient Market for Corporate Control," *Willamette Law Review*, vol.38(2002), p.208.

147 Macey & Miller, "Corporate Stakeholders: A Contractual Perspective," p.412.

148 Campbell, "Corporate Fiduciary Principles for the Post-Contractarian Era," p.622.

한 근거가 되었다. 이와 같이 주주지상주의는 경영자에게 주주의 이익 외에 이해관계자의 이익을 고려하도록 하는 것은 경영자에게 아무런 책임을 지우지 않게 하는 것이라고 비판한다.[149]

그러나 이와 같은 주주지상주의의 주장에 대하여 이해관계자주의는 다음과 같이 반박한다.

① 주주지상주의 주장은 낙수효과 이론과 상충한다. 낙수효과 이론은 주주의 이익과 이해관계자의 이익이 상충하지 않는다는 것을 전제로 한 것인데, 만약 그렇다면 경영자가 이해관계자의 이익을 고려한다고 하여도 아무런 문제될 것이 없다는 결론에 이르기 때문이다.[150]

② 주주와 이해관계자 간에는 실제로 이익이 상충될 수 있는 경우가 발생한다. 그러나 이 같은 이익 상충으로 인해 경영자가 가중된 책임을 다하지 못할 것이라고 보거나, 경영자의 의무 위반을 발견하지 못할 것이라고 볼 이유는 없다.[151]

③ 경영자의 주의의무를 확장하는 것은 더 많은 이해관계자가 경영자의 행위를 감시하고 경영자의 의무 위반에 대하여 이의를 제기할 것이기 때문에 오히려 경영자가 자신의 의무를 위반하는 것을 어렵게 할 수 있다.[152]

---

149 Smith, "Response: The Dystopian Potential of Corporate Law," p.1007; Bakan, *The Corporation*, p.34. 버켄(Bakan)은 프리드먼이 자신과의 인터뷰에서 "경영자가 주주를 위해 최대한 노력하는 것은 도덕적 의무이고, 따라서 수익이 아니라 사회적 목적을 선택하는 경영자는 그 자체로 부도덕하다고 주장했다"고 적고 있다.

150 Greenfield, "Debate: Saving the World with Corporate Law?" p.968.

151 같은 글, pp.968~969. 그린필드는 하나의 의무만을 부담하는 것보다 복수의 의무를 수행하는 것이 더 어려울 수 있다는 것은 인정하나, 위와 같은 복수의 의무 부담은 영리기관에서도 일반적으로 존재하는 것이라고 본다.

152 Greenfield, "Debate: Saving the World with Corporate Law?" p.969.

③ 비용의 증가

주주지상주의는 경영자의 의무를 확장시키는 것은 경영자의 행위를 감시하기 어렵게 만들어 이해관계자의 대리인 비용을 증가시킨다고 주장한다.[153] 그러나 주주를 제외한 이해관계자도 회사에 중요한 기여를 하기 때문에 경영자의 경영에 의존할 수밖에 없고, 이에 따라 경영자를 감시할 유인이 있으므로 이와 같은 주장은 타당하지 않다. 따라서 경영자에게 주주 이익 외에 이해관계자의 이익을 고려하도록 하는 것은 주주의 대리인 비용을 증가시킬 가능성은 있지만, 동시에 이해관계자의 대리인 비용을 감소시킬 수 있기 때문에 대리인 비용의 관점에서 이해관계자 조항을 비판하고, 주주지상주의를 정당화시킬 수는 없다.[154]

(5) 평가 및 새로운 이해

① 평가

이해관계자 조항의 도입은 회사법의 혁명적 변화를 의미한다.[155] 베인브리지는 이해관계자 조항의 도입을 뉴딜 시대 증권법의 제정 이래 가장 중대한 미국 회사법의 변화라고 평가했다.[156] 이해관계자 조항은 제정 과정에서부터 많은 논쟁을 불러일으켰고 이는 이해관계자주의의 영향이 상당히 강력할 수 있음을 반증한다.[157] 그러한 점에서 많은 진보 회사법학자들은 이해관

---

153 Jensen & Meckling, "Theory of the Firm," pp.312~313.

154 Greenfield, "Debate: Saving the World with Corporate Law?" p.970.

155 ABA Committee on Corporate Laws, "Other Constituency Statutes: Potential for Confusion," p.2253.

156 Bainbridge, "Interpreting Nonshareholder Constituency Statutes," p.973.

157 Phillips, "Stakeholder Theory and A Principle of Fairness," p.51.

계자 조항이 이해관계자 보호를 위한 회사법 변화의 제일보가 될 것으로 희망했다.[158]

그러나 현재 이해관계자 조항은 이와 같은 회사법 변화의 희망에 부응하기에는 너무 영향력이 없었다는 평가가 일반적이다.[159] 이해관계자 조항의 영향력이 미미했던 이유는 결국 대부분의 주에서 이해관계자 조항을 기속규정이 아닌 재량규정으로 두었기 때문이고, 이에 따라 경영자가 자신의 결정을 정당화하는 데 이해관계자 조항을 사용하지 않았기 때문이다.[160] 이러한 점 때문에 다른 개혁을 위해서 이해관계자 조항은 이제 폐지될 수도 있다는 주장도 있지만,[161] 이는 타당한 주장이 아니다.[162] 이해관계자 조항이 제정되기 이전 경영자는 의사결정 시 주주의 이익 외에 이해관계자의 이익을 고려할 수 있다는 점에 대하여 확신하지 못했다.[163] 그러나 이해관계자 조항의 도입으로 이러한 염려가 해결된 것이고, 이해관계자 조항에 따라 경영자는 이해관계자에 대한 고려가 신인의무 위반이 아니라는 점을 확신할 수 있게 되었기 때문이다.

---

158 Mitchell, "A Theoretical and Practical Framework for Enforcing Corporate Constituency Statutes," p.610.

159 Joseph William Singer, "Jobs and Justice: Rethinking the Stakeholder Debate," *University of Toronto Law Journal*, vol.43(1993), p.505; Springer, "Corporate Constituency Statutes," p.104.

160 Millon, "Redefining Corporate Law," p.256.

161 Kathleen Conn, "When School Management Companies Fail: Righting Educational Wrongs," *Journal of Law and Education*, vol.31(2002), p.257.

162 Hale, "Corporate Law and Stakeholders," p.841.

163 같은 글, p.837.

② 새로운 이해

이해관계자 지배구조에 의하면 모든 이해관계자의 이익은 보호되어야 하고, 회사는 이러한 이해관계자를 공정하게 취급하여야 하므로 경영자에게 이해관계자의 이익을 고려할 의무를 부담하게 하는 것은 당연한 것이다. 따라서 이해관계자 조항은 주주지상주의의 관점에서 보면 경영자에게 일반적으로 인정되지 않는 의무를 법률에 의하여 특별히 설정하는 조항이지만, 이해관계자 지배구조의 관점에서 보면 경영자에게 당연히 인정되는 의무를 확인하는 것에 불과한 것이다.

이미 살펴본 바와 같이 미국 대부분의 주는 이해관계자 조항을 재량규정으로 두고 있고, 이로 인하여 이해관계자 조항의 영향력이 크지 않았다. 그런데 이해관계자 지배구조에서 모든 이해관계자의 이익을 보호하는 것은 경영자의 단순한 재량이나 시혜가 아닌 경영자의 기본 의무에 해당한다. 따라서 이해관계자 지배구조에서는 이해관계자 조항이 경영자의 의사결정을 기속하는 강제규정이어야 한다.

이해관계자 조항은 전통적으로 회사법의 영역에서 소외되었던 다양한 이해관계자에 대하여 회사가 중대한 영향을 줄 수 있다는 점을 최초로 인정한 것이고,[164] 이해관계자 집단 간 비용의 재분배를 가능하게 한다. 로렌스 미첼은 이해관계자 조항이 없는 경우 주주에게 유리하게 결정하는 이사회의 의사결정 경향으로 인하여 이해관계자에게 더 큰 비용이 부과된다고 주장한다.[165] 그러나 이해관계자 조항을 통해 경영자에게 이해관계자의 이익을 보호하는 의무를 부과하면 이와 같은 부당한 비용 전가를 막을 수 있고, 이는

---

164 Mitchell, "A Theoretical and Practical Framework for Enforcing Corporate Constituency Statutes," p.584.

165 같은 글, p.594.

모든 이해관계자 간에 공정한 비용의 분배를 가져올 수 있다.

마지막으로 이해관계자의 이익을 고려하도록 하는 이해관계자 조항은 이해관계자의 회사에 대한 신뢰와 충성도 향상을 가져오고 이는 생산성 향상으로 이어지기 때문에 회사의 장기 생명력(vitality)에 기여할 수 있다.[166]

이러한 점에서 이해관계자 조항은 이해관계자 지배구조를 구성하는 핵심 요소라고 할 수 있다.

2) 이해관계자 보호 장치

(1) 필요성

이해관계자 지배구조는 이해관계자 조항을 통해서 회사의 경영자가 이해관계자의 이익을 고려하도록 강제한다. 그러나 회사가 이해관계자 보호를 위한 적극적인 역할을 하게 만들기 위해서는 이해관계자 조항이 실제로 효력을 발휘할 수 있게 만드는 입법 장치가 마련되어야 한다.[167] 그동안 이해관계자 조항의 영향력이 미미했던 이유는 경영자 선임에 대한 의결권을 가진 주주의 사실상 영향력[168]과 경영자가 이해관계자의 이익을 침해해도 이를

---

166 Lipton & Rosenblum, "A New System of Corporate Governance: The Quinquennial Election of Directors," p.215.

167 Hale, "Corporate Law and Stakeholders," p.842; Millon, "Redefining Corporate Law," p.261.

168 경영자가 주주 외 다른 이해관계자의 이익을 고려하는 경우 주주는 경영자를 해임할 수 있고, 이러한 경영자의 지위에 대한 현실적인 위협은 경영자로 하여금 다른 이해관계자의 이익을 고려할 수 없게 할 수 있다.

구제할 수 있는 법적 수단이 없었다는 점이 원인이었다.[169] 따라서 이해관계자 조항이 실질적으로 이해관계자를 보호하기 위해서는 이해관계자 조항의 준수를 담보할 장치가 필요하고, 경영자가 이해관계자 조항을 위반하였을 경우 이에 대한 구제수단이 마련되어야 한다.

이해관계자 조항의 준수를 위한 사전 담보 장치에 대해서는 경영자의 법규범에 대한 자율준수를 담보하는 방법으로 회사의 위법행위를 탐지할 수 있는 적절한 위치에 있는 자에게 일정한 책임을 부담시켜 이해관계자의 이익을 보호하자는 입장이 있다.[170] 이를 보통 문지기 책임(gatekeeper liability)라고 하는데,[171] 사베인스-옥슬리법에서 회사 자문을 하는 변호사와 감사 업무를 수행하는 회계사에게 일정한 책임을 부담시키는 것이 그 예이다.[172] 하지만 이해관계자 보호와 관련하여 가장 많이 논의 되는 것은 사전적 보호 장치로서 정보공개와 사후 구제 수단으로서 대표소송제기권의 인정 여부에 관한 것인 바, 이하에서는 이를 중심으로 살펴보기로 한다.

(2) 정보공개의 확대: 사전 보호 수단

현재 공개회사는 일정한 정보에 대한 공시가 강제되고 있지만, 이는 투자

---

169 Springer, "Corporate Constituency Statutes," p.10.

170 Glynn, "Communities and Their Corporations," p.1092.

171 증권 규제와 관련하여 문지기 책임에 관한 논문으로는 John C. Coffee, Jr., "Gatekeeper Failure and Reform: The Challenge of Fashioning Relevant Reforms," *Boston University Law Review*, vol.84(2004); John C. Coffee, Jr., "The Attorney as Gatekeeper: An Agenda for the SEC," *Columbia Law Review*, vol.103(2003).

172 독립적인 감시자(gatekeeper)의 감독이 회사의 준법을 증진시킨다는 지적으로는 Estlund, "Rebuilding the Law of the Workplace in an Era of Self-Regulation," pp.378~383 참조.

자에 초점을 맞춘 것이고, 모든 이해관계자를 위한 것이 아니다.[173] 이해관계자 지배구조에 의하면 회사는 종국적으로 사회 전체의 이익에 봉사하는 기능을 수행해야 한다. 이해관계자 지배구조는 회사가 이와 같은 기능을 수행하고 있는지 판단하기 위해서는 현재 재무정보에만 국한되어 있는 회사공시제도(corporate disclosure system)는 그 범위가 너무 좁다고 본다.[174] 이는 부정적 외부효과를 고려하지 않은 재무정보만으로 회사의 진정한 가치(true value)를 산출할 수 없기 때문이다.[175] 이와 같이 재무정보 외에 비재무적 정보를 사회 책임 정보(corporate social responsibility disclosure)라고 하고, ① 지역공동체와의 관계, ② 회사의 사회정책, 기부·정치헌금 관련 정책, ③ 환경에 미치는 영향, 기업의 내부통제시스템 태세 등 환경 관련 정보, ④ 고용 차별 금지를 포함한 노동정책 등 노동 관련 정보, ⑤ 기업지배구조 관련 정보, ⑥ 윤리에 관한 정보 등이 포함될 수 있다.[176]

현재 공시제도에 의하면 회사는 위와 같은 정보를 공시하여 자신의 행동에 의해 발생하는 비용과 편익을 정확하게 공개할 의무는 없다.[177] 그러나 회사의 진정한 가치를 알 수 있는 정보는 회사가 끼치는 진정한 영향에 대해 관심이 있는 일반 시민들뿐만 아니라 경영자들에게도 중요하다.[178] 재무정보만을 공시하게 되면 회사의 경영자가 오로지 회사의 재무적 측면에만 관

---

173 Glynn, "Communities and Their Corporations," p.1091.

174 Greenfield, "New Principles for Corporate Law," p.91.

175 Greenfield, *The Failure of Corporate Law*, p.129.

176 안수현, 「기업의 지속가능성 공시제도화를 위한 시론: 사회적 책임정보와 그외 비재무 정보 유형화에 기초하여」, ≪환경법연구≫, 29권 1호(2007), 40쪽.

177 Cynthia A. Williams, "The Securities & Exchange Commission & Corporate Social Transparency," *Harvard Law Review*, vol.112(1999), pp.1300~1305.

178 Greenfield, "New Principles for Corporate Law," p.92.

심을 가지지만, 사회 책임 정보까지 공시하게 되면 경영자가 좀 더 넓은 관점에서 의사결정을 할 가능성이 있기 때문이다. 또한 광범위한 공시의 강제는 다양한 효율성을 창출하고,[179] 내부감사 장치를 개선할 유인으로 작용할 수 있다.[180]

이해관계자 지배구조에서 회사는 모든 이해관계자 후생의 총합으로서의 부의 증진을 목적으로 한다. 따라서 주주를 제외한 이해관계자도 회사의 경영에 일정한 이해관계를 가지고 있고, 모든 이해관계자의 이익을 고려하여 회사를 경영할 의무를 가지는 이사회가 자신의 임무를 제대로 수행하고 있는지 확인할 필요가 있다. 따라서 이해관계자 지배구조는 이해관계자의 보호를 위하여 회사에 대한 정보가 주주만이 아니라 이해관계자에게도 공개되어야 하고, 정보공개 범위도 재무정보에 한정하지 않고, 사회 책임 정보까지 포함되어야 한다고 본다.[181]

한편, 미국 회사법에서는 일정한 자에 대하여 회사의 장부와 기록에 대한 열람권을 부여하고 있다.[182] 그런데, 현재 미국의 회사법에 의하면 회사는

---

179 공시는 시장 중심의 규제로서 책임을 강화하고, 정보의 비대칭을 완화하여 추가적인 규제의 필요성을 경감시킨다(Monsma & Olson, "Muddling Through Counterfactual Materiality and Divergent Disclosure," pp.140~141).

180 Glynn, "Communities and Their Corporations," p.1092.

181 Mitchell F. Crusto, "Endangered Green Reports: 'Cumulative Materiality' in Corporate Environmental Disclosure After Sarbanes-Oxley," *Harvard Journal on Legislation*, vol.42(2005)(환경 영향에 대한 공시); Mary L. Lyndon, "Information Economics and Chemical Toxicity: Designing Laws to Produce and Use Data," *Michigan Law Review*, vol.87(1989)(화학적 독성물질의 배출과 관련된 공시); David Monsma & Timothy Olson, "Muddling Through Counterfactual Materiality and Divergent Disclosure: The Necessary Search for a Duty to Disclose Material Non-Financial Information," *Stanford Environmental Law Journal*, vol.26(2007)(사회적 환경 및 지배구조에 관한 공시).

회사 직원에 대해서 회사정보를 공개할 의무를 부담하지 않고,[183] 오로지 주주에 대해서만 공개 의무를 부담한다.[184] 그러나 앞에서 살펴본 바와 같이 이해관계자 지배구조에서는 이해관계자는 이사회가 자신의 임무를 제대로 수행하고 있는지 확인할 이익이 인정될 수 있다. 따라서 이해관계자에게는 주주와 마찬가지로 일정한 요건[185]하에 회사의 장부와 기록에 대한 열람권이 인정될 필요가 있다.

(3) 대표소송제기권의 부여: 사후 보호 수단

① 의의

대표소송은 회사의 경영자인 이사와 집행임원 또는 지배주주가 회사에 손해를 발생시키는 행위를 하였을 때 인정되는 소송이다. 회사를 손해로부터 보호할 책임은 이사에게 있기 때문에 손해를 가한 경영자나 지배주주를 상대로 소를 제기할 권한은 이사회에게 있다. 그러나 회사에 손해를 가한 주체가 경영자 또는 지배주주인 경우에는 이사회가 그들을 상대로 소송을 제기할 것이라고 기대하기 힘들다. 이에 따라 이사회가 손해를 가한 경영자·지배주주에 대한 소제기를 게을리 하는 경우 회사를 대신하여 손해배상 청구소송을 제기할 수 있는 권한 대표소송제기권이고, 미국법에서는 오직 주주만이 이러한 대표소송제기권을 가지고 있다.[186]

---

182 임재연, 『미국기업법』, 230쪽.

183 Greenfield, "The Unjustified Absence of Federal Fraud Protection in the Labor Market," pp.717~718.

184 DGCL §220(b).

185 주주의 경우에도 일정한 회사의 서류와 기록에 대해서는 정당한 목적이 인정되어야 열람할 수 있다(임재연, 『미국기업법』, 230쪽).

이와 같이 주주만 가지는 대표소송제기권의 존재는 회사법이 주주지상주의를 묵시적으로 인정한 것이라고 보는 입장도 있다.[187] 그러나 회사법에서 주주대표소송을 인정한 주목적은 회사 자체의 이익을 보전하기 위해서이고 주주의 이익을 위한 것이 아니다.[188] 즉 주주대표소송은 주주를 보호하기 위한 것이 아니라,[189] 회사를 구성하는 모든 이해관계자의 이익을 보호하기 위하여 허용되는 것이다.[190] 따라서 주주에게 인정되는 대표소송제기권은 도구적 권리로서 주주가 대표소송을 제기할 수 있는 적합한 지위에 있기 때문에 인정되는 것이다.[191] 따라서 주주가 대표소송을 제기할 적합한 지위에 있지 않는 특정한 상황[192]에서는 이해관계자에게도 이사의 주의의무 위반에 대한 대표소송제기권이 인정될 수 있다.[193] 예컨대 가이어 사건(Geyer v. Ingersoll Publications Co.) 판결[194]에서는 회사가 도산하는 경우에는 채권자도 대표소송을 제기할 수 있다고 판시하였고, 패스 커뮤니케이션 사건(Credit Lyonnais Bank Nederland, N.V.v. Pathe Communications Corp.) 판결[195]에서는

---

186 McDonnell, "Employee Primacy, or Economics Meets Civic Republicanism at Work," p.381.

187 Smith, "The Shareholder Primacy Norm," p.303.

188 주주대표소송은 회사를 위한 것이기 때문에 피고로부터 받은 손해배상금은 회사에 귀속된다(Clark, *Corporate Law*, p.659).

189 다만 대표소송을 제기하는 것이 간접적으로 주주를 보호하는 것이 될 수는 있다.

190 Blair & Stout, "Team Production Theory of Corporate Law," p.293.

191 같은 글, p.297.

192 자신의 이익을 위하여 다른 이해관계자들의 이익을 해할 수 있는 위험이 있는 이사회의 결정 등 대표소송을 제기할 아무런 이해관계가 없는 경우를 의미한다.

193 Blair & Stout, "Team Production Theory of Corporate Law," p.295.

194 Geyer v. Ingersoll Publications Co., 621 A.2d 784, 787~88(Del. Ch. 1992).

195 Credit Lyonnais Bank Nederland, N.V.v. Pathe Communications Corp., Civ. A. no.12150, 1991 Del. Ch. LEXIS 215(Del. Ch. Dec. 30, 1991).

회사가 정상적인 상태에 있는 경우에도 회사채권자에게 대표소송제기권이 인정될 수 있다고 해석될 수 있는 취지의 판결을 하였다.[196]

한편 이해관계자 지배구조는 주주를 포함한 모든 이해관계자가 회사의 행위에 영향을 받는다는 점을 전제로 하고, 이에 따라 모든 이해관계자가 회사에 대하여 일정한 이해(interest)를 가진다고 본다. 따라서 주주를 제외한 다른 이해관계자도 일정한 상황에서는 대표소송을 제기할 적합한 위치에 있는 경우가 있을 수 있고, 대표소송제기권은 도구적 권리이기 때문에 그러한 이해관계자에게도 대표소송제기권을 부여할 수 있게 된다. 또한 대표소송제기권의 존재는 팀 구성원이 신뢰할 수 있는 이사회를 담보하는 역할을 할 수 있기 때문에 이해관계자에게 인정될 필요가 있다.[197] 이러한 취지에서 특정한 이해관계자에게 회사의 위법행위에 대한 유지청구권을 주거나,[198] 이해관계자에게 대표소송을 제기할 수 있는 권한을 부여하는 방안이 논의될 수 있다는 입장이 있다.[199]

이와 관련하여 참고할 수 있는 입법례는 모든 이해관계자에게 대표소송권한을 부여하는 캐나다 회사법(Canada Business Corporations Act: CBCA)이다.[200] 이러한 규정은 이해관계자를 간접적으로 보호하게 되고 이를 근거로 캐나다 회사법이 이해관계자 지배구조를 취하고 있다고 평가되기도 한다.[201]

---

196 Blair & Stout, "Team Production Theory of Corporate Law," p.297.

197 Stephanie Ben-Ishai, "A Team Production Theory of Canadian Corporate Law," *Alberta Law Review*, Vol.44(2006), p.308.

198 Greenfield, *The Failure of Corporate Law*, pp.94~101.

199 McDonnell, "Employee Primacy, or Economics Meets Civic Republicanism at Work," p.381.

200 Canada Business Corporations Act, R.S.C. 1985, c. C-44, §§ 238-241.

201 Ben-Ishai, "A Team Production Theory of Canadian Corporate Law," p.302.

② 캐나다 회사법상 이해관계자 대표소송

1971년 로버트 디커슨(Robert W. V. Dickerson)이 이끄는 CBCA 위원회는 이전에는 주주에게만 인정되던 대표소송권을 주주를 포함한 모든 이해관계자에게 부여할 것을 제안하였다.[202] 이러한 제안은 현대 주주를 단순한 증권의 보유자(shareholder)로 취급하는 벌리의 수동적 주주 개념에 근거한 것이고, 이에 따라 주주가 회사의 소유자라는 인식을 거부했기에 가능하였다.[203] 따라서 주주는 직원, 공급자, 채권자 등 다른 이해관계자와 다르지 않은 동일한 지위로 취급되었다.[204] 이에 따라 CBCA는 대표소송의 신청인을 다음과 같이 규정하였다.[205]

(a) 현재 또는 과거의 회사가 발행한 증권의 보유자[206]

(b) 현재 또는 과거의 이사 또는 집행임원

(c) 이사

(d) 법원의 재량에 의해 적절한 신청 적격이 있다고 인정되는 자(a proper person to make an application under this part)

이와 같이 CBCA는 대표소송의 제기권자를 광범위하게 정의하는 방식으로 회사의 이해관계자가 대표소송을 제기할 수 있는 길을 열어주었다.[207] 다만 블레어·스타우트의 지적처럼 이와 같은 대표소송제기권의 부여가 이해

---

202 Vasudev, "The Stakeholder Principle, Corporate Governance and Theory," p.421.

203 같은 글, pp.421~422.

204 같은 글, p.421.

205 Canada Business Corporations Act, R.S.C. 1985, c. C-44, §§ 238.

206 주주와 채권자를 포함하는 개념이다.

207 Vasudev, "The Stakeholder Principle, Corporate Governance and Theory," p.422.

관계자가 회사를 상대로 한 지대 추구의 수단으로 악용되지 않도록 적정한 장치를 마련할 필요가 있다.[208]

3) 주주의 지위

(1) 주주권의 변화

주주는 주주총회에서 회사의 이사를 선임할 권리와 회사의 조직 변경 등 중요 사항에 대한 결정을 할 권리를 가지고 있다.[209] 이러한 주주의 의결권 은 다른 이해관계자에게는 인정되지 않는 권리이므로 주주지상주의는 이러 한 의결권의 존재가 회사법이 주주에게 회사에 대한 지배권을 인정한 것으 로 볼 수 있다고 주장한다.

그러나 이해관계자 지배구조에서 주주의 의결권은 회사에 대한 지배권을 의미하지 않는다.[210] 주식의 분산 소유된 공개회사에는 법적·현실적 장애로 인해 주주의 의결권은 아무런 의미를 가지지 못한다. 벌리·민즈가 지적했듯 이 '합리적으로 무관심'한 주주들이 경영자가 추천하는 대로 의결권을 행사 하기 때문이다.[211] 이러한 경향은 기존 이사회의 이사추천권과 의결권 대리 행사 권유제도[212]로 인해 더욱 보장된다.[213] 또한 주주의 중요 사항에 대한

---

208 Blair & Stout, "Team Production Theory of Corporate Law," p. 297.

209 임재연, 『미국기업법』, 149쪽.

210 Blair & Stout, "Team Production Theory of Corporate Law," p. 310.

211 반면 폐쇄회사의 경우에는 대주주가 실질적으로 이사를 임면할 권한이 있다는 지적으 로는 Clark, *Corporate Law*, p. 95 참조.

212 한국도 '자본시장과 금융투자업에 관한 법률(자본시장법)'에서 의결권 대리행사 권유제

결정권도 주주가 지배권을 가지고 있다는 증거로 보기 어렵다. 대부분의 주는 중요 사항의 범위를 좁게 설정하고 있고, 결정권도 소극적으로 가부만을 결정하는 비토권(veto right)에 불과하기 때문이다.[214] 더욱이 경영자는 주주총회에서 의사결정절차를 지배하기 때문에 경영자의 의사에 반하는 결정이 주주총회를 통과하기는 불가능에 가깝다.[215]

다만 주주는 중요 사항에 대한 거부권을 행사할 수 있고, 경영자의 결정에 반대하여 위임장 경쟁(proxy contest)도 할 수 있다. 따라서 현재 회사제도 하에서의 의결권은 지배권으로 보기는 어렵지만, 경영자에 의한 극단적인 비위행위에 대한 안전망(safety net) 정도의 역할을 하는 것으로 평가할 수 있다.[216]

(2) 이해관계자 지배구조와 주주의 권리

이와 같이 현대 회사에서 주주의 의결권은 주주지상주의가 주장하는 바와 같이 지배권으로 볼 수는 없다. 또한 이미 살펴본 바와 같이 주주는 회사 특정 투자에 대한 지배권을 포기한 이해관계자 집단 중 하나이기 때문에 회사에 대한 직접적인 지배권을 행사할 수 없고,[217] 유일한 잔여청구권자로 볼 수도 없다.[218] 따라서 이해관계자 지배구조에서는 의결권을 도구적 권리(instrumental right)로 이해한다. 즉 주주의 의결권은 주주에게 특별한 권리가 있어

도에 관하여 규정하고 있다('자본시장법' 152~158조).

213 Berle & Means, *The Modern Corporation and Private Property*, pp.358, 366~374.

214 Blair & Stout, "Team Production Theory of Corporate Law," p.311.

215 같은 글, p.312.

216 같은 글, p.312.

217 Blair & Stout, "Specific Investment," p.738.

218 박찬호, 「미국 회사법상 팀프로덕션 모델에 관한 연구」, 45~46쪽.

서가 아니라, 회사를 구성하는 집단의 이익을 대변할 가장 적합한 위치에 있기 때문에 인정되는 것이다.[219]

이해관계자 지배구조가 의결권을 이와 같이 이해하는 이유는 우선 회사법이 주주 자신만이 아니라 회사의 다른 이해관계자도 보호하는 데 도움이 되기 때문에 주주에게 제한적인 의결권을 부여하는 것이라는 점 때문이다.[220] 이사 선임 시 주주의 의결권이 인정되는 이유는 그것이 모든 이해관계자의 이익에 도움이 된다고 볼 수 있기 때문이지, 주주가 회사에 대한 지배권을 가지고 있기 때문은 아니다. 즉 회사의 운영을 위하여 누군가는 이사를 선임하여야 하는데, 다른 이해관계자에 비하여 주주가 가장 적합한 위치에 있다는 정책적 고려인 것이다.[221] 블레어·스타우트는 이와 같은 점에 대하여 두 가지 근거를 제시한다. 첫째, 주주가치 증대라는 비교적 동질적인 이해관계를 가진 다수의 주주에 의한 복수 투표는 서로 상충하는 이해관계를 가진 다른 이해관계자 집단들보다 지대 추구 행위와 같은 병적 행위를 덜 발생시킨다는 것이다. 둘째, 주주가 이사를 선임하는 목표는 회사 주가의 극대화인데, 이는 경영자가 회사 이익을 주주에게 배당하는 것보다 회사에 재투자를 하게 할 유인을 만들어 다른 이해관계자에게도 도움이 될 수 있다는 것이다.[222] 주가가 완벽한 기준은 될 수 없지만 적어도 정당한 기준으로서 회사에 의해 만들어지는 총가치(total value)를 반영하기 때문이다.[223] 또한 이해관계자 지배구조는 주주의 의결권을 주주 지위의 취약함에 대한 부분적 보상이라고 이해한다.[224]

---

219 Blair & Stout, "Team Production Theory of Corporate Law," p. 289.

220 같은 글, p. 313.

221 같은 글, p. 313

222 같은 글, p. 313

223 같은 글, p. 314.

(3) 주주권의 부여·제한

역사적으로 회사는 정부의 창조물이고, 자연 발생적인 조직이 아니었다. 따라서 주주의 권리도 정부가 이를 인정하는 경우만 부여되는 것으로 이해되었다. 회사이론의 입장에서도 주주의 권리를 어디까지 인정할 것인가 하는 문제는 권리의 문제가 아니라 정책의 문제이다.[225] 따라서 회사법에서 주주의 의결권을 어떻게 정할 것인가의 문제는 시장의 실패를 교정하기 위한 법적 대응과 같은 공익을 기준으로 삼아야 한다.[226] 이와 같은 논리에 의하면 주주의 권리는 오직 법에 의하여 인정되는 한도에서만 부여되는 것이고, 주주 지위에서 당연히 가져야 하는 권리로 인정될 수 없다.[227]

---

224 Blair & Stout, "Team Production Theory of Corporate Law," p.314.

225 Greenfield, *The Failure of Corporate Law*, p.39.

226 같은 책, p.39.

227 같은 책, p.36.

4. 이사회와 이사

1) 서언

이해관계자 지배구조에서 회사는 단순한 '계약의 결합체'가 아니라 명시적인 계약을 통하여 자신들의 기여를 보호하기 어려운 다양한 서로 다른 집단이 유일하고 본질적인 자원을 기여하는 '회사 특정 투자의 결합체'이다. 그러나 팀 생산은 팀 구성원들 간에 구성원의 생산에 대한 기여와 책임을 평가하기 어렵기 때문에 구성원 간에 분쟁이 일어날 수 있고, 팀 생산구조에서는 팀 구성원 모두가 공정하다고 생각할 수 있는 의사결정구조가 필요하게 된다. 따라서 회사에는 팀 구성원 간에 발생할 수 있는 잠재적인 이익충돌을 공정하게 결정할 수 있는 의사결정기구가 필요하고, 회사의 설립은 모든 팀 구성원이 회사의 산출물과 자신의 회사 특정 투자에 대한 지배권을 포기하고, 그 지배권을 회사의 의사결정기구에 위임하기로 동의하는 것이다.[228]

팀생산이론에 근거한 이해관계자 지배구조에서 회사의 의사결정기구는 '이사회'이다.[229] 회사의 의사결정기관에는 주주총회[230]와 이사회가 있으나,

---

228 Blair & Stout, "Team Production Theory of Corporate Law," pp.275~277.
229 이사회는 회사의 업무 집행에 관한 의사결정을 위해 이사 전원으로 구성된 주식회사의 기관이다(이철송, 『회사법강의』, 658쪽).

이해관계자 지배구조에서는 주주총회보다는 모든 이해관계자로부터 중립적인 위치에 있을 수 있는 이사회의 역할을 강조한다. 이와 같은 이해관계자 지배구조의 이사회는 주주지상주의에 근거한 이사회와는 다른 기능과 역할을 한다.[231] 이는 이해관계자 지배구조의 이사회가 외부적으로는 모든 이해관계자 이익의 총합으로 인식되는 회사의 부를 증진시키고, 내부적으로는 이해관계자들 사이에서 회사의 부를 공정하게 배분하는 것을 목적으로 하기 때문이다. 따라서 본 절에서는 이해관계자 지배구조의 이사회가 주주지상주의 회사지배구조의 이사회와 비교하여 어떻게 달라지는지를 살펴보고 조정기구로서의 이사회가 회사 이해관계자의 이익을 공정하고 효율적으로 조정할 수 있는 수단임을 논증한다.

2) 이사회

(1) 의의 및 역할

① 의의 - 조정기구(mediating hierarchy)로서의 이사회

이사회는 이해관계자 지배구조에서 팀 구성원으로부터 회사의 지배권을 위임받아 팀 구성원 간에 발생할 수 있는 잠재적인 이익충돌을 공정하게 결정할 수 있는 의사결정기구이다. 이러한 측면에서 이사회는 계약이론에 의하면 팀 구성원 간에 체결되었을 명시적인 계약을 대체하는 장치이다.[232] 또

---

230 주주총회는 회사의 기본적 변경에 대한 결정을 할 수 있지만, 이사의 선임만이 진정한 주주총회의 전속적 권한이라고 할 수 있다(임재연, 『미국기업법』, 430쪽).
231 주주지상주의는 주주총회와 이사회의 관계에서 주주총회의 역할을 중시하지만, 이해관계자 지배구조는 주주총회보다는 이사회의 역할을 중시한다.

한 이사회는 위계조직으로 구성된 회사에서 위계조직의 최정점에 있는 조정 기구이고, 팀 구성원 간의 갈등을 해결하는 최종기구이다.[233]

이사회가 회사 위계조직의 정점에 있다는 의미는 이사회가 직접 회사의 상무(常務)를 직접 결정하고 처리하지 않는다는 것이다.[234] 따라서 이해관계자 지배구조에서는 대부분의 일상적인 업무에 대한 의사결정은 이사회의 아래에 위치한 집행임원과 직원에 의해 이루어지는 것을 전제로 한다.

② 역할

이해관계자 지배구조에서 이사회는 회사의 이익을 증진시키는 것을 의무로 하며, 회사에 투자한 이해관계자 사이에서 회사가 발생시킨 이익을 분배하는 역할을 한다.[235] 특히 이사회는 ① 모든 이해관계자에게 적어도 '기회비용'에 상응하는 대가를 보상하여 지속적인 참가를 보장하고, ② 사후 감독을 통하여 기회유용을 효과적으로 통제하며, ③ 효율적 수준의 회사 특정 투자를 이끌어내기 위해 적절한 유인으로 작용하고, 회사 내에서 이해관계자 집단 간의 정치적 역학 관계를 반영하여 잉여(surplus)를 분배한다.[236]

(2) 구성

이해관계자 지배구조의 이사회는 회사의 최선의 이익을 위한 '독립적'인

---

232 Blair & Stout, "Team Production Theory of Corporate Law," p.278.

233 같은 글, p.279.

234 같은 글, p.282.

235 Crespi, "Redefining the Fiduciary Duties of Corporate Directors in Accordance with the Team Production Model of Corporate Governance," p.630.

236 Blair & Stout, "Team Production Theory of Corporate Law," pp.282~283.

402 진보 회사법 시론

조정기구이다.[237] 이해관계자 지배구조에서는 이해관계자가 독립적으로 구성된 이사회가 자신을 공정하게 대우할 것으로 신뢰하기 때문에 장기 관계에 필요한 복잡한 생산 조직을 형성하는 데 필수적인 상세한 계약이 필요 없어 거래비용[238]이 감소한다.[239] 따라서 이사회가 이와 같이 기능하기 위해서는 이사회는 모든 이해관계자로부터 독립된 자가 선임되어야 한다.

그러나 전통적으로 이사회는 회사의 최고경영자[240]가 장악하여왔고, 이렇게 장악된 이사회는 수동적이고 말로만 독립된 이사회로서 제대로 기능을 하지 못해왔다.[241] 따라서 이해관계자 지배구조는 이사회가 좀 더 적극적이고 독립적인 역할을 해야 한다고 본다.[242] 이를 위해 이해관계자 지배구조는 경영자를 이사와 이해관계자로 간주되는 집행임원으로 분리하고, 집행임원에 대한 이사의 감독을 강조한다.

(3) 성격

이사회는 이해관계자로부터 독립적인 자로 구성되므로 이사회는 독립적이고 객관적인 성격을 가진다. 이사회가 잘 기능하는지 여부는 회사의 '수익

---

237 Kostant, "Team Production and the Progressive Corporate Law Agenda," p.672.

238 다른 이해관계자의 기회유용으로부터 자신을 지키기 위해 필요한 상세한 계약을 사전에 교섭하기 위하여 소요되는 비용과 주주에게만 잔여청구권을 부여하는 경우 발생하는 다른 이해관계자의 회사 특정 투자의 감소로 인하여 발생하는 손실을 의미한다 (Crespi, "Redefining the Fiduciary Duties of Corporate Directors in Accordance with the Team Production Model of Corporate Governance," p.630).

239 Kostant, "Team Production and the Progressive Corporate Law Agenda," p.673.

240 국내의 상황에서는 '그룹 총수'를 생각하면 될 것이다.

241 Kostant, "Team Production and the Progressive Corporate Law Agenda," p.684.

242 같은 글, pp.684~685.

성'과 함께 이사회의 '독립성'과 '공정성'으로 평가된다.[243] 이사회의 독립성
과 객관성은 이사 개개인이 자신의 명성(reputation)을 유지하여 장기적인 관
점에서 이사의 지위와 금전적 보상을 유지하고자 하는 동기에 의하여 보장
된다.[244]

(4) 기대 효과

① 준법 경영

현재 회사제도에서 회사에게 법을 준수하게 하는 등 공공정책에 따라 행
동하게 하는 것이 쉽지 않다.[245] 그 이유는 경영자가 준법을 회사 행위의 한
계로 여기지 않고 단순한 비용으로 접근하는 것과 회사의 위법행위를 식별
하기가 어렵다는 점에 기인한다.[246] 따라서 회사의 경영자는 비용-편익 분석
을 통하여 적발될 가능성과 벌과금의 정도를 잠재 수익과 비교하여 준법 여
부를 결정하게 된다.[247]

반면 이해관계자 지배구조에서는 독립적이고 객관적인 이사회가 구성되
므로 이러한 이사회는 위법을 통해 얻을 수 있는 이득이 없고 위법으로 인해
받을 명성에 대한 위험을 감수하려고 하지 않기 때문에 준법 경영을 가능하
게 한다.[248] 또한 이해관계자 지배구조의 이사회는 공개적인 논의 구조를 가

---

243 Kostant, "Team Production and the Progressive Corporate Law Agenda," p.685.

244 같은 글, p.686.

245 Clark, *Corporate Law*, p.685.

246 Kostant, "Team Production and the Progressive Corporate Law Agenda," p.687.

247 Cynthia A. Williams, "Corporate Compliance with the Law in the Era of Efficiency,"
   North Carolina Law Review, vol.76(1997), p.1265.

248 Kostant, "Team Production and the Progressive Corporate Law Agenda," p.688.

지고 있고, 이러한 회사 행동에 대한 공개적인 논의는 회사의 위법 행위를 방지할 수 있는 장치로 작용할 수 있다.[249]

② 이해관계자와의 상호 소통

이해관계자 지배구조의 이사회는 모든 이해관계자로부터 독립되어 있기 때문에 대주주나 기관투자자, 집행임원의 의사에 좌우되지 않는다. 따라서 이해관계자 지배구조는 이전에 이사회가 고려하지 않았던 이해관계자들의 의사를 좀 더 반영하여 의사결정을 할 수 있는 구조를 가지고 있다.[250] 또한 최종 조정기구로서의 이사회가 공정한 절차에 따라 사심 없이 의사결정을 하는 경우에는 이해관계자, 특히 직원의 회사에 대한 충성도가 높아진다.[251] 이러한 충성도의 제고는 이사회에 회사와 관련된 많은 정보가 모일 수 있게 하고, 이는 이사회의 경영자에 대한 감시를 용이하게 할 수 있다.

3) 이사

(1) 의의

이해관계자 지배구조는 이사의 의무는 '주주'에 대한 것이 아니라 '회사'에 대한 것이라고 본다.[252] 이해관계자 지배구조는 이사에게 주주의 이익만을

---

249 Kostant, "Team Production and the Progressive Corporate Law Agenda," p.688.

250 같은 글, p.690.

251 같은 글, p.696.

252 주주지상주의는 이사의 의무를 주주에 대한 것으로 보거나, 회사와 주주를 위한 것으로 본다. 그러나 이해관계자 지배구조는 이사는 주주에 대하여 어떠한 직접적인 의무도 가

고려하여 결정하도록 하지 않고, 회사의 모든 이해관계자의 이익을 고려하여 결정하도록 강제하고, 이러한 강제는 결국 사회후생을 창출하는 데 도움이 될 것이라고 본다.[253] 이와 관련하여 그린필드는 이사의 의무를 모든 이해관계자의 이익을 고려하는 것으로 확장하는 것은 다음과 같은 장점을 가진다고 설명한다.

① 회사는 집합적 노력의 산물이고, 회사의 지속성은 회사에 기여를 하는 이해관계자의 회사에 대한 신뢰에 달려 있다. 이사의 의무 확장은 이와 같은 신뢰 형성에 도움을 주고, 이해관계자의 회사 특정 투자를 이끌어낼 수 있다.[254]

② 회사 이윤에 대한 공정한 배분은 회사의 이익 증진에 도움이 된다. 공정한 처우를 받는 직원들은 회사를 위해 더 열심히 일하고 더 생산적이 되기 때문이다.[255]

③ 민주국가에서는 총사회후생과 동시에 공정한 배분도 중요시한다. 이사의 의무 확장은 회사 이윤의 공정한 배분을 가능하게 하여 사회적 문제를 해결할 수 있게 한다.[256]

(2) 지위·권한

이해관계자 지배구조에 의하면 이사는 주주의 대리인이 아니라 회사의 수

지지 않는다고 보고, 오로지 회사에 대한 의무만을 부담하는 것으로 본다.

253 Greenfield, "Debate: Saving the World with Corporate Law?" p.975.

254 이해관계자의 회사에 특유한 투자의 중요성에 대해서는 O'Connor, "The Human Capital Era," pp.909~910, 923 참조.

255 Greenfield, "Using Behavioral Economics to Show the Power and Efficiency of Corporate Law as a Regulatory Tool," pp.613~622.

256 Greenfield, "Debate: Saving the World with Corporate Law?" p.977.

탁자이다.[257] 이는 이사회가 특정 이해관계자 집단의 지배를 받게 되면, 그 집단은 다른 이해관계자 집단을 착취하는 기회유용 행위를 추구할 수 있게 되기 때문이다.[258] 회사의 장점은 이사로 하여금 주주를 포함한 모든 이해관계자 집단의 개별적 요구로부터 절연된 모든 이해관계자의 공동이익에 봉사하게 하는 것이다.[259]

따라서 회사의 이사는 회사 자체의 수탁자로서 다른 회사 구성원 간의 이해 상충을 자유롭게 고려하여 종국적으로 결정할 수 있다.[260] 이러한 측면에서 이사는 회사를 결속시키고, 생산적으로 만들기 위한 방향으로 상충하는 이익을 형량하기 위해 광범위한 재량을 가진다. 또한 이사에게 회사 자산에 대한 종국적인 지배권을 부여하는 이유는 그것이 팀 구성원의 지대 추구 행위를 방지하여 경제적 효율성 증진에 기여하고, 그로 인해 팀 구성원 모두가 팀 생산으로 인한 이익을 얻을 수 있게 하기 때문이다.[261]

(3) 의무

① 충실의무

충실의무(duty of loyalty)는 이사가 자신의 지위를 이용하여 회사의 이익을 희생시키면서 자신의 이익을 추구하지 아니할 의무를 의미하고,[262] 자기거래(self dealing)[263]와 회사 기회유용(corporate opportunity)[264]이 대표적인 규

---

257 Blair & Stout, "Team Production Theory of Corporate Law," p.291.

258 같은 글, p.291.

259 같은 글, pp.288~289.

260 같은 글, p.291.

261 같은 글, p.292.

262 임재연, 『미국기업법』, 501쪽.

정이다. 충실의무는 이사에 의한 회사 자산의 감소를 방지하여 모든 이해관계자를 보호하므로 이해관계자 지배구조에서도 동일하게 인정된다.[265]

② 선관주의의무와 경영판단 원칙

이사는 회사의 최선의 이익이라고 합리적으로 믿는 방법에 의하여 자신의 임무를 성실하게 수행하여야 할 의무가 있고 이를 선관주의의무(duty of care)라고 한다.[266] 이사는 이와 같은 주의의무를 위반할 경우 회사에 대하여 책임을 지나, 이사의 주의의무에 기한 책임은 경영판단 원칙에 의하여 실질적으로 제한된다. 경영판단 원칙이란 "회사의 목적 범위 내이고 이사의 권한 내의 사항에 관해 이사가 내린 의사결정이 그와 같이 할 합리적인 근거가 있고, 회사의 이익을 위한 것이라는 믿음하에 어떤 다른 고려에 의한 영향을 받지 아니한 채 독립적인 판단을 통해 성실히 이루어진 것이라면 법원은 이에 개입하여 그 판단에 따른 거래를 무효로 하거나 그로 인한 회사의 손해에 대해 이사의 책임을 묻지 아니한다는 원칙"[267]이다.

---

263 MBCA §8.31과 DGCL §144은 자기거래에 관하여 규정하고 있다. 또한 우리 '상법'도 제 398조에서 자기거래 금지 규정을 두고 있다.

264 회사 기회유용 금지의 원칙(corporate opportunity doctrine)이란 본래 미국 판례법에서 유래한 것으로서, '회사의 사업 범위에 해당하는 사업 기회 중에서 회사의 사업에 필요할 뿐만 아니라, 회사가 관심이 있거나 또는 관심이 있다고 예상할 수 있는 사업기회(business opportunity)'를 이사가 자신의 사업 기회로 유용하지 말아야 한다는 법리이다[김희철, 「개정상법의 회사기회 및 자산유용 금지규정에 한 소고」, 《법조》, 660호 (2011), 210쪽]. 우리 '상법'도 '상법' 제397조의2에서 회사의 기회 및 자산의 유용 금지에 관한 규정을 두고 있다.

265 Blair & Stout, "Team Production Theory of Corporate Law," p.299.

266 임재연, 『미국기업법』, 450쪽.

267 이철송, 『회사법강의』, 751쪽.

이해관계자 지배구조에서 경영판단의 원칙은 중요한 경제적 기능을 한다. 우선 경영판단 원칙은 모든 이해관계자의 집단적 이익을 침해하였을 경우에만 인정되기 때문에 회사로부터 소송을 통하여 지대를 뽑아내려는 시도를 막아낼 수 있다.[268]

또한 경영판단 원칙은 회사에 최선의 이익이 된다고 믿고 이사가 내린 결정을 보호한다. 여기서 회사의 최선의 이익은 모든 이해관계자의 이익을 포함한다.[269] 따라서 이사는 장기적인 관점에서 회사의 최선의 이익이라고 판단한다면, 주주의 이익에 반하지만 다른 이해관계자의 이익을 보호하는 결정을 할 수 있고,[270] 이는 경영판단 원칙에 따라 보호를 받게 된다.[271]

---

268 Blair & Stout, "Team Production Theory of Corporate Law," p.300.

269 같은 글, p.301.

270 Kostant, "Team Production and the Progressive Corporate Law Agenda," p.674; Blair & Stout는 위와 같은 결정이 주주가 다른 이해관계자에게 양보함으로써 결국에는 그러한 결정이 회사 특정 투자를 더 이끌어내어 생산성을 증가시키기 때문에 주주 집단 전체에게도 이익이 된다고 본다(같은 글, p.301).

271 같은 글, pp.302~303.

5. 이해관계자의 경영 참가

1) 쟁점

새로운 회사지배구조 원칙에 의하면 참여적이고 민주적인 회사지배구조는 부의 지속적 창출과 공정한 배분을 보장하는 최선의 방법이다. 회사 잉여에 대한 공정한 배분은 회사의 영속성이 유지하기 위한 필요조건이다.[272] 그러나 회사의 잉여를 사전에 공정하게 배분하는 것은 매우 어렵기 때문에 이해관계자 지배구조에서는 실체적인 공정성 대신 절차적 공정성을 강조한다.[273] 따라서 이해관계자 간의 절차적 공정성을 담보할 수 있는 의사결정방법이 필요하고, 이는 이해관계자가 경영에 참가하는 민주적인 회사지배구조를 통해 보장될 수 있다.[274]

이해관계자의 경영 참가는 여러 방법이 있을 수 있다. 약한 의미의 경영 참가는 일정한 결정에 대하여 이해관계자의 자문을 받는 경영자문제도 있을 수 있다.[275] 강한 의미의 경영 참가는 이해관계자가 회사의 의사결정에 직접

---

272 Greenfield, "New Principles for Corporate Law," p.113.

273 같은 글, p.113.

274 같은 글, p.113.

275 중요한 회사의 결정에 직원들의 견해가 반영되어야 한다는 견해로는 Matthew T. Bodie, "Workers, Information, and Corporate Combinations: The Case for Non-

참여하거나,[276] 의사결정기관의 구성에 참여하는 것을 의미한다.[277] 주주를 제외한 이해관계자가 회사의 경영에 참여할 수 있는지 여부에 관한 논의는 매우 논쟁적인 주제이다.

유럽과는 달리 미국에서는 직원의 경영 참가에 관한 논의가 거의 없었다.[278] 그러나 최근 진보 회사법학자를 중심으로 이해관계자, 특히 직원의 경영 참가에 대한 논의가 생겨나고 있다. 따라서 본 절에서는 이해관계자의 경영 참가와 관련하여 현재 미국에서 논의되고 있는 입장들을 소개하면서 이해관계자 경영 참가의 당위성에 대한 입장을 개진한다.

2) 미국의 논의

(1) 회사의 공익성에 근거한 '그린필드'의 주장

① 주장의 내용

그린필드는 회사법이 공정성을 증진시키는 규제 장치가 되어야 한다고 본다. 회사법은 부를 재분배하는 규제 수단, 즉 조세 또는 복지 정책보다 최초의 분배에 관련되어 있기 때문에 경제적 공정성을 실현하는 데 좀 더 효과적

Binding Employee Referenda in Transformative Transactions," *Washington University Law Quarterly*, vol.85(2007) 참조.

276 일정한 사안에 대하여 이해관계자에게 직접적인 의사결정권한 또는 거부권을 주는 것을 생각해볼 수 있다.

277 특히 이해관계자가 이사의 선임 과정에 참여하는 것을 의미한다.

278 Alfred F. Conard, "Corporate Constituencies in Western Europe," *Stetson Law Review*, vol.21(1991), p.80.

이라는 것이 그 이유이다.[279] 이를 위해서는 현재 주주만을 대표하는 이사회 구성이 변경되어야 한다고 제안한다.[280] 특히 회사와 계약관계에 있는 모든 이해관계자가 회사의 의사결정 단계부터 참여하는 것은 오히려 주주지상주의가 주장하는 '계약이론'을 현실화시킬 수 있는 방안이라고 본다.[281] 또한 회사가 모든 이해관계자의 이익을 위하여 존재한다면, 주주의 대표만으로 구성된 이사회는 논리적 모순이라는 것이다.[282] 따라서 직원에게 일정 수의 이사를 선출할 수 있게 하고, 지역사회, 채권자, 관계회사도 이사를 추천할 수 있게 하자는 것이 그린필드의 입장이다.[283] 이를 전제로 그린필드는 이해관계자의 이사회 참가가 미국에서는 낯설 수 있지만, 유럽에서는 이미 시행되는 제도라고 언급하면서 구체적인 절차에 대해서도 다양한 유럽 국가에서 시행되고 있는 비주주대표자에 관한 입법례를 살펴보자고 제안한다.[284]

② 이해관계자 경영 참가의 장점

그린필드는 이해관계자가 회사의 경영에 참가해야 하는 근거로 이해관계자가 참여하는 이사회가 다음과 같은 장점이 있기 때문이라고 주장한다.

㉠ 회사 이익의 공정한 배분

모든 이해관계자의 대표로 구성되는 이사회는 회사이윤이 공정하고, 심지어 효율적으로 배분될 수 있도록 하고, 이는 회사의 장기적인 존속에 도움을 준다.[285] 이사회에 주주 외의 다른 이해관계자의 대표가 구성원으로 의사결

---

279 Greenfield, "Debate: Saving the World with Corporate Law?" p.978.
280 Greenfield, "The third Way," p.764.
281 Greenfield, "Debate: Saving the World with Corporate Law?" p.980.
282 같은 글, p.979.
283 Greenfield, "Reclaiming Corporate Law in a New Gilded Age," p.24.
284 같은 글, pp.24~25.

정을 하게 되면 주주의 이익만이 아니라 모든 이해관계자의 이익을 위하여 결정을 하게 되어 공정한 부의 배분이 가능하게 된다.

ⓛ 효율성 증진

회사에서 공정한 대우를 받는 이해관계자, 특히 직원은 이윤의 원천이 되는 회사 특정 투자를 늘리게 되고 이는 회사의 생산성을 더 높이게 되어 결국 이해관계자와 사회 모두에게 이득이 된다.[286]

ⓒ 이사회의 다양성 확보

이해관계자가 이사회에 참여하게 되면 이사회는 주주가 선임한 이사만으로 구성된 동질적인 이사회보다 좀 더 다양한 이사들로 구성될 수 있고, 이와 같이 다양하게 구성된 이사회는 회사의 의사결정 능력을 증진시키고, 이는 회사의 장기적인 존속에 도움이 된다.[287] 집단 의사결정에서 그 집단이 동질적인 경우에는 좋은 의사결정이 어렵다는 연구가 있고,[288] 이와 같은 연구 결과에 의하면 이사회의 다양성은 회사를 위한 더 나은 의사결정을 가능하게 할 수 있다.[289] 크리스틴 졸스(Christine Jolls)와 캐스 선스테인(Cass Sunstein)의 연구도 동일한 생각을 가진 집단이 결정을 하는 경우 자주 잘못된 결정이 내려진다는 점을 지적하고 있다.[290] 이러한 연구를 회사지배구조에 적용하면 이사회가 동질적이고 폐쇄적인 경우에는 이사회 의사결정의 질이 떨어질

---

285 Greenfield, "Debate: Saving the World with Corporate Law?" pp.979~981.

286 Greenfield, "The third Way," p.765.

287 Greenfield, "Reclaiming Corporate Law in a New Gilded Age," p.26.

288 예컨대, 정치적 문제에 관하여 과격한 생각을 가진 집단이 토론을 하는 경우에는 토론 후에 그 견해가 더욱 과격해진다는 것이다(Greenfield, "The third Way," p.765).

289 Greenfield, "Debate: Saving the World with Corporate Law?" p.981.

290 Christine Jolls & Cass R. Sunstein, "Debiasing Through Law," *Journal of Legal Studies.*, vol.35(2006), p.218.

수 있다는 것을 시사하고,[291] 현재 미국의 이사회 구성은 이와 같은 점에서 문제가 있다. 그 이유는 현재 미국의 이사회는 가장 다양성이 결여된 집단 중 하나이기 때문이다.[292] 이와 같이 다양한 관점과 이견의 포용은 좀 더 나은 결정을 가능하게 하고,[293] 이러한 점에서 애런 더(Aaron Dhir)의 지적처럼 "다양한 이사회는 회사에서 집단사고와 관련된 폐해를 방지하는 데 도움을 주는 핵심적인 전략 자산"[294]이다.[295]

ㄹ 장기 경영

주주가치 극대화를 표방하는 주주지상주의는 회사 경영자로 하여금 단기적인 관점에서 회사를 운영하게 하였다.[296] 이는 단기적으로 성과를 내지 못하면 경영자의 위치를 유지할 수 없는 구조가 자본시장에 구축되었기 때문이다. 따라서 경영자는 장기적인 관점에서 회사에 어려움이 예상되더라도 단기적으로 주주에게 이익이 되는 결정을 하게 된다.[297] 2008년 이전 미국 회사의 최고재무책임자(CFO)에 대한 통계조사에 의하면, 반수가 넘는 재무책임자가 회사의 장기적인 전망보다는 분기별 예상 주가에 더 신경을 쓴다

---

291 Greenfield, "The third Way," p.766.

292 같은 글, p.767.

293 같은 글, p.767.

294 Aaron A. Dhir, "Towards a Race and Gender-Conscious Conception of the Firm: Canadian Corporate Governance, Law and Diversity," *Queen's Law Journal,* vol.35 (2010), p.595.

295 Greenfield, "The third Way," p.767
    회사의 업종, 현안 문제, 장기 계획의 수립 등을 위해서는 사외이사의 출신을 다양화하는 것이 필요하다는 지적으로는 홍복기, 「한국에 있어서 사외이사제도와 그 전망」, ≪한일법학≫, 21권(2002), 90쪽 참조.

296 Millon, "Why is Corporate Management Obsessed with Quarterly Earnings and What Should be Done About it?" p.902.

297 Greenfield, "The third Way," p.767.

고 조사되었다.[298] 다양하게 구성된 이사회는 이러한 단기 경영에 이의를 제기할 수 있는 가능성이 크기 때문에 단기 경영의 문제를 극복할 수 있는 방안이 될 수 있다.[299]

ⓘ 효율적인 부의 재분배 장치

이해관계자의 경영 참가는 상대적으로 효율적인 규제 장치로 활용될 수 있다.[300] 국가의 임무 중 하나가 부의 재분배이고, 국가는 부의 재분배 수단으로 조세와 복지정책을 사용한다. 그러나 조세나 복지정책보다 회사지배구조를 변경하는 것이 부의 재분배 정책을 달성하는 데 효율적일 수 있다.[301] 현재 미국은 역사적으로도 높은 소득 불평등 수준을 보이고 있고, 이와 같은 소득 불평등을 완화시키는 규제 장치인 노동법과 조세법은 소기의 성과를 거두지 못하고 있다. 하지만 이해관계자가 이사회에 참여하는 경우에는 회사가 창출한 이익을 모든 이해관계자를 위하여 좀 더 공정하게 배분할 수 있게 되고, 이러한 공정성에 입각한 결정은 부의 불평등을 시정하는 데 효율적인 장치가 될 수 있다.[302]

(2) 효율성에 근거한 '오코너'의 주장

말린 오코너는 기회 유용을 방지하기 위한 감시를 중심으로 하는 전통적

---

298 Lawrence E. Mitchell, *The Speculation Economy: How Finance Triumphed Over Industry*(Berrett-Koehler Publishers, 2008), p.1.

299 단기경영의 문제에 대하여 자세한 내용은 Kent Greenfield, "The Puzzle of Short-Termism," *Wake Forest Law Review*, vol.46(2011) 참조.

300 Greenfield, "The third Way," p.765.

301 Greenfield, "Reclaiming Corporate Law in a New Gilded Age," p.25.

302 Greenfield, "The third Way," p.765.

인 위계조직적 생산시스템은 국제적인 경쟁시스템으로 인해 한계에 도달했다고 진단한다.[303] 그 이유는 현재 자본에 대한 개념이 너무 협소하여 글로벌 시장에서 인적 자본(haman capital)이 하는 역할을 무시하고 있기 때문이라는 것이다.[304] 따라서 회사 체계에서 직원이 차지하는 위상이 달라진 만큼 직원을 회사의 구성원으로 인정하여 직원의 경영 참가를 인정하는 회사법의 재검토가 필요하다고 주장한다.[305] 또한 이러한 법적 개혁은 기업민주주의라는 사회적 목적에도 부합할 뿐만 아니라 변화하는 세계경제에서 회사의 효율성을 증진시키는 데도 도움이 된다고 주장한다.[306] 이러한 주장에 대한 근거로 오코너는 다음과 같은 점을 들고 있다.

① 거래비용 모델 분석에 의하면 전통적인 생산모델은 생산성을 증진시키는 직원의 사기를 고취시키는 것과 생산성 증진과 관련된 직원의 전략적 결정에 영향을 주는 데 불충분하고, 단지 기회유용을 위한 감시체계만을 중시하기 때문에 창의적이고 생산적인 행위를 증진시키는 기업문화의 창조 문제를 다루는 데 실패하였다.[307]

② 게임이론 및 산업이론 분석에 의하면, 전통적인 회사지배구조는 직원의 회사 특정 투자에 대한 보호가 불충분하다는 것을 증명한다. 따라서 이러한 보호의 결여는 직원으로 하여금 회사를 위한 노력과 협력을 감소시키게 하여 회사의 장기적 성공을 위험하게 한다.[308]

---

303 O'Connor, "The Human Capital Era," p.901.

304 같은 글, p.902.

305 같은 글, p.902.

306 같은 글, p.902.

307 같은 글, pp.905~917.

308 같은 글, pp.917~935.

이와 같은 근거 아래 오코너는 회사 이사회에 직원의 대표가 선임되는 것은 직원의 회사 특정 투자를 보호하고, 급변하는 경제조건에서 직원의 회사에 대한 신뢰를 이끌어낼 수 있는 환경을 촉진시키는 데 필수적이라고 주장한다. 또한 이러한 변화를 이끌어내기 위해서는 법에 의한 간섭이 필요하다고 보는데, 그 이유는 적대적인 노사관계가 형성되기 쉬운 주주지상주의에서는 개별 회사들 차원에서 이러한 효율적인 구조의 재조정을 받아들이기 쉽지 않기 때문이다.[309]

오코너는 직원이 참여하는 회사지배구조 모델을 중립적 심판자 모델(neutral referee model)이라고 명명하고, 중립적 심판자인 이사회는 이해관계자, 특히 주주와 직원의 이해관계를 조정하는 역할을 수행해야 한다고 본다.[310] 또한 오코너는 독일의 제도를 본떠 직원의 경영 참여를 활성화시키기 위해서 '직원 경영 참여 위원회'도 도입할 것을 제안한다.[311]

(3) 공화주의에 근거한 '맥도넬(Mcdonnell)'의 주장

브렛 맥도넬(Brett Mcdonnell)은 공화주의[312]에 근거하여 직원이 회사 경영에 참가해야 한다고 주장한다. 맥도넬에 의하면 공화주의는 경제제도와 관련하여 다음과 같은 점을 전제로 한다.[313]

---

309 O'Connor, "The Human Capital Era," pp.936~945.

310 같은 글, pp.946~964.

311 같은 글, p.962.

312 공화주의는 1980년대에 다시 법학에서 논의되기 시작하였다. 이에 관한 문헌으로는 Frank Michelman, "Law's Republic," *Yale Law Journal*, vol.97(1988); Cass R. Sunstein, "Beyond the Republican Revival," *Yale Law Journal*, vol.97(1988); William H. Simon, "Social-Republican Property," *UCLA Law Review*, vol.38(1991) 각각 참조.

① 공화주의는 인간의 행복과 복지와 관련된 일에 적극적으로 관여한다.

② 부의 불평등을 제한하는 것은 정치적 평등과 민주주의를 달성하는 데 중요하다.

③ 정치적 고려 과정을 통해 이해되는 공공선(public good)이 존재한다.

④ 정치적 고려는 시민을 사회적 존재로서 선하게 만든다.

이와 같은 공화주의적 전제에 근거하여 맥도넬은 직원의 경영 참가는 다음과 같은 이점이 있다고 주장하면서 직원에 의한 회사 경영을 지지한다.[314]

① 직원 경영은 동기 유발 효과로 인해 주주 경영과 비교하여 더 많은 잉여를 산출할 수 있다.

② 직원이 경영하는 회사는 주주지상주의에 의하여 지배되는 회사보다 사회 책임에 적극적이고, 부정적인 외부효과를 발생시키지 않는다.

③ 직원 경영은 부를 평등하게 분배할 수 있게 한다.

④ 직원 경영은 민주시민을 양성하는 데 더 적합하다.

그러나 맥도넬은 위와 같은 장점에도 불구하고 직원의 경영 참가가 드문 이유는 이에 대한 법적·제도적 지원이 없고, 회사구성원들이 외부에 대한 비용 전가를 내부화할 유인이 없기 때문이라고 진단한다.[315] 따라서 법적·제도적으로 회사의 직원이 이사회의 구성원을 선임하는 데 참가할 수 있도록 지원할 필요가 있고, 맥도넬은 이러한 지원책으로 보조금, 세제혜택을 제시한다.[316]

---

313 McDonnell, "Employee Primacy, or Economics Meets Civic Republicanism at Work," p.347.

314 같은 글, p.336.

315 같은 글, p.337.

316 같은 글, p.380.

3) 검토

회사의 실패에 대응하여 급진적인 입장에서는 직원이 회사의 경영권을 가져야 한다고 주장한다. 예컨대, 리처드 울프(Richard Wolff)는 자본주의의 문제점을 교정하기 위해서는 직원만으로 구성된 이사회에 의하여 회사가 경영되어야 한다고 주장한다.[317] 그러나 팀생산이론에 근거한 이해관계자 지배구조는 '작업장 민주주의'를 의미하는 것이 아니기 때문에 직원만으로 이사회를 구성해야 한다는 주장에는 동의하지 않고, 이사회의 독립성에 근거하여 이사회가 모든 이해관계자의 이익을 고려해야 한다고 본다. 그러나 이에 대해서는 이해관계자들이 주주지상주의 체제보다 좀 더 나은 배분을 받을 수 있다고 믿을 아무런 이유가 없다는 비판이 있다.[318] 이와 같은 비판은 타당하고 이해관계자 지배구조를 실질적으로 실현하기 위해서는 이해관계자가 회사 경영에 일정 부분 참가할 수 있는 민주적인 회사지배구조를 구축할 필요성이 있다.

한스만은 주주지상주의의 입장에서 주주보다 더 다양하게 구성된 직원이 경영에 참가하는 경우 의사결정비용이 많이 발생하는 반면, 주주는 직원보다는 동질적인 집단이기 때문에 의사결정비용도 덜 소요되기 때문에 주가를 극대화하는 데 집중하는 공개회사의 경우에는 주주가 의사결정을 하는 것이 더 적합하다고 주장한다.[319] 또한 직원의 경영 참여는 자본조달비용을 높인

---

317 Richard Wolff, *Democracy at work: A Cure For Capitalism*(Haymarket Books, 2012), pp.117~122; 국내에서는 뒤에서 살펴볼 김상봉이 동일한 주장을 한다.

318 Millon, "New Game Plan or Business as usual?" p.1043.

319 Henry Hansmann, "When Does Workers Ownership Work? ESOPs, Law Firms, Codetermination, and Economic Democracy," *Yale Law Journal*, vol.99(1990); Henry Hansmann, "Worker Participation and Corporate Governance," *University of*

다는 반론도 있다. 투자자들이 직원이 경영에 참가하는 회사에 투자하는 것
보다는 동질적인 주주집단이 지배권을 가지는 회사를 선호할 것이라는 이유
에서이다.[320]

그러나 직원이 이질적인 집단이라는 주장은 현대의 복잡한 주식시장에서
는 오히려 주주가 더 이질적인 집단이라는 점을 간과한 것이다.[321] 또한 직원
은 새로운 아이디어와 혁신의 원천이고,[322] 이러한 창의적인 혁신이 가능하
려면 직원들의 자발적인 협력적 생산체계가 필요하다. 이러한 점에서 베인
브리지는 직원의 경영 참여가 위계조직에서 발생하는 정보 및 동기의 문제
를 효과적으로 다룰 수 있다고 지적한다.[323] 이러한 긍정적인 결과는 의사결
정 참여가 직원의 생각을 바꾸어놓는 심리적 효과가 있기 때문이다. 현대 사
회과학은 직장만족도가 직원들에게 영향을 미치는 정책을 직접 결정할 때
증가한다고 본다.[324] 회사의 결정이 정당한 방법으로 결정되었다고 직원들

Toronto Law Journal, vol. 43(1993).

320 McDonnell, "Employee Primacy, or Economics Meets Civic Republicanism at Work," p. 351.

321 Shaun P. Martin & Frank Partnoy, "Encumbered Shares," University of Illinois Law Review, vol. 2005(2005).

322 McDonnell, "Employee Primacy, or Economics Meets Civic Republicanism at Work," p. 352.

323 Bainbridge, "Participatory Management Within a Theory of the Firm," pp. 682~683; Stephen M. Bainbridge, "Privately Ordered Participatory Management: An Organization Failures Analysis," Delaware Journal of Corporate Law, vol. 23(1998).

324 Tom R. Tyler & Steven L. Blader, Cooperation in Groups: Procedural Justice, Social Identity, and Behavioral Engagement(Psychology Press, 2000), pp. 54~55; Peter Warr, "Well-Being and the Workplace," in Daniel Kahneman, Edward Diener, & Norbert Schwarz(eds.), Well-Being: Foundations of Hedonic Psychology(Russell Sage Foundation Publications, 1999), p. 392.

이 느끼면 직원들의 자존감과 만족도가 높아진다는 것이다.[325]

경제학에서 효율성의 개념에는 정량적인 것뿐만 아니라 심리적 손익도 포함된다. 이러한 심리적 손익은 측정이 어렵기 때문에 경제학에서 거의 논의되지 않았으나, 최근의 연구에 의하면 '행복'과 같은 비자본적 변수가 효율성에 상당한 영향을 미치는 것으로 나타났다.[326] 따라서 근무만족도를 증가시키는 것은 생산성에 대한 도움 여부를 차치하고라도 그 자체로 매우 중요한 것이고, 최근 연구결과에 의하면 미국 근로자의 대다수가 의사결정에 참여하기를 바라고 있다.[327]

더욱이 상당수의 연구결과는 근무만족도가 직원의 생산성을 향상시킨다는 점을 증명하였다.[328] 절차적 정의에 관한 최근의 연구는 자기에게 영향을 미치는 결정이 정당한 방법으로 결정되면 그 결정에 순응하고, 조직의 목적을 달성하기 위해 노력하고, 이것이 조직 내의 감시비용을 절감하게 하면서 그에 따라 효율성도 올라간다는 것을 보여준다. 그런데 의사결정에의 참여는 직원이 그 절차가 정당하다고 느끼게 하는 가장 중요한 요인이다.[329]

---

325 Tyler & Blader, *Cooperation in Groups*, pp.185~187.

326 Bruno S. Frey & Alois Stutzer, "What Can Economists Learn from Happiness Research?" *Journal of Economic Literature*, vol.40, no.2(2002), p.402.

327 Peter H. Huang, "Beyond Cost-Benefit Analysis in Financial Regulation: Process Concerns and Emotional Impact Analysis," *Paper*, no.21(Temple University Beasley School of Law Legal Studies Research Paper Series, 2006)(available at http://ssrn.com/abstract=870453).

328 Warr, "Well-Being and the Workplace," p.392; Michell T. laffaldano & Paul M. Muchinsky, "Job Satisfaction and Job Performance: A Meta-Analysis," *Psychological Bulletin*, vol.97, no.2(1985).

329 이와 관련된 연구로는 Tom R. Tyler, "Promoting Employee Policy Adherence and Rule Following in Work Settings," *Brooklyn Law Review*, vol.70(2005); Tom R. Tyler, "Social Justice: Outcome and Procedure," *International Journal of Psycho-*

직원이 경영에 참가하는 이점은 직원들의 경우 경영에 대한 정보를 많이 알고 있기 때문에 적절한 동기만 주어지면, 경영자의 기회 유용적 행동을 감시할 수 있는 최상의 위치에 있다는 점이다.[330] 또한 직원 경영 참가는 직원이 감시 여부를 불문하고 더 성실하게 일을 하게 하는 동기를 제공한다.[331] 따라서 대리비용이론에서 가장 중요시하는 대리비용으로서의 감시비용을 감소시킬 수 있다.

이와 같은 측면을 고려하면 이해관계자, 특히 직원의 경영 참여는 공정성의 관점에서뿐만 아니라 효율성의 관점에서도 정당성이 인정될 수 있으므로 직원의 경영 참여는 인정하는 것이 타당하다. 그렇다면 어떤 방식으로 직원의 경영 참여를 인정할 것인가 하는 문제가 남는데, 이해관계자 지배구조를 주장하는 많은 학자들은 직원 경영 참가의 사례로 독일의 제도를 들고 있다.[332] 독일 회사지배구조의 특징은 이사회와 감사회를 두어 이원적 기구제도를 채택하고 있다는 점이다.[333] 즉 독일에서는 회사의 업무집행은 이사회

---

logy*, vol.35, no.2(2000); Matthias Benz & Alois Stutzer, "Do workers enjoy procedural utility?" *Applied Economics Quarterly*, vol.49, no.2(2003) 참조.

330 Joseph E. Stiglitz, "Credit Markets and the Control of Capital," *Journal of Money, Credit and Banking*, vol.17. no.2(1985); Margit Osterloh & Bruno S. Frey, "Shareholders Should Welcome Knowledge Workers as Directors," Working Paper no.283(Institute for Empirical Research on Economics, University of Zurich, 2006)(available at http://papers.ssrn.com/sol3/papers.cfm?abstract_id=900344).

331 Eugene Kandel & Edward P. Lazear, "Peer Pressure and Partnerships," *Journal of Political Economy*, vol.100, no.4(1992); Samuel Bowles & Herbert Gintis, "The Democratic Firm: An Agency-Theoretic Evaluation," in Samuel Bowles, Herbert Gintis, & Bo Gustafsson(eds.), *Markets and Democracy: Participation, Accountability and Efficiency*(Cambridge University Press, 1993), p.13.

332 McDonnell', "Employee Primacy, or Economics Meets Civic Republicanism at Work," p.339.

에 전속되고, 업무집행에 대한 감독은 감사회에 귀속시키고 있으며, 이사에 대한 인사권을 감사회에 부여하고 있다.[334] 감사회는 주주 측의 감사와 근로자 측의 감사로 구성되어 독일에서는 소위 공동결정(co-determination)제도를 채택하고 있다고 평가된다.[335]

333 전국경제인연합회 편, 『주요국 회사법』(전국경제인연합회, 2009), 372쪽.
334 같은 책, 364쪽.
335 같은 책, 364쪽.

6. 평가

이해관계자 지배구조는 팀생산이론으로부터 회사의 규범적 목적을 도출하고, 롤스의 이론에 근거하여 공정성 원리를 도출한다. 이와 같이 이해관계자 지배구조는 팀생산이론과 롤스의 이론에 따라 공정성을 기반으로 이해관계자 지배구조의 정당성을 확립한다. 이러한 점은 주주지상주의가 효율성을 규범적 근거로 하는 것과 대비된다.

주주지상주의는 주주지상주의 지배구조가 효율성을 극대화할 수 있다고 주장하고,[336] 이해관계자 지배구조는 회사의 효율성과 경쟁력을 상실하게 한다고 비판한다.[337] 그러나 이미 살펴본 바와 같이 효율성은 그 자체로는 회사법의 목적이 될 수 없고, 개별 규정의 규범적 근거도 될 수 없다.[338] 그리고 팀 생산의 관점에서 보면 생산의 효율성을 높이기 위해서는 회사 특정 투자가 필요한데, 회사 특정 투자는 주주지상주의보다 이해관계자 지배구조

---

336 이에 대한 일반적인 설명으로는 Leo E. Strine, Jr., "Toward Common Sense and Common Ground? Reflections on the Shared Interests of Managers and Labor in a More Rational System of Corporate Governance," *Journal of Corporation Law*, vol.33(2007).

337 이미 언급한 바와 같이 롤스는 차등의 원칙을 만족시키는 경우에는 효율성의 측면에서도 최적이라고 주장한다.

338 Mokal, "On Fairness and Efficiency," p.457.

가 더 잘 이끌어낼 수 있기 때문에 오히려 이해관계자 지배구조에서 효율성이 향상될 수 있다.

이해관계자 지배구조는 주주지상주의의 비판과는 달리 회사의 경쟁력도 높일 수 있다. 이해관계자 지배구조의 이해관계자에 대한 공정성은 회사와 이해관계자 간에 신뢰를 형성하고,[339] 회사에 대한 충성도를 높이므로 생산성 증대를 가져올 수 있고, 이는 회사의 경쟁력 향상과 장기 영속성을 가능하게 하기 때문이다.[340]

따라서 주주지상주의는 이해관계자 지배구조보다 효율적이라고 볼 수 없다.[341] 회사 특정 투자를 이끌어낼 수 있는 완전계약이 조건의 복잡성 및 불명확성으로 인해 불가능한 경우에는 주주 이익 극대화 규범이 사전적 사후적 관점에서 모두 비효율적일 수 있다. 반면 이해관계자 지배구조는 회사를 경영함에 있어 경영자로 하여금 장기적인 관점에 집중할 수 있게 하고, 회사와 이해관계자 간의 신뢰를 증진시켜 거래비용을 줄이면서 동시에 회사 특정 투자를 이끌어낼 수 있어 회사의 수익 창출에도 도움이 된다.[342] 이와 같이 이해관계자 지배구조의 가장 큰 특징은, 종래 효율성을 저해하는 것으로만 이해되던 공정성을, 오히려 효율성을 증진시킬 수 있는 원리로 재구성하였다는 점이다.[343] 그러므로 팀생산이론에 근거한 이해관계자 지배구조는 효율성과 공정성을 동시에 충족시킬 수 있다는 점에서 정당성이 인정된다.

이러한 이해관계자 지배구조를 실현하기 위해서는 우선 이해관계자의 이

---

339 Kostant, "Team Production and the Progressive Corporate Law Agenda," p.671.

340 Lipton & Rosenblum, "A New System of Corporate Governance: The Quinquennial Election of Directors," p.215.

341 Stout, "Bad and Not-So-Bad Arguments for Shareholder Primacy," p.1198.

342 Kostant, "Team Production and the Progressive Corporate Law Agenda," p.670.

343 같은 글, p.679.

익이 고려될 수 있도록 회사의 목적이 설정되어야 하고, 이를 담보할 수 있는 장치가 마련되어야 한다. 따라서 이해관계자 지배구조에서는 회사의 의사결정을 함에 있어 이해관계자의 이익을 고려하도록 하는 이해관계자 조항이 필수적으로 제정되어야 하고, 이해관계자 조항은 강제규정이어야 한다. 이와 같은 이해관계자 조항에 따라 경영자가 따라야 할 이상적인 규범은 현재 주주의 이익을 극대화하는 것이 아니라, 회사에 참가하는 모든 집단에 의해 향유될 수 있는 모든 위험 조정적 이익의 총합(the sum of all the risk-adjusted returns)을 극대화하는 것이다.[344]

또한 이사가 이해관계자 조항에 따른 의무를 이행하고 있는지 확인하고 감독할 수 있도록 회사의 정보를 광범위하게 공개하도록 할 필요가 있고, 지금까지 주주에게만 인정되었던 열람청구권과 대표소송제기권을 일정한 요건하에 이해관계자, 특히 직원에게도 허용할 필요성이 있다. 이와 같이 이해관계자 조항을 통해 경영자에게 이해관계자의 이익을 보호하는 의무를 부과하는 경우 경영자에 의한 부당한 비용 전가를 막을 수 있고, 이는 모든 이해관계자 간에 공정한 비용의 분배를 가져올 수 있다는 점에서 타당성이 인정된다.

회사지배의 수단과 관련하여 미국에서 회사지배구조의 역사적 변천 과정을 살펴보면, 우선 경영자주의 하에서는 최고경영자에게 모든 의사결정권한이 집중되어 있었고, 주주총회와 이사회는 회사의 의사결정에 큰 영향을 미

---

344 Stout, "Bad and Not-So-Bad Arguments for Shareholder Primacy," p.1198; G. Mitu Gulati, William A. Klein & Eric M. Zolt, "Connected Contracts," *UCLA Law Review*, vol.47(2000), p.895; Frank Partnoy, "Adding Derivatives to the Corporate Law Mix," *Georgia Law Review*, vol.34(2000), pp.600, 612~616; Thomas A. Smith, "The Efficient Norm for Corporate Law: A Neotraditional Interpretation of Fiduciary Duty," *Michigan Law Review*, vol.98(1999), pp.218~220.

치지 못하였다. 그러나 주주지상주의하에서는 대리인이론에 근거하여 주주의 대리인인 경영자가 주주의 의사에 부합하게 의사결정을 할 것을 요구하였다. 반면, 이해관계자 지배구조에서는 이사회가 종국적인 의사결정권한을 가지고, 이해관계자 지배구조의 이사회는 '독립성'과 '견제·균형'을 그 특징으로 한다. 이와 같이 이해관계자 지배구조는 집행임원과 이사회 간의 의사결정에 관한 견제와 균형을 통하여 최선의 결과에 이른다는 점에서 견제·균형의 원리가 작용하지 못했던 경영자주의와 차이가 있고, 단순히 주주의 대리인이 아니라 회사의 수탁자인 이사로 구성된 이사회가 독립적인 지위에서 모든 이해관계자의 이익을 고려하여 의사결정을 한다는 점에서 주주지상주의와 차이가 있다.

또한 이해관계자 지배구조에서는 이해관계자 간의 절차적 공정성을 담보할 수 있는 의사결정 방법이 필요하고, 이는 이해관계자가 경영에 참가하는 민주적인 회사지배구조를 통해 보장될 수 있다. 이해관계자, 특히 직원의 경영 참여는 공정성의 관점에서뿐만 아니라 효율성의 관점에서도 정당성이 인정될 수 있으므로 인정하는 것이 타당하다. 또한 이해관계자의 경영 참가는 경영자에게 종국적인 결정에 필요한 관련 정보를 더 많이 제공할 수 있어 더 나은 결정을 가능하게 하고, 이러한 지배구조의 유연성은 빠르게 변화하는 글로벌 경제의 경쟁에 회사가 더 잘 적응할 수 있게 할 수 있다.[345] 이해관계자의 경영 참가로 인한 다양한 이사회 구성도 현재의 동질적인 이사회 구성보다 더 나은 결정을 가능하게 할 수 있다.

마지막으로 이해관계자 지배구조는 사회 공동체에서 요구되는 덕성과 지

---

345 경쟁적인 글로벌 시장에서 유연성이 필요하다는 지적에는 John H. Matheson & Brent A. Olson, "Corporate Cooperation, Relationship Management, and the Trialogical Imperative for Corporate Law," *Minnesota Law Review*, vol.7(1994)이 있다.

성을 고양시킬 수 있는 지배구조가 될 수 있다. 이에 대하여 로버트 다알 (Robert Dahl)은 다음과 같은 의견을 제시한다.

한 경제체제가 인간의 믿음을 강화시키고 행위의 결과에 책임을 지는 정직성을 고취하는 반면, 다른 경제체제는 사기와 무책임을 조장한다면, 두 경제체제가 동일한 결과를 산출한다 해도 전자의 체제가 명백히 더 우월한 것이다.[346]

이와 같이 이해관계자 지배구조가 사회 공동체에서 요구하는 민주적인 덕성을 고취시키는 데 기여를 하기 때문에 이해관계자 지배구조를 채택하는 회사는 적극적으로 법을 준수하게 되고, 자신의 행동에 대한 윤리적 결과에 대하여 신경을 쓰게 된다.[347] 따라서 이해관계자 지배구조는 그러한 기능을 하지 못하는 주주지상주의보다는 더 나은 제도라고 할 수 있다.

이러한 이유로 이해관계자 지배구조는 회사의 실패를 초래하는 주주지상주의를 대체하는 새로운 회사지배구조로 평가될 수 있고, 미래의 이상적인 회사상을 더욱 잘 구현할 수 있는 제도라고 할 수 있다.

---

346 다알, 『경제민주주의』, 94쪽.
347 Kostant, "Team Production and the Progressive Corporate Law Agenda," p.671.

제7장

이해관계자 지배구조의 구체적 실현

1. 이해관계자 지배구조와 경제민주주의

1) 이해관계자 지배구조와 경제민주주의와의 관계

이해관계자 지배구조는 주주지상주의의 대안으로 회사의 의사결정 과정에서 주주만이 아닌 모든 이해관계자의 이익을 고려하는 회사지배구조이다. 이해관계자 지배구조의 가장 큰 장점은 종래 효율성을 저해하는 것으로만 이해되던 공정성을 오히려 효율성을 증진시킬 수 있는 원리로 재구성하였다는 점이다.

이와 같은 이해관계자 지배구조를 우리 회사법과 관련하여 논의하는 이유는 이해관계자 지배구조가 '경제민주주의'에 부합하는 지배구조를 제시해줄 수 있기 때문이다. 우리 헌법은 "대한민국의 경제질서는 개인과 기업의 경제상의 자유와 창의를 존중함을 기본으로 한다(헌법 제119조 제1항)"라고 규정[1]하여 시장경제제도를 헌법에서 보장하고 있다.[2] 그러나 우리 헌법이 보장하는 시장경제질서는 자유방임경제를 의미하는 것은 아니다.[3] 따라서 "국가는 균형 있는 국민경제의 성장 및 안정과 적정한 소득의 분배를 유지하고, 시장

---

1   '헌법' 제119조 제1항.
2   정종섭, 『헌법학원론』(박영사, 2014), 227쪽.
3   같은 책, 227쪽.

의 지배와 경제력의 남용을 방지하며, 경제 주체 간의 조화를 통한 경제의 민주화를 위하여 경제에 관한 규제와 조정을 할 수 있다(헌법 제119조 제2항)."[4] 이와 같은 헌법 규정에 의하여 경제에 관한 규제와 조정의 근거로 명시된 '경제민주화'를 보통 경제민주주의라고 부른다. 경제민주주의는 거시적으로는 "경제 영역에서 활동하는 국민 간의 경제적 불균형을 조정하고 경제 영역에서 사회정의를 실현"[5]하는 것이고, 미시적으로는 "경제 주체 각자가 자신의 경제활동의 목표와 수단 및 노력(기여도)에 따른 정당한 경제성과, 즉 경제활동의 정당한 기여도에 부합하는 경제적 배분의 몫을 받는 것"[6]이라고 정의될 수 있다.

이와 같이 경제민주주의가 화두인 대한민국에서 새로운 회사법의 방향을 위한 질문은 "회사의 부 창출 능력과 경제적 동력을 해치지 않고 좀 더 경제체제를 공정하게 만들 수 있는 방법이 있는가?"이다.[7]

경제민주주의와 관련하여 마틴 와이츠맨(Martin Weitzman)은 경제제도를 평가하는 기준으로 다음과 같은 기준을 제시한다.[8]

① 그 제도가 합리적으로 효율적인가? 투입 대비 산출이 비교적 높은 수준을 유지하고 있는가? 사람들로 하여금 산출을 증진시키는 동기를 유발하고 있는

4　이러한 경제질서를 '수정자본주의적 경제질서'라고 한다[한국헌법학회, 『헌법주석(I)』(박영사, 2013), 23쪽].

5　유승익, 「헌법 제119조 제2항 '경제의 민주화' 해석론」, ≪법학연구≫, 47집(한국법학회, 2012), 13쪽.

6　정영화, 「헌법에 있어서 경제민주주의에 대한 고찰」, 73쪽.

7　Greenfield, "There's a Forest in Those Trees," p.1020.

8　Martin L. Weitzman, "Profit-sharing capitalism," in Jon Elster & Karl Ove Moene(eds.), *Alternatives to Capitalism*(Cambridge University Press, 1989), p.61.

가? 그 제도가 최대한의 고용을 실현하고 있는가?

② 그 제도가 합리적으로 평등한가? 합리적으로 공정한 소득의 분배를 실현하고 있는가?

③ 그 제도가 높은 수준의 성장률을 달성하고 있는가?

④ 그 제도가 경제적, 정치적, 사회적 다양성을 지지하고 있는가?

이해관계자 지배구조는 이와 같은 기준을 모두 충족시키는 제도이다. 이해관계자 지배구조는 회사 특정 투자를 유도하여 회사의 생산적 효율성 자체를 증가시킨다는 점에서 합리적으로 효율적이고, 회사의 성공에 기여하는 투자를 한 모든 이해관계자를 회사 의사결정 과정에서 고려한다는 점에서 합리적으로 평등하다. 또한 생산적 효율성의 증대로 경제성장을 증대시킬 수도 있고, 모든 이해관계자의 이익을 고려한다는 것은 그 자체로 다양성의 존중을 의미한다.

따라서 이해관계자 지배구조는 주주 중심의 회사구조를 변화시켜 회사의 부 창출 능력을 증진시키는 동시에 부의 공정한 분배와 회사의 행동 변화를 통하여 회사의 실패를 교정할 수 있는 지배구조로 기능할 수 있다는 점에서 경제민주주의에 부합하는 최적의 대안으로 평가될 수 있다. 이번 장에서는 이와 같은 목적에서 이해관계자 지배구조가 우리 회사법에 구체적으로 어떠한 변화를 가져올 수 있고, 회사지배구조에 어떻게 적용될 수 있는지를 살펴보도록 한다.

2) 논의 개관

이해관계자주의에 의하면 회사제도의 목적은 사회후생을 증진시키는 것이고, 회사법은 이와 같은 사회적 목적을 효과적으로 달성할 수 있게 하는 것을 목적으로 한다. 따라서 이해관계자주의는 회사법을 사법이 아닌 '규제법'으로 이해한다. 또한 공리주의와 자유지상주의의 대안으로서 평등자유주의와 회사이론으로서 팀생산이론은 회사지배구조와 관련하여 이해관계자 지배구조의 이론적 근거가 될 수 있고, 이와 같이 평등자유주의와 팀생산이론에 입각한 이해관계자지배구조는 '공정성'을 핵심 가치로 한다. 이와 같은 이해관계자 지배구조에서 주주는 회사 특정 투자에 대한 지배권을 포기한 이해관계자 집단 중 하나이고 유일한 잔여청구권자도 아니다. 이해관계자 지배구조에서 주주의 공익권은 도구적 권리로 이해되고, 주주의 권리는 오직 법에 의하여 인정되는 한도에서만 부여된다.

이와 같은 이해관계자 지배구조를 통한 회사법의 새로운 이해는 우리 회사법의 기본 전제에 관하여 재검토할 여지를 준다. 이를 위하여 제2절에서는 이해관계자주의에 의한 회사법의 이해가 우리 회사법에 주는 변화에 대하여 회사법의 체계, 회사법의 기본 원리, 주주의 권리를 중심으로 검토한다.

제3절에서는 이해관계자 지배구조가 우리 회사법에 어떻게 적용될 수 있는지 검토한다. 회사지배구조의 가장 핵심적인 문제는 ① 누구를 위해 회사의 의사결정을 하고, ② 누가 그러한 의사결정을 할 것인지 여부이다. 누구를 위해 회사의 의사결정을 해야 하는가의 문제에 관해서는 우리 회사법에서 '이해관계자 조항'의 필요성 여부가 검토될 필요가 있다. 또한 누가 그러한 의사결정을 할 것인지 여부에 대해서는 이사회를 중심으로 하는 이해관계자 지배구조가 우리 회사법에 어떻게 적용될 수 있는지 검토할 필요가 있고, 주로 검토할 사항은 이사회의 독립성과 이사회의 구성에 관하여 이해관계자 지배구조가 어떠한 시사점을 주는지 여부와 이해관계자의 경영 참가, 즉 이해관계자가 이사회 구성에 참여할 수 있는지 여부이다.

마지막으로 이해관계자 지배구조가 실질적으로 이해관계자를 보호하기 위해서는 이해관계자의 보호를 담보할 장치가 필요하고, 이와 같이 이해관계자의 이익을 보호하는 장치에 관하여는 정보 공개의 확대, 회사 정보에 대한 열람청구권 및 대표소송제기권의 부여가 논의될 수 있다. 따라서 이러한 논의가 우리 회사법에 적용될 수 있는지 여부도 검토되어야 한다.

2. 회사법의 변화

1) 회사법 체계의 재검토

(1) 회사법의 재정의

우리 회사법은 '상법'에 속해 있고, 일반적으로 '상법'은 기업 생활의 특수한 수요에 부응하기 위하여 형성된 '기업에 관한 특별사법'으로 이해되고 있다.[9] 그러나 회사법을 '규제법'으로 이해하는 이해관계자주의에 의하면 회사법을 사법으로 보는 입장은 재검토의 여지가 있다.

미국 회사법의 역사는 개인주의를 기초로 하는 시민법 원리로 설명할 수 없는 회사제도를 어떻게 이해할 것인가에 관한 것이었다. 역사적으로 주주지상주의는 회사를 재산법 또는 계약법의 범위에서 정의하면서 회사법을 사법으로 이해하고 회사법에 의한 회사 규제에 강하게 반대하였다. 그러나 이미 살펴본 바와 같이 회사는 주주의 소유가 아니므로 재산법에 의하여 규율될 수도 없고, 회사가 사인 간 계약만으로 형성될 수 없는 정부 입법의 산물이라는 점에서 계약법에 의해서 규율될 수도 없다. 따라서 회사법은 회사를 둘러싼 개인 간의 이해상충을 조정하는 기본법[10]이지만, 회사의 공익적 성격

---

9   안강현, 『상법총칙·상행위법』, 4쪽.

으로 인하여 강한 공적 규제를 받아야 하고, 이러한 의미에서 회사법은 사법 체계로는 설명할 수 없는 부분이 있다.

역사적으로 볼 때, 초기 미국의 회사법은 공익적인 목적에서 회사를 규제하기 위한 법에서부터 출발하였다. 회사법의 규정도 계약의 자유를 보충하는 임의규정보다는 공익적인 측면에서 회사와 관련된 이해관계자 집단 간의 이해를 조정하기 위한 강행규정으로 구성되어 있다. 이러한 역사적 영향으로 인해 우리 회사법은 사법 영역에서 인정되기 어려운 벌칙 규정[11]도 두고 있다.[12] 또한 회사제도를 평등자유주의의 입장에서 볼 때 회사제도가 지향해야 할 본질적인 핵심 가치는 이해관계자에 대한 '공정성'이고, 이것이 회사제도를 규제하는 정당성의 근거가 된다.

이와 같이 회사법의 역사적 전개, 회사법 규정의 현실적인 존재 형태, 공정성 원리를 고려하여 보았을 때, 회사법을 사적 자치의 원칙이 지배하는 사법으로 이해하기보다는 사인 간의 행위를 공익적인 목적으로 규제하는 법률로 이해해야 한다. 따라서 회사법은 '기업에 관한 특별사법'으로 정의되는 것보다는, '기업조직에 관한 규제법'으로 보는 것이 타당하다.[13]

(2) '주식회사법'의 분리

① 주식회사와 다른 회사의 분리

이미 살펴본 바와 같이 이해관계자 지배구조는 회사를 모든 이해관계자의

---

10 홍복기 외, 『회사법』(박영사, 2012), 3쪽.

11 '상법' 제3편 제7장 참조.

12 '상법' 회사편이 벌칙규정을 포함하고 있는 것과 관련하여 이러한 벌칙규정이 '상법'에 포함되는지 여부에 관한 견해의 대립이 있다(안강현, 『상법총칙·상행위법』, 5쪽).

13 현재 회사법의 성격을 이 책과 같이 보는 견해는 국내에는 없는 것으로 보인다.

회사 특정 투자의 결합체로 이해하고, 회사를 주주의 소유로 보지 않는다. 이해관계자 지배구조는 유한책임의 이익만을 향유하기 위하여 주식회사의 형식을 차용한 실질적인 조합 형태의 회사는 공개회사와는 본질적으로 다른 것으로 인식한다.[14]

국내에서도 합명회사와 합자회사는 무한책임사원이 회사의 채무에 무한 책임을 진다는 점에서 법인격을 향유하기 위한 조합적 기업으로 정의될 수 있고, 유한책임회사와 유한회사도 소수의 사원으로 구성된다는 점에서 본질은 개인 또는 조합 형태의 기업이나 법인격과 유한책임을 향유하기 위한 회사로 볼 수 있다. 이와 같이 주식회사를 제외한 다른 회사는 그 본질을 조합으로 볼 수 있다는 점에서 주식회사와는 달리 취급해야 한다. 특히 대규모 공개회사의 경우에는 다양한 이해관계인이 관여하고, 사회적·정치적·경제적으로 커다란 영향을 미친다는 점에서 더욱 그러하다.[15]

또한 주식회사를 제외한 다른 회사는 다수의 이해관계자를 전제로 하지 않은 기업으로서 법인격 또는 법인격 및 유한책임을 향유하기 위한 수단으로 회사를 이용하는 것이므로 사법의 규율을 받는 것이 타당하나, 주식회사는 규제법으로서 엄격한 규율이 필요하다는 점에서 별도의 법체계로 규율할 필요가 있다.[16]

---

14 Blair & Stout, "Team Production Theory of Corporate Law," p.787.

15 김홍기, 「회사지배구조의 이론과 바람직한 운용방안」, 55쪽.

16 국내의 경우 다른 회사형태를 이용하는 것이 바람직한 소규모 회사의 경우에도 주식회사로 설립되는 경우가 많아 실제로는 상당수의 주식회사도 다수의 이해관계자를 전제로 하지 않은 기업인 경우가 많다. 그러나 이러한 현상은 대규모의 자본을 모집하기 위한 주식회사의 설립 취지와 다르고, 주식회사보다 유한회사가 더 많은 독일의 경우와 비교해도 바람직한 경제 현실은 아니다. 따라서 주식회사를 별도의 법체계로 규율하는 경우에는 위와 같이 주식회사로 편중된 왜곡된 경제 현실을 바로잡을 수 있는 기회가 될 수 있다.

② '주식회사법'의 분리 및 단행법화

회사법을 '상법'에서 분리하여 단행법으로 제정해야 한다는 주장은 이전부터 상법학계에서 회사법의 과제로 제시되어왔다.[17] 회사법은 기업환경의 변화에 따라 능동적인 법 개정이 요구되고, OECD 국가들 중에서 우리 '상법'처럼 단일 법전에 복잡·다양한 내용을 담고 있는 나라가 없다는 점을 감안하면 회사법의 단행법화는 피할 수 없는 과제이다.[18]

이해관계자 지배구조는 이와 같이 회사법을 '상법'에서 분리하여 단행법으로 제정해야 한다는 입장에 새로운 논리를 제공한다. '상법'은 기업에 관한 특별사법으로 이해되고, 이에 따라 계약법상 기본 원리인 사적 자치의 원칙이 적용된다.[19] 그러나 회사법의 성격을 사법이 아니라 규제법으로 이해하는 경우에는 회사법을 사법인 '상법'에서 분리하여 독립된 법률로 제정하는 것이 체계정당성의 원리에 적합하다. 이해관계자 지배구조는 '공정성'을 회사 지배구조의 핵심 가치로 하고 있기 때문에 사적 자치의 원칙에 근거한 '계약자유의 원칙'과는 충돌이 발생할 가능성이 크다. 이해관계자 지배구조에서는 공정성의 원리에 근거하여 당사자의 합의에 우선하는 강행규정이 확대될 가능성이 더 크기 때문이다. 한편 한국은 소규모회사[20]도 주식회사로 설립하는 극단적인 주식회사 편중현상을 보이고 있다.[21] 이에 따라 소규모회사를 위한 각종 특칙이 주식회사 편에 규정되었지만,[22] 이에 대해서는 '상법'의 기

---

17 박길준, 「회사법의 회고와 과제」, ≪상사법연구≫, 10권(1992), 134쪽.

18 홍복기, 「경제환경의 변화와 회사법의 입법방향」, 19쪽.

19 안강현, 『상법총칙·상행위법』, 16쪽.

20 '상법'상 자본금 10억 이하의 주식회사를 의미한다(이철송, 『회사법강의』, 89쪽).

21 홍복기, 「경제환경의 변화와 회사법의 입법방향」, 16~17쪽.

22 소규모회사에 대해서 '상법'은 정관인증제도, 주금납입제도에 대한 특례('상법' 제292조 단서, '상법' 제318조 제3항), 주주총회 소집절차에 대한 간소화 및 서면결의 및 서면동

본 틀을 벗어나 기업의 편의만을 고려한 입법이라는 비판이 있다.[23] 이와 같은 현상을 시정하기 위해서는 조식회사를 제외한 나머지 회사는 '상법'에 계속 존치시키고, 주식회사법을 단행법으로 제정하여 이해관계자의 이해관계 조정을 위한 엄격한 규율을 하는 것이 필요하다고 생각된다.

(3) 회사법 체계의 새로운 이해

① 단행법으로서 '주식회사법'

앞에서 본 바와 같이 다수의 이해관계자가 참가하는 주식회사를 합목적적으로 규율하기 위해서는 '상법'에서 주식회사 부분만을 분리[24]하여 주식회사법을 단행법으로 제정할 필요성이 있고, '상법'은 기업조직에 관한 일반법으로, 주식회사법은 기업조직에 관한 특별법으로 볼 수 있고, 그 성격은 독점규제법 또는 증권규제법과 같이 규제법으로 이해될 수 있다.

② 경제법으로서의 회사법

전통적인 회사법론에 따르면 주주는 실질적으로 회사의 소유자이다. 따라서 오로지 주주만을 회사의 소유자로 파악하여, 회사법의 사법적 효율성을 관철하고자 하며, 주주 이익을 초월하는 공공의 이익 또는 사회적 이익을 고려하는 경제법과 회사법을 구분한다.[25]

의제도의 허용('상법' 제363조 제5항), 이사 수에 대한 특례('상법' 제383조 제1항), 감사에 대한 특례('상법' 제409조 제4항)에 관한 규정을 두고 있다.

23 홍복기, 「경제환경의 변화와 회사법의 입법방향」, 18쪽.

24 소규모 기업을 위한 합명회사, 합자회사, 유한책임회사, 유한회사는 규제의 필요성이 크지 않다는 점에서 사법 영역에 존치시키는 것이 타당하다.

25 이동승, 「주주권의 사회적 기능」, ≪비교사법≫, 12권 4호(2005), 343쪽.

그러나 '상법'에서 주식회사를 분리하여 단행법화하는 경우 '주식회사법'은 사법이 아니라 '기업조직에 관한 특별규제법'으로 보아야 하고, 이러한 주식회사법은 사법이 아니라 '경제법'으로 보는 것이 타당하다. 경제법은 국민경제를 정당하게 질서짓기 위한 법규범 또는 법제도의 총체라고 정의된다.[26] 경제법은 다음과 같은 세 가지 개념요소가 있다.[27]

① 경제법은 국가가 경제활동을 규제하는 법이다.
② 경제법은 국민경제 전체를 정당하게 질서짓기 위한 것이다.
③ 경제법은 경제활동을 규제하는 법규범과 법제도의 총체이다.

회사법은 이와 같은 경제법의 개념요소 모두를 충족한다. 즉 회사법은 경제활동을 목적으로 하여 조직되는 기업의 조직형태를 규율하는 법이고, 전체 사회 공익을 위한 경제적인 목적으로 공정성의 원리에 따라 이해관계자 간의 관계를 조정한다는 점에서 회사법은 국민경제 전체를 정당하게 질서짓기 위한 것으로 볼 수 있다. 또한 회사법은 형사법적·행정법적 요소를 포함하고 있다는 점에서 단순히 사법이라고 보기 어려운 측면도 있다.[28] 특히 이해관계자 지배구조는 '공정성'을 회사지배구조의 핵심 가치로 하고 있고, 이는 경제법이 추구하는 가치와 본질적으로 동일하다. 따라서 회사법은 사법보다는 경제법으로 이해하는 것이 타당하다.[29]

---

26 신현윤, 『경제법』(법문사, 2007), 11쪽.
27 권오승, 『경제법』(법문사, 2009), 12~13쪽.
28 이미 살펴본 바와 같이 현재의 '상법' 회사편은 벌칙규정을 포함하고 있다.
29 이러한 점에서 회사법은 자본시장에서의 조직과 거래를 규제하기 위한 '자본시장과 금융투자업에 관한 법률' 또는 기업의 불공정한 행위를 일반적으로 규제하는 '독점규제 및 공정거래에 관한 법률'과 동일하게 하는 것이 타당하다.

② 기업조직법의 새로운 체계

주식회사법을 '상법'에서 분리하고 기업조직에 관한 규제법으로 이해하는 경우 기업에 관한 법체계는 다음과 같이 이해될 수 있다.

① 사법상 조직과 거래에 관한 일반사법은 민법이다.

② 사법상 기업을 위한 조직(상사조직)에 관한 특별사법은 '상법'이다.

③ 상사조직 중 주식회사를 위한 조직 및 규제에 관한 법은 '주식회사법'이다.

2) 회사법 기본 원리의 재검토

(1) 의의

'상법'은 기업의 유지·강화의 이념을 기본 원리로 하고, 계약자유 원칙, 공시주의, 외관존중주의 등 기업활동의 원활과 거래의 안전을 위한 원리들을 상법의 원리로 제시한다.[30] 이해관계자 지배구조에서는 이외에도 공정성의 원리가 회사법의 지도 원리로 인정되어야 하고, 효율성의 원리에 대해서는 새로운 이해가 필요하게 된다.

(2) '공정성' 원리의 도입

평등자유주의의 입장을 취하고 있는 롤스의 정의 원칙에 의하면, 사람 또는 집단이 상호 이익을 도모하기 위하여 참가자의 희생 또는 기여를 요구하

---

30 안강현, 『상법총칙·상행위법』, 16~18쪽.

는 협력 계획을 자발적으로 수락하고, 그 계획에 무임승차의 가능성이 있으면, 협력 계획 참가자들 사이에 '공정 의무'가 발생한다. 팀생산이론에 근거한 이해관계자 지배구조에서 회사는 바로 롤스가 말하는 협력 계획이고, 이에 따라 회사의 이해관계자 상호 간에는 공정 의무가 발생한다. 이러한 공정 의무는 회사 참가자 간의 기본의무로서 참가자 간의 명시적·묵시적 동의와 관계없이 발생하는 것이고, 이해관계자 상호 간과 회사와 이해관계자 간의 관계를 모두 규율한다. 이와 같이 공정 의무는 회사 참가자 간의 기본의무이기 때문에 회사법의 기본 원리로 이해되어야 한다.

따라서 공정성 원리는 이해관계자주의의 규범적 정당성의 기초로서, 회사에 관한 입법의 기준이 되고, 회사와 이해관계자 간의 관계에 관한 사법해석의 기준이 된다.

(3) '효율성'의 새로운 이해

주주지상주의는 회사법의 목표를 효율성의 추구로 이해하고,[31] 국내에도 주주지상주의와 같이 회사법의 목적을 효율성으로 이해하는 견해가 있다.[32] 그러나 이미 살펴본 바와 같이 효율성은 그 자체로는 회사법의 목적이 될 수 없고, 개별 규정의 규범적 근거도 될 수 없다.[33] 다만 법을 실체법과 절차법으로 구분하고 절차법을 실체적 목적을 달성하는 방법에 관한 것으로 정의할 때, 효율성은 회사법의 절차적 목적은 될 수 있다.[34] 예컨대, 회사법의 목

---

31 Kraakman et al., *The Anatomy of Corporate Law*, p.18.

32 최준선, 「회사법의 방향」, 23쪽.

33 Mokal, "On Fairness and Efficiency," p.457.

34 같은 글, p.457.

적을 달성하는 데 가능한 방법이 여러 가지가 있다고 가정하고 각각의 방법에 비용이 소요된다는 것을 전제로 하면, 여러 방법 중에서 가장 비용이 적게 드는 방법을 채택하여야 함은 당연하다. 즉 법에서 효율성의 역할은 실체적인 목적을 가장 적은 비용으로 달성할 수 있는 방법인지 여부를 판단하는 기능만을 할 수 있다.[35]

이렇게 효율성을 회사법의 절차적인 지도 원리로 파악하면, 효율성은 회사법의 실체적 지도 원리인 공정성과 충돌하지 않는다. 실체적인 목적과 절차적인 목적은 그 개념 자체로 서로 충돌할 수 없기 때문이다.[36] 요컨대, 효율성은 사회적 합의에 따라 법률로 설정된 목적을 전제로 이를 최소의 비용으로 실현하는 방법을 판단하는 기준으로 정의할 수 있다.[37]

3) 주주 지위의 재검토

(1) 의의

일반적으로 주주는 주식회사의 사원(社員)으로 정의되고,[38] 주식은 회사의 지분(持分)으로서 그 법적 성질에 대하여 견해의 대립이 있으나,[39] 회사 사원

---

35 Mokal, "On Fairness and Efficiency," p.458.

36 같은 글, p.457. 실제적 목적은 절차적 목적 이전에 미리 확립되어야 하고, 절차적 목적은 일정한 실제적 목적을 전제로 해야 한다. 모칼(Mokal)은 사회적 의사결정을 할 때 가장 문제가 되는 것이 실체적 목적과 한정된 자원 내에서 그것을 달성하는 방법을 혼동하는 것이라고 지적한다.

37 같은 글, p.457.

38 이철송, 『회사법강의』, 302쪽.

의 지위, 즉 사원권(社員權)으로 보는 것이 통설이다.[40] 이와 같이 주식은 주주가 회사에 대하여 갖는 권리·의무의 기초인 사원의 지위 또는 자격 즉 사원권을 의미하는 것으로 주주권에 의하여 주주는 재산권적 성질의 권리인 이익배당청구권과 잔여재산분배청구권 등의 자익권(自益權)과 의결권이나 지배권 등의 공익권(共益權)을 갖는다.[41] 그러나 회사를 회사 특정 투자의 결합체로 보는 이해관계자 지배구조에서는 주주와 주식에 대하여 다르게 이해할 필요가 있다.

(2) 주식의 보유자로서의 주주

현재의 통설은 주주를 회사의 유일한 구성원으로 인식하고, 주주만이 회사의 구성원인 '사원'이라고 본다. 반면 이해관계자 지배구조는 회사를 회사 특정 투자의 결합체로 보기 때문에 회사가 자본금을 출자한 주주만이 아니라 회사에 특정한 기여를 하는 모든 이해관계자로 구성되는 것으로 본다. 이

---

39 주식은 자본의 구성단위(지분)로서의 의미와 회사 사원의 지위, 두 가지 의미가 있다. 즉 주식은 회사의 두 가지 실질적 요소인 자본과 사원을 결부시키는 개념이다[정찬형, 『상법강의(상)』(박영사, 2012), 667쪽; 최완진, 『신회사법요론』(한국외국어대학교출판부, 2012), 76쪽]; 주식에 대해서는 주식을 주주가 회사에 대하여 갖는 권리의무의 기초인 사원의 지위 또는 자격으로 보는 주식 사원권설, 회사를 조합으로 보아 주식을 회사 재산에 대한 공유지분으로서 물권으로 파악하는 주식 물권설, 주주가 회사에 대하여 가지는 청구권에 중점을 두어 채권으로 파악하는 주식 채권설 등이 있다(이철송, 『회사법강의』, 268~269쪽; 최준선, 『회사법』, 173~174쪽). 주식의 성질에 관한 학설에 관하여 자세한 내용은 안택식, 『회사법강의』(형설출판사, 2009), 190~193쪽 참조.

40 이기수·최병규, 『회사법』(박영사, 2011), 208쪽; 이철송, 『회사법강의』, 268; 정동윤, 『상법강의(상)』(법문사, 2010), 419쪽; 정찬형, 『상법강의(상)』, 670쪽; 최기원, 『신회사법론』(박영사, 2009), 22쪽; 최준선, 『회사법』, 17쪽; 홍복기, 『회사법강의』, 165쪽.

41 헌법재판소 2003.12.18. 선고 2001헌바91,92,93,94(병합) 결정.

와 같이 주주만이 회사의 구성원이 아니라는 전제에 선다면 주주만을 사원으로 정의하는 것은 논리적으로 타당하지 않고, 주식을 사원권으로 정의하는 것도 타당하지 않다. 따라서 이해관계자 지배구조에 의하면 회사는 회사에 기여를 하는 모든 이해관계자의 인적 결합체로 정의하고, 그 모두를 회사를 구성하는 '사원'으로 정의하는 것이 논리적으로는 타당할 수 있다. 다만 물적 자본의 결합을 특별한 법적 규율의 출발점으로 삼아 주식회사 제도가 회사법에 규정되었다는 점[42]을 고려하면 법적인 측면에서 주식회사를 사단(社團)으로 보고, 형식적인 측면에서 주식회사의 사원을 주주만으로 한정하는 것은 입법기술상 가능하다고 본다.[43]

그러나 형식적으로 주주를 주식회사의 사원으로 보는 경우에도 주주의 권리는 다른 이해관계자와의 이익조정을 위해 제한될 필요가 있다. 따라서 이해관계자 지배구조에서 주식은 회사 특정 투자의 하나인 회사 자본금에 대한 기여를 표시하는 이익단위(unit of interest)로서 회사와 주주 간의 이익 공유 계약(profit sharing contract)을 의미한다고 보아야 한다.[44] 또한 주주도 주식회사의 소유자가 아니라 회사의 이해관계자 중 하나로서 주식 보유자(shareholder)로 인식되어야 하며, 주주의 권리는 오로지 법률 또는 회사 정관에 의해서만 인정되는 것으로 보아야 한다.

---

42 예컨대, 회사가 설립되기 위해서는 발기인이 있어야 하고, 발기인은 반드시 주식을 인수하여야 한다('상법' 제293조, 제295조 제1항).

43 이철송, 『회사법강의』, 41쪽.

44 Cox & Hazen, *Corporations*, p.328.

(3) 주식 보유와 의결권의 분리

최근 자본시장의 발전으로 주식에 대한 경제적 이익의 보유자와 의결권의 행사자가 분리되는 현상이 발생하고 있다.[45] 이러한 주식의 보유와 의결권이 분리되는 현상에 대해서는 ① 주식대차거래의 활성화, ② 장외파생상품시장의 발달, ③ 헤지펀드(또는 사모투자전문회사)의 활성화가 그 원인으로 지적된다.[46]

이와 같이 경제계에서 주식의 보유와 의결권을 분리하여 취급하는 현상의 발생은 주식이 그 성격상 의결권과 본질적으로 연결된 것이 아니라는 점을 반증한다. 또한 우리 '상법'에서 의결권이 제한되는 종류주식 발행을 허용하기 시작한 점은 주식 보유와 의결권의 분리 현상이 입법적으로도 얼마든지 가능한 것임을 보여준다.[47] 이것은 의결권이 주식과 얼마든지 분리될 수 있고, 정책적으로 회사를 위해 의결권을 행사할 인센티브가 있는 자에게 부여되는 것이 최선일 수 있다는 것을 의미한다.

(4) 이해관계자 지배구조와 주주의 지위

이해관계자 지배구조에서 주주는 형식적으로 회사의 사원이나, 실질적으로는 회사의 이해관계자 중 하나로서 주식보유자로 인식되어야 한다. 따라서

---

45 주식과 의결권 분리에 관하여는 김지평, 『주식에 대한 경제적 이익과 의결권』(경인문화사, 2012).

46 같은 책, 10~13쪽.

47 상법 제344조(종류주식) ① 회사는 이익의 배당, 잔여재산의 분배, 주주총회에서의 의결권의 행사, 상환 및 전환 등에 관하여 내용이 다른 종류의 주식(이하 '종류주식'이라 한다)을 발행할 수 있다.

주주가 가지는 권리는 지배권이 아니라 계약에 근거한 권리로서의 성격을 가진다. 특히 주주에게 인정되는 의결권은 회사 사원으로서 본질적으로 인정되는 권리가 아니라 정책적으로 법률과 정관에 의해서 인정되는 것으로 보아야 한다. 이와 같은 논리에 의하면 주주의 권리는 오직 법에 의하여 인정되는 한도에서만 부여되는 것이고, 주주 지위에서 당연히 인정되는 권리는 존재하지 않는다.[48] 따라서 이해관계자 지배구조에서 공익권은 도구적 권리이고, 주주에게 특별한 권리가 있기 때문이 아니라, 회사를 구성하는 집단의 이익을 대변할 가장 적합한 위치에 있기 때문에 인정되는 것이다.[49] 즉 회사의 운영을 위하여 누군가는 이사를 선임하여야 하는데, 다른 이해관계자에 비하여 주주가 가장 적합한 위치에 있다는 정책적 고려인 것이다.[50]

---

48 Greenfield, *The Failure lof Corporate Law*, p.36.

49 Blair & Stout, "Team Production Theory of Corporate Law," p.289.

50 같은 글, p.313.

3. 회사지배구조의 변화

1) 이해관계자 조항의 도입

(1) 의의

회사지배구조의 근본 문제는 누구를 위해 회사의 의사결정을 하는지 여부이다. 이에 대하여 이해관계자 지배구조는 회사는 모든 이해관계자를 위하여 의사결정을 하여야 하고, 회사의 의사결정권자는 의사결정 과정에서 주주만이 아닌 모든 이해관계자의 이익을 고려하여야 한다고 본다.

회사에서 회사의 의사를 결정하는 실질적인 주체는 이사이다. 이사는 이사회의 구성원으로서 이사회의 업무집행에 관한 의사결정에 참여하고, 다른 이사의 업무집행을 감독할 권한을 갖는 자이다.[51] 이사는 주주와는 별개의 독립된 법인격을 지난 회사와 위임 계약 관계에 있는 회사의 수임인으로 주주지상주의가 주장하는 바와 같이 주주의 대리인이 아니다.[52] 이사는 회사의 수임인으로서 회사에 대한 관계에서 일정한 의무를 부담하고, 우리 회사법에서 대표적인 이사의 의무는 선관주의의무[53]와 충실의무[54]이다.

---

51 홍복기 외, 『회사법』, 286쪽.
52 이철송, 『회사법강의』, 628쪽.

이해관계자 지배구조는 이사에게 모든 이해관계자를 공정하게 보호할 것을 요구하므로 이해관계자 지배구조의 실현을 위해서는 이해관계자 조항의 입법은 필수적이다. 이해관계자 조항은 이사에게 회사를 위한 의사결정을 함에 있어 어떠한 사항을 고려해야 하는지에 관한 조항으로 이사의 선관주의의무와 관련이 있다. 또한 이해관계자 조항은 '회사를 위한' 의사결정을 함에 있어 다른 이해관계자 집단의 이익을 고려하도록 한다는 점에서 이해 충돌(conflict of interest)의 문제가 핵심인 충실의무와도 관련이 있다.

이해관계자 조항은 국내에서는 기업의 사회적 책임(CSR)의 일반 규정 도입에 관한 문제로 논의되고 있다. 따라서 이해관계자 조항을 논의하는 데에서는 기존의 논의를 정리할 필요가 있다. 또한 이해관계자 조항을 우리 회사법에 신설함에 있어 참고로 삼을 만한 입법례는 미국 회사법의 이해관계자 조항과 영국 회사법의 이사의무에 관한 조항이 있다.[55] 미국 회사법상 이해관계자 조항에 대해서는 제6장에서 이미 살펴보았으므로 여기에서는 영국 회사법의 예만을 살펴보기로 한다.

---

53 선관주의의무는 이사가 그 직무를 수행함에 있어 선량한 관리자의 주의로 하여야 할 의무를 말한다(홍복기 외, 『회사법』, 378쪽).

54 상법 제382조의3(이사의 충실의무) 이사는 법령과 정관의 규정에 따라 회사를 위하여 그 직무를 충실하게 수행하여야 한다.

55 영국 회사법에 관련된 조항에 대해서는 Derek French, Stephen Mayson & Christopher Ryan, *Company Law*(Oxford University Press, 2009) 참조; 이 조항에 관한 국내 문헌으로는 이홍욱·이지한, 「2006년 영국 회사법상 확대된 주주이익보호에 관한 연구」, 《법학연구》, 49권 1호(부산대학교 법학연구소, 2008) 참조.

(2) CSR 일반규정 도입에 관한 논의

① CSR 일반규정 도입에 관한 찬반론

국내에서는 CSR에 관하여 이를 회사법에 일반규정의 형태로 도입해야 하는지 여부에 관하여 반대론이 다수의 견해이다. 반대론이 주장하는 논거는 다음과 같다.

① 회사의 공익적 성격을 강조하는 CSR은 회사가 순수한 이익단체라는 회사의 본질에 반한다.[56]

② CSR은 그 개념이 명확하지 않아 일반 규정화함에 있어 입법 기술상 어려움이 있다.[57] CSR은 의무의 내용을 구체적으로 제시하지 못하며, 어떠한 작위의무도 명확히 부여되지 않기 때문에 행위규범으로 기능할 수 없다.[58]

③ CSR은 개념 자체가 불명확하므로 규정 위반의 여부를 제대로 가려내기도 어렵고, 법률관계의 혼란을 가져올 염려도 존재하며,[59] 규정의 추상성으로 인해 경영자에 의하여 남용될 우려도 있다.[60]

④ CSR은 권리와 의무의 대상이 존재하지 않는다.[61]

⑤ CSR은 사회법 및 경제법에 의하여 규제될 문제이고, 회사법에 규정되더라도 훈시규정으로 사장될 염려가 있다.[62]

---

56 이철송, 『회사법강의』, 67쪽.

57 서돈각, 『상법연구(2)』(법문사, 1980), 174~175쪽.

58 이철송, 『회사법강의』, 68쪽.

59 손주찬, 「기업의 사회적 책임 - 외국의 입법적 규제를 중심으로」, 40쪽.

60 안동섭, 「기업의 사회적 책임과 상법적 규제」, 215~216쪽; 김태주, 「기업의 사회적 책임: 법학적 고찰」, 10~11쪽.

61 이철송, 『회사법강의』, 68쪽.

이와 같은 도입 반대론에 대하여 CSR에 관한 일반규정을 회사법에 도입하자고 주장하는 도입 찬성론의 논거는 다음과 같다.

① CSR은 단기적 기업이익에 연연하여 장기적으로 사회에 해가 되어 막대한 사회적 비용을 발생시키는 회사의 행위를 규제하기 위해 필요하다.[63]

② CSR의 일반규정은 국민경제적으로 막강한 영향력을 행사하는 거대 기업에 대해서 공공적 의무를 부여할 수 있다.[64]

③ CSR의 개념과 내용이 불명확하여 일반규정화하더라도 실효성이 없다는 주장에 대해서는 헌법, 민법 등 다른 법률에서도 신의성실의 원칙이나 권리남용금지의 원칙 및 공공복리의 원칙 등 그 개념을 분명히 확정할 수 없는 추상적 개념들이 많이 규정되어 있는 것을 감안해 볼 때 '상법'에 일반규정을 두더라도 문제가 없다. 또한 추상적 규정들은 법질서의 기본성격을 규명하는 데 크게 기여할 수 있기 때문에 일반규정을 신설할 경우 오히려 회사법상 기업은 주주의 전유물이 아니라 사회적 제도라는 사실을 분명히 선언할 수 있는 장점이 있다.[65]

④ CSR에 관하여는 여러 특별법에서 규율하므로 통일성이 없는 문제점을 없애고 법적용상의 혼란을 피하기 위하여 '상법'상 일반규정이 필요하다.[66]

---

62 최기원, 「상법개정의 문제점에 관한 연구」, 《법학》, 18권 2호(서울대학교, 1978), 17~18쪽.

63 송호신, 「기업의 사회적 책임에 대한 배경과 회사법적 구현」, 《한양법학》, 21권 (2010), 152쪽.

64 권기범, 『현대회사법론』(삼지사, 2005), 8쪽.

65 송호신, 「기업의 사회적 책임에 대한 배경과 회사법적 구현」, 157쪽.

66 하영태, 「기업의 사회적 책임(CSR) 제고를 위한 상법상 일반규정화 검토」, 《경제법연구》, 13권 1호(2014), 283쪽.

⑤ CSR에 관한 일반규정이 이사회의 행위 기준을 분명히 할 수 있다.[67]

② 도입 찬성론의 구체적인 입법제안

CSR에 관한 일반 규정의 도입을 찬성하는 입장에서는 구체적인 입법제안으로 이사의 충실의무에 관한 '상법' 제382조의2를 다음과 같이 개정할 것을 제안한다.[68]

'상법' 제382조의3(이사의 충실의무와 책임)

① 이사는 법령과 정관의 규정에 따라 회사를 위하여 그 직무를 충실하게 수행하여야 한다.

② 이사는 전항의 직무를 수행할 때, 회사의 장기적인 이익의 관점에서 주주뿐만 아니라 회사의 종업원, 거래처 및 고객, 지역사회 및 환경을 고려해야 할 책임이 있다.

(3) 영국 회사법상 이사의무 조항의 검토

① 조항의 내용

2006년 영국 회사법은 이사의 의무에 관한 회사법 제172조를 다음과 같이 개정하였다.[69]

회사의 이사는 신의성실에 의하여 전체 회사 구성원(member)[70]의 이익을 위

---

67 송호신, 「기업의 사회적 책임에 대한 배경과 회사법적 구현」, 158쪽.
68 하영태, 「기업의 사회적 책임(CSR) 제고를 위한 상법상 일반규정화 검토」, 286쪽.
69 Companies Act of 2006, c. 46, § 172.
70 영국 회사법에서 구성원은 주주를 의미한다.

하여 회사의 성공을 증진시킬 수 있는 방법으로 행동하여야 하고, 그 행위를 함에 있어서 다음과 같은 사항을 고려한다.

(a) 장기적 관점에 의한 결과, (b) 회사 직원의 이익, (c) 공급자, 고객 등과 사업관계를 증진시킬 필요성, (d) 회사운영이 지역사회와 환경에 주는 영향, (e) 영업에 관한 높은 수준의 명성을 유지하는 것의 적절성, (f) 구성원 사이에서 공정하게 행동할 필요성

이 조항은 이사에게 일정한 의무를 부과하는 강제규정이고, 모든 회사에 적용되고,[71] 이사에게 회사의 성공을 위해서 이해관계자의 이익을 고려할 의무를 부과하고 있다.[72] 다만 이 조항은 그 종국적인 판단기준을 "주주의 이익을 위한 회사의 성공"으로 규정하고 있고, 다른 고려 사항들을 여기에 종속시키고 있는데,[73] 이러한 조항을 '계몽적 주주가치(enlightened shareholder value) 원칙'이라고 한다.[74]

② 조항의 한계
영국 회사법의 규정은 미국 각 주의 회사법이 이해관계자의 보호를 이사의 재량사항으로 두고 있는 것에 비하여 이해관계자의 이익을 의무사항으로 두고 있다는 점에서 진일보한 조항이라고 할 수 있다. 그러나 영국 회사법의 규정도 회사운영의 주된 목적을 주주의 이익으로 본다는 점에서 주주지상주

---

71 Companies Act of 2006, c. 46, § 172(1).

72 Vasudev, "The Stakeholder Principle, Corporate Governance and Theory," p.421.

73 같은 글, p.420.

74 Virginia Harper Ho, "'Enlightened Shareholder Value': Corporate Governance Beyond the Shareholder-Stakeholder Divide," *Journal of Corporation Law*, vol.36(2010), pp.78~79.

의의 틀을 벗어나지 못한 한계가 있다. 이와 같이 영국의 이사의무 조항은 주주를 제외한 다른 이해관계자의 이익을 주주의 이익에 종속시켜 놓았기 때문에 이사가 주주의 이익과는 관계없이 다른 이해관계자의 이익을 고려할 수 있다고 보기 어렵고, 주주의 이익을 증진시키는 것으로 인정되는 한도에서만 다른 이해관계자의 이익을 고려할 수 있는 것으로 판단된다.[75]

(4) 한국형 이해관계자 조항의 제안

① 관련 쟁점

㉠ 규정의 법적 성격

이해관계자 지배구조에 따라 이해관계자 조항을 우리 회사법에 신설하려고 할 때 고려해야 할 상황은 우선, 이해관계자 지배구조에서 이해관계자에 대한 보호는 단순한 재량사항이 아니라 의무이므로 이해관계자 지배구조에 입각한 이해관계자 조항은 영국 회사법의 예와 같이 의무조항이어야 하고, 미국 회사법과 같이 재량조항에 머물러서는 안 된다는 것이다.

㉡ 의무의 대상

우리 회사법은 회사를 영리를 목적으로 하여 설립한 법인[76]으로 정의하고 있고, 회사는 주주의 소유가 아니므로 회사가 주주의 이익을 위하여 운영되어야 한다는 것이 회사법의 목적으로 설정될 수 없다. 따라서 우리 회사법에서 이해관계자 조항의 도입을 논의할 때 회사의 목적을 미국과 같이 주주의 이익 극대화로 설정해서는 안 된다. 그렇다면 회사의 주된 목적을 무엇으로

---

75   이홍욱·이지한, 「2006년 영국 회사법상 확대된 주주이익보호에 관한 연구」, 15쪽.
76   '상법' 제169조(회사의 의의) 이 법에서 '회사'란 상행위나 그 밖의 영리를 목적으로 하여 설립한 법인을 말한다.

설정해야 하는지 여부가 문제되는데, 회사는 모든 이해관계자로부터 독립된 실체이므로 회사의 수임인인 이사는 이해관계자의 이익이 아니라 '회사 자체의 이익'을 우선 고려하여야 한다. 회사 자체의 이익이 무엇인지에 대해서는 회사가 경제적 이익 창출을 통해 간접적으로 사회 전체의 이익에 기여하기 위하여 만들어진 것이고, 사회 전체의 이익에 기여한다는 것은 회사가 영속성을 가지고 계속 지속하여야 한다는 의미를 포함한다는 점을 고려해야 한다.[77] 따라서 회사 자체의 이익은 '회사의 장기적인 존속과 성장'으로 설정되어야 하고, 회사의 이사는 이를 목적으로 회사를 경영하여야 한다.

한편 회사는 이해관계자의 투자의 결합체로서 모든 이해관계자의 회사를 위한 투자(회사 특정 투자)는 회사의 존속과 성장을 위한 필수적인 조건이기 때문에 이사는 독립적인 입장에서 이해관계자의 이익을 공정하게 고려할 의무가 있다. 따라서 이사는 회사의 장기적인 존속과 성장을 위하여 의사결정을 함에 있어 이해관계자의 이익을 고려하여야 한다.

ⓒ 보호의 구체적인 범위

이해관계자의 이익 보호를 위한 조항을 신설하는 경우 우선 문제가 되는 것은 어느 범위까지의 이해관계자를 보호할 것인지 여부이다. 영국의 예를 살펴보면, 지역사회와 환경까지를 포함한 광범위한 보호조항을 두고 있고, 미국 각 주의 회사법도 비슷한 경우를 많이 볼 수 있다.

그러나 이해관계자를 광범위하게 정의할 경우 이해관계자 조항의 규범력이 형해화될 우려가 있을 수 있다. 이러한 점에서 이해관계자 조항을 국내에 도입하는 경우 이해관계자의 범위를 한정할 필요성이 있다. 따라서 이 책은 이해관계자의 범위를 회사와 계약관계를 가지는 '주요 이해관계자 집단'으로 한정하여 정의하고자 한다.[78] 즉 주주, 채권자, 직원, 공급자, 소비자만을 회

---

77 Greenfield, "New Principles for Corporate Law," pp.92~93.

사법에 의하여 고려될 필요가 있는 이해관계자로 보고 회사에 대해서는 이들 집단에 대해서만 일정한 의무를 부담하도록 하자는 것이다. 이와 같은 이해관계자의 한정은 이해관계자 조항이 결국 실질적인 규범력을 가진 조항으로 기능할 수 있도록 작용할 것으로 예상된다.[79]

ㄹ 충실의무와의 관계

충실의무는 이사가 자신의 지위를 이용하여 회사의 이익을 희생시키면서 자신 또는 제3자의 이익을 추구하지 아니할 의무를 의미하고, 경업피지의무,[80] 회사기회유용금지,[81] 이사와 회사 간의 거래[82] 등이 충실의무를 구체

---

78 따라서 지역사회, 정부와 같이 부수적인 이해관계자 집단은 이해관계자 조항의 보호대상에서 제외된다.

79 팀생산이론에 기초한 이해관계자주의의 경우에는 이해관계자의 범위를 생산에 기여하는 이해관계자로 한정시킬 수도 있다. 이러한 경우 이해관계자는 주주, 채권자, 직원, 공급자 등으로 한정되고 소비자는 제외될 수 있다.

80 '상법' 제397조(경업금지) ① 이사는 이사회의 승인이 없으면 자기 또는 제삼자의 계산으로 회사의 영업부류에 속한 거래를 하거나 동종영업을 목적으로 하는 다른 회사의 무한책임사원이나 이사가 되지 못한다.

81 '상법' 제397조의2(회사의 기회 및 자산의 유용 금지) ① 이사는 이사회의 승인 없이 현재 또는 장래에 회사의 이익이 될 수 있는 다음 각 호의 어느 하나에 해당하는 회사의 사업기회를 자기 또는 제3자의 이익을 위하여 이용하여서는 아니 된다. 이 경우 이사회의 승인은 이사 3분의 2 이상의 수로써 하여야 한다.
   1. 직무를 수행하는 과정에서 알게 되거나 회사의 정보를 이용한 사업기회
   2. 회사가 수행하고 있거나 수행할 사업과 밀접한 관계가 있는 사업기회

82 '상법' 제398조(이사 등과 회사 간의 거래) 다음 각 호의 어느 하나에 해당하는 자가 자기 또는 제3자의 계산으로 회사와 거래를 하기 위하여는 미리 이사회에서 해당 거래에 관한 중요 사실을 밝히고 이사회의 승인을 받아야 한다. 이 경우 이사회의 승인은 이사 3분의 2 이상의 수로써 하여야 하고, 그 거래의 내용과 절차는 공정하여야 한다.
   1. 이사 또는 제542조의8 제2항 제6호에 따른 주요 주주
   2. 제1호의 자의 배우자 및 직계존비속

적으로 담은 '상법' 규정들이다. 충실의무는 이사에 의한 회사 자산의 감소를 방지하여 모든 이해관계자를 보호하므로 이해관계자 지배구조에서도 동일하게 인정된다.[83]

이와 같은 충실의무에 의하여 이사는 회사의 수임인으로서 회사를 위하여 그 직무를 수행하여야 하고, 회사가 아닌 자신 또는 제3자를 위하여 직무를 수행할 수 없다. 따라서 이해관계자 조항이 없는 경우 이사가 회사 자체가 아닌 이해관계자의 이익을 고려할 수 없고, 고려하더라도 법논리상 충실의무에 위반될 수 있다. 이러한 점에서 이해관계자 조항은 충실의무를 구체화하는 동시에 이해관계자를 위한 고려가 충실의무 위반이 아니라고 선언하는 작용을 하는 규정이다.

ⓜ 선관의무 및 경영판단 원칙과의 관계

선관의무는 이사가 그 직무를 행사함에 있어 선량한 관리자의 주의로써 하여야 한다는 것을 의미한다.[84] 선관주의의무를 위반할 경우 이사는 회사에 대하여 책임을 지나, 이사의 주의의무에 기한 책임은 경영판단 원칙에 의하여 실질적으로 제한된다. 이미 살펴본 바와 같이 이해관계자 지배구조에서 경영판단 원칙은 회사의 최선의 이익이라고 믿고 이사가 내린 결정을 보호한다. 여기서 회사의 최선의 결정은 모든 이해관계자의 이익을 고려하

---

3. 제1호의 자의 배우자의 직계존비속

4. 제1호부터 제3호까지의 자가 단독 또는 공동으로 의결권 있는 발행주식 총수의 100분의 50 이상을 가진 회사 및 그 자회사

5. 제1호부터 제3호까지의 자가 제4호의 회사와 합하여 의결권 있는 발행주식 총수의 100분의 50 이상을 가진 회사.

83 Blair & Stout, "Team Production Theory of Corporate Law," p.299.

84 민법 제681조(수임인의 선관의무) 수임인은 위임의 본지에 따라 선량한 관리자의 주의로써 위임사무를 처리하여야 한다.

여 내린 결정을 포함한다. 따라서 이사는 장기적인 관점에서 회사의 최선의 이익이라고 판단한다면, 주주의 이익에 반하지만 다른 이해관계자의 이익을 보호하는 결정을 할 수 있고, 이는 경영판단 원칙에 따라 보호를 받게 된다.

② 이해관계자 조항의 제안

이해관계자 조항은 이해관계자 지배구조의 핵심이므로 이해관계자 지배구조를 채택하는 경우 반드시 도입되어야 한다. 국내에 도입되어야 하는 이해관계자 조항은 이사의 의사결정을 위한 종국적인 기준을 미국과 영국 회사법과 달리 주주가치에 두지 않고, 회사의 존속과 성장에 두어야 한다. 또한 이사의 이해관계자에 대한 이익 고려를 의무로 규정하여야 하고, 주주가치는 회사의 장기적인 존속과 성장을 위하여 이사가 고려하여야 할 요소들 중 하나로 설정되어야 한다. 또한 고려되는 이해관계자의 범위는 이해관계자 조항의 실질적인 규범력을 담보하기 위하여 주주, 채권자, 직원, 공급자, 소비자와 같이 회사의 생산을 위하여 필수불가결한 역할을 하는 이해관계자만을 고려하는 것으로 범위를 제한할 필요가 있다.

이와 같은 점 및 CSR의 일반규정에 관한 논의와 미국 및 영국 회사법의 입법례를 고려하여 이 책은 우리 회사법에서 다음과 같은 이해관계자 조항의 도입을 제안한다. 이사의 충실의무 규정에 새로운 규정을 신설하는 방식으로 개정안을 제안하는 이유는 이해관계자 조항이 충실의무를 구체화하는 조항이라는 점을 감안한 것이다.

'상법' 제382조의 3(이사의 충실의무)

① 이사는 법령과 정관의 규정에 따라 회사를 위하여 그 직무를 충실하게 수행하여야 한다.

② 이사는 신의성실에 의하여 회사의 장기적인 존속과 성장을 위하여 최선의 이
익이 된다고 합리적으로 판단되는 바에 따라 행동하여야 하고, 이와 같은 행
위를 함에 있어서는 다음과 같은 사항을 고려하여야 한다.

1. 주주 이익의 장기적인 증진

2. 회사 근로자의 이익

3. 채권자, 공급자, 소비자와의 공정한 사업관계 증진 필요성

4. 주주 간의 공정성

③ 이해관계자 조항의 예상효과

이해관계자 조항은 전통적으로 회사법의 영역에서 소외되었던 이해관계
자 집단을 회사법이 고려한다는 점에서 회사법의 혁명적 변화를 의미하고
이러한 점에서 베인브리지는 미국에서 이해관계자 조항 도입을 증권법 제정
이래 가장 중대한 미국 회사법의 변화라고 평가하였다.[85] 그러나 이해관계
자 지배구조에 의하면 회사의 모든 이해관계자의 이익은 보호되어야 하고,
회사는 이해관계자를 공정하게 취급하여야 한다. 따라서 경영자가 이해관계
자의 이익을 고려할 의무를 부담하는 것은 당연한 것이고, 이해관계자 조항
은 경영자에게 당연히 인정되는 의무를 확인하는 것에 불과한 것이다.

이와 같은 이해관계자 조항의 신설이 발생시킬 것으로 예상되는 효과를
정리하면 다음과 같다.

① 이해관계자 조항은 이해관계자의 회사에 대한 신뢰와 충성도 향상을 가져오

---

85 Bainbridge, "Interpreting Nonshareholder Constituency Statutes," p.973; ABA
   Committee on Corporate Laws, "Other Constituency Statutes: Potential for
   Confusion," p.2253.

고 이는 생산성 향상으로 이어지기 때문에 회사의 장기 존속성을 제고하는 데 필수적인 역할을 할 수 있다.[86]

② 이해관계자 조항은 주주에서 다른 이해관계자로의 부당한 비용 전가를 막을 수 있고, 이는 모든 이해관계자 간에 공정한 비용의 분배를 가져올 수 있다.[87]

③ 이해관계자 조항은 주주 이익의 장기적인 증진을 목적으로 하므로 주식투자에 관한 단기주의 투자의 폐해를 바로 잡고 바람직한 투자 문화를 촉진시킬 수 있다.

④ 이해관계자 조항은 근로자의 이익을 고려하도록 하므로 근로자의 이익이 보호됨과 동시에 근로자의 회사에 대한 충성심과 신뢰를 증진시킬 수 있고, 이는 생산성의 향상을 가져오게 된다.

⑤ 이해관계자 조항은 채권자, 특히 금융기관과 회사와의 사업적 관계를 증진시킬 수 있고, 이는 안정적인 금융거래 관행을 정착시키는 데 도움이 될 수 있다.

⑥ 이해관계자 조항은 공급자, 특히 하청업체와 회사와의 사업적 관계를 증진시킬 수 있다. 이는 회사와 공급자 간 대등한 협력관계에서 상호 이익의 증진을 목적으로 하는 관계를 의미하고, 이러한 협력관계는 국내에서 현재 문제되고 있는 대기업·중소기업 간의 균형 발전 문제를 해결하는 데 도움이 될 수 있다.

⑦ 이해관계자 조항은 소비자에게 과도하게 불리한 거래를 하지 않거나 소비자를 상대로 폭리를 취하지 않는 형태로 소비자의 이익을 고려하도록 하고 있고, 이러한 소비자의 이익 고려는 결국 소비자의 회사에 대한 신뢰를 증가시켜 회사의 장기 존속에 기여를 하게 된다.

---

86 Lipton & Rosenblum, "A New System of Corporate Governance: The Quinquennial Election of Directors," p.215.

87 Mitchell, "A Theoretical and Practical Framework for Enforcing Corporate Constituency Statutes," p.594.

2) 이사회의 변화

(1) 한국의 회사지배구조

회사가 누구를 위해 회사의 의사결정을 해야 하는지 여부와 함께 회사지배구조의 근본 질문은 누가 그러한 의사결정을 할 것인지 여부이다. 우리 회사법에서는 주주총회, 이사회가 회사에 관한 의사결정권한을 가지고 있다.[88] 주주총회는 주주의 총의에 의하여 회사의 기본적인 의사를 결정하는 회사의 최고 의사결정기관이다.[89] 그러나 우리 회사법에 의하면 주주총회는 '상법' 또는 정관에 정해진 사항에 한해서만 의사결정권한을 가지고('상법' 제361조),[90] 이에 따라 주주총회는 회사에 관한 중요한 기본적 사항에 대해서만 의사결정을 한다.[91]

---

88 대표이사도 회사의 상무에 속하는 사항의 경우에는 의사결정을 할 수 있지만, 대표이사는 의사결정기관이 아니라 업무집행기관으로 이해되고 있다(이철송, 『회사법강의』, 679, 683쪽).

89 홍복기 외, 『회사법』, 214쪽.

90 '상법' 제361조(총회의 권한) 주주총회는 본법 또는 정관에 정하는 사항에 한하여 결의할 수 있다.

91 '상법'상 주주총회의 권한으로 규정된 것은 다음과 같다. ① 기관구성과 관련된 권한: 이사, 감사, 청산인의 선임 및 해임권(제382조, 제385조, 제409조, 제415조, 제531조, 제539조), 검사인의 선임권('상법' 제366조 제3항, 제367조), ② 회계와 관련된 권한: 재무제표의 승인(제449조 제1항), 주식배당의 결정(제462조의 2 제1항), 배당금 지급 시기의 결정(제464조의 2 제1항 단서), ③ 업무감독과 관련한 권한: 이사, 감사, 청산인의 보수 결정(제388조, 제415조, 제542조 제2항), 사후 설립(제375조), 발기인, 이사, 감사, 청산인의 책임 면제(제324조, 제400조, 제415조, 제542조), 이사, 감사, 청산인의 책임 해제의 유보(제450조, 제542조 제2항), 주주 이외의 자에 대한 전환사채 또는 신주인수권부사채의 발행(제513조 제3항, 제516조의 2 제4항), ④ 기본기구의 변경과 관련된 권

반면 이사회는 회사의 업무집행에 관한 의사결정 및 이사의 직무집행을 감독할 권한을 갖는 이사 전원으로 구성되는 주식회사의 필요 상설기관이고,[92] 중요한 자산의 처분 및 양도, 대규모 재산의 차입, 지배인의 선임 또는 해임과 지점의 설치·이전 또는 폐지 등 회사의 업무집행은 이사회의 결의로 한다.[93] 이와 같이 우리 '상법'은 이사회에 회사의 일반적인 업무집행에 관한 의사결정권을 부여하고 있고, 이사회는 법률 또는 정관 등의 규정에 의하여 주주총회 또는 이사회의 결의를 필요로 하는 것으로 되어 있지 아니한 업무 중 이사회가 일반적·구체적으로 대표이사에게 위임하지 않은 업무로서 일상 업무에 속하지 아니한 중요한 업무에 대하여는 그 의사결정권한이 있다.[94] 이와 같이 이사회에게 일반적인 업무집행에 관한 의사결정권이 있기 때문에 우리 '상법'은 '이사회 중심주의'를 취하고 있다고 평가된다.[95]

이해관계자 지배구조도 우리 '상법'처럼 이사회를 중심으로 회사지배구조를 체계화한다.[96] 즉 이사회는 위계조직으로 구성된 회사에서 위계조직의 최정점에 있는 조정기구이고, 팀 구성원 간의 갈등을 해결하는 최종기구이

한: 영업의 전부 또는 중요한 일부의 양도 등(제374조), 정관 변경(제433조 제1항), 자본 감소(제438조), 합병(제522조), 분할(제530조의 2, 제530조의 12), 주식의 포괄적 교환(제360조의 3), 주식의 포괄적 이전(제360조의 16), 계속(제519조), 조직 변경(제604조 제1항), 해산(제518조) 등.

92 홍복기 외, 『회사법』, 317쪽.

93 '상법' 제393조(이사회의 권한) ① 중요한 자산의 처분 및 양도, 대규모 재산의 차입, 지배인의 선임 또는 해임과 지점의 설치·이전 또는 폐지 등 회사의 업무집행은 이사회의 결의로 한다.

94 대법원 1997.06.13. 선고 96다48282 판결.

95 홍복기 외, 『회사법』, 317쪽.

96 이해관계자 지배구조에서는 이사회를 중시하기 때문에 주주총회의 역할을 소극적으로 이해한다.

다.[97] 최종이익조정기관으로서 이사회는 각 이해관계자 사이의 이해 대립으로부터 격리되어 있어 공평한 제3자로서 그 이해 대립의 조정을 담당한다.[98] 이와 같이 우리 회사법과 이해관계자 지배구조는 이사회를 회사 의사결정의 핵심 기관으로 본다는 점에서 공통점이 있다. 그러나 이해관계자 지배구조는 모든 이해관계자의 이익 고려를 위한 의사결정을 어떻게 담보할 것인지 여부에 관하여 우리 회사법에 몇 가지 변화를 제시한다.

(2) 이해관계자 지배구조와 이사회의 독립성

이해관계자 지배구조에서 이사회의 독립성은 매우 중요한 문제이다. 이사회가 조정기능을 수행하기 위해서는 모든 이해관계자 집단이 이사회의 분배 결정에 영향을 미치기 위하여 자원을 투입할 필요성이 없게 만들어야 하기 때문이다.[99] 따라서 이사회의 독립성이 보장되지 않으면 이해관계자 집단 간에 지대 추구(rent seeking) 경쟁이 벌어져 팀 생산의 효율성이 사라지게 된다.[100] 그러므로 이사회의 독립성은 대리인이론과 비교하여볼 때 이해관계자 지배구조의 특징이라고 할 수 있다.[101]

이러한 이유로 이해관계자 지배구조에서는 회사를 둘러싼 상충하는 이해관계를 정당하게 형량하기 위하여 강력하고 독립적인 이사회가 필요하고 이를 위해서는 다음과 같은 사항이 요구된다.[102]

---

97 Blair & Stout, "Team Production Theory of Corporate Law," p.279.

98 박찬호, 「미국 회사법상 팀프로덕션 모델에 관한 연구」, 185쪽.

99 Millon, "New Game Plan or Business as usual?" p.1031.

100 Blair & Stout, "Team Production Theory of Corporate Law," p.271.

101 대리인이론은 이사를 주주의 대리인으로 보기 때문에 그 이론 자체에서 이사는 주주에 대한 관계에서 독립성을 가질 수 없다.

① 이사회는 적어도 과반수가 독립적인 이사로 구성되어야 한다.

② 이사회는 감사, 이사 및 집행임원 추천위원회를 독립적인 이사로만 구성하여
야 한다.

③ 이사회는 집행임원이 불출석한 상태에서 개최되어야 하며, 이사회의 책임에
는 집행임원들의 성과, 목적을 상세하게 검증하는 것이 포함되어야 한다.

(3) 우리 회사법상 이사회 독립성의 문제점

우리 회사의 지배구조에서 가장 큰 문제점은 이사회를 구성하는 이사의
독립성이 없다는 것이다.[103] 이사회가 감독기관으로 역할을 수행하기 위해
서는 이사회의 구성원인 이사의 독립성이 매우 중요하다.[104] 이를 위해 '상
법'은 사외이사제도를 도입하여 이를 제도의 취지에 맞게 운영하여 회사지
배구조 내에서 견제와 균형의 원리를 달성하고자 하였다.[105] 그러나 사외이
사제도는 지배주주와 대표이사의 전횡을 방지하여 경영의 투명성을 보장하
기 위한 제도임에도 불구하고 그 선임이 지배주주나 대표이사의 영향력에서
벗어나지 못하고 있다는 문제점이 있고,[106] 이와 같이 사외이사가 지배주주
나 경영진으로부터 독립성을 보장받지 못하고 있기 때문에 이사회의 의안

---

102 Margaret M. Blair, "Reforming Corporate Governance: What History Can Teach
Us," *Berkeley Business Law Journal*, vol.1(2004), p.42.

103 홍복기, 「감사의 독립성 - 사외이사와 사외감사를 중심으로」, ≪경영법률≫, 8권
(1998), 255~256쪽.

104 홍복기, 『회사법강의』, 318쪽.

105 같은 책, 323쪽.

106 이러한 점이 사외이사제도의 도입배경이었으나[홍복기, 「사외이사제도와 그 문제점」,
≪상사법연구≫, 7권(1989), 502쪽], 도입 이후에도 그 문제점이 개선되지 않은 것이다.

결의에서 사외이사의 반대가 거의 없다는 것이 현실로 조사되었다.[107]

(4) 이사회 독립성 강화방안

① 법규정의 정비

이사회는 고유의 권한을 가진 독립기관으로 각 이사가 자기 책임하에 임무를 수행하는 것으로 이해되고 있다.[108] 현재 국내에서는 이사선임 과정에서 지배주주가 결정적인 영향력을 행사하기 때문에 이사가 회사의 의사결정 과정에서 독립적인 판단을 내리지 못하고 있다는 문제가 있다.

그러나 현행 회사법에서는 이사 지위의 독립성을 명시하거나 이사의 독립적인 판단을 요구하는 규정을 두고 있지 않다.[109] 반면, MBCA는 이사의 행위와 관련하여 타인이 이사를 지배하거나 통제하여 이사의 독립성이 결여되는 경우(a lack of independence due to the director's domination or control by, another person having a material interest in the challenged conduct)를 이사 책임의 기준으로 설정하고 있다.[110]

따라서 국내에서 이사회의 독립성을 강화시키기 위해서는 미국 MBCA의 규정과 같이 이사가 회사를 위한 의사결정을 함에 있어 독립적인 판단을 하도록 명시하는 법규정을 '상법'에 도입할 필요가 있다.

---

107 안택식, 「사외이사의 독립성」, ≪경영법률≫, 23권 2호(2013), 70쪽.

108 이철송, 『회사법강의』, 666쪽.

109 다만 '상법'에서 상장회사의 경우 사외이사의 선임을 강제하고, 사외이사의 자격요건을 규정하고 있는 것은 간접적으로 이사의 독립성을 확보하기 위한 제도라고 할 수 있다.

110 MBCA 8.31(a)(1) .

② 감사위원회 제도의 문제점과 집행임원제도의 활용

이해관계자 지배구조는 기존 이사회가 회사 최고경영자에 의해 장악되어 왔고, 이렇게 장악된 이사회는 수동적이고 말로만 독립된 이사회로서 그 기능을 제대로 하지 못해왔다는 점을 강조한다.[111] 따라서 이해관계자 지배구조의 이사회는 기존의 이사회보다 좀 더 적극적이고 독립적인 역할을 해야 하고,[112] 이를 위해서 경영자를 독립적 지위에 있는 이사와 이해관계자로 간주되는 집행임원으로 분리하고, 집행임원에 대한 이사의 감독을 강조한다.

현행 '상법'은 미국 회사법의 입법례를 참고하여 감사위원회를 도입하고, 일정 규모 이상의 대규모 상장회사의 경우에는 감사에 갈음하여 감사위원회를 의무적으로 두도록 규정하고 있다.[113] 감사위원회(audit committee)는 이사회 내 위원회로서 회사에 대한 감사업무를 수행하는 회사 내부의 감독기관이다.[114] 그러나 감사위원회 설치 회사의 경우 업무 집행을 하는 이사와 업무감독을 주로 하는 사외이사가 혼합되어 있기 때문에 업무 집행 및 감독 기능이 모두 이사회에 집중되어 자기 감독의 모순이 발생하고, 견제와 균형이 유지되기 어려운 문제가 발생한다.

이러한 감사위원회 제도의 문제점은 대규모 상장회사의 경우 집행임원제도를 의무 도입하면 해결될 수 있다.[115] 집행임원제도는 2011년 주식회사지배구조의 개선책의 하나로 신설된 제도로 대표이사에 갈음하는 기구

---

111 Kostant, "Team Production and the Progressive Corporate Law Agenda," p.684.

112 같은 글, pp.684~685.

113 '상법' 제542조의11(감사위원회) ① 자산 규모 등을 고려하여 대통령령으로 정하는 상장회사는 감사위원회를 설치하여야 한다.

114 김건식, 『기업지배구조와 법』(소화, 2010), 361쪽.

115 집행임원제도에 관하여 자세한 내용은 홍복기, 「주식회사에 있어서 집행임원제도의 도입과 그 과제」, ≪상사판례연구≫, 19권 4호(2006).

로 설치되어 회사의 업무집행과 회사대표에 관한 권한을 행사할 수 있는 기관이다.[116] 집행임원제도의 입법취지 중 대표적인 것은 현행 이사회가 업무집행기능과 업무감독기능이 함께 부여되어 있으므로 업무집행기능을 분리하여 집행임원에게 맡기고 이사회는 업무감독 기능에 충실하도록 하는 것이다.[117]

그러나 현재 '상법'은 회사의 선택에 따라 집행임원제도를 둘 수 있도록 하고 있다.[118] 따라서 독립된 감사가 없이 감사위원회만 있는 대규모 상장회사의 경우에는 집행임원제도를 의무화할 필요가 있다. 이러한 취지로 2013년 7월 법무부는 상법 중 일부개정법률안에 대한 입법예고를 한 바 있고, 공고된 상법 개정안에 의하면 집행임원이 이사회의 회의를 주관하는 이사회 의장을 겸직하는 것을 금지하고('상법 개정안' 제408조의2 제4항). 또한 감사위원회를 설치할 경우 '상법'이 정하는 집행임원을 두도록 하고 있다('상법 개정안' 제415조의2 제1항).[119]

이와 같이 회사의 업무 집행 기능과 감독 기능을 분리하여 이사회에 감독 기능만을 맡기는 것은 이사회가 모든 이해관계자를 위한 독립적인 결정을 하는 데 기본적인 전제가 되기 때문에 그 정당성이 인정된다.[120] 또한 회사의 업무 집행 기능과 업무 감독 기능을 분리하여 의사결정의 투명성을 제고

---

116 이철송, 『회사법강의』, 808쪽.

117 김태진, 「개정상법상의 집행임원제 운용을 위한 법적 검토」, ≪상사법연구≫, 30권 2호 (2011), 297쪽.

118 '상법' 제408조의2(집행임원 설치회사, 집행임원과 회사의 관계) ① 회사는 집행임원을 둘 수 있다. 이 경우 집행임원을 둔 회사(이하 "집행임원 설치회사"라 한다)는 대표이사를 두지 못한다.

119 2013년 7월 상법 개정안은 경제계의 거센 반대에 의하여 현재는 사실상 폐기된 상태이다.

120 이에 대한 반대견해로는 양기진, 「상법개정(안)의 집행임원의 부분적 의무화에 관한 소고」, ≪경영법률≫, 24권 2호(2014) 참조.

하는 것은 현대 회사지배구조의 세계적인 추세이기도 하다.[121]

③ 감사위원회의 독립성 강화

감사위원회는 이사의 직무 집행을 감독하는 업무를 수행한다('상법' 제412조 제1항).[122] 이와 같은 감사위원회의 업무감독이 효과를 발휘하기 위해서는 업무를 수행하는 자가 업무집행기관과의 관계에서 종속적인 관계에 있거나 영향을 받아서는 안 된다.[123] 따라서 회사가 감사위원회를 설치하는 경우 '상법'[124]은 감사위원회의 중립성과 독립성을 확보하기 위하여 사외이사가 위원의 3분의 2 이상일 것을 요구한다.[125] 그러나 이해관계자 지배구조는 감사위원회의 경우 직무의 독립성 확보를 위하여 감사위원회 구성원 모두가 독립적인 이사로 구성될 것을 요구한다.[126] 이러한 점은 우리 '상법'상 감사위원회의 구성을 모두 사외이사로 구성하는 것이 타당함을 시사하고, 이는 독립된 이사가 감독 기능을 배타적으로 수행하는 사베인스-옥슬리법상 이사회 모델과도 일치한다.[127] 그러므로 이해관계자 지배구조의 실현을 위해서는

---

121 홍복기, 「주식회사에 있어서 집행임원제도의 도입과 그 과제」, 94쪽.

122 '상법' 제412조 제1항은 동법 제415조의 2 제7항에 의해 감사위원회에 준용된다.

123 홍복기, 「사외감사제도에 대하여」, ≪상사법연구≫, 13권(1994), 177쪽.

124 '상법' 제415조의2(감사위원회) ① 회사는 정관이 정한 바에 따라 감사에 갈음하여 제393조의2의 규정에 의한 위원회로서 감사위원회를 설치할 수 있다. 감사위원회를 설치한 경우에는 감사를 둘 수 없다.

　② 감사위원회는 제393조의2 제3항에도 불구하고 3명 이상의 이사로 구성한다. 다만 사외이사가 위원의 3분의 2 이상이어야 한다.

125 이철송, 『회사법강의』, 837쪽.

126 김건식도 감사위원회를 사외이사만으로 구성하여야 한다고 주장한다(김건식, 『기업지배구조와 법』, 353쪽).

127 박찬호, 「미국 회사법상 팀프로덕션 모델에 관한 연구」, 186쪽.

'상법' 제415조의2 제2항을 "감사위원회는 제393조의2 제3항에도 불구하고 3명 이상의 사외이사로 구성한다"로 개정하여 감사위원회의 독립성을 확보할 필요가 있다.

④ 이사추천위원회의 독립성 강화

미국 회사법에서는 이사회가 자율적으로 그 내부에 기능이 분화된 위원회를 설치할 수 있게 한다.[128] 우리 '상법'은 미국의 위원회 제도를 참고하여 이사회가 정관이 정하는 바에 따라 위원회를 둘 수 있도록 규정하고 있다.[129] 특히 일정한 규모의 상장회사(대규모 상장회사)[130]의 경우에는 사외이사 후보를 추천하기 위하여 '상법' 제393조의2에 근거한 '사외이사 후보추천위원회'를 설치하여야 하고, 이 경우 사외이사 후보추천위원회는 사외이사가 총 위원의 과반수가 되도록 구성하여야 한다.[131]

---

128 이철송, 『회사법강의』, 676.

129 '상법' 제393조의2(이사회 내 위원회) ① 이사회는 정관이 정한 바에 따라 위원회를 설치할 수 있다.

②이사회는 다음 각호의 사항을 제외하고는 그 권한을 위원회에 위임할 수 있다.

   1. 주주총회의 승인을 요하는 사항의 제안

   2. 대표이사의 선임 및 해임

   3. 위원회의 설치와 그 위원의 선임 및 해임

   4. 정관에서 정하는 사항

③ 위원회는 2인 이상의 이사로 구성한다.

130 최근 사업연도 말 현재의 자산총액이 2조 원 이상인 상장회사를 말한다('상법' 시행령 제34조 제2항).

131 제542조의8(사외이사의 선임) ④ 제1항 단서의 상장회사는 사외이사 후보를 추천하기 위하여 제393조의2의 위원회(이하 이 조에서 "사외이사 후보추천위원회"라 한다)를 설치하여야 한다. 이 경우 사외이사 후보추천위원회는 사외이사가 총위원의 과반수가 되도록 구성하여야 한다.

현재 국내에서 사외이사의 무용론이 대두되는 이유는 사외이사가 실질적으로 경영자에 의하여 선임되기 때문에 사외이사가 경영진으로부터 독립적인 감시기능을 할 수 없다는 점 때문이다.[132] 이와 같이 사외이사의 독립성은 이해관계자, 특히 지배주주 또는 경영자와의 관계에 크게 영향을 받으므로 사외이사의 선임 과정에서 객관성을 담보할 수 있는 장치가 마련되면 이사회의 독립성을 제고할 수 있는 방법이 될 것이다.[133] 이미 살펴본 바와 같이 이해관계자 지배구조는 이사회의 독립성을 강조하고, 이사추천위원회의 경우에는 독립적인 이사로만 구성할 것을 요구한다. 이러한 점에 비추어 볼 때 최소한 대규모 상장회사의 경우에는 사외이사후보 추천위원회는 모두 사외이사로 구성하여 대주주를 포함한 경영진으로부터 독립적인 이사가 선임될 수 있도록 하여야 한다.[134] 그러므로 이해관계자 지배구조를 실현하기 위해서는 '상법' 제415조의8 제4항 단서를 "이 경우 사외이사 후보추천위원회는 사외이사로 구성하여야 한다"로 개정하여 사외이사후보추천위원회의 독립성을 강화하여야 한다.

---

132 이철송, 『회사법강의』, 629쪽.
133 김화진, 『기업지배구조와 기업금융』, 183쪽.
134 김화진은 사외이사후보추천위원회의 구성에서 사외이사가 총위원의 2/3이상이 되도록 하여야 한다고 주장한다(같은 책).

3) 회사법상 이해관계자의 경영 참가

(1) 의의

① 이해관계자 경영 참가의 당위성

이해관계자 지배구조 원칙에 의하면 참여적이고 민주적인 회사지배구조는 부의 지속적 창출과 공정한 배분을 보장하는 최선의 방법이다. 또한 의사결정의 절차적 공정성은 이해관계자가 경영에 참가하는 민주적인 회사지배구조를 통해 보장될 수 있고[135] 직원의 경영 참가는 회사의 생산성을 향상시킬 수 있다는 장점도 있다. 더욱이 이해관계자 지배구조는 이해관계자 간의 수평적 관계와 상호 협력을 전제로 하고, 이로 인하여 회사와 이해관계자 간의 신뢰를 증진시킨다. 따라서 이해관계자 지배구조는 대립적 관계에 있는 국내 노사관계에 회사지배구조 차원의 해결책을 제시해줄 수 있는 이론적 토대가 될 수도 있다.[136]

② 경영 참가의 의미와 쟁점

경영 참가는 광의의 의미로는 이익에 대한 참가,[137] 자본에 대한 참가,[138] 의사결정에 대한 참가를 의미하나,[139] 회사법상 경영 참가는 의사결정 과정에 참가하는 것을 의미한다. 회사의 의사결정기관은 주주총회와 이사회이

---

135 Greenfield, "New Principles for Corporate Law," p.113.

136 박찬호, 「미국 회사법상 팀프로덕션 모델에 관한 연구」, 207쪽.

137 회사종업원에 대한 성과급 지급 등이 그 예라고 할 수 있다[김규태, 『신노사관계론』(형설출판사, 1999), 389쪽].

138 종업원 지주제(employee stock ownership plan; ESOP)가 대표적인 예이다.

139 최종태, 『현대노사관계론』(경문사, 2001), 433쪽.

다. 주주총회는 회사의 기본적인 사항에 대하여 결정하고, 이사회는 회사의 일상적인 의사결정에 관한 권한이 있다.

이해관계자의 경영 참가에 대해서는 국내에서는 회사법 차원에서의 논의는 거의 없고, 노동법 및 경제학 분야에서 직원(노동자)의 경영 참가를 중심으로 논의되고 있다. 따라서 회사법상 이해관계자의 경영 참가 문제는 직원이 이사회의 의사결정 과정에 참여할 수 있는지 여부에 관한 것으로 좁혀질 수 있다.

이하에서는 우선 현행 회사법상 이사회 구성방법에 대하여 간단히 살펴보고, 노동법 및 경제학 분야에서 이해관계자의 경영 참가에 관한 논의를 검토해 본다. 특히 이해관계자 지배구조 하에서 이해관계자가 구체적으로 어떻게 경영 참가를 할 수 있을 것인지에 대한 검토를 하도록 한다.

③ 회사법상 이사회 구성방법

이사의 선임은 회사 설립 시에는 발기설립의 경우 발기인이 의결권의 과반수로 선임하거나,[140] 모집 설립의 경우에는 창립총회에서 이사를 선임하고,[141] 출석한 주식인수인의 의결권의 3분의 2 이상이며 인수된 주식의 총수의 과반수에 해당하는 다수로 하여야 한다.[142] 회사가 성립한 후에는 주주총회에서 이사를 선임한다.[143] 이와 같이 현재 회사법에 의하면 이사의 선임은

---

140 '상법' 제296조(발기설립의 경우의 임원선임) ① 전조의 규정에 의한 납입과 현물출자의 이행이 완료된 때에는 발기인은 지체 없이 의결권의 과반수로 이사와 감사를 선임하여야 한다.

② 발기인의 의결권은 그 인수주식의 1주에 대하여 1개로 한다.

141 '상법' 제312조(임원의 선임) 창립총회에서는 이사와 감사를 선임하여야 한다.

142 '상법' 제309조(창립총회의 결의) 창립총회의 결의는 출석한 주식인수인의 의결권의 3분의 2 이상이며 인수된 주식의 총수의 과반수에 해당하는 다수로 하여야 한다.

주주들이 전속적으로 결정하며, 다른 이해관계자들은 참여가 불가능하다.[144]

한편, 상장회사가 주주총회에서 이사 또는 감사를 선임하려는 경우에는 '상법'상 주주총회 소집통지 또는 공고의 방법에 따라 통지하거나 공고한 후보자 중에서 선임하여야 한다.[145] 상장회사는 자산 규모 등을 고려하여 대통령령으로 정하는 경우를 제외하고는 이사 총수의 4분의 1 이상을 사외이사로 하여야 한다.[146] 다만 대규모 상장회사의 사외이사는 3명 이상으로 하되, 이사 총수의 과반수가 되도록 하여야 하고, 사외이사 후보를 추천하기 위하여 '사외이사 후보추천위원회'를 설치하여야 한다.[147] 또한 상장회사가 주주총회에서 사외이사를 선임하려는 때에는 사외이사 후보추천위원회의 추천을 받은 자 중에서 선임하여야 하고, 이 경우 사외이사 후보추천위원회가 사외이사 후보를 추천할 때에는 상장회사에 대하여 주주제안권,[148] 주주총회소

---

143 '상법' 제382조(이사의 선임, 회사와의 관계 및 사외이사) ① 이사는 주주총회에서 선임한다.

144 홍복기 외, 『회사법』, 291쪽.

145 '상법' 제542조의5(이사·감사의 선임방법) 상장회사가 주주총회에서 이사 또는 감사를 선임하려는 경우에는 제542조의4 제2항에 따라 통지하거나 공고한 후보자 중에서 선임하여야 한다.

146 '상법' 제542조의8(사외이사의 선임) ① 상장회사는 자산 규모 등을 고려하여 대통령령으로 정하는 경우를 제외하고는 이사 총수의 4분의 1 이상을 사외이사로 하여야 한다. 다만, 자산 규모 등을 고려하여 대통령령으로 정하는 상장회사의 사외이사는 3명 이상으로 하되, 이사 총수의 과반수가 되도록 하여야 한다.

147 '상법' 제542조의8(사외이사의 선임) ④ 제1항 단서의 상장회사는 사외이사 후보를 추천하기 위하여 제393조의2의 위원회(이하 이 조에서 '사외이사 후보추천위원회'라 한다)를 설치하여야 한다. 이 경우 사외이사 후보추천위원회는 사외이사가 총위원의 과반수가 되도록 구성하여야 한다.

148 '상법' 제363조의2(주주제안권) ① 의결권 없는 주식을 제외한 발행주식 총수의 100분의 3 이상에 해당하는 주식을 가진 주주는 이사에게 주주총회일(정기주주총회의 경우 직전 연도의 정기주주총회일에 해당하는 그 해의 해당일. 이하 이 조에서 같다)의 6주

집청구권,[149] 검사인선임청구권[150]을 행사할 수 있는 요건을 갖춘 주주가 주주총회일(정기주주총회의 경우 직전 연도의 정기주주총회일에 해당하는 해당 연도의 해당일)의 6주 전에 추천한 사외이사 후보를 포함시켜야 한다.[151]

(2) 한국의 논의

① 독일의 공동결정제도
㉠ 의의

국내에서 직원의 경영 참가와 관련하여 논의되고 있는 대표적인 제도는 독일의 공동결정제도(co-determination)이다.[152] 독일의 경우 회사의 업무집행은 이사회에 전속되고, 업무집행에 대한 감독은 감사회에 귀속시키는 이

전에 서면 또는 전자문서로 일정한 사항을 주주총회의 목적사항으로 할 것을 제안(이하 '주주제안'이라 한다)할 수 있다.

149 '상법' 제366조(소수주주에 의한 소집청구) ① 발행주식 총수의 100분의 3 이상에 해당하는 주식을 가진 주주는 회의의 목적사항과 소집의 이유를 적은 서면 또는 전자문서를 이사회에 제출하여 임시총회의 소집을 청구할 수 있다.

150 '상법' 제467조(회사의 업무, 재산상태의 검사) ① 회사의 업무집행에 관하여 부정행위 또는 법령이나 정관에 위반한 중대한 사실이 있음을 의심할 사유가 있는 때에는 발행주식의 총수의 100분의 3 이상에 해당하는 주식을 가진 주주는 회사의 업무와 재산상태를 조사하게 하기 위하여 법원에 검사인의 선임을 청구할 수 있다.

151 '상법' 제542조의8(사외이사의 선임) ⑤ 제1항 단서에서 규정하는 상장회사가 주주총회에서 사외이사를 선임하려는 때에는 사외이사 후보추천위원회의 추천을 받은 자 중에서 선임하여야 한다. 이 경우 사외이사 후보추천위원회가 사외이사 후보를 추천할 때에는 제363조의2 제1항, 제542조의6 제1항·제2항의 권리를 행사할 수 있는 요건을 갖춘 주주가 주주총회일(정기주주총회의 경우 직전연도의 정기주주총회일에 해당하는 해당 연도의 해당일)의 6주 전에 추천한 사외이사 후보를 포함시켜야 한다.

152 미국에서 직원의 경영 참가를 주장하는 입장도 독일의 공동결정제도를 참고하자고 제안한다.

원적 지배구조를 가지고 있고, 감사회는 주주 측의 감사와 근로자 측의 감사로 구성된다. 공동결정제도는 제2차 세계대전 이후 제정된 경영조직법에서 유래하였고,[153] 1976년 새로 제정된 공동결정법(Mitbestimmungsgesetz, Co-determination act)에 근거하고 있다.[154]

공동결정법 제7조에 의하면 근로자가 2000명 이상인 주식회사 및 유한회사의 감사회는 다음과 같이 구성된다.[155]

① 근로자 수가 1만 명 이하인 경우 주주 측과 근로자 측 각각 6인의 감사위원으로 구성[156]

② 근로자 수가 1만 명 초과 2만 명 이하인 경우 주주 측과 근로자 측 각각 8인의 감사위원으로 구성[157]

③ 근로자 수가 2만 명을 초과하는 경우 주주 측과 근로자 측 각각 10인의 감사위원으로 구성[158]

---

153 공동결정제도의 역사적 전개에 대해서는 방준식, 「독일 공동결정제도의 성립과 발전」, ≪법학논총≫, 24권 1호(한양대학교, 2007); 방준식, 「독일 경영조직법상 경영협의회의 기능과 역할」, ≪기업법연구≫, 21권 1호(2007).

154 방준식, 「독일 공동결정제도의 성립과 발전」, 229쪽.

155 이준석, 「이해관계자 이론의 주주중심주의 비판에 대한 이론적, 실증적 고찰」, 318~319쪽.

156 근로자 측 감사위원은 근로자 대표 4인과 노동조합 대리인 2인으로 구성된다; 『공동결정법』이 근로자 대표와 노조 대표를 구분하는 이유는 이들이 대변하는 이익이 상이할 수 있기 때문이다. 근로자 대표는 대체로 사업장평의회 위원이며 이들은 사업장 또는 해당 기업에 종사하는 종업원의 이해관계, 즉 미시적 이해관계를 대변하는 역할을 한다. 반면에 노조대표는 노조가 산업별로 조직되어 있다는 특수성으로 인해 미시적 이해관계를 초월해서 산업 전체나 거시적 이해관계를 대변하는 기능을 한다[김호균, 「독일 공동결정제의 현황과 과제」, ≪EU학연구≫, 11권 1호(2006), 103쪽].

157 근로자 측 감사위원은 근로자대표 6인과 노동조합대리인 2인으로 구성된다.

158 근로자 측 감사위원은 근로자대표 7인과 노동조합대리인 3인으로 구성된다.

ⓛ 찬반론

공동결정제도는 기업의 장기적 발전과 생존에 이해관계자의 집단적 합의
가 중요하다는 점을 근거로 감사회가 주주뿐만 아니라 직원, 채권자를 위한
경영감독 기능도 해야 한다는 것이다.[159] 공동결정제도에 대해서는 법률 제
정 당시부터 도입 여부에 관하여 찬반론이 대립하고 있었다.[160] 이와 같은
찬반론을 바탕으로 1976년 공동결정법이 기업의 사유재산권을 침해하는 위
헌법률인지의 여부가 문제되었는바,[161] 독일 연방헌법재판소는 공동결정법
이 궁극적으로 기업의 사유재산권을 침해하지 않는다고 결정하면서 공동결
정제도를 합헌으로 판단하였다.[162]

공동결정제에 대한 최근의 논의는 이론적인 논의보다는 공동결정제가 미
치는 경제적 영향에 대한 실증 연구가 이루어지고 있다.[163] 그러나 공동결정
제도에 대한 실증분석 결과는 부정적, 긍정적, 유보적 결과 모두 존재하고
있기 때문에 공동결정제의 경제적 영향에 대해서는 명확한 결론을 내리기가
어렵다.[164] 다만 최근에는 독일의 사용자 단체[165]에서 공동결정제의 문제점

---

159 김창호, 「종업원 경영 참가제도에 관한 연구 – 독일 공동의사결정 참가를 중심으로」, ≪인
   적자원관리연구≫, 16권 1호(2009), 38쪽.
160 찬반론에 관하여 자세한 것은 신홍, 「공동결정과 사기업」, ≪법률행정논집≫, 11호(고
   려대학교, 1973) 참조.
161 방준식, 「독일 공동결정제도의 성립과 발전」, 230쪽.
162 BVerfG v. 1. 3. 1979 - 1 BvR 532, 533/77 u.a. -, BVerfGE 50, 290ff. = AP Nr. 1 zu
   §1 Mitbestimmungsgesetz.
163 공동결정제도의 실제효과에 관한 실증분석에 대해서는 이준석, 「이해관계자 이론의 주
   주중심주의 비판에 대한 이론적, 실증적 고찰」, 319~324쪽 참조.
164 김호균, 「독일 공동결정제의 현황과 과제」, 108~110쪽.
165 독일사용자총연합(Bundesvereinigungder Deutschen Arbeitgeberverbände: BDA)과
   독일산업연합회(Bundesverband derDeutschenIndustrie: BDI)를 의미한다.

에 대하여 다음과 지적하고 있다.[166]

① 감사회의 규모가 커서 비효율적이고 의사결정이 지연된다.

② 감사회 근로자 대표의 독립성이 부족하다.

③ 감사회 근로자 대표가 지위를 이용하여 사리사욕을 도모한다.

④ 외국인 투자자의 감사회에 대한 부정적 인식으로 인하여 투자유치상 불리한
   위치에 있다.

⑤ 다른 유럽 국가들에 비해 강력한 공동결정제로 인해 유럽에서도 고립되어 있다.

⑥ 공동결정제는 구조조정을 저해한다.

② 근로자 경영권

최근 국내에서는 독일의 공동결정제도를 넘어서 회사의 노동자에게 회사
의 경영권이 귀속되어야 한다는 주장이 있다. 김상봉은 회사는 법적으로 누
구의 소유도 아니므로 회사의 경영권이 소유권으로부터 연역될 수 없다고
주장한다.[167] 따라서 김상봉은 회사의 경영권은 소유권과는 다른 정당성의
근거를 가져야 한다고 본다.[168] 김상봉은 기업이 생산 공동체로서 그 활동을
계획하고 수행하기 위해서는 기업구성원을 조직화해야 하는 조직체로 보고,
이러한 조직의 성격을 유기체로 규정한다.[169] 유기체로서의 기업조직은 모
든 구성원들이 서로 도구인 동시에 목적인 조직이고, 조직 내에서 어떤 구성
원도 일방적으로 도구화되지 않는 전체로서 하나의 목적을 더불어 추구한

---

166 김호균, 「독일 공동결정제의 현황과 과제」, 120쪽.
167 김상봉, 『기업은 누구의 것인가』(꾸리에북스, 2012), 262쪽.
168 같은 책, 262쪽.
169 같은 책, 264, 266쪽.

다.[170] 이와 같이 회사는 유기적 조직을 가진 개인들이 자발적으로 모여 결속한 공동체로서의 성격을 가진다.[171] 김상봉에 의하면 이와 같은 공동체에서는 주인은 없고 오직 주체만 있을 뿐이고, 주식회사에서 주주는 소극적이고 수동적인 주체에 불과하므로 적극적이고 능동적인 주체는 오직 노동자들 뿐이다.[172] 따라서 주식회사에서 적극적이고 능동적인 주체인 노동자가 경영권을 가지는 것은 당연한 것이고, 노동자 경영권이란 노동자에 의해 자기들의 대표로 긍정되는 사람을 경영자로 삼는다는 것을 의미한다.[173] 이러한 주장을 전제로 김상봉은 주식회사의 이사는 종업원 총회에서 선임하자고 주장한다.[174] 또한 주주들이 감사회를 조직하여 노동자가 주체가 된 주식회사 내부 운영의 공정함과 투명함을 촉진한다면 가장 이상적인 역할 분담이 될 것이라는 취지에서 주식회사의 감사는 주주총회에서 선임하자고 제안한다.[175]

③ 이해관계자의 이사회 참가

이병천은 현재 국내 경제의 문제를 해결하기 위해서는 이해 당사자의 참여와 협력의 책임 자본주의를 살려내는 것이라고 주장하면서 이사회 구성에서 주주가 35%, 노동자가 35%, 주거래은행과 기관투자자 등 나머지 이해 당사자들을 30%정도로 하는 회사지배구조를 제안한다.[176] 또한 송호신도 기업

---

170 김상봉, 『기업은 누구의 것인가』(꾸리에북스, 2012), 279쪽.

171 같은 책, 280쪽.

172 같은 책, 307, 308쪽.

173 같은 책, 292, 294쪽.

174 같은 책, 308쪽.

175 같은 책, 308, 309쪽.

176 이정환, 『한국의 경제학자들』(생각정원, 2014), 140쪽.

의 사회적 책임과 관련하여 사외이사나 감사위원회에 근로자, 소비자, 지역주민 등 이해관계자를 참가시킬 수 있을 것인지 검토되어야 하고, 특히 소수주주나 근로자 혹은 노동조합 등 이해관계자의 대표를 사외이사로 임명하는 방안을 고려하여 볼 수 있다고 주장한다.[177]

(3) 검토 및 구체적인 방안

① 검토

이해관계자의 경영 참여는 공정성의 관점에서뿐만 아니라 효율성의 관점에서도 정당성이 인정될 수 있으므로 인정하는 것이 타당하다. 그렇다면 어떤 방식으로 이해관계자의 경영 참여를 인정할 것인가 하는 문제가 남는데,[178] 그 구체적인 방법으로 국내에서 논의되는 것은 독일의 공동결정제도와 근로자 경영권의 인정이다. 그러나 근로자에게 경영권을 부여하자는 주장은 이해관계자 지배구조에서도 인정되기 어렵다. 이해관계자 지배구조와 김상봉의 주장은 회사가 그 누구의 소유도 아니라는 점에서는 동일하지만, 이해관계자 지배구조는 모든 이해관계자의 이익을 고려하는 지배구조이므로 한 이해관계자에게 경영권이 귀속되는 것에 반대한다. 따라서 근로자에게 경영권이 귀속되어야 한다는 김상봉의 주장은 이해관계자 지배구조의 입장에서는 수용되기 어렵다.

공동결정제도는 실제로 유럽식 이해관계자주의를 그 뿌리로 하고 있는 제

---

177 송호신, 「기업의 사회적 책임에 대한 배경과 회사법적 구현」, 165쪽.

178 ILO는 1974년 오슬로에서 열린 근로자 경영 참가에 관한 심포지엄에서 근로자 경영 참가 문제는 '실시할 것인가, 아닌가'의 문제가 아니라, '어떻게 실시할 것인가'하는 문제로 인식하였다(김창호, 「종업원 경영 참가제도에 관한 연구 – 독일 공동의사결정 참가를 중심으로」, 36쪽).

도로서[179] 이해관계자 중에서 내부 이해관계자에 해당하는 주주와 직원이 공동으로 회사에 관한 의사결정을 한다는 점에서 도입이 가능하다면 이해관계자 지배구조를 실현하기 위한 이상적인 제도라고 할 수 있다. 특히 경제민주화를 경제력의 통제와 경제적 의사결정에 대한 참여를 핵심으로 이해하는 입장[180]이나, 근로자를 경제적 결정 과정에 참여시킴으로써 정치적 민주주의를 경제적 민주주의로 보완해야 한다고 주장하는 입장[181]에 의하면 공동결정제도는 경제민주주의적 관점에서 정당화될 수 있다.

그러나 독일에서도 최근 공동결정제도에 관한 사용자의 반대가 높아지고 있고, 국내에서도 공동결정제도에 관한 경영자단체의 반대가 심하다.[182] 따라서 현재 상황에서 독일식의 공동결정제도가 받아들여질 가능성은 많지 않다고 생각된다.

그렇다면 이해관계자 지배구조에서 이해관계자의 경영 참가를 어떻게 실현시킬 것인지가 문제된다. 이해관계자 지배구조에서 주주를 제외한 다른 이해관계자가 회사의 의사결정에 참여하는 것은 중요한 문제이므로 이사회에 이해관계자가 참여하는 방식으로 하는 것이 타당하다. 다만 이사회가 회사의 의사결정기관으로서 회사의 비밀을 취급한다는 점에서 외부 이해관계자인 소비자, 채권자, 공급자에게 경영 참가를 허용하는 것은 영업비밀의 측면에서 위험성이 있다. 따라서 이사회의 경영 참가는 주주와 직원이 추천하는 자로 제한하는 것이 타당할 것으로 생각된다. 또한 이병천은 이사회의 구성비율을 이해관계자 집단 별로 각각 기계적으로 나누고 있

179 전삼현, 「독일감사회의 본질에 관한 소고」, 《법학논총》, 16집(숭실대학교, 2006), 42쪽.
180 김석준, 『정치민주화의 정치경제』(법문사, 1994), 3쪽.
181 한수웅, 『헌법학』(법문사, 2011), 311쪽.
182 이에 관하여 자세한 내용은 전삼현, 「독일감사회의 본질에 관한 소고」, 4쪽 참조.

으나, 이해관계자 지배구조는 독립적인 이사회로 하여금 이해관계자의 이익을 보호하는 의무를 부과하는 방식이고 이해관계자 집단 간의 기계적인 권한의 배분을 의미하지 않는다. 따라서 이해관계자 집단별로 고정 비율로 이사회를 구성하는 것은 이해관계자 지배구조의 입장에서는 타당하다고 보기 어렵다.

또한 직원의 경영 참가와 관련한 구체적인 쟁점으로 이사회의 구성원을 누가 선출할 것인지가 문제가 될 수 있는바, 이는 직원에게 주주총회 의결권을 인정할 수 있는지 여부가 문제된다. 그러나 주주총회는 주주만으로 구성되는 것이라는 점을 감안하면 이사 선임에 대한 의결권을 직접 근로자에게 부여하는 것보다는 이해관계자 집단이 추천한 후보자에 대하여 주주들이 의결권을 행사하여 선임하는 형식으로 하는 것이 현재 회사법의 체계 내에서 가능한 방안이라고 할 것이다.

② 구체적 제안

급진적이라고 평가될 수 있는 독일식 공동결정제도의 도입이 쉽지 않은 국내의 경제 현실을 감안하여, 이 책은 이해관계자 지배구조를 실현하기 위한 직원의 경영 참가 방식으로 절충적인 방안을 제시한다. 우선 직원의 경영 참가를 의무화하는 회사는 최근 사업연도 말 현재의 자산총액이 2조 원 이상인 대규모 상장회사를 대상으로 한다. 이사 선임에 관한 구체적인 방안으로는 상장회사의 사외이사를 선임함에 있어서 근로자총회[183]에 추천권을 주고, 사외이사 후보추천위원회는 이해관계자 집단이 추천한 후보 주에서 1인 이

---

183 노동조합이 설립되어 있는 회사의 경우에는 근로자총회 대신 노동조합에게 추천권을 주는 것도 생각해볼 수 있고, 복수노동조합이 있는 회사의 경우에는 복수의 노동조합이 합의하여 추천하는 것도 생각해 볼 수 있다.

표 7-1 '상법' 542조의 8 개정안

현행 상법	개정안
① 상장회사는 자산 규모 등을 고려하여 대통령령으로 정하는 경우를 제외하고는 이사 총수의 4분의 1 이상을 사외이사로 하여야 한다. 다만, 자산 규모 등을 고려하여 대통령령으로 정하는 상장회사의 사외이사는 3명 이상으로 하되, 이사 총수의 과반수가 되도록 하여야 한다.	① 상장회사는 자산 규모 등을 고려하여 대통령령으로 정하는 경우를 제외하고는 이사 총수의 4분의 1 이상을 사외이사로 하여야 한다. 다만, 자산 규모 등을 고려하여 대통령령으로 정하는 상장회사의 사외이사는 3명 이상으로 하되, 이사 총수의 과반수가 되도록 하여야 하고, **그 중 1인 이상은 제5항의 근로자총회가 추천한 자이어야 한다.**
⑤ 제1항 단서에서 규정하는 상장회사가 주주총회에서 사외이사를 선임하려는 때에는 사외이사 후보추천위원회의 추천을 받은 자 중에서 선임하여야 한다. 이 경우 사외이사 후보추천위원회가 사외이사 후보를 추천할 때에는 제363조의2 제1항, 제542조의6 제1항·제2항의 권리를 행사할 수 있는 요건을 갖춘 주주가 주주총회일(정기주주총회의 경우 직전연도의 정기주주총회일에 해당하는 해당 연도의 해당일)의 6주 전에 추천한 사외이사 후보를 포함시켜야 한다.	⑤ 제1항 단서에서 규정하는 상장회사가 주주총회에서 사외이사를 선임하려는 때에는 사외이사 후보추천위원회의 추천을 받은 자 중에서 선임하여야 한다. 이 경우 사외이사 후보추천위원회가 사외이사 후보를 추천할 때에는 제363조의2제1항, 제542조의6제1항·제2항의 권리를 행사할 수 있는 요건을 갖춘 **주주 및 근로자총회가** 주주총회일(정기주주총회의 경우 직전연도의 정기주주총회일에 해당하는 해당 연도의 해당일)의 6주 전에 추천한 사외이사 후보를 포함시켜야 한다.

상을 반드시 주주총회에 추천하도록 하고, 주주총회는 사외이사 중 1인 이상을 근로자총회가 추천한 후보 중에서 선임하는 것을 의무화하는 것이다.[184] 이와 같은 제안을 구체적인 '상법' 개정안으로 제시하면 〈표 7-1〉과 같다.

---

184 근로자 총회가 추천하는 이사의 선임 비율은 1인으로부터 시작하여 운용하면서 그 비율을 증가시켜 나갈 수 있을 것으로 생각된다.

4) 이해관계자 총회와 이해관계자 보호수단의 필요성

(1) 이해관계자 총회의 필요성

① 설립 목적

케슬린 헤일(Kathleen Hale)은 이해관계자의 보호를 위하여 이해관계자 총회를 회사 내에 두자고 주장한다.[185] 이와 같은 헤일의 주장은 사회심리학의 연구결과에 근거하고 있다. 사회심리학 연구결과에 의하면, 물리적·심리적 거리(distance)는 사람이 다른 사람을 인식하고 대하는 데 있어 영향을 미치고, 서로의 물리적·심리적 거리가 가까울수록 상대를 고려하여 결정을 내린다.[186] 그런데 근대 회사의 특성상 경영자와 이해관계자 간의 거리가 멀어지기 때문에 경영자가 이해관계자에 대한 고려를 하는 데 방해가 된다.[187] 따라서 회사 경영자가 이해관계자를 고려하는 결정을 하도록 하기 위해서는 경영자와 이해관계자 간의 거리를 좁힐 수 있는 장치가 필요하고, 이러한 취지에서 이해관계자 총회를 회사 내에 두자는 것이다.[188]

특히 이 책은 주주와 직원을 제외한 외부 이해관계자의 경우에는 회사의 경영 참가에 부정적인 입장을 취하고 있다. 따라서 이 책의 결론에 의할 경우 채권자, 소비자, 공급자와 같은 이해관계자의 이해관계가 회사 경영에 반영되지 않을 가능성이 있다. 따라서 이해관계자 총회는 이러한 문제에 대한 보완장치로서 기능할 수 있다.

---

185 이해관계자 총회는 주주총회를 대체하는 기관이 아니고, 회사 경영을 위한 자문기관이다.

186 Hale, "Corporate Law and Stakeholders," p.844.

187 같은 글, p.848.

188 같은 글, p.848.

② 내용[189]

㉠ 설립 및 구성

이해관계자 총회는 회사 내에 필수적으로 설립되어야 한다. 임의적으로 설치하도록 하는 경우에는 경영자가 이를 설치할 유인이 없기 때문이다.

또한 이해관계자 총회는 경영자와 이해관계자들로 구성된다. 이해관계자는 총회 참석이 강제되지 않으나, 경영자의 일정 수는 반드시 참석이 강제된다. 총회가 생산적인 논의의 장이 되기 위해서는 이해관계자의 수가 너무 많으면 논의 진행에 방해가 되기 때문에 이해관계자는 모두 참석할 수 있게 하지 않고, 일정한 절차에 의하여 선정된 제한된 자만이 총회에 참석할 수 있게 한다. 즉 이해관계자 총회는 주주총회와는 달리 소규모의 집단으로 운영하여 논의가 실질적으로 진행되도록 한다.

㉡ 운영

총회는 반드시 1년 1회는 개최하도록 강제해야 하고, 사업장이 복수인 경우에는 각 사업장 별로 총회를 개최할 수도 있다. 이해관계자 총회는 별도의 권한을 가진 기관은 아니고, 아무런 제한 없이 선정된 안건에 대하여 자유롭게 논의하는 기회를 마련하는 것을 목적으로 한다.

㉢ 평가

헤일은 이해관계자 총회를 통하여 이해관계자의 이익을 관철시키려는 취지가 아니라, 경영자와 이해관계자 간에 의사소통 기회를 마련하여 서로의 이해관계를 확인하고 경영자로 하여금 회사를 비롯한 모든 이해관계자를 위하여 최선의 결정을 할 수 있도록 하자는 것이다. 따라서 회사의 의사결정을 함에 있어 아무런 기속력을 가지는 기관이 아니므로 회사법상 큰 의미가 없다고 볼 수 있으나, 의사결정 절차에서 모든 이해관계자의 이익을 고려할 있

---

189 이하의 내용은 Hale, "Corporate Law and Stakeholders," pp.848~854 참조.

도록 하는 일종의 자문역할을 할 수 있는 기관으로서 그 의미가 있다고 평가된다. 이와 같은 이해관계자 총회는 '근로자참여 및 협력증진에 관한 법률'에 근거하여 설치되는 노사협의회[190]가 근로자 외에 다른 이해관계자로 확장된 형태로 이해될 수 있다. 따라서 이해관계자 총회의 구체적인 입법안은 '근로자참여법'상 노사협의회를 모범으로 하여 입법될 수 있을 것이다.

(2) 이해관계자 보호수단의 필요성

① 정보공개의 확대 필요성
㉠ 공시제도

기업정보의 공시(disclosure)는 회사를 중심으로 한 이해관계자 모두에게 중요한 의미를 가진다.[191] 이는 공시가 회사 경영에 대한 정보가 부족한 이해관계자들이 자기방어를 할 수 있도록 업무와 재산에 관한 제반 정보를 전달하는 것이기 때문이다.[192] 이를 위하여 '상법'과 '자본시장법'은 회사에 대하여 일정한 기업정보에 대한 공시의무를 부과하고 있다.[193]

'상법'에 따르면 회사는 재무제표 및 그 부속명세서, 영업보고서, 및 감사보고서를 정기총회일의 1주 전부터 일정기간 동안 본점·지점에 각 비치하여야 하고, 주주와 채권자는 이를 열람할 수 있다('상법' 448조). 한편, 직전 사업

---

190 근로자참여 및 협력증진에 관한 법률 제4조(노사협의회의 설치) ① 노사협의회(이하 '협의회'라 한다)는 근로조건에 대한 결정권이 있는 사업이나 사업장 단위로 설치하여야 한다. 다만, 상시(常時) 30명 미만의 근로자를 사용하는 사업이나 사업장은 그러하지 아니하다.

191 이철송, 『회사법강의』, 968쪽.

192 같은 책, 968쪽.

193 공시의무에 대해서 자세한 사항은 김병연, 「증권거래법상의 공시의무론 — 우리나라의 공시의무와 미국 증권법상의 의무론을 비교하며」, ≪상사법연구≫, 20권 2호(2001) 참조.

연도 말의 자산총액, 부채규모 또는 종업원 수 등 대통령령으로 정하는 기준에 해당하는 회사는 재무제표[194]를 작성하여 주식회사로부터 독립된 외부의 감사인(이하 '감사인'이라 한다)에 의한 회계감사(이하 '감사'라 한다)를 받아야 하고, 감사결과인 감사인의 감사보고서는 일반인에게도 공개된다('주식회사 외부감사에 관한 법률' 제2조, 제14조).

한편, '자본시장법'은 주권상장법인, 그 밖에 대통령령으로 정하는 법인(이하 '사업보고서 제출대상법인'이라 한다)에 대하여 사업보고서·반기보고서·분기보고서를 금융위원회와 한국거래소에 제출할 의무를 부과하고('자본시장법' 제159조 제1항), 금융위원회와 거래소는 사업보고서·반기보고서·분기보고서를 3년간 일정한 장소에 비치하고, 인터넷 홈페이지 등을 이용하여 공시한다('자본시장법' 제163조).

이와 같은 사업보고서 등의 공시에 의하여 회사에게 공시의무가 있는 정보는 다음과 같다.[195]

① 회사의 목적, 상호, 사업내용, ② 임원 보수,[196] ③ 임원 개인별 보수와 그 구체적인 산정기준 및 방법,[197] ④ 재무에 관한 사항, ⑤ 회사의 개요, ⑥ 이사회 등 회사의 기관 및 계열회사에 관한 사항, ⑦ 주주에 관한 사항, ⑧ 임원 및 직원에 관한 사항, ⑨ 회사의 대주주(특수관계인 포함) 또는 임직원과의 거래 내용, ⑩ 재무에 관한 사항과 그 부속명세, ⑪ 회계감사인의 감사 의견, ⑫ 그 밖에 투

---

194 연결재무제표를 작성하는 회사의 경우에는 연결재무제표를 포함한다.
195 '자본시장법' 제159조 제2항 및 동법 시행령 제168조 제3항.
196 '상법', 그 밖의 법률에 따른 주식매수선택권을 포함하되, 대통령령으로 정하는 것에 한한다.
197 임원 개인에게 지급된 보수가 5억 원 이내의 범위에서 대통령령으로 정하는 금액 이상인 경우에 한한다.

자자에게 알릴 필요가 있는 사항으로서 금융위원회가 정하여 고시하는 사항

또한 사업보고서 제출대상법인은 다음의 어느 하나에 해당하는 사실이 발생한 경우에는 그 내용을 기재한 보고서(이하 '주요사항보고서'라 한다)를 금융위원회에 제출하여야 하고('자본시장법' 제161조 제1항), 제출된 주요사항보고서는 3년간 일정한 장소에 비치되고, 인터넷 홈페이지 등을 통하여 공시된다('자본시장법' 제163조).

① 발행한 어음 또는 수표가 부도로 되거나 은행과의 당좌거래가 정지 또는 금지된 때
② 영업활동의 전부 또는 중요한 일부가 정지되거나 그 정지에 관한 이사회 등의 결정이 있은 때
③ '채무자 회생 및 파산에 관한 법률'에 따른 회생절차개시의 신청이 있은 때
④ '자본시장법', '상법', 그 밖의 법률에 따른 해산사유가 발생한 때
⑤ 대통령령으로 정하는 경우에 해당하는 자본 또는 부채의 변동에 관한 이사회 등의 결정이 있은 때
⑥ '상법' 제360조의2, 제360조의15, 제522조 및 제530조의2에 규정된 사실이 발생한 때
⑦ 대통령령으로 정하는 중요한 영업 또는 자산을 양수하거나 양도할 것을 결의한 때
⑧ 자기주식을 취득[198] 또는 처분[199]할 것을 결의한 때
⑨ 그 밖에 그 법인의 경영·재산 등에 관하여 중대한 영향을 미치는 사항으로서 대통령령으로 정하는 사실이 발생한 때

---

198 자기주식의 취득을 목적으로 하는 신탁계약의 체결을 포함한다.
199 자기주식의 취득을 목적으로 하는 신탁계약의 해지를 포함한다.

이와 같이 '자본시장법'상 공시제도는 회사에 대한 기본 사항, 재무 상황, 및 경영·재산 등에 관하여 중대한 영향을 미치는 사항 등에 관하여 회사에게 공시의무를 부과한다.

ⓛ 정보공개 범위의 확대

이해관계자 지배구조는 회사가 종국적으로 사회 전체의 이익에 봉사하는 기능을 수행해야 한다고 보기 때문에 회사가 이와 같은 기능을 수행하고 있는지 판단하기 위해서는 재무정보에만 국한되어 있는 현재의 회사공시제도는 그 범위가 너무 좁다.[200] 이해관계자 지배구조의 실효성 확보를 위해서는 이해관계자가 기업에 대한 정확한 정보를 취득할 수 있어야 하기 때문이다.[201]

따라서 상법 및 자본시장법상 회사 정보의 공개 범위는 재무회계정보에 한정하지 않고, '사회책임정보'까지 확장할 필요가 있다. 이와 같은 재무정보와 사회책임정보의 공시를 통하여 회사의 이해관계자는 회사가 모든 이해관계자의 이익을 고려하여 경영되고 있는지를 확인할 수 있고, 만일 회사의 경영자가 그러한 의무를 위반하는 경우 자신들의 이익을 보호할 수 있게 된다. 또한 위와 같은 광범위한 정보의 공시는 회사의 경영자로 하여금 주주의 이익만이 아니라 모든 이해관계자의 이익을 고려하여 경영을 할 수 있도록 간접적으로 강제하는 효과가 있을 것이다. 또한 정보 공개 범위의 확대는 정보의 비대칭을 완화하여 추가적인 규제의 필요성을 줄이기 때문에 그로 인한 다양한 효율성 창출이 가능하고, 공개되는 정보의 정확성을 담보하기 위하여 내부 감사 장치를 개선할 유인으로 작용할 수도 있다는 부수적인 효과도 기대할 수 있다.

---

200 Greenfield, "New Principles for Corporate Law," p.91.
201 송호신, 「기업의 사회적 책임에 대한 배경과 회사법적 구현」, 165쪽.

② 정보접근의 확대 필요성

현행 '상법'에 의하면 발행주식의 총수의 100분의 3 이상에 해당하는 주식을 가진 주주는 이유를 붙인 서면으로 회계의 장부와 서류의 열람 또는 등사를 청구할 수 있다('상법' 제466조 제1항). 이와 같이 현행 '상법'은 일정한 회계장부에 대한 열람청구권을 주주에게만 부여하고 있다.[202] 그러나 이해관계자 지배구조에서 회사는 모든 이해관계자의 이익을 위하여 운영되므로 주주를 제외한 다른 이해관계자도 회사의 운영에 관한 이해관계가 있고, 회사의 적정한 경영 상황을 감시할 동기도 존재한다. 따라서 정책적으로 주주만이 아니라 다른 이해관계자에게도 회계장부에 대한 열람권을 부여하는 방안을 검토할 필요가 있다. 이러한 열람청구권의 확대는 외부 이해관계자에 의하여 남용될 여지도 있으나, 열람청구의 '정당성'을 요구하는 방식으로 남용의 위험을 방지할 수 있을 것으로 생각된다.[203]

---

202 주주의 열람청구권에 관하여 자세한 사항은 김진철, 「주주의 장부열람청구권의 행사요건에 관한 연구 ─ 미국법상 장부열람청구권의 정당한 목적을 중심으로」, ≪상사판례연구≫, 24권 4호(2011); 김재범, 「회계장부열람청구권의 행사요건 ─ 연구판례: 대법원 판결 1999.12.21. 99다137」, ≪경영법률≫, 11권(2000); 최병규, 「소수주주의 권리강화를 위한 제도 개선방안 ─ 회계장부열람청구권을 중심으로」, ≪경영법률≫, 20권 2호(2010); 왕순모, 「회계의 장부 및 서류의 열람청구권 ─ 일본의 학설 및 판례를 토대로 하여」, ≪상사판례연구≫, 9권(1998).

203 대법원 2004.12.24. 자2003마1575 결정('상법' 제391조의3 제3항 , 제466조 제1항에서 규정하고 있는 주주의 이사회의 의사록 또는 회계의 장부와 서류 등에 대한 열람·등사청구가 있는 경우, 회사는 그 청구가 부당함을 증명하여 이를 거부할 수 있는바, 주주의 열람·등사권 행사가 부당한 것인지 여부는 그 행사에 이르게 된 경위, 행사의 목적, 악의성 유무 등 제반 사정을 종합적으로 고려하여 판단하여야 할 것이고, 특히 주주의 이와 같은 열람·등사권의 행사가 회사업무의 운영 또는 주주 공동의 이익을 해치거나 주주가 회사의 경쟁자로서 그 취득한 정보를 경업에 이용할 우려가 있거나, 또는 회사에 지나치게 불리한 시기를 택하여 행사하는 경우 등에는 정당한 목적을 결하여 부당한 것

③ 대표소송제기권의 확대 필요성

이사가 고의 또는 과실로 법령 또는 정관에 위반한 행위를 하거나 그 임무를 게을리 한 경우에는 그 이사는 회사에 대하여 연대하여 손해를 배상할 책임이 있다('상법' 제399조 제1항). 이와 같은 이사에 대한 소송 여부는 이사회가 결정하는데, 동료 이사에 대한 책임추궁을 게을리 할 우려가 있기 때문에 '상법'은 발행주식의 총수의 100분의 1 이상에 해당하는 주식을 가진 주주는 회사에 대하여 이사의 책임을 추궁할 소의 제기를 청구할 수 있도록 규정하고 있다('상법' 제403조 제1항). 이와 같이 회사가 이사에 대한 책임추궁을 게을리 할 경우 주주가 회사를 위하여 이사의 책임을 추궁하기 위해 제기하는 소를 대표소송이라고 한다.[204]

이러한 주주의 대표소송제기권에 대하여 주주지상주의는 주주의 소유자적 지위를 확인하는 것이라고 보는 반면, 이해관계자주의에서는 주주가 단지 대표소송을 제기할 수 있는 적절한 지위에 있기 때문이라고 본다. 또한 이해관계자 지배구조에 의하면 주주를 제외한 다른 이해관계자도 회사의 경영에 이해관계를 가지므로 꼭 주주만 대표소송제기권자가 될 수 있는 것은 아니라고 본다. 예컨대, 직원이나 채권자의 경우에는 이사의 위법행위나 임무해태행위로 인하여 회사의 재산상태가 나빠지는 경우 회사로 하여금 이를 회복시켜야 할 일정한 이해관계가 발생할 수 있고, 이를 시정할 적합한 지위가 인정될 수 있다. 따라서 이해관계자 지배구조에서는 주주 외에 다른 이해관계자에게 대표소송제기권을 부여할 필요성이 있는지 여부가 검토될 수 있고, 이에 대해서는 앞에서 살펴본 캐나다 회사법을 참고할 필요성이 있다.

이라고 보아야 한다).

204 이철송, 『회사법강의』, 791쪽.

제8장

결론

2014년 4월 16일 발생한 '세월호 사건'은 우리나라 전 국민을 비탄과 분노에 빠뜨리게 했다. 소설가 김훈은 '세월호 사건'에 대하여 다음과 같이 언급하였다.

이것은 단순한 사고가 아니고 우리 사회의 비리와 문제가 다 드러나고 있는 것이죠. 파렴치하고 무자비하게 이익을 추구하는 기업을 정치권력이 방치해놓고 …… 세계화, 경쟁, 자유화, 국제화나 경쟁력 강화, 이런 자본주의적인 가치와 자본주의적인 목표, 그 이면에는 어떤 진실성을 갖고 있는지를 종합적으로 반성해야 하는 계기가 왔다고 생각했습니다.[1]

김훈의 예리한 지적처럼 '세월호 사건'은 '회사'가 국가와 사회에 대하여 얼마나 엄청난 부정적 외부효과를 가져올 수 있는지를 극명하게 보여준 사건이었다.[2] 회사는 대주주의 사금고에 불과했고, 횡령과 배임과 같은 범죄행위를 위한 도구로 사용되었다. 직원들은 부당한 대우와 박봉에 시달렸고, 선박의 이용자는 최소한의 안전조치도 배려받지 못했다. 회사의 경영자가 선박의 안전을 무시한 대가로 304명의 무고한 이들이 희생되어야 했으며, 국가는 그 사태를 수습하기 위해 수천억 원의 혈세를 지출해야 했다. '세월호 사건'과 같은 일이 다시는 일어나지 않게 하는 길은 회사가 다시는 악행의 도구

---

1 김훈, 「소설가 김훈 "세월호는 사고의 문제 아닌 이 사회의 비리"」, 2014년 10월 3일 자 JTBC 인터뷰, 마지막 방문일 2014.12.3, http://news.jtbc.joins.com/article/article.aspx?news_id=NB10596789.

2 그린필드는 미국에서 우리나라의 세월호 사건과 같이 전 세계를 충격에 빠뜨리게 했던 9·11 테러 사건을 회사의 실패로 지적하면서 그에 대한 이유를 설명하는 논문을 발표한 바 있다[Kent Greenfield, "September 11th and the End of History for Corporate Law," *Tulane Law Review*, vol.76(2002)].

로 이용되는 일이 없도록 할 장치를 마련하는 것이다. 이를 위해서는 회사의 경영자가 부정적 외부효과를 발생시키는 결정을 하지 않도록 만들어야 하고, 만일 그러한 결정을 하더라도 이를 적절히 통제할 수 있는 '회사지배구조'를 마련해야 한다.

또한 최근 국내에 불어온 경제민주주의(economic democracy)에 대한 열망은 경제제도의 '공정성'에 대한 새로운 인식을 요구하고 있다. 경제력의 집중으로 인해 소규모 사업자들은 공정한 경쟁의 기회를 갖지 못하였고,[3] '갑-을 관계'로 대표되는 대기업과 중소기업 간의 힘의 격차로 인해 중소기업은 부당한 계약도 감수해야 했다.[4] 회사에 고용된 직원들도 회사 내에 형성된 경영자와 직원 간의 '갑-을 관계'로 인해 부당한 대우를 감내해야 했고, 끊임없는 해고 위협에 전 세계에서 유래가 없을 정도로 장시간 근로에 시달리고 있다.[5] 주주지상주의 회사제도에서 회사의 직원은 "죽어 있지도, 살아 있지도 않은 미생(未生)"과 같은 존재로 살아가고 있다.[6]

---

3   이는 대기업의 골목상권 진출, 기업형슈퍼마켓(SSM)으로 인해 전국적인 사회문제로 대두되었다.

4   2013년에 발생한 남양유업의 대리점 상품강매사건이 기업 간 '갑을관계' 사건의 대표적인 예이다(http://ko.wikipedia.org/wiki/%EB%82%A8%EC%96%91%EC%9C%A0%EC%97%85).

5   OECD의 조사에 의하면 5인 이상 상용근로자가 재직하는 기업의 2007년 연간실근로시간은 2261시간으로 OECD국가 중 최장근로에 해당하는 것으로 조사되었다(OECD, *2008 OECD Employment Outlook*(2008)(available at www.oecd.org/employment/emp/40937574.pdf).

6   바둑용어로 집이나 대마 등이 살아 있지 않은 상태 혹은 그 돌을 이르는 말이다. 완전히 죽은 돌을 뜻하는 사석(死石)과는 달리 미생은 완생할 여지를 남기고 있는 돌을 의미한다는 차이가 있다. 만화가 윤태호의 동명만화가 있고, 최근 드라마로도 방영이 되었다[위키백과, "미생," 마지막 방문일 2014.12.17, http://ko.wikipedia.org/wiki/%EB%AF%B8%EC%83%9D_(%EB%B0%94%EB%91%91)].

회사에 대한 회의적인 시선은 비단 우리나라만의 현상이 아니라 전 세계적인 것이고, 이는 전 세계적으로 빈발하는 금융위기, 정치적 영역에 대한 회사의 영향력 증대, 경영자의 기회유용, 단기 성과주의와 같은 것에 기인한다.[7] 하지만 회사가 발생시키는 대표적인 사회적 부작용은 부정적 외부효과와 부의 불평등이다. 그리고 회사법이 부와 힘의 불평등을 허용하는 법적 구조를 허용하는 데 중요한 역할을 한 것이 사실이다.[8] 주주지상주의에 근거한 회사법은 효율성을 목적으로 하고,[9] 효율성은 소득과 부의 불평등, 그리고 소득과 부에 의하여 결정되는 사회적 신분과 권력의 불평등의 대가로 얻어지기 때문이다.[10]

이 같은 회사의 부작용을 억제하기 위해서는 회사에 대한 규제(regulation)가 필요하다. 그러나 주주지상주의는 회사법이 사법이라는 이유로 회사법에 의한 회사규제를 반대한다. 이러한 주주지상주의의 주장은 역사적으로 볼 때 옳지 않은 주장이다. 회사법은 역사적으로 '규제법'으로 출발하였고, 회사법이 회사를 규제하는 강력한 도구로 기능하였다는 점은 미국 회사법의 역사에서 찾아볼 수 있다.

민주주의와 재산권과의 관계에 대하여 미국은 건국 초기부터 두 가지의 상반된 견해가 대립하였다. 재산권의 지지자들은 정치적 평등보다 사유재산권이 우선한다고 주장하였고, 민주주의의 지지자들은 정치적 평등이 재산권보다 근본적인 것이라고 주장하였다.[11] 이와 같은 민주주의와 재산권의 대립

---

7   Greenfield, "Corporate Citizenship: Goal or Feal?" p.961.

8   Dalia Tsuk, "Corporations Without Labor: The Politics of Progressive Corporate Law," *University of Pennsylvania Law Review*, vol.151(2002~2003), p.1911.

9   우리나라의 회사법도 효율성을 근본으로 해야 한다는 지적에 대해서는 최준선, 「회사법의 방향」, 30쪽 참조.

10 아더 엠. 오쿤, 『평등과 효율』, 이영선 옮김(현상과 인식, 1983), 75쪽.

과 관련하여 공화주의 정부와 양립할 수 있는 유일한 해결책은 "심각한 빈부 격차가 발생되지 않을 정도로 경제적 자원을 분배하는 것"[12]이었다. 따라서 미국 건국의 아버지들은 미국에서 재산을 광범위하게 분산시키기 위해서는 규제조치가 필요하다는 것에 동의하였다.[13] 회사는 건국 초기 경제력을 집중 시키는 제도로 인식되었기 때문에 부정적 인식이 우세하였고, 이러한 부정적 인식에 따라 회사를 민주주의의 통제 아래 두려는 취지에서 회사 설립에 대한 특허제도가 도입되었다.[14] 이와 같이 "공화주의의 정신 아래 경제력 분산을 위한 합의의 산물"인 특허제도는 19세기 전반기 동안 미국에서 경제력 집중을 억제하는 장치로 기능하여왔다. 그러나 19세기 후반 산업혁명의 영향으로 회사가 성장하면서 19세기 전반기의 균등한 경제질서는 "기업자본주의라는 혁명적인 새질서"로 재편되었다.[15] 공공선을 침해할 수 있는 집단이익 추구는 개별적으로 행동하는 개인보다는 회사에 의해 더 쉽게 추구될 수 있다고 본 공화주의의 오랜 우려는 무시되었다.[16] 기업자본주의는 무제한의 힘으로 사회적·경제적 자원배분에서 심각한 불평등을 발생시켰고, 이러한 과정에서 민주주의의 핵심 이념은 새로운 경제질서에 대한 정당화 근거로 변질되었다.[17] 역사학자들의 평가에 의하면, "민주주의는 자본주의와, 자유

---

11 다알에 의하면 민주주의와 재산권의 대립은 고대 그리스시대부터 문제된 것이었다. 즉 민주주의가 재산권을 위협하는 것인지 재산권이 민주주의를 위협하는 것인지가 문제되었다(다알, 『경제민주주의』, 76~77쪽).

12 같은 책, 77쪽.

13 같은 책, 79쪽.

14 Nace, *Gangs of America*, p.54.

15 다알, 『경제민주주의』, 80쪽.

16 Ian S. Speir, "Corporations, the Original Understanding, and the Problem of Power," Working Paper(2012), p.3(available at http://ssm.com/abstract-1832672).

17 다알, 『경제민주주의』, 80쪽.

는 재산권과, 평등은 재산 획득의 기회 균등과, 진보는 경제성장·자본축적과 동일시"되었다.[18] 이와 같이 새로운 경제질서를 대표하는 회사는 민주공화제의 핵심 이념인 재산권 보장을 통하여 정당화되었고, 미국의 회사들은 별다른 제한 없이 자본을 축적해 나갈 수 있었다.[19] 연방 대법원은 로크너 판결로 대표되는 이러한 새로운 경제질서를 이념적으로 정당화하는 데 적극적인 역할을 하였고, 연방 대법원의 입장은 콥피지 사건(Coppage v. Kansas) 사건[20]에서의 다음과 같은 판시로 알 수 있다.

사유재산권이 존재하는 곳에서 재산의 불평등이 존재할 것이며, 따라서 계약 당사자는 불평등한 조건에 놓일 수 있다. 그리고 재산이 공유가 아닌 한, 어떤 사람이 다른 사람보다 더 많은 재산을 갖게 되는 것은 자명하기 때문에 재산권 행사의 필연적인 결과로서 재산의 불평등을 합법적인 것으로 인정한다면 계약의 자유와 사유재산권을 옹호하지 않을 수 없다.

회사의 부작용은 뉴딜 시대를 거치면서 회사의 행위를 규제하는 외부 규제 법률과 조세와 복지제도를 통한 소득재분배 정책을 통하여 일정 부분 완화되었지만, 근본적인 문제는 해결되지 않은 채 현재까지 이어져왔다. 이와 같이 미국에서 회사법의 변화는 '정치적 민주주의와 경제적 자유 간의 균형이 무너져가는 역사'로 요약될 수 있고, 회사를 매개로 한 경제력의 집중과 경제적 불평등이 심화되는 현상은 정치적 민주주의의 위기를 가져왔다.

---

18 John M. Blum et al., *The National Experience: A History of the United States* (Harcourt, Brace, & World, Inc, 1963), p.432.
19 다알, 『경제민주의』, 80쪽.
20 Coppage v. Kansas, 236 U.S. 1(1915).

이와 같은 균형을 회복하기 위해서는 주주지상주의를 대체하는 새로운 회사지배구조가 필요하고 새로운 회사지배구조는 최소한의 경제적 효율성이 담보되고, 경제적 공정성을 보장할 수 있는 지배구조이어야 한다.[21] 주주지상주의를 주장하는 입장은 주주지상주의 외에 다른 대안은 없는 것처럼 주장한다. 그러나 주주지상주의에 맞서는 실현 가능한 '대안'은 실제로 존재한다.[22]

최근까지 회사지배구조에 관한 개혁은 '소액주주운동'이 주도해왔다. 소액주주운동은 주주지상주의와 같이 주주가 회사의 주인이라는 전제에서 출발하여 지배주주에 대한 소액주주의 권리와 이익 보호를 목적으로 한다.[23] 우리나라에서 소액주주운동[24]은 창업자 가족경영으로 특징지어지는 재벌자본주의의 극복[25]을 목표로 하는 점에서 진보적이라고 평가할 수 있고,[26] 소액주주운동만으로도 재벌자본주의의 전근대성과 비민주성[27]을 드러내는 효

21 다알, 『경제민주주의』, 92~93쪽.
22 장하준, 『다시 발전을 요구한다』(부키, 2008), 9쪽.
23 홍장표, 「기업민주주의와 기업지배구조」, 『기업민주주의와 기업지배구조』, 민주주의사회연구소 편(백산서당, 2002), 50쪽.
24 소액주주운동을 주장하는 대표적인 학자는 '장하성'과 '김상조'이다.
25 김상조는 재벌자본주의에 대해 다음과 같이 지적한다. "기업집단을 지배하는 '총수일가로서의 재벌'(이건희 회장 일가, 정몽구 회장 일가 등)은 5% 미만의 지분을 보유한 소액주주임에도 불구하고 '오너'처럼 독단 경영을 일삼고 나아가 각종 불법행위로 사익을 추구하고 있다. 즉 재벌은 천민자본으로서 한국경제의 후진성을 상징한다. …… 재벌개혁은 자유주의 과제이고 부르주아의 과제라고 할 수 있다. 그러나 재벌개혁의 성공 없이는 그 어떤 진보적 과제도 심대한 장애에 봉착할 것이라는 것은 분명하다[김상조, 「경제민주화의 의미와 과제: 재벌·중소기업·소상공인 문제를 중심으로」, ≪경제와 사회≫, 96호(2012), 125쪽].
26 홍장표, 「기업민주주의와 기업지배구조」, 51쪽.
27 재벌자본주의의 전근대성과 비민주성에 대하여 김상조는 다음과 같이 지적한다. "총수

과를 거둘 수 있었다.[28] 그러나 소액주주운동은, 주주민주주의를 실현할 수는 있을지는 몰라도, 이해관계자 모두의 이익을 공동으로 추구하는 경제민주주의를 실현할 바람직한 회사 모델을 만들어낼 수 없다는 내재적인 한계를 가지고 있다.[29] 즉 소액주주운동은 투명하고 공정한 게임 규칙을 수립하는 것이 경제민주화의 길이라고 보지만, 과연 이러한 자유주의적 개혁만으로 경제민주화가 실질적으로 달성될 수 있을 것인지는 의문이다.[30] 이에 대하여 소액주주운동을 지지하는 장하성은 여러 문제점도 있지만, 주주자본을 대체할 대안적인 자본을 제시하지 못하는 이상 주주지상주의의 단점을 보완하는 방법 외에 다른 대안은 없다고 주장한다.[31]

그러나 이 책은 주주지상주의의 대안으로 이해관계자 지배구조를 제시하였다. 이해관계자 지배구조는 회사를 부정하지 않는다. 이해관계자 지배구조는 회사를 이해관계자를 위해서도, 사회를 위해서도 유익하고 의미 있는

에게 모든 정보와 의사결정권이 집중되는 것이 한국 재벌의 현실이지만, 재벌 내부에는 자신의 이해관계에 따라 정보를 왜곡하는 수많은 임직원들이 존재하고, 그 결과 총수가 잘못된 정보에 기해서 잘못된 결정을 내리는 경우가 결코 적지 않다. 총수일가와 관련된 형사사건의 검찰 수사에서 위증을 하는 임직원, 공정위가 현장 조사를 벌이는 그 순간에도 증거자료를 폐기하는 임직원 등은 이러한 왜곡된 유인구조의 한 단면이다. 회사가 아니라 총수에게 충성해야 생존할 수 있고 승진할 수 있다는 것을 잘 알고 있기 때문이다. 그렇기 때문에 총수가 대통령 앞에서 대·소기업 상생협력을 약속한 그 다음날에 해당 재벌의 구매담당 실무자는 하도급기업의 납품단가 후려치기를 하는 것이다. 보상과 제재의 유인구조를 환골탈퇴하지 않고서는 기업을 바꿀 수 없다"(김상조, 「경제민주화의 의미와 과제」, 118~119쪽).

28 홍장표, 「기업민주주의와 기업지배구조」, 50쪽.

29 같은 글, 51쪽.

30 이병천, 「한국경제 전환의 인식과 대안: 진보적 자유주의와 신개발주의를 중심으로」, ≪경제와 사회≫, 110호(2013), 57쪽.

31 장하성, 『한국자본주의』, 259~266쪽.

기관으로 이해한다.[32] 경제적 성과는 회사의 제1차적 책임이고, 적어도 자본 비용을 보상할 수 있는 수준의 이익을 내지 못하는 회사는 사회적 자원을 낭비하는 것이고, 사회적으로 무책임한 것이다.[33] 이해관계자 지배구조는 현재 주주지상주의에 의한 회사의 개념을 재설정할 것을 주장한다. 그러나 이는 현재 민주적 통제에서 벗어나 있는 회사가 원래 사회적 목적에 봉사하도록 하기 위하여 창조된 도구라는 점을 재확인하는 것에 불과하다.[34] 이해관계자 지배구조는 회사에게 자선기관의 역할을 요구하고, 강제하는 것이 절대 아니다. 이해관계자주의는 외부적으로 정부가 설정한 법령을 준수하여 사업을 하라는 것이고,[35] 내부적으로는 회사에 참가하고 있는 이해관계자들 간에 회사가 창출한 이익을 공정하게 배분하라는 것이다.[36]

마틴 와이츠맨은 경제제도를 평가하는 기준으로 다음과 같은 기준을 제시한다.[37]

① 그 제도가 합리적으로 효율적인가? 투입 대비 산출이 비교적 높은 수준을 유지하고 있는가? 사람들로 하여금 산출을 증진시키는 동기를 유발하고 있는가? 그 제도가 최대한의 고용을 실현하고 있는가?

② 그 제도가 합리적으로 평등한가? 합리적으로 공정한 소득의 분배를 실현하고

32 Kostant, "Team Production and the Progressive Corporate Law Agenda," p.675.

33 피터 드러커, 『자본주의 이후의 사회』, 이재규 옮김(한국경제신문사, 1994), 160쪽.

34 Greenwood, "Introduction to the Metaphors of Corporate Law," p.293.

35 정부의 규제를 자신들의 의도대로 변경하려는 시도를 하지 않는 것까지를 포함한다.

36 다만, 이것이 회사의 이익을 이해관계자 집단 간에 똑같이 배분하는 결과의 평등을 의미하는 것이 아니다(Blair & Stout, "Team Production Theory of Corporate Law," p.282).

37 Weitzman, "Profit-sharing capitalism," p.61.

있는가?

③ 그 제도가 높은 수준의 경제성장률을 달성하고 있는가?

④ 그 제도가 경제적, 정치적, 사회적 다양성을 지지하고 있는가?

이해관계자 지배구조는 이와 같은 기준을 모두 충족시킨다. 이해관계자 지배구조는 '회사 특정 투자'를 유도하여 회사의 생산적 효율성 자체를 증가시킨다는 점에서 효율적이며, 회사 성공에 기여하는 모든 이해관계자를 배려한다는 점에서 합리적으로 평등하다. 또한 생산적 효율성의 증대로 경제성장을 증대시킬 수도 있고, 모든 이해관계자의 이익을 고려한다는 것은 그 자체로 다양성의 존중을 의미한다.

반면 주주지상주의는 회사를 다른 가치들은 모두 희생시키면서 오직 효율성만을 추구하는 경제적 기관으로 정의한다.[38] 그러나 주주지상주의에서는 이익의 배분 과정에서 이해관계자들이 제외되기 때문에 이해관계자들에게 회사의 효율성 증진에 필수적인 회사 특정 투자를 자발적으로 유인할 수 있는 장치가 존재하지 않는다. 따라서 그동안 회사는 이러한 문제를 직원에 대해서는 수직적인 위계조직 내에서 감시·감독을 통한 '억압'과 '강제'를 통하여 대부분 해결해왔고, 공급자에게는 계약의 단절을 무기 삼아 해결해왔다. 이러한 점은 주주지상주의가 그 주장만큼 효율적이지 않을 수도 있다는 것을 의미한다.

경영학의 아버지로 불리는 피터 드러커(Peter Drucker)는 『자본주의 이후의 사회』에서 주주지상주의의 미래에 대하여 다음과 같이 예측하였다.

---

38 Lawrence E. Mitchell, "Groundwork of the Metaphysics of Corporate Law," *Washington and Lee Law Review*, vol.50(1993), p.1479.

지금 기업들은 이해집단에 대한 최적 균형 이익을 위해 경영되는 대신 전적으로 주주의 부의 극대화를 기준으로 경영되고 있다. 이것 또한 성공하지 못할 것이다. 왜냐하면 이것은 기업이 최단기적 이익을 위해 경영되도록 강요하기 때문이다. 그러나 이것은 기업의 이익 창조 능력을 파괴한다고까지는 할 수 없지만 훼손한다는 것을 의미한다. 이것은 쇠퇴를, 그것도 꽤 빨리 쇠퇴한다는 것을 의미한다. 장기적 결과들은 단기적 결과 위에다 또 다른 단기적 결과를 차곡차곡 쌓아 올림으로써 달성될 수는 없다. 장기적 결과는 장단기적 필요와 목적을 균형 잡히게 함으로써 얻어질 수 있다. 뿐만 아니라 현대기업의 성공은 지식 근로자들의 동기와 공헌 의지에 크게 의존하므로 기업경영을 오로지 주주들을 위해서만 하는 것은 지식근로자들을 소원하게 만든다. 지식 근로자들은 투기꾼을 부자로 만들기 위해 열심히 일할 기분이 내키지 않을 것이니까 말이다.[39]

드러커의 이와 같은 견해는 인적 자본이 중요해지는 지식산업시대에는 지식을 보유한 직원이 생산성 향상의 핵심이 되는데, 주주를 '회사의 주인'으로 보는 주주지상주의에서는 생산성 향상에 한계가 있을 것이라고 점을 명확하게 보여준다. 이해관계자들이 주인의식을 가지고 일할 때 더 많은 생산성의 향상을 보여준다는 것은 스톡옵션에 관한 통계를 보아도 알 수 있다. 스톡옵션을 75% 이상의 직원에게 부여한 105개 회사를 분석한 연구에 의하면, 이들 회사들이 제도 시행 후 3년 동안 17%의 생산성 향상을 보였고, 자산수익률도 2.3%가 늘었다는 것이다.[40] 이해관계자 지배구조는 회사를 주주의 소유라고 보지 않고, 모든 이해관계자를 위한 도구로 보기 때문에 이해관계자

39 드러커, 『자본주의 이후의 사회』, 131~132쪽.

40 코리 로젠, 존 케이스 & 마틴 스타우버스, 『에퀴티』, 이동한·곽주원 옮김(지식공작소, 2007), 17쪽.

에게 회사에 대한 주인의식을 고취시킬 수 있는 장점이 있다.

이해관계자주의의 이와 같은 장점 외에도, 최근 제레미 리프킨이 자신의 책 『3차산업혁명』에서 제시한 '중앙집권형 수직적 비즈니스 모델'을 대체하는 '분산적 협업 비즈니스 모델'은 이해관계자 지배구조가 미래 회사의 상에 더 적합할 수 있다는 점을 보여준다.[41] 경제학적 회사이론은 팀 생산과 관련하여 직원에 대한 일정한 입장을 핵심 전제로 한다.[42] 주주지상주의가 근거하고 있는 대리인이론은 '수직' 관계에 의한 '감시'를 특징으로 하고, 이해관계자주의가 근거하고 있는 팀생산이론은 '수평' 관계에 의한 '협업'을 특징으로 한다. 리프킨에 의하면 미래의 생산체계는 분산적 협업 생산체계로 갈 것을 전망하고 있고, 이러한 생산체계는 이해관계자 지배구조에서 더 잘 실현될 수 있다.

또한 주주지상주의는 이해관계자 집단 간의 대립을 조장하고 상호 불신의 근본원인을 제공한다는 문제가 있고, 이것은 효율성에 심각한 문제를 가져올 수 있다. 주주지상주의가 주주의 이익만을 고려하라는 것은 반대로 해석하면 다른 이해관계자의 이익은 무시해야 한다는 의미가 된다.[43] 자본의 법칙은 회사의 경영자에게 직원 수를 줄이고, 임금을 삭감할 것을 강요한다. 이는 경영자가 불필요한 비용을 줄이고 있다는 것을 증명하는 것이기 때문이다.[44] 따라서 주주지상주의에서 이해관계자 집단은 묵시적인 계약이나 신의성실에 따라 경영자가 자신들을 배려할 것이라는 기대를 할 수 없기 때문에 명시적인 계약을 통해 최대한 많은 이익을 얻으려고 한다.[45] 또한 경영자

---

41 제레미 리프킨, 『3차산업혁명』, 266쪽.

42 Greenfield, "There's a Forest in Those Trees," p.1012.

43 Wallman, "Understanding the Purpose of a Corporation," p.812.

44 Greenfield, "There's a Forest in Those Trees," p.1016.

45 Wallman, "Understanding the Purpose of a Corporation," p.812.

가 이해관계자를 배려한다고 하더라도 그러한 신뢰는 언제든지 배반당할 수 있다는 점 때문에 주주지상주의에서 신의성실과 상호 신뢰의 원칙은 기대하기 어렵고, 불신과 대립만이 존재할 수밖에 없는바, 이는 주주지상주의의 주장과는 달리 회사의 비용을 발생시키는 심각한 원인이 된다.[46] 이러한 문제의 모든 원인은 주주지상주의하에서 회사가 주주에게만 우호적으로 경영되고, 다른 이해관계자들에게는 적대적으로 경영되기 때문이다. 노동계 쪽의 주주자본주의의 연구결과에 의하면 주주자본주의체제에서 회사지배구조는 "사회에 미치는 노동조합의 영향력을 약화시키는 데 그 핵심이 있다"고 평가하는 것도 그러한 맥락에서 이해될 수 있다.[47] 반면 이해관계자 지배구조는 이해관계자 간의 관계를 신뢰를 전제로 하고, 신뢰를 회사관계의 근본으로 이해한다.[48]

한편, 주주지상주의는 효율성의 측면에서뿐만 아니라 합리적이고 공정한 소득 분배 실현이라는 측면에서도 문제가 있다. 이해관계자 지배구조에 대해서는 결국 이해관계자 사이의 결과의 평등을 추구한다는 비판이 있을 수 있다. 이해관계자 지배구조의 공정한 분배에 관한 주장은 주주지상주의의 격렬한 비판의 대상이고, 이와 관련하여 프리드먼은 평등주의와 자유주의는 양립되지 않는다고 주장한다.

> 균등성이 자유와 정면으로 배치되는 것이며, 우리들은 이것들 가운데 하나를
> 선택해야만 한다. 이러한 의미에서 우리들은 평등주의자가 되면서 동시에 자유
> 주의자가 될 수 없다.[49]

---

46 Wallman, "Understanding the Purpose of a Corporation," p.812.

47 박현미·노진귀·임운택, 『주주자본주의에 따른 기업지배구조 및 노사관계의 변화』(한국노총 중앙연구원, 2005), 36쪽.

48 Mitchell, "Fairness and Trust in Corporate Law," p.475.

그러나 이해관계자 지배구조에서 말하는 이익의 공정한 배분은 이해관계자 집단 간에 이익을 똑같이 배분하자는 것이 아니다. 평등자유주의에서 차등원칙은 결과의 평등을 의미하는 것이 아니고,[50] 이해관계자 지배구조도 이해관계자 간의 결과의 평등을 의도하는 것이 전혀 아니다. 이해관계자 지배구조에서 이익의 배분은 회사에 대한 기여와 부담하는 위험에 상응하는 비례적인 배분을 의미한다.[51] 이와 같이 이해관계자 지배구조는 회사의 이익 창출에 기여한 만큼 배분하자는 것이고 이는 시장경제와도 부합한다. 자유 시장사회에서 소득 분배를 정당화하는 윤리적 원리는 '생산에 공헌한 만큼 분배된다'는 것이기 때문이다.[52]

요컨대, 주주지상주의에 의한 회사 경영은 경제 전체에도 도움이 되지 않고, 개별 회사의 경영에도 도움이 되지 않는다.[53] 반면 끊임없이 사회적 비용을 사회에 전가하려고 하며, 소득 불평등을 조장한다. 이와 같은 문제점으로 인해 최근에는 주주지상주의의 입장에서도 회사의 경영을 위해서는 이해관계자의 이익을 존중하고 배려하는 것이 필요하다고 인식한다. 세계 500대 회사 중에 영미권 166개 회사[54]를 대상으로 조사한 결과[55]에 의하면, 98.5%

---

49 프리드먼, 『자본주의와 자유』, 239쪽.

50 마이클 샌델, 『정의의 한계』, 이양수 옮김(멜론, 2012), 181쪽.

51 장하성, 『한국자본주의』(헤이북스, 2014), 193쪽.

52 프리드먼, 『자본주의와 자유』, 199쪽.

53 장하준, 『그들이 말하지 않는 23가지』, 41~42쪽.

54 포춘(Fortune)지가 2012년에 조사한 세계 500대 회사 중 미국 회사 129개, 영국 회사 26개, 캐나다 회사 11개를 대상으로 한 것이다(CNNMONEY, Global 500(last accessed Dec. 20, 2014, http://money.cnn.com/magazines/fortune/global500/2012/).

55 Vasudev, "The Stakeholder Principle, Corporate Governance and Theory," pp.426~427. 이 논문은 회사가 이해관계자 원리를 인식하고 있는지 여부와 인식하고 있다면 그 방법과 형식을 알아보기 위하여 정부 및 회사 관련 문서를 조사하였다.

에 해당하는 164개의 회사가 주주를 제외한 이해관계자의 이익을 회사의 관심사항으로 포함시켰다.[56] 그러나 이와 같은 회사의 사회적 책임에 관한 선언은 회사의 자발성에 기초한 것이므로 한계가 있을 수밖에 없다.[57]

따라서 회사의 부작용을 효과적으로 억제하기 위해서는 회사의 자발성에 기대하는 것보다는 규제가 필요하고, 그러한 규제는 이해관계자 모두의 이익이 고려될 수 있는 회사지배구조를 확립하는 방향으로 이루어져야 한다. 국가를 초월하여 전 세계를 대상으로 사업을 하는 회사를 규제하는 것은 매우 어려운 일이다. 회사는 우리 사회에서 가장 영향력이 큰 조직이다. 현대에서 회사의 권력은 정부의 권력을 능가한다. 도시의 구조는 당시의 사회상을 반영한다고 한다. 도시에서 가장 큰 건축물은 당대의 권력관계를 반영한다. 중세 유럽의 도시에서 가장 큰 건축물은 교회였고, 근대의 도시에서 가장 큰 건물은 정부청사였으며, 현대 도시에서 가장 큰 건물은 거대 회사의 본사 건물이 대부분이다. 2002년 경제규모 기준으로 세계 100대 집단 가운데 52개가 회사이고, 48개가 국가였다는 점은 이를 방증한다.[58] 월마트(Wallmart)는 스웨덴·노르웨이의 GDP보다, GM은 사우디아라비아의 GDP보다 더 많은 매출을 올린다.[59] 이러한 의미에서 고 노무현 전 대통령이 "권

---

56 주주 외의 이해관계자에 대한 언급이 없는 회사는 Berkshire Hathaway, INTL FCStone이다(Vasudev, "The Stakeholder Principle, Corporate Governance and Theory," p.427).

57 우리나라에서도 기업의 사회적 책임을 법제화하자는 주장에 대해 부정적인 견해가 많다. 예컨대 최준선, 「기업의 사회적 책임론」, 501쪽("기업의 사회적 책임은 기업의 공공성의 일환으로 도덕적으로는 요구될 수 있을지라도 회사법에서 이를 기업의 일반적인 의무와 책임으로 규정하고 그 위반에 대하여 이사나 기업에게 책임을 묻기는 어려울 것으로 보인다").

58 Sarah Anderson, John Cavanagh & Thea Lee, *Field Guide To The Global Economy*, revised ed.(New Press, 2005).

59 Greenfield, "Defending Stakeolder Governance," p.1045.

력은 시장에 넘어갔다"라고 말한 것은 현대사회의 권력 구도에 대한 정확한 표현이고,[60] 회사는 챈들러(Chandler)의 말처럼 현대의 '리바이어던 (Leviathans)'이 되었다.[61]

회사는 경제력을 바탕으로 자신이 속하는 국가나 지역사회에 자신들의 의사를 관철시킬 수 있도록 압력을 행사할 수 있다.[62] 회사는 해당 국가나 지역사회를 떠나지 않거나 생산 규모를 유지한다는 조건으로 양보를 요구하고, 국가·지역사회는 회사를 유치하거나 잔류시키기 위한 경쟁을 한다.[63] 이와 같은 국가·지역 간 회사 유치 경쟁은 역사적으로 회사법의 규제 완화를 초래하기도 하였다.[64] 따라서 회사법이 이해관계자 지배구조를 채택하는 경우 이해관계자 지배구조는 시장의 심판을 받을 것이라거나,[65] 이해관계자 지배구조가 회사를 다른 국가로 이전시키게 될 것이라는 주장이 제기될 수 있다.[66] 시장의 심판을 받을 것이라는 의미는 주식투자자들이 주식 대신 다른 투자처를 찾게 될 것이라는 것이다. 또한 이해관계자의 이익을 형량할 아무런 수단과 원리도 제공하지 않기 때문에 자본조달비용(cost of raising equity

---

60 2005년 7월 5일 대·중소기업 상생협력시책 점검회의에서의 고 노무현 전 대통령의 발언(≪한국일보≫, 2012년 2월 12일 자, "시장권력 넘어서기," 마지막 방문일 2014.11.5. http://news.naver.com/main/read.nhn?mode=LSD&mid=sec&sid1=110&oid=038& aid=0002229436).

61 Alfred D. Chandler Jr. & Bruce Mazlish(ed.), *Leviathans: Multinational Corporations and the New Global History*(Cambridge: Cambridge University Press.2005), p.2.

62 Glynn, "Coomunities and Their Corporations," p.1071.

63 같은 글, p.1071.

64 같은 글, p.1071.

65 Greenfield, "The third Way," p.772.

66 같은 글, p.772.

capital)을 증가시킨다는 비판도 있다.[67] 이와 같은 주장은 일면 일리 있는 주장이다. 그러나 현재까지는 주식을 대체하여 투자수익을 보장할 만한 투자수단은 그리 많지 않다. 따라서 회사가 채권 또는 이자수익률 이상의 수익을 안정적으로 보장하고, 회사를 발전시켜 장기 전망을 밝게 유지시킨다면 주식 투자가 줄어들 이유는 없을 것이다.

클라크는 회사법과 관련하여 자본주의 단계를 ① 기업가의 시대, ② 전문경영자 시대, ③ 자본 중개자(기관투자자) 시대, ④ 저축 계획자(saving planner) 시대로 구분하였다.[68] 이와 같은 자본주의의 발전단계에서 자본의 제공자는 기업가(entrepreneur) → 소유자(owner) → 자본 제공자(capital supplier) → 수혜자(beneficiary)로 변화된다고 설명한다.[69] 이와 같은 주장에 의하면 현대 회사에서 주주는 자본 제공자 또는 수혜자에 불과하다는 점을 보여주고, 그러한 주장의 함의는 주주가 더 이상 회사의 이해관계자 중에서 우선적 위치를 주장할 수 없다는 것을 의미한다. 고도로 발달한 자본시장체제에서 이제 주주는 회사의 장기적인 이해관계자가 아니다. 세계은행(World Bank)의 통계에 의하면 2012년 우리나라 증권시장의 주식거래비율(stock turnover ratio)은 140%에 달한다.[70] 따라서 주주를 회사의 소유자로 간주하는 주주지상주의는 시대적 의의를 상실했고, 미래의 회사지배구조는 이해관계자 지배구조로 재편되어야 한다.

이러한 목적에서 이 책은 이해관계자 지배구조를 이론적으로 정립하고자

---

67 Roberta Romano, "A Guide to Takeovers : Theory, Evidence and Regulation," 9 *Yale J. on Reg.* 119(1992), p.171.

68 Clark, "The Four Stages of Capitalism," pp.562~566.

69 같은 글, p.567.

70 http://data.worldbank.org/indicator/CM.MKT.TRNR?order=wbapi_data_value_ 2012 wb api_data_value+wbapi_data_value-last&sort=asc.

시도하였고, 그에 따라 회사지배구조가 어떻게 변화될 수 있는지에 대하여 개괄적으로 살펴보았다. 그러나 실제 우리나라의 회사지배구조가 변화하기 위해서는 다음과 같은 점이 더 논의되어야 한다. 우선 회사법에서 회사와 이해관계자 간의 관계를 어떻게 규율할 것인지를 논의하여야 한다. 이해관계자 지배구조는 회사와 다른 이해관계자 간의 관계도 회사법의 규율범위에 포함될 수 있음을 시사하고, 이는 회사법의 규율범위가 확대되는 것을 의미하기 때문이다. 특히 구체적으로 회사법 내에서 이해관계자를 어떻게 보호할 수 있을지 여부에 대해 논의하여야 한다.

또한 이 책은 이해관계자 지배구조에 근거하여 이해관계자의 경영 참여를 주장하고 있다. 따라서 이해관계자 지배구조에서 이해관계자의 경영 참여 방식에 대해서는 향후 많은 토론이 필요하다. 특히 우리나라 경제 현실에서 이해관계자 경영 참여를 어떻게 정착시킬 것인지 고민해야 한다. 현재 우리나라의 회사지배구조는 창업자 가족의 가족 중심 경영체제라고 정의할 수 있다. 회사에 대한 적극적인 오너십(ownership)의 존재는 오너(owner)에 의한 '기회유용'이 없다는 것을 전제로 하면 회사가 지속적인 가치 창출을 할 수 있게 하는 역할을 할 수 있다.[71] 이러한 측면에서 가족 중심 지배구조는 장기적인 관점에서 지금까지는 국내 경제 발전에 나름의 역할을 해왔고, 약탈적인 금융자본주의에 충실한 주주지상주의보다는 나은 것으로 평가할 수 있다.[72] 그러나 가족 경영 체제는 21세기에는 더 이상 유효하지 않은 지배구조이고, 창업자 가족의 지분가치 희석으로 더 이상 존속하기도 어려운 상황

---

[71] 롤프 H. 칼슨, 『오너십이 기업운명을 지배한다』, 박행웅·이종삼 옮김(김영사, 2002), 9쪽(칼슨은 스웨덴 발렌베리 가문의 예를 들면서 회사에서 소유권의 역할을 강조한다).

[72] 이병천, 「한국경제 전환의 인식과 대안」, 52~54쪽; 위와 같은 주장을 하는 대표적인 학자는 장하준이고, 이러한 주장에 관한 논쟁에 대해서는 이정환, 『한국의 경제학자들』, 43~72쪽 참조.

이다.[73] 따라서 이해관계자 지배구조를 우리나라의 경제현실에 정착시키는 방법으로 현재 창업자 가족 주도의 회사 경영을 보장하되,[74] 회사지배구조를 이해관계자 지배구조로 전환하는 '사회적 대타협'을 생각해볼 수 있다.[75] 다만 사회적 대타협의 전제는 이해관계자 지배구조에서 회사의 소유자란 있을 수 없으므로 현재 창업자 가족은 회사의 소유자라는 생각을 버리고, 회사의 리더로서의 역할을 해야 한다는 것이다.

2014년에 발생한 이른바 '대한항공 땅콩회항 사건'은 회사를 주주의 소유로 생각하는 주주지상주의의 극단적인 면을 보여주고 있고, 재벌로 대표되는 우리나라의 회사지배구조가 변화되어야 한다는 것을 보여주는 상징적인 사건이었다. 회사법은 이와 같이 기업이 "정치·경제·사회·문화 등 모든 영역을 지배하고 개인의 입맛까지 조장하는 현실 속에서 회사법이 어떠한 역할을 할 것인가에 대해 응답"하여야 한다.[76] 이에 대한 응답으로 이 책은 주주지상주의의 대안으로 이해관계자 지배구조를 제시하였는바, 이 책의 논의가 우리나라의 회사지배구조 개선에 도움이 되고, 회사의 실패를 교정하는 데 기여하기를 바란다.

---

73 삼성그룹의 예를 들면, 이건희 회장에서 이재용 부회장으로 경영권이 이전될 수는 있었지만, 이재용 회장에서 다시 이재용 부회장의 자식들까지 적법한 방법으로 경영권이 이전되기는 힘들 것이다.

74 재벌 가문의 회사 경영에 대한 주도권을 보장하는 방법으로는 회사법 내에서는 차등의결권의 발행을 허용하는 방법이 있고, 조세법상으로는 상속주식에 대한 상속세를 면제하는 방안이 있을 수 있다.

75 사회적 대타협은 장하준의 주장으로 이병천은 그의 주장을 다음과 같이 정리한다. "1원 1표 경제민주화가 아니라 1인 1표 경제민주화로 나아가야 한다. 이를 위해 외자지배와 주주가치추구 경향을 통제하고 재벌의 경영권 인정과 사회적 책임을 교환하는 사회적 대타협을 이루어야 한다"(이병천, 「한국경제 전환의 인식과 대안」, 59쪽).

76 홍복기, 「경제환경의 변화와 회사법의 입법방향」, 28쪽.

● 참고문헌

1. 국내문헌

(1) 단행본

〈저서〉

강준만. 2010.『미국사산책 6: 대공황과 뉴딜혁명』. 서울: 인물과 사상사.

고동수. 2006.『기업의 사회적 책임: 국제논의 동향 및 우리의 대응방안』. 서울: 산업연구원.

국세청. 2013.『2013년도 국세청 통계연보』. 서울: 국세청.

권오승. 2009.『경제법』. 파주: 법문사.

김건식. 2010.『기업지배구조와 법』. 서울: 소화.

김규태. 1999.『신노사관계론』. 서울: 형설출판사.

김상봉. 2012.『기업은 누구의 것인가』. 서울: 꾸리에북스.

김석준. 1994.『정치민주화의 정치경제』. 서울: 법문사.

김일태·유동국·정진필. 2002.『기업이론과 기업의 소유지배구조』. 서울: 집문당.

김지평. 2012.『주식에 대한 경제적 이익과 의결권』. 서울: 경인문화사.

김화진. 2009.『기업지배구조와 기업금융』. 서울: 박영사.

민주주의사회연구소 편. 2002.『기업민주주의와 기업지배구조』. 서울: 백산서당.

박현미·노진귀·임운택. 2005.『주주자본주의에 따른 기업지배구조 및 노사관계의 변화』. 서울: 한국노총 중앙연구원.

서기원·김광수·박광서·오성동·박유영. 2000.『경제학설사』. 서울: 문영사.

서돈각. 1980.『상법연구(2)』. 서울: 법문사.

서승환. 2001.『미시경제론』. 서울: 홍문사.

신석훈. 2008.『회사의 본질과 경영권 − 경영권 방어 논쟁에 대한 법경제학적 접근』. 서울: 한국경제연구원.

_____. 2009.『회사의 본질과 이사의 의무 - 기업금융에 대한 배임죄 적용의 한계』. 서울: 한국경제연구원.

_____. 2009.『주주자본주의에 대한 법경제학적 접근-우리나라 회사 소유지배구조 정책에 주는 시사점』. 서울: 한국경제연구원.

안강현. 2013.『상법총칙·상행위법』. 서울: 박영사.

안택식. 2009.『회사법강의』. 서울: 형설출판사.

여운승 편. 1998.『기업이론』. 서울: 석정.

유종일. 2012.『진보경제학』. 서울: 모티브북.

이준구. 2002.『미시경제학』. 서울: 법문사.

이기수·최병규. 2011.『회사법』. 서울: 박영사.

이정환. 2014.『한국의 경제학자들』. 서울: 생각정원.

이재규. 2006.『기업과 경영의 역사』. 고양: 사과나무.

이철송. 2013.『회사법』. 서울: 박영사.

임재연. 2009.『미국기업법』. 서울: 박영사.

장동진. 2001.『현대자유주의 정치철학의 이해』. 서울: 동명사.

장하성. 2014.『한국자본주의』. 성남: 헤이북스.

장하준. 2008.『다시 발전을 요구한다』. 서울: 부키.

_____. 2014.『장하준의 경제학강의』. 서울: 부키.

전국경제인연합회 편. 2009.『주요국 회사법』. 서울: 전국경제인연합회.

정동윤. 2010.『상법강의(상)』. 파주: 법문사.

정동윤. 2001.『회사법』. 파주: 법문사.

정종섭. 2014.『헌법학원론』. 서울: 박영사.

정찬형. 2012.『상법강의(상)』. 서울: 박영사.

주경철. 2008.『대항해 시대: 해상 팽창과 근대 세계의 형성』. 서울대학교 출판부.

최기원. 2009.『신회사법론』. 서울: 박영사.

최완진. 2012.『신회사법요론』. 서울: 한국외국어대학교출판부.

최종태. 2001.『현대노사관계론』. 서울: 경문사.

최준선. 2012.『회사법』. 서울: 삼영사.

한국거래소. 2011.『KRX 상장심사가이드북』. 서울: 한국거래소.

한국헌법학회 편. 2013.『헌법주석(Ⅰ)』. 서울: 박영사.

한수웅. 2011.『헌법학』. 파주: 법문사.

홍복기. 2009.『회사법강의』. 파주: 법문사.

홍복기 외. 2012. 『회사법』. 서울: 박영사.

〈역서〉

노직, 로버트(Robert Nozick). 1997. 『아나키에서 유토피아로』. 남경희 역. 서울: 문학과 지
    성사.

다알, 로버트 A.(Robert Alan Dahl). 1995. 『경제민주주의』. 안승국 역. 서울: 인간사랑.

드러커, 피터(Peter Drucker). 1994. 『자본주의 이후의 사회』. 이재규 역. 서울: 한국경제신
    문사.

드워킨, 로널드(Ronald Dworkin). 2005. 『자유주의적 평등』. 염수균 역. 파주: 한길사.

라이시, 로버트(Robert Reich). 2008. 『슈퍼자본주의』. 형선호 역. 파주: 김영사.

로젠, 코리·존 케이스·마틴스타우버스(Corey Rosen, John Case, & Martin Staubus). 2007.
    『에퀴티』. 이동한·곽주원 역. 서울: 지식공작소.

롤즈, 존(John Rawls). 2010. 『공정으로서의 정의』. 황경식 외 역. 파주: 서광사.

_____. 2013. 『정의론』. 황경식 역. 서울: 이학사.

망뚜, 뽈(Paul Mantoux). 1987. 『산업혁명사(상)』. 김종철 외 역. 서울: 창작과비평사.

_____. 1987. 『산업혁명사(하)』. 김종철 외 역. 서울: 창작과비평사.

미클스웨이트, 존·에이드리언울드리지(John Micklethwait & Adrian Wooldridge). 2004.
    『기업의 역사』. 유경찬역. 서울: 을유문화사.

샌델, 마이클(Michael Sandel). 2009. 『정의란 무엇인가』. 이창신 역. 파주: 김영사.

_____. 2012. 『정의의 한계』. 이양수 역. 고양: 멜론.

오쿤, 아더 엠(Arthur M. Okun). 1983. 『평등과 효율』. 이영선 역. 서울: 현상과 인식.

이스터브룩, 프랭크 H.·다니엘 R. 피셀(Frank H. Easterbrook & Daniel R. Fischel). 1999.
    『회사법의 경제학적 구조』. 이문지 역. 서울: 자유기업센터.

장하준. 2010. 『그들이 말하지 않는 23가지』. 김희정·안세민 역. 서울: 부키.

프리드먼, 밀튼(Milton Friedman). 1990. 『자본주의와 자유』. 최정표 역. 서울: 형설출판사.

칸트, 임마누엘(Immanuel Kant). 2012. 『윤리형이상학』. 백종현 역. 파주: 아카넷.

칼슨, 롤프 H.(Rolf H. Carlsson). 2002. 『오너십이 기업운명을 지배한다』. 박행웅·이종삼
    역. 서울: 김영사.

후쿠야마, 프랜시스(Francis Fukuyama). 1992. 『역사의 종말』. 이상훈 역. 서울: 한마음사.

다우마, 시터스·헤인 스뢰더(Sytse Douma & Hein Schreuder). 2000. 『기업이론: 조직의 경
    제학적 접근방식』. 정진필·김일태·유동국 역. 광주: 전남대학교 출판부.

해리슨, 제프리(Jeffrey L. Harrison). 2003. 『법경제학』. 명순구 역. 서울: 세창출판사.

킴, 케네스 A.·존 R. 노프싱어·데릭 J. 모어(Kim, Kenneth A., John R. Nofsinger & Derek J. Mohr). 2011. 『기업지배구조 - 이해관계의 대립과 일치』. 이호영 역. 서울: 석정.

맨큐, 그레고리 N.(Mankiw, N. Gregory). 2007. 『맨큐의 경제학』. 김경환·김종석 역. 서울: 교보문고.

(2) 논문

권순희. 2003. 「주주중심 기업경영의 타당성여부에 관한 비판적 고찰 - 미국에서의 논의를 중심으로」. ≪기업법연구≫, 13집.

_____. 2003. 「미국과 독일의 기업지배구조와 최근 동향에 관한 비교 검토」. ≪상사법 연구≫, 22권 2호.

권오승. 2004. 「기업의 사회적 책임 제고를 위한 경쟁법의 과제」. ≪법제연구≫, 26호.

김병연. 2001. 「증권거래법상의 공시의무론 - 우리나라의 공시의무와 미국 증권법상의 의무론을 비교하며」. ≪상사법연구≫, 20권 2호.

김상조. 2012. 「경제민주화의 의미와 과제: 재벌·중소기업·소상공인 문제를 중심으로」. ≪경제와 사회≫, 96호.

김인재. 2005. 「노동분야의 기업의 사회적 책임(CSR)과 노동법적 과제 - 기업의 국제적 행동규범을 중심으로」. ≪노동법연구≫, 18호.

김원갑. 1957. 「미국회사법발달사」. ≪법조≫, 6권 9·10호.

김종호. 2009. 「철학과 법학의 만남을 통한 회사법의 새로운 이해 - 미국 회사법상 제한 회사소유권에 관한 논의를 중심으로」. ≪기업법연구≫, 23권 4호.

김진철. 2011. 「주주의 장부열람청구권의 행사요건에 관한 연구 - 미국법상 장부열람청구권의 정당한 목적을 중심으로」. ≪상사판례연구≫, 24권 4호.

김재범. 2000. 「회계장부열람청구권의 행사요건 - 연구판례: 대법원 판결 1999.12.21. 99다137」. ≪경영법률≫, 11권.

김창호. 2009. 「종업원 경영 참가제도에 관한 연구 - 독일 공동의사결정 참가를 중심으로」. ≪인적자원관리연구≫, 16권 1호.

김학묵. 1990. 「기업의 사회적 책임과 상법상 일반규정화」. ≪성균관법학≫, 3권 1호.

김홍기. 2010. 「미국금융개혁법과 우리의 과제: 미국 도드-프랭크법의 주요 내용 및 우리나라에서의 시사점」. ≪금융법연구≫, 7권 2호.

_____. 2013. 「회사지배구조의 이론과 바람직한 운용방안」. ≪상사판례연구≫, 26집 3권.

김호균. 2006. 「독일 공동결정제의 현황과 과제」. ≪EU학연구≫, 11권 1호.

김희철. 2011. 「개정상법의 회사기회 및 자산유용 금지규정에 한 소고」. ≪법조≫, 660호.

김태진. 2011. 「개정상법상의 집행임원제 운용을 위한 법적 검토」. ≪상사법연구≫, 30권 2호.

김태주. 1980. 「기업의 사회적 책임: 법학적 고찰」. ≪법대논총≫, 18권. 경북대학교.

남기윤. 2004. 「미국법에서 법인이론의 전개와 그 현 시대적 의의」. ≪인권과 정의≫, 335호.

_____. 2002. 「사법상 법인개념의 새로운 구성, 새로운 법인이론의 제안」. ≪저스티스≫, 70호.

박강익·조성종. 2005. 「상법상 주식회사 이사의 의무와 미국법상의 충실의무」. ≪법학연구≫, 18권. 한국법학회.

박길준. 1992. 「회사법의 회고와 과제」. ≪상사법연구≫, 10권.

박정기. 2010. 「공리주의의 대안으로서 롤즈의 정의론」. ≪동서사상≫, 9집.

박찬우. 2004. 「회사의 기부행위」. ≪기업법연구≫, 17집.

_____. 2001. 「기업지배구조에 관한 연구」. ≪상사법 연구≫, 20권 2호.

박찬호. 2006. 「미국 회사법상 팀프로덕션 모델에 관한 연구」. 동국대학교 박사학위논문.

방준식. 2007. 「독일 공동결정제도의 성립과 발전」. ≪법학논총≫, 24권 1호. 한양대학교.

_____. 2007. 「독일 경영조직법상 경영협의회의 기능과 역할」. ≪기업법연구≫, 21권 1호.

서규석. 1984. 「상법 제401조와 기업의 사회적 책임」. 『상사법의 현대적 과제』. 서울: 전영사.

서완석. 2013. 「기업지배구조론에 관한 서설적 고찰」. ≪기업법연구≫, 27권 4호.

손성. 2000. 「미국 회사법상 이사회 운영에 있어서 유형화 논의와 시사점」. ≪상사법연구≫, 19권 1호.

_____. 2001. 「Corporate Governance에 있어서 미국 회사법상 Monitoring Model에 관한 연구」. ≪상사법연구≫, 20권 1호.

손영화. 2011. 「기업결합의 효율성 항변 – 후생기준의 적용을 중심으로」. ≪경쟁법연구≫, 10권 1호.

손주찬. 1978. 「기업의 사회적 책임」. ≪법학논문집≫, 5집. 중앙대학교 법학연구소.

_____. 1976. 「기업의 사회적 책임 – 외국의 입법적 규제를 중심으로」. ≪법조≫, 25권 11호.

손창일. 2010. 「미국 회사법 시장 체계에 관한 연구 – 주(州) 회사법 시장의 독점적 경쟁시장화와 자유주의적 회사법 형성의 관점에서」. ≪안암법학≫, 31권.

송병건. 2008. 「19세기 주식회사제도 도입의 지연요인」. ≪영국연구≫, 19호.

_____. 2013. 「남해회사 거품을 위한 변명」. ≪영국연구≫, 29호.

신석훈. 2006. 「회사지배구조 모델의 법경제학적 접근: 계약주의 회사모델을 중심으로」. 연세대학교 박사학위논문.

_____. 2006. 「기업의 본질과 경쟁 – 경쟁개념의 법경제학 접근」. ≪규제연구≫, 15권 2호.

신홍. 1973. 「공동결정과 사기업」. ≪법률행정논집≫, 11호. 고려대학교.

안동섭. 1977. 「기업의 사회적 책임과 상법적 규제」. ≪단국대학교 논문집≫, 11권.

안수현. 2007. 「기업의 지속가능성 공시제도화를 위한 시론: 사회적 책임정보와 그외 비재무 정보 유형화에 기초하여」. ≪환경법연구≫, 29권 1호.

안택식. 2000. 「기업의 사회적 책임의 실현방향」. ≪상사법연구≫, 9권 1호.

_____. 2013. 「사외이사의 독립성」. ≪경영법률≫, 23권 2호.

왕순모. 1998. 「회계의 장부 및 서류의 열람청구권 – 일본의 학설 및 판례를 토대로 하여」. ≪상사판례연구≫, 9권.

양기진. 2014. 「상법개정(안)의 집행임원의 부분적 의무화에 관한 소고」. ≪경영법률≫, 24권 2호.

원동욱. 2007. 「사외이사의 독립성 강화방안」. ≪안암법학≫, 24권.

여운승. 1999. 「역사적 관점에서 본 기업이론의 전개과정」. ≪경영학연구≫, 28권 2호.

이경규. 2007. 「미국법상의 주주의 충실의무 개념과 우리나라에서의 적용가능성」. ≪상사법연구≫, 26권 2호.

이동승. 2001. 「신자유주의적 회사법론에 대한 비판」. ≪경영법률≫, 12권.

_____. 2005. 「주주권의 사회적 기능」. ≪비교사법≫, 12권 4호.

_____. 2009. 「기업의 사회적 책임 – 법적 규제의 한계와 과제를 중심으로」. ≪안암법학≫, 29권.

_____. 2010. 「주주의 지위-주주중심주의의 비판적 고찰-」. ≪경영법률≫, 20권 2호.

_____. 2012. 「계몽적 주주중심주의」. ≪선진상사법률연구≫, 57호.

_____. 2013. 「기업의 사회적 책임 – 기업이론을 중심으로」. ≪상사판례연구≫, 26권 2호.

이병천. 2013. 「한국경제 전환의 인식과 대안: 진보적 자유주의와 신개발주의를 중심으로」. ≪경제와 사회≫, 110호.

이준석. 2014. 「이해관계자 이론의 주주중심주의 비판에 대한 이론적, 실증적 고찰」. ≪상사법연구≫, 33권 1호.

이홍욱·이지한. 2008. 「2006년 영국 회사법상 확대된 주주이익보호에 관한 연구」. ≪법학연구≫, 49권 1호. 부산대학교 법학연구소.

유승익. 2012. 「헌법 제119조 제2항 "경제의 민주화" 해석론」. ≪법학연구≫, 47집. 한국법학회.

유태영. 2012. 「기업지배구조 개혁에 있어 주주 중심주의 대 이해관계자 구조」. ≪한일경상논집≫, 54권.

장덕조. 2010. 「기업의 사회적 책임 – 회사본질론을 중심으로」. ≪상사법연구≫, 29권 2호.

장하준. 1996. 「제도경제학의 최근 동향」. ≪경제학연구≫, 44집 1호.

전삼현. 2006. 「독일감사회의 본질에 관한 소고」. ≪법학논총≫, 16집. 숭실대학교.

정영화. 2012. 「헌법에 있어서 경제민주주의에 대한 고찰」. ≪홍익법학≫, 13권 2호.

정희철. 1974. 「이른바 기업의 사회적 책임과 법적 제문제」. ≪법학≫, 15권 1호. 서울대학교 법학연구소.

조성혜. 2004. 「법경제학의 기초」. ≪법철학연구≫, 7권 2호.

최기원. 1978. 「상법개정의 문제점에 관한 연구」. ≪법학≫, 18권 2호. 서울대학교 법학연구소.

최병규. 2010. 「소수주주의 권리강화를 위한 제도 개선방안 ─ 회계장부열람청구권을 중심으로」. ≪경영법률≫, 20권 2호.

최수정. 2011. 「이사의 충실의무에 관한 고찰 ─ 미국 판례법을 중심으로」. ≪경영법률≫, 21권 4호.

최종고. 1983. 「법사학적 법학방법론 ─ 법사학의 과제와 방법」. ≪법학≫, 24권 1호. 서울대학교 법학연구소.

최준선. 2005. 「기업의 사회적 책임론」. ≪성균관법학≫, 17권 2호.

_____. 2013. 「영국 주식회사제도의 발달 연구 ─ 19세기 주식회사제도의 발달지연과 특색」. ≪기업법연구≫, 27권 2호.

_____. 2010. 「자본주의 변천과 주식회사 이사의 보수」. ≪상사법연구≫, 29권 3호.

_____. 2007. 「주주자본주의와 이해관계자 자본주의」. ≪상사법연구≫, 26권 2호.

_____. 2012. 「회사법의 방향」. ≪상사법연구≫, 31권 1호.

_____. 2009. 「한국과 일본의 미국 회사법의 계수과정에 관하여」. ≪저스티스≫, 111호.

한철. 1989. 「주식회사의 사회적 책임」. ≪상사법연구≫, 7권.

허덕회. 2004. 「미국회사법에서 이사에 의한 회사관계자의 이해조정」. ≪기업법연구≫, 16집.

홍복기. 1998. 「감사의 독립성 ─ 사외이사와 사외감사를 중심으로」. ≪경영법률≫, 8권.

_____. 2014. 「경제환경의 변화와 회사법의 입법방향」. ≪상사법연구≫, 33권 2호.

_____. 1994. 「사외감사제도에 대하여」. ≪상사법연구≫, 13권.

_____. 1989. 「사외이사제도와 그 문제점」. ≪상사법연구≫, 7권.

_____. 2006. 「주식회사에 있어서 집행임원제도의 도입과 그 과제」. ≪상사판례연구≫, 19권 4호.

_____. 2002. 「한국에 있어서 사외이사제도와 그 전망」. ≪한일법학≫, 21권.

홍성우. 2013. 「재산 소유적 민주주의의 이념: 미드와 롤즈의 비교」. ≪범한철학≫, 70집.

(3) 인터넷 자료

김낙년. 2013. 「한국의 소득분배」. Working Paper 2013-06. 낙성대 경제연구소, https://www.kdevelopedia.org/Resources/economy/.

2. 외국문헌

(1) 단행본

Alkhafaji, Abbass F. A. 1989. *Stakeholder Approach to Corporate Governance: Managing in a Dynamic Environment*. New York: Quorum Books.

Allen, Franklin & Douglas Gale. 2000. *Comparing Financial Systems*. Cambridge, Mass: MIT Press.

Allen, William T. & Reinier Kraakman. 2003. *Commentaries and Cases on the Law of Business Organization*. New York, Aspen Publishers.

American Law Institute. 2001. *Principles of Corporate Governance: Analysis and Recommendations*. Philadelphia: American Law Institute.

Anderson, Robert O. 1984. *Fundamentals of the Petroleum Industry*, 1st ed. Norman: University of Oklahoma Press.

Anderson, Sarah, John Cavanagh & Thea Lee. 2005. *Field Guide To The Global Economy*, revised ed. New York: New Press.

Angell, Joseph K. & Samuel Ames. 1852. *Treatise on The Law of Private Corporations Aggregate*. Boston: Charles C. Little and James Brown.

Ansoff, H. Igor. 1974. *Business Strategy*. Harmondsworth: Penguin.

Association of American Law Schools. 1909. *Select essays in Anglo-American legal history*. London: Little Brown and Company.

Bakan, Joel. 2004. *The Corporation: The Pathological Pursuit of Profit and Power*. New York: Free Press.

Bainbridge, Stephen M. 2002. *Corporate Law and Economics*. New York: Foundation Press.

Ballantine, Henry W. 1946. *Ballantine on Corporations*, revised ed. Chicago: Callaghan and Company.

Banner, Stuart. 1998. *Anglo-American Securities Regulation: Political and Cultural Roots*,

1690~1860. Cambridge: Cambridge University Press.

Bendell, Jem. 2004. *Barricades and Boardrooms: A Contemporary History of the Corporate Accountability Movement.* Geneva: United Nations Research Institute for Social Development.

Berle Jr., Adolf. A. 1954. *The Twentieth(20th) Century Capitalist Revolution.* New York: Harcourt, Brace and Company.

_____ & Gardiner C. Means. 1991. *The Modern Corporation and Private Property*, Reprint ed. New brunswick: Transaction Publishers.

Blackford, Mansel & Austin Kerr. 1994. *Business Enterprise in American History*, 3rd ed. Boston: Houghton Mifflin company.

Blair, Margaret M. 1994. *Ownership and Control: Rethinking Corporate Governance for the Twenty-First Century.* Washington D.C.: Brookings Institution Press.

Blair, Margaret M. & Thomas A. Kochan, ed. 2000. *The New Relationship: Human Capital in the American Corporation.* Washington, D.C.: Brookings Institution Press.

Blum John M., Bruce Catton, Edmund S Morgan, Arthur M Schlesinger Jr., Kenneth M Stampp & C. Vann Woodmard. 1963. *The National Experience: A History of the United States.* New York: Harcourt, Brace & World, Inc.

Blumberg, Phillip I. 1975. *Megacorporation in American Society: The Scope of Corporate Power.* Englewood Cliffs. NJ: Prentice-Hall.

Baldwin, Fred D. 1984. *Conflicting Interests: Corporate-Governance Controversies.* Lexington, Mass: LexingtonBooks.

Bowie, Norman E. & Tom L. Beauchamp, ed. 2001. *Ethical theory and business.* Upper Saddle River, NJ: Prentice Hall.

Bowles, Samuel & Herbert Ginitis. 1987. *Democracy And Capitalism.* New York: Basic Books.

Bowman, Scott. 1995. *The Modern Corporation and American Political Thought: Law, Power, and Ideology.* University Park, PA: Pennsylvania State University Press.

Bremmer, Ian. 2010. *The End of The free Market.* New York: Penguin Group.

Carroll, Archie B. & Ann Buchholtz. 2014. *Business and society: Ethics, sustainability, and stakeholder management.* Independence, KY: Cengage Learning.

Carroll, Archie B., Kenneth J. Lipartito, James E. Post, Patricia H. Werhane & Kenneth E. Goodpaster. 2012. *Corporate Responsibility: The American Experience.* Cambridge:

Cambridge University Press.

Chadwick, Ruth & Doris Schroeder ed. 2002. *Applied Ethics: Critical Concepts in Philosophy*. New York: Routledge.

Chandler Jr., Alfred D. 1977. *The Visible Hand: The Managerial Revolution in American Business*. Cambridge, Mass: Belknap Press.

Chandler Jr, Alfred D. & Bruce Mazlish ed. 2005. *Leviathans: Multinational Corporations and the New Global History*. Cambridge: Cambridge University Press.

Clark, Robert Charles. 1986. *Corporate law*. Boston: Little, Brown and Company.

Clements, Jeffrey D. 2012. *Corporations Are Not People: Why They Have More Rights Than You Do and What You Can Do About It*. San Francisco: Berrett-Koehler Publishers.

Coase, Ronald H. 1990. *The Firm, The Market And The Law*. Chicago: University of Chicago Press.

Conrad, Alfred F. 1976. *Corporations In Perspective*. Mineola, NY: The Fountain Press.

Cox, James D. & Thomas Lee Hazen. 2002. *Corporations*. New York: Aspen Publishers.

_____. 2002. *Cox and Hazen on Corporations*. New York: Aspen Publishers.

Diamond, Michael. 2008. *Corporations: A Contemporary Approach*, 2nd ed. Durham: Carolina Academic Press.

Dooley, Michael P. 1995. *Dooley's Fundamentals of Corporation Law*. Westbury, NY: Foundation Press.

Drutman, Lee & Charlie Cray. 2004. *The People's Business: Controlling Corporations and Restoring Democracy*. San Francisco: Berrett-Koehler Publishers.

Dworkin, Ronald. 1985. *A Matter of Principle*. Cambridge: Harvard University Press.

Easterbrook, Frank H. & Daniel Fischel. 1991. *The Economic Structure of Corporate Law*. Cambridge: Harvard University Press.

Elster, Jon & Karl Ove Moene. 1989. *Alternatives to Capitalism*. New York: Cambridge University Press.

Freeman, R. Edward. 2010. *Strategic Management: A Stakeholder Approach*. Cambridge: Cambridge University Press.

French, Derek, Stephen Mayson & Christopher Ryan. 2009. *Company Law*. New York: Oxford University Press.

Freund, Ernst. 1897. *The Legal Nature of Corporation*. Cambridge: Cambridge University press.

Friedman, Lawrence M. 2004. *A History of American Law*, 3rd ed. New York: A Touchstone Book.

Galambos, Louis & Joseph Pratt. 1989. *The Rise of the Corporate Commonwealth: United States Business and Public Policy in the 20th Century*. New York: Basic Books.

Galbraith, John K. 1952. *American Capitalism: The Concept of Countervailing Power*. Boston: Houghton Mifflin company.

Gillespie, John. & David Zweig. 2010. *Money for Nothing: How the Failure of Corporate Boards is Ruining American Business and Costing Us Trillions*. New York: Free Press.

Gordon, Jeffrey N. & Mark J. Roe. 2004. *Convergence and Persistence in Corporate Governance*. Cambridge: Cambridge University Press.

Greenfield, Kent. 2010. *The Failure of Corporate Law: Fundamental Flaws and Progressive Possibilities*. Chicago: University Of Chicago Press.

Greenawalt, Kant. 1987. *Conflicts of Law and Morality*. New York: Oxford University Press.

George, Peter. 1982. *The Emergence of Industrial America: Strategic Factors in American Economic Growth Since 1870*. Albany, NY: State University of New York Press.

Gevurtz, Franklin A. 2000. *Corporation Law*. St. Paul, Minn: West Group.

Grunewald. Donald & Henry L. Bass, ed. 1966. *Public Policy and the Modern Corporation; Selected Readings*. New York: Appleton-Century-Crofts.

Hamilton, Robert W. 2000. *The Law of Corporations*. St Paul, Minn: West Group.

Hansmann, Henry. 2009. *The Ownership of Enterprise*. Cambridge: Harvard University Press.

Harris, Ron. 2000. *Industrializing English Law: Entrepreneurship and Business Organization, 1720~1844*. Cambridge: Cambridge University Press.

Hartmann, Thom. 2010. *Unequal Protection: How Corporations Became "People" — And How You Can Fight Back*. San Francisco: Berrett-Koehler Publishers.

Henn, Harry G. & John R. Alexander. 1983. *Laws of Corporations*. St. Paul, Minnesota: West Publishing Company.

Hoffman, W. Michael. & Jennifer Mills Moore. 1990. *Business Ethics: Readings and Cases in Corporate Morality*. New York: Mcgraw-Hill Publishing Company.

Holsworth, William. 1977. *A History of English Law vol.III*, 5th ed. London: Sweet & Maxwell.

Hook, Sidney. ed. 1964. *Law and Philosophy*. New York: New York University Press.

Horwitz, Morton J. 1992. *The Transformation of American Law, 1870~1960: The Crisis of Legal Orthodoxy*. New York: Oxford University Press.

Hovenkamp, Herbert. 1991. *Enterprise and American law, 1836~1937*. Cambridge: Harvard University Press.

Hurst, James W. 1970. *The Legitimacy of the Business Corporation in the Law of the United States, 1780~1970*. Charlottesville: The University Press of Virginia.

Hutton, Will. 2011. *The State We're In*. revised ed. New York: Random House.

Jensen, Michael C. 2000. *A Theory Of The Firm*. Cambridge: Harvard University Press.

Kaplow, Louis & Steven Shavell. 2002. *Fairness versus welfare*. Cambridge: Harvard University Press.

Kaysen, Carl, ed. 1996. *The American Corporation Today*. New York: Oxford University Press.

Kerr, Michael., Richard Janda & Chip Pitts. 2009. *Corporate Social Responsibility: a Legal Analysis*. Canada: LexisNexis.

Klosko, George. 1992. *The Principle of Fairness and Political Obligation*. Lanham, MD: Rowman & Littlefield Publishers, Inc.

Kraakman, Reinier., John Armour, Paul Davies, Luca Enriques, Henry B. Hansmann, Gérard Hertig, Klaus J. Hopt, Hideki Kanda & Edward B. Rock. 2005. *The Anatomy of Corporate Law: A Comparative and Functional Approach*. New York: Oxford University Press.

Kraus, Jody S. & Steven D. Walt, ed. 2000. *The Jurisprudential Foundations of Corporate and Commercial Law*. New York: Cambridge University Press.

Kuttner, Robert. 2008. *The Squandering of America: How the Failure of Our Politics Undermines Our Prosperity*. New York: Vintage.

Lander, Guy P. 2003. *What is Sarbanes-Oxley?*. New York: McGraw-Hill.

Law, Jonathan & Elizabeth A. Martin. 2013. *Oxford Dictionary of Law*, 7th ed. Oxford: Oxford University Press.

Macey, Jonathan R. 2008. *Corporate Governance*. Princeton: Princeton University Press.

Maheshvarananda, Dada. 2012. *After Capitalism: Economic Democracy in Action*. San

Germán, Puerto rico: InnerWorld Publications.

Mason, Edward S. 1966. *The Corporation in Modern Society.* Cambridge: Harvard University Press.

McCraw, Thomas K. 2000. *American Business, 1920~2000: How It Worked.* Wheeling, IL: Harlan Davidson.

Meade. J. E. 1964. *Efficiency, Equalism and the Ownership of Property.* London: George allen & Unwin Ltd.

Melman, Seymour. 2001. *After Capitalism: From Managerialism to Workplace Democracy.* New York: Alfred A. Knopf.

Mill, John Stuart. 1989. *On Liberty.* Cambridge: Cambridge University Press.

Mitchell, Lawrence E. 2001. *Corporate Irresponsibility: America's Newest Export.* New Haven: Yale University Press.

_____. 2008. *The Speculation Economy: How Finance Triumphed Over Industry.* San Francisco: Berrett-Koehler Publishers.

Mitchell, Lawrence E., Lawrence A. Cunningham & Lewis D. Solomon. 2006. *Corporate Finance and Governance: Cases, Materials, and Problems for an Advanced Course in Corporations*, 3rd ed. Durhram, NC: Carolina Academic Press.

Mitchell, Lawrence E., David Millon, Lynne L. Dallas, Gregory A. Mark, Douglas M. Branson, Theresa Gabaldon, William W. Bratton, Marleen A. O'Connor, Eric W. Orts, Lewis D. Solomon. 1995. *Progressive Corporate Law.* Boulder, Colo: Westview Press.

Monks, Robert A. G. 1998. *The Emperor's Nightingale: Restoring The Integrity Of The Corporation In The Age Of Shareholder Activism.* Reading, Mass: Addison-Weseley.

Monks, Robert A. G. & Neil Minow. 2001. *Corporate Governance*, 2nd ed. Malden, MA: Blackwel Publishing.

Morawetz, Victor. 1882. *A treatise on the law of private corporations vol. 1.* Boston: Little, Brown and Company.

Nace, Ted. 2005. *Gangs of America: The Rise of Corporate Power and The Disabling of Democracy.* San Francisco: Berrett-Koehler Publishers.

Palmiter, Alan R. 2009. *Corporations*, 6th ed. New York: Aspen Publishers.

Phillips, Robert A. 2003. *Stakeholder Theory and Organizational Ethics.* San Francisco: Berrett-Koehler Publishers.

Phillips, Robert A. ed. 2011. *Stakeholder Theory: Impact and Prospects*. Cheltenham, UK & Northamton, MA: Edward Elgar.

Pinto, arthur R. & Douglas M. Branson. 2004. *Understanding Corporate Law*, 2nd ed. Newark, NJ: LexisNexis.

Piore, Michael J. & Charles F. Sabel. 1984. *The Second Industrial Divide: Possibilities for Prosperity*. New York: Basic Books.

Posner, Richard A. 1992. *Economic Analysis of Law*, 4th ed. Boston: Little, Brown and Company.

Post, James E., Lee E. Preston & Sybille Sachs. 2002. *Redefining the Corporation: Stakeholder Management and Organizational Wealth*. Stanford: Stanford Business Books.

Pratt John W., & Richard J. Zeckhauser, ed. 1990. *Principle and Agents: The Structure of Business*, revised ed. Boston: Harvard Business Review Press.

Purdy, Harry L., Martin L. Lindahl & William A. Carter. 1950. *Corporate Concentration and Public Policy*. New York: Prentice-Hall.

Purvis, Thomas L. 1997. *A Dictionary of American History*. Cambridge, Mass: Blackwell.

Rawls, John. 1971. *A Theory of Justice*. Cambridge: Harvard University Press.

Ribstein, Larry E. 2010. *The Rise Of The Uncorporation*. New York: Oxford University Press.

Robins, Nick. 2006. The corporation that changed the world: how the East India Company shaped the modern multinational. London: Pluto Press.

Simmons, John. 1979. *Moral Principles and Political Obligations*. Princeton, NJ: Princeton University Press.

Sobel, Robert. 1974. *The Age of Giant Corporations: A Microeconomic History of American Business 1914~1970*. Westport, Conn: Greenwood Press.

Solomon, Lewis D., Donald E. Shwartz, Jeffrey D. Bauman & Elliot J. Weiss. 1998. *Corporations: Law and Policy, Cases and materials*. St. Paul, Minn: West Group.

Sternberg, Elaine. 2000. *Just Business*, 2nd ed. Boston: Little, Brown and Company.

Stout, Lynn. 2012. *The Shareholder Value Myth: How Putting Shareholders First Harms Investors, Corporations, and the Public*. San Francisco: Berrett-Koehler Publishers.

Sukhdev, Pavan. 2012. *Corporation 2020: Transforming Business for Tomorrow's World*. Washington: Island Press.

Taylor, Henry O. 1884. *A Treatise on the Law of Private Corporation.* New York: The Banks Law Publishing Co.

Tomasi, John. 2012. *Free Market Fairness.* Prinston: Prinston Unversity Press.

Velasquez, Manuel G. 1982. *Business Ethics: Concepts and Cases.* Englewood Cliffs, NJ: Prentice Hall.

Werhane, Patricia H. 1985. *Persons, Rights, and Corporatins.* Upper Saddle River, NJ: Prentice Hall.

Williamson, Oliver E. 1985. *The Economic Institutions of Capitalism.* New York: Free Press.

Williamson, Oliver E. & Sidney G. Winter, ed. 1993. *The Nature of the Firm: Origins, Evolution, and Development.* New York: Oxford University Press.

Wolff, Richard. 2012. *Democracy at work: A Cure For Capitalism.* Chicago: Haymarket Books.

Zakhem Abe J., Daniel E. Palmer & Mary Lyn Stoll. 2007. *Stakeholder Theory: Essential Readings in Ethical Leadership and Management.* Amhurst, NY: Prometheus Books.

(2) 논문

ABA Committee on Corporate Laws. 1990. "Other Constituency Statutes: Potential for Confusion." *Business Lawyer(ABA)*, vol.45. Issue 4.

Adams, Edward S. & John H. Matheson. 2000. "A Statutory Model for Corporate Constituency Concerns." *Emory Law Journal*, vol.49, no.4

Alchian, Armen A. & Harold Demsetz. 1972. "Production, Information Costs, and Economic Organization." *American Economic Review*, vol.62 no.5.

Allen, William T. 1992. "Our Schizophrenic Conception of the Business Corporation." *Cardozo Law Review*, vol.14, no.2.

Anabtawi, Iman. 2006. "Some Skepticism About Increasing Shareholder Power." *UCLA Law Review*, vol.53, no.3.

Arsht, S. Samuel. 1976. "A History of Delaware Corporation Law." *Delaware Journal of Corporate Law*, vol.1.

Avi-Yonah, Reuven S. 2005. "The Cyclical Transformations of the Corporate Form: A Historical Perspective on Corporate Social Responsibility." *Delaware Journal of Corporate Law*, vol.30, no.3.

Bagley, Constance E. & Karen L. Page. 1999. "The Devil Made Me Do It: Replacing Corporate Directors" Veil of Secrecy with the Mantle of Stewardship." *San Diego Law Review*, vol.36, no.4.

Bainbridge, Stephen M. 1992. "Interpreting Nonshareholder Constituency Statutes." *Pepperdine Law Review*, vol.19, no.3.

_____. 1993. "In Defense of the Shareholder Wealth Maximization Norm: A Reply to Professor Green." *Washington and Lee Law Review*, vol.50, no.4.

_____. 1996. "Participatory Management Within a Theory of the Firm." *Journal of Corporation Law*, vol.21, no.4.

_____. 1997. "Community and Statism: A Conservative Contractarian Critique of Progressive Corporate Law Scholarship." *Cornell Law Review*, vol.82, no.4.

_____. 1998. "Privately Ordered Participatory Management: An Organization Failures Analysis." *Delaware Journal of Corporate Law*, vol.23, no.3.

_____. 2002a. "The Board of Directors as Nexus of Contracts." *Iowa Law Review*, vol.88, no.1.

_____. 2002b. "Why a Board? Group Decisionmaking in Corporate Governance." *Vanderbilt Law Review*, vol.55, no.1.

_____. 2003. "Director Primacy: The Means and Ends of Corporate Governance." *Northwestern University Law Review*, vol.97, no.2.

_____. 2004. "The Business Judgment Rule as Abstention Doctrine." *Vanderbilt Law Review*, vol.57, no.1.

_____. 2005. "Competing Concepts of the Corporation." *Berkeley Business Law Journal*, vol.2, no.1.

Baysinger, Barry D. & Henry N. Butler. 1984. "Revolution Versus Evolution in Corporation Law: The ALI's Project and the Independent Director." *George Washington Law Review*, vol.52, no.4-5.

Bebchuck, Lucian Arye. 1982. "Comment: The Case for Facilitating Tender Offers." *Harvard Law Review*, vol.95.

_____. 1989a. "Foreword: The Debate on Contractual Freedom in Corporate Law." *Columbia Law Review*, vol.89, no.7.

_____. 1989b. "Limited Contractual Freedom in Corporate Law: The Desirable Constraints on Charter Amendments." *Harvard Law Review*, vol.102, no.8.

_____. 2002. "The Case Against Board Veto in Corporate Takeovers." *University of Chicago Law Review*, vol.69, no.3.

_____. 2005. "The Case for Increasing Shareholder Power." *Harvard Law Review*, vol.118, no.3.

Bebchuck, Lucian Arye & Allen Ferrell. 2001. "A New Approach to Takeover Law and Regulatory Competition." *Virginia Law Review*, vol.87, no.1.

Bebchuck, Lucian Arye & Alma Cohe. 2003. "Firms's Decisions Where to Incorporate." *Journal of Law&Economics*, vol.46, no.2.

Ben-Ishai, Stephanie. 2006. "A Team Production Theory of Canadian Corporate Law." Alberta Law Review, Vol.44.

Benz, Matthias, & Alois Stutzer. 2003. "Do workers enjoy procedural utility?." *Applied Economics Quarterly*, vol.49 no.2.

Berle, Adolf A. Jr. 1929. "Investors and the Revised Delaware Corporation Act." *Columbia Law Review*, vol.29, no.5.

_____. 1931. "Corporate Powers as Powers in Trust." *Harvard Law Review*, vol.44, no.7.

_____. 1932. "For Whom Corporate Managers are Trustees: A Note." *Harvard Law Review*, vol.45, no.8.

_____. 1947. "The Theory of Enterprise Entity." *Columbia Law Review*, vol.47, no.3.

Beshears, John., James J. Choi, David Laibson, & Brigitte C. Madrian, 2008. "How Are Preferences Revealed?" *Journal of Public Economics*, vol.92, no.8.

Bisconti, Anthony. 2009. "Note, The Double Bottom Line: Can Constituency Statutes Protect Socially Responsible Corporations Stuck in Revlon Land?" *Loyola of Los Angeles Law Review*, vol.42, no.3.

Black, Bernard S. 1990. "Is Corporate Law Trivial?: A Political and Economic Analysis." *Northwestern University Law Review*, vol.84.

Black, Bernard S. & Jack Coffee. 1994. "Hail Brittania? Institutional Investor Behavior Under Limited Regulation." *Michigan Law Review*, vol.92.

Black, Bernard S. & Reinier Kraakman. 1996. "A Self-Enforcing Model of Corporate Law." *Harvard Law Review*, vol.109, no.8.

Black, Fischer & Myron Scholes. 1973. "The Pricing of Options and Corporate Liabilities." *Journal of Political Economy*, vol.81, no.3.

Blair, Margaret M. 1998. "A Contractarian defense of Corporate Philanthropy." *Stetson Law*

Review, vol.28, no.1.

_____. 1999a. "Team Production in Business Organizations: Team Production in Business Organizations: An Introduction." *The Journal of Corporation Law-University of Iowa*, vol.24.

_____. 1999b. "A Team Production Theory of Corporate Law." *Virginia Law Review*, vol.85, no.2.

_____. 2001. "Trust, Trustworthiness, and the Behavioral Foundations of Corporate Law." *University of Pennsylvania Law Review*, vol.149, no.6.

_____. 2003a. "Directors' Duties in a Post-Enron World: Why Language Matters." *Wake Forest Law Review*, vol.38, no.3.

_____. 2003b. "Locking in Capital: What Corporate Law Achieved for Busines Organizers in the Nineteenth Century." *UCLA Law Review*, vol.51.

_____. 2004. "Reforming Corporate Governance: What History Can Teach Us." *Berkeley Business Law Journal*, vol.1, no.1.

_____. 2006. "Specific Investment : Explaining Anomalies in Corporate Law." *Journal of Corporation Law*, vol.31, no.3.

_____. 2013. "Corporate Personhood and the Corporate Persona." *University of Illinois Law Review,* vol.2013, no.3.

Blair, Margaret M. & Lynn A. Stout. 2001. "Corporate Accountability: Director Accountability and the Mediating Role of The Corporate Board." *Washington University Law Quarterly*, vol.79, no.2.

Blumberg, Phillip I. 1990. "The Corporate Personality in American Law: A Summary Review." *The American Journal of Comparative Law*, vol.38.

Boatright, John R. 1994. "Fiduciary duties and the shareholder-management relation: or, what's so special about shareholders?." *Business Ethics Quarterly*, vol.4 no.4.

Bodie, Matthew T. 2007. "Workers, Information, and Corporate Combinations: The Case for Non-Binding Employee Referenda in Transformative Transactions." *Washington University Law Quarterly*, vol.85.

Bonbright, James. 1924. "The Dangers of Shares without Par Value." *Columbia Law Review*, vol.24, no.5.

Booth, Richard A. 1998. "Stockholders, Stakeholders and Bagholders(or How Investor Diversification Affects Fiduciary Duty)." *Business Lawyer(ABA)*, vol.53, no.2.

Bowles Samuel & Herbert Gintis. 1993. "The Democratic Firm: An Agency- Theoretic Evaluation," in Samuel Bowles, Herbert Gintis, & Bo Gustafsson(ed.). *Markets and Democracy: Participation, Accountability and Efficiency*. Cambridge University Press.

Branson, Douglas M. 2001. "Corporate Governance "Reform" and the New Corporate Social Responsibility." *University of Pittsburgh Law Review*, vol.62, no.4.

Bratton Jr., William W. 1988-1989. "The "Nexus of Contracts" Corporation: A Critical Appraisal." *Cornell Law Review*, vol.74, no.3.

_____. 1989. "The New Economic Theory of the Firm: Critical Perspectives from History." *Stanford Law Review*, vol.41, no.6.

_____. 1992. "The Economic Structure of the Post-Contractual Corporation." *Northwestern University Law Review*, vol.87, no.1.

_____. 1993. "Confronting the Ethical Case Against the Ethical Case for Constituency Rights." *Washington and Lee Law Review*, vol.50, no.4.

Bratton Jr., William W. & Joseph A. McCahery. 1995. "Regulatory Competition, Regulatory Capture, and Corporate Self Reguatlion." *North Carolina Law Review*, vol.73.

Brown, Robert J. & Sandeep Gopalan. 2009. "Opting Only in: Contractarians, Waiver of Liability Provisions, and the Race to the Bottom." *Indiana Law Review,* vol.42, no.2.

Brown, W. Jethro. 1905. "The Personality of the Corporation and the State." *The Law Quarterly Review,* vol.21, no.4.

Brudney, Victor. 1997. "Contract and Fiduciary Duty in Corporate Law." *Boston College Law Review*, vol.38, no.4.

Brunner, Christopher M. 2008. "The Enduring Ambivalence of Corporate Law." *Alabama Law Review*, vol. 59, no.5.

Butler, Henry N. 1988-1989. "The Contractual Theory of The Corporation." *George Mason Law Review*, vol.11, no.4.

Butler, Henry N. & Fred S. McChesney. 1999. "Why They Give at the Office: Shareholder Welfare and Corporate Philanthropy in The Contractual Theory of the Corporation." *Cornell Law Review*, vol.84, no.5.

Butler, Henry N. & Larry E. Ribstein. 1990. "Opting Out of Fiduciary Duties: A Response to the Anti-Contractarians." *Washington University Law Quarterly*, vol.65.

Campbell, Andrew. 1997. "Stakeholders: the case in favour." *Long Range Planning,* vol.30, no.3.

Campbell, David. 1997. "The Role of Monitoring and Morality in Corporate Law: A Criticism of the Direction of Present Regulation." 7 Austral. J. Corp. L. 343.

Campbell Jr, Rutheford B. 1995-1996. "Corporate Fiduciary Princples for the Post-Contractarian Era." *Florida State University Law Review*, vol.23.

Canfield, George F. 1917. "The Scope and Limits of the Corporate Entity Theory." *Columbia Law Review*, vol.17.

Carney, William J. 1990. "Does Defining Constituencies Matter?." *University of Cincinnati Law Review*, vol.59.

Carter, John C. 1992. "The Rights of Other Corporate Constituencies." *Memphis State University Law Review*, vol.22.

Cary, William L. 1974. "Federalism and Corporate Law: Reflections upon Delaware." *Yale Law Journal*, vol.83.

Chandler Jr., Alfred D. 1992. "What is a firm?: A historical perspective." *European Economic Review*, vol.33.

Chen, Ronald, & Jon Hanson. 2004. "The Illusion of Law: The Legitimating Schemas of Modern Policy and Corporate Law." *Michigan Law Review*, vol.103.

Cheung, Steven N. S. 1983. "The Contractual Nature of the Firm." *Journal of Law & Economics*, vol.26.

Choudhury, Barnali. 2009. "Serving Two Masters: Incorporating Social Responsibility into the Corporate Paradigm." *University of Pennsylvania Journal of Business Law*, vol.11.

Clark, J. Maurice. 1916. "The changing basis of economic responsibility." *The Journal of Political Economy*, vol.24, no.3.

Clark, Robert C. 1981. "The Four Stages of Capitalism: Reflections on Investment Management Treatises." *Harvard Law Review*, vol.94.

Clarke, Thomas. 1998. "The Stakeholder Corporation: A Business Philosophy for the Information Age." *Long Range Planning*, vol.31, no.2.

Clarkson, Max E. 1994. "A risk based model of stakeholder theory." *Proceedings of the Second Toronto Conference on Stakeholder Theory.* Centre for Corporate Social Performance & Ethics, University of Toronto.

_____. 1995. "A Stakeholder Framework for Analyzing and Evaluating Corporate Social

Performance." *Academy of Management Review*, vol.20, no.1.

Cray, Charlie & Lee Drutman. 2005-2006. "Corporations and the Public Purpose: Restoring the Balance." *Seattle Journal for Social Justice*, vol.4.

Coase, Ronald H. 1937. "The Nature of the Firm." *Economica*, vol.4, no.16.

_____. 1988. "The Nature of the Firm: Meaning," *Journal of Law, Economics & Organization,*, vol.4, no.1.

_____. 1992. "The Institutional Structure of Production." *The American Economic Review*, vol.82, no.4.

Coffee Jr., John C. 1988. "No Exit? Opting Out, the Contractual Theory of the Corporation, and the Special Case of Remedies." *Brooklyn Law Review*, vol.53.

_____. 1986. "Shareholders Versus Managers: The Strain in the Corporate Web." *Michigan Law Review*, vol.85.

_____. 2003. "The Attorney as Gatekeeper: An Agenda for the SEC." *Columbia Law Review*, vol.103.

_____. 2004. "Gatekeeper Failure and Reform: The Challenge of Fashioning Relevant Reforms." *Boston University Law Review*, vol.84.

Coates, John C. IV. 1989. "Note: State Takeover Statutes and Corporate Theory: The Revival of an Old Debate." *New York University Law Review*, vol.64.

_____. 1999. "Team Production in Business Organizations: Measuring the Domain of Mediating Hierarchy: How Contestable Are U. S. Public Corporations?." *The Journal of Corporation Law-University of Iowa*, vol.24.

Collingsworth, Terry. 2004. "Corporate Social Responsibility, Unmasked." *Saint Thomas Law Review*, vol.16.

Colson, Clyde L. 1936. "The Doctrine of Ultra Vires in United States Supreme Court Decisions 1." *West Virginia Law Quarterly*, vol.42.

Conn, Kathleen. 2002. "When School Management Companies Fail: Righting Educational Wrongs." *Journal of Law and Education*, vol.31.

Conard, Alfred F. 1991. "Corporate Constituencies in Western Europe." *Stetson Law Review*, vol.21.

Cooter, Robert & Melvin A. Eisenberg. 2001. "Fairness, Character and Efficiency in Firms." *University of Pennsylvania Law Review*, vol.149.

Crespi, Gregory Scott. 2003. "Redefining the Fiduciary Duties of Corporate Directors in

Accordance with the Team Production Model of Corporate Governance." *Creighton Law Review*, vol.36.

Crusto, Mitchell F. 2005. "Endangered Green Reports: "Cumulative Materiality" in Corporate Environmental Disclosure After Sarbanes-Oxley." *Harvard Journal on Legislation*, vol.42.

Dahlsrud, Alexander. 2008. "How Corporate Social Responsibility Is Defined: An Analysis of 37 Definitions." *Corporate Social Responsibility and Environmental Management*, vol.15, no.1.

Dallas, Lynne L. 2003a. "The Multiple Roles of Corporate Boards of Directors." *San Diego Law Review*, vol.40.

_____. 2003b. "A Preliminary Inquiry into the Responsibility of Corporations and Their Directors and Officers for Corporate Climate: The Psychology of Enron's Demise." *Rutgers Law Journal*, vol.35.

DeBow, Michael E. & Dwight R. Lee. 1993. "Shareholders, Nonshareholders and Corporate Law: Communitarianism and Resource Allocation." *Delaware Journal of Corporate Law*, vol.18.

Deiser, George F. 1908-1909. "The Juristic Person." *University of Pennsylvania Law Review*, vol.57.

Demsetz, Harold. 1983. "The Structure of Ownership and the Theory of the Firm." *Journal of Law & Economics*, vol.26.

_____. 1988. "The Theory of the Firm Revisited." *Journal of Law, Economics, & Organization*, vol.4, no.1.

De Mott, Deborah. 1985. "Perspectives on Choice of Law for Corporate Internal Affairs." *Law and Contemporary Problems*, vol 48, no.3.

Dent Jr., George W. 2008. "Academics in Wonderland: The Team Production and Director Primacy Models of Corporate Governance." *Houston Law Review*, vol.44.

Deutsch, Jan G. 1983. "Corporate Law as the Ideology of Capitalism." *Yale Law Journal*, vol.93.

Dewey, John. 1926. "The historic background of corporate legal personality." *Yale Law Journal*, vol.35.

Dinh, Viet D. 1999. "Team Production in Business Organizations: Codetermination and Corporate Governance in Multinational Business Enterprise." *The Journal of*

Corporation Law-University of Iowa, vol.24.

Dhir, Aaron A. 2010. "Towards a Race and Gender-Conscious Conception of the Firm: Canadian Corporate Governance, Law and Diversity." *Queen's Law Journal,* vol.35.

Dibadj, Reza. 2004-2005. "Reconceiving the Firm." *Cardozo Law Review*, vol.26.

Dodd, E. Merrick Jr. 1932. "For Whom Are Corporate Managers Trustees?" *Harvard Law Review*, vol.45.

_____. 1936-1937. "Statutory Developments in Business Corporation Law, 1886- 1936." *Harvard Law Review*, vol.50.

_____. 1942. "Book Review." *University of Chicago Law Review*, vol.9.

Donaldson, Thomas & Lee E. Preston. 1995. "The Stakeholder Theory of The Corporation: Concepts, Evidence, and Implications." *Academy of Management Review*, vol.20, no.1.

Easterbrook, Frank H. & Daniel R. Fischel. 1982. "Antitrust Suits by Targets of Tender Offers." *Michigan Law Review*, vol.80.

Easterbrook, Frank H. 1981. "Proper Role of a Target's Management in Responding to a Tender Offer." *Harvard Law Review*, vol.94, no.6.

_____. 1982. "Corporate Control Transactions." *Yale Law Journal*, vol.91, no.4.

_____. 1983. "Voting in Corporate Law." *Journal of Law&Economics*, vol.26, no.2.

_____. 1983. "The Appraisal Remedy in Corporate Law." *American Bar Foundation Research Journal*, vol.8, no.4.

_____. 1985. "Limited Liability and the Corporation." *University of Chicago Law Review*, vol.52, no.1.

_____. 1986. "Close Corporations and Agency Costs." *Stanford Law Review*, vol.38.

_____. 1989. "The Corporate Contract." *Columbia Law Review*, vol.89.

Elhauge, Einer. 2005. "Sacrificing Corporate Profits in the Public Interest." *New York University Law Review*, vol.80, no.3.

Eisenberg, Melvin A. 1989. "The Structure of Corporation Law." *Columbia Law Review*, vol.89, no.7.

_____. 1999a. "Corporate Law and Social Norms." *Columbia Law Review*, vol.99, no.5.

_____. 1999b. "The Conception That the Corporation is a Nexus of Contracts, and the Dual Nature of the Firm." *Journal of Corporation Law*, vol.24, no.4.

Ellis, Stephen E. & Grant M. Hayden. 2010-2011. "The Cult of Efficiency in Corporate

Law." *Virginia Law & Business Review*, vol.5, no.2.

Engel, David L. 1979. "An approach to corporate social responsibility." *Stanford Law Review*, vol.32, no.1.

Estlund, Cynthia. 2005. "Rebuilding the Law of the Workplace in an Era of Self-Regulation." *Columbia Law Review*, vol.105, no.2.

Evan W. & R. Edward Freeman. 2001. "A Stakeholder Theory of the Modern Corporation: Kantian Capitalism." in Norman E. Bowie & Tom L. Beauchamp(ed.). *Ethical Theory and Business*. Prentice Hall.

Fairfax, Lisa M. 2006. "The Rhetoric of Corporate Law : The Impact of Stakeholder Rhetoric On Corporate Norms." *Journal of Corporation Law*, vol.31, no.3.

Fama, Eugene F. 1980. "Agency Problems and the Theory of the Firm." *Journal of Political Economy*, vol.88, no.2.

Fama, Eugene F. & Michael C. Jensen. 1983. "Separation of Ownership and Control." *Journal of Law&Economics*, vol.26, no.2.

Farber, Daniel A. & John H. Matheson. 1985. "Beyond Promissory Estoppel. Contract Law and the "Invisible Handshake"." *University of Chicago Law Review*, vol.52, no.4.

Fassin, Yves. 2009. "The stakeholder model refined." *Journal of Business Ethics*, vol.84, no.1.

Flanagan, Robert. 1995. "The Economic Structure of the Firm." *Osgoode Hall Law Journal*, vol.33, no.1.

Fisch, Jill E. 2006. "Measuring Efficiency In Corporate Law: The Role Of Shareholder Primacy." *Journal of Corporation Law*, vol.31, no.3.

Fischel, Daniel R. 1982. "The Corporate Governance Movement." *Vanderbilt Law Review*, vol.35, no.6.

_____. 1982. "The 'Race to the Bottom' Revisited: Reflections on Recent Developments in Delaware"s Corporation Law." *Northwestern University Law Review*, vol.76, no.6.

Foster, Nicholas H. D. 2000. "Company Law Theory in Comparative Perspective: England and France." *American Journal of Comparative Law*, vol.48, no.4.

Fort, Timothy L. 1997. "The Corporation as Mediating Institution: An Efficacious Synthesis of Stakeholder Theory and Corporate Constituency Statutes." *Notre Dame Law Review*, vol.73, no.1.

Franks, Julian, & Colin Mayer. 1996. "Hostile takeovers and the correction of managerial failure." *Journal of Financial Economics*, vol.40, no.1.

Freeman, R. Edward, Andrew C. Wicks, & Bidhan Parmar. 2004. "Stakeholder theory and "the corporate objective revisited"." *Organization Science*, vol.15, no.3.

Freeman, R. Edward & Robert A. Phillips. 2002. "Stakeholder theory: A libertarian defense." *Business Ethics Quarterly,* vol.12, no.3.

Frey, Bruno S. & Alois Stutzer. 2002. "What Can Economists Learn from Happiness Research?" *Journal of Economic Literature*, vol.40, no.2.

Frug, Gerald E. 1984. "The Ideology of Bureaucracy in American Law." *Harvard Law Review*, vol.97, no.6.

Garvey, Gerald T. & Peter L. Swan. 1994. "The Economics of Corporate Governance: Beyond the Marshallian Firm." *Journal of Corporate Finance*, vol.1, no.2.

Geldart, W. M. 1911. "Legal Personality." *The Law Quarterly Review,* vol.27.

Gevurtz, Franklin A. 2004. "The Historical and Political Origins of the Corporate Board of Directors." *Hofstra Law Review*, vol.33, no.1.

Gilson, Ronald J. 1981. "A Structural Approach to Corporations: The Case Against Defensive Tactics in Tender Offers." *Stanford Law Review*, vol.33, no.5.

Glynn, Timothy P. 2007. "Communities and Their Corporations: Towards a Stakeholder Conception of the Production of Corporate Law." *Case Western Reserve Law Review*, vol.58, no.4.

Gordon, Jeffrey N. 1997. ""Just Say Never?" Poison Pills, Deadhand Pills, and Shareholder-Adopted Bylaws: An Essay for Warren Buffett." *Cardozo Law Review*, vol.19, no.1-2.

Gordon, Jeffrey N. & Lewis A. Kornhauser. 1986. "Takeover Defense Tactics: A Comment on Two Models." *Yale Law Journal*, vol.96, no.2.

Gower, L. C. B. 1956. "Some Contrasts Between British and American Corporation Law." *Harvard Law Review*, vol.69, no.8.

Graham, Howard Jay. 1943. "Justice Field and the Fourteenth Amendment." *Yale Law Journal,* vol.52, no.4.

Graham, John R., Campbell R. Harvey & Shiva Rajgopal. 2005. "The economic Implications of Corporate Financial Reporting." *Journal of Accounting and Economics*, vol.40, no.1.

Green, Ronald. 1993. "Shareholders as Stakeholders: Changing Metaphors of Corporate

Governance." *Washington and Lee Law Review*, vol.50, no.4.

Greenfield, Kent. 1997. "The Unjustified Absence of Federal Fraud Protection in the Labor Market." *Yale Law Journal*, vol.107.

_____. 1998. "The Place of Workers in Corporate Law." *Boston College Law Review*, vol.39.

_____. 1999-2000. "There's a Forest in Those Trees: Teaching About the Role of Corporations in Society." *Georgia Law Review*, vol.34.

_____. 2001. "Ultra Vires Lives! A Stakeholder Analysis of Corporate Illegality." *Virginia Law Review*, vol.87.

_____. 2002a. "September 11th and the End of History for Corporate Law." *Tulane Law Review*, vol.76.

_____. 2002b. "Using Behavioral Economics to Show the Power and Efficiency of Corporate Law as a Regulatory Tool." *U.C. Davis Law Review*, vol.35.

_____. 2004. "Democracy and the Dominance of Delaware in Corporate Law." *Law and Contemporary Problems*, vol.67.

_____. 2005. "New Principles for Corporate Law." *Hastings Business Law Journal*, vol.1.

_____. 2007-2008a. "Debate: Saving the World with Corporate Law?" *Emory Law Journal*, vol.57.

_____. 2007-2008b. "Defending Stakeholder Governance." *Case Western Reserve Law Review*, vol.58.

_____. 2007-2008c. "The Disaster at Bhopal: Lessons for Corporate Law?" *New England Law Review*, vol.42.

_____. 2008. "Reclaiming Corporate Law in a New Gilded Age." *Harvard Law & Policy Review*, vol.2.

_____. 2011. "The Puzzle of Short-Termism." *Wake Forest Law Review*, vol.46.

_____. 2012-2013. "Corporate Citizenship: Goal or Feal?" *University of Saint Thomas Law Journal*, vol.10.

_____. 2013-2014. "The Third Way." *Seattle University Law Review*, vol.37.

Greenwood, Daniel J. H. 1996. "Fictional Shareholders: For Whom are Corporate Managers Trustees Revisited." *Southern California Law Review*, vol.69.

_____. 2005. "Democracy and Delaware: The Mysterious Race to the Bottom/Top." *Yale Law and Policy Review*, vol.23.

_____. 2005. "Markets and Democracy: The Illegitimacy of Corporate Law." *UMKC Law Review*, vol.74.

_____. 2005-2006. "Introduction to the Metaphors of Corporate Law." *Seattle Journal for Social Justice*, vol.4.

Grill, Amiram. 2008. "Corporate Governance as Social Responsibility." *Berkeley Business Law Journal*, vol.26.

Grossman, Sanford J. & Oliver D. Hart. 1986. "The Costs and Benefits of Ownership: A Theory of Vertical and Lateral Integration." *Journal of Political Economy*, vol.94 no.4.

Gulati, G. Mitu., William A. Klein, & Eric M. Zolt. 2000. "Connected Contracts." *UCLA Law Review*, vol.47.

Hager, Mark M. 1989. "Bodies Politic: The Progressive History of Organizational "Real Entity" Theory." *University of Pittsburgh Law Review*, vol.50.

Hale, Kathleen. 2003. "Corporate Law and Stakeholders: Moving Beyond Stakeholder Statutes." *Arizona Law Review*, vol.45.

Handlin, Oscar & Mary F. Handlin. 1966. "Origins of the American Business Corporation" in Donald Grunewald & Henry L. Bass(ed.). *Public Policy and the Modern Corporation; Selected Readings*. Appleton-Century-Crofts.

Hanks Jr., James J. 1991. "Playing with Fire: Nonshareholder Constituency Statutes in the 1990s." *Stetson Law Review*, vol.21.

Hansmann, Henry. 1990. "When Does Workers Ownership Work? ESOPs, Law Firms, Codetermination, and Economic Democracy." *Yale Law Journal*, vol.99.

_____. 1993. "Worker Participation and Corporate Governance." *University of Toronto Law Journal,* vol.43.

Hansmann, Henry & Reinier Kraakman. 2001. "The End of History for Corporate Law." *Georgetown Law Journal*, vol.89.

_____. 2000. "The Essential Role of Organizational Law." *Yale Law Journal*, vol.110.

Hansmann, Henry, Reinier Kraakman, & Richard Squire. 2006. "Law and the Rise of the Firm." *Harvard Law Review*, vol.119.

Hanson, Jon & David Yosifon. 2007. "The Situational Character: A Critical Realist Analysis of the Human Animal." *Georgetown Law Journal*, vol.93, no.1.

Harris, Ron. 2006. "The Transplantation of the Legal Discourse on Corporate Personality

Theories: From German Codification to British Political Pluralism and American Big Business." *Washington and Lee Law Review*, vol.63.

Hart, H. L. A. 1955. "Are There Any Natural Rights?." *Philosophical Review*, vol.64, no.2.

Hart, Oliver D. 1989. "An Economist's Perspective on the Theory of the Firm." *Columbia Law Review*, vol.89.

_____. 1993. "Incomplete Contract and the Theory of the Firm," in Oliver E. Williamson & Sidney G. Winter(ed.). *The Nature of the Firm: Origins, Evolution, and Development*. Oxford University Press.

_____. 1999. "Foundations of Incomplete Contracts." *The Review of Economic Studies*, vol.66, no.1.

Hart, Oliver D. & John Moore. 1990. "Property Rights and the Nature of the Firm." *Journal of Political Economy*, vol.98, no.6.

Hayden, Grant M. & Matthew T. Bodie. 2010-2011. "Uncorporation and the Unraveling of Nexus of Contracts Theory." *Michigan Law Review*, vol.109.

Hayden, Grant M. & Stephen E. Ellis. 2007. "Law and Economics After Behavioral Economics." *University of Kansas Law Review*, vol.55.

Hendry, John. 2001. "Missing the target: Normative Stakeholder Theory and the Corporate Governance Debate." *Business Ethics Quarterly*, vol.11, no.1.

Hessen, Robert. 1983. "The Modern Corporation and Private Property: A Reappraisal." *Journal of Law&Economics*, vol.26.

_____. 1978. "A New Concept of Corporations: A Contractual and Private Property Model." *Hastings Law Journal*, vol.30, Issue 5.

Hill, Charles W. L. & Thomas M. Jones. 1992. "Stakeholder-Agency Theory." *Journal of Management Studies*, vol.29, no.2.

Hill, Jennifer. 2000. "Visions and Revisions of the Shareholder." *American Journal of Comparative Law*, vol.48.

Hillman, Amy J. & Gerald D. Keim. 2001. "Shareholder Value, Stakeholder Management, and Social Issues: What's the Bottom Line?" *Strategic Management Journal*, vol.22, no.2.

Ho, Virginia Harper. 2010. ""Enlightened Shareholder Value": Corporate Governance Beyond the Shareholder-Stakeholder Divide." *Journal of Corporation Law*, vol.36.

Holmstrom, Bengt. 1982. "Moral Hazard in Teams." *The Bell Journal of Economics*, vol.13, no.2.

Hovenkamp, Herbert. 1987-1988. "The Classical Corporation in American Legal Thought." *Georgetown Law Journal,* vol.76.

Horrigan, Bryan. 2002. "Fault Lines in the Intersection Between Corporate Governance and Social Responsibility." *University of New South Wales Law Journal,* vol.25, no.2.

Horwitz, Morton. J. 1985. "Santa Clara Revisited: The Development of Corporate Theory." *West Virginia Law Review,* vol.88.

Hu, Henry TC. 1990. "New Financial Products, the Modern Process of Financial Innovation, and the Puzzle of Shareholder Welfare." *Texas Law Review,* vol.69.

Hunt, Edwin S. 1902. "The Trust Fund Theory and Some Substitutes for It." *Yale Law Journal,* vol.12.

Ireland, Paddy. 1996. "Corporate Governance, Stakeholding, and the Company: Towards a Less Degenerate Capitalism." *Journal of Law and Society,* vol.23, no.3.

Jacobson, Auther J. 1980. "The Private Use of Public Authority: Sovereignty and Associations in the Common Law." *Buffalo Law Review,* vol.29, no.4.

Laffaldano, Michell T. & Paul M. Muchinsky. 1985. "Job Satisfaction and Job Performance: A Meta-Analysis." *Psychological Bulletin,* vol.97, no.2.

Jennings, Marianne M., & Stephen Happel. 2002-2003. "The Post-Enron Era for Stakeholder Theory: A New Look at Corporate Governance and the Coase Theorem." *Mercer Law Review,* vol.54.

Jensen, Michael C. 1983. "Theory and Methodology." *Accounting Review,* vol.50, no.2.

Jensen, Michael C. & William H. Meckling. 1976. "Theory of the Firm: Managerial Behavior, Agency Costs and Ownership Structure." *Journal of Financial Economics* vol.3, no.4.

Johnson, Lyman. 1992. "Individual and Collective Sovereignty in the Corporate Enterprise." *Columbia Law Review,* vol.92.

_____. 2011-2012. "Law and Legal Theory in the History of Corporate Responsibility: Corporate Personhood." *Seattle University Law Review,* vol.35.

Johnston, Jason Scott. 1992. "The Influence of the Nature of the Firm on the Theory of Coroprate Law." *Journal of Corporation Law,* vol.18.

Jolls, hristine & Cass R. Sunstein. 2006. "Debiasing Through Law." *Journal of Legal*

Studies., vol.35, no.1

Jones, Thomas M. & Andrew C. Wicks. 1999. "Convergent stakeholder theory." *Academy of Management Review*, vol.24, no.2.

Joo, Thomas W. 2002. "Contract, Property and the Role of Metaphor in Corporations Law." *U.C. Davis Law Review*, vol.35, no.3

Kandel, Eugene & Edward P. Lazear. 1992. "Peer Pressure and Partnerships." *Journal of political Economy*, vol.100, no.4.

Kaplow, Louis & Steven Shavell. 2001. "Fairness Versus Welfare." *Harvard Law Review*, vol.114.

Karmel, Roberta S. 1992-1993. "Implications of the Stakeholder Model." *George Washington Law Review*, vol.61.

Kaysen, Carl. 1957. "The Social Significance of the Modern Corporation." *The American Economic Review*, vol.7, no.2.

Keay, Andrew R. 2010. "Stakeholder Theory in Corporate Law: Has It Got What It Takes?" *Richmond Journal of Global Law and Business*, vol.9.

Kelman, Mark. 1983. "Misunderstanding Social Life: A Critique of the Core Premises of "Law and Economics"." *Journal of Legal Education*, vol.33, no.2.

Kennedy, Duncan. 1982. "Distributive and Paternalistic Motives in Contract and Tort Law, with Special Reference to Compulsory Terms and Unequal Bargaining Power." *Maryland Law Review*, vol.41, no.4.

Thompson, Judith Kenner, Steven L. Wartick, & Howard L. Smith. 1991. "Integrating Corporate Social Performance and Stakeholder Management: Implications for a Research Agenda in Small Business." *Research in Corporate Social Performance and Policy*, vol.12, no.1.

Kirk III, William. 1985. "A Case Study in Legislative Opportunism: How Delaware Used the Federal-State System to Attain Corporate Pre-Eminence." *Journal of Corporation Law*, vol.10.

Klauser, Michael. 2003. "Institutional Shareholders, Private Equity and Antitakeover Protection at the IPO Stage." *University of Pennsylvania Law Review*, vol.152, no.2.

Klein, Benjamin, Robert G. Crawford, & Armen A. Alchian. 1978. "Vertical Integration, Appropriable Rents, and the Competitive Contracting Process." *Journal of Law & Economics*, vol.21, no.2.

Klein, William. 2005. "Criteria for Good Laws of Business Association." *Berkeley Business Law Journal*, vol.2, no.1.

Kostant, Peter C. 2002. "Team Production and the Progressive Corporate Law Agenda." *U.C. Davis Law Review*, vol.35.

Koszegi, Botond & Matthew Rabin. 2008. "Choices, Situations, and Happiness." *Journal of Public Economics*, vol.92, no.8.

Kraakman, Reinier H. 1984. "Corporate Liability Strategies and the Costs of Legal Controls." *Yale Law Journal*, vol.93.

Kuykendall, Mae. 1999. "Assessment and Evaluation: Retheorizing the Evolving Rules of Director Liability." *Journal of Law & Policy*, vol.8.

Langtry, Bruce. 1994. "Stakeholders and the moral responsibilities of business." *Business Ethics Quarterly*, vol.4, no.4..

Laski, Harold J. 1916. "The Personality of Associations." *Harvard Law Review*, vol.29.

Lawson, Gary. 1992. "Efficiency and Individualism." *Duke Law Journal,* vol.42, no.1.

Lazonick, William & Mary O'sullivan. 2000. "Maximizing Shareholder Value: A Aew Ideology for Corporate Governance." *Economy and Society*, vol.29, no.1.

Lee, Ian. B. 2006. "Efficiency and Ethics in the Debate About Shareholder Primacy." *Delaware Journal of Corporate Law*, vol.31.

Letza, Steve, Xiuping Sun, & James Kirkbride. 2004. "Shareholding versus Stakeholding: A Critical Review of Corporate Governance." *Corporate Governance: An International Review*, vol.12, no.3.

Leung, Wai Shun Wilson. 1997. "The Inadequacy of Shareholder Primacy: A Proposed Corporate Regime that Recognizes Non-Shareholder Interests." *Columbia Journal of Law and Social Problems,* vol.30.

Levmore, Saul. 1982. "Monitors and Freeriders in Commercial and Corporate Settings." *Yale Law Journal*, vol.92, no.1.

Licht, Amir N. 2004. "The Maximands of Corporate Governance: A Theory of Values and Cognitive Style." *Delaware Journal of Corporate Law*, vol.29.

Lipton, Martin. 1979. "Takeover Bids in the Boardroom." *Business Lawyer(ABA)*, vol.35, no.1.

_____. 1981. "Takeover Bids in the Target's Boardroom: An Update After One Year." *Business Lawyer(ABA),* vol.36, no.4.

_____. 2002. "Pills, Polls, and Professors Redux." *University of Chicago Law Review*, vol.69.

Lipton, Martin & Steven A. Rosenblum. 1991. "A New System of Corporate Governance: The Quinquennial Election of Directors." *University of Chicago Law Review*, vol.58.

LoPucki, Lynn M. 2004. "The Myth of the Residual Owner: An Empirical Study." *Washington University Law Quarterly*, vol.82.

Lyndon, Mary L. 1989. "Information Economics and Chemical Toxicity: Designing Laws to Produce and Use Data." *Michigan Law Review*, vol.87.

Macey, Jonathan R. 1991. "An Economic Analysis of the Various Rationales for Making Shareholders the Exclusive Beneficiaries of Corporate Fiduciary Duties." *Stetson Law Review*, vol.21.

_____. 1989. "Externalities, Firm-Specific Capital Investments, and the Legal Treatment of Fundamental Corporate Changes." *Duke Law Journal*, vol.1989, no.1.

_____. 1999. "Fiduciary Duties as Residual Claims: Obligations to Nonshareholder Constituencies from a Theory of the Firm Perspective." *Cornell Law Review*, vol.84

Macey, Jonathan R. & Fred S. McChesney. 1985. "A Theoretical Analysis of Corporate Greenmail." *Yale Law Journal*, vol.95.

Macey, Jonathan R. & Geoffrey P. Miller. 1995. "Corporate Governance and Commercial Banking: A Comparative Examination of Germany, Japan, and the United States." *Stanford Law Review*, vol.48.

_____. 1993. "Corporate Stakeholders: A Contractual Perspective." *University of Toronto Law Review*, vol.43.

Machen Jr., Arthur W. 1910-1911. "Corporate Personality." *Harvard Law Review*, vol.24.

MacIntosh, Jeffrey. 1993. "Designing an Efficient Fiduciary Law." *University of Toronto Law Journal,* vol.43.

Macneil, Ian R. 1980. "Economic Analysis of Contractual Relations: Its Shortfalls and the Need for a "Rich Classificatory Apparatus"." *Northwestern University Law Review*, vol.75.

_____. 2001. "Corporation Law Rules: An Assessment from the Perspective of Incomplete Contract Theory." *Journal of Corporate Law Studies*, vol.1, Part.1.

Magaro, Marshall M. 2010. "Two Birds, One Stone: Achieving Corporate Social Responsibility Through The Shareholder Primacy Norm." *Indiana Law Journal*,

vol.85.

Mokal, Rizwaan Jameel. 2003. "On Fairness and Efficiency." *Modern Law Review*, vol.66, no.3 .

Marens, Richard & Andrew Wicks. 1999. "Getting Real: Stakeholder Theory, Managerial Practice, and the General Irrelevance of Fiduciary Duties owed to Shareholders." *Business Ethics Quarterly*, vol.9, no.2.

Marsh Jr., Howard. 1966. "Are Directors Trustees? Conflict of Interest and Corporate Morality." *Business Lawyer(ABA)*, vol.22.

Mark, Gregory A. 1987. "The Personification of the Business Corporation in American Law." *University of Chicago Law Review*, vol.54, no.4.

Martin, Shaun P. & Frank Partnoy. 2005. "Encumbered Shares." *University of Illinois Law Review,* vol.2005, no.3.

Mason, Edward S. 1958. "The Apologetics of "Managerialism"." *The Journal of Business*, vol.31, no.1.

Matheson, John H. & Brent A. Olson. 1992. "Corporate Law and the Longterm Shareholder Model of Corporate Governance." *Minnesota Law Review*, vol.76, no.6.
_____. 1994. "Corporate Cooperation, Relationship Management, and the Trialogical Imperative for Corporate Law." *Minnesota Law Review*, vol.78, no.6.

McDaniel, Morey W. 1987. "Bondholders and stockholders." *Journal of Corporation Law*, vol.13, no.2.

McDonnell, Brett H. 2004. "Corporate Constituency Statutes and Employee Governance." *William Mitchell Law Review*, vol.30, no.4.
_____. 2007-2008. "Employee Primacy, or Economics Meets Civic Republicanism at Work." *Stanford Journal of Law, Business & Finance*, vol.13, no.2.

McNulty, Paul J. 1984. "On the Nature and Theory of Economic Organization: The Role of the Firm Reconsidered." *History of Political Economy*, vol.16, no.2.

Meese, Alan. 2002. "The Team Production Theory of Corporate Law: A Critical Assessment." *William and Mary Law Review*, vol.43, no.4.

Metcalfe, Chris E. 1998. "The stakeholder corporation." *Business Ethics: A European Review*, vol.7. no.1.

Michelman, Frank. 1988. "Law's Republic." *Yale Law Journal*, vol.97.

Miller, Richard Lee. 1988. "Ethical Challenges in Corporate-shareholder and Investor

Relations: Using the Value Exchange Model to Analyze and Respond." *Journal of Business Ethics*, vol.7, no.1-2.

Millon, David. 1990. "Theories of the Corporation." *Duke Law Journal*, vol.1990, no.2.

_____. 1991. "Redefining Corporate Law." *Indiana Law Review*, vol.24, no.2.

_____. 1993. "New Directions in Corporate Law: Communitarians, Contractarians, and The Crisis in Corporate Law." *Washington and Lee Law Review*, vol.50, no.4.

_____. 2000. "New Game Plan or Business as usual? A Critique of the Team Production Model of Corporate Law." *Virginia Law Review*, vol.86.

_____. 2002. "Why is Corporate Management Obsessed with Quarterly Earnings and What Should be Done About it?" *George Washington Law Review*, vol.70, no.5-6.

_____. 2012-2013. "Radical Shareholder Primacy." *University of Saint Thomas Law Journal*, vol.10.

Mitchell, Lawrence E. 1989. "Close Corporations Reconsidered." *Tulane Law Review*, vol.63.

_____. 1992a. "The Cult of Efficiency." *Texas Law Review*, vol.71.

_____. 1992b. "A Theoretical and Practical Framework for Enforcing Constituency Statutes." *Texas Law Review*, vol.70.

_____. 1993a. "Fairness and Trust in Corporate Law." *Duke Law Journal*, vol.43.

_____. 1993b. "Groundwork of the Metaphysics of Corporate Law." *Washington and Lee Law Review*, vol.50.

_____. 1998-1999. "Trust and Team Production in Post-Capitalist Society." *Journal of Corporation Law*, vol.24.

_____. 2002. "Talking with My Friends: A Response to a Dialogue on Corporate Irresponsibility." *George Washington Law Review*, vol.70.

Mitchell, Ronald K., Bradley R. Agle, & Donna J. Wood. 1997. "Toward A Theory of Stakeholder Identification and Salience: Defining the Principle of Who and What Really Counts." *Academy of Management Review*, vol.22, no.4.

Moir, Lance. 2001. "What Do We Mean by Corporate Social Responsibility?" *Corporate Governance*, vol.1, no.2.

Mokal, Rizwaan Jameel. 2003. "On Fairness and Efficiency." *Modern Law Review*, vol.66, no.3.

Monsma, David & Timothy Olson. 2007. "Muddling Through Counterfactual Materiality and Divergent Disclosure: The Necessary Search for a Duty to Disclose Material Non-Financial Information." *Stanford Environmental Law Journal*, vol.26.

Navin, Thomas R. & Marian V. Sears. 1955. "The Rise of a Market for Industrial Securities." *The Business History Review*, vol.29, no.2.

Nelson, Julianne. 1994. "Business Ethics in a Competitive Market." *Journal of Business Ethics*, vol.13 no.9.

O'Connor, Marleen A. 1991. "Restructuring the Corporation's Nexus of Contracts: Recognizing a Fiduciary Duty to Protect Displaced Workers." *North Carolina Law Review*, vol.69.

_____. 1993. "The Human Capital Era: Reconceptualizing Corporate Law to Facilitate Labor-Management Cooperation." *Cornell Law Review*, vol.78.

Omran, Mohammed, Peter Atrill, & John Pointon. 2002. "Shareholders versus Stakeholders: Corporate Mission Statements and Investor Returns." *Business Ethics: A European Review*, vol.11, no.4.

O'Neill, Terry A. 1993. "Employees' Duty of Loyalty and the Corporate Constituency Debate." *Connecticut Law Review*, vol.25.

Orts, Eric W. 1992. "Beyond Shareholders: Interpreting Corporate Constituency Statutes." *George Washington Law Review*, vol.61.

_____. 1993. "The Complexity and Legitimacy of Corporate Law." *Washington and Lee Law Review*, vol.50.

_____. 1998. "Shirking and Sharking: A Legal Theory of the Firm." *Yale Law and Policy Review*, vol.16.

Orts, Eric W. & Alan Strudler. 2002. "The Ethical and Environmental Lmits of Sakeholder Teory." *Business Ethics Quarterly*, vol.12, no.2.

Oswald, Lynda J. 1998. "Shareholders v. Stakeholders: Evaluating Corporate Constituency Statutes Under the Takings Clause." *Journal of Corporation Law*, vol.24.

Partnoy, Frank. 2000. "Adding Derivatives to the Corporate Law Mix." *Georgia Law Review*, vol.34.

Penington, Robert. 1931. "Origin of Corporations." *Corporate Practice Review*, vol.3.

Petrin, Martin. 2013-2014. "Reconceptualizing the Theory of the Firm: From Nature to Function." *Penn State Law Review*, vol.118.

Phillips, Michael J. 1994. "Reappraising the Real Entity Theory of the Corporation." *Florida*

State University Law Review, vol.21.

Phillips, Robert A. 1997. "Stakeholder theory and a Principle of Fairness." Business *Ethics Quarterly*, vol.7, no.1.

Plender, John. 1998. "Giving People a Stake in the Future." *Long Range Planning*, vol.31, no.2.

Post, Frederick R. 2003. "A Response to "The Social Responsibility of Corporate Management: A Classical Critique"." *American Journal of Business*, vol.18, no.1.

Pound, Roscoe. 1909. "Liberty of Contract." *Yale Law Journal*, vol.18.

Preston, Lee E. & Harry J. Sapienza. 1991. "Stakeholder Management and Corporate Performance." *Journal of Behavioral Economics*, vol.19, no.4.

Rabban, David M. 2003. "The Historiography of Late Nineteenth-Century American Legal History." *Theoretical Inquiries in Law*, vol.4, no.2.

Radin, Max. 1932. "The Endless Problem of Corporate Personality." *Columbia Law Review*, vol.32.

Rahim, Mia Mahmudur. 2011. "The Stakeholder Approach to Corporate Governance and Regulation: An Assessment." *Macquarie Journal of Business Law*, vol.8.

Rajan, Raghuram G. & Luigi Zingales. 1998. "Power in the Theory of the Firm." *Quarterly Journal of Economics*, vol.113, no.2.

_____. 2001. "The firm as a Dedicated Hierarchy: A Theory of the Origin and Growth of Firms." *Quarterly Journal of Economics*, vol.116, no.3.

Rawls, John. 1964. "Legal Obligation and the Duty of Fair Play." in Sidney Hook(ed.). *Law and Philosophy*. New York University Press.

Raymond, Robert L. 1906. "The Genesis Of The corporation." *Harvard Law Review*, vol.16.

Rebérioux, Antoine. 2007. "Does Shareholder Primacy lead to A Decline in Managerial Accountability?" *Cambridge Journal of Economics*, vol.31, no.4.

Reynolds, Scott J., Frank C. Schultz, & David R. Hekman. 2006. "Stakeholder Theory and Managerial Decision-making: Constraints and Implications of Balancing Stakeholder Interests." *Journal of Business Ethics*, vol.64, no.3.

Rhee, Robert J. 2010. "Bonding Limited Liability." *William and Mary Law Review*, vol.51.

_____. 2010. "Fiduciary Exemption For Public Necessity : Shareholder Profit, Public Good, And The Hobbon's Choice During A National Crisis." *George Mason Law Review*,

vol.17.

Ribstein, Larry E. 1993. "The Mandatory Nature of the ALI Code." *George Washington Law Review*, vol.61.

Roe, Mark J. 2001. "The Shareholder Wealth Maximization Norm and Industrial Organization." *University of Pennsylvania Law Review*, vol.149.

_____. 2005. "Delaware's Politics." *Harvard Law Review*, vol.118.

Romano, Roberta. 1984. "Metapolitics and Corporate Law Reform." *Stanford Law Review*, vol.36.

_____. 1987. "The Political Economy of Takeover Statutes." *Virginia Law Review*, vol.73.

_____. 1989. "Answering the Wrong Question: The Tenuous Case for Mandatory Corporate Laws." *Columbia Law Review*, vol.89.

_____. 1992. "A Guide to Takeovers : Theory, Evidence and Regulation." *Yale Journal on Regulation*, vol.9.

_____. 1993. "Public Pension Fund Activism in Corporate Governance Reconsidered." *Columbia Law Review*, vol.93.

Rosenblum, Steven A. 1991. "Proxy Reform, Takeovers, and Corporate Control: The Need for a New Orientation." *Journal of Corporation Law*, vol.17.

Rosenberg, Nathan. 1983. "Comments on Robert Hessen, "The Modern Corporation and Private Property: A Reappraisal"." *Journal of Law&Economics*, vol.26.

Ryan, Leo V. 1990. "The Evolution of Stakeholder Management: Challenges and Potential Conflicts." *International Journal of Value-Based Management,* vol.3, no.1.

Scheppele, Kim L. & Jeremy Waldron. 1991. "Contractarian Methods in Political and Legal Evaluation." *Yale Journal of Law & the Humanities*, vol.3, no.33.

Scott, Kenneth E. 1983. "Corporation Law and the "American Law Institute Corporate Governance Project"." *Stanford Law Review*, vol.35.

Sen, Amartya K. 1976. "Liberty, Unanimity and Rights." *Economica*, vol.43, no.171.

Sheehy, Benedict. 2003. "The Importance of Corporate Models: Economic and Jurisprudential Values and the Future of Corporate Law." *DePaul Business and Commercial Law Journal,* vol.2, no.3.

_____. 2005. "Scrooge-The Reluctant Stakeholder: Theoretical Problems In The Shareholder-Stakeholder Debate." *University of Miami Business Law Review*, vol.14.

Simon, William H. 1991. "Social-Republican Property." *UCLA Law Review*, vol.38.

Singer, Joseph William. 1993. "Jobs and Justice: Rethinking the Stakeholder Debate." *University of Toronto Law Journal*, vol.43.

Smith, Bryant. 1928. "Legal Personality." *Yale Law Journal*, vol.37.

Smith, D. Gordon. 2007-2008. "Response: The Distopian Potential of Corporate Law." *Emory Law Journal*, vol.57.

_____. 1998. "The Shareholder Primacy Norm." *Journal of Corporation Law*, vol.23.

_____. 1999. "Team Production in Venture Capital Investing." *The Journal of Corporation Law-University of Iowa*, vol.24.

Smith, Thomas A. 1999. "The Efficient Norm for Corporate Law: A Neotraditional Interpretation of Fiduciary Duty." *Michigan Law Review*, vol.98.

Sommer, A. A. 1991. "Whom Should the Corporation Serve? The Berle-Dodd Debate Revisited Sixty Years Later." *Delaware Journal of Corporate Law*, vol.16.

Springer, Jonathan D. 1999. "Corporate Constituency Statutes: Hollow Hopes and False Fears." *Annual Survey of American Law*.

Stiglitz, Joseph E. 1985. "Credit Markets and the Control of Capital." *Journal of Money, Credit and Banking*, vol.17. no.2.

Stone, Katherine Van Wezel. 1991. "Employees as Stakeholders Under State Non-shareholder Constituency Statutes." *Stetson Law Review*, vol.21, no.1

Stout, Lynn A. 2002. "Antitakeover Defenses Decrease Shareholder Wealth? The Ex Post/Ex Ante Valuation Problem." *Stanford Law Review*, vol.55.

_____. 1990. "Are Takeover Premiums Really Premiums? Market Price, Fair Value, and Corporate Law." *Yale Law Journal*, vol.99.

_____. 2002. "Bad and Not-So-Bad Arguments for Shareholder Primacy." *Southern California Law Review*, vol.75.

_____. 2003. "Investors' Choices: The Shareholder as Ulysses: Some Empirical Evidence on Why Investors In Public Corporations Tolerate Board Governance." *University of Pennsylvania Law Review*, vol.152.

_____. 2003. "On the Proper Motives of Corporate Directors(or, Why You Don't Want to Invite Homo Economicus to Join Your Board)." *Delaware Journal of Corporate Law*, vol.28.

Strine Jr., Leo E. 2002. "The Social Responsibility of Boards of Directors and Stockholders in Change of Control Transactions: Is There Any "There" There?" *Southern California*

Law Review, vol.75.

_____. 2007. "Toward Common Sense and Common Ground? Reflections on the Shared Interests of Managers and Labor in a More Rational System of Corporate Governance." *Journal of Corporation Law*, vol.33.

Subramanian, Guhan. 2002. "The Influence of Antitakeover Statutes on Incorporation Choice: Evidence on the "Race" Debate and Antitakeover Overreaching." *University of Pennsylvania Law Review*, vol.150.

Sunstein, Cass R. 1984. "Naked Preferences and the Constitution." *Columbia Law Review*, vol.84.

_____. 1988. "Beyond the Republican Revival." *Yale Law Journal*, vol.97.

Swanson, Carol B. 1996. "The Turn in Takeovers: A Study in Public Appeasement and Unstoppable Capitalism." *Georgia Law Review*, vol.30.

Talley, Eric. 1999. "Taking the "I" out of "Team": Intra-Firm Monitoring and the Content of Fiduciary Duties." *The Journal of Corporation Law-University of Iowa*, vol.24.

Testy, Kellye Y. 2002-2003. "The Beginning of Herstory for Corporate Law." *Seattle Journal for Social Justice*, vol.1.

_____. 2004. "Capitalism and Freedom - For Whom? Feminist Legal Theory and Progressive Corporate Law." *Law and Contemporary Problems*, vol.67.

_____. 2002. "Linking Progressive Corporate Law with Progressive Social Movements." *Tulane Law Review*, vol.76.

Thomas, Randall S. 2004. "The Increasing Role of Empirical Research in Corporate Law Scholarship." *Georgetown Law Journal,* vol.92.

Thompson, Robert B. 1994. "Unpacking Limited Liability: Direct and Vicarious Liability of Corporate Participants for Torts of the Enterprise." *Vanderbilt Law Review*, vol.47.

_____. 1999. "Shareholders as Grown-Ups: Voting, Selling, and Limits on the Board's Power to "Just Say No"." *University of Cincinnati Law Review*, vol.67.

Thompson, Judith Kenner, Steven L. Wartick, & Howard L. Smith. 1991. "Integrating Corporate Social Performance and Stakeholder Management: Implications for A Rsearch Aenda in Sall Bsiness." *Research in Crporate Scial Prformance and Policy*, vol.12, no.1.

Thompson, Robert B. & D. Gordon Smith. 2001. "Toward A New Theory of the Shareholder Role: "Sacred Space" in Corporate Takeovers." *Texas Law Review*,

vol.80.

Tsuk, Dalia. 2002-2003. "Corporations Without Labor: The Politics of Progressive Corporate Law." *University of Pennsylvania Law Review*, vol.151.

Tung, Frederick. 2007-2008. "New Death of Contract: Creeping Corporate Fiduciary Duties for Creditors." *Emory Law Journal*, vol.57.

Tyler, Tom R. 2005. "Promoting Employee Policy Adherence and Rule Following in Work Settings." *Brooklyn Law Review*, vol.70.

_____. 2000. "Social Justice: Outcome and Procedure." *International Journal of Psychology*, vol.35, no.2.

Uchitelle, Louis. 2007. "Age of Riches: The Richest of the Rich, Proud of a New Gilded Age." *The New York Times*(July 15, 2007).

Ulen, Thomas S. 1993. "The Coasean Firm in Law and Economics." *Journal of Corporation Law*, vol.18.

Vasudev, P. M. 2008-2010. "Corporate Law and Its Efficiency: A Review of History." *American Journal of Legal History*, vol.50.

_____. 2012-2013. "The Stakeholder Principle, Corporate Governance and Theory-Evidence from the Field and the Path Onward." *Hofstra Law Review* vol .41.

Velasco, Julian. 2006. "The Fundamental Rights of the Shareholder." *U.C. Davis Law Review,* vol.40.

_____. 2010. "Shareholder Ownership and Primacy." *University of Illinois Law Review.*

Vinogradoff, Paul. 1924. "Juridical Persons." *Columbia Law Review*, vol.24.

Wallman, Steven M. H. 1998-1999. "Understanding the Purpose of a Corporation: An Introduction." *Journal of Corporation Law*, vol.24.

_____. 1991. "The Proper Interpretation of Corporate Constituency Statutes and Formulation of Director Duties." *Stetson Law Review*, vol.21.

Warr, Peter. 1999. "Well-Being and the Workplace." in Daniel Kahneman, Edward Diener, & Norbert Schwarz(ed.). *Well-Being: Foundations of Hedonic Psychology*. Russell Sage Foundation Publications.

Weiner, Joseph L. 1964. "The Berle-Dodd Dialogue on the Concept of the Corporation." *Columbia Law Review,* vol.64.

Weide, M. van der. 1996. "Against Fiduciary Duties to Corporate Stakeholders." *Delaware Journal of Corporate Law*, vol.21.

Weitzman, Martin L. 1989. "Profit-sharing capitalism." in Jon Elster & Karl Ove Moene(ed.). *Alternatives to Capitalismin.* Cambridge University Press.

Well, C. A. Harwell. 2009-2010. "The Birth of Corporate Governance." *Seattle University Law Review,* vol.33.

_____. 2002. "The Cycles of Corporate Social Responsibility: An Historical Retrospective for the Twenty-First Century." *University of Kansas Law Review,* vol.51.

Werner, Walter. 1981. "Corporation Law in Search of Its Future." *Columbia Law Review,* vol.81.

Williams, Cynthia A. 2002. "Corporate Social Responsibility in an Era of Economic Globalization." *U. C. Davis Law Review,* vol.35.

_____. 1997. "Corporate Compliance with the Law in the Era of Efficiency." *North Carolina Law Review,* vol.76.

_____. 1999. "The Securities & Exchange Commission & Corporate Social Transparency." *Harvard Law Review,* vol.112.

Williams, Walter E. 1996. "The Argument for Free Markets: Morality vs. Efficiency." *Cato Journal,* vol.15.

Williamson, Oliver E. 1979. "Transaction-Cost Economics: The Governance of Contractual Relations." *Journal of Law & Economics,* vol.22, no.2.

_____. 1981. "The Modern Corporation: Origins, Evolution, Attributes." *Journal of Economic Literature,* vol.19 no.4.

_____. 1983. "Organization Form, Residual Claimants, and Corporate Control." *The Journal of Law & Economics,* vol.26, no.2.

_____. 1984. "Corporate Governance." *Yale Law Journal,* vol.93, no.7.

_____. 1991. "Comparative Economic Organization: The Analysis of Discret Structural Alternatives." *Administrative Science Quarterly,* vol.36, no.2.

Winkler, Adam. 2004. "Corporate Law or the Law of Business?: Stakeholders and Corporate Governance at the End of History." *Law and Contemporary Problems,* vol.67.

Winter, Sidney G. 1988. "On Coase, Competence, and the Coporation." *Journal of Law, Economics & Organization,* vol.4, no.1.

Wood, David. 2002. "Whom should business serve?." *Australian Journal of Corporate Law,* vol.14.

Wolff, Martin. 1938. "On the Nature of Legal Persons." *The Law Quarterly Review*, vol.54. no.4.

Wolfson, Nicholas. 1980. "A Critique of Corporate Law." *University of Miami Law Review*, vol.34. no.4.

York, Ryan J. 2002. "Visages of Janus: The Heavy Burden of Other Constituency Anti-takeover Statutes on Shareholders and the Efficient Market for Corporate Control." *Willamette Law Review*, vol.38. no.1.

Yosifon, David G. 2013. "The Law of Corporate Purpose." *Berkeley Business Law Journal*, vol.10.

Zingales, Luigi. 2000. "In search of new foundations." *The journal of Finance*, vol.55, no.4.

3. 인터넷 자료

Ayuso, Silvia, Miguel Angel Rodgriguez, Roberto Garcia & Miguel Angel Arino. 2007. "Maximising Stakeholders' Interests: An Empirical Analysis of the Stakeholder Approach to Corporate Governance." Working Paper *no.670.* IESE Business School, Univ. of Navarra. http://www.iese.edu/research/pdfs/ DI-0670-E.pdf.

Blair, Margaret M. 2012. "The Four Functions of Corporate Personhood." Working Paper no.12~15. Vanderbilt Univ. Law Sch. Pub. L. & Legal Theory. http:// ssrn.com/abstract=2037356.

Dari-Mattiacci, Giuseppe, Oscar Gelderblom, Joost Jonker & Enrico Perotti. 2013. "The Emergence of the Corporate Form." Working Paper 2013-02. Amsterdam Center. for L. & Econ. http://ssrn.com/abstract-2223905.

Financial Crisis Inquiry Commission. 2011. *The Financial Crisis Inquiry Report, Authorized Edition: Final Report of the National Commission on the Causes of the Financial and Economic Crisis in the United States.* Public Affairs. http://www.gpo.gov/fdsys/pkg/GPO-FCIC/pdf/GPO-FCIC.pdf.

Huang, Peter H. 2006. "Beyond Cost-Benefit Analysis in Financial Regulation: Process Concerns and Emotional Impact Analysis." *Paper* no.21. Temple University Beasley School of Law Legal Studies Research Paper Series. (available at http://ssrn.com/abstract=870453).

Keay, Andrew R. 2009. "Shareholder Primacy in Corporate Law : Can it Survive? Should it Survive?" Working paper. University of Leeds School of Law Centre for Business Law and Practice. http://ssrn.com/abstract=1498065.

_____. 2010. "Moving Towards Stakeholderism? Constituency Statutes, Enlightened Shareholder Value and All That: Much Ado about Little?" Working Paper. University of Leeds School of Law Centre for Business Law and Practice. http://ssrn.com/abstract=1530990.

Mishel, Lawrence, Josh Bivens, Elise Gould & Heidi Shierholz. 2012. *The State Of Working America,* 12th ed. Economic Policy Institute. http://www.stateof workingamerica.org/subjects.

Moore, Marc. 2012. "Is Corporate Law 'Private'(and Why Does it Matter)?" Working Paper. http://ssrn.com/abstract=2192163.

OECD. 2008. *OECD Employment Outlook.* http://www.oecd.org/employmentemp/ 40937574.pdf.

Osterloh, Margit. & Bruno S. Frey. 2006. "Shareholders Should Welcome Knowledge Workers as Directors." Working Paper no.283. Institute for Empirical Research on Economics, University of Zurich.
http://papers.ssrn.com/ sol3/papers.cfm?abstract_id=900344.

Smith. Adam. 2005. *An Inquiry into the Nation and Cause of the Wealth of Nation.* An Electronic Classics Series Publication. http://www2.hn.psu.edu/ faculty/ jmanis/adam-smith/wealth-nations.pdf

Stout, Lynn A. 2000. "Stock Prices and Social Wealth." *Harvard John M. Olin Discussion Paper Series* no.301. http://www.law.harvard.edu/program/olin 〈usco re〉center.

지은이

손창완

저자는 법학자이자 변호사로서 연세대학교 법과대학을 졸업하고 같은 대학교 대학원에서 법학박사 학위를 받았다. 1997년 사법시험(제39회)에 합격하여 사법연수원을 수료한 후 2000년부터 2007년까지 변호사로 활동하였고, 변호사 활동 중 연세대학교 경제대학원에서 경제학석사(금융ㆍ보험 전공) 및 뉴욕대학교 법학대학원에서 법학석사(회사법 전공) 학위를 취득하였으며 미국 뉴욕주 변호사시험에도 합격하였다.

2007년부터는 변호사 활동을 접고 연세대학교 법학전문대학원 교수로 재직하고 있고, 주된 연구 분야는 상법, 자본시장법, 공정거래법, 법조윤리 등이며, 현재는 학교에서 법조윤리, 회사소송실무, 기업결합규제론, 기업인수합병의 이론과 실무와 같은 과목을 개설하여 가르치고 있다.

한울아카데미 1965

진보 회사법 시론

회사법의 경제민주주의적 해석

ⓒ 손창완, 2017

지은이 | **손창완**
펴낸이 | **김종수**
펴낸곳 | **한울엠플러스(주)**
편집 | **조수임**

초판 1쇄 인쇄 | 2017년 2월 27일
초판 1쇄 발행 | 2017년 3월 15일

주소 | **10881 경기도 파주시 광인사길 153 한울시소빌딩 3층**
전화 | **031-955-0655**
팩스 | **031-955-0656**
홈페이지 | **www.hanulmplus.kr**
등록번호 | **제406-2015-000143호**

Printed in Korea.
ISBN 978-89-460-5965-8 93360
※ 책값은 겉표지에 표시되어 있습니다.